Indice

Le grandi dinastie della storia

Premessa

Alcune dinastie hanno fatto la storia degli ultimi due secoli. Amate, odiate o, più semplicemente, invidiate, hanno giocato un ruolo fondamentale nei rispettivi campi: dall'alta finanza all'industria, dalla politica alla moda passando per il cinema.

Con *Le grandi dinastie della storia*, il canale televisivo History propone i ritratti di venticinque famiglie che hanno lasciato un segno indelebile negli ultimi due secoli, raccontandone non solo il lato pubblico ma svelandone anche i segreti della vita privata: dagli Agnelli ai Kennedy, dai Rothschild agli Hilton passando per i Gucci e i Grimaldi di Monaco. Una storia fatta non solo di potere o soldi, ma anche di scandali e tradimenti.

Fin dal suo esordio in Italia nel 2003 sulla piattaforma satellitare Sky, History ha rappresentato un nuovo modo di raccontare la storia, di ripercorrere gli eventi passati, di puntare i riflettori sull'attualità e di ipotizzare cosa potrebbe avvenire nel futuro.

Ventiquattro ore al giorno, sette giorni su sette, sul canale 407 di Sky il passato torna a vivere attraverso la voce di chi ne è stato testimone o protagonista, ma anche grazie a spettacolari ricostruzioni o ai più moderni strumenti di computer grafica, mentre il presente viene raccontato attraverso le vicende di chi fa la storia tutti i giorni.

In questi anni ci siamo avvalsi di molteplici supporti, come quello che avete ora tra le mani, ma anche di siti web, social media, dvd o videogiochi, grazie ai quali il pubblico ha potuto conoscere e apprezzare la varietà dei nostri contenuti.

Alcune delle famiglie raccontate in questo libro sono argomento di documentari attualmente trasmessi da History. Se ancora non conoscete il nostro canale, vi invito a visitarlo. Troverete un nuovo modo di fare storia.

Auguro una buona lettura a tutti,

SHERIN SALVETTI
Senior Vice President Factual Channels
di Fox International Channels Italy
Direttrice di History Italia

1
Gli Agnelli

Gli uomini si dividono in due categorie:
gli uomini che parlano di donne
e gli uomini che parlano con le donne.
Io di donne preferisco non parlare.

GIANNI AGNELLI (1921-2003)

Gli Agnelli

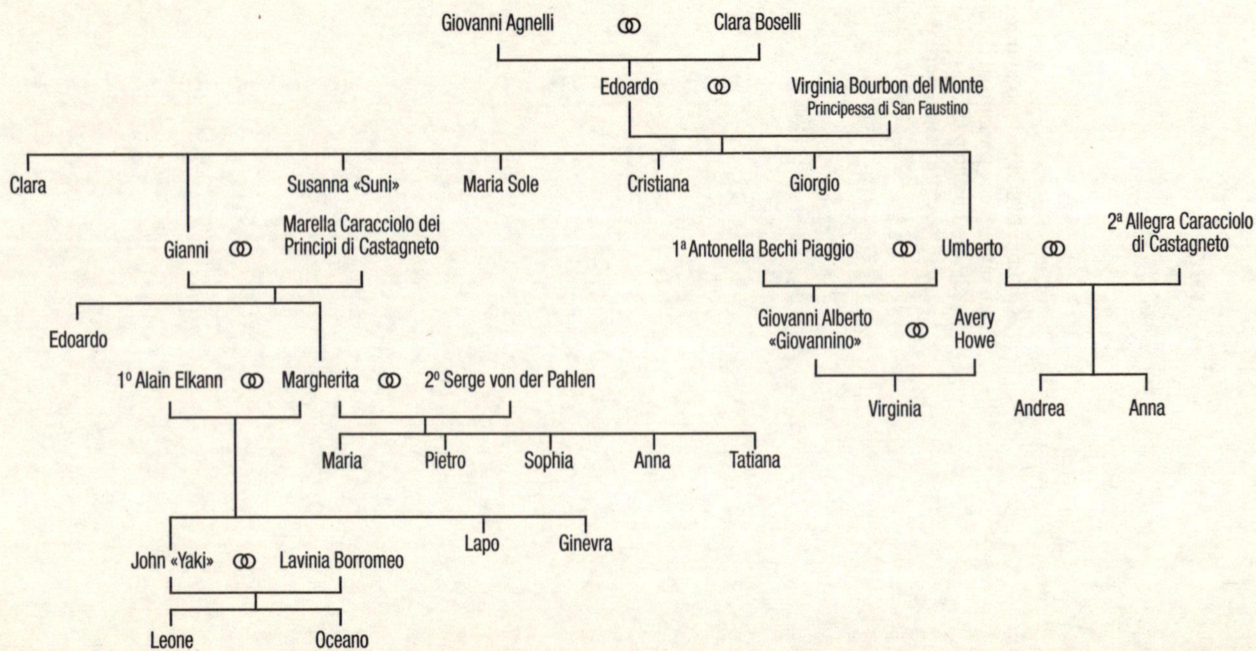

Giovanni Agnelli
Clara Boselli
Edoardo
Virginia Bourbon del Monte
Principessa di San Faustino
Clara
Gianni
Marella Caracciolo dei
Principi di Castagneto
Susanna «Suni»
Maria Sole
Cristiana
Giorgio
1ª Antonella Bechi Piaggio
Umberto
2ª Allegra Caracciolo
di Castagneto
Edoardo
1º Alain Elkann
Margherita
2º Serge von der Pahlen
Giovanni Alberto
«Giovannino»
Avery
Howe
Virginia
Andrea
Anna
Maria
Pietro
Sophia
Anna
Tatiana
John «Yaki»
Lavinia Borromeo
Lapo
Ginevra
Leone
Oceano

La perseveranza, l'ingegno, la capacità di leadership e la determinazione sono state le qualità imprescindibili che hanno permesso a stirpi famigliari enormemente ricche di dirigere il potere economico negli ultimi due secoli. Un terzo delle società elencate da «Fortune 500» sono imprese famigliari che, tra passione e tragedie, guidano il settore finanziario e industriale nel mondo occidentale. E tra le storie che riuniscono l'esatta miscela di potere, parentele, denaro e dedizione al successo, c'è quella dell'insigne cognome degli Agnelli.

A mano a mano che le strade si riempivano di automobili Fiat, gli Agnelli creavano una dinastia famigliare dal potere senza pari, in grado di esercitare la propria influenza in tutti i settori dell'economia italiana. Gianni Agnelli, «l'Avvocato», il magnate che ha diretto la società per trentasette anni, è stato il re senza corona di un'Italia repubblicana, ma un simile potere ha avuto il suo prezzo. I proprietari della Fiat, della squadra di calcio della Juventus, della Ferrari, dei vini francesi Château Margaux, dei quotidiani «Corriere della Sera» e «La Stampa», nonché di molte altre società, hanno visto accrescere le proprie ricchezze ma, contemporaneamente, hanno vissuto terribili tragedie. La morte dei patriarchi, Gianni e Umberto, rispettivamente nel 2003 e nel 2004, ha lasciato questo impero nelle mani inesperte dei fratelli non ancora trentenni John e Lapo Elkann, nipoti del leggendario Avvocato che, poco prima di morire, era convinto che il suo impero automobilistico sarebbe finito nelle mani della General Motors. Una svolta importante si è verificata a sei anni dalla sua morte: neppure il tanto ammirato Gianni Agnelli avrebbe potuto immaginare che le lotte per l'eredità, tra sua moglie e sua figlia, avrebbero trascinato la famiglia nei tribunali.

Come è nata l'industria più importante d'Italia

Il 10 ottobre 2005, il ventottenne Lapo Elkann, responsabile della promozione della Fiat nel mondo, si trovava in terapia intensiva nel reparto di rianimazione dell'ospedale Mauriziano di Torino. Era stato ricoverato alle nove del mattino a causa di un'overdose di cocaina. Lapo era ben noto ai giornalisti. Alto e di bella presenza, lo scapolo d'oro aveva una relazione con la famosa attrice Martina Stella. Era il nipote che più assomigliava al mitico Gianni Agnelli per aspetto fisico, gusto per la bella vita, simpatia e audacia. Un giovane entusiasta che amava essere al centro dell'attenzione. Come direttore del settore commerciale della Fiat, aveva appena condotto una campagna di successo per migliorare l'immagine societaria e le sue idee di marketing avevano contribuito all'inaspettata resurrezione della società automobilistica.

Sia il padre di Lapo, lo scrittore e giornalista Alain Elkann, sia la madre, Margherita Agnelli, che suo fratello John, vicepresidente della Fiat, erano corsi in ospedale non appena informati dell'accaduto. La famiglia aveva mantenuto segreto il suo ricovero, ma la notizia che Lapo aveva trascorso la notte abusando di cocaina, eroina, oppio e altri farmaci, in compagnia di una donna, si diffuse rapidamente. Non era stato tuttavia il cocktail di stupefacenti a causare tanta agitazione quanto piuttosto il luogo in cui Lapo si trovava e la persona che era con lui. «Le prime informazioni parlavano dell'appartamento di una donna. Tutti pensavano che si trattasse di Martina Stella, la sua fidanzata, ma poi si scoprì che era la casa di Donato Brocco, meglio noto come Patrizia, una prostituta transessuale che, a quanto pare, gli salvò la vita chiamando immediatamente un'ambulanza» spiega il giornalista Mark Seal.

Tre giorni più tardi, Lapo si risvegliava. Gli italiani tirarono un respiro di sollievo ma si domandarono se l'attuale generazione degli Agnelli sarebbe mai stata all'altezza del formidabile fondatore della Fiat. Non per niente la famiglia è stata, per più di un secolo, una forza industriale dinastica. «La monarchia dei Savoia è stata rimpiazzata dalla monarchia degli Agnelli. Questo è il problema di Torino» sostiene il giornalista Salvatore Tropea.

L'impero Fiat fu creato nel 1899 da un militare di 32 anni di nome Giovanni Agnelli (1866-1945). Apparteneva a una famiglia di proprietari terrieri del piccolo comune piemontese di Villar Perosa, vicino a Torino. Giovanni nacque il 3 novembre 1866 tra le pareti della casa di proprietà del nonno. Gli Agnelli godevano di una condizione economica solida e Giovanni studiò all'Accademia Militare, dove fu nominato ufficiale di cavalleria. Si trasferì a vivere a Verona, dove sposò Clara Boselli (1869-1946). Quando si stancò della vita militare, decise di dedicarsi all'industria automobilistica e, insieme a un piccolo gruppo di investitori, creò una propria fabbrica d'automobili quattro anni dopo che Henry Ford aveva fondato la sua. Nacque così la Fabbrica Italiana Automobili Torino: FIAT.

Giovanni Agnelli divenne il direttore e socio principale dell'azienda. La Fiat crebbe rapidamente da subito, in virtù anche dell'amicizia che il suo fondatore aveva con Giovanni Giolitti, quattro volte presidente del Consiglio dei ministri, la cui politica sosteneva lo sviluppo industriale del paese. Rispetto alla maggior parte dei suoi colleghi dell'epoca, interessati soltanto alla produzione di modelli molto veloci da corsa, Agnelli impose l'idea che si dovessero fabbricare automobili di serie su larga scala. Nel 1908 avviò la produzione della Tipo 1 Fiacre, prima automobile pensata per essere utilizzata come tassì, esportata in città come Parigi, Londra e New York. Negli anni successivi, la società aumentò la propria attività all'estero e iniziò la produzione in serie della Fiat Zero, conosciuta anche come Fiat 12/15 hp: ne furono fabbricate circa duemila unità, caratterizzate dal fatto di essere già dotate di impianto elettrico. In quindici anni, i lavoratori della Fiat passarono dai cinquanta iniziali ai quattromila attivi al momento dello scoppio della Prima guerra mondiale.

Come spesso è avvenuto con le grandi fortune nate nel secolo scorso, fu il conflitto mondiale a portare al vero sviluppo di quello che, anni più tardi, sarebbe stato un impero economico. Quando l'Italia entrò in guerra, il governo diede alla Fiat un assegno in bianco. «La Fiat non era più soltanto una fabbrica produttrice d'automobili, ma anche di materiale militare, di componenti ferroviari e sarebbe diventata il più grande gruppo industriale italiano» dice Marco Ferrante, autore di *Casa Agnelli*. E con la sua progressiva crescita, «la Fiat trasformò Torino da piccolo capoluogo di provincia a enorme città industriale, forse la più grande d'Italia» indica Vittorio Zucconi, direttore di «Repubblica».

Nel 1916, Agnelli infranse tutti gli schemi costruendo al Lingotto, a quei tempi appena fuori Torino, una fabbrica che, in una visione futurista, aveva sul tetto, a sei piani d'altezza, una pista di due chilometri e mezzo da usare per le prove. Giovanni Agnelli aveva visitato la fabbrica di Henry Ford a Highland Park, Detroit, dove l'americano aveva creato la prima linea di catena di montaggio del mondo nel 1913, riducendo così il tempo di assemblaggio del telaio da dodici ore e mezzo a un'ora e quaranta minuti. Giovanni Agnelli rivoluzionò l'industria automobilistica italiana copiando la tecnica della catena di montaggio di Ford. All'interno del Lingotto ne installò una di proporzioni enormi, che iniziava a piano terra e saliva verso la pista: a mano a mano che la nuova automobile era assemblata, saliva di livello fino a raggiungere il piano più alto, dove realizzava alcuni giri di prova di controllo. I lavori si conclusero nel 1923 e, a quell'epoca, la fabbrica era la più grande fabbrica d'automobili del mondo, quella che avrebbe prodotto più di ottanta modelli diversi di Fiat fino a che, nel 1982, la produzione fu interrotta e il luogo divenne un centro culturale.

Alla fine della Prima guerra mondiale, la Fiat era la terza industria più importante d'Italia. Ma il successo portò nuove sfide: gli scioperi e le manifestazioni dei lavoratori interruppero la produzione in tutto il paese. Si temette che l'Italia fosse sull'orlo di una rivoluzione. Benito Mussolini approfittò della situazione di caos e malcontento e ricorse alle sue «camicie nere» fasciste, che usarono la violenza per riportare l'ordine. Nel 1922, Mussolini divenne presidente del Consiglio. Pochi mesi più tardi, Agnelli fu eletto senatore e, nel 1926, pur controvoglia, divenne fascista. «Gli Agnelli erano soliti dire: "La Fiat si schiera sempre con il governo, indipendentemente da chi lo compone" afferma Vittorio Zucconi. Con il sostegno del dittatore, la società continuò a prosperare, grazie ai contratti firmati con il governo. In quegli anni, Agnelli acquistò l'influente quotidiano «La Stampa», tuttora controllato dalla famiglia, che ebbe sempre un ruolo importante per l'immagine pubblica della Fiat.

All'inizio degli anni Venti, Agnelli divenne produttore di automobili di piccola e media cilindrata, scommettendo sul mercato più popolare della classe media. Un decennio più tardi, la prosperità della Fiat crebbe ancora grazie all'introduzione della produzione a catena. Secondo Giuseppe Berta, «il passo più importante di questa tappa fu la fabbricazione di un'auto molto piccola, la prima Cinquecento italiana – nota a tutti con il nome di «Topolino» – che riscosse grande successo tra i consumatori». I primi modelli di Topolino uscirono sul mercato nel 1936 e nei venti anni successivi ne furono prodotte e vendute ben mezzo milione di unità. La famiglia Agnelli guadagnò parecchio con questa automobile e investì il capitale nella costruzione del nuovo stabilimento Fiat di Mirafiori, costruito sul terreno dove una volta sorgeva il castello dei Savoia di cui porta il nome. In questo nuovo stabilimento si iniziò a lavorare, per turni, ventiquattro ore al giorno.

La monarchia di Torino: i Kennedy d'Italia

A metà degli anni Trenta, il sessantenne Giovanni Agnelli iniziò a pensare alla sua successione. Sperava che a farsi carico degli affari di famiglia sarebbe stato il suo unico figlio Edoardo (1982-1935), ma Edoardo anteponeva l'interesse per l'alta società e gli sport a quello per la produzione di automobili. Nel 1923, Edoardo acquistò il club calcistico Juventus e ne fece la migliore squadra italiana di calcio: vinse cinque campionati nazionali di seguito, dal 1930 al 1935, periodo noto ai tifosi come il «Quinquennio d'Oro», compiendo un'impresa comparabile a quella realizzata dal Torino F.C., suo rivale storico, negli anni Quaranta. Edoardo creò inoltre un lussuoso complesso sciistico a Sestriere, nelle Alpi vicine a Torino. Il 14 luglio 1935, però, salì a bordo di un idrovolante diretto a Genova che si schiantò durante l'ammaraggio. La sua morte improvvisa spezzò la linea di successione della dinastia. Giovanni Agnelli scelse quindi come proprio successore il nipote più grande. Il figlio di Edoardo e della principessa Virginia Bourbon del Monte, Giovanni (1921-2003) – che tutti chiamavano Gianni per non confonderlo con il nonno –, aveva allora 14 anni. Nei dieci anni seguenti, il dispotico patriarca si dedicò alla formazione di suo nipote, preparandolo per il compito che avrebbe fatto di lui il re senza corona d'Italia.

Il giovane Gianni, il maggiore dei figli maschi, crebbe dividendo il suo tempo tra la tenuta di campagna di Villar Perosa e la residenza in città, circondato dal lusso, sotto lo sguardo attento del nonno e insieme ai suoi sei fratelli: Clara (1920), Susanna «Suni» (1922-2009), Maria Sole (1925), Cristiana (1927), Giorgio (1929-1965) e Umberto (1934-2004). Dieci anni dopo la morte di suo padre, la bella e aristocratica madre Virginia morì in un incidente d'auto a soli 46 anni.

Gianni non era molto brillante nello studio, ma riuscì comunque a diplomarsi. Più tardi suo nonno lo mandò negli Stati Uniti, dove viaggiò molto, ospite della famiglia Rockefeller. Rientrò in Italia per studiare legge all'Università di Torino, cosa che gli valse il soprannome «l'Avvocato», che gli rimase per tutta la vita, pur se non esercitò mai la professione. La sua formazione si interruppe nel 1940, quando l'Italia entrò nella Seconda guerra mondiale come alleata della Germania. Nonostante il nonno non volesse, Gianni «aveva un grandissimo senso del dovere e decise di arruolarsi come tutti i giovani della sua età» dice Marco Ferrante. A giugno si unì a un reggimento carri e andò a combattere sul fronte russo. Fu ferito due volte: in Africa, dove fu decorato, e in Italia.

Con il proseguire della guerra, l'impresa della famiglia fornì all'esercito fascista un numero sempre maggiore di camion, mitragliatrici, aerei e ambulanze. Le due fabbriche furono però bombardate e quasi distrutte dagli alleati. Nel 1943 l'Italia si arrese in Africa del Nord e il governo di Mussolini crollò. A quel punto il nonno Giovanni offrì il proprio aiuto agli Alleati. Gianni, grazie al suo ottimo inglese, divenne il collegamento ufficiale con le truppe d'occupazione degli Stati Uniti, e le fabbriche della Fiat non furono più bombardate.

Quando nel 1945 la guerra finì, il governo italiano del dopoguerra obbligò l'anziano patriarca a lasciare la società a causa della sua collaborazione con Mussolini. «Non poteva neppure mettere piede nella fabbrica che lui stesso aveva creato» racconta Ferrante. Pochi mesi più tardi morì con il cuore spezzato e a meno di un anno dalla sua morte se ne andò anche sua moglie Clara Boselli.

Gianni, con i suoi 24 anni, era troppo giovane e aveva poca esperienza negli affari, per cui non era in grado di dirigere quella grande società che la Fiat era diventata. Le redini dell'azienda passarono quindi nelle mani di Vittorio Valletta, che ne era già stato direttore insieme a Giovanni dal 1921.

In quel periodo Gianni decise di seguire il consiglio del nonno: divertirsi e godersi la vita grazie a una rendita che gli fruttava un milione di dollari all'anno. Lo si vedeva abitualmente alle feste in Costa Azzurra, al tavolo della roulette del casinò di Montecarlo, sugli yacht di lusso... Amava divertirsi ed essere circondato da playboy ricchi e famosi, come il principe Alì Khan – che nel 1959 sarebbe diventato il terzo marito dell'attrice Rita Hayworth –, Porfirio Rubirosa, Errol Flynn, e divenne buon amico del principe Ranieri di Monaco. Al suo braccio, e nel suo letto, c'erano sempre le donne più belle del mondo. Ebbe una relazione con Anita Ekberg, una delle dee sensuali degli anni Cinquanta e Sessanta, e con Pamela Beryl Digby, la giovane aristocratica britannica, ex moglie di Randolph Churchill da cui, nel 1940, aveva avuto un figlio chiamato Winston in onore del celebre nonno. Il neonato e Pamela furono fotografati da Cecil Beaton per la rivista «Life», e quella fu la prima volta in assoluto che una rivista pubblicò in copertina la foto di una neo mamma con il suo bambino.

Pamela, che divorziò dal figlio del primo ministro britannico nel 1945, era una donna molto intelligente e dalle molte relazioni sociali e presentò Gianni all'alta società europea. Si dice che la loro storia d'amore nacque nel 1948 a Parigi e si concluse nel 1952 dopo una lite. Gianni Agnelli corse via sulla sua Ferrari ed ebbe un incidente. Si ruppe la gamba in sei punti e le conseguenze di queste ferite lo fecero soffrire e zoppicare per il resto della vita. «Usava un sostegno ortopedico che andava dall'anca fino al piede. Non poteva usare scarpe normali ma soltanto stivaletti di daino o scarpe molto morbide, quasi pantofole. Il nuoto, lo sci e le altre attività che amava gli costavano molta fatica, ma lui non ci rinunciava perché era un uomo coraggioso» dice Marco Ferrante.

Nella biografia scritta da sua sorella, l'ex senatrice ed ex ministro Susanna «Suni» Agnelli, si legge che in quel periodo lui era un cinico rubacuori, che criticava le sorelle quando si innamoravano: «Soltanto le cameriere si innamorano» diceva loro. Racconta Susanna che Gianni riteneva che l'amore fosse una sciocchezza ma, poi, cambiò opinione. È possibile che a servirgli da lezione e fargli mettere la testa a posto sia stato l'incidente in auto. Decise di sposarsi con una principessa italiana di squisita bellezza, che aveva lavorato come fotografa per la rivista «Vogue». Fu così che il 19 novembre 1953, nel castello di Osthoffen a Strasburgo, dove il padre di lei era rappresentante diplomatico italiano presso il Consiglio d'Europa, si unì in matrimonio a Marella Caracciolo dei Principi di Castagneto, antica famiglia della nobiltà napoletana. Di lei si diceva che avesse il collo più lungo d'Europa, perfetto per essere adornato di gioielli. Figlia di un principe e di una donna statunitense di ascendenza italiana,

Marella trascorse l'infanzia circondata dalle più alte espressioni artistiche, secondo una filosofia di vita basata sulla bellezza per la bellezza, e viaggiando per il mondo intero. Studiò arte a Parigi anche se divenne fotografa professionista. Era senza dubbio la candidata perfetta per sposare Gianni Agnelli. La loro unione diede inizio alla leggenda di entrambi.

Il 9 giugno 1954, sette mesi dopo il matrimonio, a New York, venne alla luce il loro primogenito Edoardo e, un anno più tardi, nacque una bambina che chiamarono Margherita. Mentre il fotografo Richard Avedon immortalava Marella come una delle donne più belle del mondo, Gianni abbandonava il ruolo del dongiovanni per assumere quello di padre e marito, lasciando perdere i suoi presunti idilli con Jacqueline Kennedy o Silvia Monti, tanto per citare solo quelli più chiacchierati. La coppia viveva nel lusso tra Manhattan, la Corsica, Capri, Portofino, Roma, Parigi, perché Gianni non era pronto per assumere la responsabilità per la quale era nato: essere presidente della Fiat. Del resto, non era ancora necessario, poiché il vecchio Vittorio Valletta dirigeva la società con grande successo.

Nel 1957 Valletta ebbe l'incarico di lanciare quella che sarebbe diventata la vettura più famosa della Fiat, la nuova 500, il Cinquino, figlio dell'amata Topolino. Il progetto era nato nel 1951 quando, partendo da questa macchina, l'ingegner Dante Giacosa e Vittorio Valletta iniziarono a concepire l'idea di una vettura leggera, grande abbastanza da trasportare quattro passeggeri, ma che costasse il meno possibile. Quattro anni più tardi, nacquero i primi prototipi della Fiat 600 che pesava sei quintali, aveva il motore montato posteriormente, raggiungeva la velocità di novanta chilometri orari e sviluppava una potenza di diciannove cavalli. Ebbe grandissimo successo in tutte le versioni prodotte e con tutti i nomi che le furono dati. Dopo un accordo con i rappresentanti di Torino, nell'aprile 1967, la fabbrica Seat, nella Zona Franca di Barcellona, sfornò la versione spagnola: *el Seiscientos*, uno dei simboli dello sviluppo del paese negli anni Sessanta.

L'infaticabile Vittorio Valletta rimase al vertice della Fiat per vent'anni e quando giunse il suo ottantatreesimo compleanno riconobbe che era giunto per lui il momento di andare in pensione. Nel 1966 lasciò il suo incarico alla Fiat e fu nominato senatore a vita dal presidente della Repubblica, Giuseppe Saragat.

Esempio di potere ed eleganza

Dopo una gioventù da playboy dedito unicamente alla vita mondana, Gianni divenne un uomo dalle abitudini stabili e dedito alla famiglia. Ciò nonostante, quando il 30 aprile 1966, all'età di 45 anni, annunciò la sua decisione di assumere la presidenza della società, la maggior parte degli azionisti si domandò se l'affascinante dongiovanni sarebbe stato in grado di guidare con successo la società più importante d'Italia, nonché la quinta fabbrica automobilistica del mondo. Il fratello di Gianni, Umberto, era dirigente della filiale francese dall'anno precedente ed era anche stato presidente della Juventus dal 1956 al 1961.

Gianni prese nelle sue mani le redini degli affari di famiglia quando l'Italia stava vivendo il boom economico e la Fiat era una grande società internazionale. Alla morte del suo fondatore, nel 1945, la fabbrica produceva 3260 automobili all'anno ma nel 1966 ne produceva una quantità superiore in un solo giorno. Inoltre, il gruppo Fiat possedeva miniere, industrie siderurgiche e impianti di montaggio dal Pakistan al Brasile. Aveva aperto una fabbrica persino in Unione Sovietica, in piena Guerra Fredda, un evento a cui Gianni Agnelli prese parte di persona, dato che «era uno splendido ambasciatore dell'industria automobilistica italiana nonché un ambasciatore di buona volontà dell'Italia nel mondo» dice Tony Spiva, professore di Economia presso l'Università del Tennessee a Knoxville (Stati Uniti).

Con l'immancabile abito gessato, grigio scuro o blu navy, il suo nome e il suo carisma erano sinonimo di eleganza. Il suo stile, come il portare l'orologio sopra al polsino della camicia o l'abbinare stivaletti di camoscio a giacche dal taglio perfetto, fu imitato in tutta Italia. Non solo: la sua mania di portare l'orologio sopra al polsino «obbligò» le principali camicerie italiane a inserire nell'assortimento capi con piccoli passanti che permettessero di sistemare l'orologio in modo tale che non toccasse la pelle. «Il suo volto etrusco, da sfinge, la bocca diritta, le labbra sottili, il sorriso al tempo stesso virile e femmineo, i grandi occhi penetranti lo rendevano molto attraente. Ovunque andasse si trovava immediatamente al centro dell'attenzione dei presenti» commenta Marco Ferrante.

La proiezione nazionale e internazionale di questo milionario illuminato non conosceva limiti. Personalità come John F. Kennedy,

Rockefeller, Henry Kissinger, Truman Capote, Katharine Graham (la proprietaria del «Washington Post») e Andy Warhol (che, ovviamente, ritrasse sia lui sia sua moglie) divennero buoni amici dell'Avvocato. Tra le sue frequentazioni c'erano Tito, De Gaulle, Arafat, la regina Elisabetta, Castro e Chruščëv.

In quel periodo, il sogno degli Agnelli per la Fiat era quello di aumentare la quota di mercato e diventare i terzi produttori mondiali di automobili, dopo la General Motors e la Ford. Per questo acquistarono altri marchi italiani: comprarono l'Autobianchi nel 1967, la Lancia nel 1969 e un pacchetto maggioritario della Ferrari, battendo la Ford che intendeva comprare il marchio. Superando tutte le previsioni, in un paio d'anni la Fiat divenne il terzo produttore mondiale di automobili, scalzando nientemeno che la Volkswagen. Gianni Agnelli decise in seguito di acquistare la Citroën, un affare che gli costò miliardi e che servì soltanto a migliorare la situazione finanziaria della società francese che si trovava sull'orlo del fallimento. Il sodalizio durò poco, perché nel 1973 Fiat e Citroën si separarono.

In quegli anni, il suo principale problema era costituito dalla struttura dirigente rigida e antiquata con cui aveva a che fare e che quindi decise di cambiare. La Fiat continuava a essere un'istituzione di tipo piramidale. Insieme con suo fratello Umberto, cercò di creare unità imprenditoriali separate, indipendenti l'una dall'altra. Fu un processo molto lungo, perché la vecchia guardia della direzione vi si opponeva. Impegnata nella battaglia organizzativa, la Fiat iniziò a restare indietro. «Non riuscivano a modernizzare le fabbriche e producevano automobili "così così"» spiega l'economista Tony Spiva.

Lo strano socio libico

A mano a mano che la reputazione delle automobili Fiat peggiorava, le vendite si riducevano. Inoltre, in quel periodo, i comunisti avevano preso il controllo dei sindacati italiani e bloccavano continuamente la produzione. La pace sociale all'interno delle fabbriche non era possibile e le leggi praticamente impedivano il licenziamento dei lavoratori che si dichiaravano in sciopero. Proprio quando sembrava che la situazione economica della Fiat non potesse peggiorare ancora, ci fu un'ulteriore complicazione. Spiega Tony Spiva: «Nel 1974, l'OPEC portò il prezzo del barile di petrolio, che allora era di due dollari e mezzo, prima a dodici dollari e mezzo e poi a trentacinque. In Italia il prezzo della benzina crebbe vertiginosamente e le vendite della Fiat crollarono». Nei primi mesi del 1974 si registrò una riduzione che arrivò al quaranta per cento mentre i costi di produzione non facevano che aumentare.

Nel 1975 Agnelli cedette ai leader sindacali e garantì un aumento salariale del venti per cento per i lavoratori. «Disgraziatamente, proprio allora l'inflazione in Italia salì al venti per cento e il risultato fu che gli stipendi continuavano a essere troppo bassi. Per questo motivo, i sindacati proseguirono le loro rivendicazioni e l'aumento dei costi portò la Fiat sull'orlo della chiusura» dice Spiva.

In quello stesso anno, la figlia Margherita, di 19 anni, si sposò con l'attraente e brillante Alain Elkann, figlio del capo della comunità ebraica di Parigi. La coppia andò a vivere a New York e nei quattro anni successivi ebbe tre figli: John, Lapo e Ginevra. Successivamente si trasferirono a Londra.

Erano anni in cui la società traballava. La Fiat aveva finito le sue riserve e aveva un disperato bisogno di denaro. Agnelli incontrò i rappresentanti di un investitore che possedeva una grande ricchezza in petrodollari: Muammar Gheddafi, massima autorità della Libia, già colonia italiana. Nel 1976, la Lybian Arab Foreign Bank fece il suo ingresso nel capitale Fiat acquistando il dieci per cento della società, nonostante il fatto che Gheddafi fosse considerato uno dei principali finanziatori del terrorismo internazionale. Tale mossa risultò sconcertante e gli italiani rimasero alquanto perplessi. Persino il quotidiano degli Agnelli si mostrò critico al riguardo. «"La Stampa" lanciò un attacco satirico contro il colonnello Gheddafi, il quale disse ad Agnelli che se non avesse licenziato il direttore del giornale avrebbe ritirato il suo denaro. Al che Agnelli rispose: "Io decido cosa fare con il mio giornale e lei decide cosa fare con il suo petrolio. Se vuole andarsene, arrivederci". Gheddafi non ritirò il suo investimento e rimase nella Fiat» racconta Vittorio Zucconi. La società aveva un bisogno disperato dei 450 milioni di dollari apportati da Muammar Gheddafi. «Era l'unica offerta di investimento nella Fiat che avevamo [...]. Gli arabi avevano molto denaro e a noi serviva» dichiarò Agnelli. Ma il socio che si era presentato nelle vesti di salvatore sarebbe presto costato una fortuna alla Fiat.

Verso la metà degli anni Settanta, attivisti delle Brigate Rosse e di

Prima Linea, gruppi terroristi d'ispirazione marxista, si infiltrarono nelle fabbriche degli Agnelli e cercarono di smantellare quello che definivano «lo Stato imperialista delle multinazionali», di cui la Fiat era il simbolo visibile. «Nel 1978, le Brigate Rosse sequestrarono il presidente della Democrazia Cristiana, Aldo Moro, il politico più potente d'Italia. Le sue guardie del corpo furono uccise e lui fu tenuto sotto sequestro per cinquantacinque giorni, senza che nessuno riuscisse a scoprire dove fosse. Infine, fu ritrovato morto, ucciso con un colpo di pistola alla nuca, nel bagagliaio di un'automobile, vicino alla sede del suo partito» ricorda Vittorio Zucconi. L'Italia era paralizzata dalla paura. Il terrorismo faceva stragi anche all'interno della società: le Brigate Rosse ferirono ventisette dirigenti Fiat e ne uccisero quattro. Naturalmente, i componenti della famiglia Agnelli erano terrorizzati: si spostavano solo su automobili blindate e assoldarono un piccolo esercito di guardie di sicurezza. A quell'epoca i fratelli Gianni e Umberto diedero dimostrazione di integrità e, pur essendo chiaramente nel mirino dei terroristi, si rifiutarono di lasciare Torino.

Esistevano, inoltre, solidi indizi del fatto che alcuni dei lavoratori della fabbrica erano responsabili degli attacchi e cercavano di creare situazioni di ingovernabilità ricorrendo a sabotaggio, boicottaggio, violenza, attentati, che né i sindacati né i dirigenti potevano frenare. La società, però, non poteva licenziarli. «Il governo italiano aiutò la Fiat per almeno quarant'anni, o emanando leggi speciali che favorivano la produzione di automobili, o finanziando la costruzione di nuove fabbriche. Lo Stato, però, non poteva permettere che si licenziassero i lavoratori, perché questi avrebbero votato contro il governo. Fu per questo che si approvarono leggi in base alle quali per la Fiat era più difficile licenziare i propri dipendenti» chiarisce Zucconi. Non a caso, il gruppo Fiat era la maggiore fonte di impiego privato in Italia.

Pugno di ferro contro il terrorismo industriale

Il 21 settembre 1979, un noto dirigente Fiat fu assassinato mentre faceva colazione in un bar di Torino. Con o senza le leggi, Gianni Agnelli decise unilateralmente, e senza riconoscere alcun diritto di discussione al sindacato dei metalmeccanici (il più forte del paese), che era giunto il momento di prendere misure drastiche. Affermando che esistevano prove irrefutabili di «terrorismo industriale» fece licenziare settantanove lavoratori accusandoli di «violenza morale e materiale», scelta che non aveva precedenti nel mondo lavorativo italiano.

La direzione Fiat agì in modo energico, lasciando da parte il sindacato che accusava di non essere stato in grado di scoprire e isolare la minoranza radicale. I rappresentanti sindacali criticarono «il metodo» di espellere i lavoratori, ma rimasero impotenti riguardo alle prove di colpevolezza che l'Avvocato presentò al Tribunale del Lavoro. Poco dopo, il governo seguì l'esempio e incarcerò migliaia di esponenti della sinistra radicale. Gli omicidi dei dirigenti della Fiat cessarono.

All'inizio del 1980, la società doveva sostenere costi di manodopera enormi e i dirigenti sindacali continuavano a lottare per ottenere aumenti salariali. La Fiat doveva ridurre il numero di dipendenti. Si elaborò un piano di rallentamento della produzione che prevedeva la sospensione temporanea di ventiquattromila lavoratori. I sindacati, dopo lunghe trattative, dichiararono lo sciopero generale. I lavoratori fedeli all'azienda erano però disperati: avevano bisogno che la catena di produzione tornasse a funzionare per poter guadagnare e mantenere le loro famiglie. Quarantamila lavoratori Fiat marciarono per le strade di Torino in una grande manifestazione contro i sindacati, chiedendo di poter tornare al lavoro. «Gridavano: "Non ne possiamo più, vogliamo ricominciare a lavorare". Quella fu la fine dell'onnipotenza dei sindacati della Fiat» ricorda Vittorio Zucconi. La manifestazione provocò un completo cambiamento dell'opinione pubblica. Nacquero una nuova epoca e un modo nuovo di concepire i rapporti di lavoro tra l'impresa e i sindacati, che furono costretti ad accettare il fatto che la Fiat aveva vinto la battaglia. In questo modo si chiuse definitivamente la porta del terribile periodo degli anni Settanta.

La libertà di poter ricorrere ai licenziamenti era proprio ciò di cui la Fiat aveva bisogno per poter tornare in attivo. A metà degli anni Ottanta, il numero di lavoratori era diminuito ma la produzione era cresciuta. Le catene di montaggio erano controllate da robot e i nuovi modelli si vendevano bene. La Fiat era tornata a prosperare con la produzione di automobili, macchinari pesanti, treni e perfino dotazioni militari altamente tecnologiche. Inoltre, sotto la presidenza di Gianni Agnelli, l'impresa diversificò il rischio, e investì in energia, telefonia, editoria, turismo, assicurazioni, aviazione, servizi finanziari e così via.

Gianni Agnelli era all'apice del successo e pareva in grado di manipolare non soltanto l'opinione pubblica, ma anche il governo italiano. Aveva ottimi rapporti con tutti i primi ministri europei, con la Casa Bianca, con il Pentagono e con Mosca. Chi lo conosceva, dai suoi più stretti collaboratori ai suoi avversari, lo considerava un uomo straordinario, opinione condivisa anche dal grande pubblico che vedeva in lui quell'aura che circonda i «grandi della Terra». Agnelli aveva però una spina nel fianco, ed era il socio investitore Muammar Gheddafi.

A metà degli anni Ottanta, Gianni Agnelli era interessato a partecipare al programma «Guerre stellari» proposto da Ronald Reagan nel 1983. Lo scopo di questa *Strategic Defense Initiative* era quello di difendere gli Stati Uniti da un attacco nucleare a opera di missili balistici intercontinentali. L'Avvocato sperava di ottenere contratti militari redditizi per la Fiat. Ma c'era un ostacolo: gli Stati Uniti non avrebbero trattato con un socio di Muammar Gheddafi, da loro accusato di essere un finanziatore di atti terroristici.

Il 27 dicembre 1985 ebbe luogo una tragedia di proporzioni spaventose: quattro terroristi arabi, armati di kalashnikov e granate di fabbricazione sovietica, seminarono il panico nell'aeroporto di Fiumicino assassinando indiscriminatamente sedici persone e ferendone altre novantanove al banco della compagnia aerea israeliana El Al. Quasi contemporaneamente, a Vienna, altri tre terroristi di un commando suicida massacrarono tre passeggeri austriaci in attesa della carta d'imbarco. Immediatamente si rivolsero accuse alla Fiat per i suoi rapporti con il mondo arabo. La Libia dichiarò di non avere alcuna responsabilità per tali atti, ma appoggiò i terroristi.

Il valore delle azioni della società era molto alto e disfarsi di Gheddafi sarebbe costato molto caro. Gianni Agnelli chiese aiuto a Mediobanca. «Al pubblico si disse che l'operazione si sarebbe realizzata a vantaggio del governo italiano ma, in realtà, fu condotta a vantaggio del settore privato e chi ne trasse il maggiore beneficio fu la famiglia Agnelli» dice Tony Spiva. Con un miliardo di dollari di Mediobanca e con il denaro investito da una banca tedesca, Gianni Agnelli comprò la quota di Gheddafi, che guadagnò moltissimo dalla vendita. «Aveva comperato le azioni per 450 milioni di dollari e le vendette per tre miliardi e cento milioni. Anche tenendo conto dell'inflazione, Gheddafi guadagnò moltissimo da questa operazione» continua Spiva.

Quello stesso anno, Agnelli riuscì a ottenere che il governo italiano vendesse alla Fiat il prestigioso marchio Alfa Romeo, di proprietà dello Stato, battendo sul tempo la General Motors, anch'essa interessata all'acquisto. «La posizione di Agnelli era: "Ciò che vogliamo, noi l'otteniamo, perché ciò che è un bene per noi è un bene per l'Italia"» dice David Landes, storico e docente all'Università di Harvard, autore di *Dinastie. Fortune e sfortune delle grandi aziende famigliari.* Successivamente, Agnelli comperò anche la Lancia e la Maserati, in un inarrestabile tentativo di schiacciare la concorrenza.

Il figlio che non avrebbe mai ereditato

Nonostante il successo professionale, l'ammirazione di tutti e la grande capacità negli affari, c'erano alcuni aspetti della vita personale che Gianni Agnelli non era in grado di controllare, tra questi il rapporto con il figlio Edoardo, suo erede naturale. «Con un atto di ribellione, Edoardo rifiutò dello stile di vita paterno tutto ciò che considerava materialismo. Era più interessato al misticismo che alla fabbricazione di automobili. Si laureò in Letteratura moderna e Filosofia orientale all'Università di Princeton, non partecipò mai agli affari di famiglia e si dice addirittura che si fece musulmano» dice il giornalista Mark Seal.

Edoardo scelse una posizione di sfida e rifiutò la sua parte di azioni, voltando le spalle alla fortuna che gli spettava per diritto di nascita. L'unico incarico che ricoprì fu quello di dirigente della Juventus, già allora una delle squadre più premiate del mondo. Si trovava sul campo di calcio di Bruxelles, in occasione della finale della Coppa dei Campioni 1985, disputata tra Liverpool e Juventus, quando una parte dello stadio di Heysel crollò causando la morte di trentanove persone e il ferimento di altre seicento.

Edoardo si dichiarava pacifista, antimilitarista, mistico, poeta... e viaggiò per tutto il mondo – tra l'altro in India, Tibet, Iran, Afghanistan, Africa – con il proposito di aiutare i giovani tossicodipendenti a liberarsi dalle droghe, difendendo l'efficacia della liberalizzazione del commercio degli stupefacenti, dopo avere vissuto quel calvario in prima persona. Nel 1990, però, Edoardo fu arrestato in Kenya con l'accusa di essere in possesso di trecento grammi di cocaina. Rimesso in libertà molto presto, per mancanza di prove, fece rientro a casa. Il suo avvocato sostenne che si era trattato di una trappola architettata da un gruppo di speculatori e da alcuni poliziotti kenioti. Certo è che tutti temevano che non sarebbe mai stato pronto per sopportare il peso dell'enorme responsabilità a cui era stato predestinato, soprattutto ogni volta che dichiarava che un giorno, a Torino, nella Fiat, «invece di produrre automobili si sarebbero coltivati fiori».

Edoardo era uno scapolo malinconico e fragile, privo del talento imprenditoriale che sarebbe stato necessario per l'impero torinese. Gianni Agnelli capì che suo figlio non sarebbe mai potuto diventare presidente della Fiat e, nell'estate del 1983, scelse come suo successore Giovanni Alberto Agnelli, detto «Giovannino», primogenito del fratello Umberto e della sua prima moglie Antonella Bechi Piaggio. Nato a Milano nel 1964, fin da giovane si fece notare per una frase piuttosto insolita tra i figli del jet set: quando a 29 anni Giovannino entrò nel consiglio direttivo della Fiat disse che «aveva messo un piede nella porta». Si era stabilito che nel 2000 sarebbe diventato presidente della società, rappresentante della quarta generazione della saga famigliare e terzo a sedersi sul «trono» della dinastia degli industriali più potenti d'Italia dopo il fondatore – il bisnonno Giovanni – e lo zio Gianni, che lo preparò per la successione, in un momento particolarmente difficile.

Il fatto è che dal 1990 la recessione mondiale stava colpendo duramente la Fiat, causando una diminuzione della vendita delle sue auto. Inoltre la società doveva fare i conti con l'enorme sfida dei cambiamenti della dinamica del mercato introdotti dall'Unione Europea. «L'abolizione dei diritti doganali stabilita dal mercato comune europeo cambiava il contesto competitivo e le azioni della Fiat continuavano a perdere valore» afferma Tony Spiva. Come se questo non fosse sufficiente, il risveglio dell'industria automobilistica asiatica e la globalizzazione ridussero la presenza dell'azienda.

Nel 1996, dopo più di trent'anni alla guida della Fiat, il settantacinquenne Gianni Agnelli si ritirò dagli affari per diventare presidente onorario. Negli anni in cui aveva diretto il gruppo, era riuscito a trasformare la Fiat in un impero di 569 società, e il tutto mantenendo sempre alti i valori tradizionali della famiglia. «Lasciava la strada libera al suo nipote prediletto Giovanni Alberto, Giovannino, descritto come il più illuminato e più americanizzato degli Agnelli» come dice il biografo Alan Friedman. Giovannino, formatosi negli Stati Uniti, aveva già dato prova del suo talento imprenditoriale quando dirigeva il gruppo Piaggio, società della famiglia materna, produttrice della famosa Vespa, che lui trasformò completamente recuperandone il prestigio nel settore motociclistico. Nel 1995, ancora in periodo di formazione, lavorò per alcuni mesi presso la sede spagnola della Vespa.

Giovannino, però, prima di assumere il comando della Fiat, si ammalò gravemente. Nell'aprile 1997, quella che lui pensava fosse una peritonite si rivelò una rara forma di cancro allo stomaco. Il 16 novembre 1996 si era sposato con Avery Howe, e da questa unione nacque Virginia, appena in tempo perché suo padre potesse conoscerla. Il 13 dicembre, quando aveva soltanto 33 anni, Giovannino morì. Il delfino non sarebbe mai diventato re. L'ex «bambino Piaggio», come lo chiamavano alcuni giornali italiani, fu una meteora nella storia imprenditoriale della famiglia.

Le disgrazie continuano

Gianni Agnelli non poté far altro che cercare un nuovo erede. Una scelta sbagliata avrebbe potuto compromettere il futuro della Fiat, che in quel momento sembrava sul punto di affondare. Nel frattempo, scelse Cesare Romiti come presidente per un anno e poi lo sostituì con Paolo Fresco. Ciò nonostante, per mantenere la società sotto il controllo della famiglia, era di vitale importanza trovare un Agnelli con il talento necessario per dirigerla. Il figlio di Gianni, Edoardo, era già stato scartato. Un'alternativa avrebbe potuto essere Andrea, anche lui figlio del fratello Umberto che, dopo avere divorziato da Antonella Bechi Piaggio, dalla quale aveva avuto il defunto Giovanni Alberto, si era sposato nel 1974 con Allegra Caracciolo di Castagneto (prima cugina di sua cognata Marella Agnelli) dalla quale, oltre ad Andrea, ebbe una figlia, Anna. Andrea, che lavorava nel gruppo, era stimato professionalmente dai suoi collaboratori e portava il cognome della dinastia. Alla successione, però, potevano aspirare anche i maschi tra gli otto figli della figlia Margherita, poetessa e pittrice per vocazione: i due maggiori, John e Lapo, nati dal suo primo matrimonio con Alain Elkann, oppure il giovanissimo Pietro, figlio del secondo matrimonio con il conte russo Serge von der Pahlen. Il maggiore, John (soprannominato Yaki in famiglia), disciplinato, riservato e serio, aveva il potenziale per dirigere gli affari di famiglia. Il nonno riteneva che fosse il candidato migliore e a due sole settimane dalla morte di Giovannino, rese nota la sua scelta.

John Elkann ha studiato al Politecnico di Torino, laureandosi in ingegneria con il massimo dei voti. Ha trascorso all'estero l'infanzia e buona parte dell'adolescenza, vivendo negli Stati Uniti, in Brasile, Svizzera e Francia (per cui, oltre all'italiano, parla correntemente inglese, francese e portoghese), quando ancora nessuno immaginava che sarebbe diventato il «principe ereditario» degli Agnelli.

Dopo la formazione a New York, dove aveva lavorato per la General Electric, nel 1997 Gianni Agnelli diede al giovane ventunenne un posto nel consiglio d'amministrazione della Fiat. Il patriarca, che pensava di ritirarsi parzialmente dagli affari, voleva averlo vicino a sé per insegnargli il mestiere, così come suo nonno aveva fatto con lui. Ma stava per accadere un'altra tragedia.

Il 15 novembre 2000, Edoardo, figlio di Gianni, salì a bordo di un'automobile e guidò fino a sud di Torino dove si lanciò da un viadotto dell'autostrada Torino-Savona, in un punto noto come «il ponte dei suicidi». La vettura, una Fiat Croma, fu ritrovata abbandonata sull'autostrada. Il corpo di Edoardo fu ripescato nel fiume sottostante: sotto a un abito di fustagno marrone, indossava un pigiama turchese. Gianni Agnelli si recò sul luogo in elicottero e si trovò di fronte il cadavere del figlio. La polizia stabilì che si era trattato di suicidio. Gianni e Marella, profondamente addolorati, seppellirono il loro unico figlio maschio nella cappella di famiglia a Villar Perosa.

Edoardo non aveva lasciato nessun biglietto d'addio prima di suicidarsi e sorsero dubbi sul motivo del suo gesto. L'anno successivo, un documentario della televisione iraniana affermò che era un «martire sciita», vittima di un complotto sionista messo in atto per evitare che un musulmano fosse a capo della Fiat, nonostante il fatto che lui non avrebbe ereditato la società. Era un chiaro attacco nei confronti dei cugini Elkann di origine ebraica. Stando a quanto pubblicò il «Corriere della Sera», che attribuiva l'informazione a fonti iraniane, Edoardo Agnelli avrebbe incontrato varie volte l'ayatollah Khomeini nella città santa di Qom e a Teheran, per trascorrere il venerdì di preghiera. «Quando Edoardo Agnelli saltò dal ponte di

Fossano, il 15 novembre 2000, i fondamentalisti iraniani costruirono questa teoria. Non è altro che una leggenda metropolitana» scriveva il giornalista Francesco Battistini.

Cambio di guardia nella direzione

Nel 2002, la Fiat stava precipitando verso una catastrofe indotta da una sua crisi interna che precedette la crisi economica mondiale e che le causò ingenti perdite. «Nessuno pensava che la Fiat si sarebbe ripresa» afferma il giornalista Salvatore Tropea. Le cifre ufficiali indicavano che il gruppo aveva perso quasi 800 milioni di euro. La famiglia si vide obbligata a vendere diverse attività, comprese le partecipazioni in Club Med, Château Margaux (il principale produttore di vini Bordeaux) e nella casa editrice Rizzoli. Anche così, soltanto un prestito di tre miliardi di euro l'avrebbe salvata dalla bancarotta. Curiosamente, il vecchio socio Gheddafi, nel 2002 comperò una partecipazione del sette e mezzo per cento nella Juventus, pagando 21 milioni di dollari, attraverso la Lafico (Libyan Arab Investment Company), ma era impensabile che tornasse al capitale della Fiat. Fu allora che Gianni Agnelli scoprì di avere un cancro alla prostata.

Il 24 gennaio 2003 morì nella sua casa di Villar Perosa, lasciando un gruppo imprenditoriale responsabile di circa il cinque per cento del prodotto interno lordo dell'Italia e un paese con la più alta percentuale di proprietari di automobili di tutta l'Europa. Il giorno dopo la sua morte, il corpo fu trasferito nell'antica fabbrica del Lingotto, ora trasformato in centro culturale e museo (Gianni Agnelli era un grande collezionista d'arte e possedeva opere di Delacroix, Klimt, Matisse, Picasso, De Chirico, Canaletto, Giacometti, Balthus, ecc.), dove si allestì la camera ardente e più di centocinquantamila persone sfilarono per rendergli omaggio. Lavoratori della Fiat, uomini d'affari, stelle dello sport e leader sindacali si recarono a dare l'ultimo saluto all'Avvocato. Gli si tributarono onori generalmente riservati ai capi di Stato. In Italia si dichiarò una giornata di lutto nazionale. Il papa e il presidente del consiglio ne tesserono gli elogi, e tutti lo ricordavano come un uomo con la passione per gli affari, lo sport, l'arte e le belle donne. «Era il re di una società che aveva bisogno di una figura carismatica che occupasse il posto della famiglia reale che non avevamo. Agnelli fu capace d'incarnare l'"italianità"» commenta Marco Ferrante.

Due mesi dopo la scomparsa di Gianni, e dopo le dimissioni di Paolo Fresco, il fratello Umberto, che dai primi anni Settanta era il «numero tre» della società, assunse la presidenza per guidare il gruppo fino a quando il giovane John Elkann non sarebbe stato pronto per farlo in prima persona. Disgrazia volle che tale momento non si facesse attendere a lungo. A poco meno di un anno di distanza, Umberto Agnelli decise di interrompere la pesante terapia a cui si sottoponeva per combattere il cancro e morì il 28 maggio 2004, all'età di 69 anni. In linea con lo stile discreto che lo aveva contraddistinto negli anni vissuti all'ombra del brillante fratello maggiore, l'addio a Umberto fu più sobrio. Anche in questa occasione la camera ardente fu allestita all'interno del Lingotto e il corpo fu poi tumulato nella cappella di famiglia a Villar Perosa, accanto a una lunga lista di Agnelli già scomparsi.

In un arco di tempo di quindici mesi, Umberto, con l'aiuto dell'amministratore delegato Giuseppe Morchio, era riuscito a ridurre le perdite e l'indebitamento della società. Umberto sarebbe stato il protagonista della ripresa della Fiat, ma la vita non gli concesse il tempo sufficiente per farlo e, morendo, lasciò orfani i suoi discendenti in un momento particolarmente delicato per il gruppo Fiat, su cui incombeva la minaccia che la General Motors acquisisse l'ottanta per cento di Fiat Auto di cui possedeva già il venti per cento. Si doveva inoltre restituire alle banche il prestito di tre miliardi di euro concesso nell'estate 2002, prestito che aveva permesso alla società di riprendersi parzialmente. Nel caso in cui il prestito non fosse stato restituito, il 20 settembre 2005 le banche avrebbero potuto convertire l'importo in azioni del gruppo e, se questo fosse avvenuto, la Fiat non sarebbe più stata proprietà della famiglia Agnelli.

Chi avrebbe preso le redini della gigantesca società? Erano gli Agnelli, che possedevano più del quaranta per cento della Fiat, a dover decidere quale strada seguire. Le opzioni erano tre: continuare a tenere Giuseppe Morchio come amministratore delegato; eleggere uno dei collaboratori più anziani della famiglia alla carica di presidente, per una «reggenza» temporanea; o puntare direttamente sull'erede nominato dall'Avvocato, John Elkann, che non portava neppure il cognome di famiglia.

Come successore di Umberto Agnelli fu scelto Luca Cordero di Montezemolo, presidente della Ferrari e di Confindustria. John

Elkann, ventottenne, fu nominato vicepresidente e rappresentante legale della società Giovanni Agnelli & Company (la holding attraverso la quale la famiglia controlla la società automobilistica), vale a dire che fu scelto come voce del clan e futuro patriarca. Le azioni del gigante automobilistico crollarono alla Borsa di Milano in risposta all'«urgenza» della nomina di Montezemolo e, soprattutto, alle inaspettate dimissioni di Giuseppe Morchio, l'allora amministratore delegato, artefice della ripresa della società e principale candidato alla sostituzione dell'ultimo patron della Fiat.

Nel 2004, quindi, l'introverso, metodico e inesperto erede assunse parte della guida di una società sull'orlo del collasso. A suo fratello Lapo, estroverso, loquace e iperattivo, fu assegnato un posto nel consiglio d'amministrazione con il compito di promuovere il marchio Fiat nel mondo. I due fratelli ventenni avrebbero lavorato insieme. Il maggiore, John, avrebbe avuto l'incarico più importante e l'altro lo avrebbe affiancato. Ma «la società era sul punto di fallire, le banche avrebbero potuto rivendicare le azioni e appropriarsi della Fiat. Non esisteva alcun modello di conduzione degli affari, era un caos assoluto» dice Marco Ferrante. Nel tentativo di salvare l'impresa di suo nonno, John affidò la direzione e la riorganizzazione della Fiat a Sergio Marchionne, italiano di nascita ma formatosi in Canada. Si modificarono alcuni modelli, si chiusero alcune delle vecchie fabbriche, si modernizzarono i sistemi di produzione e si ridussero manodopera e costi. «Rivoluzionò le cose e riuscì a realizzare il famoso cambiamento, qualcosa che nessuno si aspettava» aggiunge Ferrante.

Intelligente, discreto, raffinato, amante dell'arte e della letteratura come i suoi genitori, John Elkann sembrava possedere le qualità necessarie per ricoprire con successo il suo nuovo ruolo e fare onore alla sua stirpe. Il nonno gli aveva inculcato non soltanto la passione per la Juventus, ma anche la devozione per la Ferrari, il senso di responsabilità verso la famiglia e la coscienza di un leader. «Mio nonno credeva che la leadership è consenso. Ha sempre ottenuto l'appoggio della famiglia, dei soci e della comunità. Credeva che leader è colui che riesce a ottenere il meglio dalle persone che lo circondano» afferma John Elkann.

Mentre John si occupava della nuova strategia imprenditoriale, il fratello minore, Lapo, si dedicava a promuovere il marchio e risollevava l'immagine della società lavorando al lancio del modello Grande Punto e contribuendo a far sì che, dopo decenni, la Fiat tornasse di moda. La società famigliare era in attivo per la prima volta dal 2000.

A differenza dei fratelli, la sorella minore, Ginevra, è vissuta sempre lontana dall'attività di famiglia e si è dedicata al mondo del cinema. Dopo avere studiato regia cinematografica presso la London Film School, ha lavorato con Bernardo Bertolucci al film *L'assedio* (1998) e come assistente di Anthony Minghella in *Il talento di Mr Ripley* (1999).

Compiuti i 26 anni, tre mesi dopo la morte di suo zio e predecessore al «trono», John si è sposato, proprio come il nonno, con una donna aristocratica, la principessa Lavinia Borromeo, con una cerimonia fastosa che è l'unico evento pubblico attualmente noto che lo coinvolge. La cerimonia ha avuto luogo il 22 agosto 2004, sull'Isola Madre, la più grande delle isole Borromee sul lago Maggiore, proprietà della famiglia di lei. Tra gli invitati c'erano Henry Kissinger, Silvio Berlusconi e Elle McPherson. Nell'agosto 2006 è nato il loro primogenito, a cui hanno dato nome Leone. Il secondo figlio, Oceano, è nato nel novembre 2007.

Il problema di possedere tanta ricchezza

Il sodalizio dei fratelli Elkann si ruppe nel 2005, quando Lapo fu ricoverato in overdose all'ospedale Mauriziano di Torino. Si salvò grazie all'aiuto del transessuale Patrizia, ma dovette lasciare il suo posto alla Fiat ed entrare in un centro di disintossicazione in Colorado (Stati Uniti). Successivamente si trasferì a New York e aprì due aziende: Italia Independent, per la produzione di occhiali da sole e articoli da viaggio, e l'agenzia pubblicitaria Independent Ideas.

Attualmente scapolo, non si hanno notizie di fidanzate ufficiali. «Lezione numero uno: quando si parla di donne, significa che non si combina niente. Lezione numero due: meno si parla di loro, meglio è» ha dichiarato in un'intervista nel giugno del 2008. Ha una casa a Manhattan, una a Milano e una a Parigi e si dice che, pur se non è parte della direzione della società, le sue opinioni continuino ad avere influenza sulla Fiat. È stata sua, ad esempio, l'idea di ridisegnare la Fiat 500. «La nuova Cinquecento è forse la scommessa più grande che la Fiat abbia mai fatto. Si è trasformata in un'icona, come il Maggiolino della Volkswagen» dice Zucconi.

Nel 2007 la Fiat 500 fu lanciata con una grande celebrazione, risultata utile sia per la promozione dell'auto sia per il ritorno della società sulla scena mondiale. L'utilitaria fu un gran successo. Il valore delle azioni, che era sceso a tre euro, risalì più del seicento per cento. La Fiat, l'industria italiana per eccellenza, era risorta. «Gli Agnelli sono stati la famiglia più importante del capitalismo italiano. Hanno occupato una posizione dominante e culturalmente egemonica, e sono stati un simbolo sociale di portata incredibile. Ora hanno voltato pagina e guardano al futuro» commenta Ferrante.

La situazione in seno alla dinastia, però, non era idilliaca. Certo, l'incubo di Gianni Agnelli che l'impero famigliare passasse nelle mani dell'industria automobilistica statunitense non si era avverato. Dopo anni di dura crisi, erano stati gli italiani a comperare attività americane: la Fiat aveva acquistato la Chrysler nel giugno 2009. La società era ora la sesta impresa automobilistica del mondo, con una produzione di 4 milioni e mezzo di veicoli e, grazie all'accordo stipulato, i marchi Fiat, Alfa Romeo e Lancia, dopo quindici anni di assenza dal mercato americano, tornavano alla ribalta. Insieme avrebbero potuto competere su scala mondiale con i loro grandi rivali: il consorzio Renault-Nissan, il gruppo tedesco Volkswagen, l'asiatica Toyota Motor o le americane General Motors e Ford Motor.

Nonostante ciò, a quattro anni dalla morte dell'Avvocato, la presenza degli Agnelli nel gruppo Fiat veniva messa in pericolo dalle cause ereditarie promosse nei tribunali torinesi. Che l'ascesa di John Elkann suscitasse invidia tra i discendenti Agnelli era prevedibile, ma nessuno si sarebbe immaginato che sarebbe stata sua madre Margherita a mettere in crisi la situazione della famiglia. Margherita Agnelli, la figlia ancora viva del patriarca, insieme a sua madre, era l'erede principale dell'Avvocato. Ma a quel momento Margherita non si accontentava dei 109 milioni di euro, delle tenute, del palazzo del XVII secolo, degli altri immobili (compresa la casa di famiglia e i terreni di Villar Perosa), delle numerose opere d'arte e dello yacht accettato nel 2004, quando i conti della società stavano andando in rosso, in cambio della rinuncia alle azioni del gruppo.

Dal 2007 assicurava che l'avevano ingannata, che le avevano tenute nascoste le informazioni sulle reali proprietà di suo padre, che aveva firmato la rinuncia per garantire la pace famigliare... Alcune stime indicavano che, tra società e fedecommessi distribuiti nel mondo dall'Avvocato per occultare il suo patrimonio, c'erano circa tre miliardi di euro: era molto denaro rispetto a quello che lei aveva ricevuto. Denunciava inoltre il fatto che i figli avuti dal secondo matrimonio con Serge von der Pahlen (licenziato senza alcuna considerazione nel 2004 dopo ventidue anni nella Fiat come direttore internazionale) non avevano ricevuto nulla in eredità dal nonno.

Certo è che quando le azioni valevano quattro volte di più del prezzo che avevano al momento in cui lei vi aveva rinunciato, Margherita fece scoppiare la bomba: richiese di essere messa a conoscenza del vero ammontare del patrimonio famigliare e questo per capire chiaramente cosa fosse stato tenuto segreto e quali manipolazioni fossero state messe in atto riguardo alla sua fortuna, posto che non era stata nemmeno presente al momento dell'apertura del testamento del padre. Volle un resoconto contabile chiaro e completo di tutto il denaro, compresi gli investimenti e i beni immobili in Italia e all'estero. Ironicamente, questa azione le ha comportato la perdita di ciò che lei dice essere la cosa più importante della sua vita: la sua famiglia. Da allora è costantemente in lite con i due figli maggiori, con sua madre e con tutto il clan.

Il clan in tribunale

Il 30 maggio 2007, Margherita citò innanzi al tribunale di Torino sua madre, suo figlio maggiore e i tre avvocati che si erano occupati della gestione del testamento di Gianni Agnelli, perché sospettava che suo padre avesse all'estero una fortuna che non era entrata nella ripartizione fatta nel 2004. Le informazioni e le prove furono rese pubbliche sull'edizione statunitense del «Wall Street Journal», per timore che in Italia nessuno venisse messo al corrente della cosa, posto che vari mezzi di comunicazione erano controllati dalla famiglia. Non solo: Margherita minacciò di invalidare l'accordo di successione che aveva messo John alla testa del clan e del gruppo imprenditoriale.

Da quando la guerra famigliare divenne pubblica, Margherita, che in vita sua aveva concesso pochissime interviste, si ritrovò a passare dalle più alte sfere dell'aristocrazia industriale italiana alle pagine delle riviste più scandalistiche (contattò perfino un'agenzia di pubbliche relazioni e comunicazione per avere la massima visibilità) alle quali ha rilasciato succulente dichiarazioni sui tre avvocati che avevano aiutato suo padre a mettere insieme la sua fortuna («Non sono soltanto i guardiani dei beni di mio padre, loro pensano di essere mio padre»), sul controllo che esercitavano su John e Lapo Elkann («Qualcuno tiene in ostaggio i miei figli») e sul maltrattamento psicologico che afferma di avere sofferto («Se non avessi grande forza morale, mi sarei buttata da un ponte come ha fatto mio fratello»).

Mentre il resto dei quasi centosettanta eredi, di cui solo una manciata con il cognome Agnelli, rimaneva in attesa, la vedova Marella Agnelli (che vive una vita tranquilla tra la casa di Torino, quella di Marrakech e quella di Saint-Moritz) e le quattro sorelle ottantenni del defunto patriarca (tra cui Susanna «Suni» Agnelli, ex deputata italiana ed europea, ex ministro degli Affari Esteri, della quale si diceva fosse l'incarnazione dell'autorità morale della famiglia), esprimevano la propria posizione scrivendo personalmente ai giornali italiani. «Siamo totalmente contro di lei. Vogliamo che sappia che nessuna di noi condivide la sua posizione» hanno ribadito le zie a Margherita. Oltre a deplorare «con profonda amarezza» i dubbi che la figlia ha voluto insinuare nei confronti del padre, Marella Agnelli ha scritto: «Puntare un dito accusatore contro i consulenti più leali di mio marito è un gesto d'ingratitudine che offende la rispettabilità di persone che hanno sempre lavorato, e continuano a lavorare, per difendere al meglio gli interessi del Gruppo Agnelli. Non solo. È un atto che va contro la volontà di mio marito Gianni».

Nessuno ha parlato in difesa di Margherita, neppure i suoi figli John e Lapo che, «molto addolorati», hanno criticato duramente il suo intento di dichiarare nullo l'accordo «irrevocabile e senza possibilità di rivendicazioni successive» firmato nel 2004. «Mi sono sempre impegnata per mantenere unita la famiglia, come ho appreso da mio padre, ma non con spirito vendicativo. Sono certa che mio padre sarebbe molto orgoglioso di me» ha dichiarato Margherita all'edizione italiana di «Vanity Fair», assicurando che lei chiede solo che si realizzi un «inventario» chiaro di tutti i beni inclusi nell'eredità, cosa che gli amministratori di Gianni Agnelli non hanno mai fatto. Il controllo della Fiat restava quindi fuori dalla lite.

Il processo ebbe inizio l'11 gennaio 2008, a pochi giorni dal quinto anniversario della morte di Gianni Agnelli, ma fu subito interrotto perché la vedova del magnate sosteneva l'esistenza di un difetto di giurisdizione in quanto l'accordo per la divisione dell'eredità con sua figlia era stato firmato in Svizzera e il processo non poteva pertanto essere celebrato in Italia. Il 28 ottobre 2009, però, la magistratura italiana stabilì che il processo si sarebbe dovuto svolgere in Italia. Nel frattempo, Margherita aveva deciso di cambiare avvocati, visti gli scarsi risultati ottenuti da quelli precedenti nel richiedere al giudice di accettare nuovi documenti che dimostrassero l'effettiva esistenza della fortuna nascosta di suo padre.

I grattacapi degli Agnelli non terminavano lì. Nel maggio 2008, i magistrati torinesi presentavano accuse dirette contro due imprese della holding Agnelli e due vecchi consulenti della famiglia (Gianluigi Gabetti e Franzo Grande Stevens, due dei tre avvocati denunciati da Margherita) ritenuti colpevoli di avere ingannato gli investitori. Erano accusati di non aver rivelato l'accordo per la permuta di azioni con la Merrill Lynch per mantenere il gruppo Fiat sotto il controllo della famiglia. L'accordo era avvenuto prima della transazione realizzata per pagare quel prestito di tre miliardi di euro che dovevano restituire a settembre 2005 e che, secondo la giustizia italiana, comportò la manipolazione del mercato. John Elkann, che compare in pubblico solo in occasione di cerimonie, dovette testimoniare nel processo nel novembre 2009. Alla fine, i due consulenti della Fiat pagarono una multa di diversi milioni ma non furono incarcerati in ragione dell'età avanzata.

Qualunque cosa accada in futuro, il nome Agnelli sarà sempre sinonimo di Fiat e la Fiat incarnerà sempre l'inventiva italiana e la sua capacità di ripresa. «La Fiat» dice Vittorio Zucconi «è il paradigma, la metafora dell'Italia. Quando si pensa che sia completamente finita, risorge. È questo che la rende tanto affascinante.»

Nel maggio 2010, dopo più di quattro decenni d'assenza dai vertici dell'organigramma, la famiglia Agnelli tornò a dirigere la Juventus, quando ne è stato eletto presidente il trentaquattrenne Andrea, secondo figlio di Umberto. La nomina di Andrea, diplomato a Oxford e laureato all'Università di Milano, è stata annunciata dal cugino John Elkann, attuale presidente della Fiat. Umberto Agnelli, padre di Andrea, aveva guidato la squadra dal 1956 al 1962, come avevano fatto suo zio Giovanni dal 1947 al 1954 e suo nonno Edoardo dal 1923 al 1935.

2

I Bronfman

> Non credo sia un bene che in una famiglia
> ci sia un solo leader e gli altri membri,
> come pecore, prosperino sui suoi guadagni.
>
> SAMUEL «SAM» BRONFMAN (1889-1971)

I Bronfman

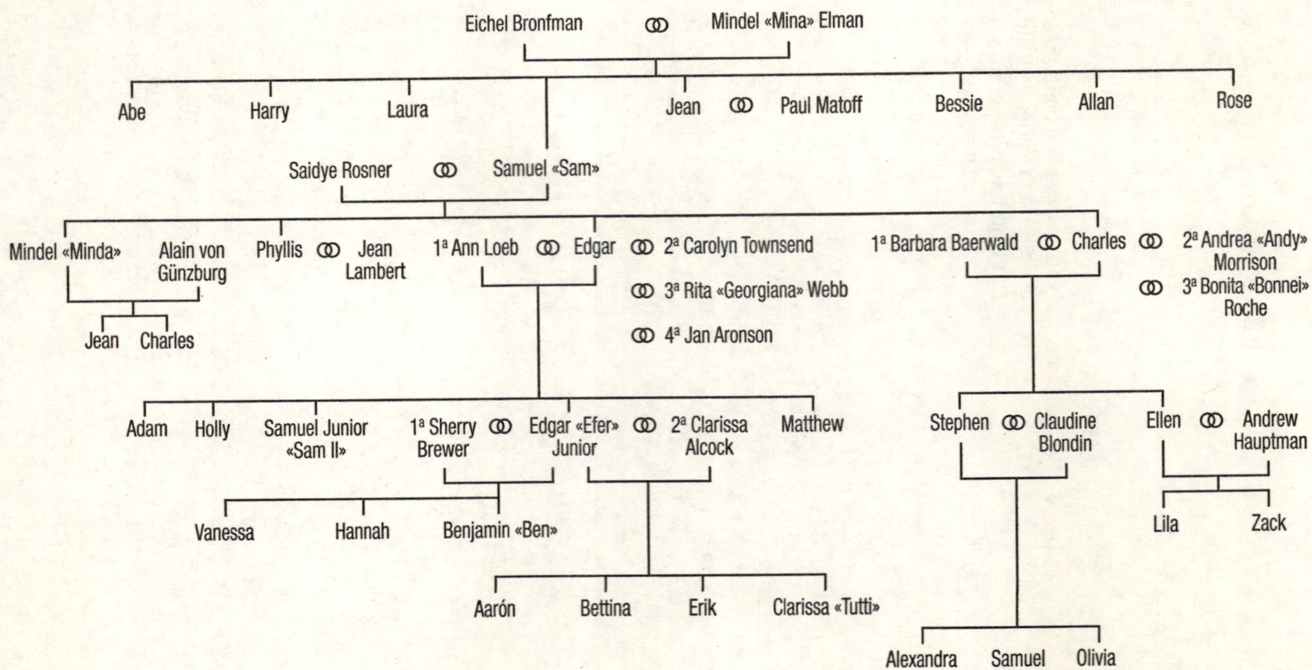

Eichel Bronfman
Mindel «Mina» Elman
Abe
Harry
Laura
Jean
Paul Matoff
Bessie
Allan
Rose
Saidye Rosner
Samuel «Sam»
Mindel «Minda»
Alain von Günzburg
Phyllis
Jean Lambert
1ª Ann Loeb
Edgar
2ª Carolyn Townsend
3ª Rita «Georgiana» Webb
4ª Jan Aronson
1ª Barbara Baerwald
Charles
2ª Andrea «Andy» Morrison
3ª Bonita «Bonnei» Roche
Jean
Charles
Adam
Holly
Samuel Junior «Sam II»
1ª Sherry Brewer
Edgar «Efer» Junior
2ª Clarissa Alcock
Matthew
Stephen
Claudine Blondin
Ellen
Andrew Hauptman
Vanessa
Hannah
Benjamin «Ben»
Lila
Zack
Aarón
Bettina
Erik
Clarissa «Tutti»
Alexandra
Samuel
Olivia

Crearono un impero grazie al contrabbando di alcolici, entrando in affari con persone come Al Capone, e dopo l'abolizione del proibizionismo diventarono miliardari grazie alla Seagram, compagnia che arrivò a dominare il mercato mondiale di whisky, vino, gin e rum con marchi famosi come Seven Crown, VO, Absolut e Chivas. Quando il commercio degli alcolici non fu più così proficuo, diversificarono gli investimenti e cominciarono a finanziare case discografiche e studi cinematografici a Hollywood. Purtroppo, come spesso accade tra i ricchi, il successo ebbe come tragica conseguenza l'inizio di una forte rivalità tra fratelli che si concluse solo quando uno dei contendenti decise di rischiare il tutto e per tutto in nome della gloria. La sua ambizione ebbe un costo di due miliardi di dollari e segnò la fine di una dinastia che in tre generazioni aveva visto i propri membri trasformarsi da contadini delle pianure canadesi a milionari, protagonisti della lotta contro l'antisemitismo, contro le conseguenze negative dell'abuso di alcol e contro le insinuazioni – da loro sempre smentite – sul fatto che si fossero arricchiti con metodi che sfioravano l'illegalità.

L'impero crolla in una bolla speculativa

Il 20 giugno 2000 Edgar Bronfman Jr, uomo d'affari canadese quarantacinquenne, annunciò la vendita della Seagram, compagnia che la sua famiglia aveva diretto per tre generazioni. Con i profitti derivanti dal commercio di alcolici Edgar Jr aveva finanziato l'acquisizione degli Universal Studios, che in seguito cedette alla multinazionale francese Vivendi per 35 miliardi di dollari. La Vivendi possedeva, attraverso Telecom, una parte significativa dell'industria della telefonia mobile ed era proprietaria di Canal Plus.

Il presidente del nuovo conglomerato imprenditoriale, la Vivendi Universal, con sede a Parigi, era Jean-Marie Messier, mentre Edgar Bronfman Jr era vicepresidente. L'idea era quella di creare un gruppo di comunicazione in grado di competere con l'impresa nata dalla fusione tra la AOL e la Time Warner, una scommessa rischiosa che avrebbe anche potuto trasformarli in leader nel settore dei mezzi di comunicazione. Ma quest'alleanza aveva un difetto: «Portarono avanti le trattative durante il boom delle Dot-com, e i Bronfman vendettero la loro compagnia in cambio di azioni di Vivendi» spiega Nicholas Faith, ex editor capo dell'«Economist» e autore di *The Bronfmans: The Rise and Fall of the House of Seagram* («I Bronfman: ascesa e declino della casata della Seagram»), libro che contiene un'indagine completa sulla famiglia canadese.

Messier e Bronfman realizzarono la fusione in piena bolla speculativa, quando tutto ciò che riguardava Internet e le nuove tecnologie di comunicazione sembrava destinato a trasformarsi in oro, ma cominciarono il loro percorso imprenditoriale senza sapere che il prezzo delle azioni era sull'orlo del crollo. Inoltre, la multinazionale delle bevande alcoliche, nucleo della fortuna famigliare, attraversava un momento piuttosto delicato. La manovra segnò definitivamente la distruzione della redditizia Seagram, provocando uno dei peggiori disastri economici mai subiti da una sola famiglia. Edgar Jr mise a rischio una delle fortune più grandi del mondo per una fetta del sogno della New Economy e si ritrovò a essere uno spettatore impotente di fronte allo sgretolamento dell'impero famigliare.

La storia dei Bronfman – cognome che per puro caso significa «uomo del liquore» in lingua yiddish – ebbe inizio in Canada nel 1889. Yechiel Bronfman, che in seguito cambiò il proprio nome nel più inglese Eichel, la moglie Mindel «Mina» Elman e i loro quattro figli più grandi erano rifugiati russi fuggiti dalla violenza antisemita che dilagava in Europa. Nella Russia imperiale possedevano un mulino piuttosto redditizio ed erano una famiglia agiata, ma dalla Bessarabia, a nordovest del mar Nero, decisero di trasferirsi con il proprio rabbino e due servitori nella gelida pianura del Saskatchewan, a ovest del Canada. Lì ricevettero vari terreni in concessione dal governo, ma dovettero scontrarsi con la diffidenza dei canadesi che a quell'epoca tenevano gli ebrei provenienti dall'Europa dell'est a distanza di sicurezza. «Quegli immigrati non erano i benvenuti. Nessuno voleva avere a che fare con loro, né gli ebrei tedeschi o inglesi, né tantomeno quelli ricchi dell'est» scrive Faith.

In Russia, Eichel era stato un ricco coltivatore di tabacco e in Canada cercò di trarre beneficio dalla propria esperienza, ma il clima del sud del Saskatchewan era troppo rigido perché i semi germogliassero e ben presto l'attività fallì. Ma Eichel non si perse d'animo. Tra il 1896 e il 1911, quella del Canada era una delle economie più dinamiche del mondo: furono aperte le frontiere e sorsero nuove città, portando il paese all'apice del proprio sviluppo. Eichel cominciò a lavorare in una segheria e grazie ai soldi ricavati dalla vendita del legname e a quelli che guadagnava come domatore di cavalli selvaggi, nel 1903 riuscì ad affittare un hotel a Emerson (Manitoba) in posizione strategica vicino alla frontiera con gli Stati Uniti e a una linea ferroviaria che arrivava a Minneapolis. In quel periodo gli alberghi erano molto importanti nei centri abitati in cui passava la ferrovia, perché fornivano alloggio ai commercianti ed erano un punto di ritrovo per gli operai che si riunivano a bere. «In tutti gli alberghi c'era un bar, e ben presto i Bronfman si accorsero che gli hotel non rendevano quanto la vendita di bevande alcoliche» spiega Tony Spiva, professore di Economia presso l'Università del Tennessee.

L'hotel Emerson, sempre pieno di immigrati e lavoratori assetati di whisky, per quanto di scarsa qualità, spalancò ai Bronfman le porte di una nuova vita: la famiglia si arricchì ed Eichel e Mina ebbero altri quattro figli. Le quattro femmine (Laura, Jean, Bessie e Rose) erano destinate al matrimonio, mentre i tre ragazzi più grandi (Abe, Harry e Samuel «Sam») lasciarono gli studi per lavorare nell'azienda di famiglia. Abe e Harry diventarono direttori dell'hotel, mentre Sam, di sette anni più giovane, li aiutava. Dei quattro maschi solo Allan, il più piccolo, finì gli studi e conseguì la laurea in Giurisprudenza, suscitando l'invidia di Sam che «non sopportava che il fratello avesse una carriera, perché sarebbe stato più colto e più ammirato di lui» dice Faith.

Da contrabbandieri a magnati

Nel 1912, a soli 23 anni, Sam era il direttore dell'albergo The Bell. Si diceva che guadagnasse 30.000 dollari all'anno, una cifra enorme per quei tempi. Gli alcolici erano alla base della fortuna di famiglia, ma proprio in quegli anni il movimento della temperanza diventava sempre più forte e minacciava di chiudere tutti i bar, mettendo in serio pericolo gli affari.

Le cose cambiarono radicalmente nel 1914 quando, a causa della Prima guerra mondiale, migliaia di giovani, potenziali bevitori, furono mandati in Europa a combattere. Un anno dopo il proibizionismo si affermava in tutto il Canada: i bar continuavano a chiudere, provincia dopo provincia, ma questo non significò la scomparsa del whisky. Il risultato fu invece che si diffuse il consumo illegale di alcolici in cantine e mescite clandestine, dove veniva servito un whisky casereccio di pessima qualità. I Bronfman violarono le leggi proibizioniste e fecero di tutto per volgere la situazione a loro vantaggio, riuscendo infine a costruire un'immensa fortuna grazie al contrabbando di alcolici: i tre fratelli maggiori ricavavano la gran parte dei loro guadagni dai bar degli alberghi che dirigevano.

In Canada il proibizionismo durò quattro anni, durante i quali l'unico modo legale per procurarsi alcolici era comprarli in farmacia dietro ricetta medica. Ognuno dei fratelli Bronfman trovò una soluzione per aggirare l'ostacolo: Harry individuò una falla nella legge, aprì un'azienda farmaceutica a Yorkton e si mise a vendere l'alcol come medicinale, mentre Sam ottenne una licenza da grossista per muovere bevande alcoliche in giro per il paese. In questo modo nessuno dei due fratelli poteva essere accusato di infrangere la legge, ma insieme alle loro attività commerciali crebbe anche la rivalità che li separava. Harry aveva fiuto per gli affari, ma Sam osava di più «e finì per essere il leader» spiega Anthony Bianco, giornalista economico del «Business Week».

L'anziano padre, Eichel, non era più in grado di tenere unita la famiglia e quando morì, nel 1919, fu Sam a prendere in mano le redini dell'attività. «Sosteneva che il padre, prima di morire, lo avesse nominato capofamiglia. Forse non è mai accaduto, ma credo non fosse neanche uno stratagemma per scavalcare i fratelli: diventò capofamiglia per il carattere che aveva e per la capacità innata di imporre il suo punto di vista» dice Faith. Tuttavia una volta ottenuto il potere, Sam cominciò a essere molto duro con i fratelli: «Li denigrava costantemente, criticava quello che facevano e li umiliava davanti ai dipendenti. Faceva come se l'impresa fosse solo sua e potesse dirigerla come meglio credeva» dice Spiva.

Proprio quando in Canada cominciavano ad allentarsi le restrizioni, negli Stati Uniti entrò in vigore il proibizionismo. All'improvviso tutti i maggiori clienti dei Bronfman si trovavano a sud della frontiera. «Le restrizioni negli Stati Uniti incrementarono il commercio degli alcolici in Canada: c'era una richiesta enorme, e per la polizia statunitense era impossibile controllare tutto il confine. Si trattava di una grande opportunità, e i Bronfman non se la fecero scappare» afferma Faith.

Nel 1920, i quattro fratelli Bronfman erano pronti per rifornire tutti gli Stati Uniti, dalle praterie del Canada ai principali centri di distribuzione a sud, per esempio Chicago. I contrabbandieri americani si muovevano con automobili, barche o camion con cui durante la notte attraversavano la frontiera per andare a comprare il whisky canadese. «Avevano magazzini detti *boozoriums* sparsi per le piccole città a nord della frontiera. I contrabbandieri li raggiungevano a bordo di Buick a sei cilindri chiamate *Whisky Sixes*, le caricavano con casse di alcolici di vario genere e facevano ritorno negli Stati Uniti attraverso la pianura deserta» racconta Nicholas Faith. Anche i treni venivano usati per trasportare alcolici al di là della frontiera: «Appena attraversato il confine sorgeva un improvviso problema ai freni e il treno era costretto a fermarsi. I contrabbandieri americani si precipitavano allora ad aprire il vagone merci, e in pochi minuti scaricavano le casse di liquori» racconta Faith. Si dice anche che i Bronfman avessero comprato alcuni appezzamenti di terreno sterile lungo la linea ferroviaria e che avessero costruito addirittura un sistema di condotti sotterranei per i loro «scambi» con gli Stati Uniti. Fu così che Sam Bronfman si trovò in affari con Al Capone: «I mafiosi diventarono i distributori illegali del suo alcol» afferma David Olive, giornalista del «Toronto Star».

I Bronfman esportavano così tanto whisky negli Stati Uniti che decisero di cominciare a produrlo. Harry investì in una distilleria a La Salle, sulle rive del San Lorenzo, vicino a Montreal. Comprò botti di sequoia e macchinari per imbottigliare ed etichettare, e sebbene l'attrezzatura fosse modesta arrivò a produrre mille bottiglie all'ora. «Era una bevanda di scarsa qualità, anche se loro dicevano di produrla come il whisky scozzese. Harry e Sam sostenevano di discendere da una famiglia di distillatori esperti, ma in realtà non ne sapevano niente e producevano un whisky abbastanza cattivo» spiega Faith.

Con il tempo, l'attenzione al dettaglio e il desiderio di raggiungere la perfezione migliorarono la qualità dei loro prodotti. Sam diventò l'assaggiatore ufficiale delle miscele: «Aveva quello che si definisce un "palato raffinato", sceglieva i whisky da mescolare per crearne uno nuovo. Ben presto capì che standardizzare il processo di fermentazione e miscela per ottenere sempre lo stesso tipo di whisky avrebbe reso i loro prodotti decisamente più competitivi» segnala Tony Spiva.

In Canada il whisky dei Bronfman era legale dal 1919 e per commercializzarlo dovevano pagare imposte considerevoli: per questo motivo «li proteggevano, perché l'alcol era un'importante fonte di guadagno per il governo» spiega Faith. A sud della frontiera, invece, il proibizionismo rimase in vigore dal 1920 al 1933, periodo in cui gli affari della famiglia prosperarono: per i Bronfman non fu mai un problema infrangere le leggi degli Stati Uniti. «La responsabilità di Sam Bronfman cessava di esistere appena superato il confine» sostiene Tony Spiva. Legale o meno, di certo si trattava di un'attività pericolosa. Paul Matoff, marito di Jean Bronfman, cognato di Sam e addetto a uno dei magazzini vicino alla frontiera, fu ucciso in una sparatoria, ma la vicenda non modificò gli obiettivi commerciali della famiglia.

In meno di vent'anni i fratelli Bronfman si erano lasciati alle spalle la povertà e nel 1922, a poco più di trent'anni, Harry, Abe, Sam e Allan erano milionari. Il 21 giugno dello stesso anno, Sam sposò Saidye Rosner, figlia di una ricca famiglia di immigrati ebrei di origine russa. Secondo la descrizione di Michael A. Levine, avvocato e nipote di Sam, «Saidye era una donna di una forza sorprendente e riuscì a mantenere unita la famiglia. Era generosa, molto intelligente e aveva un grande cuore». Ebbero quattro figli e restarono insieme tutta la vita, ma il matrimonio non cambiò Sam: per lui la priorità fu sempre il lavoro.

Alla conquista del prestigio

Il whisky dei Bronfman era di una qualità superiore rispetto a quello della maggior parte dei loro concorrenti; per questo era anche più caro. Nel 1927 Sam prese l'importante decisione di entrare in società con la prestigiosa Distillers Company Ltd, leader nell'industria del whisky scozzese che possedeva, tra gli altri, marchi come Haigh, Johnny Walker e Buchanan. La società creata da Sam gli permise, l'anno seguente, di comprare la Seagram, una piccola distilleria canadese che produceva il whisky VO. Queste due operazioni costituirono le solide fondamenta del futuro impero internazionale di Sam Bronfman. «Con l'acquisto della Seagram acquisì diverse marche note e prestigiose che gli diedero un enorme vantaggio sulla concorrenza» spiega Tony Spiva.

Sam Bronfman voleva nuovi uffici per la sua attività, che fossero all'altezza della rinomata distilleria scozzese: nel 1928 fece quindi costruire in Peel Street, nel centro di Montreal, un «vero» castello scozzese del XVI secolo. L'edificio di cinque piani, opera del famoso architetto locale David Jerome Spence, fu la sede della Seagram fino all'autunno del 2003, quando venne donato all'Università McGill. Samuel Bronfman era membro del consiglio direttivo dell'università e aveva finanziato la creazione della facoltà di discipline aziendali.

Nello stesso anno, la Commissione reale per il regime doganale raccomandò di processare Harry Bronfman per tentata corruzione. I Bronfman costituirono allora la Atlas Shipping Company, spostarono i loro traffici illegali nelle isole francesi di Saint-Pierre e Miquelon, a quindici miglia dalla costa di Terranova, e ottennero licenze di esportazione nelle Bermuda, a Saint John (nella provincia di New Brunswick), in Belize e nell'Honduras britannico. La distribuzione era controllata da Londra e dal castello scozzese di Montreal.

Verso la fine del 1933 il proibizionismo fu abolito anche negli Stati Uniti. Quando i bar riaprirono, i Bronfman seppero adattarsi alla nuova situazione e la Seagram conobbe un periodo di grande crescita. Purtroppo per Sam Bronfman, la sua immensa fortuna non servì a liberarlo dalla fama di contrabbandiere. «Era un emarginato in tutti i sensi: ebreo e contrabbandiere. Non poteva esistere niente di peggio. Voleva essere accettato, ma più di ogni altra cosa desiderava il rispetto» racconta Anthony Bianco. Il rispetto però non riuscì mai a guadagnarselo, e dovette accontentarsi di soldi e potere. C'è addirittura chi afferma che gran parte dei suoi guadagni derivassero dall'usura. Poco prima che morisse un giornalista gli chiese quale fosse secondo lui l'invenzione più importante della storia e Sam, fedele a se stesso, rispose che si trattava senz'altro degli interessi sui prestiti.

Bisogna riconoscere però che Bronfman fu maestro nel combinare l'abilità nel produrre alcolici con il talento per il marketing e il suo obiettivo primario fu quello di sostituire l'immagine torbida di bevitore di whisky che si era creata all'epoca del contrabbando con una più rispettabile e raffinata. Un'altra importante innovazione ideata dai Bronfman fu quella di vendere gli alcolici già imbottigliati ai distributori; gli altri distillatori vendevano il liquore ancora nel barile, perdendo così il controllo sul prodotto finale. Il rivoluzionario metodo dei Bronfman permetteva invece di mantenere quel controllo sulla qualità che sta alla base della fedeltà al marchio, e presto si trasformò nella pratica standard. Verso la fine del 1936 le vendite della Seagram raggiunsero negli Stati Uniti i 60 milioni di dollari, a cui andavano sommati i 10 milioni di dollari guadagnati in Canada.

Nel 1939 la compagnia lanciò sul mercato due nuovi whisky, il Five Crown e il Seven Crown, presentati nella sala da ballo del lussuoso hotel Waldorf Astoria di New York. In piena Depressione, l'eleganza e l'esclusività del Waldorf conferivano al whisky Seagram un tocco di classe in più. «L'idea di Sam era di venderlo come prodotto associato alla bella vita. La pubblicità puntava a creare un legame tra il whisky Seagram e la vita mondana dei club inglesi. Si mettevano in relazione il consumo di questo prodotto con i divani in cuoio, gli abiti eleganti e i momenti di relax di cui godevano le persone facoltose» dice Michael R. Marrus, autore di *Samuel Bronfman*. Gran parte del successo della compagnia fu dovuto proprio al fatto che Sam investì più denaro della concorrenza nella promozione delle sue marche: spendeva centomila dollari al mese in pubblicità, una cifra enorme durante la Depressione. Sempre nel 1939, re Giorgio VI e la regina Elisabetta, in seguito nota come «Regina Madre», visitarono il Canada, e Sam colse subito l'occasione per farsi pubblicità. «Decise di elaborare un whisky speciale, molto invecchiato, che chiamò Crown Royal. Prima di tutto cercò di trovare il modo di farne arrivare alcune casse nel treno dei sovrani, poi pensò di vendere le bottiglie avvolte in lussuose borse di velluto viola» racconta Faith. Il Crown Royal fece scalpore e ben presto divenne il prodotto più venduto della Seagram.

L'orgoglio dell'industria canadese

La famiglia Bronfman era una delle più abbienti del mondo, ma a Sam i soldi non bastavano. A questo punto aveva già preso le distanze dai fratelli e dirigeva da solo l'impresa famigliare, di cui possedeva il 40 per cento delle azioni.

«Mr Sam», maggior azionista e direttore esecutivo della Seagram, cominciò a mostrare un temperamento irascibile. «Era un uomo con una personalità estremamente forte e a volte la manifestava con tremendi attacchi d'ira. Passava le giornate urlando, lanciava oggetti e poi, all'improvviso, tornava alla normalità e pretendeva che tutto continuasse come se nulla fosse accaduto» racconta il suo biografo, Michael Marrus. Sminuiva i fratelli, soprattutto Allan, consulente commerciale della Seagram nonché unico membro della famiglia a rimanere al suo fianco mentre Abe e Harry prendevano sempre di più le distanze da lui.

Oltre al forte temperamento, Sam Bronfman possedeva anche una spiccata coscienza sociale. Lui e la sua famiglia avevano subito l'emarginazione dovuta alle origini ebraiche. Nel 1938, la diaspora e la diffusione dell'antisemitismo che precedettero la Seconda guerra mondiale lo spinsero a unirsi al Congresso ebraico canadese di cui ben presto divenne presidente. Convinse le autorità a consentire l'ingresso nel paese a 1200 ebrei europei e a permettere a 200 rifugiati di stabilirsi nelle tenute agricole del Quebec. «Assunse il controllo del Congresso, che prima di allora era sempre stato abbastanza caotico, e lo trasformò nel gruppo di pressione più forte del Canada» spiega Irving Abella, professore di Storia all'Università di York.

Le attività all'interno di questa organizzazione non lo distolsero però dalla sua vera passione: gli affari. La Seagram continuò a prosperare anche durante la Seconda guerra mondiale e quando il conflitto terminò possedeva quattordici distillerie, sessanta magazzini e dieci stabilimenti per l'imbottigliamento, e produceva più di 10 milioni di casse di whisky all'anno. La Seagram si occupava anche del commercio di vini e, negli anni Cinquanta, Bronfman creò il fiore all'occhiello dell'azienda: il Chivas Regal, che diventò subito un whisky di prima qualità e si guadagnò un posto di grande rilievo sul mercato.

Il fatto che Sam Bronfman scegliesse per i suoi prodotti nomi come «Regal», «Royal» o «Crown» non era una coincidenza: il gusto per l'eleganza e per la regalità emergeva anche nella vita privata. «A Oakland, Sam e la sua famiglia vivevano come principi. Erano estremamente eleganti e i quattro figli erano sempre vestiti come bambini della famiglia reale britannica» racconta Marrus.

Alla fine della Seconda guerra mondiale, Sam Bronfman aveva trasformato la Seagram in una multinazionale, orgoglio dell'industria canadese. Il suo whisky era uno dei più importanti del paese. Nel

1950, l'impresa prese una direzione del tutto nuova con la decisione di Sam di investire nella compagnia petrolifera Royalite di Alberta. In seguito la vendette e comprò la Frankfort Oil Company, ma verso la fine degli anni Cinquanta la sua popolarità cominciò a diminuire. «Iniziò il declino della birra scura, del bourbon e del whisky scozzese, a favore del cosiddetto "alcol bianco", cioè gin, vodka e rum bianco, e la Seagram si mise a produrli troppo tardi» spiega il giornalista David Olive. Con l'aumentare del consumo di gin e vino, la Seagram cessò di dominare il mercato.

Affari da uomini

Sam e Saidye ebbero quattro figli: due femmine (Mindel «Minda» e Phyllis) e due maschi (Edgar e Charles). Nel rispetto della tradizione, i figli maschi furono preparati a portare avanti gli affari di famiglia, mentre le femmine non lavorarono mai nella holding. Non erano certo prive di talento, ma il padre pensava che la cosa migliore per loro fosse il matrimonio, e le due si sposarono con due aristocratici francesi, con grande gioia di «Mr Sam».

La figlia maggiore, Mindel, nata e cresciuta a Montreal, studiò negli Stati Uniti e poi andò a vivere a Parigi. Si laureò in Scienze politiche e Storia alla Columbia University e poi in Storia dell'arte a Parigi, dove conobbe il barone Alain von Günzburg, figlio di una famiglia di banchieri, con cui si sposò nel 1953. Sam organizzò un ricevimento con duemila invitati nel lussuoso hotel Ritz di Parigi, a cui partecipò il fior fiore del mondo degli affari e dell'aristocrazia europea.

La coppia ebbe due figli, Jean e Charles, che nel 1986 donarono 10 milioni di dollari all'Università di Harvard per la creazione del Minda de Günzburg Center for European Studies (CES), per la cooperazione tra vecchio e nuovo continente, in memoria della madre, morta un anno prima di tumore al fegato. Dieci anni dopo donarono al centro altri 5 milioni.

La secondogenita di Sam, Phyllis, ereditò il carattere e il talento del padre, e fu la più indipendente di tutta questa generazione di Bronfman. Da sempre affascinata dall'arte, da piccola studiò pianoforte e scultura. Nel 1949, ancora adolescente, si trasferì come la sorella in Francia e a ventidue anni si sposò con il barone Jean Lambert, un banchiere cugino dei Rothschild. Si dice che entrambe le sorelle desiderassero solo rimanere lontane dall'orbita dell'irascibile e influente genitore. Tuttavia, mentre Mindel visse per sempre a Parigi, Phyllis divorziò dopo appena tre anni di matrimonio e tornò a New York. Era appassionata di arte moderna e fu lei ad assegnare il progetto per la nuova sede newyorkese della compagnia a Mies van der Rohe, uno degli architetti più importanti del XX secolo. Inoltre, lei stessa ebbe un ruolo fondamentale nel progetto come direttrice della programmazione dei lavori con un budget quasi illimitato a disposizione. Il risultato fu il Seagram Building, in Park Avenue, che con i suoi trentotto piani è una grandiosa opera d'arte moderna, uno dei grattacieli più belli ed emblematici di New York (nonché il più caro mai costruito in città fino a quel momento), e si distingue come uno dei migliori esempi di estetica funzionalista.

Phyllis, come anche la sorella maggiore, era molto intelligente e colta, e nel 1963 si laureò in Architettura presso l'Illinois Institute of Technology, ma Sam Bronfman era troppo tradizionalista e maschilista per concedere alle figlie femmine un posto nell'organigramma dell'impresa famigliare. Allora la sua secondogenita decise di intraprendere la propria strada con il nome di Phyllis Lambert, facendo carriera come architetto e impegnandosi nelle questioni sociali riguardanti la conservazione urbana in Canada. Nel frattempo, Sam concentrò ogni speranza sul primo figlio maschio, Edgar. «Era il preferito del padre, aveva una personalità aggressiva e dominante. Charles, più timido, si accontentò di essere il numero due» spiega Anthony Bianco.

Fin da quando erano piccoli, durante l'estate Edgar e Charles lavoravano qualche settimana nella distilleria famigliare di La Salle per imparare i segreti del mestiere. In seguito, Sam sistemò un tavolo per Edgar in un angolo del proprio ufficio e cominciò la preparazione dell'erede. A soli 24 anni, Edgar già lavorava a tempo pieno per la compagnia. «Perché dai tanta responsabilità a nostro figlio, che è ancora così giovane?» chiese una volta Saidye al marito. «Perché se commette un errore, se sbaglia qualcosa, io sono ancora in vita e posso rimediare» rispose Sam. Nel 1951, Charles entrò nella compagnia come venditore. Tre anni dopo aveva già il controllo totale delle vendite in Canada.

In quegli anni i cugini Peter e Edward, figli di Allan, si erano già laureati rispettivamente alla prestigiosa Università di Yale e all'Istituto di Babson ed erano impazienti di entrare a far parte dell'azienda di famiglia. Sam invece fece di tutto perché il potere fosse nelle mani dei suoi figli: a causa di un complicato accordo finanziario siglato anni prima da Allan e Sam per garantire che la famiglia avesse il controllo della compagnia, Allan aveva perso in partenza la battaglia per i suoi figli. La proprietà originale era divisa tra Sam, i tre fratelli (Abe, Harry e Allan) e le quattro sorelle, ma non nella stessa percentuale. A metà degli anni Quaranta, gli otto Bronfman possedevano all'incirca il 53 per cento della compagnia, ma già vent'anni prima Sam si era preoccupato di controllare più azioni degli altri per poter esercitare il comando. Lui solo possedeva il 40 per cento delle azioni famigliari. Le quote di Abe e Harry, che arrivavano al 34 per cento, furono divise tra i loro eredi. Ad Allan spettava il 19 per cento, mentre il restante 47 per cento, che non era nelle mani della famiglia, era distribuito tra circa novemila investitori. Avendo più azioni di tutti gli altri, Sam inserì i suoi figli nell'impresa di famiglia e proibì a quelli di Allan di entrarci: iniziò così tra i due fratelli una rivalità che durò per tutta la vita.

A 68 anni, Sam Bronfman cominciò a delegare le responsabilità. Nel 1957 Edgar si fece carico della filiale della Seagram negli Stati Uniti, che controllava il 90 per cento degli affari della compagnia. Charles dirigeva le operazioni in Canada, Giamaica e Israele, molto più modeste. Sam però era autoritario con i figli come con tutti gli altri dipendenti e pretendeva che giustificassero ogni decisione. Edgar lottò per affermare la propria personalità e quando finalmente fu a capo della Seagram dovette affrontare un mondo ben diverso da quello che aveva conquistato «Mr Sam». Bisognava recuperare la leadership perduta.

I primi passi nel mondo dell'intrattenimento

Negli anni Sessanta, Sam voleva il controllo totale sull'azienda: pretese che i nipoti Peter e Edward gli cedessero la maggior parte delle loro azioni a un prezzo inferiore rispetto a quello di mercato. I fratelli inizialmente rifiutarono, ma davanti alla minaccia di Sam di buttar fuori il padre dall'impresa decisero di vendergli tutte le azioni. «Ci sono un sacco di investimenti migliori di questo» dissero, e lasciarono la Seagram. La frattura all'interno della famiglia era stata formalizzata. Sam non diede mai l'impressione di essere dispiaciuto per questa rottura, anzi la considerò un passo necessario per garantire la continuità e per assicurare ai suoi figli il controllo della compagnia.

Con il potere nelle loro mani, Sam e il figlio Edgar lavorarono per dare nuovo impulso all'industria dell'alcol bianco: comprarono l'impresa distributrice dei vini Barton & Guestier, e le marche di champagne Perrier-Jouët e Heidsieck, e più avanti anche i rum Myers's Rum, Ron Rico e Captain Morgan's Spiced Rum, che diedero alla compagnia un tocco caraibico. Edgar però non condivideva l'ossessione del padre per il settore degli alcolici, aveva altri interessi e voleva diversificare gli investimenti.

Anche Sam investì in altri settori e non gli andò affatto male: nel 1963, nuovamente interessato al petrolio, acquistò la Texas Pacific Oil e tutte le filiali in India, Malesia, Guatemala, Indonesia e Italia. Attuando una strategia finanziaria permessa dalla legislazione tributaria degli Stati Uniti chiese un prestito di 65 milioni da restituire in venticinque anni a investitori istituzionali, anticipò 50 milioni di dollari per l'acquisto della compagnia petrolifera, che ne costava 266, e si impegnò a pagare il resto con gli introiti futuri. Nel 1975, in meno della metà del tempo previsto, i Bronfman avevano già saldato il loro debito con la Texas Pacific, mentre le riserve di petrolio e gas della compagnia si erano ampliate in modo straordinario. «Fu un lascito prezioso di Sam alla Seagram, perché quest'affare fu una delle sue più astute operazioni finanziarie: comprò l'impresa con soli 50 milioni (che aveva chiesto in prestito) e la rivendette nel 1980 alla Sun Oil Company per un totale di 2300 milioni di dollari» racconta il biografo Michael Marrus.

Mentre il padre investiva in pozzi petroliferi, nel 1966 Edgar comprò quasi un milione di azioni degli studi Metro-Goldwyn-Mayer (MGM). Produsse diversi film e, nel 1969, divenne presidente della compagnia, anche se per un breve periodo. L'anno seguente la MGM perse 25 milioni di dollari, e Bronfman rinunciò allo studio. Pochi mesi dopo vendette a Kirk Kerkorian il suo 40 per cento della compagnia. Questo breve flirt con il mondo dello spettacolo non fu finanziato con i soldi della Seagram.

Nel 1970 la Seagram risorgeva. Edgar, che aveva aumentato la gamma dei prodotti venduti dall'impresa e ne aveva migliorato la distribuzione, consolidò la propria posizione a capo dell'azienda di famiglia. Il padre non poteva più controllarlo, era fisicamente debilitato e non sarebbe stato in grado di guidare l'azienda ancora a lungo. Nel 1970, a ottantadue anni, morì di cancro alla prostata. Edgar diventò presidente, tesoriere e direttore della Seagram Distillers Ltd, un impero immenso che comprendeva partecipazioni in beni immobili e riserve di petrolio e gas naturale. I due eredi maschi ricevevano ciascuno un 30 per cento dell'impero, mentre a ognuna delle due figlie maggiori di Sam andava il 20 per cento.

Due anni dopo, Edgar divorziò dalla moglie Ann Loeb dopo vent'anni di matrimonio e cinque figli: Samuel Jr, Edgar Jr, Matthew, Holly e Adam. Durante il divorzio vennero alla luce molti particolari della vita privata di Edgar e i tabloid li diffusero senza perdere tempo: le sue avventure amorose occupavano le prime pagine di molte riviste. Per un po' uscì con l'attrice Sue Lloyd e, poco dopo, si sposò con l'aristocratica inglese Carolyn Townsend, figlia del settimo marchese di Townsend, ma il matrimonio durò solo dieci giorni. Mentre procedevano con il divorzio Edgar dichiarò che lei era andata con un altro durante la prima notte di nozze e che poi si era rifiutata di avere rapporti con lui, mentre lei disse di aver fatto sesso con Edgar una volta.

Il misterioso rapimento

L'8 agosto 1975, pochi giorni prima del suo terzo matrimonio, Edgar si trovò a vivere il peggiore incubo di ogni padre: il figlio Samuel «Sam», ventunenne e da poco laureato presso il Williams College, fu rapito mentre parcheggiava la sua BMW a casa della madre, a Purchase (New York). Ann Loeb era in crociera e i domestici non si accorsero di nulla.

Trenta ore dopo, un postino arrivò a casa di Edgar in Park Avenue con una consegna speciale. La lettera dei rapitori diceva che Sam era sepolto vivo in una caverna con aria e acqua sufficienti per sopravvivere solo dieci giorni, e chiedevano un riscatto di 4.600.000 dollari. Sembrava che l'unico movente del rapimento fossero i soldi: i rapitori dicevano di essere veterani del Vietnam tossicodipendenti. Affermavano che il riscatto rappresentava «l'opportunità nella vita che finora ci è stata negata». E aggiungevano una strana minaccia: se la polizia li avesse catturati prima del pagamento del riscatto, si sarebbero suicidati con il cianuro.

L'FBI assegnò il caso a una squadra di cinquecento agenti, ma Edgar non esitò e si preparò a consegnare il riscatto più alto mai richiesto nella storia fino a quel momento. C'era però qualcosa che non quadrava. «Era tutto molto strano fin dall'inizio. Sembrava addirittura che c'entrasse l'IRA» sostiene Faith. Si vociferava che fossero coinvolte forze antisemite. Si dice che alla fine uno dei sequestratori, pentito, abbia chiamato l'FBI e, otto giorni dopo, appena prima dell'alba, il giovane Sam fu liberato con un'incursione della polizia in un palazzo di Brooklyn. «Quando lo liberarono» racconta Faith «aveva lo stesso aspetto di prima del rapimento. Alcuni dissero che si era trattato di una messinscena organizzata dallo stesso Sam per attirare l'attenzione di un padre assente. Ancora oggi quel che accadde resta un mistero.»

Due dei sequestratori furono presi: il primo fu Mel Patrick Lynch, un pompiere newyorkese di 37 anni che fu catturato nell'appartamento in cui Sam era stato nascosto. Il secondo, Dominick Byrne, era un irlandese di 53 anni che si occupava di un autonoleggio di limousine a Brooklyn e che probabilmente fu l'autore della soffiata alla polizia. L'FBI recuperò il riscatto che Edgar Bronfman aveva consegnato il giorno prima chiuso in buste di plastica nera, che corrispondeva alla metà della cifra richiesta inizialmente. Il denaro era sotto il letto sul quale Sam aveva trascorso gli otto giorni di sequestro, bendato e ammanettato. Mel Patrick Lynch fu assolto dall'accusa di sequestro di persona, ma condannato per estorsione. Durante il processo, Lynch affermò che Sam Jr era il suo amante e che il rapimento era stato un inganno ordito dal ragazzo per mettere mano su parte delle ricchezze di famiglia. Sam si ricongiunse al padre ed entrambi negarono con fermezza la versione di Lynch. Gli investigatori presero in esame anche la possibilità di un legame con l'IRA, dato che nell'appartamento del pompiere furono ritrovate alcune pubblicazioni del gruppo terroristico.

Pochi giorni dopo, Edgar si sposò con la venticinquenne Rita «Georgiana» Webb, terza delle sue quattro mogli e figlia dei proprietari di un ristorante nella zona est di Londra. Nel 1993 la lasciò per sposarsi con Jan Aronson, una pittrice di vent'anni più giovane di lui.

Verso la fine degli anni Settanta, Edgar sembrava aver trovato la propria strada nella vita privata e tornò a concentrarsi sulla Seagram: vendette la sua quota della compagnia petrolifera Texas Pacific, continuò a diversificare gli investimenti e acquistò il 25 per cento delle azioni della DuPont, importante multinazionale di prodotti chimici che avrebbe fruttato alla Seagram guadagni notevoli. «Dal punto di vista commerciale, quello fu il più grande successo di Edgar» sostiene Faith.

La lotta contro l'antisemitismo

Una volta consolidata la posizione della Seagram, Edgar cominciò a coltivare una nuova passione. Era sempre stato agnostico, ma negli anni Ottanta riscoprì le sue radici ebraiche e cominciò a prendere le distanze dall'ambiente di lavoro per dedicarsi alla lotta contro l'antisemitismo fino ad arrivare, nel 1981, a essere eletto presidente del Congresso ebraico mondiale. Uno dei suoi più importanti successi fu dimostrare che il presidente austriaco Kurt Waldheim aveva preso parte alla deportazione degli ebrei ad Auschwitz.

Nel 1995, insieme ad Abraham Burg – stella nascente della politica israeliana, portavoce della Knesset (Parlamento) di Israele e candidato alla segreteria generale del Partito laburista –, convinse le banche svizzere a restituire i fondi agli eredi delle vittime. «Avete miliardi di dollari depositati dagli ebrei prima della Seconda guerra mondiale» dissero Bronfman e Burg. «Chiediamo che questi soldi vengano immediatamente restituiti ai sopravvissuti all'Olocausto, perché possano vivere in serenità gli ultimi anni delle loro vite.» L'Associazione delle banche svizzere, che sapeva dell'esistenza di numerosi conti inattivi dal 1939, consegnò a Bronfman e Burg 1500 milioni di dollari.

«Riuscirono a ottenere un accordo che prevedeva la restituzione agli ebrei dei beni sottratti durante la guerra. Fu questo a segnare il trionfo di Edgar al Congresso ebraico mondiale. Finalmente era riuscito a uscire dall'ingombrante ombra del padre» indica Faith. Grazie alle attività per il Congresso ebraico mondiale, Edgar ricevette la Medaglia presidenziale della libertà dalle mani del presidente Clinton: era riuscito a guadagnarsi il rispetto che suo padre aveva tentato invano di ottenere per anni. Per Edgar vedere riconosciuti i propri risultati fu un importante passo avanti. «Come presidente della Seagram era solo il figlio di Sam, ma per il Congresso ebraico era l'unico direttore» continua lo scrittore.

Sei anni dopo la prodezza di Edgar e Abraham Burg con le banche svizzere, i sopravvissuti all'Olocausto non avevano ancora visto un soldo. Il quotidiano «The Independent» diffuse la notizia che «mentre le vittime dell'Olocausto riceveranno tra i 2500 e i 7500 dollari, gli avvocati ebrei che hanno trattato l'affare guadagneranno più di un milione a testa». Il «Los Angeles Times» scrisse: «A quanto pare, una commissione internazionale creata per risolvere le dispute sulle assicurazioni dell'epoca dell'Olocausto ha speso più di 30 milioni di dollari tra salari, alberghi e annunci sui giornali, ma ha restituito solo 3 milioni di dollari ai querelanti». Nel 2001, il giornalista israeliano Israel Shamir denunciò l'incameramento virtuale dei fondi delle vittime dell'Olocausto per il finanziamento della polizia israeliana e per l'arricchimento personale dei dirigenti, a discapito degli eredi di questi beni.

Passioni intrecciate

Torniamo ora per un momento alla fine degli anni Ottanta, quando Edgar Bronfman era a capo della Seagram da vent'anni. L'impero degli alcolici creato dal padre era cresciuto sotto la sua direzione e, preso dall'entusiasmo per il lavoro con il Congresso ebraico mondiale, Edgar era pronto a lasciare al figlio Edgar Jr («Efer», per gli amici) il comando dell'impresa di famiglia. Non voleva però commettere gli stessi errori del padre: desiderava che il suo erede gestisse autonomamente l'azienda una volta che gli avesse lasciato il comando.

Il bell'Edgar Jr, tuttavia, non era minimamente interessato al commercio delle bevande alcoliche e fin da subito rifiutò alcuni dei valori paterni. «Uno dei modi in cui manifestò la propria ribellione contro il padre fu non andare all'università. Non era sicuro di voler entrare nel mondo degli affari, non ci si vedeva, e decise invece di coltivare un lato più artistico e creativo della sua personalità» racconta il giornalista Anthony Bianco.

La grande passione di Edgar Jr era il mondo dello spettacolo: «Voglio che mi apprezzino per quello che sono, per quello che faccio, per la mia creatività» ripeteva. Era solo un adolescente quando, nel 1971, decise di abbandonare gli studi e lavorare nel cinema. «Conobbe il celebre produttore David Puttnam, famoso per film come *Momenti di gloria* e *Gandhi*, con il quale cominciò a lavorare nell'industria del cinema a Londra» ricorda Michael A. Levine. Nel 1977, di ritorno negli Stati Uniti, il giovane Edgar Jr andò a Hollywood e produsse un film chiamato *Frontiera*, con Jack Nicholson, che però fu un flop. In realtà, ancor più che il cinema, fu la musica la grande passione di Edgar Jr. «Ottenne un discreto successo come autore di testi di canzoni, soprattutto quando lavorò con David Foster, diventato piuttosto famoso dopo le collaborazioni con Celine Dion, Dionne Warwick, ecc. Nonostante tutto, suo padre non aveva mai smesso di fargli pressioni perché fosse un Bronfman, entrasse nell'azienda di famiglia e imparasse a dirigerla» sostiene Bianco.

Edgar Jr fu ribelle anche nelle relazioni personali. Invece di sposarsi con una ragazza ebrea di famiglia benestante, come ci si aspettava da lui, nel 1979 sposò Sherry Brewer, bella attrice afroamericana. La coppia ebbe tre figli (Vanessa, Hannah e Benjamin) prima di divorziare nel 1991. Nel 1993 si sposò per la seconda volta, con una ragazza cattolica, Clarissa Alcock, figlia di Frank Alcock, dirigente di un'industria petrolifera venezuelana di origine britannica. Ebbero quattro figli: Aaron, Bettina, Erik e Clarissa.

Charles, il fratello minore di Edgar Sr, si era concentrato su altre attività: possedeva una squadra di baseball ed era molto interessato a questioni filantropiche legate alla causa ebraica. Phyllis e Minda, le sorelle di Charles, possedevano parte delle azioni della compagnia, ma non si occupavano delle attività commerciali. Il primogenito, Sam II, era già dirigente della sezione vini della Seagram, ma il padre non lo vedeva come suo erede naturale all'interno dell'impresa. «Edgar padre guardò Edgar figlio e ci si rispecchiò più che in Sam. Riconobbe in lui una mente veloce, risoluta e intuitiva» sostiene Faith.

Intorno ai trent'anni Edgar Jr dovette cedere alle pressioni del padre e cominciare a occuparsi dell'attività di famiglia. Così, nel 1982, trascorse tre mesi alla Seagram per imparare il lavoro prima di trasferirsi a Londra e diventare direttore esecutivo della compagnia in Europa. Nel 1984 tornò a New York come direttore della commercializzazione della multinazionale. In quegli anni il whisky stava perdendo la sua popolarità, mentre il cognac era uno degli alcolici più richiesti, soprattutto in Cina e Giappone. Alla fine degli anni Ottanta, Edgar Jr e suo padre acquistarono per 922 milioni di dollari la Martell, storica marca francese di cognac, ma questo non bastò a fermare il crollo nelle vendite degli alcolici.

L'inizio della fine

Quando, nel 1994, Edgar Sr lasciò definitivamente il timone della Seagram nelle mani del figlio, Edgar Jr si ritrovò a dirigere un'azienda piuttosto diversa da quella creata dal nonno. Le entrate non provenivano più solo dall'alcol: «Dei 450 milioni di dollari guadagnati dalla Seagram alla fine degli anni Ottanta, solo 100 derivavano dalla vendita di alcolici, il resto erano dividendi della DuPont, una multinazionale di cui possedevano il 25 per cento delle azioni» spiega Olive. Per questo motivo, sia gli azionisti sia gli altri Bronfman non videro di buon occhio la decisione di Edgar Jr (al tempo direttore da meno di un anno) di vendere la partecipazione alla DuPont e, come se non bastasse, al 13 per cento in meno rispetto al prezzo di mercato. Questa manovra però servì al giovane Edgar per procurarsi il denaro necessario per lanciarsi nella sua audace incursione a Hollywood.

La Seagram ricavò 9000 milioni di dollari che Edgar Jr decise di investire nell'instabile industria del cinema. «Edgar Jr pensò di doversi introdurre in un nuovo settore e l'unica industria che conosceva, anche meglio di quella delle bevande alcoliche, era il mondo dello spettacolo» afferma Olive. Così comprò la MCA (poi Universal Studios), uno dei maggiori *studios* della California. Nonostante attraversasse un periodo di crisi, continuava a essere una compagnia piuttosto importante: produceva dischi, possedeva studi cinematografici, un parco a tema, televisioni e altre attività commerciali. Nel 1995, Edgar Jr pagò 5700 milioni di dollari per l'80 per cento delle azioni della MCA Universal e oltre a occuparsi del commercio di bevande alcoliche si impegnò a dirigere questa società.

Edgar era ottimista, pensava che ne avrebbe ricavato enormi guadagni. La prima difficoltà che dovette affrontare fu trovare una persona adatta a dirigere gli Universal Studios. «Cercò di ingaggiare Mark Ovitz, che allora era il migliore tra gli agenti artistici, ma chiedeva uno stipendio esagerato e Edgar non riuscì a convincere la famiglia ad acconsentire. Optarono quindi per il secondo della lista, un ex marine di nome Meyer, che risultò essere molto bravo» dice Nicholas Faith. La scelta di Ron Meyer e Stacey Snider come direttori degli Universal Studios si rivelò azzeccata: grazie alla loro esperienza produssero film di grande successo come *La mummia, Ti presento i miei*, *Erin Brockovich* e *Il gladiatore*. Alla fine degli anni Novanta, gli Universal Studios tornarono a essere una delle case produttrici più importanti dell'industria del cinema.

Edgar ottenne un certo numero di successi anche con la MCA Music, casa discografica che apparteneva a lui e agli Universal Studios. Sembrava che tutto andasse per il meglio, ma Edgar commise l'errore di comprare un'altra importante etichetta, la Polygram Records, investendo così dieci miliardi di dollari nel settore discografico, già all'inizio del suo declino. E la cosa peggiore fu che, così facendo, impoverì la Seagram che, abbandonando le proprie origini in nome di una maggiore diversificazione, cominciava un percorso che l'avrebbe portata sull'orlo della bancarotta.

Nel 1999, Edgar Jr aveva chiesto troppi prestiti per entrare a Hollywood e i suoi studi cinematografici e l'etichetta stavano perdendo più di 330 milioni di dollari. Alcuni esperti dissero che i suoi investimenti erano tipici del novellino che sogna di sfondare a Hollywood. «L'industria del cinema ha approfittato quasi sempre degli investitori esterni a questo mondo, li prosciuga di tutto il denaro che può e poi si dimentica di loro. Questo è ciò che accadde a Edgar» afferma Faith. A causa della mancanza di esperienza e di conoscenze, il giovane Edgar fece errori costosi nelle trattative, sbagli nella gestione, diventò dipendente dai consulenti esterni e partorì una serie di idee piuttosto bizzarre, al punto che un importante dirigente di Hollywood disse di lui: «È come una pignatta. Lo percuoti ed esce il denaro».

Invece, quello stesso anno, il settore alcolici della Seagram che Edgar Jr aveva volontariamente trascurato fruttò 522 milioni di dollari, anche se la compagnia era scesa al terzo posto nel mercato. Edgar Jr non voleva però rassegnarsi ad abbandonare il sogno di sfondare nel mondo dello spettacolo. Purtroppo, come dice David Olive: «Edgar Bronfman ebbe la sfortuna di scegliere il momento peggiore».

Lo zio Charles era probabilmente l'unica persona che avrebbe potuto dissuaderlo dal perseguire le sue ambizioni, ma «avrebbe creato una frattura profonda nella famiglia, e non era disposto a fare questo passo. Per Charles la famiglia era più importante dei soldi» spiega Brian Milner, giornalista del «The Globe and Mail» di Toronto.

Un piano ambizioso con un esito drammatico

All'inizio del XXI secolo, l'industria delle bevande alcoliche fondata dalla famiglia Bronfman attraversò un periodo di cambiamento molto delicato, dato che i tentativi di realizzare i sogni di Edgar Jr stavano compromettendo le altre imprese del gruppo. A 44 anni, Edgar escogitò una strategia sorprendente che poteva risollevare la Seagram o portarla alla rovina: nel novembre 1999 diede inizio a una serie di trattative segrete con Jean-Marie Messier, direttore generale della Vivendi, un potentissimo gruppo di comunicazione francese. «Condividevano le stesse idee su ciò che accadeva nel settore dei mezzi di comunicazione. L'avvento di Internet stava modificando le forme tradizionali di intrattenimento, come il cinema, la televisione e anche la pubblicità, che cominciavano a convergere nell'era digitale. Entrambi tentavano, ognuno a modo suo, di fondere i settori per creare un'impresa completamente nuova» spiega Bianco.

Edgar presentò Messier alla famiglia e propose di vendere la Seagram. Ai Bronfman piacque Messier e apprezzarono la sua visione imprenditoriale. «La decisione non fu solo di Edgar Jr, ma tutta la famiglia pensava che fosse il modo migliore per andare avanti» sostiene Bianco. La strategia di Messier ed Edgar aveva un precedente nel settore: pochi mesi prima si era verificata la storica fusione tra la Time Warner e AOL. Il primo era un gruppo leader nel settore dell'editoria, del cinema e della televisione, mentre AOL era un'importante impresa telematica.

Otto mesi dopo la prima riunione tra Bronfman e Messier fu annunciata la fusione, che univa due culture diverse e due forti personalità per creare il secondo gruppo imprenditoriale più importante nel settore dei media e dell'intrattenimento. La nuova corporazione, la Vivendi Universal, con sede a Parigi, sarebbe stata molto simile alla compagnia nata dall'unione tra AOL e Time Warner. La Vivendi doveva pagare alla Seagram 35.000 milioni di dollari, di cui un terzo sarebbe andato alla famiglia Bronfman. L'avventura imprenditoriale cominciò con grandi aspettative, ma ben presto andò tutto a rotoli. «Fu un disastro. Messier risultò essere un ottimo creativo, ma un pessimo gestore» dice Tony Spiva, professore di Economia presso l'Università del Tennessee. Secondo Anthony Bianco, «Jean-Marie Messier perse il controllo nel tentativo di costruire questa compagnia attraverso le acquisizioni. Non capì quando sarebbe stato il caso di fermarsi e fu sopraffatto dagli eventi». In meno di due anni crollò tutto.

Messier tentò di monopolizzare il mercato acquistando televisioni a pagamento, compagnie telefoniche e portali Internet. Spese il denaro della compagnia in modo sconsiderato, nascondendo contratti e accumulando perdite. Come se non bastasse, il valore delle azioni cominciò a precipitare. «Quasi nel momento stesso in cui avvenne la fusione, la borsa crollò, in particolare le azioni delle imprese tecnologiche e del settore audiovisivo, le imprese telematiche, e tutto ciò che aveva a che fare con le comunicazioni e con i media. Il palloncino si sgonfiò» dichiara Olive.

«Messier non la smetteva più di comprare, sembrava un bambino in un negozio di caramelle, e non si curava delle spese» dichiara Edgar padre. Charles Bronfman, ex co-presidente della Seagram, ora settantunenne e da sempre membro più prudente e conservatore della famiglia, noto più per l'attività filantropica in Israele che come uomo d'affari, aveva giurato di non provocare una disputa sulla gestione degli affari e si mantenne fedele a questa decisione anche quando i suoi incubi peggiori diventarono realtà.

Per loro sfortuna i Bronfman non avevano ricevuto denaro in cambio della Seagram, ma azioni della Vivendi. «Se avessero ricevuto soldi in cambio delle azioni della Seagram, non avrebbero avuto problemi, avrebbero avuto delle riserve. Invece le azioni della Vivendi finirono per crollare, facendo perdere ai Bronfman miliardi di dollari» sostiene Bianco.

Quando Messier fu destituito, a luglio del 2002, la Vivendi Universal era sull'orlo della bancarotta; non bastarono le vendite di vini e liquori della Seagram per saldare il debito accumulato da Messier con la Vivendi Universal, che ammontava a trentasette miliardi di dollari. Fu necessario vendere anche il Seagram Building di New York, tanto caro alla famiglia, e le perdite personali furono impressionanti. «Si stimava che la fortuna dei Bronfman in quel momento ammontasse a cinque miliardi di dollari e si calcola che ne persero quasi la metà. Questo significò la fine della Seagram, l'industria di bevande alcoliche di questa dinastia» indica Anthony Bianco. La divisione alcolici, cuore della Seagram, fu acquistata dalla Pernod Ricard e dalla Diageo, e la società cessò a tutti gli effetti di esistere.

Nonostante sia considerato il tracollo economico peggiore subito da una sola famiglia nel corso della storia, i Bronfman continuarono a essere miliardari. «Non smisero di essere ricchi, ma la perdita dell'azienda fu molto dolorosa. Inoltre in Canada furono duramente criticati, perché la Seagram era stata per tanto tempo una delle imprese più importanti del paese» indica Bianco.

Dopo la disfatta della Vivendi, Edgar Jr cercò rifugio nel settore che aveva sempre amato: l'industria musicale. Comprò l'etichetta Warner Music dal gruppo Time Warner per poco meno di 2.600 milioni di dollari e la risollevò esplorando nuove modalità di guadagno attraverso Internet, come per esempio la vendita di suonerie per i cellulari. L'idea portò entrate notevoli e poco dopo Edgar Jr coronò il successo mettendo in vendita parte delle azioni della Warner Music. «Nel giro di un paio d'anni, la compagnia valeva più di tre miliardi di dollari. Grazie a questa operazione Edgar Jr risanò la propria immagine dopo la disastrosa vendita della Seagram» spiega Tony Spiva. Nel 2008, secondo il «New York Times», l'Atlantic Records (appartenente alla Warner Music) fu la prima casa discografica a realizzare più della metà delle proprie vendite negli Stati Uniti attraverso prodotti digitali.

«Edgar Jr era molto ambizioso. La sua intenzione era quella di reinventare la compagnia di bevande alcoliche che era stata diretta dal padre e fondata dal nonno tanti anni prima. Un'ambizione di questo tipo si riscontra di solito solo nella prima generazione di ogni importante dinastia. Tutte le critiche che ricevette per le scelte che fece, soprattutto quando le cose gli andarono male, furono ingiuste, perché in realtà si trattò di un uomo d'affari disposto a correre dei rischi per avere successo» afferma Anthony Bianco.

Bisogna ammettere però che per inseguire il sogno di creare una compagnia globale di mezzi di comunicazione, Edgar Jr perse i gioielli della corona dell'impero fondato dal nonno, rovinò la reputazione della famiglia e per poco non ne distrusse l'intera fortuna; nonostante questo i Bronfman, ancora oggi proprietari di svariate holding, continuano a essere una delle famiglie ebraiche più influenti del mondo e famose per la propria filantropia, e sono tuttora di gran lunga più ricchi della maggioranza dei comuni mortali. «In Canada non esiste una sola università che non abbia beneficiato delle loro donazioni» dice il professore di Storia Irving Abella. Edgar Jr oggi presiede il consiglio di amministrazione dell'Endeavor, un'organizzazione internazionale senza scopo di lucro che sostiene gli imprenditori nei mercati emergenti, ha creato più di 100.000 posti di lavoro di alto livello e solo nel 2008 ha fruttato tre miliardi di dollari.

Al tempo stesso, il lavoro del patriarca Sam Bronfman e del figlio Edgar nel Congresso ebraico ha aiutato a ridurre l'antisemitismo e a trasformare il Canada in una nazione più tollerante. «Il nuovo Canada, che Sam contribuì a creare, è un paese più aperto, ha una grande varietà culturale e accetta il diverso. È più umanitario e liberale, ed è uno dei paesi più multiculturali al mondo» aggiunge Irving Abella. E tutto è cominciato grazie a una famiglia di imprenditori delle gelide pianure del Saskatchewan.

3

I Grimaldi

Monaco è l'ultima oasi di pace
e di sogni del pianeta.

RANIERI III (1923-2005)

I Grimaldi

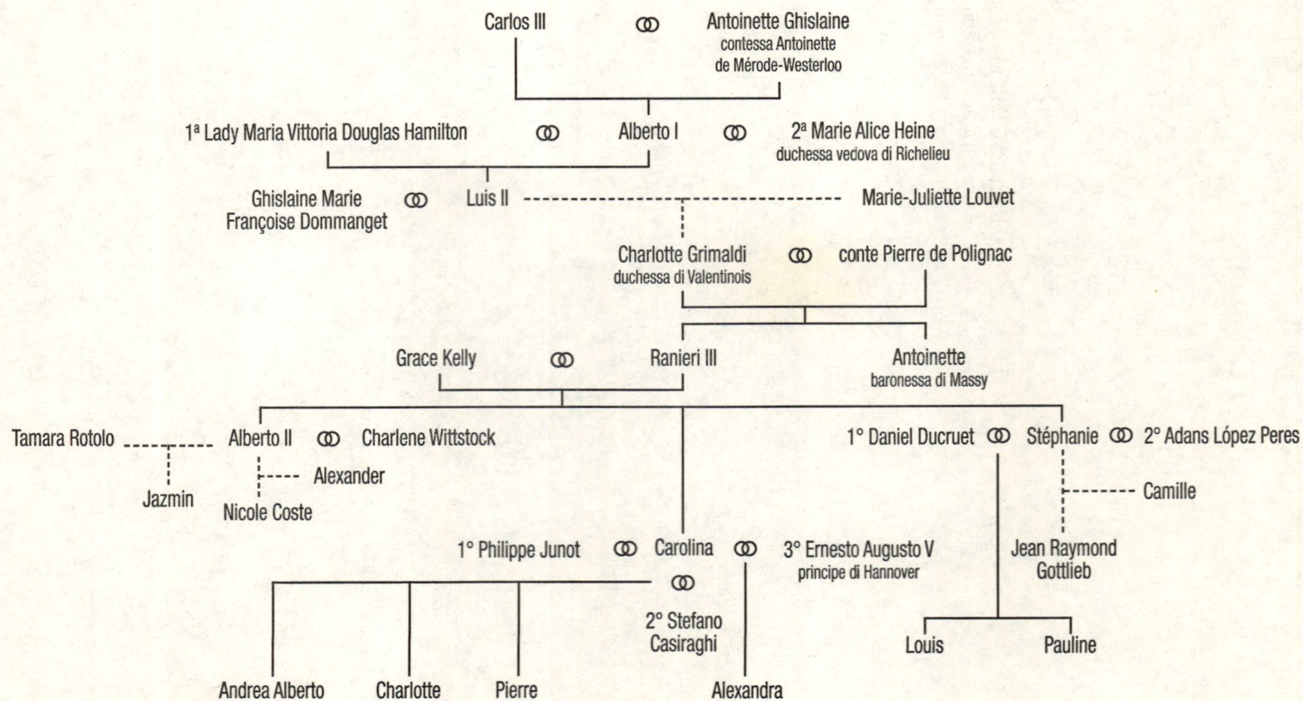
Carlos III
Antoinette Ghislaine
contessa Antoinette
de Mérode-Westerloo
1ª Lady Maria Vittoria Douglas Hamilton
Alberto I
2ª Marie Alice Heine
duchessa vedova di Richelieu
Ghislaine Marie
Françoise Dommanget
Luis II
Marie-Juliette Louvet
Charlotte Grimaldi
duchessa di Valentinois
conte Pierre de Polignac
Grace Kelly
Ranieri III
Antoinette
baronessa di Massy
Tamara Rotolo
Alberto II
Charlene Wittstock
Alexander
Jazmin
Nicole Coste
1° Daniel Ducruet
Stéphanie
2° Adans López Peres
Camille
Jean Raymond
Gottlieb
1° Philippe Junot
Carolina
3° Ernesto Augusto V
principe di Hannover
2° Stefano
Casiraghi
Louis
Pauline
Andrea Alberto
Charlotte
Pierre
Alexandra

Le nozze di Grace Kelly, una delle attrici più famose, eleganti e belle della Hollywood degli anni Cinquanta, con il principe Ranieri di Monaco calamitarono l'attenzione del mondo in un'epoca in cui il glamour e il romanticismo erano sempre più in voga. Grazie alla loro unione il minuscolo principato (è il paese più piccolo del mondo dopo il Vaticano e il più densamente popolato) riuscì a ritagliarsi uno spazio nel panorama internazionale. Quello Stato, ormai sull'orlo del fallimento, divenne in breve la destinazione preferita dai milionari e cominciò a nuotare nell'abbondanza affermandosi come una delle zone residenziali più lussuose al mondo. Il piccolo gioiello del Mediterraneo e il suo piccolo castello rinascevano in una sorta di favola moderna grazie alle nozze da sogno tra il principe e la diva. La cerimonia fu seguita da 30 milioni di telespettatori, vale a dire da quasi tutti coloro che nel 1956 avevano accesso a un televisore, e contribuì a creare un nuovo genere giornalistico: il glamour rosa rivolto alle masse.

La storia meno glamour del minuscolo Stato

Con una superficie inferiore ai due chilometri quadrati, meno del Central Park di New York, e con una popolazione di circa 30.000 abitanti, il Principato di Monaco deve la sua attuale fama alle tante celebrità e ai tanti milionari che vi soggiornano attratti dal clima, dal lussuoso casinò e dall'esclusivo porto, ma anche al suo status di paradiso fiscale. La sua storia ebbe inizio durante il Sacro Romano Impero Germanico e fino alla fine del X secolo fu un famigerato covo di pirati saraceni. Nel 1297, quando Monaco apparteneva ancora alla Repubblica di Genova, Francesco Grimaldi mise gli occhi sul suo porto, situato in una posizione eccellente. La leggenda narra che lui e i suoi uomini si travestirono da monaci francescani per introdursi nel castello e presero la piazza d'armi. Quest'impresa riappare sullo stemma del Principato, in cui sono raffigurati due monaci armati di spada che sostengono lo scudo rosso e bianco dei Grimaldi.

Da allora Monaco è rimasta sotto la guida dei Grimaldi, che nel 1419 ne proclamarono l'indipendenza dai regni di Francia e di Savoia. Da più di settecento anni ormai – con la sola eccezione del periodo tra il 1793 e il 1814, quando il Principato fu incorporato dalla Francia rivoluzionaria nel dipartimento delle Alpi Marittime – questa famiglia di origine genovese governa sotto regime monarchico, con maggior o minor fortuna e territorio, il piccolo promontorio sospeso tra le Alpi francesi e il mar Mediterraneo, in piena Costa Azzurra.

Senza dubbio Monaco deve gran parte della sua rinascita e della sua proiezione internazionale al mito di Grace Kelly, ma va detto che già a metà del XIX secolo, quando il gioco d'azzardo era illegale nei paesi vicini, il Principato cominciò ad accogliere le grandi fortune europee nelle sale del Casinò di Montecarlo. L'idea fu dell'allora principe Carlo III (1818-1889) e consentì al piccolo Stato di arricchirsi e svilupparsi rapidamente. Nel 1863 il sovrano concesse a François Blanc, fondatore della Société des Bains de Mer e del Circolo degli Stranieri, il privilegio di gestire il casinò, gli hotel e il teatro, affinché portasse introiti alla corte monegasca. Cinque anni dopo l'inaugurazione della linea ferroviaria Nizza-Ventimiglia consolidò la prosperità del minuscolo Principato e Monaco divenne la meta alla moda dell'alta società europea dell'epoca.

L'anno seguente Carlo III abolì l'imposta sui beni personali e mobili, dando avvio a un'intensa attività di costruzione che portò alla realizzazione del teatro dell'Opera nel 1879 e di numerosi musei. Suo figlio e successore, Alberto I (1848-1922), specialista in biologia marina, fece costruire nel 1906 il famoso Museo Oceanografico di Monaco. Sua fu anche l'idea di dar vita al primo rally di Montecarlo nel 1911, per attirare turisti nel casinò. Il principe che gli succedette, Luigi II (1870-1949), nonno di Ranieri, si incaricò invece di organizzare nel 1929 il primo Gran Premio automobilistico, che da allora si disputa annualmente nelle strette e tortuose strade di Montecarlo. Nel 1955 la gara assunse il nome di Gran Premio di Monaco.

Sotto Luigi II, Monaco fu sul punto di passare in mano francese, poiché il principe, che aveva rifiutato di sposarsi dopo aver assistito alla lunga lotta per il divorzio dei suoi genitori, non aveva eredi legittimi. Nel 1898, però, aveva avuto una relazione in Nord Africa con una giovane di nome Marie-Juliette Louvet, figlia di umili contadini della regione di Caux, da cui era nata Charlotte. Nel 1919 Luigi II, che all'epoca aveva già 49 anni ed era ancora scapolo, fu costretto a riconoscere Charlotte, ormai ventunenne e priva dell'educazione di corte, come membro della famiglia Grimaldi. Per legittimarne i diritti, le vennero conferiti i titoli di duchessa di Valentinois e principessa ereditiera di Monaco.

Nel 1920 Charlotte si sposò con il conte francese Pierre de Polignac e, sebbene il loro matrimonio non fu felice, ebbero due figli: Antonietta, baronessa di Massy (1920), e Ranieri Louis Henri, nato nel 1923, che assicurava la successione al trono. Per tutta la vita, però, i diritti dinastici di Ranieri III vennero contesi dai rappresentanti del casato ducale di La Force, contrari alla risoluzione adottata nel 1919 per legittimare la figlia naturale di Luigi II e garantire la continuità dei Grimaldi. Senza quel provvedimento, infatti, l'eredità della famiglia sarebbe andata ai duchi tedeschi di Urach (del casato reale di Württemberg), che avevano rinunciato ai loro diritti sul Principato in favore dei duchi di La Force, i secondi pretendenti in ordine di successione.

Appena conclusasi la Seconda guerra mondiale, l'anziano Luigi II (accusato di aver appoggiato i tedeschi) si innamorò di un'attrice francese, Ghislaine Marie Françoise Dommanget, che, dopo aver divorziato dal suo secondo marito, sposò il nonno di Ranieri nel 1946, diventando la principessa Ghislaine di Monaco, la prima a raggiungere tale posizione senza avere alcun titolo nobiliare. La coppia non diede alla luce nessun erede al trono: lei all'epoca aveva già 46 anni e lui 76. Nel 1949, con l'incoronazione di Ranieri III, l'attrice divenne la Principessa Madre di Monaco, titolo che conservò fino alla morte. Ghislaine visse altri quarant'anni dopo la morte del marito e tornò perfino a calcare le scene, fino al 1960, anno in cui si ritirò e scrisse la sua biografia. Morì a Parigi nel 1991, a 91 anni.

Un matrimonio per dare notorietà a Monaco

Al centro dei cinque distretti di Monaco sorge Montecarlo. Il suo Grand Casino, i suoi hotel di lusso e il suo esclusivo porto sportivo sono un rifugio per milionari. «Monaco è stata definita, a ragione, un "luogo soleggiato per oscuri personaggi". È un luogo dove conta solo il denaro. È il regno della fantasia, ma di una fantasia piuttosto lucrativa, dove i Grimaldi sono la ciliegina sulla torta» osserva Robert Lacey, biografo di Grace Kelly. Per quasi un secolo e mezzo Monaco è stato il rifugio di chiunque volesse proteggere i propri soldi e non sempre ha attirato le persone più rispettabili. «Alla fine della Seconda guerra mondiale» continua Lacey «Monaco era un luogo piuttosto sordido. I nazisti lo avevano usato come centro di riposo. I bordelli e il casinò erano rimasti aperti, e i tedeschi e i collaborazionisti francesi si servivano delle banche monegasche per riciclare denaro. Insomma, tra gli anni Quaranta e l'inizio degli anni Cinquanta la sua immagine si era alquanto deteriorata.»

Il giovane Ranieri, nipote del principe Luigi II, aveva scoperto l'oscura reputazione di Monaco all'estero quando studiava in due severi collegi inglesi, il Summer Fields e lo Stowe. «I suoi compagni lo prendevano in giro chiamandolo "il ciccione di Monaco" e spesso lo deridevano per le caricature, pubblicate sui giornali, dei giocatori che, dopo aver perso il loro denaro al casinò, si gettavano dalle finestre di Montecarlo. Per questo Ranieri ha sempre avuto un atteggiamento ambivalente nei confronti dell'eredità familiare. Provava vergogna e cercava un modo più rispettabile del solo gioco per fare soldi» afferma Lacey.

La Seconda guerra mondiale interruppe gli studi di Storia che Ranieri aveva intrapreso all'Università di Montpellier. Nonostante Monaco fosse ufficialmente neutrale, il principe Luigi II tollerò la presenza dei nazisti. Suo nipote, radicalmente avverso a Hitler, si arruolò nelle Forze francesi libere nel 1944, quando gli Alleati sbarcarono in Normandia. Raggiunse il grado di tenente e gli vennero conferite due medaglie al valore.

Il 9 maggio 1949 il giovane Ranieri ascese al trono di Monaco dopo che suo nonno, Luigi II, abdicò per problemi di salute. Fu incoronato l'11 aprile 1950, a 27 anni, e divenne il trentesimo sovrano del Principato. Sua madre, la principessa Charlotte, durante la Seconda guerra mondiale aveva rinunciato al diritto al trono in suo favore. Ranieri ereditò uno Stato sull'orlo del fallimento economico. Fin dall'inizio del suo mandato gli fu chiaro che per portare vita e splendore in quella piccola monarchia mediterranea era necessario impegnarsi a fondo nelle relazioni sociali e nel dare notorietà politica a Monaco.

Negli anni Cinquanta Aristotele Onassis, il magnate e armatore greco, investì molto denaro nel Principato, dove approdava frequentemente il suo lussuoso yacht *Christina*. Tuttavia, sia lui che Ranieri sapevano che bisognava migliorare l'immagine di Monaco se volevano recuperare lo splendore del passato. Allora escogitarono un piano: una sposa americana sarebbe stata perfetta, e ancora meglio se si fosse trattato di una grande diva del cinema. «Ranieri cercava di attirare un nuovo tipo di visitatore,» osserva Lacey «e per riuscirci era imprescindibile migliorare la reputazione del Principato. Gli Stati Uniti erano il posto giusto in cui trovare decoro e denaro, in un'epoca in cui l'Europa era ancora devastata dalla guerra. I turisti americani avrebbero potuto portare liquidità all'economia monegasca.»

Onassis aiutò Ranieri a stilare una lista delle candidate con le qualità giuste. Robyns Gwen, amica della principessa Grace e sua prima biografa, afferma che «avevano una lista di ragazze idonee. Gene Tierney era la prima e poi veniva Marilyn Monroe. Grace occupava il terzo posto, ma, quando venne scartata Marilyn, balzò in cima alla lista». E non c'era da stupirsi. Grace aveva tutto. A 25 anni aveva talento, una bellezza classica, distinzione ed eleganza innate, fama e inoltre proveniva da una conosciuta, facoltosa e cattolica famiglia di Filadelfia. Suo padre, Jack Kelly, di origine irlandese, aveva fatto fortuna nell'edilizia e non vedeva di buon occhio il successo della figlia come attrice, sebbene avesse vinto un Oscar con il suo quarto film e fosse una delle artiste preferite di Alfred Hitchcock.

Nonostante l'opposizione del padre, Grace fin dai primi passi ebbe fortuna nell'industria cinematografica. Nel suo film d'esordio, *Mogambo*, in cui interpretava un ruolo secondario, fece coppia con Clark Gable e si dice che ebbero un'avventura, nonostante la concorrenza di Ava Gardner. «Cosa puoi fare se sei da sola con Clark Gable in una tenda in Africa?» domandava l'attrice con falsa innocenza. Anche Gene Lyons, Ray Milland, William Holden e Bing Crosby vengono ricordati tra i suoi celebri amori.

«Ranieri voleva sposarsi con una principessa di Hollywood» afferma la scrittrice Wendy Leigh, autrice del libro *True Grace* («La vera Grace»). «Non voleva una ricca ereditiera statunitense, una Vanderbilt, una Whitney o simili. Voleva una donna di grande notorietà e una star in grado di portare lo splendore di Hollywood a Monaco; e funzionò». Si dice che il sovrano all'epoca avesse da sei anni una relazione con un'attrice francese, Gisèle Pascal, molto lontana dall'eleganza di Grace. L'attrice americana Rita Gam, amica, ex compagna di stanza e una delle sei damigelle d'onore delle nozze della principessa, la definisce così: «Grace era una donna con una luce speciale, molto garbata, intelligente, con i suoi interessi e con una magia unica, oltre che bellissima».

Al Festival di Cannes del 1955 il principe finalmente si incontrò con una delle più brillanti stelle della Hollywood dorata: Grace Kelly. Anche se l'attrice era già stata sulla Riviera francese nel 1954 per le riprese del film *Caccia al ladro*, insieme a Cary Grant, il loro primo incontro non avvenne fino a maggio dell'anno seguente, quando lei partecipò al festival per presentare *La ragazza di campagna*. In quell'occasione il principe le mostrò il palazzo. E già a Natale di quell'anno andò a farle visita a Filadelfia per chiederle di sposarlo.

All'epoca Grace frequentava Oleg Cassini, uno stilista di origine francese trasferitosi negli Stati Uniti nel 1936 e diventato poi famoso come sarto di Jacqueline Kennedy. «Un giorno andai al cinema con un amico e vidi uno dei suoi film» racconta Cassini «e gli dissi: "Quella ragazza sarà mia". Cominciai a telefonarle dopo averle mandato grandi mazzi di rose rosse per due settimane e ci demmo appuntamento per pranzo. Quello stesso giorno le confessai che volevo sposarla.» Ma, nonostante l'avesse poi corteggiata per due anni in vari continenti, il seducente Cassini, con già due divorzi alle spalle, non poté competere con un principe. «Un giorno mi chiamò e mi disse che era innamorata di me e che mi amava più di ogni altro uomo della sua vita, ma aggiunse: "Mi sposo con il principe Ranieri". Sorpreso, le ribattei che non poteva essere innamorata di lui e lei rispose: "Imparerò ad amarlo". La avvertii che stava commettendo un errore di cui si sarebbe pentita per il resto dei suoi giorni» ricordava Oleg Cassini poco prima di morire a Long Island, nel 2006, a 92 anni.

Nozze da favola

Il 5 gennaio 1956 l'annuncio del fidanzamento di Ranieri suscitò grande emozione. Il principe dichiarò che Grace non avrebbe più recitato, ma l'attrice girò ancora un film, *Alta società*, e, una volta concluse le riprese, chiese un anno libero al suo produttore, la Metro-Goldwyn-Mayer (MGM), a cui la legava un contratto di altri quattro anni. «A molti il loro legame ricordava *La Bella e la Bestia,*» racconta la scrittrice Wendy Leigh «lei era una delle donne più ammirate di Hollywood e aveva già vinto un Oscar quando, nel 1956, accettò la mano del principe Ranieri, che non era certo un bell'uomo. Inoltre, era una specie di unione tra la nobiltà di Hollywood e la nobiltà europea: la fusione tra il prestigio e la polvere delle stelle.»

Molti videro le nozze come un semplice business, un matrimonio d'interesse, la classica unione tra nobili. Grace voleva una corona; Ranieri assicurare il proprio futuro. Si dice che il padre della sposa portò in dote 2 milioni di dollari e che lo sposo pretese un test di fertilità.

A ogni modo, la decisione di Ranieri di sposarsi con una principessa di Hollywood fu un colpo di genio. La MGM realizzò un documentario delle nozze che venne proiettato in tutto il mondo. «Fu la miglior pubblicità che Monaco avesse mai avuto,» commenta Wendy Leigh «fece sì che il mondo intero si interessasse al piccolo principato e volesse conoscere l'epicentro di questa incredibile favola». I 1400 giornalisti internazionali che si occuparono dell'evento raddoppiavano il numero di invitati. Le nozze rappresentarono una rivoluzione mediatica che portò alla nascita di un nuovo genere di informazione, il glamour rosa rivolto a un pubblico di massa in fuga dalla triste realtà, dal quale i Grimaldi non sarebbero più potuti scappare. Fu la prima volta che si parlò di «nozze del secolo», espressione poi ampiamente riutilizzata.

Ranieri e Grace Kelly si sposarono il 19 aprile 1956 nella cattedrale monegasca di San Nicola. «Tutto fu orchestrato e pagato dalla MGM» assicura Robyns Gwen. Helen Rose (la costumista principale degli *studios* e già vincitrice di un Oscar) disegnò l'abito che avvolse Grace con delicata sobrietà ed eleganza nei suoi cento metri di seta, venticinque di taffettà e novanta di tulle, rifinito con pizzo francese. Per realizzarlo ci vollero 35 artigiani, tra stilisti e cucitrici, e sei settimane di lavoro. Rita Gam ricorda così quei giorni: «Fu un allestimento degno della famiglia reale britannica. Organizzarono una coreografia straordinaria. La MGM creò il più bell'abito da sposa, tutto ricamato di perle. Grace chiamò il suo parrucchiere, il famoso Sydney Guilaroff, e il suo truccatore». «I primi piani di Grace rivelano che era molto nervosa e non particolarmente felice» osserva Wendy Leigh. Delle celebrità dell'epoca presero parte alle nozze solo l'ex re Faruk d'Egitto, l'armatore Onassis e Hitchcock, che guidava il gruppo di

Hollywood. Le famiglie reali europee boicottarono ufficiosamente l'evento. L'unione tra un sovrano e una diva del cinema era un attentato alle tradizioni.

Le nozze commossero gli Stati Uniti. La famosa attrice diventava la sovrana di un lontano e modesto paese europeo chiamato Monaco. L'evento cambiò la loro visione dell'Europa. Ormai non si trattava più del luogo in cui tanti giovani americani avevano perso la vita un decennio prima combattendo contro i nazisti: era il luogo in cui le favole diventano realtà. I giornali non si stancavano di questa perfetta storia d'amore. Sua Altezza Serenissima la principessa Grace di Monaco aveva portato colore e raffinatezza in un'Europa ancora grigia per gli effetti della Seconda guerra mondiale. «Grace arrivò da Hollywood in un periodo in cui gli addetti stampa potevano ancora sfruttare questo tipo di pubblicità e portò questa filosofia a Monaco. Dal canto suo, Ranieri, una sorta di antiquato despota medievale, era convinto di poter controllare le cose. Ma in realtà, così facendo, non otteneva altro che stuzzicare l'appetito della bestia» spiega il biografo di Grace Kelly, Robert Lacey. Dal giorno delle nozze e per tutta la sua vita, la coppia fu perseguitata da una scia di giornalisti; un'eredità molto difficile da raccogliere per i loro figli. «Molti dei problemi che hanno dovuto affrontare queste generazioni di Grimaldi derivano da quel tentativo di creare un'immagine idilliaca che non era possibile mantenere» racconta Lacey.

Grace portò prestigio e notorietà. A partire da quel momento Sua Altezza Serenissima Grace di Monaco svolse il suo ruolo alla perfezione. «Sapeva cosa ci si aspettava da lei e forse fu proprio questa la chiave del suo matrimonio: interpretare costantemente la principessa» osserva Robyns Gwen. «Da buona attrice, non smise mai di recitare il ruolo della principessa» ribadiva l'ex fidanzato Oleg Cassini.

I primi anni a corte

Grace Kelly aveva 26 anni e sapeva controllare perfettamente le sue emozioni, eppure rimase sorpresa dalla vita a corte. «Quando giunse al castello Grimaldi dopo le nozze, d'improvviso scoprì cosa fosse realmente la nobiltà; doveva vedersela con antichi funzionari e ciambellani, un mondo arcaico retto da un rigido protocollo» osserva Robert Lacey. Aveva sposato Sua Altezza Suprema e poteva comportarsi come una moglie normale solo in privato, nella sua casa. Fu uno choc tremendo. «Rimpiangeva tutto della sua vita negli Stati Uniti, e addirittura chiese a sua madre di mandarle la carta igienica perché non le piaceva quella francese usata a corte. Nei primi mesi era molto infelice e il tempo per interrogarsi sulle sue scelte certo non le mancava» sostiene Robyns Gwen.

A Grace non restava altro che adattarsi come poteva alla vita di palazzo, il che comprendeva lottare contro l'ostilità della famiglia di Ranieri, in particolare contro quella di sua cognata Antonietta. L'ex attrice si impegnò per essere una buona first lady: imparò il francese, la storia monegasca e il protocollo delle famiglie reali europee.

Nove mesi dopo le nozze nacque la prima figlia, Carolina, e l'anno seguente Grace diede alla luce il figlio ed erede Alberto, battezzato dalla regina di Spagna Vittoria Eugenia di Battenberg. Grace era una madre perfetta e una calamita per il jet set. Il Principato di Ranieri si vide costretto a sottrarre terra al mare per costruire nuove case di fronte alla domanda dei ricchi che in quel momento volevano vivere a Monaco. Grace incluse nella sua agenda sociale il Grand Prix, che presto divenne il circuito di maggior richiamo della Formula 1. Monaco consolidò rapidamente la sua fama di paradiso turistico, fiscale e finanziario per milionari e celebrità dell'élite internazionale e dell'automobilismo sportivo. Ma non divenne una meta turistica per soli ricchi, e anche la classe media americana cominciò a frequentare il Principato spendendo denaro nei suoi casinò e nei suoi hotel. Il piano di Ranieri per far rifiorire gli affari aveva funzionato.

Dopo aver assolto i propri doveri reali, Grace credette di poter tornare alla carriera di attrice. Hitchcock le propose il ruolo di protagonista nel film *Marnie*, ma ai dirigenti monegaschi non piacque l'idea. «Grace pensava di poter essere allo stesso tempo Grace Kelly, la signora Grimaldi e la principessa Grace. Monaco, molto conservatrice e cattolica, non avrebbe mai accettato che la sua principessa baciasse un altro uomo sotto gli occhi di tutti» osserva Rita Gam. Quando nacque Stéphanie, nel 1965, Grace si arrese definitivamente all'idea che i suoi giorni a Hollywood erano finiti. A partire da quel momento le sue apparizioni si sarebbero limitate alle riviste di moda e stile, come musa di firme del calibro di Givenchy (che disegnò gli abiti per il suo incontro con la famiglia Kennedy nel 1961) o come indossatrice della Kelly, una borsa di Hermès che portava il suo nome. Nel frattempo il mondo vedeva crescere giorno dopo giorno i tre principi, ma crescere all'ombra di quei genitori da sogno si sarebbe rivelata un'impresa ardua. I paparazzi di mezzo mondo li inseguirono fin dal primo istante. Che lo volessero o no, erano destinati a essere delle *celebrities* per il resto della loro vita.

A mano a mano che la figura della principessa Grace e dei suoi figli si affermava come richiamo per visitare Monaco, le finanze del Principato miglioravano grazie alle imposte degli armatori, alle franchigie, agli investimenti turistici e così via. Il Balletto di Montecarlo, il Festival Internazionale del Circo, il Ballo della Rosa e il Gala della Croce Rossa rafforzavano il prestigio del piccolo Stato. Negli anni Sessanta l'unica questione che sembrava offuscare la vita di Ranieri era lo scontro politico con la Francia, che voleva imporre a Monaco le stesse tasse pagate dai francesi. La tensione tra i due paesi crebbe a tal punto che nel 1962 Charles de Gaulle decretò di fatto la rottura delle relazioni diplomatiche con il Principato. In quegli anni, inoltre, tra il sovrano e il suo socio di allora, Aristotele Onassis, sorse una controversia sui benefici del casinò che, nel 1964, li vide scontrarsi in tribunale. Due anni dopo la sentenza diede ragione a Ranieri e Onassis fu costretto a vendere le proprie azioni della Monaco Société des Bains de Mer de Monte Carlo (SBM), ente che controlla, tra le altre attività, anche il casinò.

Scoppiano gli scandali

Roc Agel, la tenuta di campagna della famiglia reale, nei pressi del paesino di Turbia, nella Grande Corniche, a poco più di mezz'ora di auto da Monaco, era il luogo in cui Grace si sentiva più felice. Lontana da corte, nel fine settimana, poteva rilassarsi insieme alla famiglia. «Poteva indossare i panni della tipica casalinga americana che prepara il barbecue, i frullati, gli hamburger e tutto quel genere di cose che aveva sempre voluto fare. L'aspetto più duro era tornare a corte e cercare di essere all'altezza della sua immagine artificiale» racconta Robert Lacey. «Per esempio, Grace non poteva sedersi finché non si era seduto suo marito. Credo che inizialmente tutta quella pomposità doveva essere molto complicata e strana per una grande stella del cinema come lei» spiega Robyns Gwen.

Tra i numerosi aneddoti sulla famiglia si racconta che un giorno, mentre Grace si sforzava di far rispettare a ogni costo il protocollo ai suoi figli adolescenti, la giovanissima Carolina le disse: «Ma, mamma, qui non siamo a Hollywood», e la principessa Grace le rispose: «Lo so bene, lì si possono inventare bugie. Qui, no». Certo, la rigida etichetta reale condizionava anche i bambini, ma fu la costante e gigantesca attenzione mediatica a rendere veramente difficili le loro vite. Non potevano fare nulla senza essere inseguiti dai fotografi di mezzo mondo. Le figlie di Grace non solo erano belle principesse, ma erano anche adorate dagli obiettivi.

Carolina da bambina si mise in luce in diverse competizioni, specialmente di ippica. Entrò nella Scuola di Danza di Marika Besobrasova e continuò gli studi di danza in Italia. Completò la sua istruzione al St Mary's Convent. Studiò anche pianoforte e flauto. Nel 1973 si trasferì per ragioni di studio in Francia, lontana dai suoi genitori e dai vincoli della vita di corte, e poco dopo si iscrisse all'Università Sorbona di Parigi.

Nel 1975 Carolina appariva regolarmente sulla stampa internazionale. Negli Stati Uniti la rivista «Time» le dedicò perfino una copertina. La bella e frivola principessa cominciò a fare la felicità dei paparazzi e, a partire dal 1976, dopo anni di idillio famigliare, cominciarono a sorgere gli scandali che ancora oggi agitano la famiglia Grimaldi. «Sua madre si preoccupava molto per lei. Le cercò perfino un marito di sangue reale» afferma lo scrittore e giornalista Peter Kurth. Si racconta che il primo potenziale candidato era l'allora scapolo Carlo d'Inghilterra. Ma quando Carlo e Carolina si conobbero a Montecarlo non scattò la benché minima attrazione tra loro. I sogni di Carolina erano altri e si trovò da sola un marito: Philippe Junot, un attraente e educato galantuomo di diciassette anni più vecchio di lei, noto in Costa Azzurra come «l'Imperatore della Notte».

Grace e Ranieri si rassegnarono all'inevitabile e il 28 giugno 1978 organizzarono delle grandi nozze per la loro figlia maggiore, a cui prese parte tutto il jet set internazionale. Si parlò di circa cinquemila invitati. Si dice che Ranieri quel giorno disse a Tessa di Baviera: «Non farmi gli auguri, fammi piuttosto le condoglianze». Il matrimonio durò due anni, fino a quando Junot vendette alla stampa le foto della loro luna di miele. A quel punto il divorzio era l'unica opzione. I cattolici monegaschi erano scandalizzati. Il giornale «Le Quotidien de Paris» intitolava la notizia della fine del matrimonio così: *Caprice, s'est fini* (Il capriccio è finito).

Grace era molto irritata dal fatto che sua figlia occupasse nuovamente le prime pagine delle riviste. La stampa ritraeva una Carolina «molto unita» a Robertino Rossellini, figlio del celebre regista e dell'attrice svedese Ingrid Bergman, e in seguito le attribuirono anche una relazione con il tennista argentino Guillermo Vilas. E mentre la cronaca rosa ipotizzava le cause della crisi matrimoniale, un portavoce del palazzo monegasco si affrettò a smentire le voci, assicurando che non c'era nessun altro nella vita della principessa.

Le avventure sentimentali, le feste, gli eccessi e le foto di Carolina calamitavano ancora una volta l'attenzione dei rotocalchi. A quegli anni risale l'aneddoto che ricorda Peter Kurth, avvenuto al tempo del fidanzamento di Diana Spencer con il principe di Galles: «Ci fu un ricevimento a cui partecipò anche Grace e si racconta che in quell'occasione trovò Diana in lacrime in una stanza. Le si avvicinò, la abbracciò e le disse: "Non preoccuparti, mia cara. Le cose andranno di male in peggio"». Per una donna romantica come Grace era una tragedia vedere il suo sogno minato dal comportamento delle sue figlie, che aveva cercato di educare affinché fossero un modello di principesse virtuose.

Sembrava che la maledizione dei Grimaldi avesse colpito la sua famiglia, vittima forse del castigo che si portava dietro la dinastia. Infatti, secondo una leggenda che risale ai primi anni del potere dei Grimaldi, questi «offesero una strega, che lanciò contro di loro la maledizione di non trovare mai felicità nel matrimonio» racconta Robert Lacey. E il castigo sembra gravare più che mai sull'attuale generazione. Ma il peggio doveva ancora venire.

La strada, scenario del drammatico finale

La mattina del 13 settembre 1982 la principessa Grace e sua figlia Stéphanie stavano rientrando da un fine settimana nell'amata tenuta di campagna di Roc Agel. Sembra che Grace, dieci minuti dopo essersi messa al volante, perse il controllo della sua vettura mentre scendeva le sinuose e strette curve della collina, precipitando in un burrone. Stéphanie sopravvisse, con una vertebra fratturata, ma la principessa Grace morì il giorno dopo a causa delle gravi ferite nell'ospedale a lei intitolato, senza aver mai ripreso conoscenza. Aveva 52 anni.

Al funerale di Stato di Sua Altezza Serenissima la principessa

Grace non furono solo i monegaschi a piangerne la morte. Fu sepolta nel mausoleo della famiglia Grimaldi il 18 settembre, dopo un'affollata cerimonia nella cattedrale di San Nicola. Grace fu la prima di una nuova generazione di principesse capaci di guadagnarsi il favore dei cittadini e delle famiglie reali pur senza avere sangue blu, lignaggio né una raffinata educazione. Nei ventisei anni che trascorse alla corte monegasca esercitò con maestria il compito di grande anfitriona e perfetta consorte e madre. Quintessenza della raffinatezza, la sua bellezza, la sua eleganza e la sua popolarità le fecero perdonare il discutibile passato da attrice. La plebea Grace trasformata in Sua Altezza risollevò il paese e fece nascere una leggenda che si rafforzò ancor di più quando un oscuro incidente stroncò la sua vita.

Grace di Monaco si trasformò in un mito e, nonostante alle sue nozze non avesse partecipato nessun membro della nobiltà mondiale e nessun capo di Stato, al suo funerale accorsero i personaggi più famosi dell'epoca: Nancy Reagan, la moglie di Mitterrand, la principessa Diana (che compiva il suo primo viaggio da sola come rappresentante della famiglia reale britannica), i re del Belgio, la regina di Spagna, i principi di Svezia e varie star del cinema, come David Niven e Cary Grant. Quasi 100 milioni di persone in tutto il mondo seguirono le esequie in televisione. La sola rivista americana di gossip «National Enquirer» mandò diciassette giornalisti a Montecarlo per riferire sull'evento.

Ranieri non si riprese mai più da quel duro colpo del destino. La morte di Grace cambiò la vita delle sue due figlie. Carolina mise la testa a posto e da allora esercitò con dignità il ruolo di first lady. Ma per Stéphanie, appena diciassettenne, la tragedia fu troppo dura da superare. Traumatizzata per aver visto morire sua madre, la vita della piccola di casa Grimaldi stava per essere risucchiata in una spirale di sregolatezza.

Stéphanie: la principessa ribelle

Indubbiamente alla stampa vennero fornite poche informazioni sull'incidente e ciò diede adito a illazioni e voci che resero la vita di Stéphanie ancora più difficile. «Si diceva che l'incidente fosse accaduto perché alla guida c'era Stéphanie o perché madre e figlia stavano discutendo. La verità è che Stéphanie era nell'auto quando questa precipitò e vide sua madre gravemente ferita. Fu il trauma di quell'esperienza a catapultarla in una vita sfrenata che eclissò la vita condotta fino ad allora» osserva la scrittrice Wendy Leigh.

Per sua madre, Stéphanie era sempre stata una bambina ribelle. Già da molto piccola, durante le cerimonie e gli atti ufficiali di palazzo, scoppiava a piangere impedendo che si tenessero i discorsi e adorava fare linguacce ai fotografi. Nel 1980 fu messa in un severo collegio femminile a Boulogne, vicino a Parigi. Grace voleva disciplina per sua figlia, ma lei scappò. Stéphanie ricordava quel periodo con queste parole: «Era un inferno. Sembrava una prigione. Non ho mai capito perché mi ci avessero mandata. Non ero così cattiva da dover essere rinchiusa lì dentro. Certo, erano i tempi del divorzio di mia sorella da Philippe Junot e i miei genitori volevano tenermene fuori». L'anno dopo, a sedici anni, fu espulsa da una scuola di Parigi per «aver tenuto un comportamento incompatibile con le norme dell'istituto».

Al momento della morte di Grace, la ragazza aveva già rifiutato le sue funzioni ufficiali e si era ribellata contro il suo titolo di principessa in molte occasioni. A differenza di Carolina e Alberto, Stéphanie non aveva un ruolo chiaro e concreto negli affari di famiglia. Con il decreto sovrano del 17 dicembre 1982 il principe Ranieri ripartì tra i suoi due figli maggiori le responsabilità che prima erano state della madre. A Carolina vennero affidate la presidenza del Festival Internazionale delle Arti e quella della Fondazione Principessa Grace. Di fatto era la first lady, pur senza titolo ufficiale, e in tale veste ricevette dalle mani di suo padre la Gran Croce dell'Ordine di San Carlo, la più alta onorificenza di Monaco. Dal canto suo, Alberto un giorno sarebbe stato il capo della dinastia, come suo padre lo era stato prima di lui. Stéphanie, invece, poteva decidere il proprio futuro. Se questa libertà le diede alcuni vantaggi, fu però anche la sua perdizione. «Scandalo» è stata la parola che i rotocalchi le hanno più spesso associato dopo la morte della madre.

Per un tempo disegnò costumi da bagno, poi fece la culturista e la cantante pop, come se non potesse rinnegare i geni dell'amore per lo spettacolo. Nel 1986 pubblicò un singolo, *Ouragan*, che conteneva anche una versione inglese della stessa canzone, *Irresistible*, e rimase in testa alle classifiche francesi per dieci settimane. I giornali francesi la ribattezzarono la «rockeuse princesse» (la principessa rockettara).

Si esibì nelle televisioni di mezza Europa e, durante un'apparizione in un programma spagnolo, il presentatore le regalò addirittura un cavallo. Poi uscì l'album *Stéphanie* (1991), con testi scritti dalla stessa principessa, ma fu un fiasco. «Non le è mai bastato essere la principessa di Monaco. Ha bisogno di fare altro per sentirsi realizzata come persona. È molto umano in fondo» osserva Robert Lacey.

I suoi primi amori con Urbano Riario Sforza Barberini Colonna, e soprattutto con Paul Belmondo, Anthony Delon e Rob Lowe occupavano di continuo i rotocalchi. La vita sentimentale di Stéphanie era ben poco convenzionale, come i suoi lavori. Le sue avventure riempivano le colonne del gossip mondiale e accrescevano il malcontento di suo padre. Quando nell'aprile del 1990 sembrava che Stéphanie avesse messo la testa a posto con l'annuncio del suo fidanzamento ufficiale con Jean Yves Le Fur e il principe Ranieri poteva finalmente tirare un sospiro di sollievo, vennero pubblicate alcune foto compromettenti che la ritraevano insieme alla sua guardia del corpo, Daniel Ducruet, che si diceva avesse lasciato la sua fidanzata incinta per mettersi con lei. La principessa lasciò Le Fur ed ebbe due figli, fuori dal matrimonio, con Ducruet: Louis, nato il 26 novembre 1992, e Pauline, nata il 4 maggio 1994. Ranieri si allontanò dalla coppia finché, nel 1995, diede loro il permesso di sposarsi.

Ma quando Stéphanie sembrava finalmente avere una vita stabile, dedita al ruolo della madre amorevole sempre attenta ai suoi figli, scoppiò il grande scandalo: nell'agosto del 1996 tutto il mondo vide le foto, scattate di nascosto da un paparazzo, che ritraevano Ducruet in una piscina in compagnia di Fili Houteman, ballerina di striptease ed ex miss Belgio, nuda. «Stéphanie dovette convivere con l'umiliazione di essere stata tradita da quell'uomo a cui aveva dato tanto. Aveva rinunciato al suo ruolo di principessa per stare con le persone comuni, che alla fine l'hanno delusa» afferma Robert Lacey. In seguito si scoprì che Fili era solo in cerca di fama e l'aveva ottenuta grazie all'aiuto del suo fidanzato, il fotografo belga Yves, che si era appostato strategicamente vicino al luogo pianificato per captare con un teleobiettivo le compromettenti immagini di Ducruet.

Il principe Ranieri esortò Stéphanie a separarsi da Ducruet. La principessa divorziò nel 1996, ma la giostra della sua vita amorosa non si arrestò. Dopo appena un anno iniziò una relazione con un'altra delle sue guardie del corpo, Jean Raymond Gottlieb. Il 15 luglio

1998 nacque la sua terzogenita, Camille Marie Kelly. Nell'atto di nascita venne omesso il nome del padre. Per la stampa, Stéphanie aveva una lunga lista di avventure con uomini che suo padre giudicava inadatti. Sempre irrequieta e indecisa, si innamorò poi del domatore di elefanti Franco Knie, direttore del famoso circo svizzero che porta il suo nome, e abbandonò il Principato per seguirlo. Nel marzo del 2003, dopo aver girato l'Europa di spettacolo in spettacolo, Stéphanie e Franco troncarono la loro relazione. Lei ritrovò l'amore sotto un tendone e il 12 settembre 2003 si sposò in segreto con l'acrobata portoghese Adans López Peres, di dieci anni più giovane di lei, ma si lasciarono dopo soli nove mesi.

Prima che Stéphanie compisse i 35 anni, le erano già stati attribuiti quattordici diversi amori, tra cui figuravano truffatori, cacciatori di dote, attori falliti, viveur, guardie del corpo, acrobati e domatori. Ranieri mostrò la propria indignazione cambiando il testamento in modo che la figlia non potesse disporre di tanto denaro. «Era un uomo antiquato, che voleva avere il controllo su tutto e si sentiva enormemente frustrato perché sua figlia non faceva mai quello che lui voleva che facesse» afferma Robert Lacey. Nel frattempo Ranieri cercava in ogni modo di tenere nascosti gli scandali della sua famiglia, che certo non avrebbero giovato agli affari. «A Monaco piace poco il disordine. È sempre stato un luogo molto controllato. Nel Medioevo era facile per un principe vigilare su questo piccolo Stato, ma Ranieri aveva bisogno della tecnologia più avanzata. Ci sono telecamere a circuito chiuso in ogni angolo per garantire la sicurezza delle duchesse che passeggiano per strada con i loro smeraldi, l'unico posto al mondo dove ciò è ancora possibile. La polizia è molto vigile. C'era solo una cosa che Ranieri non poteva controllare: i suoi figli» assicura Lacey.

Carolina: la principessa che meritava di essere amata

Mentre Stéphanie riempiva le colonne dei rotocalchi rosa di mezzo mondo, Carolina si innamorò di un ragazzo italiano, un manager di una buona famiglia di Milano, con proprietà a Monaco, ma totalmente estraneo alla mondanità: Stefano Casiraghi, che nel 1983 aveva 24 anni, due in meno di lei.

Carolina lo sposò con rito civile (non aveva ancora ottenuto l'annullamento ecclesiastico del suo matrimonio con Junot) il 29 dicembre 1983 nella Sala degli Specchi del palazzo monegasco, con una cerimonia tutto sommato sobria. José Luis de Vilallonga, aristocratico spagnolo, afferma che Casiraghi non era popolare tra i monegaschi, ma «quel tipo, con l'aria da bravo ragazzo, si rivelò presto un uomo d'affari all'italiana, astuto e implacabile. In brevissimo tempo il marito di Carolina si accaparrò ogni tipo di attività economica e di rappresentanza commerciale».

Dalla loro unione nacquero tre figli: Andrea Alberto, nel 1984; Charlotte, nel 1986; e Pierre, nel 1987. La ricca e bella coppia cominciò a occupare le pagine delle riviste, partecipando a feste dell'alta società a Parigi e a inaugurazioni a New York o trascorrendo le vacanze in lussuose stazioni sciistiche.

Ma la maledizione della famiglia, che condannava i Grimaldi a non avere matrimoni felici, sarebbe tornata a colpire. Il 3 ottobre 1990, mentre Carolina si trovava a Parigi, Stefano Casiraghi morì vittima di un incidente in mare durante una gara di offshore nelle acque del Principato. Ranieri dovette comunicare, per telefono, la terribile notizia a sua figlia, che rientrò immediatamente a Montecarlo. Carolina diventava così la vedova più bella e triste d'Europa.

La principessa era distrutta dal dolore. Il suo ultimogenito, Pierre, aveva solo tre anni all'epoca e fu mandato a Saint Rémy de Provence, dove avrebbe potuto trascorrere una vita ritirata e semplice, lontano dagli obiettivi dei fotografi. Carolina non curava quasi più il suo aspetto, si vestiva sempre di nero e sembrava che ormai vivesse solo per i suoi figli. «Fu allora che prese la decisione di proteggere i bambini dai media per non farli soffrire come era successo a lei, esibita in pubblico dai suoi genitori» sottolinea Peter Kurth. «Non metterli in mostra è stato un bene per loro» racconta Robert Lacey «e per il resto della famiglia.»

Il 16 maggio 1992, in occasione della giornata in onore di Monaco all'Esposizione Universale di Siviglia, Carolina fece la sua prima apparizione ufficiale dopo la morte del marito. A poco a poco tornò a frequentare gli eventi pubblici e gli impegni ufficiali, sempre nella veste della perfetta madre e principessa.

Il 1° luglio 1992, dopo una battaglia legale durata più di dieci anni presso il Tribunale della Sacra Rota Romana, che guastò i rapporti tra il Principato e il Vaticano, Carolina ottenne l'annullamento del suo matrimonio con Philippe Junot. Il motivo di tale concessione fu, secondo la corte suprema della Santa Sede, «lo scarso consenso» della principessa al momento di contrarre il matrimonio.

In quel periodo le stava accanto l'attore francese Vincent Lindon, non molto famoso all'epoca ma di famiglia ricca e intellettuale, che cercava di aiutarla a superare il lutto. Lindon non dovette rinunciare alla sua fede ebraica per convertirsi al cattolicesimo e aspirare alla mano della principessa. La loro relazione non andò oltre il 1995.

Nell'aprile 1993 papa Giovanni Paolo II firmò un decreto in cui riconosceva come legittimi i figli di Carolina e Stefano Casiraghi, fino ad allora illegittimi di fronte alla Chiesa poiché nati da un'unione civile. I tre figli non potevano più essere esclusi da una possibile successione al trono del Principato di Monaco.

Nel febbraio del 1996 cominciarono a circolare le prime voci di una relazione tra Carolina e il principe Ernesto Augusto di Hannover, duca di Brunswick e Lüneburg. Tre anni dopo i due si sposarono con rito civile nel Palazzo di Monaco e il 20 luglio 1999 Carolina diede alla luce la sua quarta figlia, di nome Alexandra, nata a Vöcklabruck, vicino a Salisburgo (Austria), dove la famiglia del principe possiede una tenuta. La stampa non dovette attendere a lungo prima di poter pubblicare le prime notizie sul comportamento riprovevole di Ernesto di Hannover, che ha fatto parlare molto di sé per la sua dipendenza dall'alcol e le sue aggressioni ai fotografi.

Alberto: il principe eclissato

Sempre eclissato dalle sue belle sorelle, «ad Alberto toccò il destino di tutti i figli primogeniti delle famiglie principesche e reali. Essendo l'erede, i suoi genitori lo sottoposero a una grande pressione» osserva Lacey. Sulla stessa linea si esprime anche la giornalista inglese Susan Rozsnyai: «Ranieri riservò sempre al principe un trattamento diverso da quello delle sorelle, perché era il suo erede e lui un governante autocratico che cercava di controllare suo figlio e dubitava delle sue capacità: probabilmente non lo giudicava né abbastanza duro né abbastanza carismatico, come invece era stato lui ai suoi tempi».

Alberto decise di studiare Scienze Politiche ed Economiche, dapprima all'Università di Saint-Maur e poi presso l'Amherst College nel Massachusetts (Stati Uniti), dove nel 1981, lontano dai vincoli dell'educazione reale, si laureò in Amministrazione Politica. Inoltre tra il settembre del 1981 e l'aprile del 1982, come imposto dal protocollo, il principe ricevette l'addestramento militare nella Marina francese, paese incaricato di difendere il suo Principato. Per il resto, della sua formazione si incaricò il padre, per assicurarsi che il figlio fosse pronto a succedergli al trono.

I suoi amici lo dipingono come «il più dolce» dei Grimaldi, il più simile alla madre, «sempre preoccupata per il bene altrui». Nonostante la sua vita sentimentale sia sempre stata un'incognita per la cronaca rosa, la lista delle donne a cui è stato legato sentimentalmente è piuttosto lunga e include stelle del cinema e aristocratiche europee, ma anche sconosciute come Stephanie Parker, che non ha nulla a che vedere con il mondo dello spettacolo. «Mi presentò i suoi amici e io gli presentai i miei e da quel momento si cominciò a mormorare che facessi parte del suo piccolo harem. Più che un principe sembrava un dirigente di Wall Street o di un'agenzia pubblicitaria, era il tipico ragazzo americano normale. Timido, umile, che ama le auto sportive e adora ballare e mangiare, una persona normale senza complessi» racconta Stephanie Parker. Tutte le sue ex fidanzate parlano molto bene di lui, «di quanto è bravo, e si dicono certe di poter contare su di lui in caso di necessità» osserva lo scrittore e giornalista Peter Kurth.

Alberto ha avuto più fortuna delle sue sorelle nel tenere nascosta ai media la sua vita privata. Si guadagnò la fama di «single incallito» e «scapolo d'oro», ma nel contempo amava farsi vedere alle feste monegasche con bellezze del calibro di Naomi Campbell, Sharon Stone, Tasha de Vasconcelos, Brooke Shields e perfino con Claudia Schiffer all'apice della sua carriera di fotomodella. «Ricorderò sempre che anche quando stava con Claudia Schiffer trascorreva le notti con me» rivela Stephanie Parker, con un enorme sorriso di orgoglio.

Peter Kurth sostiene che Alberto riusciva a tenere i suoi amori lontani dai media, perché la stampa si interessava a lui solo quando lo si vedeva con celebrità «come Claudia Schiffer, Brooke Shields o Catherine Oxenberg; mentre quando non era accompagnato da una donna famosa, poteva fare quello che voleva. Questa è una delle ragioni per cui a lungo ci si è domandati se fosse gay o no», una leggenda che la sua ex Stephanie ha dovuto smentire con frequenza. Così, invece di invidiarlo per essere sempre circondato da donne spettacolari, in molti cominciarono a parlare del «dubbioso» orientamento sessuale dell'erede al trono.

Alberto tenne segreta la propria inclinazione e Ranieri, dal canto suo, lo tenne sulle spine in merito alla successione al trono, mettendo in dubbio in alcune occasioni la sua capacità di regnare su Monaco. «Sono circolate storie di ogni genere sulla difficile relazione tra Alberto e il padre. Ranieri voleva un erede forte e preparato, e ogni volta che minacciava di abdicare ripeteva che l'avrebbe fatto solo il giorno in cui Alberto sarebbe stato pronto» afferma Peter Kurth.

«Alberto è una persona molto religiosa e ricordo che mi diceva sempre che quando si sarebbe sposato sarebbe stato per tutta la vita, e che se la sarebbe presa comoda. Anche il principe Ranieri si prese il suo tempo prima di sposarsi» ricorda Robyns Gwen. Certo, chi ci mise davvero molto a sposarsi fu il suo trisnonno, che convolò a nozze solo negli ultimi anni della sua vita, quando ormai aveva 76 anni. Per Alberto fare il grande passo non è stato facile. «Si preoccupava per la futura principessa di Monaco,» assicura Peter Kurth «per la povera donna che purtroppo sarebbe stata perseguitata dai fotografi, di cui tutta la stampa avrebbe parlato e che sarebbe stata costantemente paragonata a Carolina e Stéphanie. Di certo l'unica cosa che non manca a Monaco sono le principesse».

Ma nel 1994, quando Ranieri dovette sottoporsi a un'operazione al cuore, la questione della successione cominciò ad assumere la dimensione di una vera e propria crisi. Nel 1997 il Principato di Monaco festeggiò i 700 anni e i Grimaldi si riaffermarono come la famiglia reale con la più lunga permanenza su un trono. Per garantirne il futuro, nel 2002, quando Alberto aveva 44 anni ed era ancora l'eterno scapolo, il principe Ranieri modificò la Costituzione del paese, in modo che, dopo Alberto, Carolina e i suoi figli avrebbero ereditato il titolo. La dinastia dei Grimaldi era salva grazie ai nipoti di Grace Kelly: Andrea, Charlotte e Pierre, nati dal matrimonio di Carolina con Stefano Casiraghi.

Successione automatica e immediata

Quando Andrea, il terzo in linea di successione, raggiunse la maggiore età, suo nonno, il principe Ranieri, si ammalò. Fu ricoverato in ospedale e morì un mese dopo, il 6 aprile 2005, dopo 55 anni di regno. All'epoca delle sue nozze con Grace Kelly Monaco era quasi in bancarotta; mentre alla sua morte lasciava alla famiglia una fortuna stimata in più di 7 miliardi di euro, che ne faceva una delle monarchie più ricche del mondo. Ranieri, inoltre, aveva modernizzato il suo Principato, fino a trasformarlo, nel 1962, in una monarchia costituzionale. Inoltre, nel 1993 Monaco era diventato il 184° Stato membro delle Nazioni Unite e, in seguito, era entrato a far parte anche del Consiglio d'Europa.

Alberto, a 47 anni, si insediò a capo dello Stato, posizione che aveva occupato già per qualche giorno durante la malattia del padre. Dopo sette mesi di lutto per la morte di Ranieri III e in coincidenza con la Festa Nazionale di Monaco, un assolato 19 novembre 2005, migliaia di persone seguirono sugli schermi giganti collocati sulla spianata di fronte al palazzo la cerimonia di intronizzazione di Alberto, a cui resero onore le forze di sicurezza di Monaco e i soldati delle marine militari di Francia, Italia e Stati Uniti, le cui navi erano ormeggiate nel porto.

Durante l'incoronazione, Sua Altezza Serenissima il Principe Sovrano Alberto II, vestito con un'uniforme militare su cui risaltavano varie decorazioni, poté trattenere a stento l'emozione, accompagnato dalle sorelle Carolina e Stéphanie e da altri membri della famiglia. Alla cerimonia prese parte una comitiva di sedici delegazioni straniere (meno rispetto alla trentina che partecipò ai funerali di Ranieri), tra cui le famiglie reali di Svezia, Norvegia, Danimarca, Lussemburgo, Inghilterra e Liechtenstein. La famiglia reale spagnola, invece, non partecipò. Tra il nuovo principe e la Spagna non sembrava esserci quella stessa amicizia che legava suo padre e il re Juan Carlos, che sette mesi prima aveva reso un ultimo omaggio a Ranieri trattenendosi alcuni minuti davanti al feretro di colui che definiva «un buon amico».

Pochi giorni dopo l'ascesa al trono, il 6 giugno 2005, Alberto II di Monaco, in veste di membro del Comitato Olimpico Internazionale (COI), interrogò la delegazione spagnola che difendeva la candidatura di Madrid ai Giochi Olimpici del 2012 in merito alla sicurezza della città, esprimendo i propri timori verso possibili attacchi terroristici. L'intervento del principe provocò profondo disappunto nella delegazione spagnola, presieduta dalla regina Sofia, e fu cruciale nel sancire la vittoria di Londra. Ma le tensioni tra i due Stati non si fermarono lì. Poco tempo dopo il principe si adoperò per l'ingresso di Gibilterra nel Comitato Olimpico come membro di pieno diritto, spingendo il ministero spagnolo degli Affari Esteri a chiedere spiegazioni all'ambasciatore di Monaco.

Fin dall'inizio il lavoro di Alberto non è stato facile, soprattutto nel cercare di esorcizzare la figura del padre scomparso. «In futuro» osserva Peter Kurth «sarà difficile mantenere l'immagine di esclusività e glamour del Principato senza una grande operazione di pubblicità e marketing. Grace Kelly ormai non esiste più, e neanche persone come lei.» Secondo Kurth, non c'è dubbio che Alberto abbia più interesse a farsi rispettare che a promuovere la raffinatezza. «Monaco, però, dipende dalla sua immagine mondana e quindi bisogna mantenerla in qualche modo. Ma forse questo compito spetterà ai prossimi eredi, i Casiraghi.»

La nuova generazione di Grimaldi comincia già a passare in primo piano e a beneficiare del successo dei nonni. «Abbiamo due bei ragazzi biondi dall'aria romantica: il principe Andrea, che ha già dimostrato la sua inclinazione per la vita glamour da playboy; e Pierre, considerato quello intelligente, che ha un incredibile senso dello humor, è molto brillante e arguto, e parla anche molte lingue. Charlotte, che all'età di cinque anni ha ricevuto in regalo un'isola, è già paragonata a sua nonna Grace. Anche lei, con la sua bellezza e la sua distinzione, sembra una diva del cinema» spiega Susan Rozsnyai.

I futuri eredi al trono

Nel luglio del 2005, quando Monaco era ancora in lutto per la recente scomparsa di Ranieri, Alberto riconobbe di aver avuto un figlio, di nome Alexandre, con una sua ex amante, l'hostess togolese Nicole Coste. La donna aveva già rivelato alla rivista «Paris Match» che Alberto era il padre di suo figlio di due anni e aveva pubblicato alcune foto del principe con il bambino. Fino ad allora Alberto era stato il membro della famiglia reale che aveva creato meno scandalo sulla stampa, a differenza delle sue due sorelle Carolina e Stéphanie.

L'estate seguente dovette riconoscere ufficialmente, attraverso i suoi avvocati, la paternità di un'altra figlia, Jazmin Grace Rotolo, al tempo un'adolescente di 14 anni, statunitense, residente a Palm Springs, in California. Sembra che la ragazza fosse frutto di un amore passeggero tra il principe e la cameriera Tamara Rotolo, che nel 1991 trascorreva le sue vacanze a Monaco insieme al marito. L'avvocato di Alberto, Thierry Lacoste, spiegò in un'intervista concessa al quotidiano francese «Le Figaro» che l'intenzione del principe era quella di «mantenere il silenzio» fino alla maggiore età di Jazmin Grace. Ma i fotografi della stampa rosa, a caccia di uno scatto, cominciarono a perseguitare la ragazza nella sua città e il principe optò per rendere pubblica l'esistenza della sua primogenita. Pochi giorni dopo apparve un libro, *Les dessous de la presse people* («I retroscena della cronaca rosa»), che svelava in dettaglio l'identità e la storia di Jazmin Grace.

Nessuno dei due figli di Alberto, nonostante il padre ne assicuri il mantenimento economico e non abbia discendenti ufficiali, ha diritto a succedergli al trono, poiché solo i figli nati da un matrimonio cattolico sono considerati eredi legittimi nel Principato. «La questione dinastica non si pone nemmeno» affermò Lacoste al «Figaro». «Questo pensiero mi tormenta costantemente» dichiarò invece Alberto allo stesso giornale, quando, mesi dopo, gli chiesero del futuro della dinastia Grimaldi. «Lo affronterò quando sarà il momento.»

E mentre il principe raggiungeva il Polo Sud per valutare l'impatto del riscaldamento globale sull'Antartide, diventando il primo capo di Stato al mondo ad aver visitato entrambi i Poli (era stato al Polo Nord nel 2006), e circolavano sempre più voci di un suo possibile matrimonio con la nuotatrice sudafricana Charlene Wittstock, di vent'anni più giovane di lui e che apparentemente viveva già a palazzo, nelle stanze che furono di Stéphanie, una triste Carolina tornava a occupare le prime pagine della stampa rosa per la frattura sempre più profonda con il terzo marito, il principe Ernesto di Hannover. «Alla fine l'idea di Ranieri di tenere sotto controllo i suoi figli non è stata un fiasco, anzi, al contrario, è stata un successo. La nostra ossessione e il nostro interesse per questa famiglia in apparenza disfunzionale sono più forti che mai» osserva Robert Lacey.

La morte tragica e prematura di Grace Kelly l'ha resa una figura leggendaria. «Gran parte dei turisti di Monaco arrivano dagli Stati Uniti e vengono soprattutto a visitare la sua tomba. La sua immagine attrae ancora» commenta Peter Kurth. Per tenere alto l'interesse del mondo sul minuscolo Stato e poter così continuare a sottrarre terra al mare portando avanti i grandi progetti immobiliari degli ultimi governanti, «bisognerà affidarsi alla generazione più giovane dei Grimaldi, che ha ereditato la bellezza di Grace e che ha saputo adattarsi allo stile del XXI secolo. Spetterà a loro creare la nuova immagine di Monaco» osserva Robert Lacey.

Certamente, l'adolescenza e la gioventù turbolente di Stéphanie sembrano ormai lontane. Nel 2006 è tornata alla musica, ma l'ha fatto per una buona causa: il lancio di un singolo per raccogliere fondi in favore della Fight Aids Monaco (FAM), fondazione impegnata nella lotta contro l'Aids e presieduta da suo fratello. Cantanti del calibro di Patrick Bruel, Corneille e Bénabar hanno collaborato con lei a questo disco benefico.

Tuttavia, negli ultimi anni Stéphanie è apparsa sempre meno in pubblico, sola o insieme ai suoi figli, Louis, Pauline e Camille, solitamente assenti dagli eventi di palazzo; si fanno vedere quasi esclusivamente al Festival del Circo di Monaco, di cui la principessa è presidente onoraria, assistendo ai numeri di domatori, acrobati e pagliacci. Al termine della serata posa sempre con gli artisti, ma in seguito rientra, discreta, nel suo appartamento duplex di seicento metri quadri a Fontvieille, considerato il più bello di Monaco per la vista sulla cattedrale e sul mar Mediterraneo. Qui, nella piscina privata sulla terrazza, Stéphanie porta avanti la sua passione per il nuoto e la buona forma fisica.

Carolina ha divorziato, è rimasta vedova, si è risposata e infine, nel 2009, si è separata anche dal suo terzo marito, il principe Ernesto di Hannover. Alberto nel luglio del 2011, ormai superati i 50 anni, ha finalmente sposato la nuotatrice Charlene Wittstock. Stéphanie, dal canto suo, ha vissuto una serie di fiaschi sentimentali, due divorzi e ha avuto tre figli fuori dal matrimonio, situazione che non dovrebbe scandalizzare in una famiglia che si è garantita la linea successoria con il riconoscimento di una figlia illegittima nel 1919. Nelle mani di chi ricadrà la missione di salvaguardare la ricchezza e la magia di Monaco? Alberto II sarà in grado di guidare il destino del suo popolo con pugno di ferro in un guanto di velluto come fece suo padre, chiamato «Le Patron» dai suoi sudditi? La saga leggendaria che ha trasformato una rocca senza risorse proprie in un polo di attrazione internazionale saprà adattarsi ai nuovi tempi? Queste sono alcune delle incognite che verranno svelate nei prossimi anni.

4

I Gucci

Nella mia famiglia alcuni hanno lavorato
e altri hanno trovato soddisfazione
soltanto nella vendetta... Sarà Dio a giudicarli.

ALDO GUCCI (1916-1990)

I Gucci

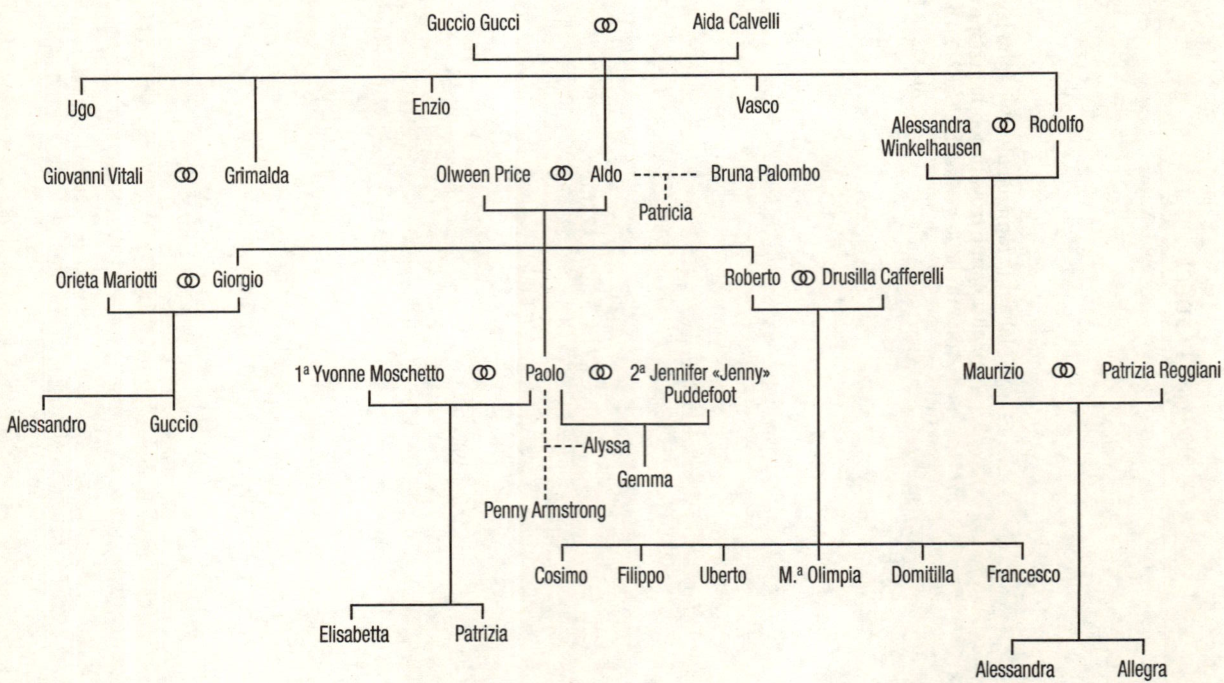
Guccio Gucci
Aida Calvelli
Ugo
Enzio
Vasco
Alessandra Winkelhausen
Rodolfo
Giovanni Vitali
Grimalda
Olween Price
Aldo
Bruna Palombo
Patricia
Orieta Mariotti
Giorgio
Roberto
Drusilla Cafferelli
1ª Yvonne Moschetto
Paolo
2ª Jennifer «Jenny» Puddefoot
Maurizio
Patrizia Reggiani
Alessandro
Guccio
Alyssa
Gemma
Penny Armstrong
Cosimo
Filippo
Uberto
M.ª Olimpia
Domitilla
Francesco
Elisabetta
Patrizia
Alessandra
Allegra

Il marchio Gucci, uno dei più esclusivi al mondo nel campo della moda, è stato per decenni sinonimo di glamour e lusso, ma anche di omicidio, pazzia e avidità. La storia di questa icona italiana della moda supera molte telenovelas quanto a liti famigliari, intrighi, passioni segrete e scandali. In quasi trent'anni, i Gucci hanno affrontato diciotto processi per evasione fiscale, contrabbando di valuta, falsificazione, frode e altro, la maggior parte dei quali è stata avviata come conseguenza del tradimento di qualche membro della famiglia. La storia include l'assassinio, nel 1995, di Maurizio Gucci, nipote del fondatore, ucciso a colpi d'arma da fuoco in mezzo alla strada, crimine per il quale la sua ex moglie Patrizia Reggiani è stata condannata a ventinove anni di carcere. Un omicidio che ha fatto scorrere fiumi d'inchiostro che non hanno messo in buona luce gli eredi, e che ha portato a un'indagine di polizia davvero pittoresca.

L'assassinio di Maurizio, ultimo rappresentante della dinastia che aveva diretto l'azienda, non è stato altro che la conclusione di un incubo famigliare iniziato nel 1921, con Guccio Gucci, il creatore dell'impero. Guccio era tirannico con i figli Aldo e Rodolfo, si scontrava con loro, e questi a loro volta tormentavano e si scontravano con i loro figli, Paolo e Maurizio, che, neanche a dirlo, litigavano con i genitori e tra loro stessi. Certo, c'erano altri Gucci, ma sono stati questi i veri protagonisti della storia di una dinastia che, analogamente a quella dei Medici o dei Borgia, sembra avere nel sangue l'arte della cospirazione, una vorace ambizione e la passione per le guerre di famiglia.

Il figlio del cappello rovinato

Per tre generazioni, la storia della famiglia è stata una battaglia fratricida per assicurarsi il potere.

La società Gucci si è divisa progressivamente a mano a mano che i membri della famiglia lottavano per ottenerne il controllo, a tal punto che si può dire che i Gucci si siano dedicati più a cospirare tra di loro che a seguire gli affari, come se la lotta per la conquista fosse molto più eccitante del successo negli affari. Alla fine, a causa delle terribili liti e dei continui tradimenti famigliari, hanno perso il brevetto del mito che loro stessi avevano creato. Attualmente nel consiglio d'amministrazione della Gucci non c'è nessun membro della famiglia, anche se i suoi prodotti sono tornati a essere ambiti da persone di tutto il mondo.

Litigare è sempre stata la passione di famiglia. Lotte accanite dettate dall'odio e poi risolte nei tribunali di mezzo mondo. «Per me, la casa Gucci era *Il Padrino*, senza violenza. Tutti cercavano di andare d'accordo e si baciavano in continuazione. Ma se uno di loro si metteva sulla strada di un altro, la parentela non contava più» dice Stuart Speiser, avvocato di Paolo Gucci, nipote del fondatore. «Quando si scontravano lo facevano in modo così violento che qualsiasi altra famiglia avrebbe dovuto ricorrere ai farmaci per non avere una crisi di nervi. Litigavano ogni giorno. Ho dovuto abituarmi a sentir lanciare accuse reciproche, a vedere come in fabbrica si tiravano addosso le cose e gridavano per poi dirmi, un attimo dopo, in tutta tranquillità: "Su, andiamo a pranzo". E tutti si sedevano allo stesso tavolo come se nulla fosse accaduto» racconta Jenny Puddefoot, seconda moglie di Paolo Gucci.

Tutto ebbe inizio all'inizio del XX secolo, quando il giovane Guccio Gucci, figlio del proprietario di un laboratorio di cappelli di paglia in fallimento, lavorava all'Hotel Savoy a Londra. Lì faceva il lavapiatti, il cameriere e il fattorino, ma stava abbastanza vicino ai ricchi da osservare lo stile di vita e il glamour di cui si faceva mostra nella magnifica hall dell'albergo. La clientela era sceltissima e raccoglieva la crema della società dell'epoca: il principe del Galles, la cui amante alloggiava presso l'hotel, l'attrice Sarah Bernhardt, la cantante d'opera Nellie Melba, lo scrittore Henry Irving... In quel luogo, Guccio iniziò ad assorbire l'estetica raffinata della nobiltà inglese. Nella hall del Savoy ebbe modo di studiare da vicino i bagagli dei ricchi, fabbricati con i pellami più lussuosi. «Fu lì che gli venne l'idea che i ricchi che viaggiavano avevano bisogno di valigeria fatta con pelle di qualità» dice Sara Gay Forden, autrice di *La saga dei Gucci*, biografia della famiglia, in cui si raccontano le passioni, il potere e la vulnerabilità della famiglia che più ha influito sulla moda dei nostri tempi.

Tornato nella sua Firenze, Guccio si mise a lavorare in una selleria e pelletteria. Dal proprietario di questa impresa, un uomo di nome Franzi, imparò tutto sulla lavorazione del cuoio, dalla selezione del pellame ai processi di conciatura e a come si dovevano trattare i diversi tipi di materiale. Nel 1902 si sposò con Aida Calvelli, una modista locale, e adottò come figlio proprio Ugo, il figlio che Aida aveva avuto tre anni prima al di fuori del matrimonio. Presto nacquero anche i loro discendenti: quattro maschi – Enzio, Aldo, Vasco, Rodolfo – e una femmina, Grimalda. Enzio, nato nel 1904, morì quando aveva soltanto nove anni.

Nel 1921 aprì a Firenze, in via della Vigna, un piccolo negozio di oggetti in cuoio, prodotti da artigiani toscani eccellenti. I suoi primi clienti furono principalmente fantini ma, a poco a poco, la clientela si fece più raffinata così come divennero più raffinati i suoi prodotti. In questo modo Guccio, che disegnava molti degli oggetti che vendeva, iniziò a proporre anche borse e valigie di lusso. Con la crescita degli affari, la reputazione della qualità della valigeria Gucci iniziò a farsi conoscere nei diversi circoli sociali europei e, nel tempo, anche i suoi figli lo affiancarono nell'attività. I ragazzi si occupavano di tagliare la pelle, Grimalda della contabilità. Guccio aveva un temperamento aggressivo a cui univa l'esigenza di tenere tutto sotto controllo. «Era un padre molto rigido, però amava la sua famiglia. Risparmiava molto, era severo ed esigente con i figli. Soleva essere tirannico e favoriva la rivalità tra i fratelli, convinto che la competizione avrebbe migliorato il loro rendimento» racconta la scrittrice Sara Gay Forden.

I suoi figli, però, non si occupavano degli affari di famiglia con lo stesso entusiasmo. Aldo era completamente dedito al lavoro ed era molto unito a suo padre, pur se Guccio frenava sempre il suo desiderio di apportare cambiamenti. Vasco preferiva dedicarsi alla caccia, che era la sua passione, mentre Ugo, nel 1922, decise di diventare fascista e prese addirittura parte alla marcia su Roma. Rodolfo lasciò la società negli anni Trenta per diventare attore cinematografico. Recitò in dieci film a Cinecittà, con lo pseudonimo di Maurizio D'Ancora, ma non sopravvisse all'arrivo del neorealismo italiano. Suo padre gli diede allora un posto in negozio mettendolo allo stesso livello di Aldo, cosa che causò le prime gelosie e i primi conflitti tra fratelli. Era iniziata la dinamica di rivalità, cospirazione e violenza che avrebbe caratterizzato questa dinastia.

Gli aristocratici del mocassino

Nel 1935, Benito Mussolini invase l'Etiopia e la Società delle Nazioni impose un embargo commerciale contro l'Italia. Questo significava che la ditta Gucci non poteva importare il materiale di cui aveva bisogno per i suoi prodotti. Guccio sopravvisse fabbricando scarpe economiche per l'esercito italiano ma, privato del pellame necessario, si vide obbligato a disegnare e confezionare borse e valigie con più tela e meno pelle. Il cuoio si usava solo per i rinforzi degli angoli, per i ganci e le cinghie. Intanto diventavano sempre più di moda le cinture, le borse e i disegni ornamentali e Gucci, sfruttando la propria popolarità, ne avviò la produzione. È di quegli anni la borsa che sarebbe diventata il modello più rappresentativo del marchio, fatta di rafia, vimini e bambù che, diventata ormai un'icona del design, si vende ancora adesso.

Nel 1938 Aldo si sposò, senza il permesso paterno, con Olwen Price, una giovane e raffinata donna gallese che viveva a Firenze come dama di compagnia di Irene di Grecia, appena prima che scoppiasse la guerra. Un anno prima, Aldo aveva vinto la prima grande battaglia contro suo padre ed era riuscito ad aprire un negozio a Roma, insieme al fratello minore Vasco. I due fratelli posero le basi del futuro successo della piccola industria fiorentina in cui, alla fine, entrarono tutti i fratelli, dimostrando un grande talento per il design e per gli affari.

Negli anni del conflitto mondiale, la società continuò a produrre scarpe per l'esercito e Aldo si diede da fare per far sì che il negozio di Roma fosse redditizio. «Non tardò a sviluppare le sue idee su come dirigere gli affari e come riuscire ad avere successo. Volle aprire un negozio fuori da Firenze perché pensava: "Perché aspettare che la gente venga da Gucci e non portare piuttosto Gucci ai clienti?". Fu così che convinse il padre ad aprire il primo negozio a Roma, scelta che si rivelò molto fruttuosa dato che la città era piena di soldati americani disposti a comperare regali prima di ritornare dalla famiglia» spiega Sara Gay Forden.

La scommessa di Aldo risultò vincente e nell'Italia del dopoguerra la fortuna dei Gucci andò aumentando. Turisti di tutto il mondo, soprattutto statunitensi, iniziarono a visitare i monumenti storici e culturali italiani e a comprare articoli di lusso. Il famoso slogan di Gucci, ideato da Aldo, era: «La qualità è ricordata molto più a lungo del prezzo». Si iniziò ad associare il marchio all'artigianato raffinato e all'eleganza duratura. Non occorse molto tempo per garantirsi una clientela esclusiva e fedele, sia in Italia sia all'estero, disposta a pagare prezzi elevati per prodotti di qualità, opera di artigiani esperti.

La ditta prosperava e migliorò sensibilmente anche la posizione di Aldo che ne divenne la forza commerciale. All'inizio degli anni Cinquanta creò il logo GG e sviluppò l'idea di ispirarsi alle selle, ai finimenti dei cavalli e ai fantini per decorare i suoi prodotti. «Era un tentativo di identificare il marchio Gucci con l'aristocrazia. Per molti anni, quindi, la gente pensò che Gucci avesse fatto il sellaio per nobili, re e regine. Naturalmente questo faceva parte delle idee di marketing di Aldo» sottolinea Sara Gay Forden. In quegli anni, Gucci disegnò anche il suo simbolo, la fascia a righe, verde-rosso-verde, e iniziò a vendere mocassini di camoscio con una staffa metallica, un modello attualmente esposto al Metropolitan Museum of Art di New York.

Nel 1953, quando Aldo aveva 48 anni, iniziò a manovrare per assumere il comando dell'attività di famiglia. Senza dire nulla a suo padre, aprì il primo negozio Gucci a New York, questa volta insieme a suo fratello Rodolfo. «Non fate i cretini. O tornate a Firenze o vi diseredo» diceva il telegramma sbrigativo che Guccio mandò ai figli. Loro, però, non ritornarono e l'operazione fu un successo. «Oltre a favorire la diffusione globale del marchio, l'aver portato la ditta negli Stati Uniti nel 1953 trasformò Aldo in un comunicatore eccezionale e in un vero e proprio visionario in termini di marketing» dice Mark Lee, presidente e direttore esecutivo del marchio dal 2004 al 2008.

Una delle geniali idee promozionali di Aldo Gucci fu quella di assumere i figli dei suoi amici dell'alta società europea. Li invitava ad andare a New York per lavorare nel negozio, una pratica che non migliorava il servizio fornito ai clienti ma che serviva per avere quel tocco di distinzione che il marchio cercava fin dall'inizio. Aldo fu anche uno dei primi a riconoscere il valore di un club esclusivo per i clienti e distribuiva carte vip a un numero ridotto di personaggi illustri che potevano così accedere a una galleria esclusiva, al piano superiore del negozio, sulla Quinta Avenue.

Quindici giorni dopo l'inaugurazione del negozio di New York, Guccio morì d'infarto all'età di 81 anni. Era diventato milionario e la sua attività era famosa in due continenti. La casa Gucci dettava la moda con i suoi accessori da donna. Da quel momento il successo fu tale che vennero rapidamente aperti altri negozi a Londra, Palm Beach, Parigi, Beverly Hills e Tokyo.

Una feroce lotta intestina

Con la morte di Guccio, la ditta Gucci passò nelle mani di diversi membri della famiglia. Rodolfo divenne direttore generale, Vasco era il supervisore del centro di produzione di Firenze e Aldo il direttore delle operazioni all'estero. Ugo, non avendo sangue Gucci, fu emarginato. Ma l'eredità di Guccio fu soprattutto una famiglia divisa, visto che il suo testamento escludeva le donne, compresa la figlia Grimalda, dal possesso di azioni della società. Grimalda fece causa ai fratelli per ottenere la sua parte di eredità. Fu la prima battaglia legale della saga. In seguito le cause e i processi si succedettero a più riprese contro i membri della famiglia che cercavano disperatamente di aumentare il proprio potere all'interno della società, come se fosse qualcosa che avevano nel sangue. «Ogni volta che poteva, mio nonno li metteva gli uni contro gli altri perché dimostrassero di avere sangue nelle vene» arrivò a dire Paolo, figlio di Aldo.

Aldo era adesso la forza motrice della società e come suo padre aveva spesso rapporti conflittuali con i figli. «I figli dovevano sottostare ai suoi ordini. Lui dava loro dei soldi quando ne aveva voglia. In genere erano grosse somme, che lui elargiva solo quando lo riteneva opportuno: non era mai uno stipendio regolare. Una volta Paolo quasi venne alle mani con il padre perché lavorava molto e non si sentiva ricompensato a sufficienza. Gli altri, però, gli erano riconoscenti. Accettavano i soldi con piacere e ritenevano di avere un padre fantastico» ricorda Jenny Puddefoot, che nel 1978 divenne la seconda moglie di Paolo, dopo il divorzio di lui da Yvonne Moschetto, dalla quale aveva avuto due figlie, Elisabetta e Patrizia.

Aldo fece sì che il marchio acquisisse prestigio internazionale. Si dice che Katharine Hepburn fu la prima attrice di Hollywood a comperare le borse fiorentine. Il presidente Kennedy disse di lui che era il «miglior ambasciatore italiano in America». All'inizio degli anni

Sessanta, si crearono modelli soprattutto per clienti d'élite: il foulard Flora in seta – ideato dal pittore Accornero e realizzato con ottantacinque colori diversi – sarà sempre associato a Grace Kelly; la borsetta a Jacqueline Kennedy e i mocassini a John Wayne e Jerry Lewis. Audrey Hepburn fu ottima cliente di Gucci, così come Ava Gardner, Elizabeth Taylor, Sofia Loren, Maria Callas, Frank Sinatra, Bing Crosby, la duchessa di Windsor e molti altri.

In quegli anni sfoggiare borse, mocassini e foulard di Gucci era segno di distinzione e di lusso. La fascia color rosso-verde-rosso divenne il simbolo del marchio e del cliente esclusivo in grado di pagare prodotti dal prezzo volutamente alto, destinati soltanto a un gruppo selezionato «estremamente qualificato nel riconoscere la qualità eccezionale», secondo l'intenzione di allora del marchio, che faceva leva sulla vanità e sull'autostima dei potenziali compratori, secondo una strategia di vendita che diede ottimi risultati.

Il successo, però, fu portatore di inimicizie e addirittura di liti frequenti durante le riunioni di consiglio che a volte si concludevano con vere e proprie aggressioni fisiche. Le discussioni e il tira e molla tra i due fratelli non ebbero mai fine. In quell'epoca, Aldo e Rodolfo (sposato dal 1944 con la bella attrice tedesca Alessandra Winkelhausen, madre di Maurizio) volevano che il marchio fosse esclusivo e si vendesse soltanto in negozi Gucci. Entrambi erano d'accordo sul mantenere quell'«aria di buon artigianato fiorentino» del catalogo dei prodotti. Ma il figlio di Aldo, Paolo, suggeriva che si creassero prodotti più economici e moderni per i giovani. «Pensava che il padre e lo zio fossero un po' antiquati e poco efficienti» dice l'avvocato Stuart Speiser.

Aldo e il figlio Paolo erano soliti scontrarsi con veemenza. Dice Sara Gay Forden: «Paolo, che era il figlio di mezzo, aveva un carattere forte. Era molto creativo e intendeva applicare le sue idee alla società. Ma si scontrava sempre con il padre, che lo trattava come fosse un bambino, e tendeva a umiliarlo pubblicamente ogni volta che proponeva un'idea».

Nel 1970 il marchio esclusivo aveva ormai riscosso un grande successo internazionale. Aldo era il presidente della società e ne aveva il controllo totale. Il figlio Paolo, però, aveva altre idee su come far prosperare la ditta. Aldo non permetteva che qualcosa potesse minacciare la sua visione del mondo Gucci e Paolo fu emarginato. «Gli diedero uno studio a New York e lo ignorarono completamente» sostiene

Speiser, e aggiunge: «Suo padre voleva che non prendesse iniziative. Aldo era il capo e il simbolo della Gucci. Qualsiasi idea di Paolo sulla modernizzazione del sistema di produzione o sulla creazione di una linea giovane era considerata tradimento. Il padre rideva di lui e se Paolo insisteva finiva con l'insultarlo».

Quando, nel 1974, Vasco Gucci morì senza lasciare eredi, le cose nella ditta si complicarono ancora di più. Alla fine degli anni Settanta, una serie di decisioni imprenditoriali disastrose, sommate alle liti famigliari, portarono il marchio sull'orlo del fallimento. Nel decennio successivo, i Gucci si videro impegnati in una guerra in cui si combatterono molte battaglie per segreti, alleanze e tradimenti. La società si era diffusa nel mondo e registrava ingenti guadagni, ma le dispute tra Paolo e suo padre Aldo portarono alla distruzione della famiglia e quasi alla bancarotta.

La situazione diventò ingovernabile durante una riunione del consiglio di amministrazione del 1982, tenutasi negli uffici della Quinta Avenue di New York. Paolo decise di affrontare il padre insultandolo. «Durante la riunione, Maurizio afferrò Paolo per il collo e lo ferì sul viso con l'anello: finì che i due vennero alle mani, con Paolo che perdeva sangue dalla ferita» ricorda la sua ex moglie Jenny Puddefoot. Dopo la zuffa, Paolo fu espulso dal consiglio d'amministrazione della Gucci. Paolo denunciò il padre, lo zio e i cugini. Innanzi alla Corte Suprema di Manhattan chiese una condanna a due anni di carcere e un indennizzo di mezzo milione di dollari.

La notizia di questo scontro epocale fece il giro del mondo. Si racconta che il principe Ranieri di Monaco, che aveva regalato agli invitati al suo matrimonio il famoso foulard Flora, telefonò ai Gucci a Firenze per esprimere il suo «dolore» e offrirsi come «intermediario». Jacqueline Onassis, vedova di Kennedy, amica e fedelissima cliente, inviò a Firenze un telegramma con soltanto una domanda: «Perché?».

Paolo era deciso a restituire il colpo. Furioso, nel 1983 creò un marchio tutto suo. Ma Aldo gli proibì di utilizzare il cognome Gucci a fini commerciali e lo licenziò con l'accusa di avere minacciato la società. Il conflitto di famiglia divenne una vera e propria guerra. Per vendicarsi, Paolo era disposto a portare alla luce i segreti più nascosti della famiglia, denunciando il riciclaggio di grossi guadagni della ditta, realizzato attraverso una società di nome Fashion Design Limited di Hong Kong. In teoria, questa società disegnava tutti i modelli dei prodotti Gucci a livello mondiale ottenendo il 20 per cento dei diritti sulle vendite. «Il problema era che questi designer non esistevano. Alla Fashion Design Limited c'era un solo impiegato, un contabile cinese il cui lavoro era prendere quel 20 per cento e girarlo sui conti bancari di Aldo e Rodolfo. Una mossa astuta, che però violava le leggi fiscali degli Stati Uniti» racconta l'avvocato Stuart Speiser.

Lotta senza quartiere tra padre e figlio

Aldo creò la linea di accessori della Gucci, GAC, intesa a incrementare le vendite nel settore profumeria del marchio controllato dai figli. La collezione era composta da piccoli oggetti quali nécessaire per cosmetici, accendini e penne, offerti a un prezzo molto più basso di quello degli altri articoli del catalogo. L'idea di Aldo era che suo figlio Roberto si incaricasse di questa parte degli affari per indebolire la posizione del fratello Rodolfo nelle operazioni generali della società.

La collezione degli accessori Gucci ebbe grande successo, ma si rivelò un'ulteriore spinta verso il crollo della dinastia. A poco tempo dal lancio, il settore dei profumi vendeva più del settore degli accessori in pelle. Quella specie di «vendita all'ingrosso» della linea GAC fece sì che la linea perdesse la sua esclusività e si vendesse in più di mille negozi degli Stati Uniti. «Negli anni Sessanta e Settanta, la Gucci era stata al vertice dell'eleganza, grazie a icone come Audrey Hepburn, Grace Kelly e Jacqueline Onassis. Ma negli anni Ottanta, aveva perso il suo fascino ed era diventata un marchio di cattivo gusto venduto negli aeroporti» scrive Graydon Carter, direttore della rivista «Vanity Fair». In poco tempo il mercato fu invaso da imitazioni economiche degli articoli Gucci che compromisero il nome del marchio di lusso.

Rodolfo entrò in concorrenza con il fratello Aldo per colpa della divisione profumi. Nel frattempo, Paolo era occupato a raccogliere segretamente le prove per dimostrare che Aldo nascondeva agli altri azionisti e al fisco i reali guadagni della società. «Aldo guidava l'attività ed era il fratello con maggior potere. Era lui che prendeva la gran parte delle decisioni e, a quanto pare, era anche quello che si teneva la maggior parte dei guadagni» sostiene Sara Gay Forden.

Stando alla teoria dell'avvocato Stuart Speiser, Paolo contava su una talpa all'interno della società, forse una segretaria che poteva accedere agli archivi segreti e che gli passò un rapporto del commercialista di Aldo che confermava frodi a tutti i livelli. «Paolo giocò bene le sue carte. Possedeva documenti che dimostravano che suo padre stava dirottando all'estero milioni di dollari di profitti soggetti a tassazione» afferma Speiser.

Aldo era convinto che Paolo non lo avrebbe mai denunciato. Era sicuro che il caso non sarebbe mai arrivato ai tribunali e che suo figlio avrebbe finito col ritirare le accuse. «Gli avvocati di Aldo mi chiamarono e mi dissero che il nostro era soltanto un bluff e che non esisteva possibilità di accordo» racconta Speiser. Aldo fu intransigente e Paolo non esitò a denunciare suo padre per evasione fiscale. Era iniziato lo scontro frontale. Aldo e il fratello Rodolfo erano furiosi e decisi a lottare con tutte le loro forze per l'uso esclusivo del cognome. Lo scontro con Paolo costò loro più di 8 milioni di dollari.

Il risultato delle indagini avviate dal fisco statunitense fu una denuncia contro Aldo che arrivò a un accordo con il pubblico ministero: si dichiarò colpevole di evasione fiscale nei confronti degli Stati Uniti per una somma di 7 milioni di dollari di tasse e di appropriazione di undici milioni della società. In tribunale, Aldo dichiarò con la voce spezzata: «Nella mia famiglia alcuni hanno lavorato e altri hanno trovato soddisfazione soltanto nella vendetta... Sarà Dio a giudicarli».

L'11 settembre 1986, all'età di 81 anni, Aldo fu condannato a un anno e un giorno di prigione e a una multa di 30.000 dollari nonché al versamento di un milione di dollari al ministero del Tesoro degli Stati Uniti. Gli avvocati della difesa sostennero che, vista l'età avanzata, la sentenza avrebbe potuto causare la sua morte. In ottobre, però, Aldo entrò nella prigione federale di Eglin, in Florida, nota come «la prigione del circolo di campagna» e famosa per le sue attrezzature che la rendevano più simile a un villaggio vacanze che a una prigione, dove erano reclusi molti dei condannati del caso Watergate. Vi trascorse quattro mesi e poi gli fu concessa la libertà condizionata. «Disse che erano state le migliori vacanze della sua vita. Si abbronzava e insegnava alla gente a cucinare e a cucire. Lo vidi due giorni dopo che era uscito di prigione ed era fresco come una rosa. Avevo da poco avuto mia figlia e lui mi disse: "Dov'è la bambina? Fammela vedere". Come se nulla fosse accaduto» afferma Jenny Puddefoot Gucci, ex moglie di Paolo, il figlio che aveva fornito le prove e la testimonianza che lo avevano fatto finire in carcere.

Dopo avere scontato la condanna, all'età di 82 anni, Aldo tornò alla testa della società. Paolo aveva mandato suo padre in prigione ma non aveva ottenuto il diritto di utilizzare il cognome Gucci a scopo commerciale. «Dopo che Aldo uscì di prigione, i loro rapporti tornarono esattamente come prima: il padre se la prendeva con il figlio e il figlio continuava a fare nuove proposte al padre perché, a quel punto, c'era un altro scisma in atto nella famiglia» spiega Speiser.

Era il 1983 e Rodolfo, fratello di Aldo, era morto. Con la sua scomparsa, cambiò il motivo del conflitto. Suo figlio Maurizio, di 34 anni, aveva ereditato il 50 per cento delle azioni da lui possedute. La dinastia Gucci ricadde nel caos e ripresero le aspre contese. Nella società ci fu un altro scossone quando Maurizio decise di prenderne il controllo, andando contro lo zio Aldo.

Entra in gioco un nuovo nemico

Maurizio era il primo membro della famiglia ad avere studiato all'università. Si era laureato in Diritto e in Economia all'Università Cattolica di Milano. Non pensò mai di dividere il potere con i cugini. Aveva vent'anni meno di loro e si sentiva superiore per il fatto di avere studiato. Aveva un suo piano per la società, che però non era appoggiato dalla famiglia: voleva farla diventare la fabbrica di prêt-à-porter più lussuosa del mondo. Lo zio Aldo ritenne che i progetti di Maurizio fossero una stravaganza giovanile che sarebbe passata con il tempo. Ma non passò.

Maurizio aveva un carattere tranquillo e riservato, ma aveva causato le ire paterne sposando Patrizia Reggiani, la figlia di un piccolo imprenditore locale, considerata da molti una cacciatrice di fortune, che puntava soltanto a ottenere il cognome e la ricchezza della famiglia. «Lui era lo scapolo più ambito della città: era attraente, affascinante, ricco, aveva successo ed era un Gucci. Io credo che lei lo amasse, ma tra i due era lui a essere più innamorato» sostiene la scrittrice Sara Gay Forden.

Certo è che il carattere di Maurizio cambiò radicalmente quando entrò in possesso dell'eredità. Arrivare a detenere il controllo totale della Gucci divenne la sua ossessione. Patrizia, sua moglie, fu la forza che lo spinse a impossessarsi del controllo della società. L'ambizione di Maurizio era dovuta alla sua determinazione di disfarsi di molti dei nuovi prodotti economici frutto dell'espansione di Aldo e di recuperare la qualità e l'esclusività del glorioso passato della ditta. Ma per finanziare il suo progetto aveva bisogno di denaro. Avviò trattative segrete con la Investcorp, una multinazionale araba, con sede in Bahrein. Stando a Sara Gay Forden, «Maurizio si rivolse agli investitori perché il suo problema era che non sarebbe mai riuscito a ottenere il controllo per realizzare i suoi progetti se doveva continuamente negoziare con i cugini. Era quindi necessario liberarsi di loro per assumere il controllo della società».

A quel punto, i cugini Giorgio, Paolo e Roberto avevano già ricevuto da Aldo un 10 per cento tratto dalla sua metà delle azioni: ogni cugino possedeva così il 3,3 per cento della società. Maurizio era proprietario dell'altro 50 per cento. Aveva bisogno di contare per lo meno sul 51 per cento delle azioni per essere il proprietario. In primo luogo cercò di allearsi con Paolo, risentito a causa dello scontro con Aldo. «Paolo non si fidava di lui. Aveva rispettato suo padre, Rodolfo, fondamentalmente perché si era sempre mantenuto al margine. Aveva lasciato che Aldo mettesse in piedi la società e si era dedicato ai suoi film senza dare fastidio a nessuno. Ma Maurizio era un uomo problematico che voleva assumere il controllo, che voleva prendere il posto di Aldo come immagine della Gucci» dice Stuart Speiser.

Per raggiungere un accordo con Paolo, Maurizio si avvalse del consulente finanziario Andrea Morante. Sapeva che suo cugino voleva il denaro e la libertà di creare un suo marchio. Se Paolo gli avesse venduto la sua parte, lui avrebbe ottenuto il controllo della Gucci e anche il resto della famiglia avrebbe venduto. «Maurizio era una miniera d'oro per Paolo, che aveva già ottenuto il permesso legale per utilizzare il logo PG, pur con alcune limitazioni, quali il rilascio di una liberatoria con il riconoscimento che non aveva alcun rapporto con i negozi Gucci» spiega Speiser.

Dopo un mese di trattative, i cugini firmarono l'accordo a Ginevra. Paolo vendette a Maurizio, a un prezzo astronomico, il suo 3,3 per cento e Maurizio divenne il re della Gucci. Paolo ottenne 40 milioni di dollari di allora, «una somma davvero importante rispetto alla tassazione della società» dice Andrea Morante. Paolo uscì dalla ditta famigliare ottenendo ciò che davvero voleva: la libertà creativa. «Quasi piangemmo di sollievo, perché Paolo aveva ottenuto denaro più che sufficiente per il resto della vita. Ringraziai il Signore perché potevamo iniziare a vivere» ricorda Jenny Puddefoot Gucci. Il matrimonio però non durò ancora a lungo: finì nel 1991, dopo che Paolo ammise l'esistenza di una relazione con Penny Armstrong, da cui aveva avuto una figlia, Alyssa. Questo fatto precipitò la coppia in una serie di battaglie per il divorzio e l'assegno di mantenimento che durarono fino alla morte. «Credo che dopo essere stato a lungo sottomesso dal padre e da Rodolfo, il potere ottenuto lo stordì. Divenne un'altra persona, piuttosto sgradevole» aggiunge Jenny, che appena ottenuto il divorzio riuscì a far mettere in prigione il marito perché non aveva pagato mezzo milione di dollari d'assegno di mantenimento per lei e per la figlia Gemma.

Paolo consegnò il controllo della società nelle mani di Maurizio e dei suoi nuovi soci finanziari, e la famiglia considerò questo gesto come un tradimento. Il mondo di Aldo crollò. «Quando si rese conto che i suoi figli avevano venduto le loro azioni, non ebbe altra scelta. Si mise cappotto e cappello e se ne andò. Non poteva fare nulla, lo avevano sconfitto» dice Sara Gay Forden.

Maurizio non rispettò l'accordo fatto con Paolo e gli impedì di usare il cognome a scopi commerciali. Inoltre lo estromise dalle assemblee della società. I due cugini continuarono per anni a litigare, querelarsi e architettare intrighi il cui movente era sempre lo stesso: il denaro. Per denaro, Paolo Gucci aveva fatto mettere suo padre in prigione accusandolo di evasione fiscale negli Stati Uniti. Sempre per denaro aveva denunciato Maurizio e, nel 1987, un tribunale di Firenze emise un mandato di cattura contro l'«erede» accusato di fuga di capitali all'estero. Maurizio dovette lasciare l'Italia e si stabilì a St Moritz. Il denaro di Paolo, però, finì, e nel 1995 morì in bancarotta, ancora impegnato a combattere contro sua moglie nei tribunali di Londra e New York. Nel 2008, Jenny pubblicò un libro che scatenò la polemica sulla famiglia, *Gucci Wars: How I Survived Murder and Intrigue at the Heart of the World's Biggest Fashion House* («Le guerre dei Gucci: come sono sopravvissuta agli omicidi e agli intrighi nel cuore della più grande casa di moda del mondo»), in cui racconta con dovizia di particolari la sua difficile relazione con Paolo.

Per anni, il Tribunale di Milano indagò su Maurizio per una complicata storia di firme false sulle azioni cedute da suo padre prima di morire. Aldo aveva sporto denuncia in tribunale contro l'erede. Lo accusava di avere obbligato il suo assistente personale a falsificare la firma sui titoli appena morto Rodolfo per evitare di pagare le tasse. La presunta falsificazione gli risultò utile, inoltre, per controllare la Gucci. Inizialmente Maurizio fu condannato, ma poi fu prosciolto dal tribunale. Gli scontri intensi continuarono, e anche i cugini Giorgio e Roberto furono rinviati a giudizio come sospetti colpevoli di un caso di movimento illegale di valuta legato alle società estere di Gucci.

Maurizio, più forte, contrattaccò fino a ottenere il controllo totale della società. Aveva vinto una dura battaglia nella sala del consiglio espellendo Aldo e il resto della famiglia dalla società. Ma la sua vittoria non fu affatto dolce. Le guerre combattute tanto a lungo imposero un conto da pagare. Con la rapida diffusione nel mondo del marchio, i problemi finanziari si fecero sentire con forza in casa Gucci, che era sull'orlo della rovina economica. Maurizio si rese conto che doveva agire velocemente per limitare i danni, fermare le lotte interne e consolidare la sua posizione finanziaria per salvare l'attività.

Un caleidoscopio dell'animo umano

Aldo morì nel 1990, a 84 anni, vittima di un cancro alla prostata. Per sessant'anni aveva costruito un impero internazionale multimilionario. Dopo il suo funerale, svoltosi a Roma, la società si trovava divisa e assillata da gravi problemi economici. Per poter ereditare, i figli di Aldo dovettero condurre un'altra battaglia legale. Il vecchio Aldo Gucci aveva deciso di cambiare il testamento pochi giorni prima di morire: aveva disposto che i suoi beni negli Stati Uniti, invece di andare a sua moglie Olwen Price e ai suoi tre figli, sarebbero stati ereditati dalla sua giovane amante, Bruna Palombo (che Gucci descrive nel testamento come «mia moglie») e a Patricia, la figlia che aveva avuto da lei. La ragazza sarebbe poi diventata famosa a New York per la vita allegra che conduceva mentre la vedova italiana di suo padre le faceva causa presso il Tribunale di Manhattan, contestando la sua eredità.

In quel periodo la vita di Maurizio era un vero caos. Dopo dodici anni di matrimonio, da sei anni era impegnato in tribunale in una causa di divorzio da sua moglie Patrizia. Aveva accumulato molti debiti ed era accusato di riciclaggio di denaro e di falsificazione della firma del padre. «Una delle caratteristiche dei Gucci è che adorano spendere e Maurizio non faceva eccezione. Possedeva una barca a vela chiamata *Creole* e per ristrutturarne la cabina spese più di un milione di dollari, nonostante avesse gravi problemi economici. Doveva passare l'assegno divorzile a Patrizia, mantenere le due figlie, Alessandra e Allegra, e conservare il suo stile di vita. Al contrario del padre Rodolfo, che era stato un risparmiatore, lui era un grande sperperatore di denaro» spiega Sara Gay Forden. Gli piaceva viaggiare su aerei privati e non su voli di linea e amava vivere circondato da grande opulenza. Nel suo esilio dorato in Svizzera, meditava la vendetta.

Nel 1990, quando la Investcorp, il socio finanziario di Maurizio, esaminava con preoccupazione la riduzione delle vendite di Gucci, l'Irak invase il Kuwait. L'impatto della Prima guerra del Golfo compromise il mercato dei prodotti di lusso. Inoltre, i soci arabi di Maurizio lo consideravano un «inetto» nella conduzione degli affari. Fu così che Dawn Mello, una statunitense esperta di vendite, fu incaricata di dirigere una nuova squadra che compisse il miracolo di riaccendere il successo di casa Gucci. La Mello, che era una specie di stella del commercio al dettaglio, era decisa a recuperare la qualità del marchio. Alla testa della Gucci America Maurizio mise uno dei suoi uomini di fiducia, Domenico De Sole, un avvocato che lo aveva aiutato in alcune occasioni, e assoldò Tom Ford, un giovane designer texano trentaduenne. I nuovi collaboratori statunitensi iniziarono a far resuscitare i modelli perduti di Gucci. Gli italiani furono spazzati via dai posti direttivi.

«All'inizio degli anni Settanta il marchio Gucci era molto importante, ma poi perse prestigio perché erano in troppi a cercare di imporre la propria idea su come doveva essere la società. I membri della famiglia tiravano in direzioni diverse e non c'era una visione unitaria della Gucci» racconta Tom Ford, designer per il marchio dal 1990 al 2004, e aggiunge: «Maurizio aveva una grande visione per il futuro della società. Non so se fosse l'imprenditore migliore possibile, però lo rispettavo e ammiravo le sue idee. Voleva recuperare l'azienda che aveva conosciuto da bambino, la stessa che io ricordavo. Maurizio voleva restituire alla sua società la gloria perduta».

Nel 1993, alcuni negozi Gucci rimasero sprovvisti di scorte e molti pensarono che la società avrebbe definitivamente chiuso. Maurizio cercava disperatamente di rifinanziare la compagnia. «Prima Gucci non produceva molti abiti. Puntava più che altro sugli accessori. Servirsi degli abiti per vendere il proprio marchio era un'idea completamente nuova per la società e ci mettemmo a progettarla» ricorda Ford. Tom iniziò a lavorare alla sua prima collezione prêt-à-porter. «Cercai di disegnare modelli attuali che si sposassero bene con lo stile Gucci del passato. Volevo che incarnassero quello stesso spirito, ma adattato agli anni Novanta. Non avevano nulla a che vedere con le creazioni del 1955 che non davano niente al nuovo stile, ai nuovi tempi.» La fortuna di Maurizio, però, si stava esaurendo e pareva che non ci fosse tempo sufficiente per presentare la nuova collezione. «Ci fu un momento in cui scoppiò la guerra con la Investcorp, perché le vendite continuavano a calare e la società aveva iniziato a perdere denaro. I libri contabili furono presentati in tribunale a Firenze per capire se dichiarare o meno il fallimento della società» racconta Sara Gay Forden.

Maurizio non trovò un socio commerciale forte e questo gli costò il suo sogno. Nell'agosto 1993, la Gucci fu messa in liquidazione per chiusura. Maurizio si vide obbligato a vendere le sue azioni alla Investcorp e perse il possesso dell'impresa che era stata sua per dieci anni. «La società era in perdita e ricapitalizzarla sarebbe stata la scelta più logica, ma Maurizio si rifiutò di farlo e finì col perderne il controllo. Ironicamente gli accadde la stessa cosa che era accaduta ai suoi cugini quattro o cinque anni prima» spiega Andrea Morante. Quella fu la fine dell'attività imprenditoriale di Maurizio e della partecipazione della famiglia Gucci nella società.

Quasi contemporaneamente, Tom Ford – già direttore creativo in sostituzione di Dawn Mello – guadagnava punti per la Gucci sulle passerelle. Divenne una stella, dopo l'aggressiva collezione dell'autunno 1995, con giacche a colori sgargianti e camicie di satin. Alla fine, disegnò tredici linee per Gucci, abiti da uomo, abiti da donna, accessori... Le sue collezioni spettacolari fecero resuscitare il marchio e il mondo intero acclamò i suoi modelli moderni e sexy. Nel 1999, Ford, insieme a De Sole, che era diventato presidente e consigliere delegato, aveva già trasformato la Gucci da una società in bancarotta a un impero della moda valutato 4 miliardi e 300 milioni di dollari.

Dopo tre quarti di secolo, però, non c'era più nessun membro della famiglia nel consiglio d'amministrazione della società. Maurizio, l'ultimo a guidare la grande dinastia, si dedicò a un'esistenza più tranquilla, fuori dalle dispute famigliari, godendosi una vita opulenta insieme alla sua amante, Paola Franchi, una bionda vistosa. La sua pace, però, non durò a lungo. Patrizia chiedeva all'ex marito sempre più soldi per il mantenimento delle figlie e lo minacciò di pubblicare un libro in cui avrebbe rivelato risvolti torbidi della vita dei Gucci.

Il sicario assoldato dalla donna ripudiata

Lunedì 27 marzo 1995 Maurizio Gucci si dirigeva a piedi verso il suo nuovo ufficio, in un lussuoso edificio di via Palestro a Milano, quando un uomo ben vestito iniziò a seguirlo. Quando Maurizio si fermò davanti alla porta dell'ufficio, il sicario gli sparò due volte alla schiena e due alla testa. Maurizio aveva 45 anni e si stava occupando del progetto di costruzione di un casinò nella località svizzera di Crans-Montana.

L'erede della prestigiosa ditta di moda era un uomo potente, invidiato da molti del suo settore, che si era introdotto nel giro d'affari dei casinò, cosa che portò i carabinieri a valutare diverse ipotesi riguardo alla sua morte. Si diceva che l'omicidio di Maurizio potesse essere stato commissionato dalla mafia o da misteriosi finanzieri arabi. Un'altra delle piste seguite furono i 300 milioni di dollari che aveva ricevuto dai soci arabi, presumibilmente in nero, per la vendita della Gucci. Il custode dell'edificio, che si salvò per miracolo dalle due pallottole che lo raggiunsero, poté fornire solo alcune informazioni: l'assassino aveva agito a sangue freddo ed era fuggito su una Renault 5 guidata da un altro uomo.

«Quando Maurizio fu assassinato, la società era già stata venduta alla Investcorp e aveva iniziato a riprendersi. Stiamo parlando del 1995, poche settimane dopo che Tom aveva riscosso grande successo con la sua collezione. La morte di Maurizio risvegliò un improvviso interesse nei confronti del marchio e tutti volevano avere qualcosa di Gucci» dice Sara Gay Forden. Sette mesi più tardi, nell'ottobre 1995, la Gucci fu trasformata in impresa pubblica e ricevette la prima offerta iniziale, all'Amex e alla Borsa di New York, di ventidue dollari per azione.

Nel gennaio 1997, ventitré mesi dopo l'omicidio, la polizia fu contattata da un informatore e Patrizia Reggiani, l'ex moglie di Maurizio e madre di Alessandra e Allegra, eredi universali della fortuna di Maurizio, fu accusata di avere ordito il crimine. Le indagini dei carabinieri rivelarono che il sicario era un ladruncolo di 35 anni che si chiamava Benedetto Ceraulo. La persona alla guida dell'auto che lo attendeva era Orazio Cicala, di 58 anni. Furono arrestati anche Ivano Savioni, un ex portiere d'albergo a Milano, e la napoletana Giuseppina «Pina» Auriemma, veggente personale di Maurizio Gucci e consigliera abituale di Patrizia Reggiani, sulla quale esercitava grande influenza.

Le intercettazioni telefoniche della polizia dimostrarono che i due uomini erano stati assoldati da Ivano Savioni che, a sua volta, era stato assoldato dalla maga Pina. Gli imputati dichiararono che Patrizia (che la stampa italiana battezzò «la vedova nera») diede 400.000 euro ai due sicari per l'uccisione del marito. Dei cinque accusati, Benedetto Ceraulo fu l'unico a essere condannato all'ergastolo. Le pene inflitte agli altri variarono tra i venti e i venticinque anni di carcere. «Si accertò che Patrizia aveva dato l'ordine di compiere l'omicidio e la sua amica Pina, insieme ai tre sgherri, l'aveva aiutata a pianificarlo. Fu un fatto del tutto inaspettato per il mondo intero» spiega Sara Gay Forden.

La gelosia, il risentimento e l'odio portarono la tragedia a maturazione. Patrizia aveva tramato l'omicidio dell'ex marito insieme alla sua veggente perché, nonostante fossero passati più di dieci anni dal divorzio, era incapace di accettare il rifiuto da parte di suo marito e la perdita dello status sociale. «Non riuscì mai ad ammettere di non essere più la moglie di Maurizio Gucci. Era stato molto importante nella sua vita e non tollerava il fatto di essere separata, addirittura divorziata da lui; ma sapere che si sarebbe risposato era qualcosa che proprio non poteva mandar giù. Sicuramente perse la testa» spiega Andrea Morante. Fu allora che Jenny Puddefoot, la ex moglie di Paolo, si fece avanti in difesa di Patrizia: «Tutti gli uomini Gucci sono uguali, amorali. Sono playboy multimilionari» disse.

Paola Franchi, l'ultima compagna di Maurizio, dichiarò alla stampa che Patrizia la chiamava spesso proferendo ogni tipo di minaccia perché aveva paura che l'ex marito dilapidasse la sua fortuna o facesse qualcosa che avrebbe messo in pericolo l'eredità delle figlie. Il giorno dell'omicidio, Patrizia fu tra le prime persone che si precipitarono nell'appartamento di Maurizio. Presenziò anche al funerale, vestita a lutto e in lacrime, anche se non ebbe alcun problema a dire: «Umanamente mi dispiace. Ma da un punto di vista personale non posso dire lo stesso».

Patrizia teneva un diario dove annotava le lamentele sul suo ex marito. Il giorno in cui seppe dell'omicidio, sul diario scrisse solo la parola «*paràdeisos*», il termine greco che significa paradiso. «Aveva sempre voluto essere la *Signora* Gucci. E quando vide Maurizio che sperperava il denaro con la nuova fidanzata, Paola Franchi, ebbe il terrore che avrebbe speso tutta la sua fortuna e non sarebbe rimasto nulla per lei e per le figlie» dice Sara Gay Forden. «Mio marito stava per lasciare l'amante, e lei dovrà restituirmi tutto. È uno scandalo» dichiarò Patrizia cinque mesi dopo il crimine, quando la polizia era ancora disorientata, e lei solcava i mari a bordo del *Creole*, lo yacht di sessanta metri che Maurizio Gucci aveva comprato da Stavros Niarchos e per ridecorare il quale aveva speso un milione di dollari.

Gli avvocati di Patrizia Reggiani sostennero la sua instabilità mentale, dovuta alla rimozione di un tumore al cervello, per evitarle il carcere. Questa fu un'attenuante che scongiurò la condanna all'ergastolo, ma alla fine la Procura la condannò a ventinove anni di reclusione per avere organizzato l'assassinio di quello che era stato suo marito. «Sono stata tanto ingenua da essere stupida» disse prima di udire la sentenza. La sua versione era che la veggente Pina Auriemma era l'assassina, che poi l'aveva ricattata coinvolgendola nella tresca.

Nel 2000 tentò di suicidarsi in carcere a Milano, il giorno successivo al rifiuto del suo ricorso da parte del giudice. Ottenne soltanto che le riducessero la condanna di tre anni. Il 16 ottobre 2005 la stampa italiana diede spazio al primo permesso concesso dal tribunale a Patrizia, dopo otto anni trascorsi nell'ala femminile del carcere di San Vittore. Sulla porta della prigione, circondata da giornalisti e microfoni, Patrizia dichiarò: «In carcere ho trovato più umanità che fuori, ho trovato più persone reali di quante ne avessi attorno a me quando ero una donna libera». Attualmente è ancora reclusa a San Vittore. Intanto le sue figlie Alessandra e Allegra si battono perché sia celebrato un nuovo processo, sostenendo che Patrizia Reggiani non era in pieno possesso delle sue facoltà mentali al momento dell'omicidio. Per molti mesi i mezzi di comunicazione dissero che uno studio di Hollywood voleva utilizzare la storia di Patrizia per farne un film.

Si disse addirittura che Angelina Jolie avrebbe interpretato la «vedova nera», ma la famiglia Gucci proibì la realizzazione del progetto.

La battaglia tra i giganti francesi

Il dramma che aveva devastato la Gucci si ripresentò nel 1999, quando la società si trovò al centro di un'amara guerra giudiziaria tra i magnati francesi del lusso François Pinault e Bernard Arnault per il controllo del marchio. Arnault, con la sua holding LVHM (Louis Vuitton-Moët Hennesy), controllava ventidue potenti società distribuite in tutto il mondo, con firme famose dell'alta moda e della pelletteria quali Christian Dior, Vuitton, Givenchy, Berlutti, Loewe, Kenzo, Fred, oltre al 20 per cento della spagnola Purificación García, per un totale di oltre trentamila dipendenti. LVHM possedeva anche marchi quali Guerlain e la catena di distribuzione di cosmetici e profumi Sephora. E se tutto questo non fosse stato sufficiente per guadagnare ad Arnault il titolo di re del lusso a livello mondiale, basti pensare che era proprietario anche della maggior parte degli champagne più apprezzati nel mondo, quali Moët & Chandon, Veuve Cliquot, Pommery, Krug, Dom Pérignon, Mercier, e cognac quali Hennessy. Quell'anno, il gruppo aveva fatturato più di quarantasei miliardi di euro.

Il suo concorrente, François Pinault, creatore di Pinault-Printemps-Redoute (PPR), era proprietario di Christie's, FNAC e di vari marchi di moda, oltre che della holding Artemis, con ottantamila dipendenti, distribuiti in quarantaquattro paesi.

Dopo cinque anni di liti e scontri, nel 2004, la società francese PPR di Pinault ottenne il controllo della Gucci che ora è la pietra angolare di un gruppo che include anche le etichette Yves Saint Laurent, Bottega Veneta, Boucheron, Alexander McQueen, Stella McCartney e Balenciaga. Il contratto di Tom Ford non fu rinnovato. «Lasciare la Gucci è stato davvero difficile. Lì ho imparato tutto ciò che so. Ora ho la mia società e quelli sono stati meravigliosi anni di apprendistato» ricorda il designer texano.

Il salvatore della Gucci, Tom Ford (attualmente considerato uno degli stilisti più famosi e influenti della storia), fu sostituito da John Ray e Alessandra Facchinetti, che avevano lavorato sotto la sua direzione creativa. Dal 2006, Frida Giannini è l'unica direttrice creativa per gli abiti e gli accessori Gucci, responsabile di far sì che storia, lusso e modernità continuino a essere il marchio della casa, pur se ora il concetto di esclusività è stato un po' messo da parte. Da quando nel 2002 avviò il suo primo e-shop negli Stati Uniti, Gucci ha continuato ad aprire negozi on-line in tutto il mondo, offrendo le ultime collezioni di prêt-à-porter, borse, orologi, gioielli, piccoli accessori, valigie, profumi e occhiali da sole. In Spagna iniziò a vendere attraverso Internet nel marzo 2010 per integrare le sue boutique di Madrid, Barcellona, Marbella e Bilbao. E, naturalmente, ogni ordine viene consegnato confezionato in un lussuoso pacchetto regalo.

Attualmente la Gucci è una società prospera dalla reputazione intatta. È il marchio italiano più venduto a livello internazionale. Possiede circa quattrocento negozi in tutto il mondo, oltre ai punti vendita dei suoi prodotti attraverso catene di franchising, centri commerciali di lusso e Internet, il tutto per entrate pari a 285 milioni di euro nel 2008. Qualcosa però si è perso: tra coloro che vi lavorano, non c'è più nessuno che porti il famoso cognome di famiglia. La famiglia Gucci, forza motrice dell'economia italiana, ha finito con l'autodistruggersi.

L'ultima causa ha avuto luogo nel 2009. Jennifer «Jenny» Puddefoot Gucci, ex moglie di Paolo Gucci, e sua figlia Gemma furono denunciate innanzi alla Corte Federale di Manhattan dalla filiale statunitense della ditta italiana, con l'accusa di avere utilizzato il cognome della famiglia per una linea di prodotti cosmetici. Una storia giudiziaria in più, tra le mille vicissitudini e battaglie di quattro generazioni di uomini e donne che non hanno mai smesso di lottare per coniugare i sentimenti, la gelosia, la passione e la cultura con il mondo degli affari. Alla fine, i Gucci non furono in grado di smentire il vecchio detto che tanto bene descrive le famiglie degli industriali italiani: «La prima generazione crea l'impresa, la seconda la consolida e la terza la distrugge».

5

I Johnson

Negli affari non bisogna mai dimenticare
la difficile situazione dei lavoratori.
Non considerarli sarebbe assurdo, come non prestare
attenzione alla salute pubblica, alla delinquenza
e all'importanza dell'educazione.

ROBERT WOOD JOHNSON JR (1893-1968)

I Johnson

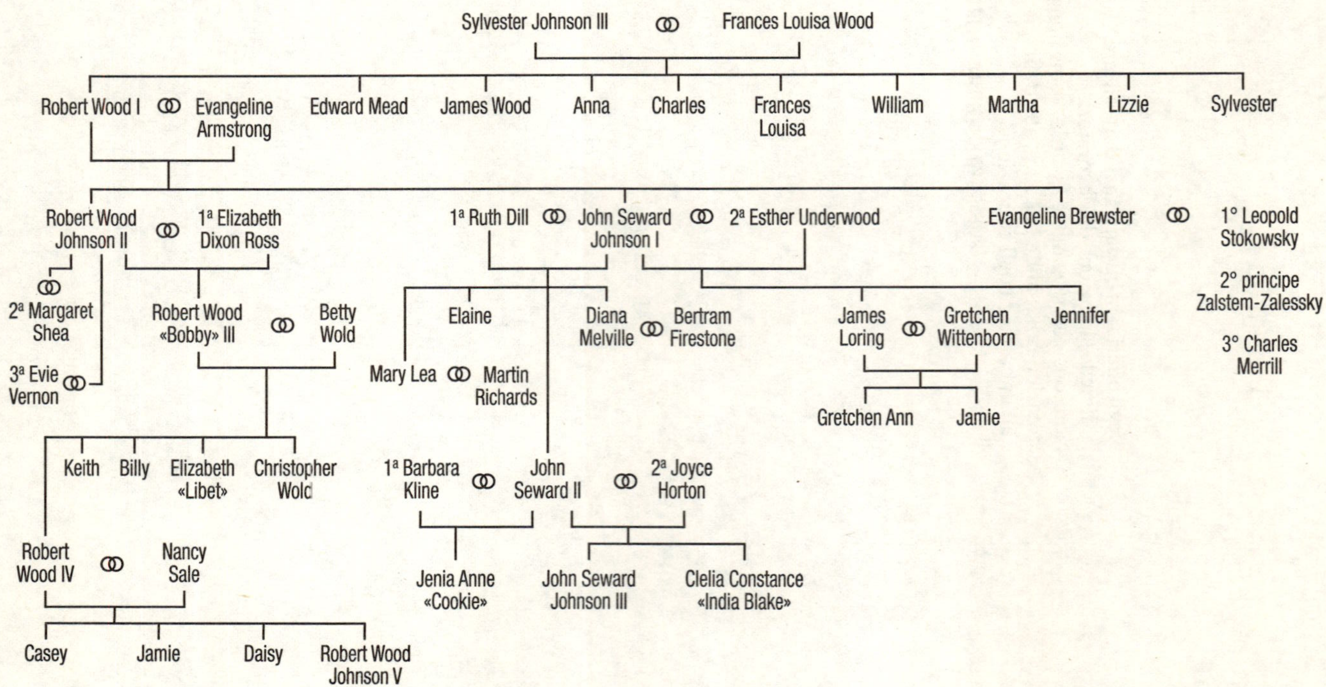

Sylvester Johnson III
Frances Louisa Wood
Robert Wood I
Evangeline Armstrong
Edward Mead
James Wood
Anna
Charles
Frances Louisa
William
Martha
Lizzie
Sylvester
Robert Wood Johnson II
1ª Elizabeth Dixon Ross
2ª Margaret Shea
3ª Evie Vernon
1ª Ruth Dill
John Seward Johnson I
2ª Esther Underwood
Evangeline Brewster
1° Leopold Stokowsky
2° principe Zalstem-Zalessky
3° Charles Merrill
Robert Wood «Bobby» III
Betty Wold
Elaine
Diana Melville
Bertram Firestone
James Loring
Gretchen Wittenborn
Jennifer
Mary Lea
Martin Richards
Gretchen Ann
Jamie
Keith
Billy
Elizabeth «Libet»
Christopher Wold
1ª Barbara Kline
John Seward II
2ª Joyce Horton
Robert Wood IV
Nancy Sale
Jenia Anne «Cookie»
John Seward Johnson III
Clelia Constance «India Blake»
Casey
Jamie
Daisy
Robert Wood Johnson V

I Johnson trasformarono una fabbrica di bende in un colosso dell'industria sanitaria moderna. La Johnson & Johnson fattura oggi più di 50 miliardi di dollari all'anno, e ha 120.000 dipendenti che lavorano nelle sue 250 filiali sparse per il mondo. La fortuna dei Johnson è paragonabile a quella dei Rockefeller, dei Carnegie o di Bill Gates, e tutto ebbe inizio nel 1886, sotto la direzione di Robert Wood Johnson, brillante fondatore della compagnia. L'invenzione del cerotto e delle polveri di talco per neonati segnarono l'inizio della fortuna famigliare, che continuò a crescere anno dopo anno. Per non essere da meno rispetto ad altre famose dinastie, i discendenti Johnson si lanciarono in una lotta titanica per l'eredità. La battaglia legale raggiunse il culmine appena l'impresa uscì da una delle crisi peggiori che abbiano mai colpito l'industria farmaceutica: sette persone restarono vittime di capsule avvelenate di uno dei medicinali più diffusi prodotti dalla J&J, il Tylenol. La Johnson & Johnson si ritrovò sull'orlo del tracollo, ma sia la famiglia sia l'azienda superarono la crisi, salvando reputazione e patrimonio.

Il paladino dell'antisepsi

Alla fine del XIX secolo la medicina era ancora praticata a un livello piuttosto rudimentale. Spesso le persone morivano a causa di malattie che oggi si curano senza alcuna complicazione e sottoporsi a un'operazione chirurgica era quasi una condanna a morte; di certo non c'era nulla di simile alle bende moderne. I fratelli Johnson si accorsero della necessità di prodotti sanitari sicuri ed efficaci e crearono un'impresa che con il tempo sarebbe diventata un colosso finanziario.

Tutto ebbe inizio nel 1861, quando un ragazzo di sedici anni originario della Pennsylvania di nome Robert Wood Johnson decise di dedicarsi al commercio dei farmaci (forse per non andare al fronte, dato che erano gli anni della guerra civile americana) e cominciò a lavorare come apprendista in una farmacia di Poughkeepsie (New York). Dovettero però passare altri venticinque anni prima che creasse la famosa compagnia insieme a due dei suoi nove fratelli.

Nel 1876 Joseph Lister, il chirurgo britannico che per primo affermò la necessità di operare in un ambiente asettico e pulito, si trovava negli Stati Uniti per tenere alcune conferenze, e Robert Wood Johnson assistette a una di queste. Lister aveva identificato i germi nell'aria come fonte di infezione; incolpava i batteri (che definiva «l'assassino invisibile») per l'alto tasso di mortalità dei pazienti. Durante le conferenze presentava le sue avanzate tecniche di sterilizzazione, che all'epoca erano molto discusse perché la maggior parte dei chirurghi non riteneva fossero necessarie. Sminuivano il lavoro di Lister perché erano restii ad ammettere di essere loro stessi a causare la morte di un gran numero di pazienti, operando senza guanti e con strumenti non sterilizzati. Inoltre, «si producevano bende con gli scarti di fabbrica, e la gente moriva a causa delle infezioni» racconta Barbara Goldsmith, autrice del libro *Johnson & Johnson*.

La conferenza cambiò radicalmente il modo di pensare di Robert, e lo portò a ideare nuovi prodotti sanitari per proteggere le ferite. Il progetto consisteva nello sviluppo di un nuovo tipo di materiale da medicazione sterile per la chirurgia, conservato in confezioni monodose sigillate, da utilizzare subito e non contaminato. Nel 1885, insieme ai fratelli James e Edward Mead, chiese un prestito di 100.000 dollari per fondare la Johnson & Johnson. Avrebbero dovuto chiamarla Johnson, Johnson & Johnson, dato che erano in tre, ma decisero di lasciarle il nome che è poi passato alla storia.

Nel 1886, al quarto piano di una vecchia cartiera a New Brunswick (New Jersey), 50 chilometri a sudovest di New York, aprirono un piccolo stabilimento in cui quattordici dipendenti (sette uomini e sette donne) si dedicavano alla fabbricazione di bende sterili e materiale da medicazione. James Wood Johnson, che era ingegnere, supervisionava i lavori. Il primo punto vendita della nuova impresa era al numero 32 di Cedar Street, a New York, ed era diretto da Edward Mead Johnson.

I visionari fondatori

La compagnia fu fondata a partire da un'idea rivoluzionaria per quel periodo: i medici e le infermiere avrebbero dovuto usare suture e bende sterili per medicare le ferite. Fu la prima applicazione pratica della teoria del trattamento asettico, un concetto nuovo che mirava a ridurre drasticamente le infezioni postoperatorie.

I primi prodotti della J&J erano a base di gesso, tessuti porosi e una garza leggera e assorbente che si poteva produrre in serie. Capirono subito che il successo dell'impresa dipendeva dalla fiducia che pazienti, medici e farmacisti avrebbero riposto nella qualità della merce che offrivano. Fin dall'inizio, il giovane Robert «si dimostrò un imprenditore migliore, più aggressivo, esperto e attivo dei suoi fratelli» segnala Tony Spiva, professore di Economia presso l'Università del Tennessee a Knoxville. Ben presto diventò la pietra angolare del successo della compagnia.

I prodotti J&J non ci misero molto a ottenere una certa notorietà, ma il successo vero e proprio arrivò con Frederick Kilmer, detto «il dottore», proprietario di una farmacia di New Brunswick nonché grande amico di Thomas Edison (che acquistò dalla J&J i materiali necessari per la costruzione della sua famosa lampadina incandescente). Kilmer vendette la farmacia nell'ottobre del 1889 e si unì alla Johnson & Johnson. Era un innovatore e un ricercatore ingegnoso e nel 1890 creò, con Robert W. Johnson, un kit di primo soccorso per il trattamento in loco degli operai della ferrovia. Nel 1901 Kilmer scrisse anche un manuale in cui spiegava come medicare le ferite.

In seguito ebbe l'idea di collocare valigette per il primo soccorso nei vagoni dei treni, per eventuali esigenze mediche dei passeggeri. Con l'aumento della domanda arrivarono kit di primo soccorso per case, uffici e fabbriche; venne anche approvata una legge che stabiliva che ogni edificio pubblico dovesse averne uno. Grazie alla J&J divenne familiare negli Stati Uniti il simbolo della croce rossa, che fu utilizzato per la prima volta nel 1887 e registrato nel 1905 per indicare «presidi medici e chirurgici», anticipando anche la Croce Rossa Americana con la quale la J&J è stata in causa fino al 2008 per l'uso di questo emblema. I due gruppi condividono la croce rossa da più di un secolo: per uno è un marchio commerciale, per l'altro è l'insegna dell'associazione. Il problema sorse quando la Croce Rossa decise di autofinanziarsi cominciando a vendere prodotti propri. La J&J, temendo la concorrenza, le fece causa e da quel momento detiene l'esclusiva sull'«uso del marchio su beni chimici, chirurgici o farmaceutici» e chiede che vengano distrutti tutti gli articoli per il primo soccorso della Croce Rossa che presentano questo simbolo, per evitare la concorrenza sleale.

Questo è solo un esempio di quanto furono visionari i fratelli Johnson alla fine del XIX secolo. A loro si unì poi Kilmer, che per quarant'anni fu direttore scientifico dell'azienda e con la sua creatività aiutò a migliorare la prima linea di prodotti Johnson: nel 1893, per esempio, cominciò la commercializzazione delle famose polveri di talco per neonati e nel 1899 introdusse la benda adesiva con ossido di zinco che, grazie alla sua resistenza, divenne ben presto un importante strumento per la chirurgia. Fu proprio Kilmer a ideare la gran parte dei presidi medici più venduti della Johnson & Johnson e molti dei suoi brevetti sono ancora oggi decisamente all'avanguardia.

Durante la guerra di Cuba, nel 1898, l'esercito americano utilizzò bende e barelle della Johnson & Johnson. Nel 1901, l'anarchico Leon Czolgosz sparò due volte al presidente McKinley, che fu medicato con prodotti J&J, anche se questo non servì a salvargli la vita. Nel 1906, dopo il terremoto di San Francisco, i fratelli Johnson inviarono alla città distrutta vagoni pieni di articoli sanitari per far fronte all'emergenza.

Fin dall'inizio, la J&J usò l'istruzione e l'informazione non solo per promuovere i propri prodotti, ma anche per divulgare gli ultimi progressi della medicina. Una delle innovazioni di Kilmer fu «The Red Cross Messenger» («Il messaggero della Croce Rossa»), una rivista pubblicata dalla Johnson & Johnson e diretta ai farmacisti, contenente le descrizioni su base scientifica della merce venduta in farmacia e utili consigli per servire i clienti e aumentare le vendite, il tutto corredato da numerose foto esplicative. Nel 1902 furono i primi a fornire informazioni sulla salute delle donne incinte attraverso la diffusione di un volantino (abbastanza piccolo da essere messo in borsetta) pieno di consigli pratici incredibilmente moderni per l'epoca. Inoltre, fabbricarono un kit per la salute della madre e del bambino, con tutto quello che poteva servire ai medici al momento del parto (che allora avveniva per lo più in casa) e un innovativo manuale sull'ostetricia. Più avanti, l'azienda mise in commercio valigette di pronto soccorso da utilizzare sugli aeroplani: Charles Lindbergh aveva con sé un «First Aid Kit» della Johnson & Johnson durante lo storico volo sullo *Spirit of St Louis*, il 20 maggio 1927.

Tutto ciò contribuì a rendere noto il nome della compagnia e ad aumentarne il prestigio, tanto che ben presto diventò la marca di prodotti sanitari più conosciuta degli Stati Uniti. Inoltre, i Johnson furono tra i primi ad assumere attrici, attori e sportivi per le campagne pubblicitarie. Nel 1914, le famose attrici Louise Dresser e Florence Reed e le stelle del teatro Trixie Friganza e Stella Mayhew raccomandavano a medici e pazienti di lavarsi le mani e combattere i germi usando il sapone Synol, creato dalla J&J nel 1900. Il Synol fu un'altra grande idea di Fred Kilmer e in breve tempo, grazie alle sue numerose proprietà, cominciò a essere utilizzato anche come shampoo, collutorio e sapone per il viso.

Tre ragazzi orfani

Nel primo decennio del XX secolo, la Johnson & Johnson era già una compagnia pioniera e leader nel suo settore, che aveva rivoluzionato il mercato dei presidi antisettici. Inoltre il primo presidente della J&J, da sempre attaccatissimo al lavoro, si era finalmente creato una famiglia. Nel 1892, a 47 anni, Robert si era sposato con Evangeline Armstrong, dalla quale aveva avuto tre figli: Robert Wood II, nato nel 1893, John Seward, nel 1895 ed Evangeline Brewster, nel 1897. Abitavano in una grande casa vittoriana a New Brunswick, vicino al fratello James Wood, alla maggior parte dei loro dipendenti e all'edificio dove ancora oggi ha sede la società.

I ragazzi trascorsero un'adolescenza spensierata girando in macchina per le strade di campagna del New Jersey e navigando sul fiume Raritan, ma nel 1910 Robert Wood Johnson morì di nefrite, una rara malattia renale. I figli maschi avevano quattordici e sedici anni, la femmina appena dodici. Da quel momento fu James Wood, più tranquillo e meno pretenzioso di Robert, ad assumere la carica di presidente della compagnia e a continuare la politica imprenditoriale del fratello.

L'anno seguente, Robert Jr si diplomò presso la Scuola preparatoria di Rutgers e occupò una posizione di basso livello alla Johnson &

Johnson, da cui cominciò la lenta ascesa all'interno dell'azienda. Mentre Robert lavorava sodo, il fratello Seward si immatricolò all'Università di Yale dove, nonostante gli piacesse studiare, incontrò non poche difficoltà a causa della dislessia. A mano a mano che i ragazzi crescevano, la J&J, sotto il comando dello zio Jimmy, continuava a espandersi. Nel 1911 la compagnia produceva il 90 per cento delle garze di cotone del mondo.

Quando scoppiò la Prima guerra mondiale, la Johnson & Johnson fornì alle truppe americane garze e bende sterili, fondamentali contro i batteri. La guerra fece prosperare gli affari della famiglia. In quel periodo Robert, dopo aver lavorato in diverse aree, era arrivato a essere supervisore della produzione di presidi medici per lo sforzo bellico. Seward dal canto suo abbandonò Yale e si arruolò in Marina, dove si ritrovò al comando di un cacciasommergibili. La sorella minore, Evangeline Brewster, dopo il diploma presso la Miss Spence's School di Manhattan, entrò come volontaria nel corpo ambulanze della Croce Rossa e in seguito ricevette dal presidente Woodrow Wilson una medaglia per il servizio.

Al termine dei combattimenti Robert, che aveva appena compiuto 25 anni ed era già presidente della Johnson & Johnson, insistette perché il fratello lasciasse la Marina e lo aiutasse a dirigere l'azienda di famiglia. Seward acconsentì, anche se non nutrì mai un grande entusiasmo per il nuovo lavoro. «A lui piaceva navigare. In mare si sentiva libero, padrone dell'ambiente circostante, e non gli sembrava di essere inferiore a nessuno» afferma la scrittrice Barbara Goldsmith.

Gli anni immediatamente successivi alla guerra lanciarono definitivamente la Johnson & Johnson, e la società divenne una delle entità corporative più importanti degli Stati Uniti come produttrice di presidi medici e per l'igiene. «A partire dall'epidemia di influenza del 1918 cominciarono a commercializzare mascherine di garza sterile. Aumentarono la produzione, iniziarono a pensare di espandersi su altri mercati e poi a livello internazionale» spiega Tracie Woidtke, professoressa di Finanza presso l'Università del Tennessee. L'espansione su scala mondiale cominciò nel 1919 in Canada e nel 1924 in Inghilterra, ma sarebbe stato un ulteriore innovativo prodotto a dare maggiore impulso alla crescita della compagnia.

L'invenzione del cerotto

Nel 1920 Earle Dickson, che si occupava degli acquisti di cotone per la Johnson & Johnson, inventò il cerotto, ispirato dagli incidenti domestici della moglie Josephine. Fino a quel momento le medicazioni venivano fatte usando una garza e una benda adesiva, ma osservando la moglie Dickson si rese conto che spesso si staccavano e cercò di ideare un sistema più efficace. Alla fine, dopo qualche settimana, gli venne un'idea: tagliò alcuni pezzi di garza quadrati e li attaccò in fila su una fascia adesiva, poi coprì il prodotto con uno strato di crinolina, per mantenerlo sterile e sicuro. Josephine doveva solo tagliare un pezzo della fascia adesiva lungo abbastanza da coprire il taglio, la bruciatura o il graffio del caso.

Il capo di Earle, James Wood Johnson, vide l'invenzione e decise di commercializzare i nuovi cerotti. Il successo non fu immediato, ma arrivò non appena ne regalarono un'intera partita ai boy scout. Nel 1924, la Johnson & Johnson installò i macchinari per la produzione di massa delle bende adesive di Dickson, che fu promosso a vicepresidente della compagnia, carica che ricoprì fino alla pensione.

Le cose andavano bene. Tra le novità di quegli anni ci furono per esempio la crema Johnson's Baby per bambini, nuovi prodotti per la salute della donna e il filo interdentale, e Robert Jr girò tutto il mondo per promuoverle. Durante questi viaggi teneva costantemente informato lo zio James sull'andamento delle esportazioni e si rese conto che per soddisfare il mercato globale era necessario costruire una nuova fabbrica: nel 1926 stabilì che Gainesville, in Georgia, era il posto migliore per farlo. «Assunse architetti di grande prestigio per disegnare gli edifici e partecipò attivamente al progetto. Fu inaugurata all'inizio degli anni Trenta e fu riconosciuta come la più bella fabbrica mai esistita negli Stati Uniti» indica Tony Spiva. L'impianto tessile di Gainesville fu il primo esempio concreto di quel che diceva sempre Robert Wood Johnson: «Una fabbrica può anche essere bella», e contribuì ad accrescere il livello di progettazione e gestione di tutte le fabbriche degli Stati Uniti.

Ancora una volta Robert era in anticipo sui suoi contemporanei: riteneva che condizioni di lavoro attraenti e sicure rendessero i dipendenti più soddisfatti e quindi più produttivi. Pensava che fosse suo dovere offrire un ambiente di lavoro sicuro e ordinato, e uno stipendio onesto. «Per esempio, insistette perché gli operai tessili assunti in Georgia ricevessero quaranta centesimi all'ora, una cifra impensabile negli anni Trenta. Ciò dimostra che era un precursore dei tempi, che comprendeva la necessità di offrire ai lavoratori un salario degno, una certa protezione e agevolazioni come alloggio, assistenza sanitaria e pensione. Fu un vero progressista nel settore industriale» racconta Spiva. La Goldsmith lo descrive come «brillante e ossessivo. Per lui non esisteva nulla al di fuori della sua compagnia e aveva una relazione molto personale con quanti lavoravano con e per lui. Era paternalistico, si prendeva cura delle persone e queste lo ripagavano con lealtà e idee grandiose».

L'epoca della paura

Nel frattempo Seward Johnson, che si occupava di aspetti amministrativi nell'impresa di famiglia, si era sposato con Ruth Dill. Vivevano felici in una casa meravigliosa chiamata Merriewold, a Highland Park (New Jersey), la prima al mondo con l'impianto per l'aria condizionata, insieme ai loro quattro figli: Mary Lea, Elaine, Seward Jr e Diana. Invece Robert, il fratello maggiore, si era separato dalla prima moglie, Elizabeth Ross, con la quale si era sposato nell'ottobre 1916 e aveva avuto, nel 1920, il figlio Robert Wood III.

La sorella minore, Evangeline Brewster, che aveva già manifestato un carattere passionale e indipendente, all'inizio degli anni Venti scatenò una guerra femminista contro il governo municipale della città di Palm Beach, in Florida, dove il sindaco aveva proibito alle donne di indossare in pubblico i moderni costumi da bagno, considerati troppo audaci. Evangeline fece stampare una grande quantità di volantini in segno di protesta e li distribuì lanciandoli sulla spiaggia dalla cabina dell'aereo che aveva appena imparato a pilotare.

Nel 1926 diventò la seconda moglie del famoso direttore d'orchestra Leopold Stokowski, arrogante ed egocentrico, che Evangeline definì «un bambino, un uomo e un genio nello stesso tempo». Mentre lui dirigeva l'Orchestra di Filadelfia e teneva concerti alla Carnegie Hall di New York con il suo stile personale amato soprattutto dalle signore, la coppia ebbe due figlie, ma finì per divorziare nel 1938. Due mesi dopo Evangeline si sposò con il principe Zalstem-Zalessky, di origine russa, che in quel periodo studiava Agricoltura tropicale a Phoenix (Arizona). A quel punto, da buona principessa, cominciò a collezionare opere d'arte moderna e di artigianato locale che acquistava nei suoi viaggi in giro per il mondo, fino a quando rimase vedova nel 1965. L'ex marito Stokowski si sposò per la terza volta nel 1945, a 63 anni, con l'ereditiera Gloria Vanderbilt, allora ventunenne.

Anche a Robert Wood non piaceva stare solo a lungo e, nel 1930, celebrò le sue seconde nozze con la modella Margaret «Maggi» Shea. La nuova coppia si dedicò alla vita mondana, trascorrendo le notti allo Stork Club di New York con l'élite di Hollywood. Abitavano a Princeton, in una gigantesca villa in stile georgiano chiamata Morven (un'abitazione storica in cui, dal 1730, avevano vissuto varie generazioni della famiglia Stockton, uno dei firmatari della Dichiarazione d'Indipendenza degli Stati Uniti), dove Johnson amava organizzare incontri sulla politica con i professori dell'Università di Princeton. D'estate invece si stabilivano con la famiglia del fratello Seward al Ghost Ranch (Nuovo Messico).

La Depressione fu un'epoca pericolosa per i milionari e le star residenti negli Stati Uniti, allora percorsi da una spaventosa ondata di criminalità. Poco dopo il passaggio della presidenza della compagnia da James al nipote Robert, il 1° marzo 1932, il figlio dell'aviatore Charles Lindbergh fu rapito da casa sua a Hopewell (New Jersey), non molto lontano dalla residenza di Seward Johnson. La vicenda si concluse con il ritrovamento del cadavere del neonato dei Lindbergh e con un paese indignato a caccia dell'assassino. La storia fu seguita in tutto il mondo per la notorietà di Charles Lindbergh e per il suo crudele epilogo: la morte del bambino a causa di una frattura del cranio.

Pochi mesi dopo, un uomo con il volto coperto entrò nella camera da letto di Seward Johnson e della moglie minacciandoli con una pistola, poi li derubò e fuggì. Qualche notte più tardi i Johnson si accorsero che qualcuno si era arrampicato con una scala fino alla finestra della loro camera e stava tagliando la rete metallica che la proteggeva. Ci furono degli spari e l'uomo riuscì a fuggire, ma in seguito fu arrestato.

Il tentativo di rapimento li spaventò molto e Seward decise di trasferirsi con la famiglia alle Bermuda, dai parenti della moglie. Stando a quanto racconta Seward Jr, questo fu l'inizio della fine del matrimonio dei suoi genitori: «Non vedevamo tanta gente, e il loro rapporto cominciò ad andare male. Si allontanarono l'uno dall'altra». Seward e Ruth finirono per divorziare nel 1937. Più tardi lui si risposò con Esther Underwood, dalla quale ebbe un figlio, James Loring, e una figlia, Jennifer. A partire da allora, i quattro figli avuti da Ruth Dill videro il padre sempre più di rado. «Quando divorziò da mamma considerò il capitolo chiuso. Era come se avesse divorziato anche da noi» diceva spesso Mary Lea, la figlia maggiore.

Il Credo della J&J

In seguito all'attacco giapponese a Pearl Harbor, il presidente Roosevelt convocò Robert a Washington perché collaborasse con il dipartimento di Guerra. «Lo convinse a entrare nel governo per partecipare alla creazione di un'agenzia statale per l'aggiudicazione dei contratti delle forniture belliche alle piccole imprese» spiega l'economista Tony Spiva. Come presidente della Small War Plants Corporation (SWPC), supervisionò personalmente più di seimila contratti e imparò a conoscere le necessità dell'esercito. «La sua preparazione nel settore sanitario gli permise di migliorare le condizioni di vita dei soldati, introducendo l'utilizzo dei kit di primo soccorso e, soprattutto, inventando un nastro adesivo impermeabile, oggi indispensabile nel settore dell'edilizia e in tutte le case» indica Tracie Woidtke. Il nastro isolante, pensato in origine per sigillare le casse con le munizioni, diventò ben presto uno dei prodotti più venduti della Johnson & Johnson.

Robert però non si trovava bene nel dipartimento di Guerra, dove gli autocrati benevoli non erano visti di buon occhio, e ci rimase solo per un anno. C'è chi dice che Johnson si fece numerosi nemici a Washington e fu per questo che nel 1943 si vide costretto a dimettersi. Lui invece dichiarò alla stampa di essere troppo malato per continuare a ricoprire la carica. Dopo il breve passaggio nell'esercito decise che gli piaceva essere chiamato «generale Johnson», e si portò dietro questo soprannome fino alla morte.

L'esperienza a Washington segnò la fine del suo secondo matrimonio, ma il magnate non ci mise molto a trovare una terza moglie; questa volta la prescelta fu una ballerina di nome Evie Vernon. Il generale Johnson finì per comprare numerose sale da ballo e night club newyorkesi, come El Morocco, Latin Quarter, St Regis ecc.

Nel 1943, lo stesso anno in cui tornò da Washington e ricominciò a lavorare nell'azienda di famiglia, vide la luce la sua innovazione più sorprendente: il *Credo* della Johnson & Johnson. «Robert Wood Johnson si avvicinò molto alla creazione di quella che oggi chiameremmo "gestione illuminata". Stabilì una serie di norme sulla gestione dell'attività famigliare e le chiamò *Credo*» spiega ancora Tracie Woidtke. Nel *Credo* mise in evidenza i principi dell'attività commerciale e le responsabilità nei confronti di pazienti, medici, infermiere e della comunità in cui operava la compagnia.

Il *Credo* si basava sull'offerta di un prodotto ben fatto a un prezzo sufficiente a ottenere un guadagno senza essere eccessivo o monopolizzare il settore. Tutto ciò perseguendo sempre l'obiettivo principale, cioè l'attenzione al cliente, ai dipendenti e agli ex dipendenti ormai pensionati. «Dobbiamo saper rispondere a queste necessità, prima di preoccuparci per gli azionisti» affermava. «Secondo i suoi principi, come spiega nel *Credo*, se le cose vengono fatte bene e con un po' di buon senso, gli azionisti otterranno guadagni ragionevoli» afferma James Lukaszewski, esperto di etica dell'impresa.

Nel 1944, il generale Johnson decise che la compagnia venisse quotata alla Borsa di New York per ottenere il capitale necessario allo sviluppo di nuovi progetti. Le azioni erano in vendita a 37,5 dollari, cioè si potevano comprare cento azioni per 3750 dollari. Le stesse azioni, nel 2008, avevano un valore che si aggirava intorno ai 12 milioni di dollari.

La fortuna dei tre fratelli si moltiplicò, soprattutto quella di Robert e Seward, ognuno dei quali possedeva il 40 per cento delle azioni della compagnia. Evangeline era proprietaria di una percentuale molto inferiore, ma in quel periodo era uno dei maggiori mecenati del Metropolitan Museum of Art di New York e del Museo Peabody dell'Università di Yale. I due maschi usarono le azioni per creare fondi fiduciari per i figli. «Seward aveva una vera e propria fortuna in azioni della J&J, quindi creò fondi fiduciari per i quattro figli nati dal primo matrimonio e per i due frutto di quello successivo» segnala David Margolick, autore di *Undue Influence* («Influenza indebita»). Quarant'anni dopo, quei sei figli si sarebbero coalizzati contro un nemico comune, la loro matrigna, e avrebbero speso milioni nella lotta per una parte di eredità che ritenevano di meritare.

Un figlio inadeguato

Negli anni Cinquanta, la Johnson & Johnson continuò a espandersi a livello internazionale sotto la guida di Robert. La compagnia utilizzò i fondi ottenuti dalla quotazione in borsa per diversificare le proprie attività, soprattutto nel settore farmaceutico. Una delle società che acquisirono furono i Laboratori McNeil, che in seguito produssero il Tylenol, un famoso analgesico. «Era una compagnia di grande successo. Sembrava che la Johnson & Johnson non facesse mai un passo falso» dice l'economista Tony Spiva.

In quegli anni Robert, con un grande colpo di scena filantropico, creò la Fondazione Robert Wood Johnson, con sede a Princeton, per migliorare il settore sanitario. In breve tempo la fondazione apportò importanti innovazioni nei sistemi e nei servizi sanitari americani e, nel 1968, con la morte del fondatore e la conseguente acquisizione di quasi tutto il suo patrimonio, diventò l'organizzazione filantropica più grande del mondo a occuparsi di salute.

Quasi vent'anni prima, Robert aveva già cominciato a pensare alla successione. Dal 1938 era presidente del consiglio di amministrazione; nel 1941, il suo unico figlio maschio Robert «Bobby» III, allora ventunenne, cominciò a lavorare nella compagnia e di lì a poco si sposò con Betty Wold, dalla quale ebbe cinque figli (Robert Wood IV, Keith, Billy, Elizabeth «Libet» e Christopher Wold). Vent'anni dopo, nel 1961, arrivò a essere presidente dell'attività famigliare.

All'inizio degli anni Sessanta, la salute di Robert cominciò a peggiorare, e anche Bobby non stava troppo bene, essendo affetto da una malattia intestinale. Il generale Johnson però non era contento della gestione del figlio e non si fidava di lui al comando dell'azienda. Lo scrittore David Margolick riferisce che «Robert Wood Johnson aveva i problemi tipici di un padre autoritario e perfezionista per il quale i figli non andranno mai abbastanza bene. E credo che Bobby avesse già alcune difficoltà emotive, oltre al fatto di non sentirsi all'altezza del padre». Robert accusava Bobby di circondarsi dei suoi giovani amici e di mettere in pericolo il buon nome della Johnson & Johnson con campagne pubblicitarie allusive. «Bobby si era preparato per occupare la carica più alta all'interno della compagnia, ma probabilmente non ne era in grado e la cosa finì piuttosto male» dice Margolick. Fu presidente per poco più di due anni, poi il padre lo licenziò.

«Il generale non si fermava davanti a niente pur di mantenere il controllo dell'impresa e, come molti uomini famosi, pensava che il figlio fosse un buono a nulla» segnala Nicolás de Rutgers, parente dei Johnson, nel libro *Johnson v. Johnson* di Barbara Goldsmith. Bobby, la moglie e i cinque figli lasciarono il New Jersey e si trasferirono in Florida.

Nel 1963, Robert Sr abbandonò la presidenza del consiglio e gli successe Philip B. Hofmann, che lavorava nella società dal 1931, ponendo fine alle speranze di Bobby di occupare la carica più alta all'interno dell'impresa. Due anni dopo, la giunta della J&J lo obbligò addirittura ad abbandonare l'azienda. Per la prima volta dal 1887, a capo della Johnson & Johnson c'era una persona esterna alla famiglia e, da allora, nessun Johnson tornò a occupare il vertice dell'organigramma.

Nel 1968, a 74 anni, Robert Wood Johnson II morì di cancro. Al figlio Bobby toccò la stessa sorte due anni dopo, a soli 50 anni. Il figlio di quest'ultimo, Robert Wood Johnson IV, detto «Woody», non era in buoni rapporti con la compagnia e preferì terminare gli studi universitari e tentare di aprire una sua attività in Florida. Seward Sr, forse cosciente del fatto che non avrebbe mai potuto sostituire il fratello o il nipote nell'impresa di famiglia dato che dopo cinque anni come vicepresidente era già stanco di lavorare, tornò tra le braccia del suo primo amore: il mare. Lasciò l'attività per mettersi a viaggiare a bordo della sua nave preferita, l'*Ocean Pearl*, e finanziò varie ricerche oceanografiche. Nel 1971 creò con lo scienziato Ed Link (l'inventore del sommergibile in cui Seward investì centinaia di milioni di dollari) l'Istituto Oceanografico Harbor Branch di Fort Pierce (Florida). Philip B. Hofmann rimase al comando della compagnia fino alla pensione, nel 1974.

L'anno seguente Evangeline, quasi ottuagenaria, si sposò per la terza volta con Charles Merrill, pittore e direttore della rivista irlandese «The Arts in Ireland». Si erano conosciuti anni prima a una sua mostra a Palm Beach (Florida) e si trasferirono nella Carolina del Nord per dedicarsi allo studio della cultura dei nativi americani.

La bella e l'anziano

Poco prima, la vita di Seward era cambiata radicalmente: aveva trovato una nuova fonte di ispirazione che lo spingeva a sperperare i propri soldi come non aveva mai fatto prima: si trattava di Barbara

Piasecka, detta «Basia», una bellezza polacca figlia di contadini poveri e segnata da un'infanzia traumatica dovuta al fatto che la sua famiglia aveva perso tutto in seguito all'occupazione nazista della Polonia.

Nel 1969 la voluttuosa Basia aveva trentun anni e una laurea in Storia dell'Arte conseguita presso l'Università Wroclaw di Cracovia, e decise di partire alla volta degli Stati Uniti. Con cento dollari in tasca e un inglese stentato, trovò lavoro come domestica a casa di uno degli uomini più ricchi del paese. «Seward Johnson la notò e non passò molto tempo prima che cominciasse a corteggiarla. Aveva quarant'anni meno di lui, era piena di energia e di ambizioni, e incredibilmente esotica. Era l'opposto della sua seconda moglie e riaccese in Seward una scintilla, risvegliò il suo desiderio sessuale e fece riemergere il dongiovanni che aveva dentro» sostiene Margolick.

Dopo nove mesi era già consulente artistica per la collezione che Seward voleva creare nella sede della Johnson & Johnson. «Non me lo aspettavo, perché praticamente non parlavamo mai» avrebbe detto lei in seguito. Nel 1971 Seward, innamorato pazzo, lasciò Esther dopo trentadue anni di matrimonio e, nove giorni dopo, fece di Basia la sua terza moglie. Lei aveva 34 anni, lui 76. Nessuno dei sei figli fu invitato alle nozze. «Mia madre non si riprese mai del tutto dalla rottura. Ne fu distrutta e cambiò completamente» dichiarò Jennifer, la figlia minore di Esther e Seward. All'epoca, solo le azioni della Johnson & Johnson possedute da Seward valevano circa 300 milioni di dollari.

Nei dodici anni che seguirono, Basia cambiò lo stile di vita del marito, fino ad allora piuttosto discreto, e lo riempì di ostentazione. Furono anni in cui i Johnson viaggiarono molto, costruirono, comprarono case e misero insieme una grande collezione di opere d'arte che comprendeva quadri di Van Gogh, Picasso, Monet, Modigliani, Caravaggio, Rembrandt, Tiziano, Bellini, Raffaello, nonché svariate sculture, arazzi e pezzi di antiquariato. Oltre alle ville in Italia e in Polonia, Basia ordinò la costruzione di due palazzi: una proprietà da 30 milioni di dollari chiamata Jasna Polana a Princeton (il cui solo consumo mensile di elettricità ammontava a 50.000 dollari) e una casa in riva al mare a Fort Pierce (Florida), dove si trovava anche la sede della Fondazione Harbor Branch. All'inizio degli anni Ottanta, però, le cose sarebbero cambiate per Seward Sr, i figli e la terza moglie, che in quel periodo avrebbero affrontato le sfide più impegnative della loro vita.

Il gigante della salute comincia a vacillare

Negli anni Ottanta la Johnson & Johnson era una delle maggiori compagnie manifatturiere degli Stati Uniti, anche se dalla morte di Robert Wood Johnson Jr e del figlio Bobby aveva cessato di essere un'impresa famigliare. Secondo Margolick, «la Johnson & Johnson è sempre stata diretta molto bene. Probabilmente ciò è dovuto al lascito di Robert Wood Johnson, che si circondò di amministratori competenti. Uno di loro fu James Burke».

Burke dimostrò tutta la sua integrità nel settembre del 1982, quando scoppiò la crisi del Tylenol, un analgesico che si presentava contenuto in capsule di gelatina e uno dei prodotti di maggiore successo della compagnia. Il 30 settembre 1982, un giornalista del «Chicago Tribune» chiamò la sede della Johnson & Johnson a New Brunswick per informare di un fatto sorprendente: sette persone residenti nell'area metropolitana di Chicago erano morte in seguito all'ingestione di capsule di Tylenol contenenti cianuro. Il panico dilagò in tutto il paese; era un disastro di proporzioni inimmaginabili, il primo di tale portata nell'industria farmaceutica.

Le capsule avvelenate provenivano da flaconi diversi, ma tutti acquistati a Chicago, quindi si scartò l'ipotesi che fossero stati manomessi nella fase di produzione. Tuttavia, ancora prima che la Johnson & Johnson ottenesse informazioni complete sulla causa del disastro e prima che se ne valutasse la responsabilità legale, Burke, ispirato dal *Credo* di Robert Wood Johnson, decise di ritirare il prodotto dal mercato e diede inizio a una campagna per garantire la sicurezza del medicinale. «Secondo il *Credo*, l'obiettivo primario dell'impresa era soddisfare clienti e pazienti, mentre i guadagni erano in secondo piano. Fedeli a questa filosofia, i dirigenti della J&J si misero al lavoro per ritirare il prodotto dal mercato, anche se ciò significava subire un duro colpo a livello economico» spiega l'ex amministratore della compagnia Herbert A. Whitehorse. Non c'erano alternative: bisognava ritirare 264.000 flaconi di analgesico a tempo di record.

Nel frattempo James Burke creò un numero verde per rispondere alle domande del pubblico, stabilì che le riunioni fossero aperte ai media e offrì una ricompensa di 100.000 dollari a chiunque fornisse informazioni utili per l'arresto del colpevole. «In soli sessanta giorni il prodotto tornò sul mercato, ma con un nuovo sistema di protezione, con sigilli e indicatori di eventuali manipolazioni. Fu un miracolo per quell'epoca. Costò quasi 200 milioni di dollari, cioè la metà delle entrate che la compagnia otteneva dalla vendita del Tylenol» spiega Margolick. Il nuovo prodotto della Johnson & Johnson, che aveva un triplo sigillo, uscì sul mercato nel novembre del 1982, e ben presto recuperò la sua popolarità. La compagnia fu elogiata dai media per la gestione della crisi e, in meno di un anno, recuperò la sua quota di mercato, mentre il Tylenol diventò l'analgesico più usato negli Stati Uniti.

La polizia arrivò alla conclusione che un venditore avesse avvelenato le pillole nel proprio negozio, ma il colpevole non fu mai identificato. Fu una tragedia che avrebbe potuto causare l'affondamento della compagnia, che si salvò grazie al potere del *Credo* di Robert Wood Johnson II. Per gli esperti nella gestione d'impresa, la risposta alla crisi del Tylenol è forse uno degli esempi migliori di come l'etica sia una valida strategia di mercato. L'energica reazione della compagnia di fronte alla crisi viene usata ancora oggi come esempio nelle scuole commerciali e nelle università. «Tutto seguì il modello di gestione di una crisi corporativa, e fu il retaggio di Robert Wood Johnson a rendere possibile che la situazione si risolvesse e che la gente acquisti ancora il Tylenol» sostiene Margolick. La sua strategia etica fu in grado di trasformare una catastrofe in un evento mediatico, un grande successo, dimostrando la tesi del filosofo Gilles Lipovetsky secondo cui «l'etica è un'ottima strategia di mercato».

Da domestica a mecenate

La compagnia cominciava a tornare alla normalità, ma Seward, l'ultimo patriarca del clan dei Johnson, stava perdendo la battaglia contro il cancro alla prostata. Nel 1983, i membri della famiglia si riunirono intorno al letto di morte di Seward nella sua casa in Florida. Seward Jr descrive così l'atteggiamento della matrigna accanto al letto del padre moribondo: «Basia sfogliava un catalogo di Sotheby's segnando quello che le piaceva. Un milione di dollari qua, un altro di là. Non le ho dato credito quando ha detto a me e a mia moglie Joyce: "Ho due motti. Non rimandare a domani quello che puoi fare oggi, e cogli le opportunità che ti si presentano"».

Il 14 aprile 1983, Seward Johnson Sr modificò il testamento, lasciando tutti i suoi averi, stimati intorno ai 500 milioni di dollari, a Basia. Poco più di un mese dopo morì, a 87 anni. Quando vennero a conoscenza del contenuto del nuovo testamento, i figli si sentirono oltraggiati. «Non pretendevo di lasciare Basia senza niente, ma non dubitavo che volesse tenersi tutto» racconta Seward. Fatto sta che nel corso del matrimonio con Basia, Seward Johnson scrisse ventidue testamenti, nei quali a poco a poco aumentava la quota di eredità destinata alla terza moglie.

I figli di Seward erano ricchi, grazie ai fondi fiduciari che il padre, quando era in vita, aveva lasciato a loro e ai quindici nipoti, per un valore complessivo di circa 400 milioni di dollari, ma non era una questione di soldi. Furono colti di sorpresa e si sentirono umiliati perché nel testamento il padre si era dimenticato di loro, e furono sconcertati anche dal fatto che non facesse alcun riferimento all'Istituto Oceanografico Harbor Branch, al quale teneva molto.

La battaglia legale per annullare il testamento cominciò il 27 febbraio 1986. Il processo comportò l'esposizione al pubblico di un amaro dramma famigliare. Gli avvocati dei Johnson descrissero Basia come una cacciatrice di dote che aveva approfittato di un anziano moribondo. «Affermarono che Seward era ormai incapace di intendere e di volere, che era uscito di senno e quindi il testamento non poteva essere valido. Dissero poi che era soggiogato dalla tirannica polacca che lo aveva manipolato e costretto a lasciarle tutti i soldi, approfittando della sua invalidità» racconta Margolick.

Gli avvocati dei Johnson rafforzarono i loro argomenti chiamando a testimoniare una domestica che aveva registrato la terza moglie di Seward in un momento di rabbia. «Basia era una donna autoritaria e umorale, aveva un carattere terribile. C'erano i nastri con le sue grida, faceva paura e non era difficile immaginarla mentre dava addosso a un anziano zoppicante. L'ascolto dei nastri durante il processo fu un colpo di scena» segnala Margolick. Per diciassette settimane mostrarono al mondo una Basia stravagante, eccentrica ed egoista, che trovava ogni pretesto per litigare e sperperava in opere d'arte, mobili e capricci di vario genere.

Gli avvocati di Basia sostennero invece che la relazione tra lei e il marito fosse molto affettuosa e che anche i primi testamenti di Seward dimostravano la volontà che fosse lei l'unica erede. «Quel che è certo è che Seward si godette gli ultimi anni di vita accanto a Basia, con la quale andò in luoghi che non aveva mai visitato, in ogni senso» la difende Margolick.

Verso la fine del giugno 1986, Basia giunse a un accordo con i sei figli di Seward Sr e con l'Istituto Harbor Branch grazie al quale ricevette 375 milioni, di cui si ritenne soddisfatta. Ognuno dei figli ebbe invece circa 30 milioni di dollari. «In questo modo anche loro si sentirono vincitori e l'Harbor Branch aveva il futuro garantito. Alla fine furono tutti contenti» ricorda la Goldsmith, e aggiunge: «Chi veramente ci guadagnò furono gli studi legali, che si portarono a casa più dei figli. Sono arrivata a contare trentadue avvocati coinvolti nel processo, che fatturarono svariati milioni di dollari». Fu il più lungo, costoso e umiliante scontro per un'eredità nella storia degli Stati Uniti. Inoltre durante il processo vennero fuori storie di incesti, droga e anche un tentato omicidio. Si calcola che la battaglia giudiziaria contro i sei figliastri sia costata alla vedova più di 20 milioni in onorari per gli avvocati, ma nonostante questo nel giugno 1986 uscì dal tribunale di Manhattan come una delle donne più ricche del mondo. Vent'anni dopo, nel 2006, Barbara Piasecka era al 74° posto nella classifica «Forbes 400», con un patrimonio stimato intorno ai 2600 milioni di dollari.

Basia trasformò lo Jasna Polana in un country club e si trasferì a Montecarlo. Da quando ha ereditato la fortuna del marito ha continuato a desiderare il rispetto che riteneva di meritarsi come esperta d'arte e che negli Stati Uniti non aveva mai ricevuto. Una fondazione con sede a Princeton si occupa della sua mirabile collezione d'arte, formata soprattutto da quadri e sculture a tema religioso, anche se alcuni pezzi sono esposti a Monaco. Dopo essere diventata una vedova milionaria, Basia ha scelto di condurre una vita discreta, ma partecipa ad alcuni progetti di beneficenza, soprattutto in Polonia, sua terra d'origine. Ha anche creato la fondazione Barbara Piasecka Johnson e, nel 1989, ha investito milioni di dollari per salvare i cantieri navali di Danzica, culla di Solidarność, evitando il licenziamento di più di 10.000 lavoratori. Tra le altre iniziative filantropiche, offre aiuti economici agli studenti polacchi che vogliono completare la loro formazione negli Stati Uniti.

Grazie alle fondazioni create dai membri della famiglia Johnson, gran parte della ricchezza della compagnia sanitaria ha avuto una nuova vita: per esempio Betty Wold, la vedova di Bobby che nel 1978 si risposò con Douglas F. Bushnell, nel 2008 donò 11 milioni di dollari al New

Jersey Performing Arts Center, l'istituzione d'arte più grande del New Jersey in termini di budget annuale e di affluenza, ed è una delle principali benefattrici della Metropolitan Opera di New York. «È evidente che il denaro dei Johnson ha fatto grandi cose e continua ancora oggi a farne. Negli Stati Uniti esiste una condizione meravigliosa per cui i ricchi si sentono colpevoli di esserlo. La nostra cultura democratica, in un certo senso, non ci lascia liberi di spendere il denaro per noi stessi, ma ci spinge a usarlo in un modo che sia utile per il bene comune e che tutti possano trarne beneficio» afferma Margolick.

Un'altra grande filantropa e amante dell'arte fu Evangeline, sorella minore di Robert Wood e Seward Sr, che, quando morì, a 93 anni, aveva donato diverse opere al Museo Peabody di Yale, all'Ateneo Wadsworth, al Museo di Brooklyn e al Metropolitan Museum of Art di New York. Quasi vent'anni dopo la sua morte, Charles Merrill, con cui era stata sposata negli ultimi ventotto anni, finì sui giornali per il motivo opposto: nel 2007 il vedovo di Evangeline, che si autodefiniva gay, in un atto di protesta contro l'opinione pubblica musulmana che era avversa agli omosessuali, bruciò un volume del Corano di un valore superiore a 60.000 dollari che gli aveva lasciato in eredità la defunta moglie, la quale a sua volta l'aveva ricevuto dal re di Giordania nel 1950.

I più ricchi della quarta generazione

Verso la fine del XX secolo, la Johnson & Johnson era diventata un punto di riferimento per le biotecnologie e stava espandendo il proprio mercato anche in Cina e in Russia. Durante una riunione degli azionisti che si tenne nel 1998, la compagnia annunciò di aver battuto il proprio record di vendite, e il valore delle azioni della J&J superò i 100 miliardi di dollari. Dalla fine degli anni Sessanta nessun membro della famiglia faceva parte del consiglio di amministrazione, ma gli enormi guadagni furono comunque una buona notizia per i discendenti di Robert Wood e Seward Sr che svilupparono le proprie attività grazie agli introiti derivanti dalle azioni della compagnia. «Investirono in Borsa, acquistarono società, comprarono tenute e terreni. Si lanciarono in qualsiasi tipo di iniziativa: alcune finirono decisamente bene, altre comunque non troppo male. Anche se la famiglia non partecipa direttamente alla gestione né alle operazioni della Johnson & Johnson, si tiene occupata con svariate iniziative imprenditoriali» spiega l'economista Tony Spiva.

Alcuni membri della terza e quarta generazione dei Johnson hanno ottenuto risultati importanti. Dei figli maggiori di Seward, per esempio, Mary Lea Johnson ha fondato con il marito Martin Richards una casa di produzione teatrale che ha appoggiato alcuni successi di Broadway come *On the Twentieth Century*. Diana e il marito Bertram Firestone allevano cavalli e hanno vinto numerosi premi, come il Derby del 1980 in cui trionfò Genuine Risk. Invece Seward Jr diede alla sua vita una svolta inaspettata e, dopo essere stato licenziato dalla Johnson & Johnson nel 1971, decise di cimentarsi in quello che da sempre era il suo sogno: la scultura. Oggi le sue rappresentazioni in bronzo di uomini e donne che corrono adornano le strade delle principali città del mondo e sono esposte in più di duecento musei e collezioni private.

Seward Jr ha creato e finanziato il parco e museo della scultura Grounds for Sculpture, a Hamilton (New Jersey): 4000 metri quadrati di parco che ospitano più di duecento sculture e in cui vengono presentate mostre di artisti famosi ed emergenti che attirano più di 100.000 visitatori all'anno. Anche i suoi due fratellastri, figli di Seward ed Esther Underwood, si dedicano all'arte: James Loring è un pittore, mentre Jennifer possiede una galleria d'arte a Manhattan.

Per quanto riguarda i discendenti di Bobby, due dei suoi figli morirono appena cinque anni dopo di lui. Nel 1975 Keith fu ritrovato nudo e privo di vita, stroncato dalla cocaina. Pochi mesi dopo toccò a Billy, che morì in un incidente motociclistico. Il figlio maggiore, Robert Wood Johnson IV detto «Woody», e i fratelli Libet Ross e Christopher Wold ereditarono le azioni della compagnia e le proprietà dei due che erano venuti a mancare, diventando così di gran lunga i più ricchi tra gli oltre trenta discendenti della quarta generazione dei Johnson.

Mentre lavorava in Florida, Woody Johnson conobbe Nancy Sale Frey, figlia di un uomo d'affari di St Louis. Si sposarono e nel 1984 si trasferirono a New York, dove lui fondò la Johnson Company con sede nel Rockefeller Center. Non si dedicò mai personalmente alla gestione dell'impresa, ma affidò l'incarico a un'équipe di ottimi dirigenti. Tra il 1984 e il 2000, Woody Johnson si occupò soprattutto di allevare le tre figlie (Casey, Jaime e Daisy) e il figlio maschio (Robert Wood Johnson V), della gestione del suo patrimonio e delle donazioni ad associazioni filantropiche e al Partito repubblicano. Nel 2000 Woody acquistò la squadra di football americano dei New York Jets, per l'esorbitante cifra di 635 milioni di dollari; all'operazione parteciparono anche la madre, la sorella e il fratello, ma solo come azionisti di minoranza. Nel 2008, i New York Giants e i Jets costruirono uno stadio del costo di 1300 milioni di dollari a East Rutherford (New Jersey), il primo stadio condiviso da due squadre della NFL.

Oltre a tutto questo, Woody Johnson ha anche continuato a dedicarsi a opere filantropiche. Dal 2001 fa parte della giunta direttiva della Fondazione Robert Wood Johnson, ed è l'unico membro della famiglia ad avere un ruolo nella direzione dell'organizzazione benefica nata dall'eredità del nonno, a oggi la più grande del mondo interamente dedicata alla salute. Woody è poi impegnato con il progetto Alliance for Lupus Research, che si occupa della ricerca dei migliori rimedi per il lupus, una malattia reumatica cronica e autoimmune per cui ancora non si è trovata una cura e da cui è affetta la figlia Daisy.

La tragedia di una povera ragazzina ricca

Robert Wood Johnson IV ricevette il colpo più duro della sua vita il 5 gennaio 2010, quando fu ritrovato a Los Angeles il cadavere della figlia Casey, che a causa delle sue bravate e della movimentata vita mondana era diventata un personaggio famoso sulle pagine dei giornali scandalistici.

La bisnipote del co-fondatore della Johnson & Johnson apparteneva al circolo di giovani e ricche ereditiere di cui facevano parte anche Paris e Nicky Hilton, le Lohan e le Ritchie. A otto anni le fu diagnosticato il diabete e a quattordici scrisse insieme al padre un libro sulle diete migliori per i bambini affetti da questa malattia. A ventun anni, Casey si divideva tra il lavoro part-time come consulente di un'agenzia pubblicitaria, le opere di beneficenza e lo shopping compulsivo sulla Quinta Avenue, guadagnandosi il soprannome di «principessa del cerotto».

Nel 2006 apparve seminuda sulla rivista «Vanity Fair», in un'intervista in cui dichiarava che la zia Elizabeth Ross Johnson, di 56 anni, le aveva da poco rubato il fidanzato John Dee, che di anni ne aveva 38: «Una donna vecchia e molto ricca può essere un potente afrodisiaco» disse. L'intervista scatenò una guerra in famiglia. Negli ultimi giorni di vita diventò ancora più popolare sulla stampa scandalistica annunciando il suo matrimonio con Tila Tequila (protagonista di un famoso reality show di MTV) durante una sfilata sul red carpet a Los Angeles e in un video erotico su Internet, in cui le due mostravano orgogliose gli anelli di fidanzamento. Per la proposta di matrimonio Casey regalò a Tila Tequila un brillante da diciassette carati.

Casey aveva tutto, ma a soli trent'anni aveva già alle spalle una lunga storia di arresti ed eccessi. A novembre del 2009 fu arrestata per furto di abiti e gioielli in casa della modella Jasmine Lennard e per averle lasciato un vibratore sul letto, come firma del delitto. Nel 2007 adottò una bimba kazaka, Ava, ma la nonna fu costretta a intervenire e assumerne la custodia perché Casey non le dedicava le dovute attenzioni. Sembra che il padre a un certo punto decise di tagliarle i fondi e che avesse problemi economici. Fu una domestica a trovarla morta nella sua casa a Mulholland Drive (Los Angeles), già in stato di decomposizione. Nei giorni precedenti nessuno ne aveva sentito la mancanza. Né i genitori, né la figlia adottiva, né le amiche o la fidanzata. Ed era Natale.

Le statistiche sono fredde ma parlano chiaro: il 70 per cento delle attività famigliari scompare dopo la morte del fondatore, solo il 10-15 per cento riesce a sopravvivere fino alla terza generazione che, in genere, vive di rendita. E la quarta? Jamie Johnson, bisnipote di Robert Wood Johnson I e figlio di James Johnson Loring (che conduce un'esistenza tranquilla dedicandosi alla pittura), nel 2003 girò un documentario dal titolo *Born Rich* («Nati ricchi»), nel quale osò mostrare al mondo cosa significa essere l'erede dell'élite finanziaria. Intervistò quindi i suoi amici e compagni tra cui Ivanka Trump, Georgianna Bloomberg, S.I. Newhouse IV e Josiah Hornblower (discendenti dei Whitney e dei Vanderbilt) su come sia vivere una vita priva di restrizioni economiche, sulla maledizione di avere troppi soldi e il terrore di essere diseredati. Il documentario, trasmesso dalla HBO e candidato a diversi Emmy, gli costò una citazione in giudizio con l'accusa di aver rappresentato in modo ingiusto i protagonisti del filmato. Vedendo la vita che conducono questi giovani ereditieri, sembra che la proporzione tra privilegi e merito che esisteva per le generazioni precedenti sia ormai andata perduta.

6

I Kennedy

Si può ingannare tutti una volta,
qualcuno qualche volta, mai tutti per sempre.
JOHN FITZGERALD KENNEDY (1917-1963)

I Kennedy

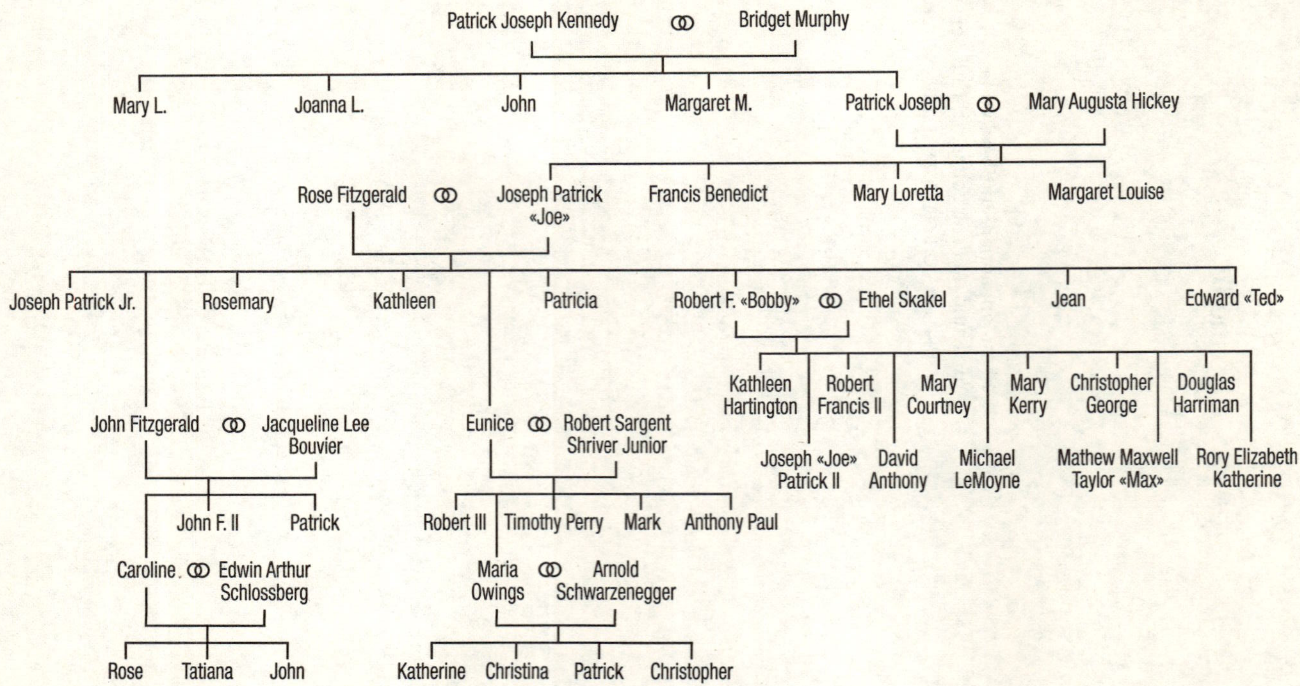
Patrick Joseph Kennedy
Bridget Murphy
Mary L.
Joanna L.
John
Margaret M.
Patrick Joseph
Mary Augusta Hickey
Rose Fitzgerald
Joseph Patrick «Joe»
Francis Benedict
Mary Loretta
Margaret Louise
Joseph Patrick Jr.
Rosemary
Kathleen
Patricia
Robert F. «Bobby»
Ethel Skakel
Jean
Edward «Ted»
Kathleen Hartington
Robert Francis II
Mary Courtney
Mary Kerry
Christopher George
Douglas Harriman
Joseph «Joe» Patrick II
David Anthony
Michael LeMoyne
Mathew Maxwell Taylor «Max»
Rory Elizabeth Katherine
John Fitzgerald
Jacqueline Lee Bouvier
Eunice
Robert Sargent Shriver Junior
John F. II
Patrick
Robert III
Timothy Perry
Mark
Anthony Paul
Caroline
Edwin Arthur Schlossberg
Maria Owings
Arnold Schwarzenegger
Rose
Tatiana
John
Katherine
Christina
Patrick
Christopher

Nella storia del XX secolo poche famiglie hanno avuto il peso simbolico e rappresentativo dei Kennedy. Le loro vicende hanno occupato per tre generazioni i titoli dei media grazie alle loro imprese e ai loro trionfi, ma anche a causa degli scandali e delle tragedie con cui il fato li ha perseguitati. Come per effetto di una maledizione, tre figli del patriarca Joe e tre suoi nipoti (di cui il più conosciuto era John-John, il figlio dello sventurato presidente JFK) sono andati incontro a una morte violenta e molti altri membri della famiglia hanno lottato contro l'alcol e la droga. Malgrado siano stati un po' in disparte nell'Amministrazione Obama, soprattutto dopo la morte dell'anziano senatore Edward «Ted», l'immaginazione popolare attende con impazienza che un altro Kennedy torni a dominare l'arena politica.

Cattolici irlandesi emarginati

Joseph P. «Joe» Kennedy è stato il patriarca a oltranza della famiglia, oltre che opportunista, calcolatore, dongiovanni, filantropo, squalo di Wall Street, contrabbandiere, produttore cinematografico, funzionario pubblico, ambasciatore, re Mida e adorato nonno. Un uomo complesso, contraddittorio e controverso. Godeva della fiducia del presidente Franklin Delano Roosevelt e della benedizione di papa Pio XII. Frequentava re, belle attrici e grandi nomi della mecca del cinema, della finanza e del governo americano. Grazie alla sua grande fortuna e alla sua ambizione fondò una dinastia politica la cui influenza è ancora viva nel XXI secolo. «Mio nonno era un personaggio straordinario. Tutti erano ai suoi piedi, era molto determinato ed energico, aveva una grande visione del futuro e sapeva bene quello che voleva: fare soldi, prosperare negli affari e godersi la gioia di fare qualcosa per i suoi figli» spiega Kathleen Kennedy Townsend, la prima dei trentuno nipoti del patriarca Kennedy e vicegovernatrice dello Stato del Maryland dal 1995 al 2003.

Gli antenati del clan erano operai emigranti che avevano lasciato il loro paese per sfuggire alla grande carestia irlandese. Il trisnonno Patrick Joseph Kennedy era partito dall'Irlanda nel 1849 in cerca di una vita migliore negli Stati Uniti. «Stando alla storia che ci è stata tramandata, a bordo della nave conobbe una giovane di nome Bridget Murphy, di qualche anno più grande di lui, e si innamorarono. Giunti a destinazione, si sposarono a Boston e formarono una famiglia» ricorda Mary Lou McCarthy, nipote di Joseph P. Kennedy. Patrick morì nove anni dopo, il 22 novembre 1858, vittima di un'epidemia di colera, lasciando una sconsolata vedova e quattro figli: tre bambine e un bambino di pochi mesi, di nome Patrick Joseph (1858-1929). La coppia aveva avuto anche un altro figlio maschio, John, che però non aveva superato il primo anno di vita.

Bridget Murphy Kennedy era decisa a fare fronte con la sua famiglia alla difficile vita dell'East Boston. Trovò impiego come domestica e, nonostante dovesse lavorare duro per un salario misero, riuscì a risparmiare qualche soldo. «Iscrisse il suo unico figlio maschio alla scuola parrocchiale e gli diede del denaro per aprire un locale. Fu così che ebbe origine tutta la dinastia, grazie al denaro di una donna. Suo figlio, Patrick Kennedy, seguendo l'esempio famigliare, si sposò con una donna di un ceto più alto, Mary Augusta Hickey, figlia di un facoltoso commerciante della città, religiosa e molto colta» racconta Laurence Leamer, autore di vari libri sulla famiglia Kennedy, tra i quali *The Kennedy Women* («Le donne Kennedy»), dedicato a cinque generazioni di donne Kennedy.

Essendo proprietario di un bar, Patrick Joseph divenne una figura di grande importanza tra gli operai cattolici irlandesi. Per loro era una sorta di tutore nell'esclusiva società di Boston. La sua influenza e la sua ricchezza crebbero. Acquistò un secondo locale in un molo dell'East Boston e più tardi comprò un terzo bar nell'esclusivo hotel Maverick House. Non ancora trentenne, la sua crescente ricchezza gli consentì di rilevare un'attività di importazione di whisky, che chiamò P.J. Kennedy and Company, diventando uno dei più importanti commercianti di alcolici di Boston e uno dei leader democratici della città. Nel 1884 fu eletto senatore per lo Stato del Massachusetts.

Quattro anni dopo, il 6 settembre 1888, sua moglie Mary Augusta diede alla luce il loro primogenito, Joseph Patrick, a cui venne dato il soprannome di «Joe» poiché suonava più americano. Dopo soli tre anni nacque il fratello Francis Benedict e, in seguito, due sorelle, Mary Loretta e Margaret Louise. «Joe era il figlio prediletto. I suoi genitori riponevano in lui tutte le loro aspettative. Sua madre lo iscrisse nelle migliori scuole; e lui non possedeva solo la dignità del padre, ma anche la determinazione della madre, che lo incoraggiava ad andare sempre avanti» afferma Doris Kearns Goodwin, autrice del saggio *The Fitzgeralds and the Kennedys* («I Fitzgerald e i Kennedy»).

Joe frequentò la scuola pubblica più prestigiosa della città, la Boston Latin School, dove, nonostante fosse uno studente mediocre, godeva di grande popolarità tra i suoi compagni, tanto da venire nominato capoclasse. Era anche uno straordinario giocatore di baseball e capitano della sua squadra. L'ultimo anno realizzò il miglior punteggio come battitore e si aggiudicò la coppa John Fitzgerald, che gli venne consegnata dal suo futuro suocero, il potente sindaco di Boston John Fitzgerald, chiamato affettuosamente «Honey Fitz». All'epoca Joe aveva 18 anni ed era un giovane ambizioso.

Nel 1908 venne ammesso all'Università di Harvard, ma si dice che il denaro del padre e i suoi contatti politici lo aiutarono più del suo curriculum scolastico. Continuò a corteggiare Rose Elizabeth Fitzgerald, ma Honey Fitz non lo considerava un degno pretendente della sua figlia maggiore e così la coppia dovette tenere segreta la relazione per più di sette anni.

Joe era molto popolare anche a Harvard e il secondo anno si adoperò per essere ammesso nel prestigioso Hasty Pudding Club, un'associazione studentesca che non aveva mai accolto un membro cattolico. Pensò di poter essere il primo, ma venne rifiutato. Non riuscire a entrare nel circolo fu un duro colpo. Era come se d'improvviso gli avessero strappato l'innocenza, e da lì in poi non avrebbe mai più avuto fiducia in nessuna istituzione. Era nato un nuovo Joseph P. Kennedy, uno che avrebbe mostrato i denti e avrebbe fatto parlare di sé negli anni a venire.

Dopo aver conseguito la laurea a Harvard nel 1912, Joseph Patrick si indirizzò verso l'industria bancaria, e non verso la politica. Riassunse la sua decisione con questa frase: «Se vuoi fare soldi, va' dove stanno i soldi». Fu così che accettò un posto nell'amministrazione della Columbia Trust Company. Si trattava di una banca modesta, di cui suo padre era uno dei fondatori. Apprese la complessità degli affari e a poco a poco riuscì a farsi rispettare negli ambienti finanziari. Quando si profilò la minaccia di un'OPA ostile sulla Columbia Trust, si mosse per salvare il piccolo istituto. Raccolse 100.000 dollari da suo padre e dai suoi zii e altri 15.000 da Eugene Thayer, presidente della Merchant's National Bank di Boston. La banca sopravvisse e, come ricompensa, Joe ne fu nominato presidente. A 25 anni era il più giovane presidente di una banca degli Stati Uniti.

Decise, quindi, che era giunto il momento di chiedere a Rose di sposarlo. Sapeva che il sindaco non si sarebbe opposto ad avere per genero il più giovane presidente bancario del paese. Il 7 ottobre 1914 il cardinale William Henry O'Connell li sposò con una cerimonia privata nella sua cappella. Poco dopo venne al mondo il loro primogenito, che, rispettando la tradizione, venne chiamato Joseph Patrick Junior.

Quando scoppiò la Prima guerra mondiale nel 1914, Joe si schierò fermamente per la non ingerenza degli Stati Uniti nel conflitto. Riteneva che non ci fossero né eroismo né gloria in azioni che portavano alla morte. Per lui, la famiglia era la cosa più importante al mondo e i suoi figli erano il centro dell'universo. Il 29 maggio 1917 nacque il suo secondogenito, John Fitzgerald, e in quello stesso anno gli Stati Uniti entrarono in guerra. I suoi compagni di Harvard si arruolarono nell'esercito, ma Joe preferì accettare un incarico nella direzione della seconda acciaieria del paese, la Bethlehem Steel. Alcuni lo definirono un disertore. E mentre il conflitto andava avanti senza la sua partecipazione, il 13 settembre 1918 nacque la sua terzogenita, Rosemary. Meno di due mesi dopo la guerra finì e Joe riprese la sua scalata ai vertici del mondo finanziario.

Infedeltà e legami con la mafia

I felici anni Venti iniziarono con il diciottesimo emendamento della Costituzione che proibiva la vendita di alcolici nel paese. Quasi contemporaneamente nacque sua figlia Kathleen e Joe accettò un nuovo posto in un'agenzia di intermediazione. Nello stesso periodo mise a segno un grosso colpo professionale aiutando il proprietario della compagnia di tassì Yellow Cab, John Hertz, a salvare l'azienda. Questi lo ricompensò con grandi somme di denaro liquido e con azioni delle sue diverse società, una delle quali sarebbe poi diventata l'impresa di autonoleggio Hertz. Nel frattempo la famiglia di Joe continuava a crescere. Nel 1924, con Eunice e Patricia, era già padre di sei figli, ma la nonna Mary Augusta, morta l'anno prima, non poté conoscere le due nipoti. «Aveva guadagnato un milione di dollari per ciascun figlio. Tutto quello che toccava si tramutava in oro» racconta sua nipote Mary Lou McCarthy. Nel 1925 nacque Robert Francis, chiamato affettuosamente «Bobby».

La fortuna di Joseph e Rose Kennedy non si arrestava. Avevano dato la scalata all'alta società statunitense. E l'anno dopo Joe tentò di conquistare anche Hollywood con il suo tocco da re Mida. Il «New York Times» lo definì «il Napoleone del cinema». Kennedy ottenne enormi profitti soprattutto grazie alla riorganizzazione e al rifinanziamento di vari studi di Hollywood, e in particolare grazie alla fusione di diverse sue acquisizioni negli studi Radio-Keith-Orpheum (RKO). Divenne famoso come magnate capace di fiutare le potenzialità finanziarie dell'industria cinematografica. Nulla sembrava fermarlo.

In quel periodo i tradimenti di Joe divennero pubblici. Il più famoso fu quello con la diva Gloria Swanson. All'epoca era l'attrice con più stile, un'icona della moda, la bellezza suprema, la più ammirata e imitata al mondo. Si conobbero a una cena, nel 1927, in cui lei gli chiese di riassestare la sua male amministrata casa di produzione e lui accettò. I giornali e le riviste dell'epoca scrissero fiumi di inchiostro alludendo a una loro avventura sentimentale. «All'inizio si avvicinò a Gloria per aiutarla in una faccenda professionale ed economica, ma poi l'attrice divenne un mezzo per ottenere prestigio e glamour. A differenza di Rose, lei incarnava la donna liberata» afferma Doris Kearns Goodwin. Anche qualora Rose avesse sospettato dell'infedeltà di Joe, non lo lasciò mai trasparire in pubblico. La Swanson una volta, riferendosi alla moglie del suo amante, disse: «Rose deve essere una santa, una pazza o semplicemente un'attrice più brava di me».

Il desiderio di Joe di produrre un gran film finì in un clamoroso fiasco. Dopo aver speso più di 800.000 dollari per *Queen Kelly* (1929) e aver sopportato il fanatismo del regista Eric von Stroheim e le crisi isteriche della protagonista, Gloria Swanson, Kennedy ne interruppe le riprese. Il 18 maggio 1929 suo padre morì mentre lui cercava di sbrogliare il caos del suo film in California e non poté neppure recarsi al funerale. Fu allora che decise di lasciare Hollywood e tornare con la famiglia sulla East Coast.

L'ultimo martedì di ottobre del 1929, ribattezzato il «martedì nero», la Borsa di New York crollò. Kennedy, che nel frattempo era diventato padre per l'ottava volta con l'arrivo di Jean (la quinta figlia femmina del clan), aveva presentito il disastro e a poco a poco aveva venduto la maggior parte delle sue azioni. E così, grazie al suo senso degli affari e ai suoi contatti politici, uscì perfino rafforzato dalla crisi. Joe guadagnava milioni dalla sua casa da 250.000 dollari. Inoltre, al suo patrimonio immobiliare si aggiungevano una tenuta nello Stato di New York, una casa per l'inverno a Palm Beach (Florida) e una proprietà di 24.000 metri quadrati affacciata sul mare di Capo Cod, a Hyannis Port (Massachusetts), la residenza più famosa dei Kennedy, ceduta a un istituto di beneficenza nel 2012, secondo la volontà del suo ultimo inquilino, il senatore Edward «Ted» Kennedy, morto nell'agosto del 2009.

In quel periodo il nome di Joseph P. Kennedy veniva associato a molte aziende, e non tutte legali. Negli anni Venti, durante il proibizionismo, molti pensavano che fosse un contrabbandiere legato alla mafia, perché riusciva a procurarsi tutto il whisky scozzese che voleva. Poco dopo la morte di suo padre, e con la fine del proibizionismo, mise in piedi il proprio centro di distribuzione e lo chiamò Somerset Importers, diventando il rappresentante esclusivo in America del Gordon's Dry Gin e del Dewar's Scotch, attività che consolidò ulteriormente la sua fortuna. Nello stesso periodo, quando Rose ormai aveva 42 anni, nacque il figlio Edward.

Joe riconsiderò la sua idea iniziale di non entrare in politica e si iscrisse al Partito democratico di Franklin D. Roosevelt, appoggiando la sua candidatura nel 1932. Roosevelt ottenne una vittoria schiacciante, ma ci mise del tempo a ricompensarlo. Joe sognava di diventare segretario del Tesoro, e invece nell'estate del 1934 fu nominato presidente della neonata Securities and Exchange Commission (Commissione per i Titoli e gli Scambi), l'ente incaricato di vigilare su Wall Street, che vietò molte delle pratiche che lo stesso Joe aveva usato per arricchirsi. La nomina sollevò molti timori e diffidenze nel mondo finanziario e imprenditoriale di New York, che considerava Joe come un intruso. Amici e nemici, indifferentemente, pensavano che Roosevelt fosse impazzito. Il presidente scherzando rispondeva: «Per acciuffare un mascalzone occorre un altro mascalzone». Kennedy rimase solo quattordici mesi nella Commissione. Quando lasciò l'incarico, a Wall Street erano già state avviate riforme radicali ed erano state colmate molte lacune legali per impedire il ripetersi di un nuovo «martedì nero». «Svolse un eccellente lavoro in brevissimo tempo. E questo fa parte della sua eredità» osserva Laurence Leamer.

Roosevelt venne eletto per un secondo mandato e, nel dicembre del 1937, nominò Joe ambasciatore in Inghilterra. Kennedy aveva ottenuto il potere e il riconoscimento sociale a cui tanto aspirava. «Lui e mia madre credevano che la Storia fosse saggia. Mio padre era convinto che non si dovessero abbandonare i propri propositi, ed ebbe successo come uomo d'affari. Credeva nella possibilità di superarsi e nell'importanza di mettersi in luce» spiegò suo figlio, il senatore Ted Kennedy, in un'intervista.

Perseguitati dalla sfortuna

Le donne della famiglia Kennedy, guidate da Rose, furono presentate alla corte britannica. Tutte meno Rosemary, la figlia maggiore, nata con un ritardo mentale, su cui era stata praticata una lobotomia e che era stata internata in un ospedale e tenuta lontana dai riflettori fino alla morte, nel 2005. I coniugi Kennedy strinsero amicizia con il re Giorgio VI e sua moglie Elisabetta. Joe ricevette titoli onorifici dalle Università di Dublino e di Cambridge. I suoi figli furono trattati quasi come principi, circondati dal fior fiore della società britannica. L'ambasciatore, la signora Kennedy e la loro famiglia rappresentarono gli Stati Uniti all'incoronazione di papa Pio XII, da cui furono anche ricevuti in udienza privata.

Le oscure nubi della guerra incombevano sull'Europa. In un infelice discorso Joe dichiarò: «Dobbiamo convivere con le dittature, che ci piaccia o no». E proseguì commettendo degli errori che un diplomatico esperto avrebbe evitato. Quando scoppiò il conflitto nel 1939, Kennedy affermò che la sconfitta dell'Inghilterra era certa ed esortò gli Stati Uniti a non entrare in guerra. Le sue esitazioni nel condannare gli attacchi di Hitler in Europa fecero infuriare Roosevelt. Così, alla fine del 1940, cedendo alle pressioni del presidente, Joe rassegnò le sue dimissioni come massimo rappresentante degli Stati Uniti in Gran Bretagna. La storica e scrittrice Doris Kearns crede che in tempi di pace sarebbe stato un buon ambasciatore. «Era abile nelle trattative commerciali. Era molto diverso dagli ambasciatori precedenti e nel primo anno del suo mandato aveva fatto buona impressione. Ma con lo scoppio della guerra occorreva una persona più sofisticata, più diplomatica, qualcuno che capisse la storia e gli uomini, che potesse giudicare Hitler, Churchill e Chamberlain. Kennedy non aveva queste qualità e per eccessiva fiducia nell'accettare un incarico più grande di lui distrusse la sua ascesa alla fama e mise fine alla sua carriera politica.»

Quando gli Stati Uniti entrarono in guerra, i figli maggiori dei Kennedy, Joseph Junior e John, si arruolarono. Il patriarca aveva riposto tutte le sue speranze e aspirazioni nel primogenito, sicuro che sarebbe stato il primo presidente cattolico degli Stati Uniti. Il suo sogno sarebbe divenuto realtà dopo il conflitto, ma Joseph Junior non fece mai ritorno a casa. Morì il 12 agosto 1944, due mesi dopo lo sbarco degli Alleati in Normandia. Si offrì volontario per pilotare un bombardiere della Marina carico di esplosivo che avrebbe dovuto distruggere una pericolosa base situata a Saint-Omer (Francia) in mano ai tedeschi. Era una missione quasi suicida, considerata la profusione di cannoni antiaerei nella zona e la presenza di uno stormo di caccia Messerschmitt. Il suo aereo esplose prima del previsto e si disintegrò in aria prima che Joseph Junior potesse lanciarsi con il paracadute. Sparì per sempre, insieme al suo copilota, nel canale della Manica. Fu un tremendo colpo per suo padre. Distrutto dal dolore, cominciò a odiare ancora di più la guerra, perché si era portata via la vita del suo primogenito. Kennedy e il suo copilota furono insigniti postumi della medaglia al valore e nel 1945 un cacciatorpediniere venne battezzato col nome di Joseph P. Kennedy Jr in suo onore.

Il 13 maggio 1948 la tragedia tornò a colpire la famiglia. Kathleen, sposatasi quattro anni prima con William Cavendish, marchese di Hartington, ucciso pochi mesi dopo le nozze in una missione in Belgio, morì in un incidente aereo mentre volava verso la Costa Azzurra per incontrarsi con il padre.

John Fitzgerald Kennedy, sopravvissuto alla guerra nel sud del Pacifico, era ora il figlio maggiore del clan. E alla fine Joe ripose in lui tutte le sue speranze per l'avvenire.

La rapida ascesa politica

Il secondogenito di Joe e Rose era cresciuto all'ombra del fratello maggiore, Joseph, che lo aveva sempre protetto. John era un bambino debole e cagionevole, con dei disturbi alla schiena che gli causarono forti dolori per tutta la vita. Dopo aver frequentato il Choate College di Wallingford (Connecticut) senza brillanti risultati, nel 1936 si immatricolò all'Università di Harvard per studiare Diritto. Suo padre, per stimolare gli interessi politici e sociali del figlio, lo mandò a visitare vari paesi europei tra il 1937 e il 1938. Al suo ritorno John abbandonò Diritto e si laureò in Scienze politiche.

Dopo aver prestato servizio durante la Seconda guerra mondiale come comandante di una torpediniera nel Pacifico ed essere stato decorato per aver salvato il proprio equipaggio ferito in condizioni molto precarie, John ritornò negli Stati Uniti. Dopo che il fratello maggiore era morto in guerra, il patriarca della famiglia aveva deciso di proiettare sul giovane John le ambizioni politiche riposte in Joseph. La sua carriera politica ebbe inizio all'età di 29 anni, nel 1946, quando si aggiudicò un posto come parlamentare per lo Stato del Massachusetts. Cominciò così la sua ascesa folgorante sia nel Partito democratico che nell'universo politico nazionale.

John rappresentò il Massachusetts in Parlamento dal 1947 al 1953. Forte della sua crescente popolarità e influenza, decise di fare un altro passo nella sua folgorante carriera: diventare senatore. Nel 1952 conobbe Jacqueline Bouvier, all'epoca giornalista del «Washington Times Herald».

Nata il 28 luglio 1929, Jacqueline era cresciuta a East Hampton (New York), un prospero centro all'estremità orientale di Long Island. Sua madre, Janet, era un'amazzone esperta che frequentava l'alta società e si sforzava sempre di dissimulare le proprie radici di irlandese cattolica e povera. Era la pupilla di suo padre, che la chiamava affettuosamente «Jackie». Jack Bouvier, soprannominato «Black Jack», aveva fatto fortuna come agente di borsa a Wall Street durante il folle consumismo degli anni Venti. Bello e impulsivo, era l'opposto della seria Janet Lee, che pensava di essersi garantita la stabilità sociale ed economica con le nozze nel 1928. Ma poco dopo la nascita di Jacqueline, sugli Stati Uniti si abbatté il flagello della Grande Depressione, che mandò in rovina la famiglia. Come se non bastasse, Jack era un incorreggibile dongiovanni. Ma Jackie lo adorava. Nel 1940, quando Jacqueline aveva 11 anni, la coppia divorziò.

Jackie e la sorella minore Lee rimasero a vivere con la madre. Poco tempo dopo, nel 1942, Janet si risposò con un uomo estremamente ricco, Hugh D. Auchincloss. Era l'erede dell'impero petrolifero Standard

Oil e possedeva, inoltre, un'enorme residenza a Newport e una bella tenuta a McLean (Virginia), vicino a Washington. Jackie cominciò così a frequentare il prestigioso istituto Holton Arms, nella capitale, con voti eccellenti in latino, francese e storia. Nel 1944, a 15 anni, fu mandata a studiare alla Miss Porter's School, in Connecticut, un elitario istituto femminile non lontano da New York. Terminati gli studi, andò con sua sorella Lee in Europa, dove rimasero un anno. Quando tornò negli Stati Uniti, Jacqueline aveva ormai compiuto 23 anni e trovò impiego come fotoreporter al «Washington Times Herald».

Nel 1952, durante una cena nella capitale, Jackie conobbe John Kennedy, il facoltoso parlamentare del Massachusetts, bello e di dodici anni più grande di lei. All'epoca la sua fama di dongiovanni non la spaventava. Suo padre per giustificare tali comportamenti amava ripetere: «A tutti gli uomini piacciono le scappatelle». Nell'estate del 1953 John e Jackie annunciarono il loro fidanzamento. «Penso che lui provasse attrazione non solo per la sua bellezza, ma anche per il mistero che la avvolgeva. Inoltre amava il suo carattere disinvolto, intelligente ed espressivo» sostiene Tom Kuntz, redattore del «New York Times».

Nel 1953 con più di 70.000 voti di scarto sul suo rivale, Henry C. Lodge, Kennedy conquistò il seggio di senatore. Pochi mesi dopo, il 12 settembre, si sposò con Jackie nella chiesa cattolica di Saint Mary, a Newport, e le nozze furono un vero e proprio evento mondano. All'inizio per lei non fu facile adattarsi alla nuova vita e in alcune occasioni si scontrò con i Kennedy. «Jackie non andava d'accordo con le altre donne della famiglia Kennedy, e arrivò perfino a definirle "un branco di gorilla"» rivela C. David Heymann, autore del libro *Una donna chiamata Jackie*. Jacqueline non aveva il carattere competitivo, sportivo e a volte corrosivo del clan Kennedy. Era molto più tranquilla e riservata. Tuttavia, come moglie rivestì un ruolo importante nella carriera politica di Kennedy, contribuendo a dare al futuro presidente un'immagine di uomo di famiglia che prima non aveva e che incrementò la sua popolarità tra gli elettori.

Nel 1955 Jackie ebbe un aborto, ma rimase nuovamente incinta l'anno dopo, sei mesi prima di accompagnare John alla convention dei democratici. A 39 anni, Kennedy voleva entrare a far parte dei candidati del suo partito alle presidenziali, affiancato come vicepresidente da Adlai E. Stevenson. Ma la sua candidatura non venne accolta. Qualche settimana dopo il bambino di Jackie nacque morto. Quando successe, «Jack» stava trascorrendo le vacanze con amici nel Mediterraneo e non era rintracciabile.

Nel novembre del 1957 Jackie diede infine alla luce Caroline. E nel 1958 John Kennedy fu rieletto per un secondo mandato come senatore, con una maggioranza schiacciante. Poco tempo dopo fu designato dalla convention dei democratici come candidato del partito alle seguenti elezioni nazionali. Nel frattempo Jackie era rimasta nuovamente incinta. L'intera macchina dei Kennedy si mise in moto in vista della corsa alla presidenza. John creò un gruppo di lavoro formato da giovani *liberal*, tra i quali spiccava suo fratello Robert, «Bobby».

Il presidente più giovane degli Stati Uniti

Kennedy si presentò alle elezioni con un programma democratico-liberale. Il suo rivale, del Partito repubblicano, era Richard Nixon. Nel 1960 nessuno sapeva se gli Stati Uniti erano pronti ad avere un presidente così giovane, cattolico e con una first lady di soli 30 anni. Kennedy si adoperò affinché l'elettorato identificasse la sua figura con quella dei pionieri che avevano costruito la nazione americana: giovani, dinamici e combattivi. Promise di riformare le strutture sociali, politiche ed economiche per porre fine alle disuguaglianze razziali ed economiche. Fu in quei giorni che cominciò a ripetere una frase a lui molto cara: «Non chiederti cosa può fare l'America per te, ma cosa tu puoi fare per l'America».

La campagna elettorale fu molto dura e per la prima volta due candidati alla presidenza si scontrarono in un dibattito televisivo. L'immagine di un Kennedy giovane, sicuro di sé e intelligente travolse quella di un Nixon mal rasato, sudato, un po' impacciato e lento di riflessi. I numerosi osservatori dei Kennedy assicurano che fu quel duello a sancire la vittoria elettorale di JFK e sostengono che la sua figura già di per sé incarnava il rinnovamento e la trasformazione. La sua persona, il suo carisma, la sua immagine pubblica, i suoi gesti vennero interpretati da una società avida di cambiamenti come il simbolo di una nuova era. Simpatico, intraprendente, bello e ricco, i suoi discorsi facevano breccia in un elettorato in cerca di apertura e rinnovamento. Per soli 130.000 voti, sette anni dopo le nozze, John F. Kennedy fu eletto 35° presidente degli Stati Uniti. A 42 anni divenne il primo presidente cattolico, e il più giovane, nella storia del paese. I sacrifici del patriarca avevano dato i loro frutti.

Tre settimane dopo il trionfo di JFK su Nixon, il 25 novembre 1960, nacque John Fitzgerald Kennedy Junior, chiamato familiarmente «John-John». Pochi mesi dopo suo padre prestò giuramento come presidente e Jackie assunse il ruolo di first lady. Nel gennaio del 1961 John-John entrò alla Casa Bianca in braccio a suo padre, accompagnato da Caroline. Dalla sera alla mattina Jackie si trasformò nel modello da seguire per milioni di americane, soprattutto dopo gli otto anni come first lady di Mamie Eisenhower, una donna un po' all'antica.

Mentre suo marito nominava il fratello ministro della Giustizia, definiva un piano per lo sviluppo economico ed elaborava un'efficace politica di difesa dall'Unione Sovietica e dal comunismo, Jackie, la vivace giovane madre, si mostrava poco interessata alla politica e preferiva occuparsi della loro nuova casa. In breve tempo trasformò la Casa Bianca in una galleria con il meglio dell'arte e della cultura statunitensi. Tra i suoi invitati non c'erano solo primi ministri e politici, ma anche premi Nobel, famosi artisti, musicisti e intellettuali. Con Charles Collingwood, della catena CBS, organizzò perfino una visita per la nazione trasmessa in televisione. Il programma, che riscosse un enorme successo, fu seguito da 50 milioni di telespettatori e Jackie ricevette il premio Emmy per il suo lavoro.

Secondo molti biografi della famiglia, nel periodo trascorso alla Casa Bianca, Jackie era pienamente consapevole dei tradimenti di suo marito. Lo scrittore Laurence Leamer afferma che il presidente aveva una vera e propria dipendenza dal sesso. Edward Klein, autore del libro *Farewell, Jackie* («Addio, Jackie»), assicura che la first lady ne era disgustata e molto addolorata. «Si spiegherebbero così le sue frequenti assenze dalla Casa Bianca. Nei primi due anni dell'Amministrazione Kennedy condussero vite quasi separate.»

Ciò nonostante, quando il presidente aveva bisogno del suo aiuto per promuovere la propria immagine o la propria politica, Jackie era al suo fianco. Nel 1961, durante un viaggio in Europa, la donna seppe guadagnarsi la simpatia del duro leader dell'URSS, Nikita Chruščëv, e del presidente francese Charles de Gaulle, oltre a quella di quasi tutti gli europei. «Sono il signore che ha accompagnato Jacqueline Kennedy a Parigi» scherzava il presidente davanti alle telecamere. Hillary Rodham Clinton, ex first lady, senatrice e segretario di Stato, la ricordava così: «Ebbe un notevole impatto sulle giovani, perché rispecchiava i principi del movimento femminista. Nonostante rivestisse un ruolo tradizionale, aveva un'identità indipendente che ebbe grande importanza all'inizio degli anni Sessanta».

La prima grande crisi del nuovo governo Kennedy scoppiò con la Cuba comunista di Fidel Castro. Il presidente temeva che l'esempio cubano contagiasse altri paesi latinoamericani e avviò un ambizioso programma di aiuti destinati allo sviluppo economico regionale. Tutti i paesi americani accettarono di buon grado gli aiuti, eccetto Cuba, nell'orbita dell'URSS. Nel 1961 un gruppo di esuli cubani di Miami cercò di occupare, con il beneplacito di Kennedy, l'isola caraibica sbarcando nella Baia dei Porci. Ma non ci riuscirono e, a partire da allora, la politica distensiva che gli Stati Uniti e l'URSS, guidata da Chruščëv, avevano cercato di instaurare subì un arresto. Si guastarono anche i rapporti tra Cuba e il suo vicino del nord, ancora oggi non ricuciti. La situazione precipitò nel 1962, quando gli aerei spia statunitensi scoprirono lo spiegamento di missili sovietici a Cuba. Durante la crisi sia John sia il fratello Bobby, che lo appoggiava fermamente, rivestirono uno dei ruoli cruciali della storia statunitense del XX secolo.

Il suo più stretto consigliere

I due fratelli rimasero sempre molto uniti. Ma non sempre il patriarca estese a Bobby le speranze che aveva riposto nei suoi rampolli maggiori, Joseph e John. Nato il 20 novembre 1925, Robert Francis Kennedy era il settimo di nove figli. «In un certo modo Bobby era un bambino disorientato, sperduto nella sua stessa famiglia. Era minuto, magrolino ed era considerato il "meno sveglio"» racconta Laurence Leamer. Ma anche Bobby desiderava l'approvazione del patriarca dei Kennedy, un'approvazione difficile da ottenere in una casa in cui regnava la legge del più forte. «L'ambiente famigliare era estremamente competitivo. Erano sempre in competizione: nelle regate, negli studi, nella puntualità... Era una lotta costante in cui Bobby non aveva speranza di vincere, perché era più piccolo e meno sicuro di sé» afferma Evan Thomas, biografo e opinionista della rivista «Newsweek Magazine».

Quando Bobby aveva 12 anni suo padre fu nominato ambasciatore in Inghilterra. Come tutti i figli maschi dei Kennedy fu mandato in collegio, ma, a differenza dei suoi fratelli maggiori, si era fatto pochi amici e aveva difficoltà a integrarsi. «Era sempre di malumore, scontroso. Era un attaccabrighe. Aveva un buon senso dell'umorismo, ma spesso corrosivo e pungente, e lo usava contro gli altri in modo villano» osserva Evan Thomas.

Nell'inverno del 1945 conobbe Ethel Skakel, una studentessa di 17 anni del Manhattanville College di New York, attraente, allegra e atletica, cresciuta in Connecticut e buona amica di sua sorella Jean, con cui condivideva la stanza nel prestigioso istituto. Anche Ethel veniva da una numerosa e ricca famiglia cattolica. Suo padre, George Skakel, era emigrato a Chicago nel 1906. Non aveva né soldi né titoli di studio, ma possedeva un grande fiuto per gli affari e fondò una delle aziende più redditizie d'America, la Great Lakes Carbon Corporation, ritrovandosi multimilionario quasi dalla sera alla mattina.

Bobby era il classico tipo che piaceva alle ragazze di Manhattanville: bello, atletico e figlio di una delle famiglie cattoliche irlandesi più in vista del paese. Nel giugno del 1950 si sposò con Ethel. Fu una cerimonia fastosa, degna dell'unione di due famiglie così importanti.

La coppia condivideva la stessa fede e il desiderio di formare una famiglia numerosa. A 25 anni, Ethel aveva già dato alla luce Kathleen, la prima nipote Kennedy, e Joseph «Joe» Junior, ed era incinta di Robert Francis Junior. Ma la sua felicità fu sconvolta da un tragico incidente: nel 1955 l'aereo privato su cui viaggiavano i suoi genitori esplose in volo. La sua profonda fede la aiutò a superare la loro morte. E l'avrebbe aiutata nelle molte altre tragedie che affrontò nella sua vita.

Bobby, dopo aver concluso i suoi studi a Harvard, si laureò alla facoltà di Diritto dell'Università della Virginia e ottenne il suo primo impiego serio grazie al fratello John, che nella primavera del 1952, ad appena 32 anni, era candidato al seggio del Massachusetts contro il senatore in carica Henry Cabot Lodge II. Lodge era un'istituzione politica e tutti ne vaticinavano il trionfo. Dai sondaggi John risultava penalizzato dalla sua scarsa esperienza e perciò chiese a Bobby di aiutarlo con la campagna. Secondo Evan Thomas, «dietro le quinte, era il fratello minore a fare il lavoro duro». John Kennedy sconfisse il suo rivale per appena qualche migliaio di voti.

Nel 1953 la Guerra Fredda era in pieno fermento. Erano gli anni della «caccia alle streghe». Artisti, intellettuali e politici progressisti venivano indagati e accusati di essere comunisti. Il cervello di quelle inchieste era il senatore del Wisconsin Joe McCarthy, responsabile della Commissione per le attività antiamericane del Senato. McCarthy era all'apice del suo potere. Era un amico della famiglia Kennedy (aveva avuto anche una relazione con una delle sorelle Kennedy) e chiese a Bobby di lavorare nella Commissione. Ma, trascorso un anno, la situazione si ritorse contro l'intransigente senatore, dopo che Edward R. Murrow, il giornalista d'inchiesta più celebre della televisione, aveva mandato in onda un servizio in cui lo demoliva. Convinto da quelle rivelazioni, Bobby capì che era giunto il momento di lasciare il suo incarico.

Nel 1956, con la nascita di David Anthony e Mary Courtney, Bobby ed Ethel avevano già cinque figli. E la famiglia continuava a crescere. Nel 1958 venne al mondo il sesto, Michael LeMoyne, e nel 1959 la settima, Mary Kerry. «Era un padre molto dinamico, un po' dominante, ma estremamente affettuoso, allegro e generoso. Aveva un lato molto duro, ma era anche molto tenero» secondo quanto afferma suo figlio Joseph «Joe» Junior, il figlio maschio maggiore.

In quel periodo Bobby collaborava come consulente giuridico nella Commissione antiracket e anticorruzione, guidata dal senatore John McClellan. La Commissione investigava i reati del sindacato degli autotrasportatori, il cui presidente, Jimmy Hoffa, era accusato di essere in affari con la mafia e di pagarla con fondi del sindacato. Metterlo dietro le sbarre divenne l'ossessione di Robert Kennedy. Sam Giancana, il presunto padrino delle famiglie della criminalità organizzata di Chicago, fu chiamato a testimoniare. Durante un intervento Bobby umiliò pubblicamente il capo mafioso, inimicandosi così i potenti Hoffa e Giancana. I suoi interrogatori durante le udienze parlamentari venivano trasmessi in televisione giorno dopo giorno e Bobby divenne molto popolare, trasformandosi presto in un vero e proprio personaggio mediatico. Il lavoro della Commissione si concluse alla fine degli anni Cinquanta. Bobby aveva portato a galla la corruzione ma, nonostante le 1.500 ore di testimonianze, Jimmy Hoffa e Sam Giancana erano ancora a piede libero.

La crisi dei missili cubani

All'inizio del 1960 Robert Kennedy era una figura di importanza nazionale, era il giovane ma inflessibile pubblico ministero che aveva smascherato la collusione tra i leader sindacali e i capi mafiosi. Ma prima di tutto era un Kennedy. Quando suo fratello John si lanciò nella corsa alla Casa Bianca nel 1960, chiese nuovamente a Bobby di dirigere la sua campagna e questi mise la sua carriera al servizio di JFK. Mentre John Kennedy appariva come il candidato ideale, sicuro di sé e fautore del rinnovamento, Bobby si muoveva nell'ombra, affermandosi come il motore vitale delle ambizioni del fratello.

Quando, in novembre, John F. Kennedy venne eletto presidente, in una delle sfide più combattute della storia degli Stati Uniti, il sogno del patriarca di avere un figlio alla Casa Bianca divenne realtà. Ma la sua vittoria avrebbe avuto un sapore agrodolce. Il 19 dicembre 1961, meno di un anno dopo il giuramento come presidente del figlio, Joseph P. Kennedy fu colpito da un'embolia in un campo da golf di Palm Beach. Visse quasi nove anni in un corpo limitato, capace di pronunciare una sola parola: «No». Nonostante l'invalidità rimase lucido fino alla fine. Morì l'11 novembre 1969, a 81 anni, dopo un periodo di coma. Sua moglie Rose gli era rimasta accanto per cinquantacinque anni. Il funerale venne celebrato nell'intimità, nel cimitero di Brooklyn.

Uno degli ultimi consigli che il patriarca diede a John fu quello di nominare Bobby procuratore generale, una carica equivalente al nostro ministro della Giustizia. Nell'autunno del 1960 JFK seguì il consiglio del padre. Una delle prime misure decise dal fratello minore e braccio destro del presidente fu quella di riprendere la guerra contro la malavita. Nei tre anni seguenti Robert portò tre volte in giudizio Jimmy Hoffa, e alla fine lo fece incarcerare. Ma il capo di Chicago, Sam Giancana, era ancora libero. I tentativi di mandare il mafioso dietro le sbarre furono troncati dalle indiscrezioni su JFK. Nel 1962 Bobby scoprì che suo fratello aveva una relazione con l'ex amante di Giancana, Judith Campbell. Il procuratore generale pretese che John smettesse di frequentarla, ma fu incapace di mettere un freno alle numerose e frequenti scappatelle del fratello.

All'epoca gli statunitensi cominciavano a familiarizzare con lo stile della loro first lady; con il foulard che le copriva la testa e con i suoi occhiali scuri, i suoi vestiti e le collane di perle; la vedevano giocare scalza con i suoi figli Caroline e John-John sulle spiagge di Capo Cod, sulle coste del Massachusetts, o attorno all'albero di Natale della Casa Bianca. La quantità di articoli e programmi tv che si occupavano delle scelte di moda, delle pettinature, dei gusti artistici, musicali e letterari di Jackie era infinita, così come quella che trattava dei suoi viaggi con JFK nel paese e in Europa. Nessuno parlava delle avventure del presidente.

Il matrimonio di Bobby, invece, non sembrava necessitare o ricercare altri idilli. E anzi, Ethel, «come sposa di un politico, era una grande attivista. Idolatrava suo marito a tal punto da divenirne, per così dire, la "manager" e addetta alle relazioni pubbliche» osserva Jerry Oppenheimer. Bobby era l'emblema morale della presidenza Kennedy, e i suoi consigli aiutarono John a prendere importanti decisioni nei momenti più critici, come durante la crisi dei missili cubani. Il 26 ottobre 1962 gli Stati Uniti erano sull'orlo di una guerra nucleare dopo che gli aerei da ricognizione statunitensi avevano fotografato la costruzione di basi missilistiche sovietiche sull'isola di Cuba, a soli 150 chilometri. I vertici dell'esercito raccomandarono al presidente di attaccare subito l'isola. Ma Bobby si oppose. JFK ordinò il blocco navale di Cuba e si consultò con il fratello. Secondo James Hilty, storico e scrittore, «Bob Kennedy suggerì che, se gli Stati Uniti si fossero offerti di ritirare i loro missili dalla Turchia e dall'Italia, anche i russi avrebbero ritirato i loro da Cuba, e che questa poteva essere la premessa per un buon accordo».

Robert partecipò al posto del segretario di Stato alla riunione con l'ambasciatore sovietico a Washington. Dopo tredici giorni di nervi a fior di pelle, il premier sovietico, Nikita Chruščëv, accettò di ritirare i missili da Cuba. Con l'accordo il presidente Kennedy segnò diversi punti a suo favore: la sua politica di fermezza gli garantì l'appoggio del suo elettorato e del blocco occidentale; e si affermò come il vincitore dello scontro con l'URSS, mostrando agli altri paesi cosa sarebbe potuto accadere se avessero cercato di instaurare un sistema comunista.

Nella primavera del 1963, in veste di procuratore generale, Robert dovette affrontare il problema interno più urgente della nazione. L'11 giugno, quando il governatore dell'Alabama, George Wallace, minacciò di impedire a due studenti afroamericani di immatricolarsi all'università dello Stato, Bobby ordinò alle truppe federali di entrare discretamente nell'istituto per scortare i due ragazzi. La sera stessa JFK si rivolse alla nazione per annunciare il suo progetto di legge sui diritti civili, inteso a promuovere l'uguaglianza tra neri e bianchi.

Ma quello che John Kennedy non poté evitare fu la costruzione del muro di Berlino. Occupata dagli Alleati dopo la Seconda guerra mondiale, la città era stata divisa in due settori, quello occidentale, sotto l'influenza americana, e quello orientale, sotto il controllo sovietico. La decisione dei russi di innalzare un muro che sbarrasse l'accesso tra i due settori scatenò uno scontro che portò nuovamente all'invio di truppe americane. Nel 1963 Kennedy si recò di persona a Berlino per mostrare il suo sostegno alla popolazione della zona orientale. Il suo desiderio di migliorare i rapporti con l'URSS lo spinse a suggerire la creazione di una linea di comunicazione diretta tra i due leader che evitasse un'escalation nelle tensioni. La linea venne ribattezzata «telefono rosso».

John Kennedy era all'apice della sua popolarità, ma i suoi successi in politica estera vennero offuscati dalla guerra in Vietnam contro il governo comunista di Diem. Il presidente inviò 16.000 soldati, dando inizio a un conflitto che avrebbe lasciato una delle impronte più negative nella memoria storica statunitense. I caduti furono migliaia e la società non riuscì mai a capire il senso di quella guerra.

Altro sangue e altri colpi del destino

Il futuro di Bobby sembrava promettente, e molti cominciavano a considerarlo il secondo uomo più potente degli Stati Uniti. Robert Kennedy e sua moglie divennero di fatto la «seconda famiglia» del paese. Ethel era una «pseudo first lady». «Le mogli dei Kennedy dovevano intervenire nella vita politica. Alcune non ne furono all'altezza, mentre altre sì. Ethel svolse molto bene il suo compito. Le piacevano il glamour e l'ostentazione» afferma Oppenheimer. E secondo Walter Cronkite, giornalista della CBS, «mentre Jacqueline, la sposa del presidente, esibiva una sobria maestosità, Ethel era socievole e vivace, ma entrambe erano donne di grande presenza e, come i Kennedy, si mostravano sicure di sé». A ogni modo, l'attenzione rivolta a Ethel impallidiva di fronte all'ossessione del pubblico per Jackie. I rapporti tra le cognate erano cordiali, ma non amichevoli. Non perché l'una non stimasse l'altra, ma perché erano molto diverse. Curiosamente Ethel Skakel si inserì meglio nella famiglia Kennedy della squisita e raffinata Jacqueline Bouvier.

I media erano sempre più affascinati dalla famiglia che viveva alla Casa Bianca, e cercarono di violarne l'intimità. Per la prima volta dopo moltissimo tempo gli Stati Uniti vedevano scorrazzare dei bambini nel giardino della casa presidenziale. Jackie voleva che John-John e Caroline avessero un'infanzia normale, e questo non prevedeva una processione di paparazzi. Ma il presidente la pensava diversamente: apriva le porte della Casa Bianca ai fotografi appena Jackie si assentava, consapevole che i figli giovavano alla sua immagine politica.

Nell'estate del 1963 nacque l'ottavo figlio di Bobby, Christopher George, che venne al mondo proprio il 4 luglio, data ufficiale della fondazione degli Stati Uniti. Anche la famiglia del presidente stava per ingrandirsi: Jackie era nuovamente incinta. Ma il 7 agosto venne portata d'urgenza alla base aerea di Otis per un parto precoce e lì diede alla luce Patrick. Purtroppo il bambino, prematuro e affetto da una grave malformazione congenita, morì pochi giorni dopo. Jackie soffrì di depressione post parto e, per riprendersi, andò con sua sorella e il fidanzato di lei, Aristotele Onassis, in crociera nel Mediterraneo.

Al suo ritorno, nel novembre del 1963, Jacqueline Kennedy accompagnò il marito nella sua visita ufficiale in Texas. Ancora una volta Jackie gli offriva il suo sostegno. La mattina del 22 novembre si presentò a Fort Worth indossando uno splendido abito rosa di Chanel. «Due anni fa, quando incontrai i parigini, dissi che ero "il signore che accompagnava la signora Kennedy a Parigi". Anche qui in Texas provo una sensazione molto simile. A nessuno importa come ci vestiamo Lyndon e io» tornò a scherzare il presidente Kennedy con i giornalisti. In seguito, a bordo di un aereo delle forze armate, la coppia presidenziale proseguì il suo viaggio verso Dallas.

L'auto decappottabile del presidente avanzava lungo le strade di Dallas tra le grida entusiaste del pubblico. John e Jackie occupavano il sedile posteriore della limousine, quando all'improvviso partirono degli spari. Nelle braccia di Jackie giaceva il marito morente, con il cranio frantumato. Pochi secondi dopo la donna saltò sul retro della vettura presidenziale presa dal panico. Quel pomeriggio, con il suo abito rosa macchiato di sangue, Jackie affiancò il vicepresidente Lyndon B. Johnson durante il suo giuramento come nuovo presidente. La vedova trentaquattrenne rientrò a Washington con ancora addosso il suo abito rosa, testimone fedele dei luttuosi avvenimenti.

Il 25 novembre, il giorno in cui John-John compiva tre anni, gli Stati

Uniti piansero la morte di John F. Kennedy. Jackie insistette affinché le esequie seguissero il modello di quelle di un altro presidente assassinato, Abramo Lincoln. Il feretro di Kennedy fu trasportato sullo stesso catafalco usato per il corpo di Lincoln. Un simbolico cavallo senza cavaliere lo seguiva a qualche metro di distanza. Jackie camminava dietro, dando esempio di autocontrollo e dignità. Aveva le lacrime agli occhi ma non piangeva. «Riuscì a infondere bellezza, ordine, tradizione e cerimonia a un momento caotico, cupo e drammatico» spiega la storica e scrittrice Doris Kearns Goodwin. Nella cattedrale di Saint Matthew, a Washington, Jackie disse a John-John di congedarsi dal padre. Il bambino alzò la mano destra, si mise sull'attenti e lo salutò come un vero marine, spezzando il cuore al mondo intero.

L'unico autore dell'assassinio, stando alle indagini condotte dal giudice Warren, era Lee Harvey Oswald, uno squilibrato ex marine filocomunista. Arrestato all'interno di un cinema pochi attimi dopo i fatti, venne ucciso due giorni dopo da Jack Ruby, morto anch'egli in seguito in circostanze poco chiare.

Il presidente John F. Kennedy divenne l'icona dei valori di un'intera epoca, gli anni Sessanta, appassionanti nel loro spirito di rinnovamento, nell'impeto e nella ricerca di nuove forme politiche, sociali e culturali. La sua tragica morte, trasmessa in televisione, ne esaltò ulteriormente la figura.

Nei giorni che seguirono l'assassinio Robert si chiuse in se stesso. «Era ossessionato dall'idea di essere il responsabile della morte di suo fratello. Pensava che la mafia si fosse vendicata dei processi aperti a suo carico dalla presidenza Kennedy» assicura Evan Thomas. Bobby era ora il nuovo patriarca dei Kennedy. Oltre ai suoi otto figli, dovette fare da padre anche ai due di suo fratello, Caroline e John-John. Offrì tutto il suo appoggio a Jackie, instaurando con lei un legame molto forte.

Bobby cominciò a lavorare per Lyndon B. Johnson, ma gli era molto difficile stare al servizio del successore di suo fratello, e col tempo finì per disprezzarlo. Particolarmente amaro fu il giorno in cui Johnson firmò la legge per i diritti civili, provvedimento ispirato da JFK. Tre mesi dopo Bobby rassegnò le dimissioni come procuratore generale. Il 22 agosto, con il sostegno della sempre ottimista Ethel, Robert F. Kennedy presentò la sua candidatura al Senato degli Stati Uniti per lo Stato di New York. Divenne il senatore più giovane di New York e lavorò insieme a suo fratello Edward, rappresentante del Massachusetts. Meno di una settimana dopo il giuramento di suo marito come senatore, Ethel diede alla luce Matthew, detto «Max», il nono figlio della numerosa famiglia.

Le traiettorie delle due cognate

All'inizio del 1964 Jackie lasciò Washington e si trasferì a New York con i suoi due figli, perché non voleva che l'assassinio di suo marito condizionasse le loro vite. Caroline studiò all'Istituto del Sacro Cuore, tra la 91ª Strada e la Quinta Avenue, mentre John al St. David's, tra l'89ª Strada e Madison, due delle migliori scuole private cattoliche della città. Nel frattempo Jackie cercava di superare la sua solitudine e Aristotele Onassis cominciò a corteggiarla con successo. «Era la vedova d'America. Gli amici le ripetevano: "Se ti sposi con Aristotele Onassis, ti toglieranno dal piedistallo". Ma la risposta di Jackie era: "Meglio giù che lassù per sempre". Jackie non voleva passare il resto della sua giovinezza come vedova di John F. Kennedy. Voleva andare avanti» osserva C. David Heymann.

Nel 1966 la maggiore preoccupazione nell'agenda del senatore quarantenne Robert Kennedy era la guerra in Vietnam, che in passato aveva appoggiato, ma che ora si stava trasformando in una trappola mortale per le truppe americane. Di fronte all'inasprimento del conflitto Robert divenne una delle voci più critiche ed eloquenti. Quanto più dure si facevano le sue critiche, maggiore era il numero di quanti cominciavano a considerarlo il candidato ideale per le seguenti elezioni presidenziali. Per prendere una decisione, Bobby si rivolse a suo padre, Joe. «Ricordo che, mentre aspettavo accanto a mio padre, pensai a quanto sembrava vulnerabile nel chiedere a quell'anziano paralitico disteso nel suo letto se doveva candidarsi. Mio nonno gli disse di sì» racconta Joseph P. Kennedy Junior, parlamentare del Massachusetts dal 1987 al 1999.

Il 16 marzo 1968 Ethel e i suoi dieci figli (Douglas Harriman era nato l'anno prima) erano seduti in prima fila, orgogliosi, quando Robert Kennedy annunciò la sua candidatura alla presidenza degli Stati Uniti. Appena quattro anni dopo l'assassinio di JFK, la coppia si lanciò, senza esitazioni, nell'arena politica. Due settimane dopo l'inizio della campagna di Bobby, il presidente Johnson si ritirò dalla corsa. Cinque giorni dopo Martin Luther King veniva assassinato a Memphis.

Dopo aver vinto le primarie in Indiana, Nebraska e Sud Dakota, Kennedy concentrò i suoi sforzi per conquistare lo Stato più importante nel suo cammino verso la presidenza, la California. Il 4 giugno, alla vigilia delle elezioni, percorse più di duemila chilometri in tredici ore per fare campagna in cinque città. Il duro lavoro di Bobby diede nuovamente i suoi frutti. Il giorno dopo i pronostici lo davano vincitore sul suo rivale, Eugene McCarthy. Allo scoccare della mezzanotte, si rivolse a una sala gremita di simpatizzanti nell'hotel Ambassador di Los Angeles. La folla lo stava ancora acclamando quando si allontanò per imboccare il corridoio accanto alle cucine dell'hotel. Il personale della cucina era uscito in attesa di poterlo salutare. Tra loro, però, si era mischiato anche un disoccupato senza fissa dimora di nome Sirhan Sirhan. Quando Bobby giunse alla sua altezza, l'uomo fece fuoco con un'arma corta. Una delle pallottole colpì Bobby dietro l'orecchio destro. Cadde a terra. Ethel, incinta di tre mesi del loro undicesimo figlio, era rimasta indietro e stava cercando di raggiungerlo quando udì gli spari. Mentre Sirhan Sirhan veniva arrestato, Bobby giaceva a terra moribondo, con Ethel al suo fianco. Per più di venticinque ore cercò di aggrapparsi alla vita. Aveva solo 42 anni, la stessa età che aveva suo fratello quando arrivò alla Casa Bianca. Fu sepolto nel cimitero nazionale di Arlington, a trenta metri dal fratello.

Rory Elizabeth Katherine nacque sei mesi dopo la morte di suo padre ed Ethel si ritrovò sola con undici figli. «Fu mia madre che ci aiutò a superare quei tristi giorni del 1968. Fu lei a darci coraggio» ama ricordare Joseph P. Kennedy Junior. Non doveva essere facile. Ethel era profondamente unita a Bobby. «Fece l'impossibile per farci sentire la sua presenza in casa e accanto a ciascuno di noi, e senza dubbio mantenne vive tutte le grandi tradizioni dei Kennedy» afferma suo figlio Chris.

Con l'assassinio di Bobby, Jackie si convinse che i Kennedy erano perseguitati e che qualcuno avrebbe potuto sparare anche ai suoi figli. Onassis le mise a disposizione un aereo privato, i suoi guardaspalle e la sua isola privata. Jackie poteva condurre la vita che desiderava sotto la sua ala protettrice. Nell'ottobre del 1968, appena quattro mesi dopo la morte del cognato, Jackie si sposò sull'isola greca di Skorpios con Aristotele Onassis, uno degli uomini più ricchi e potenti al mondo, suscitando grande scandalo. «L'idea che la principessa americana, Jackie Kennedy, la tanto amata vedova del presidente assassinato, si sposasse con un multimilionario greco decrepito e smunto non disgustava solo milioni di americani, ma anche il Vaticano in persona, che minacciò di scomunicarla» racconta il redattore del «New York Times» Tom Kuntz. John-John aveva otto anni e sua sorella Caroline undici.

Per gli statunitensi la vedova modello divenne allora Ethel, dedita interamente ai suoi figli. Tuttavia, già alla morte del padre, i figli maggiori erano dei quindicenni ribelli e a quell'età, senza Bobby, era molto difficile gestirli. Suo cognato, Ted Kennedy, il più giovane dei nove figli di Joseph e Rose nonché senatore del Massachusetts dal 1962, rimase al suo fianco in quel difficile periodo. Ben presto, Ethel e i suoi figli si affidarono a Ted come fosse il sostituto del padre.

Ma nel 1969 Ted rimase coinvolto in uno scandalo. Mary Jo Kopechne, che era stata una delle più fedeli collaboratrici di Bobby, venne trovata morta nell'auto del senatore, sull'isola di Chappaquiddick. Edward Kennedy, che era al volante della vettura, si dichiarò colpevole di aver abbandonato il luogo dell'incidente e fu condannato a due mesi di carcere, pena che non venne eseguita per la sua lieve entità. Ciò nonostante la sua immagine ne uscì seriamente compromessa e troncò le sue possibilità di diventare presidente degli Stati Uniti, carica a cui sembravano destinati i Kennedy. Ted venne comunque rieletto più volte dagli anni Settanta e occupò il seggio che era stato di suo fratello John prima di accedere alla Casa Bianca.

Inclini a comportamenti distruttivi

All'inizio degli anni Settanta le cose si complicarono maggiormente per le nuove generazioni dei Kennedy. I tre figli maggiori di Ethel, Joseph «Joe», Bobby e David, vennero espulsi da varie scuole private per cattiva condotta e per consumo di droga. Due anni dopo la morte del padre Bobby Junior fu arrestato per possesso di marijuana, mentre David stava scivolando nella tossicodipendenza.

Nel 1973 la figlia maggiore di Robert ed Ethel, Kathleen, prossima alla laurea in Storia e Letteratura presso l'Università di Harvard, si sposò con un suo professore, David Lee Townsend. Pochi mesi dopo Joe, il figlio maschio più grande, ebbe un incidente mentre guidava temerariamente per le strade di Nantucket. La sua jeep si ribaltò e suo fratello David si ruppe varie vertebre, mentre un'amica di famiglia, Pam Kelley, rimase paralitica a vita. Di fronte allo smarrimento dei suoi figli Ethel era impotente.

In quel periodo, inoltre, la vedova aveva cominciato a frequentare altri uomini per la prima volta dopo la morte del marito. Usciva con il governatore di New York Hugh Carey, con la stella del football americano Frank Gifford e con altri uomini molto popolari. Ma la si vedeva soprattutto insieme al cantante Andy Williams, che spesso era invitato a casa sua. Nessuno di loro, però, poteva sostituire Bobby.

Dal canto loro, Jackie e Onassis passavano ben poco tempo insieme. Mentre lui viaggiava con Caroline e John (si dice che fu il figlio di Onassis, Alexander, a iniziare il giovane Kennedy all'aviazione, passione che avrebbe poi causato la morte di entrambi), Jackie raramente appariva in compagnia della sua figliastra Christina, che finì poi per rinnegarla. Qualche anno dopo i loro rapporti si guastarono del tutto e Onassis decise di sbarazzarsi della sua costosa moglie. Avviò le pratiche per il divorzio, ma la morte sopraggiunse prima. Morì il 15 marzo 1975, lasciando a Jackie una cospicua eredità, che fu motivo di lite con Christina.

Verso la metà del 1975, a 45 anni e dopo un matrimonio duratone sei, Jackie incassò un'eredità milionaria e tornò a New York con i suoi figli, riconquistandosi presto l'affetto del popolo americano. Nel settembre di quell'anno cominciò a lavorare come socia della casa editrice Viking Press, e due anni dopo divenne redattrice della Doubleday.

Nel 1983 Bobby Junior fu arrestato e dichiarato colpevole di possesso di eroina. L'anno seguente, mentre la famiglia trascorreva le vacanze di Pasqua a Palm Beach, suo fratello David venne trovato morto per overdose in un hotel della cittadina. Dopo il funerale di David, Ethel continuò a condurre la sua vita pubblica come aveva fatto dopo la morte del marito, con perfetta compostezza, malgrado il suo terribile dolore.

Sembrava che, invece, ai figli dello sventurato presidente le cose andassero decisamente meglio. Nel 1986 la figlia maggiore di JFK e Jackie, Caroline, si sposò con lo scrittore e storico Edwin Schlossberg. La coppia diede a Jackie tre nipoti. Anche John Junior muoveva i primi passi nella vita. Ruppe la tradizione famigliare di frequentare Harvard e nel 1979 scelse la Brown University, a Providence

(Rhode Island), dove studiò Storia. Quando terminò l'università, quattro anni dopo, sembrava smarrito perché non voleva esercitare la professione di storico e preferiva dedicarsi al teatro. Viaggiò in India, in Guatemala e in Sudafrica con i Peace Corps, finché sua madre non gli tarpò le ali di giramondo e attore e lo mandò a studiare Legge. «Pensava che suo figlio fosse immaturo. Era molto preoccupata dal suo comportamento impulsivo e, a volte, pericoloso» ricorda Laurence Leamer. In molti pensavano che John-John si sarebbe dedicato alla politica per riportare i Kennedy alla Casa Bianca nel XXI secolo. Il suo carisma e la sua aria trionfante, uniti al famoso nome ereditato dallo sventurato padre e alla fortuna della famiglia, ne facevano un potenziale candidato. Inoltre, i media americani erano affascinati dall'idea che un Kennedy partecipasse a una nuova sfida elettorale. Nel 1988 John-John si laureò in Diritto alla New York University.

Verso una nuova era

Tuttavia, in quegli anni, la speranza di tornare alla presidenza sembrava ricadere piuttosto sui suoi cugini. Nel 1986 Joe, il secondo degli undici figli di Robert, conquistò un seggio per il Massachusetts al Congresso, lo stesso che era stato di suo zio, il presidente degli Stati Uniti, dal 1947 al 1953, prima di essere eletto senatore per il medesimo Stato. Quell'anno anche la sorella maggiore Kathleen cercò di ottenere un seggio al Congresso per il Maryland, ma fu sconfitta dai repubblicani. Era la prima Kennedy a perdere un'elezione. Per Ethel e sua figlia fu una delusione, ma non durò a lungo. «Ci ha insegnato ad amare le sfide. Non diceva mai: "Non fare un salto nel vuoto". E anzi, ci ripeteva sempre: "Salta!". Ci spingeva a lanciarci in nuove avventure. Ci incoraggiava sempre a intraprendere grandi cose» racconta Kathleen, che nel 1994 vinse le elezioni come vicegovernatrice del Maryland. Quello stesso anno suo fratello Joe venne rieletto al Congresso.

Nel frattempo il cugino John-John continuava a rifiutare ogni proposta di perpetuare la tradizione politica famigliare. «Fare politica è una cosa molto seria, una cosa di cui non ti liberi più. È come entrare nell'esercito: o lo fai perché ne sei convinto o non lo fai. Io non sono ancora pronto» affermava. A quell'epoca il figlio dello sfortunato presidente era noto come «the sexiest man alive» (l'uomo più sexy al mondo).

Nel 1997, quando Joe era sul punto di essere eletto governatore del Massachusetts, sua moglie, Sheila Rauch Brewster, da cui si era separato nel 1991, pubblicò un libro in cui contestava l'annullamento della loro unione, che l'ex marito aveva richiesto all'Arcidiocesi di Boston per «insufficiente capacità di discernimento» al momento di contrarre il matrimonio. Con quella richiesta Kennedy voleva riuscire a celebrare un matrimonio cattolico con Anne Elizabeth «Beth» Kelly. Quando l'Arcidiocesi di Boston gli concesse l'annullamento, Sheila scrisse *Shattered Faith* («Fede infranta»), in cui denunciava come l'influenza della famiglia Kennedy avesse permesso di «cancellare» unilateralmente dodici anni di matrimonio e due figli e si appellava al Vaticano affinché revocasse l'annullamento.

Nello stesso periodo Michael, il sesto figlio di Ethel, fu sorpreso ad avere una relazione con la baby-sitter dei suoi figli, all'epoca minorenne. Questi due scandali segnarono la fine della campagna di Joe, e spinsero perfino suo cugino, John Junior, a scrivere un editoriale sulla rivista «George», di cui era direttore, per lamentare la sua cattiva condotta. Nonostante Ethel avesse sempre preso pubblicamente le parti dei Kennedy quando scoppiavano degli scandali, in quell'occasione si astenne, pur trattandosi dei suoi figli.

Ma la tragedia era ancora in agguato. Il 31 dicembre Michael morì in seguito a un incidente di sci. La famiglia si riunì a Hyannis Port, dove Ethel assistette con dignità al funerale del secondo figlio che moriva prematuramente. «Ha una volontà di ferro, ma anche un immenso spirito. Nei momenti difficili ti aiuta ad andare avanti» la elogiava suo figlio Joe, che nel marzo del 1998, afflitto dai problemi famigliari, annunciò che si ritirava dalla Camera dei Rappresentanti per dedicarsi alla Citizens Energy, un'associazione non lucrativa che aveva fondato nel 1979 per offrire sconti sul riscaldamento alle famiglie meno agiate, diventando il precursore dei cambiamenti nel mercato dell'energia elettrica e delle liberalizzazioni introdotte alla fine degli anni Novanta negli Stati Uniti.

Dopo la morte di suo zio, il senatore Edward Kennedy, il 25 agosto 2009, il nome di Joe cominciò a circolare sui media come possibile candidato al «seggio di Kennedy in Massachusetts». Ma il 7 settembre egli rilasciò una dichiarazione in cui affermava che non avrebbe portato avanti la tradizione della famiglia. Dopo circa cinque decenni la famiglia Kennedy lasciava libero il seggio di senatore, che nel gennaio del 2010 venne strappato al Partito democratico dal repubblicano Scott Brown.

La morte e l'eredità della «vedova d'America»

Dopo il suo ritorno negli Stati Uniti Jackie Kennedy Onassis condusse una vita tranquilla: lavorava per la casa editrice Doubleday, si batteva per preservare gli edifici storici di New York, si divertiva con suo figlio, sua figlia e i suoi tre nipoti, faceva jogging a Central Park o passeggiava per la città con Maurice Tempelsman, un commerciante di diamanti e finanziere belga, con cui visse felice e senza sposarsi per molti anni. Nel 1993, vicina ai 64 anni, la sua vita sembrava realizzata. Ma l'anno seguente le diagnosticarono un linfoma non-Hodgkin. Inizialmente Jackie affrontò il cancro come una nuova sfida, una sfida che avrebbe vinto come tante altre nella sua vita. Tuttavia, la malattia si estese più rapidamente di quanto lei o i medici avessero pronosticato. In maggio chiese di essere dimessa dall'ospedale per vivere le sue ultime ore a casa.

La mattina del 20 maggio 1994, di fronte alle telecamere appostate da settimane davanti all'appartamento di Jackie nella Quinta Avenue, il suo amato figlio John-John ne annunciò la morte. «Era circondata dai suoi amici, dalla sua famiglia, dai suoi libri, dalla gente e dalle cose che amava. Se ne è andata a modo suo, come voleva» disse. Il giorno dopo l'ufficio del senatore Edward M. Kennedy rilasciò un comunicato in cui si affermava: «Jackie è stata parte della nostra famiglia, parte dei nostri cuori per quaranta meravigliosi e indimenticabili anni. Non ci lascerà mai». Il funerale venne trasmesso in televisione in tutti gli Stati Uniti, ma, rispettando il suo desiderio di intimità, le telecamere non poterono entrare in chiesa. Jackie è sepolta accanto al suo primo marito, il presidente Kennedy, a pochi metri da suo cognato Bobby. Negli ultimi trent'anni della sua vita non concesse alcuna intervista sul suo passato e da decenni non parlava in pubblico di JFK, della sua presidenza e del loro matrimonio.

Cinque anni dopo, il 16 luglio 1999, un incidente stroncò tragicamente la vita di suo figlio John-John. L'aereo che pilotava, un Piper Saratoga, precipitò in mare a poche miglia dall'isola di Martha's

Vineyard, nel Massachusetts, vicino a Long Island, e insieme a lui morirono la moglie Carolyn Bessette e la cognata Lauren. John Jr aveva programmato un breve scalo nell'isola prima di proseguire il volo verso Capo Cod, dove, nella residenza dei Kennedy a Hyannis Port, si sarebbe celebrato un matrimonio di famiglia. Per due giorni i guardacoste setacciarono per via aerea e marittima un'area di 550 miglia quadrate attorno all'isola di Martha's Vineyard alla ricerca di sopravvissuti, beneficiando dell'inusuale appoggio di un sottomarino. L'operazione fu autorizzata dal presidente Clinton in persona. Martedì 20 luglio vennero finalmente localizzati i resti del velivolo e si poterono ripescare i cadaveri. Milioni di persone in tutto il mondo si mostrarono solidali con il senatore Edward Kennedy, che rimaneva così l'unico esponente pubblico della famiglia. Nei media si affermò rapidamente la tesi che a causare l'incidente fosse stata l'inesperienza di John-John con la strumentazione di bordo per i voli notturni, che gli aveva fatto perdere il controllo dell'aeroplano. Gli americani – e il mondo intero – rimasero nuovamente scossi di fronte all'inquietante indice di mortalità di una delle famiglie più importanti degli Stati Uniti, forse la più importante di tutte.

L'eredità di Jackie Kennedy Onassis oggi è nelle mani sicure di sua figlia Caroline, che da anni è impegnata a raccogliere milioni di dollari per le scuole newyorkesi e a portare avanti molte delle cause promosse da sua madre. Ha assunto anche la presidenza della Fondazione della Biblioteca JFK e si occupa dell'eredità storica della sua famiglia. Dopo la morte di JFK Jackie rilasciò delle interviste in cui raccontava i suoi anni alla Casa Bianca, ma, per rispettare la privacy di coloro che condivisero il suo dolore, il mondo dovrà attendere fino al 2067 prima di ascoltare le parole dell'ex first lady.

Rose, la matriarca del clan Kennedy, è morta nel 1995, prossima a compiere 105 anni. Sua nuora Ethel è ormai la decana del clan e porta avanti le tradizioni famigliari con i suoi ventitré nipoti, attenta a non lasciar tramontare il mito dell'unica dinastia che gli americani riconoscono come tale.

7

Gli Onassis

Ciò che distingue l'uomo ricco dall'uomo comune
è che il primo ha sviluppato la capacità
di vedere un'opportunità
dove gli altri vedono soltanto l'impossibile.

ARISTOTELE ONASSIS (1906-1975)

Gli Onassis

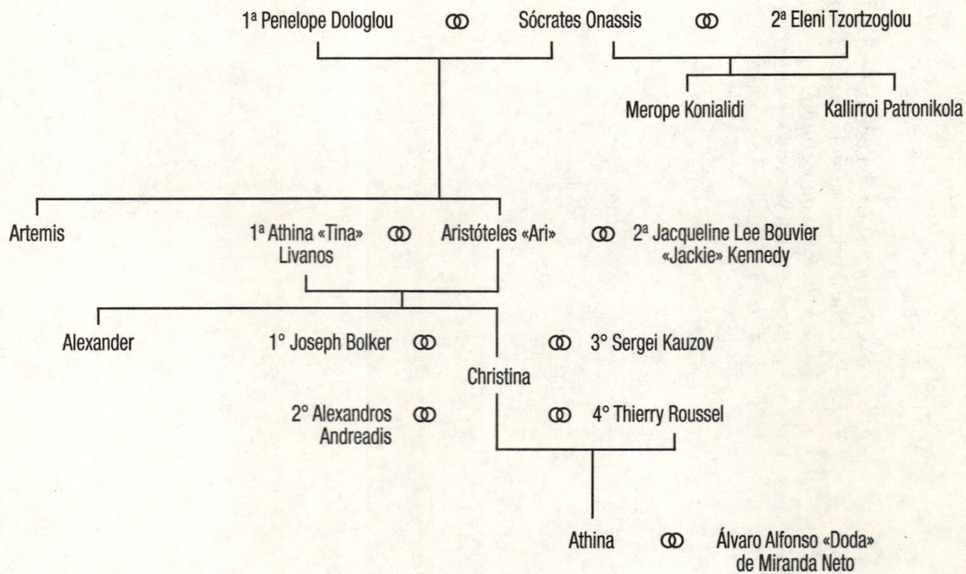
1ª Penelope Dologlou
Sócrates Onassis
2ª Eleni Tzortzoglou
Merope Konialidi
Kallirroi Patronikola
Artemis
1ª Athina «Tina» Livanos
Aristóteles «Ari»
2ª Jacqueline Lee Bouvier «Jackie» Kennedy
Alexander
1° Joseph Bolker
3° Sergei Kauzov
Christina
2° Alexandros Andreadis
4° Thierry Roussel
Athina
Álvaro Alfonso «Doda» de Miranda Neto

Dotato di un carisma assoluto, tremendamente astuto e capace di suscitare sia ammirazione sia avversione, Aristotele Onassis fu uno dei grandi re Mida del secolo scorso, un uomo in grado di trasformare in oro tutto quanto toccava. Tra i miliardari del XX secolo pochi hanno brillato di luce tanto intensa come lui. Negli anni Quaranta divenne uno degli uomini più ricchi del mondo grazie alla sua attività di armatore e agli innumerevoli investimenti in immobili, sale da spettacolo e alberghi, compreso il mitico Casinò di Montecarlo. Ma oltre che per la sua ricchezza, è passato alla storia per la sua fama di playboy e per il triste destino della sua fortuna. La lista completa delle donne conquistate dal fascino di quest'uomo basso, scontroso e bruttino non si saprà mai. Dicono che Marilyn Monroe, Greta Garbo ed Eva Perón abbiano trascorso notti d'amore tra le lenzuola del grande letto dell'armatore. Perché dubitarne? Era molto raro che Onassis non ottenesse ciò che voleva, compreso il matrimonio con la «vedova d'America», Jackie Kennedy, una delle donne più influenti e ammirate dell'epoca. Ciò nonostante, questo grande seduttore non conobbe mai la vera felicità e l'impero alla cui creazione dedicò tutta la vita finì col distruggere lui e la sua famiglia.

Da Smirne a Buenos Aires

Poche persone sono riuscite ad avere il carisma, il potere e le amicizie che ebbe Aristotele Onassis. Amico splendido e avversario temibile, possedeva un'audacia senza limiti. Si distingueva per il suo naturale talento diplomatico che lo aiutò a farsi rapidamente strada negli ambienti più influenti. La maggior parte delle persone che ebbero rapporti con lui si lasciavano influenzare dalle sue capacità di persuasione e rimanevano impressionate dalla sua capacità di dominare sempre le situazioni. Per tutta la vita, Onassis fu implacabilmente determinato a diventare ricco. Fin da molto giovane non esitò a servirsi di qualsiasi mezzo e qualsiasi persona per ottenere il suo scopo. Sapeva esattamente ciò che voleva. «Pensava che la gente potesse essere comperata, che tutti avessero un prezzo, però, come accade alla maggior parte delle persone ciniche, voleva che gli dimostrassero che si sbagliava» dice Nicholas Gage, autore di *Fuoco Greco: la storia di Maria Callas e Aristotele Onassis*.

Possedeva case nelle città più sofisticate del mondo, uno yacht di quasi cento metri di lunghezza (dove fece da anfitrione a Winston Churchill, Frank Sinatra e Grace Kelly), un'isola privata, una compagnia aerea personale, una flotta composta dalle più grandi petroliere esistenti e un conto in banca di diversi miliardi. Di lui si diceva che il suo pacchetto azionario era così grande che se avesse deciso di vendere di colpo tutte le sue azioni alla fine degli anni Cinquanta avrebbe messo in pericolo l'indice Dow Jones. Si racconta che, verso la fine della sua vita, Onassis chiese a uno dei contabili se poteva stabilire esattamente quanto denaro possedesse. «Posso risponderle fra due anni,» rispose quello «se tutti i suoi contabili e tutte le sue segretarie dedicheranno tutto il loro tempo unicamente a calcolare ciò che lei ha in banca, il valore delle sue società, i suoi crediti e i suoi debiti».

Questa fortuna gigantesca nacque a Buenos Aires (Argentina) con il commercio del tabacco. Onassis giunse in quella città quando aveva 23 anni, in fuga da una Turchia distrutta dalla guerra e con in tasca soltanto duecentocinquanta dollari. Riuscì, però, a superare rapidamente tutti i problemi economici grazie al suo fascino e alla sua astuzia, due qualità che lo contraddistinsero sempre, insieme a una curiosità insaziabile e a una memoria prodigiosa. Implacabile nella sua scalata al potere per ottenere una buona posizione sociale, sapeva usare la gente, soprattutto le donne, per ottenere ciò che voleva. «Le utilizzava come gradini per arrivare a soddisfare le proprie ambizioni» afferma Stuart M. Speiser, autore di *The Deadly Sins of Aristotle Onassis*. «Credo che non si sia mai innamorato di una donna che non potesse risultargli utile per i suoi scopi, che di fatto erano scopi commerciali» sostiene il suo biografo Peter Evans, autore di *Nemesis: The True Story of Aristotle Onassis, Jackie O, and the Love Triangle That Brought Down the Kennedys*.

La sua insaziabile sete di denaro e potere era uguagliata soltanto dalla sua ossessione per le donne. «Era così affascinante e possedeva una tale capacità di seduzione che non conosco nessuna donna che lui volesse conquistare e che gli abbia detto no» aggiunge Evans. Possedeva senza dubbio un magnetismo e un carisma straordinari. Dice di lui Kiki Feroudi Moutsatsos, sua segretaria personale per più di nove anni: «Ari non era bello, ma tutte le donne con cui aveva a che fare lo consideravano l'uomo più attraente del mondo».

Aristotele Onassis nacque nel 1904 a Smirne (oggi Izmir, in Turchia), a quel tempo importante porto marittimo, dove si svolgeva un'incessante attività commerciale e dove viveva una popolazione greca numerosa, di cui faceva parte anche la sua famiglia. Era il minore dei due figli di Socrate e Penelope Dologlou, un'agiata coppia greca. La madre di Aristotele morì quando lui aveva soltanto sei anni, lasciando soli lui e Artemis la sorella maggiore. Socrate Onassis si risposò ed ebbe altri figli.

Aristotele odiava la scuola, al punto che fu espulso da più di un istituto durante l'adolescenza. Nel 1919 iniziò a lavorare nell'ufficio del padre, un ricco commerciante di tabacco. La sua vita, però, cambiò improvvisamente nel 1921, quando l'esercito turco attaccò la città di Smirne, che allora apparteneva alla Grecia. Nell'agosto 1922, i turchi ripresero il controllo della città con un conseguente inasprimento delle tensioni tra le due parti in conflitto. Socrate fu incarcerato con l'accusa di avere cospirato con i precedenti occupanti greci. Lo stesso Aristotele si salvò dalla prigione seducendo un giovane ufficiale turco. «Non credo che Onassis fosse omosessuale di natura, ma sono convinto che fosse capace di qualsiasi cosa pur di ottenere ciò che voleva» sostiene Peter Evans.

Aristotele usò i risparmi della famiglia per corrompere le guardie e liberare il padre. La storia racconta che Socrate, invece di mostrarsi grato, lo rimproverò e lo riprese per avere speso il denaro della famiglia in bustarelle. Dopo che i turchi assunsero il controllo di Smirne, la famiglia Onassis, quasi in rovina, si trasferì in Grecia come rifugiata e si stabilì ad Atene.

Socrate trattava il figlio in modo piuttosto duro e Aristotele, nel 1929, decise di andare a cercar fortuna da un'altra parte. Buenos Aires era una capitale viva e irrequieta, piena di opportunità per un immigrante che aveva grandi idee e fu lì che si recò il giovane greco, arrivandovi con duecentocinquanta dollari in tasca e qualche lettera di raccomandazione per i compatrioti che vi risiedevano.

Inizialmente trovò lavoro come lavapiatti, poi fu garzone di tintoria, metronotte, elettricista e, dopo non molto, centralinista per la River Plate Telephone Company, a quel tempo posseduta dai britannici. Il lavoro era mal pagato ma lui lo trasformò in un'occasione d'oro. Stando a Peter Evans, quel posto gli permetteva di ascoltare tutte le conversazioni d'affari che si tenevano tra Buenos Aires e Londra, o tra Buenos Aires e New York, e raccogliere quindi una grande quantità di informazioni che poi utilizzò per iniziare a far soldi. «Investiva fino all'ultimo centesimo in abbigliamento, buone scarpe, abiti e camicie» spiega il suo biografo Evans. Si fece addirittura socio di un elegante circolo sportivo per coltivare nuovi contatti a Buenos Aires. E reinventò se stesso. Si finse un imprenditore ricco e importante e di lì a poco si ritrovò a frequentare la crema della società porteña. «Nessuno sapeva con esattezza da dove venisse, e certamente nessuno poteva immaginare che quando usciva da là, quell'uomo, che pareva possedere un'enorme fortuna, si cambiava d'abito e andava a lavorare come centralinista» continua Evans.

Il greco d'oro

Verso la fine degli anni Venti, Aristotele ascoltò una telefonata che gli avrebbe cambiato la vita. Un nuovo film con Rodolfo Valentino aveva diffuso la moda del fumo tra le donne e Onassis decise di produrre una marca di sigarette pensata soltanto per le donne argentine, una sigaretta, insomma, che fosse simbolo della loro emergente indipendenza. In quell'epoca il tabacco arrivava in Argentina dall'Havana e Onassis pensò che le foglie turche e greche fossero più delicate per le sigarette da donna. Sapeva come e dove trovare una fornitura costante. La sua prima opportunità imprenditoriale fu dunque l'importazione di tabacco che poté realizzare grazie all'esperienza e all'aiuto dei contatti che la sua famiglia aveva in Grecia.

All'inizio fu un insuccesso completo. Onassis distribuiva campioni dei suoi prodotti a diversi piccoli produttori di sigarette, ma questi non sembravano interessati. Senza scoraggiarsi, progettò una nuova strategia e ricorse alle sue doti di seduttore. Per vendere le sue sigarette, si rivolse a Claudia Muzio, un soprano italiano famoso in tutto il mondo, in scena in quel momento al teatro Colón di Buenos Aires. «Lui voleva che la Muzio fumasse le sue sigarette in pubblico e quindi una sera si presentò all'entrata degli artisti con un mazzo di fiori enorme, tanto grande da nasconderlo quasi completamente. Alla fine lei lo ricevette e lui la sedusse letteralmente» racconta Evans. Claudia divenne l'amante di Aristotele, di diciassette anni più giovane di lei, e naturalmente fumava in pubblico le sue sigarette, facendo sì che le vendite andassero alle stelle.

Onassis ottenne il primo ordine d'acquisto per un valore di 10.000 dollari, all'epoca una somma favolosa, dato che un'automobile nuova ne costava meno di 2000. Il secondo ordine salì a 50.000 dollari. Nel 1931, a 25 anni d'età, guadagnò il suo primo milione di dollari. Il suo status e la sua influenza nella comunità greca degli espatriati in Argentina erano tali che il governo greco lo nominò console aggiunto a Buenos Aires.

Una volta raggiunto lo scopo di guadagnare con l'importazione e l'esportazione del tabacco, lasciò Claudia Muzio e iniziò a cadere vittima della sua ambizione e di uno schema di comportamento che si sarebbe ripetuto per tutta la sua vita. Cercava sempre donne belle e famose. Generalmente impegnava la maggior parte delle energie nel corteggiamento: le copriva di regali, le seduceva, le possedeva e presto si stancava di loro. Una volta che aveva conquistato una donna, succedeva con frequenza che se ne stancasse subito e rivolgesse le sue attenzioni alla preda successiva.

Con l'aumentare del successo delle sue sigarette, Onassis si rese conto che il costo dell'importazione del tabacco dalla Grecia superava di molto i guadagni ottenuti dalla vendita del prodotto e giunse alla conclusione che il vero affare stava nei trasporti. Nel 1932, quando il mondo viveva la Grande Depressione e le compagnie di navigazione fallivano, Aristotele decise di dedicarsi all'attività che tutti abbandonavano. Comprò a prezzo di rottame sei imbarcazioni a vapore proprietà della Canadian National Steamship Company, che aveva gravi problemi finanziari e tutte le imbarcazioni ferme. Le navi canadesi ripresero subito a navigare e due furono battezzate con i nomi dei suoi genitori ormai defunti: *Socrate* e *Penelope*.

A 27 anni, Onassis era instancabile e lavorava diciotto o venti ore al giorno, sempre alla ricerca di carichi da trasportare. Per cinque anni si concentrò unicamente sul mantenere in attivo la sua piccola flotta e, nonostante i pronostici contrari, riuscì ad andare avanti in modo brillante.

Sapeva, però, che per aumentare al massimo i guadagni doveva comprare imbarcazioni più grandi e per farlo era necessario ottenere un credito. Gli venne in aiuto una nuova fidanzata, Ingeborg Dedichen. Oltre a essere una bella ragazza, Ingeborg era figlia di uno degli armatori più influenti del mondo.

La coppia si stabilì a Londra e Aristotele sfruttò tutti i contatti di Ingeborg per finanziare tre delle superpetroliere più grandi che fossero mai state costruite. Battezzò la compagnia Olympic Maritime e in Svezia, paese d'origine della sua fidanzata, trovò i cantieri perfetti per la costruzione della sua nuova flotta. Alla fine del 1938, la prima grande nave di Onassis – che aveva battezzato *Ariston*, che in greco significa «il migliore» – era pronta a salpare: firmò un contratto per il trasporto del petrolio dall'America del Nord al Giappone. Tale accordo lo avrebbe fatto diventare favolosamente ricco ma, prima che la nave potesse lasciare il porto, scoppiò la Seconda guerra mondiale. La Svezia intendeva rimanere neutrale e trattenne tutte le imbarcazioni straniere nei propri porti, comprese le petroliere di Onassis che così perse diversi milioni di dollari. I suoi debiti iniziarono a crescere a dismisura e il sogno di diventare un magnate del trasporto marittimo fu sul punto di affondare.

Nel 1940, di fronte all'avanzata dell'esercito di Hitler in Europa, Aristotele Onassis fuggì negli Stati Uniti, lasciando la fidanzata Ingeborg Dedichen nel vecchio continente. Una volta in salvo a New York, affittò le sue sette navi da carico agli Alleati. Dopo aver firmato un accordo molto vantaggioso, si limitò a starsene seduto ad aspettare che la guerra finisse mentre si godeva una vita lussuosa. Aveva 34 anni e fino ad allora si era dedicato anima e corpo alla creazione della sua fortuna. Ora però, iniziava a ricevere una gran quantità di denaro dal governo degli Stati Uniti e a spenderlo con bellissime donne. Fu l'inizio della sua carriera di playboy e si cominciò a parlare di sue relazioni con una lunga lista di donne famose, soprattutto attrici di Hollywood, come Veronica Lake, Gloria Swanson o Greta Garbo. Il cognome Onassis abbandonava l'ambiente dei commercianti per passare nell'universo delle stelle mediatiche, dove rimase fino alla morte.

Alla fine della guerra, Aristotele aveva già ammassato una fortuna. Nel momento in cui le sue tre petroliere poterono finalmente salpare dal porto svedese, il prezzo del petrolio greggio era alle stelle. Convinto del fatto che il futuro delle petroliere risiedeva in grandi unità, nel 1946 comprò a prezzo eccellente venti navi da 16.000 tonnellate, la maggior parte delle quali erano eccedenze della Marina militare statunitense. Alle sue navi fece battere bandiera panamense per non pagare le tasse (una pratica che, dopo di lui, divenne comune nella navigazione marittima commerciale) e guadagnò milioni trasportando petrolio. La stampa dell'epoca iniziò a chiamarlo «il Greco d'oro». Il suo impero navale includeva tra l'altro petroliere, navi da carico, baleniere, navi da crociera.

Il gran matrimonio

La situazione finanziaria di Onassis era molto solida. Era giunto il momento di guardare al futuro e pensare a un erede che perpetuasse il cognome: per questo, occorreva una moglie. Aristotele aveva conosciuto una bella adolescente di nome Athina «Tina» Livanos la cui «migliore qualità erano le petroliere di papà» dice Peter Evans. Il padre di Tina era l'armatore più ricco del mondo, esponente di una vera dinastia in quel settore. A quanto pare, inizialmente la giovane non fu attratta da Aristotele. Suo concorrente nella conquista del cuore di Tina era Stavros Niarchos, un giovane amico e rivale d'affari, che in quei giorni era addetto per la Marina presso l'ambasciata greca a Washington. Fu Aristotele a conquistarla. La sposò nella cattedrale ortodossa di New York il 28 dicembre 1946 e unì la sua fortuna al gruppo più ristretto degli armatori greci. Lui aveva 40 anni, lei 17.

Nei primi tempi il matrimonio funzionò a meraviglia. «Lei voleva organizzare grandi eventi sociali e quindi Aristotele le comprò una splendida casa a Manhattan, dove la coppia riceveva le celebrità del momento. In quel modo Tina divenne l'ospite più giovane e bella di New York, proprio come aveva sempre desiderato» racconta Peter Evans.

La compagnia Olympic Maritime dominava gli oceani. All'inizio degli anni Cinquanta la flotta divenne ancora più grande, superando le dimensioni delle flotte militari di molti paesi. Onassis era al culmine del potere, ma non smetteva di adoperarsi per accrescere ulteriormente la sua fortuna. Nessuno sapeva gestire il mondo delle petroliere meglio di lui. Era famoso per le sue previsioni sulle tendenze della navigazione mondiale. «Era lui a prendere le decisioni e faceva i necessari calcoli con tutta l'astuzia e la precisione di un matematico» dice Evans. La sua ossessione per il lavoro, però, lo teneva lontano da Tina e neppure la nascita dei suoi figli riuscì a far sì che si dedicasse di più alla famiglia.

Alexander nacque il 30 aprile 1948 a New York e fu la risposta alle aspirazioni di Aristotele: un bambino che avrebbe ereditato il suo impero. Il magnate non voleva dividere la sua fortuna tra diversi figli e Evans afferma che Tina abortì più di una volta. Nella primavera del 1950 restò nuovamente incinta. Stando al suo racconto, un giorno Onassis tornò a casa ubriaco e la picchiò selvaggiamente sperando che lei perdesse il bambino. Nonostante le botte, Tina portò a termine la gravidanza ed ebbe una bambina, Christina, che nacque l'11 dicembre.

Sicuramente, sia Aristotele sia Tina preferivano godersi i piaceri della vita piuttosto che stare con la famiglia. Secondo Sarah Bradford, autrice di *America's Queen*, «non erano mai a casa e non avevano molto tempo da dedicare ai figli. Di questi si occupavano le istitutrici e il personale che lavorava per loro». Le vere vittime di quella relazione furono i figli. «Erano molto viziati e coccolati, però non erano amati» precisa la Evans. Non fu mai imposta loro alcuna disciplina. «Nessuno si occupò mai della loro formazione e a nessuno importava di loro» sostiene William Wright, biografo di Onassis. «Tina voleva molto bene a Christina e le ripeteva: "La mamma vuole tanto bene al suo angioletto...". Ma subito dopo saliva sulla sua Rolls Royce e andava a qualche festa» racconta il suo amico Philip van Rensselaer.

Onassis compensava la sua mancanza di attenzioni paterne soddisfacendo qualsiasi capriccio dei bambini. Tra le molte eccentricità basti dire che le bambole di Christina vestivano Christian Dior. Quando la bambina compì 4 anni, trasformò la sua nave cisterna nello yacht più lussuoso del mondo e lo chiamò *Christina*. Lunga cento metri e con un equipaggio di quaranta marinai, l'imbarcazione poteva navigare per un mese con trenta invitati a bordo senza correre il rischio che si esaurissero le scorte di caviale e champagne.

In quel periodo, però, Onassis era più che mai concentrato sugli affari, poiché tra il 1954 e il 1956 fu sul punto di perdere la sua fortuna. Grazie alle amicizie e a contatti poco trasparenti poté firmare un accordo esclusivo con la casa reale saudita, diventando così l'unico responsabile del trasporto del petrolio del paese. Il 26 luglio 1956, però, il presidente egiziano Gamal Abdel Nasser decise di nazionalizzare il Canale di Suez (di importanza vitale per il trasporto del petrolio dal Medioriente al resto del mondo) allo scopo di finanziare, almeno in parte, la costruzione della diga di Assuan. In ottobre, le potenze europee e Israele decisero di bloccare il Canale e nelle sue acque furono affondate molte imbarcazioni, un fatto, questo, che avrebbe potuto cambiare la storia del magnate greco. A ogni modo, l'immensa flotta di petroliere di Onassis trasportò comunque il combustibile e, stando a quanto si dice, per ogni giorno di durata della crisi ottenne un milione di dollari in più.

Sempre in quegli anni, Onassis iniziò a investire in altre attività di trasporto marittimo e aereo, fondando, per esempio, la compagnia aerea nazionale greca Olympic Airways, e acquistando una partecipazione maggioritaria nella Société des Bains de Mer de Monaco (SBM) che controlla il lussuoso Casinò di Montecarlo e diversi alberghi. L'accordo non piacque al principe Ranieri di Monaco e tra lui e Onassis si scatenò una battaglia che si protrasse fino al 1966, quando Onassis si vide obbligato a vendere le sue azioni della SBM.

L'infedeltà più clamorosa

A Onassis piaceva collezionare donne tanto quanto ammassare ricchezze e non fu mai un marito devoto e fedele. «Si era sposato con una donna molto più giovane, che aveva studiato all'estero, e quando lei si rese conto di ciò di cui Ari era capace lo ripagò con la stessa moneta» dice lo scrittore Nicholas Gage. Elegante, bella e ricca, Tina cominciò a frequentare i playboy più famosi dell'epoca. Alla fine, gli Onassis accettarono il fatto che il loro fosse un matrimonio aperto, a patto che le loro relazioni extraconiugali non fossero rese pubbliche.

Lui però non fu mai famoso per la sua discrezione. Nel 1957 Onassis conobbe Maria Callas, una delle cantanti d'opera più acclamate di tutti i tempi. «Lei lo attraeva per varie ragioni. Era passionale, sensibile e famosa, e ad Ari piacevano le donne famose. Per lui era importante affascinarla e sedurla» dice Nicholas Gage. Si conobbero a un ballo che si tenne a Venezia in onore del soprano. A presentarli fu Elsa Maxwell, organizzatrice delle feste dell'alta società dell'epoca.

Lui aveva 51 anni e lei 34. «Maria era abbastanza più alta di Onassis e quando cercò di farsi più bassa mentre ballavano, lui le disse: "Non ti preoccupare, la maggior parte delle donne con cui ballo sono più alte di me". Lei gli domandò se la cosa non gli desse fastidio, e Ari rispose: "No, alla maggior parte delle donne sembro molto più alto perché mi immaginano in piedi sul mio denaro". A Maria piacque quella battuta e lui la invitò immediatamente sul suo yacht» spiega Gage.

A ogni modo, il vero assalto di Onassis alla Callas ebbe inizio a Parigi, il 19 dicembre 1958, quando lei si esibì in un gala di beneficenza. Riempì il suo camerino e la sua casa di rose rosse. Da quel momento, l'ossessione di Onassis per la Callas continuò ad aumentare. Più tardi, nell'estate del 1959, durante una crociera nel mar Egeo, vennero le cene con lo champagne, le passeggiate romantiche in coperta, le lunghe conversazioni notturne per combattere l'insonnia. La loro storia d'amore nacque così, a bordo del *Christina*. Tutto era perfetto, tranne il fatto che i due innamorati stavano viaggiando in compagnia dei rispettivi coniugi, Tina Livanos e Giovanni Battista Meneghini, marito e agente della cantante. «Ari era così orgoglioso della sua relazione che se ne vantava, quasi lei fosse uno di quei magnifici quadri che era solito acquistare: voleva che tutti sapessero che era riuscito ad avere per sé la miglior cantante d'opera del mondo.»

Dopo quella umiliazione pubblica, Tina chiese il divorzio e accusò Onassis di crudeltà mentale. Il loro matrimonio era durato quindici anni. «Ari non voleva divorziare da Tina, voleva soltanto avere un'avventura con Maria e restare sposato. Ma sua moglie era rimasta profondamente offesa del fatto che tutti quanti fossero a conoscenza della relazione» sostiene Sarah Bradford. Gli amici intimi dicono che per la prima volta la Callas si sentiva amata come persona e non per il suo talento, ma certo è che da quel momento per lei ebbe inizio una storia appassionata di amore e odio, di infedeltà e riavvicinamenti, che durò fino alla fine dei suoi giorni.

Per Christina, che aveva 9 anni, il divorzio dei genitori fu come la fine del mondo. A distanza di tempo raccontò che per un anno intero si addormentò piangendo. La situazione peggiorò ulteriormente quando suo fratello Alexander fu mandato in collegio in Svizzera. È vero che Maria Callas si sforzò di fare amicizia con i bambini, ma loro le attribuivano la colpa del divorzio dei genitori e la provocavano ogni volta che potevano. «Non furono affatto contenti che lei entrasse a far parte della famiglia e non le concessero nessuna possibilità» assicura William Wright.

Tina si risposò con il marchese di Blandford, figlio del duca di Marlborough. Entrare a far parte dell'aristocrazia era la massima aspirazione di Tina. Christina andò a vivere con la madre e il nuovo matrimonio le permise di avere una famiglia stabile e una sorella: lady Henrietta Spencer-Churchill, figlia del primo matrimonio del marchese con Susan Hornby, attualmente disegnatrice d'interni di grande successo e autrice di un libro sulla famosa tenuta di campagna della famiglia e sulle generazioni di Churchill che vi hanno risieduto.

Henrietta e Christina si trovavano molto bene a Blenheim, la proprietà della loro nuova famiglia. «All'improvviso mi ritrovai con una sorella maggiore. Esercitò una grande influenza su di me quando ero bambina. Ci divertivamo molto insieme» ricorda lady Spencer-Churchill. Quegli anni in Inghilterra furono gli ultimi che Christina avrebbe trascorso con sua madre. La iscrissero a un istituto svizzero ma quasi non frequentava le lezioni e abbandonò gli studi a 17 anni, prima di diplomarsi. Da allora, iniziò ad avere rapporti sempre maggiori con il padre. Migliorò il suo aspetto ricorrendo alla chirurgia plastica, si fece assottigliare il naso e togliere le borse sotto gli occhi. Le sue occupazioni erano sciare a Saint Moritz, vivere tra Parigi e Londra, oppure prendere il sole insieme agli amici sull'isola privata di Skorpios. Divenne anche famosa per le sue frequenti relazioni, spesso disastrose. Intanto Aristotele iniziò a occuparsi del figlio. Trasformato in un giovane utile per l'impero di famiglia, Alexander lavorava per il padre e riceveva un piccolo stipendio.

La storia con Maria Callas

La relazione con Onassis mise fine al matrimonio di Maria Callas con Giovanni Battista Meneghini, a cui era unita da dieci anni. «Lo avevo scelto come fosse un padre» avrebbe ammesso lei in seguito. E Maria divenne presto un altro giocattolo nelle mani di Onassis che la rieducò e fece sì che si vestisse e addirittura si pettinasse come piaceva a lui. La notizia dell'idillio fece il giro del mondo. Molti ritennero che lui avesse trovato in Maria la sua anima gemella. Con lei poteva esprimersi più liberamente che con qualunque altra donna avesse conosciuto, ma anche con lei Onassis poteva arrivare a essere molto crudele. Non solo. La diva disse in varie occasioni agli amici che a letto lui era molto aggressivo e fuori dal letto, semplicemente, la picchiava. «A Parigi erano soliti chiudersi in un piccolo appartamento e lì si lanciavano addosso i piatti e gridavano senza sosta» dice Sarah Bradford. «La sua vena di crudeltà» aggiunge «quasi distrusse la carriera di Maria.»

La coppia visse in quegli anni un periodo felice che coincise con un ritiro parziale dalle scene della Callas dovuto, secondo alcuni, ai suoi problemi di voce e, secondo altri, al desiderio di dedicarsi al suo amore. «La cosa più importante per una donna è avere un uomo insieme al quale essere felice» diceva ai giornalisti.

Secondo lo scrittore Nicholas Gage, alla fine del 1959 la diva rimase incinta. Aristotele le ordinò di abortire ma lei rifiutò. Il 30 marzo 1960, in una clinica di Milano, Maria Callas diede segretamente alla luce un bambino che chiamò Omero e che morì dopo poche ore per problemi respiratori. Onassis non era con lei al momento del parto. Le sofferenze della diva però non erano terminate. Le infedeltà di lui erano costanti e pubbliche. La Callas iniziò a prendere tranquillanti, senza i quali le era impossibile cantare perché aveva i nervi a fior di pelle e la sua ipocondria era aumentata. La sua voce iniziò a perdere forza e i critici commentavano che non era più la stessa. La turbolenta relazione occupava costantemente la copertina delle riviste. «Non era un bell'uomo, ma era un seduttore irresistibile. Era un mago che realizzava qualsiasi desiderio della donna che stava con lui» disse Maria Callas di Onassis. Una magia che sarebbe durata nove anni, fino al 20 ottobre 1968 quando Onassis lasciò tutti a bocca aperta sposando, a Skorpios, la vedova del presidente John F. Kennedy. In una lettera che scrisse a un'amica, Maria, disperata, si lamentava di avere appreso dalla televisione la notizia del matrimonio del suo amante con Jackie Kennedy.

Il fidanzamento e il matrimonio con la donna più complicata dell'epoca

Onassis, anche durante la relazione con Maria Callas, continuava ad avere varie avventure, per esempio con Caroline Lee Bouvier, l'allora Lee Radziwill, infelicemente sposata al principe Stanislas Radziwill. Onassis vide immediatamente la possibilità di legarsi a una famiglia importante, perché Lee era la sorella di Jackie Kennedy, moglie del presidente degli Stati Uniti, John F. Kennedy.

Nell'agosto del 1963, Jackie perse un figlio che morì subito dopo la nascita a causa di una grave malformazione congenita. Stando al suo biografo, Onassis suggerì a Lee di invitare la sorella a trascorrere qualche giorno a bordo del *Christina* per riprendersi e, effettivamente, la moglie del presidente degli Stati Uniti accettò e salì da sola a bordo dello yacht. Durante la navigazione, Jackie e Onassis strinsero una forte amicizia.

Soltanto un mese più tardi, la più giovane delle first lady della storia degli Stati Uniti rimase vedova quando il 35° presidente degli Stati Uniti fu assassinato da un cecchino a Dallas (Texas). L'assassinio di John F. Kennedy fu una tragedia terribile.

La forza di Jackie nel periodo successivo le guadagnò l'ammirazione del mondo intero. Presenziò al funerale del presidente tenendo per mano i figli Caroline e John Junior, seguendo il feretro a piedi dalla Casa Bianca fino alla cattedrale di Saint Matthew, dove si celebrò il rito funebre. Le immagini di Jackie accanto alla tomba del marito fecero il giro del mondo e la trasformarono in un simbolo degli Stati Uniti. «Lee si recò immediatamente alla Casa Bianca per consolare Jackie e Aristotele la accompagnò. In quel modo, nei giorni in cui il mondo guardava il funerale di Kennedy, Onassis era alla Casa Bianca a consolare entrambe le donne» assicura Sarah Bradford.

Nella tristezza dei mesi che seguirono, Jackie si aggrappò a Onassis, ma lui voleva qualcosa di più di una semplice amicizia. «Maria Callas» dice Peter Evans «era abbastanza sicura del fatto che la relazione con Jackie Kennedy non avrebbe avuto seguito. Era impensabile! La santa vedova era al di fuori della portata del suo fascino e persino dei suoi soldi.» Ma Jackie Kennedy diventò la sua amante. Iniziarono a vedersi con frequenza, con la massima discrezione. Lei andava a Parigi ed era accolta dall'autista di Onassis che la portava alla residenza di Avenue Foch. Lui andava a New York e alloggiava all'hotel Pierre, a poca distanza dall'appartamento di Jackie. E, naturalmente, le regalava gioielli carissimi. Entrambi mantenevano segreta la relazione perché «non solo non sarebbe piaciuta all'opinione pubblica, ma quell'anno si tenevano le elezioni presidenziali e Bob Kennedy si presentava come candidato» spiega la scrittrice Sarah Bradford. Jackie mantenne segreta la sua relazione con Onassis e accettò di abbandonare il suo ritiro (da più di un anno non compariva in pubblico) solo per appoggiare la campagna elettorale del cognato.

Il 5 giugno 1968, Bob Kennedy morì, ucciso a colpi d'arma da fuoco nell'hotel Ambassador di Los Angeles. «Dopo il suo assassinio, Jackie temette per la propria vita e per la vita dei suoi figli e decise di lasciare gli Stati Uniti» dice Sarah Bradford. Si rivolse quindi al suo amante, Aristotele, in cerca di aiuto. Lui non solo possedeva un'isola privata costantemente protetta da guardie armate per garantire la sua sicurezza personale, ma le offriva anche sicurezza economica. Su questo punto Peter Evans è molto chiaro: «Che ci piaccia o no, la relazione tra Onassis e Jackie si fondava sul denaro. Jackie voleva una certa sicurezza e il patrimonio di Onassis gliela poteva offrire».

Il «Boston Herald» scoprì la relazione segreta e fu sul punto di pubblicare la notizia. La rivelazione sarebbe stata una tragedia per i giovanissimi figli di lei e quindi Jackie chiamò Onassis e gli disse che dovevano sposarsi immediatamente. «Lui pensava di non risposarsi più, ma avere Jackie come moglie avrebbe potuto rappresentare un grosso vantaggio» dice la Bradford. Onassis era attratto da Jackie Kennedy non solo perché era la donna più famosa e più esigente del mondo, ma perché possedeva lo status sociale che a lui serviva e, soprattutto, poteva dargli la chiave per arrivare alla classe dirigente di Washington. Stuart M. Speiser sostiene che Jackie insisteva sempre sul fatto che quel matrimonio non era stato soltanto un accordo economico, nonostante fosse risultato molto vantaggioso dal punto di vista della ricchezza e del prestigio.

Fatto sta che Jackie Kennedy diventò la signora Onassis il 15 ottobre 1968 sull'isola privata di Skorpios, dove si trasferì a vivere con i due figli Caroline, di quasi 11 anni, e John Junior di 7. Si dice che gli sposi firmarono un contratto prematrimoniale con più di cento clausole, dove si specificava, tra l'altro, che Onassis non avrebbe imposto a Jackie di avere un figlio, che lui si impegnava a dormire in una camera separata, che lei era obbligata soltanto a trascorrere le festività cattoliche e le vacanze con il magnate e che per il resto del tempo aveva diritto di viaggiare da sola senza richiedere il consenso del coniuge. Inoltre, nel caso in cui Onassis avesse inteso ripudiare la moglie, avrebbe dovuto darle 10 milioni di dollari per ogni anno di matrimonio.

I cittadini degli Stati Uniti reagirono molto male al matrimonio della vedova di John F. Kennedy con il multimiliardario greco Onassis. «La gente diceva che era un uomo detestabile e tolsero Jackie dal piedistallo su cui l'avevano messa» ricorda Sarah Bradford. «Era la regina d'America e la sua immagine non quadrava per niente con quella dell'uomo che aveva un aspetto da tartaruga e una fama da pirata» aggiunge. Anche i figli di Aristotele, Alexander e Christina, rifiutarono il matrimonio del padre. Così Alexander definì la relazione: «Ari e Jackie sono una coppia perfetta. Nostro padre adora i nomi famosi e Jackie adora i soldi». Aristotele non si curò dei sentimenti delle persone che lo circondavano, compresi quelli di Maria Callas a cui spezzò il cuore sposando Jackie.

La morte improvvisa di Alexander

All'inizio degli anni Settanta, Onassis voleva reinventare se stesso e assumere il ruolo di padre amorevole, ma era ormai troppo tardi. Nel 1971 era ancora avvolto dalla popolarità del suo matrimonio con Jackie. Intanto, Christina, che aveva 21 anni, aveva deciso di sposarsi con lo statunitense Joseph Bolker, un investitore immobiliare di Los Angeles di 48 anni, padre di quattro figli e due volte divorziato, che la ragazza aveva descritto come un «bellissimo milionario». Si erano conosciuti nella piscina di Montecarlo e si erano poi incontrati nuovamente a Londra e, dopo alcuni fine settimana trascorsi insieme in Europa, Christina aveva dichiarato di essersi pazzamente innamorata di lui. Voleva sposarlo ma lui non era della stessa opinione. Per convincerlo, la giovane ricorse a un metodo piuttosto comune: una crisi di nervi seguita dall'ingestione di una overdose di pillole.

Il 27 luglio 1971, la coppia si sposò a Las Vegas, all'insaputa del padre di lei. Secondo la filosofia di Onassis, il matrimonio giusto era quello che faceva aumentare la ricchezza della famiglia. L'amore veniva dopo. William Wright racconta che quando Onassis seppe del matrimonio, decise di rendere la vita impossibile alla coppia e arrivò addirittura alle minacce. «Aristotele si sentì tradito dalla figlia ed era disposto a fargliela pagare.» Christina, però, sentiva la mancanza della vita del jet set e trovava noiosa l'élite di Los Angeles. Dopo sette mesi di matrimonio, Christina e Joe divorziarono amichevolmente e lei tornò a Skorpios.

Onassis, intanto, viveva un rapporto fatto di continui scontri con il figlio Alexander. «Onassis negò ad Alexander la possibilità di studiare quando il ragazzo era ancora molto giovane. A 15 anni, infatti, lo tolse dalla scuola e l'adolescente si ritrovò improvvisamente prigioniero di suo padre» racconta Peter Evans. Iniziò a lavorare per la Olympic a Monaco e il padre non si lasciava sfuggire nessuna occasione per umiliarlo di fronte agli altri.

L'insoddisfazione di Alexander si tramutò in ira quando Onassis iniziò a interferire con la sua vita privata. A 18 anni, il giovane iniziò una relazione con Fiona Campbell-Walter, sedici anni più vecchia di lui e moglie di Heini Thyssen da cui aveva avuto due figli, Francesca e Lorne, che sostituì il maturo barone (il quale si sarebbe poi sposato con Carmen Cervera) con il giovane erede greco. Dice Sarah Bradford che Alexander si invaghì di Fiona non appena la vide. «Onassis era furioso, davvero furioso, e la ragione era una sola: riteneva che Fiona avrebbe dovuto innamorarsi di lui e non di suo figlio. Nel rapporto con suo figlio, quella fu la prima volta in cui Aristotele si rese conto che Alexander aveva qualcosa che lui non poteva avere: la sua amante. Disse quindi ad Alex che voleva che smettesse di vedere Fiona. Peter Evans racconta che la risposta del figlio fu molto chiara: «Scordatelo. Piuttosto smetto di vedere te».

Alexander era disperato e il lavoro di armatore non lo rendeva felice, per cui passò a occuparsi della flotta aerea ma, in realtà, intendeva lasciare definitivamente gli affari di suo padre. In effetti, aveva programmato una fuga segreta per tornare all'università e studiare per poter essere indipendente. Ma non ne ebbe il tempo.

Il 22 gennaio 1973, Alexander decollò con l'aero privato del padre. Era un pilota provetto, ma a pochi secondi dal decollo, l'ala destra del velivolo si staccò di colpo e l'aero si schiantò al suolo. Alexander riportò un terribile trauma cranio-encefalico e rimase in coma. I chirurghi lavorarono freneticamente ma il danno cerebrale era irreversibile, per cui non restava altra alternativa che lasciarlo morire. Onassis dovette dare l'ordine di staccare la macchina che manteneva in vita suo figlio. Christina corse immediatamente in ospedale e venti minuti dopo il suo arrivo Alexander morì. Era come se fosse rimasto in attesa della sorella per dirle addio prima di andarsene. Alexander Onassis fu il primo a occupare la piccola cappella bianca dell'isola di Skorpios. Quello fu l'inizio della fine per il magnate greco e le tragedie cominciarono a presentarsi una dietro l'altra.

La morte di Alexander gli spezzò il cuore. «Anche se lo aveva sempre trattato male, il figlio rappresentava il futuro, la continuazione del cognome Onassis, tanto importante per Aristotele. Tutti i suoi progetti, tutti i suoi sogni morirono con Alexander» spiega Evans. Con la sua morte, improvvisamente, l'instabile Christina divenne l'unica erede dell'immensa fortuna. Ma la situazione peggiorò ulteriormente. Ad Aristotele fu diagnosticata una miastenia grave, una patologia muscolare degenerativa che gli causava affaticamento cronico. Inoltre le palpebre gli si chiudevano involontariamente: aveva perso il controllo del suo corpo. Il suo mondo, scosso dal dolore, iniziò a crollare.

Una famiglia segnata dalla tragedia

Nella primavera del 1974, Onassis uscì a navigare con la figlia e quando tornò a terra aveva preso una decisione: sarebbe stata lei a ereditare i suoi affari e pertanto decise di prepararla con tutte le sue forze. La mandò a Manhattan a lavorare nella sede della società, nella Olympic Tower della Quinta Avenue. Per la prima volta in vita sua Christina aveva un lavoro e si sforzò parecchio per essere all'altezza di ciò che suo padre si aspettava da lei. Ma non era pronta per la vita vera. Dopo ventidue anni di coccole, capricci e fuga dalle responsabilità, non fu in grado di sopportare le pressioni di quell'attività e suo padre dovette arrendersi di fronte ai fatti. «In quel momento, Aristotele decise che non valeva più la pena di vivere. La sua salute ne soffrì e un anno e mezzo più tardi era peggiorata considerevolmente» ricorda l'amico di famiglia, Nicholas Papanicolaou.

Nell'agosto del 1974, a Londra, la ventiduenne Christina toccò il fondo: la morte di suo fratello, la malattia del padre e il tramonto di sua madre la spinsero a ingerire un'enorme quantità di pillole. Una domestica la trovò priva di sensi, chiamò subito un'ambulanza e le salvò la vita. Tina venne a vedere la figlia. Anche lei stava attraversando una forte crisi: si era sposata per la terza volta, ora con il cognato Stavros Niarchos, vedovo di sua sorella Eugenia e rivale dell'ex marito, ed era ormai una donna matura in declino. Inoltre non riusciva ad abbandonare la sua dipendenza dall'alcol e dai barbiturici. Due mesi più tardi, il 10 ottobre, la trovarono morta nel suo appartamento a Parigi. Aveva 45 anni e, stando all'autopsia, presentava un «eccesso di liquido nei polmoni». Ancor oggi la causa della sua morte rimane un mistero.

In quel periodo, il matrimonio di Onassis con Jackie era entrato in crisi. Vivevano separati, con lei che viaggiava da una città all'altra per visitare boutique e negozi di antiquariato o si recava nella sua casa di Manhattan insieme ai figli. Secondo Evans, Onassis capì che Jackie non era la moglie che cercava. «Si era sposato con lei perché pensava che gli avrebbe aperto le porte di Washington, ma Jackie gli chiarì molto presto che non lo avrebbe mai fatto.» Sarah Bradford sostiene che soltanto una settimana dopo le nozze con Jackie, Onassis tornò a Parigi da Maria Callas. «Se ci fu mai qualcuno che Onassis amò davvero, quella fu Maria Callas. Lei provava un amore profondo e indistruttibile per Aristotele. Quello che provava Jackie era un profondo rispetto per il denaro del greco» dice Evans. Pare che Onassis fosse arrivato a mettersi in contatto con un avvocato divorzista.

Nel febbraio 1975, Onassis fu ricoverato all'Ospedale Americano di Parigi. Il magnate morì il 15 marzo, a 69 anni: pesava appena 40 chili e l'unica persona presente era sua figlia. Il corpo fu trasportato in Grecia in aereo e sepolto accanto a quello del figlio, sull'isola di Skorpios, in una tomba costruita utilizzando lo stesso marmo del Partenone. Jackie Kennedy Onassis era vedova per la seconda volta in dieci anni. Partecipò al corteo funebre insieme a Christina: la figlia appariva visibilmente affranta, mentre la moglie era apparentemente tranquilla e sorrideva alle telecamere. Christina, infastidita, le rimproverò la sua serenità. Pare che la risposta di Jackie fu: «Imparerai anche tu».

Dopo il funerale, Jackie scrisse una dichiarazione su suo marito: «Aristotele Onassis mi salvò in un momento in cui la mia vita era piena di ombre. Mi portò in un mondo dove era possibile trovare felicità e amore. Abbiamo vissuto insieme molti momenti splendidi che non dimenticherò e, per questo, gli sarò eternamente grata».

In base al dettagliato accordo prematrimoniale, se fossero stati ancora sposati al momento della morte del magnate, lei avrebbe ricevuto 100 milioni di dollari. Il testamento di Onassis, però, conteneva qualche sorpresa. A Jackie toccò soltanto la sua pensione annuale di 250.000 dollari, e il resto del patrimonio sarebbe stato suddiviso come segue: una metà si sarebbe utilizzata per la creazione di una fondazione a nome del figlio Alexander e l'altra metà l'avrebbe ereditata Christina. Ma c'era un inconveniente: il consiglio della Fondazione Alexander Onassis avrebbe controllato anche questa metà. Furiosa, Christina impugnò il testamento per poter avere a sua disposizione il denaro senza restrizioni. Prima, però, avrebbe dovuto fare un patto con Jackie. Per evitare che la vedova reclamasse il suo diritto all'eredità e sparisse del tutto, le diede 26 milioni di dollari in contanti e anticipati.

Maria Callas non superò mai la morte di Onassis. Si ritirò a vivere lontano dal mondo e in lotta contro la sua dipendenza dai sonniferi. «Sono io la sua vedova» disse prima che la trovassero morta, il 16 settembre 1977, nell'appartamento parigino di Avenue Georges Mandel, che le aveva comprato il suo amante. Aveva 53 anni. «Arresto cardiaco» dissero i rapporti ufficiali. «Morì di tristezza» dissero coloro che la conoscevano.

La maggior parte delle donne che ebbero una relazione con Ari andarono incontro a una vita e una morte tragiche. In realtà, l'unica che sfuggì a questo destino fu Jackie, che tornò a vivere a New York dove iniziò una carriera nel mondo editoriale. Nel 1994 perse la battaglia contro un linfoma non-Hodgkin, una forma di cancro che attacca il sistema immunitario, e morì all'età di 64 anni. I suoi resti riposano accanto a quelli di JFK nel Cimitero Nazionale di Arlington, sotto il nome di Jacqueline Bouvier Kennedy Onassis.

La prima donna a possedere una società armatrice

La morte del fondatore dell'impero ne minò le fondamenta. Il compito di guidare gli affari ricadde su Christina, unica erede sopravvissuta, che divenne la prima donna al mondo a possedere una propria società armatrice. All'epoca aveva soltanto 24 anni e non era in grado di assumere il controllo di un'organizzazione così grande e complessa. Sembrava che Aristotele, insieme alle sue fortune, avesse lasciato in eredità a sua figlia anche le tragedie che l'avrebbero perseguitata per il resto della vita.

Christina aveva ricevuto un'eredità personale di più di 200 milioni di euro, ma il denaro non le diede mai la felicità. «Si comprava un amante dopo l'altro e regalava loro bellissime case in cui incontrarli, senza preoccuparsi di tenere la cosa segreta, perché non ci vedeva nulla di male» dice Peter Evans. In qualche modo, però, sembrò voler compiacere suo padre quando si risposò con uno degli uomini che lui le aveva consigliato: Alexandros Andreadis, armatore ed erede di una famiglia di banchieri greci. Il matrimonio ebbe luogo in un eremo appena fuori Atene, il 22 luglio 1975, quattro mesi dopo la morte di Aristotele.

Nei mesi successivi Christina continuò a lottare per la sua eredità. Vinse la battaglia contro la Fondazione e rimase in possesso della sua metà del capitale paterno. Fu allora che si rese conto che si era sposata con un opportunista intenzionato a raggirarla. Il suocero era stato indagato per frode e suo marito le chiese 20 milioni di dollari per riscattare le sue società e risolvere i problemi finanziari del padre. Fu un duro colpo per lei, che pensò che ancora una volta la volevano soltanto per i suoi soldi e così, a soli quattordici mesi dal matrimonio, Christina divorziò.

A due anni dalla separazione, si innamorò perdutamente di Sergei Kauzov, un modesto impiegato degli uffici di una società armatrice sovietica con sede a Parigi, e di cui si diceva che fosse un agente del KGB. Oltre a essere basso e calvo, aveva un occhio di vetro e denti d'oro. Ignorando i consigli di tutti, il 1° agosto 1978 entrò nel Palazzo dei Matrimoni di Mosca, pagò una tassa di tre dollari e si sposò con Kauzov, disposta a vivere in Russia con lui e sua madre. Ma la vita dietro la cortina di ferro non offriva esattamente il lusso e la libertà a cui era abituata l'ereditiera. Il matrimonio durò un anno. Christina chiese il divorzio e, come regalo d'addio, comprò a Sergei una nave cargo da 18.000 tonnellate con cui mettersi in affari.

Tornò a Skorpios e alle continue feste con gli amici, pretendendo che la seguissero in tutti i suoi capricci e facessero tutto ciò che lei voleva. In quel periodo iniziò a ingrassare e questo fatto si trasformò nel suo problema principale. Era un circolo vizioso: era grassa perché non era felice e non era felice perché era grassa. Arrivò a pesare centodieci chili.

All'età di trent'anni le fu diagnosticata una depressione acuta e iniziò a ingerire barbiturici per dormire e anfetamine per svegliarsi, fino a diventarne dipendente. Inoltre, beveva tra le 15 e le 20 lattine di Coca Cola Light al giorno, che le portavano dagli Stati Uniti con il suo jet privato perché, diceva, era l'unica che le piacesse. Ogni cassa le costava più di 3000 dollari.

Nei quattro anni successivi Christina, una delle donne più ricche del mondo, sembrava la donna più triste che esistesse sulla faccia della Terra. Un giorno ritrovò un vecchio amico che non vedeva da dieci anni: Thierry Roussel, di 31 anni, erede di una società farmaceutica francese. Gli occhi azzurri e i capelli biondi di lui la stregarono. Gli amici la misero in guardia perché era un famoso playboy. Ma lei, trentatreenne, voleva farsi una famiglia e avere dei figli. Thierry accettò di sposarla a patto che dimagrisse di venticinque chili.

Nel febbraio 1983 una Christina florida e molto più magra annunciò il fidanzamento. Dopo tre matrimoni falliti, era convinta che Thierry Roussel fosse l'uomo della sua vita. Si sposarono il 17 marzo 1984 e lei regalò al marito 20 milioni di dollari. Lui, però, chiese anche un aereo da 15 milioni e nuove case a Londra e a Ginevra, che le costarono altri 10 milioni di dollari.

Finalmente l'amore

Il 28 gennaio 1985, dieci anni dopo la morte del magnate, Christina diede alla luce una bambina che chiamò Athina, in memoria di sua madre. Fin dal principio si dedicò completamente alla figlia. «Fu la cosa migliore che le accadde in tutta la vita. Adorava Athina. Era un amore autentico, molto tenero» racconta la sorellastra Lady Henrietta Spencer-Churchill. Finalmente Christina aveva la famiglia che aveva sempre sognato. Ma anche questa si rivelò una truffa.

Nel 1985 scoprì che Thierry aveva avuto un figlio da un'altra donna, appena sette mesi dopo il loro matrimonio. La ragazza, Gaby Landhage, era una modella svedese con cui Thierry aveva avuto una relazione per dieci anni. Christina era l'unica a non saperlo. Fu uno dei suoi zii a raccontarle come stavano le cose, ma Christina era così innamorata di Thierry e teneva così tanto a conservare la famiglia, che era disposta a perdonare qualsiasi cosa. «Quando seppe che c'era un'altra donna, volle conoscerla e diventarne amica» dice il biografo William Wright. Poco tempo dopo, la fidanzata svedese di Thierry rimase nuovamente incinta, ma Christina continuò a non riuscire a guardare in faccia la realtà.

Come sua madre Tina, che fu umiliata da Aristotele e si separò da lui, così Christina divorziò da Thierry. Ma solo ufficialmente. In fondo, era incapace di accettare il fatto che ci fossero cose che non poteva ottenere e giocò la sua unica carta: quella del denaro. «Si diceva che Thierry la raggiungesse nella sua residenza in Svizzera, passasse la notte con lei, e se ne venisse via con centomila dollari. Si fa fatica a crederlo, ma lui non l'ha mai negato» dice Wright.

Nell'agosto del 1988 Thierry annunciò il suo fidanzamento con Gaby, ma la cosa non ebbe apparentemente su Christina l'effetto che tutti si aspettavano. Completamente dedita alla figlia di 3 anni, aveva trovato la felicità. Dopo quattro divorzi, soltanto Athina le diede quello che aveva cercato per tutta la vita: un amore incondizionato.

Nel mese di novembre, volò a Buenos Aires, la città dove suo padre aveva posto le basi di quella che sarebbe stata la sua fortuna, per cercare un appartamento per Athina e per sé, e iniziare una nuova vita. La bambina aveva un'infezione all'orecchio e non l'accompagnò. Dopo una settimana di permanenza in città, Christina organizzò una grigliata con gli amici. Era alloggiata a casa dei Dodero, nel quartiere residenziale del Tortugas Country Club. Rientrò in camera verso l'una e mezza di notte. Alle dieci del mattino la trovarono morta nella vasca da bagno. Era il 19 novembre 1988 e Christina aveva 37 anni. Si fecero varie ipotesi sulla causa del decesso e molti furono i sospetti avanzati. Il presidente della Fondazione Alexander Onassis e grande amico di Aristotele, Stelios Papadimitriou, mise in chiaro che «non si trattò di suicidio». L'autopsia rivelò la presenza di tracce di anfetamine. Il rapporto ufficiale indicò che morì di un attacco di cuore. Erano anni che assumeva farmaci, abusava di barbiturici e anfetamine, e si sottoponeva a diete che comportavano variazioni significative di peso.

Il suo corpo fu trasportato ad Atene in aereo. Sotto una pioggia torrenziale, seimila persone si recarono a darle l'estremo saluto. Il suo ultimo viaggio fu alla volta di Skorpios, dove la seppellirono nella piccola cappella accanto al padre e al fratello.

Nelle sue volontà testamentarie dispose che Thierry avrebbe ricevuto un milione di dollari all'anno fino a che fosse stato tutore della figlia. Il resto della sua fortuna, valutata in circa un miliardo di dollari, sarebbe andato ad Athina. La bambina, a 3 anni, divenne una delle persone più ricche del mondo. Athina andò a vivere con il padre, Gaby, e i suoi tre figli. Thierry e Gaby non si sposarono fino al

1990, ma convivevano già da sedici anni quando Athina andò a vivere con loro. Da quel momento Thierry si sforzò di aiutare la figlia a condurre una vita normale (nonostante le guardie del corpo che la proteggevano costantemente), cosa che incluse l'iscrizione a una scuola statale. La bambina crebbe in un ambiente famigliare stabile, molto diverso da quello che aveva conosciuto Christina.

La bambina più ricca del mondo

Nel suo testamento, Christina nominò Thierry e quattro dirigenti della Fondazione Alexander Onassis amministratori dei beni di Athina. Nessuna delle parti, però, si fidava delle altre. Tutta l'infanzia di Athina fu una continua battaglia per il controllo del suo denaro tra Thierry Roussel e gli incaricati greci del fedecommesso. Quando Athina aveva 12 anni, Thierry arrivò ad accusare i greci di avere inviato agenti israeliani per rapirla. L'unica prova che fornì furono delle fotografie requisite ad alcuni fotografi sconosciuti in cui si vedeva la bambina che camminava per Lussy-sur-Morges, il paese svizzero in cui era cresciuta.

Oltre alle accuse costanti riguardo al cattivo uso del denaro di sua figlia, Thierry fu accusato innumerevoli volte di allontanare Athina dalle sue radici greche. Il presidente della Fondazione Stelios Papadimitriou fu quello che assunse la posizione più critica nei confronti di Roussel: «La tiene lontana da noi... Se fosse affidata a me, mi assicurerei che imparasse a parlare greco, che conoscesse questa cultura, che sapesse di suo nonno, e di sua madre. Scoprirà la verità più avanti» lo accusava.

Nel 1999 un tribunale svizzero tolse il controllo della fortuna alla Fondazione per passarlo a una società di revisione. Dopo anni di battaglie legali, durante le quali Athina restò fuori dall'attenzione del pubblico, nessuno poté più toccare il denaro. Il 28 gennaio 2003, Athina compì 18 anni. Finalmente «la bambina più ricca del mondo», la «povera bambina ricca», come la definirono ripetutamente le riviste europee, ottenne il controllo assoluto della sua enorme ricchezza, valutata 800 milioni di dollari, un denaro che, per molto tempo, lei disse di non volere.

Athina Roussel si sposò il 3 dicembre 2005, all'età di 20 anni, con Álvaro de Miranda Neto, un noto cavallerizzo di origine brasiliana (medaglia di bronzo per l'equitazione alle Olimpiadi di Sydney del 2000), con cui condivide la passione per i cavalli. La coppia vive tra il Brasile e la Svizzera. Álvaro ha dodici anni più di Athina e quando si sposarono aveva una ex moglie e due figli. Sibele Dorsa, la ex, in numerose interviste rilasciate a San Paolo sul matrimonio con Athina, non esitò a dichiarare che «lui è attratto soltanto dai suoi soldi». Ironicamente, anche Thierry accusò Álvaro Miranda di essere un cacciatore di dote. Come risposta, Athina rinunciò al cognome Roussel e divenne Athina Onassis de Miranda.

Athina scatenò nuove polemiche nel 2008 quando a Londra mise all'asta da Christie's quarantaquattro gioielli di sua madre. Li vendette per 16 milioni di dollari, il doppio del loro valore. Quando le chiesero il motivo per cui lo avesse fatto, Athina disse che i gioielli erano superati e che non si accordavano con il suo stile. Quando era morto il padre, Christina aveva venduto lo yacht che portava il suo nome. «Non mi sono mai piaciute le barche» aveva dichiarato. Stando alla stampa britannica, Athina intende vendere anche l'isola di Skorpios per 110 milioni di euro.

Il resto della fortuna Onassis è controllato da un fedecommesso, con sede ad Atene, che si occupa di gestire ciò che resta dell'attività di Aristotele, il quale non riuscì mai a creare la tanto sognata dinastia, solida e potente. La Fondazione Alexander Onassis ad Atene (che assegna borse di studio ai giovani e appoggia la diffusione della cultura ellenica) e un ospedale per la cura delle patologie cardiache sono tutto quanto è rimasto della leggenda Onassis in Grecia, dove è considerato una specie di eroe nazionale. «Un uomo ricco non è altro che un pover'uomo con molti soldi» dichiarò una volta il leggendario armatore a un giornalista. A ogni modo, la storia dell'uomo che creò un impero e sedusse le donne più famose del mondo resterà per sempre.

8

I Rothschild

Permettetemi di controllare il denaro di una nazione
e non mi importerà chi siano i suoi governanti.

NATHAN ROTHSCHILD (1777-1836)

I Rothschild

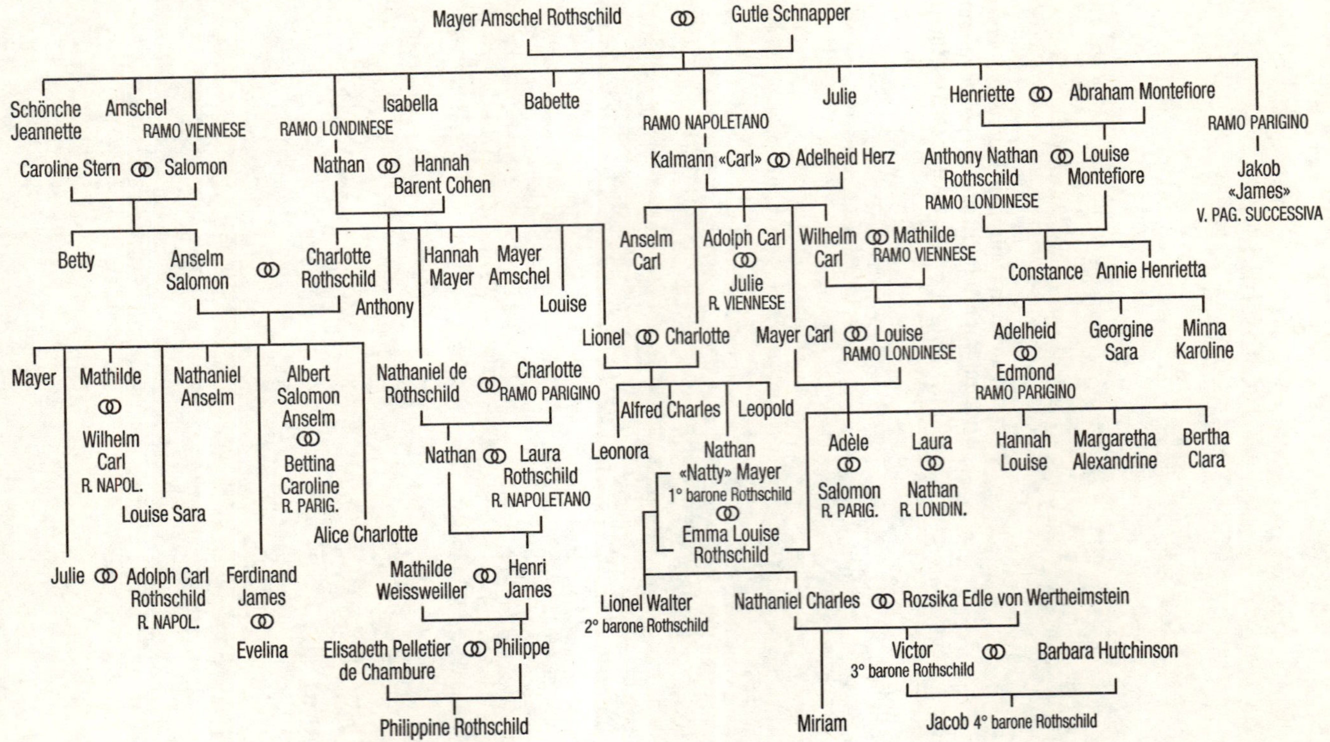

I Rothschild - RAMO PARIGINO

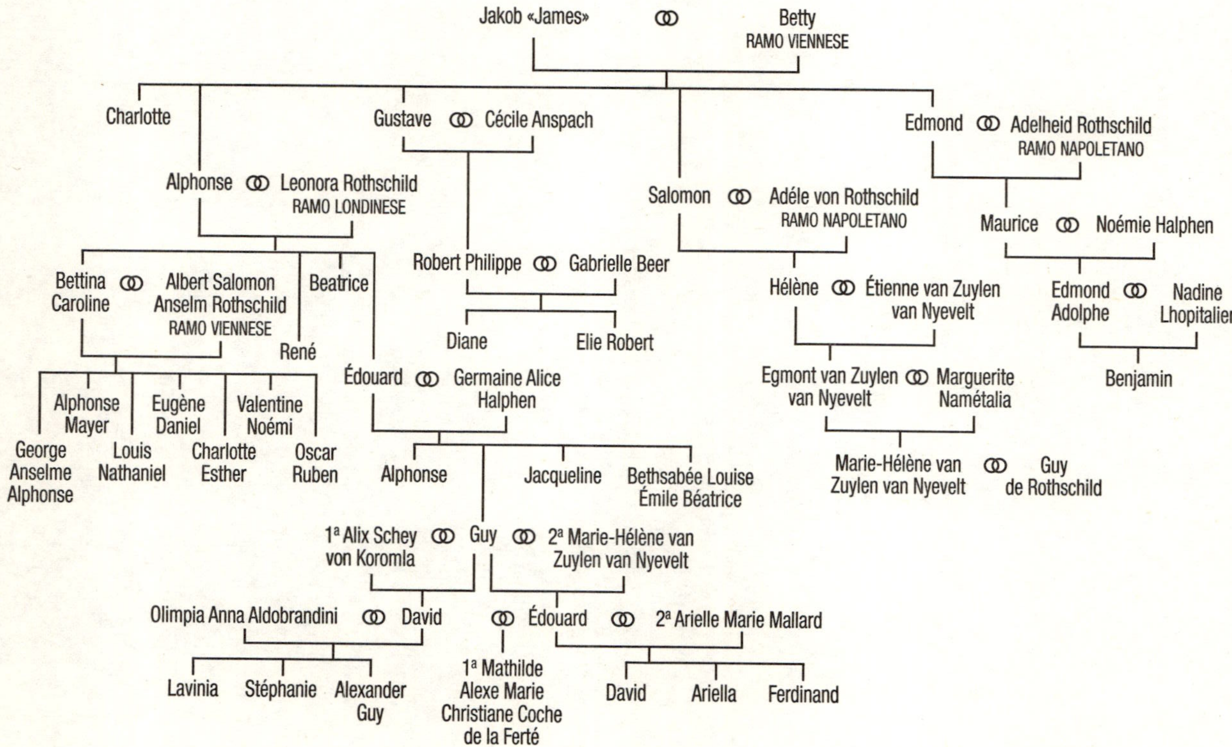

Sono stati al centro dei mercati finanziari di tutto il mondo per più di duecento anni. Oggi fungono da banca d'investimento, privata e per le imprese, e offrono servizi finanziari a governi, aziende e clienti sparsi per il pianeta. L'affascinante storia della loro ascesa, dalla miseria del ghetto ebraico di Francoforte fino a diventare la famiglia più ricca d'Europa, cominciò alla fine del XVIII secolo con il commerciante Mayer Amschel e i suoi cinque figli. Il loro denaro vinse guerre e salvò governi. Ottennero potere e ricchezza prestando soldi alle casate reali e grazie al commercio su larga scala, ma anche attraverso il contrabbando, la speculazione, un giro d'affari internazionale e il saggio di sconto. All'alba dell'industrializzazione europea, all'inizio del XIX secolo, i Rothschild si cimentarono con grande successo anche nel finanziamento di settori in rialzo come quello minerario, metallurgico e ferroviario. In seguito acquistarono anche le più famose enoteche di Bordeaux. I protagonisti di questi due secoli di storia hanno lottato contro il sistema, contro l'antisemitismo e, a volte, anche gli uni contro gli altri. La genealogia della famiglia Rothschild arriva a coprire sette generazioni, tutte con una fortissima influenza economica e politica, conquistata grazie a una fiorente attività famigliare dalla quale, seguendo le raccomandazioni del fondatore, sono sempre state escluse le donne, le persone esterne alla famiglia e i non ebrei. E, come spesso accade, un successo e una ricchezza di tali proporzioni fomentano le malelingue: c'è infatti chi dice che ci sia più di un fondo di verità nella «teoria del complotto» riguardo a come la famiglia Rothschild avrebbe creato il proprio impero attraverso l'usura, la malversazione e i soldi rubati.

L'origine della prodigiosa attività finanziaria

Nathaniel «Nat» Rothschild è ben più che uno dei giovanotti ambiziosi e «fin troppo preparati» della City di Londra. È il figlio del banchiere e filantropo lord Jacob Rothschild, ha importanti contatti nell'industria mineraria ed è stato copresidente dell'Atticus Capital, un fondo di investimento che sotto la sua gestione fruttò 9000 milioni di euro e che, negli anni migliori, crebbe in media del 30 per cento, fino a essere liquidato, nel 2009, dopo un periodo di basso rendimento. Inoltre, Rothschild siede nel comitato consultivo internazionale della Barrick Gold Corporation, leader dell'industria dell'oro in possesso di ventisei miniere attive. È uno dei più influenti gestori di fondi d'investimento e nel 2008, su richiesta dell'oligarca russo Oleg Deripaska – proprietario di una holding il cui pezzo forte era la UC Rusal, la maggiore produttrice di alluminio del mondo –, ha riunito a Corfù, sulla sua barca, il ministro britannico dell'Industria Peter Mandelson (uno dei protagonisti dell'accordo di pace con l'IRA, noto come «Accordo di pace del venerdì santo», durante l'incarico come ministro dell'Irlanda del Nord per il governo Blair) e il capo dell'opposizione inglese George Osborne.

Fin dalla gioventù, Nat ha sempre dimostrato di avere talento per raccogliere fondi e per gli affari ad alto rischio e, quindi, ad alto guadagno, come del resto la maggior parte degli uomini della sua famiglia, ormai da sette generazioni. «Entrò in affari molto giovane, come cercatore di risorse finanziarie, ossia come professionista capace di andare in cerca di nuovi affari, svilupparli e ricavarne ingenti guadagni» spiega Chrystia Freeland, vicedirettrice del «Financial Times». «È un investitore molto astuto. Ha cominciato con affari rischiosi nei paesi emergenti in Europa e ha realizzato importanti investimenti in Russia. Possiede l'audacia e l'astuzia tipiche della sua famiglia e se continua così potrebbe diventare il più ricco dei Rothschild» sostiene Anthony Bianco, giornalista del «Business Week».

La storia della famiglia ebbe inizio nel XVIII secolo, nella miseria e nel sovraffollamento del ghetto ebraico di Francoforte. Mayer Amschel (1743-1812), la moglie Gutle Schnapper e i loro dieci figli (cinque maschi e cinque femmine) conducevano una vita come quella di tutti gli ebrei dell'epoca: austera, ortodossa e devota. Gli ebrei non potevano possedere niente. Dovevano portare una fascia gialla di riconoscimento sopra i vestiti e pagare tasse soffocanti, erano esclusi dalla maggior parte delle professioni e potevano aprire attività solo nella zona in cui erano confinati. Avevano però il permesso di lavorare in banca, dato che ai loro vicini cristiani era proibito riscuotere interessi per i prestiti in denaro. Nella Germania del XVIII secolo, divisa in numerose regioni, ognuna con la propria moneta, c'era una grande richiesta di cambio della valuta. «Mayer Amschel aveva un talento naturale per i numeri, era capace di calcolare a mente anche i cambi più complicati» afferma lo scrittore David Landes, autore di *Dinastie*. Iniziò a commerciare monete antiche, pezzi di antiquariato e curiosità di vario genere. Già nel 1743, suo padre, Moses Amschel Bauer, aveva aperto un'attività di cambio della valuta e oreficeria nel quartiere ebraico. Sulla porta d'ingresso aveva appeso uno scudo rosso (in tedesco *rot Schild*), da cui poi la famiglia prese il nome. Moses voleva che il figlio diventasse un rabbino. Invece piantò il primo seme della stirpe di banchieri più famosa al mondo.

Mayer Amschel cominciò a lavorare in una banca di proprietà degli Oppenheimer ad Hannover, dove ben presto fu notato per la grande abilità e fece rapidamente carriera. Nel 1750 tornò a Francoforte per mandare avanti l'attività del padre. Il grande scudo rosso era ancora appeso sopra la porta del negozio e da quel momento Mayer Amschel Bauer cambiò il proprio cognome in Rothschild.

Mayer dimostrò subito un certo fiuto per le opportunità di guadagno. «Aveva un forte spirito imprenditoriale. Non tardò a rendersi conto del fatto che il modo migliore per avere successo era farsi conoscere dalle famiglie più ricche dell'Impero austro-ungarico. Scelse quindi di ingraziarsi l'uomo più ricco di tutti, il principe Guglielmo d'Assia, conte di Hanau» racconta la storica Laura Schor, professoressa dell'Hunter College. Il principe, che aveva fatto fortuna affittando i propri soldati all'esercito britannico, era un collezionista di monete, cosa che facilitò l'ingresso di Mayer a palazzo. Guglielmo d'Assia gli comprò una manciata di monete e medaglie rare: fu la prima transazione tra un Rothschild e un capo di Stato.

Pian piano il principe arrivò a fidarsi di Mayer abbastanza da permettergli di investire denaro a suo nome. «Gli affidò ottocento lire, che all'epoca erano una discreta fortuna, e gli disse di presentarsi come agente del principe Guglielmo» spiega l'economista Tony Spiva. A partire da settembre del 1769, espose una targa con lo stemma di Assia-Hanau e l'iscrizione: «M.A. Rothschild, emissario della corte di sua altezza reale, il principe Guglielmo d'Assia, conte di Hanau», che era una buona pubblicità e una garanzia di sicurezza.

Man mano che gli affari prosperavano, i suoi cinque figli – Amschel (1773-1855), Salomon (1774-1885), Nathan (1777-1836), Kalmann «Carl» (1788-1855) e Jakob «James» (1792-1868) – entrarono nell'impresa della famiglia. Mentre i maschi erano incaricati di cercare nuovi clienti, le femmine – Schönche Jeanette (1771-1859), Isabella (1781-1861), Babette (1784-1869), Julie (1790-1815) e Henriette (1791-1866) – aiutavano nei lavori domestici, ma «frequentarono lezioni di scrittura in modo da potersi poi occupare dei registri della contabilità» afferma Laura Schor. Il padre era inflessibile nel pretendere che tutti seguissero la sua filosofia negli affari a qualsiasi costo. «Il primo punto era che le fatture andavano pagate in tempo. Non erano concessi ritardi o debiti. Il secondo consisteva nell'essere onesti e diretti in tutte le transazioni per evitare che un qualsiasi sospetto di truffa macchiasse il nome dei Rothschild» segnala Spiva. E la strategia funzionò. Nel 1796, Mayer Amschel era uno dei dieci ebrei più ricchi di Francoforte.

L'istinto dei vincitori

Per il suo terzo figlio, Nathan, il ghetto era troppo piccolo. «Era il più audace ed era ansioso di lasciare Francoforte e aprire la propria attività» racconta Anka Muhlstein, autrice di *Baron James: The Rise of the French Rothschilds* («Il barone James: l'ascesa dei Rothschild francesi»). Il ragazzo bassino dai capelli rossi, con un carattere tenace e impaziente, vide un'opportunità nella prospera economia dell'Inghilterra. Non sapeva bene l'inglese, ma questo non gli impedì di trasferirsi a Manchester, centro dell'industria tessile, e cominciare a vendere tessuti a suo padre e al resto dell'Europa. In quel periodo le tasse nel settore tessile si aggiravano intorno al 20 per cento, ma Nathan le maggiorò da un 5 a un 9 per cento. «Era sveglio, ambizioso e deciso. Il suo unico grande amore era il lavoro» dice di lui la storica Laura Schor. Nel 1806, il matrimonio con Hannah Barent Cohen, figlia di un ricco commerciante ebreo di Londra, rafforzò il suo legame con l'Inghilterra. Con l'aiuto del padre e del suocero, che gli donò una dote considerevole oltre a passargli numerosi contatti, iniziò la propria attività come banchiere a Londra. Nel 1808 fondò la banca

N.M. Rothschild & Sons, che esiste ancora oggi. I fratelli non tardarono a seguire le sue orme.

In quegli anni l'imperatore Napoleone Bonaparte era impegnato in una guerra molto dispendiosa. Aveva già sotto controllo Austria, Prussia e Russia, quando decise di marciare contro la Gran Bretagna. Impose quindi un embargo continentale, vietando l'invio di qualsiasi materia prima o fondo dall'Inghilterra al continente, e i Rothschild, con parenti su entrambi i lati della Manica, videro l'opportunità di trarne vantaggio con operazioni di contrabbando. Nathan si occupò di organizzare la sponda inglese: «Progettò barche speciali, rapide e di piccole dimensioni, per attraversare il Canale, mentre il fratello minore predispose a Parigi un sistema di corrieri a cavallo che portavano la merce o l'oro in qualsiasi parte dell'Europa» spiega Tony Spiva. Avevano «agenti» collocati strategicamente in tutte le capitali e i principali crocevia commerciali europei, incaricati di trasportare denaro, titoli, lettere e notizie. Così, quello che era nato come sistema per le comunicazioni tra «i ragazzi», che potevano mandarsi messaggi da un lato all'altro della Manica, si trasformò in una rete efficace, affidabile ed estesa mediante la quale i Rothschild si assicuravano di essere i primi in Europa a venire a conoscenza di notizie economiche e politiche. Era la rete di spionaggio per eccellenza, di una velocità e un'efficienza tali da dare ai Rothschild un notevole vantaggio in tutte le loro attività a livello internazionale. «Erano consapevoli del fatto che l'informazione è denaro: un'informazione precisa poteva essere fondamentale per concludere una transazione economica in un senso o nell'altro» dice la giornalista Chrystia Freeland.

Nel 1801 Mayer Amschel era già amministratore (*Hoffaktor*) della corte di Guglielmo. Dal 1802 al 1804 concesse il primo prestito statale alla corte di Danimarca, per un totale di 10 milioni di fiorini. Anche le guerre napoleoniche (1803-1815) furono per lui fonte di ricchezza, perché costrinsero Guglielmo d'Assia a fuggire in Danimarca e quindi a investire la propria fortuna in beni sicuri. «Affidò tutto il denaro che aveva a Nathan perché ne facesse quel che gli sembrava più conveniente, un'occasione d'oro per il giovane Rothschild.» A Londra, Nathan investì il proprio denaro in imprese britanniche (soprattutto la Compagnia delle Indie Orientali) e, nel frattempo, risolse uno dei maggiori problemi dell'epoca: la fruizione del denaro a distanza. Il principe Guglielmo avrebbe avuto accesso alle proprie risorse economiche da qualsiasi parte dell'Europa, e in qualunque momento. Per dirla con le parole del biografo dei Rothschild, Frederic Morton: «Il principe Guglielmo era stato il primo passo. Napoleone sarebbe stato quello successivo».

I primi prestiti alle corti europee

Nel 1814, le truppe britanniche combattevano contro Napoleone sul continente. Il duca di Wellington, comandante in capo dell'esercito inglese, aveva bisogno di denaro per spostare i soldati, pagarne i salari e il sostentamento. Senza soldi, l'Inghilterra rischiava di perdere la guerra. E Nathan era lì, con i suoi lingotti d'oro, pronto a diventare il banchiere del governo britannico. Nell'ottobre del 1814, Nathan fu designato ufficialmente per finanziare l'avanzata britannica in Francia, contro Napoleone. In pratica si occupò di acquistare franchi francesi con la fortuna privata della sua famiglia e rivenderli al governo britannico con interessi notevoli. Wellington poteva disporre delle risorse economiche di cui aveva bisogno e i Rothschild sarebbero diventati incredibilmente ricchi. Questo fu l'inizio della grande fortuna di una famiglia che solo vent'anni prima viveva confinata nel ghetto ebraico: la stessa famiglia aveva ora nelle proprie mani il destino dell'Europa intera.

I Rothschild affidavano le operazioni più rischiose solo a membri della famiglia; quindi, nel 1811, il patriarca mandò Jakob, il più piccolo dei figli maschi, a Parigi. A soli 19 anni gli venne affidata la responsabilità di trasferire in Spagna e Portogallo il denaro per le truppe di Wellington, di stanza in quei luoghi. I soldi che gli inglesi ricevevano regolarmente contribuirono a rovesciare la situazione a loro vantaggio. Jakob, che assunse poi il nome di James, decise quindi di stabilirsi in Francia, e fu capostipite del ramo parigino della famiglia.

Dalla battaglia di Waterloo dipendeva il futuro dell'intero continente europeo: se avesse vinto la Grande Armata di Napoleone, la Francia sarebbe stata a tutti gli effetti padrona dell'Europa. Se invece Napoleone fosse stato sconfitto, l'Inghilterra avrebbe mantenuto l'equilibrio di potere e avrebbe potuto ampliare la propria sfera d'influenza. Il 18 giugno 1815 gli inglesi vinsero contro Napoleone. Il denaro dei Rothschild contribuì alla vittoria, e il sistema postale da loro creato si rivelò estremamente efficace: il messaggero inviato a Londra con la notizia della sconfitta francese arrivò ventiquattro ore prima di quello ufficiale mandato da Wellington. E in quei giorni, per la Borsa di Londra, non c'era notizia più importante dell'esito di Waterloo. Le informazioni che Nathan riceveva grazie a questo sistema gli furono indispensabili per prendere alcune decisioni di vitale importanza.

Il 19 giugno, arrivando in Borsa nel bel mezzo delle speculazioni sul risultato della battaglia, Nathan andò al solito posto, accanto a quella che poi sarebbe diventata la famosa «colonna dei Rothschild» e, impassibile, diede un segnale ai suoi agenti che cominciarono a vendere. Il prezzo dei *consols*, o buoni del debito pubblico britannico, precipitò. Tutti sapevano che i Rothschild avevano un ottimo sistema d'informazione e in sala si levarono i primi mormorii: «Rothschild lo sa», «Wellington ha perso a Waterloo». Iniziò a dilagare il panico, tutto il mondo si mise a vendere l'inutile carta moneta e a comprare oro e argento per salvare almeno in parte le proprie ricchezze.

Nathan Rothschild, imperturbabile accanto alla sua colonna, continuò con discrezione a mandare segnali. Decine di agenti si diressero agli sportelli con l'ordine di comprare tutto ciò che potevano del portafoglio del debito del governo britannico. Poche ore dopo, a Londra giungeva la notizia che l'Inghilterra era padrona della scena europea, e nel giro di pochi secondi il prezzo dei *consols* andò alle stelle. Fu un colpo da maestro. Nathan aveva comprato il controllo dell'economia britannica, moltiplicando per venti la propria fortuna. Altri, invece, avevano perso tutto.

Oltre a essere diventati enormemente ricchi, i Rothschild avevano creato un nuovo modo di concepire la finanza. In quegli anni i governi non avevano molta scelta quando si trattava di raccogliere fondi: «Aumentare le imposte o svalutare la moneta, e nessuno dei due metodi era troppo conveniente» spiega la Freeland. La nuova formula dei Rothschild permetteva invece a qualsiasi governo di firmare un accordo con una banca privata impegnandosi a restituire il prestito con gli interessi. Questo sistema diede un importante contributo alla creazione dei mercati finanziari moderni.

Nonostante questa innovazione, i Rothschild non furono accettati dagli altri banchieri europei e, quando i principali finanzieri furono convocati con la richiesta di concedere prestiti per rimediare ai danni subiti dalla Francia durante i combattimenti, loro non furono invitati. «Erano la famiglia più ricca d'Europa, ma alla firma dei trattati di pace i Rothschild non vennero ammessi. Non erano considerati degni di partecipare» segnala la storica Laura Schor. Sulla stampa inglese e francese cominciarono ad apparire interrogativi spinosi sui metodi con cui la famiglia si era arricchita. Da dove venivano le loro illimitate risorse? Manipolavano di nascosto il mercato dei buoni? Erano loro a creare il panico nelle borse di mezza Europa? Erano domande che tutti si facevano, ma caricature, insulti e offese non fecero che aumentare la determinazione dei Rothschild nel raggiungere la vetta della scala economica e sociale. Oltre a ciò, nonostante l'immenso potere che acquisirono, furono sempre costretti a combattere anche contro l'antisemitismo.

Nathan e James, rappresentanti della famiglia a Londra e Parigi, erano diventati gli uomini più ricchi d'Europa, ma il padre non visse abbastanza da saperlo. Era morto nel 1812, a 69 anni, lasciando un'importante eredità: due anni prima aveva firmato con i cinque figli maschi un documento per creare una società, imponendo però alcune condizioni. «I figli non potevano spartirsi l'impresa, la fortuna doveva rimanere unita. Ogni figlio ne possedeva comunque una parte, mentre le donne non rientravano negli accordi» spiega la scrittrice Anka Muhlstein. La successione riguardava solo i maschi, non c'era posto per le figlie, per i non ebrei o per persone esterne alla famiglia. Fu così per quasi due secoli.

Il testamento di Mayer Amschel proibiva inoltre agli eredi di avere un inventario pubblico dei beni in tribunale o di rendere noto al pubblico in qualsiasi modo il valore dell'eredità. Ne risultarono una totale segretezza, il controllo dei figli maschi su tutte le attività famigliari e una comunione di intenti che li mantenne sempre molto uniti. Secondo il testamento, il primo figlio maschio sarebbe diventato capofamiglia, a meno che la maggioranza degli altri Rothschild avesse deciso diversamente. Nathan, quando fu nominato capo di Casa Rothschild, nel 1812, costituì un'eccezione, essendo il terzo maschio in linea di successione.

La prima banca internazionale del mondo

A partire dal 1815, i Rothschild erano dappertutto in Europa. Quell'anno, dopo il colpaccio alla Borsa di Londra, Nathan controllava l'offerta monetaria britannica e, quindi, tutto l'Impero britannico. Con l'attività ormai ben consolidata, i figli si espansero sul continente per creare la prima banca multinazionale al mondo. Tra il 1820 e il 1830 Nathan si era stabilito a Londra, James a Parigi, Amschel (il fratello maggiore) era rimasto a Francoforte, mentre Salomon e Carl vivevano rispettivamente a Vienna e a Napoli. La sede centrale di Casa Rothschild fu trasferita a Londra. «Furono in grado di creare i pilastri di una dinastia con diversi centri economici in Europa. Il livello di sviluppo raggiunto oggi è il frutto dell'operato dei cinque fratelli Rothschild» sostiene lo storico e scrittore Herbert H. Kaplan.

La presenza di cinque banche Rothschild in cinque diversi paesi permise di creare nuove vie per il denaro attraverso centri di interscambio, sostituendo il complicato passaggio di lingotti d'oro con un sistema mondiale di debiti e crediti. Uno dei maggiori successi dei Rothschild fu la nuova tecnica di Nathan per far fruttare i prestiti internazionali accettando in cambio valute di ogni tipo. L'astuzia di Nathan nel maneggiare il denaro era senza precedenti. «Maestro della ricchezza senza limiti che si vanta di essere arbitro della pace e della guerra e di avere nelle proprie mani l'economia delle nazioni»: così lo descriveva nel 1828 il membro del Parlamento T.P. Duncombe, in una lettera alla Camera dei Comuni britannica.

Il figlio maggiore, Amschel, continuò a rappresentare la famiglia in Germania. Nel 1836, su richiesta del rabbino Zvi Hirsch Kalisher, riconosciuto come uno dei precursori del movimento degli Amanti di Sion e degli stabilimenti nella Terra di Israele, cominciò a comprare terreni in Palestina e divenne proprietario del Monte del Tempio. Poi morì senza lasciare figli e a succedergli alla guida dell'attività a Francoforte, a partire dal 1855, furono i figli di Salomon e Carl.

Salomon, secondo figlio del patriarca, aprì la banca di famiglia a Vienna nel 1821, la M.S. von Rothschild. Tra gli altri concesse prestiti al principe Metternich e agli Asburgo. Ben presto, Salomon diventò uno dei più importanti finanziatori dello Stato austriaco, soprattutto per la costruzione della rete ferroviaria, e fu un personaggio di un certo rilievo nello sviluppo dell'economia del paese, oltre che uno dei maggiori proprietari terrieri e un grande collezionista d'arte francese e italiana e di oggetti di antiquariato.

Nel 1800 si era sposato con Caroline Stern (1782-1854) dalla quale ebbe due figli: Anselm Salomon (1803-1874) e Betty (1805-1886). Con la caduta di Metternich, Salomon perse parte della sua influenza politica, e la banca viennese una notevole quantità di denaro. A 74 anni, in seguito a forti pressioni, lasciò le redini dell'attività al figlio Anselm Salomon, che all'epoca aveva già sposato la cugina Charlotte (1807-1859), figlia di Nathan, capostipite del ramo londinese della famiglia e massimo patriarca dei Rothschild. La coppia ebbe otto figli. E, come se non bastasse, la figlia Mathilde (1832-1924) si sposò con il cugino Whilhelm Carl (1828-1901), esponente del ramo napoletano, uno dei più prolifici in termini di matrimoni endogamici. Dei cinque figli di Carl (a capo della banca italiana dal 1821) e della moglie Adelheid Herz, quattro si sposarono tra cugini. Erano così determinati nel voler mantenere la loro fortuna all'interno della famiglia che spesso finivano per unirsi in matrimonio tra parenti. James, capo del ramo parigino, si sposò con la nipote Betty, figlia di Salomon. Nathan, oltre ad aver sistemato la figlia Charlotte con il primogenito di Salomon, Anselm Salomon, organizzò le nozze di altri tre dei suoi tre figli con altrettanti cugini: Lionel e Louise sposarono i figli di Carl Charlotte e Mayer Carl, mentre a Nathaniel toccò un'altra Charlotte, una cugina di Parigi. «Furono celebrati diciotto matrimoni, di cui ben sedici endogamici. La moglie perfetta per un Rothschild era una Rothschild» dice Anka Muhlstein.

Le attività dei Rothschild nelle cinque grandi capitali diedero alla famiglia un vantaggio notevole sulla concorrenza. Controllavano un'ampia porzione della ricchezza del mondo industrializzato e di conseguenza avevano un'influenza considerevole sulla politica europea, grazie ad alleanze con figure di spicco come Metternich e Wellington. Inoltre, mentre Mayer Amschel Rothschild, fondatore della stirpe, era noto per essere un commerciante astuto ma con scarsa sensibilità, i suoi figli cominciarono a interessarsi anche alla filantropia e alla cultura, creando una delle collezioni d'arte più vaste della storia.

Un tale successo fu però causa di una forte ondata di antisemitismo diretta contro la famiglia. Si diffusero inquietanti teorie riguardo a complotti e affari poco trasparenti alla base della loro immensa ricchezza. Si diceva che dietro al motto «Concordia, Integritas, Industria» si nascondessero dei veri e propri «prìncipi dell'usura». «I Rothschild possono iniziare le guerre o evitarle. Una loro parola può creare o distruggere imperi» li accusavano. Il biografo di famiglia, Frederic Morton, autore de *I Favolosi Rothschild*, afferma che era difficile per le persone comuni «comprendere la ragione per cui, avendo già così tanto, i Rothschild volessero di più».

Non più solo padroni dei mercati monetari

Gli aristocratici francesi, orgogliosi della loro eleganza e delle loro origini superiori, consideravano i Rothschild contadini privi di buone maniere, semplici arricchiti da tenere al loro posto. Il fatto che possedessero enormi risorse finanziarie, le case più lussuose e gli abiti più cari ed eleganti non impressionava affatto la nobiltà francese. Tuttavia, dal 1818, quando la famiglia aveva comprato ingenti quantità dei buoni emessi dal governo di Luigi XVIII tramite i loro rivali Ouvrard e Baring Brothers, i Rothschild controllavano anche la Francia.

All'epoca, comunque, la vita degli ebrei era più facile in Francia che in altri paesi europei, dato che dalla rivoluzione del 1789 si erano visti riconoscere i pieni diritti civili, e James insieme alla moglie Betty seppe approfittare di questa accettazione sociale. «Lei era un'ottima anfitriona, parlava un francese impeccabile ed era molto sofisticata nell'aspetto e nei modi. Ai francesi piaceva. Tra le altre cose lanciò la carriera del pianista Chopin a Parigi» dice la storica Laura Schor. Come riconoscimento per il sostegno di James e Betty nel corso degli anni, nel 1847 Chopin dedicò il valzer op. 64, n. 2 in do diesis minore alla loro figlia Charlotte, sposata da cinque anni con il cugino inglese Nathaniel (1812-1870), quarto figlio di Nathan.

Qualche tempo prima, nel 1822, l'imperatore Francesco I d'Austria aveva insignito James e i suoi quattro fratelli del titolo ereditario di baroni, e il capo della banca dei Rothschild in Francia era diventato grande amico di Luigi Filippo, poi proclamato re di Francia in seguito alla rivoluzione del luglio 1830. Siccome il nuovo governo non aveva grandi finanze, a James fu chiesto di concedere dei prestiti che consentissero di raggiungere una certa stabilità. Ancora una volta la famiglia traeva vantaggio dai contatti con persone influenti. «Luigi Filippo aveva affidato la sua intera fortuna alla banca di James. Il re aveva trascorso parte dell'infanzia esiliato in Inghilterra, quindi aveva una mentalità molto aperta alle nuove idee sull'industria e sul sistema bancario e aveva visto che Rothschild sapeva il fatto suo» spiega Laura Schor. I Rothschild potenziarono (traendone anche beneficio) il ciclo economico espansivo con il quale la Francia entrò pienamente nella Rivoluzione industriale.

James, nato nel ghetto di Francoforte, si considerava francese, ma faceva spesso donazioni a ospedali, scuole e sinagoghe ebraiche.

«Aiutavano la comunità ebraica a livello economico, ma non frequentavano gli ebrei, neanche quelli appartenenti alle classi sociali più elevate. Preferivano intrattenersi con l'aristocrazia. James diventò una specie di re francese degli ebrei, ma un re lontano dai suoi sudditi» sostiene la scrittrice Anka Muhlstein. Come risultato della piena emancipazione degli ebrei, nel 1808 venne creato il Concistoro centrale degli israeliti in Francia e, fin da subito, divenne tradizione che il presidente di questa organizzazione fosse un membro della famiglia Rothschild.

Nei primi trent'anni del XIX secolo, i Rothschild avevano prestato denaro alla Danimarca, all'Inghilterra, alla Francia e alla Prussia, mediante un innovativo e complesso sistema di buoni che costituì il pilastro portante della loro attività bancaria per il resto del secolo. Il 21 luglio 1831, in seguito all'indipendenza del Belgio dai Paesi Bassi, saliva al trono Leopoldo I, il primo re belga, che ben presto scelse James come suo banchiere.

La concessione di prestiti alle corti europee procedeva a gonfie vele. A partire dal 1840, James introdusse la famiglia nel settore dell'industria, vedendo un grande potenziale economico nelle imprese che utilizzavano macchine a vapore. Cominciarono con la siderurgia. Possedevano miniere di stagno, mercurio e diamanti; costruirono i primi tratti ferroviari in Francia e, in seguito, in Austria, Ungheria e Sudamerica; ben presto c'erano loro dietro ogni sviluppo tecnologico, dietro ogni gigantesca infrastruttura del XIX secolo e dietro ai più ingenti prestiti in denaro.

L'ascesa nella società

Nel 1848 ebbe inizio in Francia una nuova, turbolenta rivoluzione. Le barricate privarono Luigi Filippo del potere, aprendo la strada alla Seconda Repubblica. Sembrava che James fosse destinato a perdere il patrocinio e l'influenza della corte francese, ma quando, nel 1852, salì al trono il figlio del fratello di Napoleone con il nome di Napoleone III, l'astuto Rothschild gli giurò subito fedeltà. «Il governo francese cambiava completamente dopo ogni rivoluzione. L'unico a rimanere era il barone James. Non aveva importanza chi ci fosse al potere, Rothschild era lì» afferma lo scrittore Frederic Morton.

Nel 1885, James incaricò l'architetto britannico Joseph Paxton della costruzione dell'enorme Château de Ferrières. «Quando seppe che il cugino inglese si era fatto costruire da Paxton la favolosa villa di Mentmore Towers, assunse l'architetto e gli disse: "Voglio una casa grande il doppio di Mentmore"» racconta lo scrittore Derek Wilson. James fece erigere il castello più grande e lussuoso della Francia del XIX secolo. In stile neorinascimentale, sorge maestoso nel dipartimento di Senna e Marna, 26 chilometri a est di Parigi, ed è abbastanza grande da ospitare cento uomini e ottanta cavalli, dispone di un treno sotterraneo per distribuire i pasti in ogni angolo della proprietà, ha una biblioteca con ottomila volumi, un lago e un giardino di 1,5 chilometri quadrati, il tutto su un terreno di 1500 ettari ricoperto di boschi.

Questo castello trasformò il barone James in un membro fondamentale dell'aristocrazia. Volle visitarlo addirittura Napoleone III, e James organizzò in suo onore un sontuoso ricevimento e una battuta di caccia. Fu il culmine della carriera sociale del minore dei fratelli Rothschild. «Se si pensa che James era cresciuto nel ghetto e che, in quanto giovane ebreo, era stato tenuto a scendere dal marciapiede per cedere il passo ai cristiani, ci si rende conto dell'incredibile ascesa sociale di cui è stato protagonista arrivando a cacciare con un imperatore» spiega Derek Wilson.

Durante la guerra franco-prussiana del 1870-71, lo Château de Ferrières fu confiscato dai tedeschi e fu lì che si tennero le trattative tra Otto von Bismarck, cancelliere della Confederazione Tedesca del Nord, e il ministro degli Affari esteri Jules Favre. I tedeschi si impadronirono nuovamente del castello quando occuparono la Francia durante la Seconda guerra mondiale e, in quell'occasione, rubarono diverse opere d'arte. Il castello rimase poi vuoto fino al 1959, quando il barone Guy Rothschild, bisnipote di James, e la sua seconda moglie Marie-Hélène van Zuylen van Nyevelt lo fecero ristrutturare, perché tornasse a essere scenario delle grandi feste della nobiltà europea e delle star di Hollywood. Nel 1975, il barone Guy donò il castello all'Università di Parigi, e oggi è aperto al pubblico per visite guidate ed eventi speciali.

James pagò le conseguenze del suo lussuoso stile di vita con frequenti attacchi di gotta e calcoli biliari, per poi morire di itterizia nel 1868. Fu l'ultimo dei cinque fratelli ad andarsene. In quegli anni i Rothschild avevano già percorso molta strada, ma la generazione successiva sarebbe giunta ancora più lontano entrando a far parte del governo britannico e finanziando le relazioni commerciali del paese con gli Stati Uniti.

Lo slancio della nuova generazione

A quei tempi, fatta eccezione per la Francia, esistevano ancora molte limitazioni ai diritti degli ebrei. «In Inghilterra, per esempio, potevano votare, ma non potevano essere eletti in Parlamento, o frequentare le scuole e università più prestigiose come Eton, Oxford e Cambridge» ricorda Anke Muhlstein. Nel 1836, quando Lionel (1808-1879), primogenito di Nathan, assunse il controllo dell'attività famigliare, vide l'opportunità per rompere queste barriere attraverso la partecipazione diretta alla politica del paese. La Gran Bretagna era percorsa da un'ondata di riforme sociali: il voto si estendeva ai ceti meno abbienti e cresceva l'accettazione popolare davanti al fatto che alcune minoranze, come cattolici ed ebrei, potessero godere dell'uguaglianza di diritti politici.

Quando Nathan morì all'improvviso, nel 1836, il figlio Lionel si ritrovò, a soli 28 anni, a capo dell'attività dei Rothschild a Londra. Nel 1847 si presentò come candidato liberale alla Camera dei Comuni per la City di Londra, il distretto finanziario in cui godeva di grande popolarità. Ottenne la maggioranza dei voti, ma per avere un ruolo politico avrebbe dovuto prestare giuramento di fedeltà alla religione cristiana. Come spiega Derek Wilson, «Lionel, di fede ebraica, non poté fare questo giuramento e quindi non gli permisero di occupare il seggio che gli spettava». Si ripresentò alle elezioni successive, e fu eletto di nuovo. Chiese allora di poter giurare solo sull'Antico Testamento, ma quando omise l'espressione «una vera fede di cristiano» il Parlamento invalidò il voto per la seconda volta. Vinse le elezioni per ben cinque volte, ma nonostante la sua posizione tanto privilegiata, il fatto di essere ebreo rappresentava un ostacolo. L'impasse continuò fino a quando «dieci anni dopo, venne modificata la regola del giuramento e, alla fine, poté entrare nella Camera dei Comuni» spiega Wilson.

Il 26 luglio 1858 Lionel Rothschild prestò giuramento con in testa la kippah e pronunciando la parola «HaShem», con cui gli ebrei indicano Dio. Diventava così il primo membro ebreo del Parlamento britannico, un grande passo avanti nella lunga campagna per la libertà religiosa e l'accettazione degli ebrei nella vita politica. Poco dopo, si unì alla Camera dei Comuni anche il fratello Mayer (1818-1874), eletto deputato per Hythe. Ventisette anni dopo, nel 1885, la regina Vittoria nominava lord il figlio maggiore di Lionel, Nathan «Natty», il primo ebreo a sedere nella Camera dei Lord britannica.

Prima di lui però, Lionel era già diventato un autentico cavaliere inglese in quanto membro del Parlamento. Si era sposato con la cugina napoletana Charlotte (1819-1884), figlia di Carl, e la coppia intratteneva il fior fiore della società dell'epoca nella villa di Piccadilly. I loro tre figli, Nathan (1840-1915), Alfred Charles (1842-1918) e Leopold (1845-1917) si costruirono delle maestose ville in campagna. «Erano tanto maestose e importanti che spesso la zona su cui sorgevano i castelli di Mentmore, Tring e Ascott veniva chiamata la "contea dei Rothschild"» segnala Wilson. Queste tre residenze non potevano però competere con quella del loro vicino: il cugino Ferdinand, erede dei Rothschild tedeschi. Waddesdon Manor, nel Buckinghamshire, una sessantina di chilometri a nord di Londra, era ispirata ai castelli francesi del XVI secolo e traboccava di opere d'arte.

Il barone Ferdinand (1839-1898) era il secondogenito di Anselm, quindi nipote di Salomon (capostipite della Casa viennese) dal lato paterno, e della «Charlotte britannica» da quello materno. Nel 1865 sposò la cugina Evelina (1839-1866), figlia del parlamentare Lionel Rothschild. La fortuna dei Rothschild rimaneva in famiglia, come nella generazione precedente. La povera Evelina morì l'anno dopo mettendo al mondo il primo figlio, che a sua volta non sopravvisse al parto. Ferdinand non si risposò e quando morì anche lui la sua immensa collezione d'arte rinascimentale diventò proprietà del British Museum con il nome di «lascito Waddesdon». Waddesdon Manor rimase alla sorella minore di Ferdinand, Alice Charlotte, e a suo figlio James Armand, che in seguito la donerà al National Trust, l'organismo statale britannico incaricato di proteggere e conservare i luoghi storici. La stessa sorte toccherà poi a numerose abitazioni di proprietà dei Rothschild britannici da quando dovettero cominciare a pagare le tasse.

Stando alle volontà espresse dal patriarca, Ferdinand non avrebbe dovuto ereditare le proprietà tedesche, che spettavano al fratello maggiore Nathaniel Mayer Anselm, primogenito maschio di Anselm. Nel 1855 Nathaniel assunse la direzione della banca tedesca, la M.S.

von Rothschild, alla quale lo zio Amschel, il maggiore dei cinque fratelli pionieri morto senza eredi, aveva dedicato tanti anni di vita. Anselm, figlio di Salomon, ereditò quindi il titolo di barone e le redini della Casa Rothschild tedesca, che amministrò insieme ai beni e alle attività che possedeva in Austria. Ebbe tre figlie femmine, che per tradizione famigliare non avevano diritto all'eredità. Due di loro, Julie e Mathilde, si sposarono con i cugini napoletani Adolph Carl e Wilhelm Carl Rothschild; per la terza, Louise Sara, fu combinato nel 1858 il matrimonio con un aristocratico italiano, il barone Raimondo Franchetti, famoso esploratore che viaggiò a lungo per l'Etiopia tra il 1920 e il 1930 e fu consigliere di Benito Mussolini.

Quando finalmente arrivò il tanto atteso erede maschio, Nathaniel Mayer Anselm, non fu all'altezza delle aspettative e delle esigenze del padre, che lo considerava stravagante e irresponsabile. Per questo motivo fu Ferdinand, il fratello minore, a ereditare il titolo e le responsabilità all'interno dell'impresa di famiglia in Germania, nonché i beni immobili in Austria. Nel frattempo, il fratello maggiore si dedicò a costruire case e collezionare opere d'arte, le altre due grandi passioni della famiglia oltre ad accumulare denaro. Il terzo maschio di questo ramo dei Rothschild, Albert Salomon Anselm, rispettò la tradizione sposandosi con Bettina Caroline Rothschild, una Rothschild francese, e siccome era il più capace e aveva degli eredi maschi, si fece carico degli affari viennesi alla morte del padre, nel 1874.

Protagonisti della Rivoluzione industriale

Nel 1873, la Rothschild Frères francese e la Rothschild & Sons N.M. di Londra si unirono ad altri investitori per acquistare dal governo spagnolo le miniere di rame del Río Tinto, nella provincia di Huelva, che stavano subendo grosse perdite. Le pagarono 3,5 milioni di lire sterline, circa 92 milioni di pesetas dell'epoca. Intorno al 1880, i Rothschild possedevano, oltre a un ufficio di supervisione delle estrazioni in miniera, anche un ufficio di rappresentanza in via Ventura de la Vega a Madrid. Cominciarono con lo sfruttare i giacimenti, dopodiché costruirono anche la linea ferroviaria che li univa alla capitale della provincia andalusa e i moli nel porto di Huelva, ed eressero forni e fonderie sul posto e in Inghilterra. Dopo i lavori di ristrutturazione, la miniera diventò una grande fonte di guadagno e contribuì in maniera significativa alla Rivoluzione industriale iniziata negli ultimi anni del XIX secolo, fornendo materie prime ai due settori di maggiore rilievo: quello dell'elettricità e l'industria chimica.

Inoltre, nel 1875, la banca del parlamentare Lionel finanziò il governo britannico per l'acquisto del canale di Suez, fondamentale per accorciare le rotte di navigazione verso l'India e il Nordafrica. Quando il pascià dell'Egitto fu costretto dall'ingente debito estero del paese a mettere in vendita la sua parte di azioni del Canale, il primo ministro britannico Benjamin Disraeli temette che l'importante via di navigazione artificiale cadesse in mano ai francesi; gli mancavano però i 4 milioni di sterline necessari per comprare le azioni dal governo egiziano e li chiese in prestito all'amico Lionel, che ovviamente non si tirò indietro segnando un altro colpo da maestro per la famiglia Rothschild. Con il passaggio attraverso il Canale garantito, l'Impero britannico continuò a espandersi in Africa e in India. Lionel cominciò a investire nelle ferrovie come già suo zio James stava facendo in Francia.

Mentre Lionel si dedicava a dirigere la banca e, soprattutto, all'attività politica, il fratello Anthony Nathan (1810-1876), sposato con la cugina Louise Montefiore, arrivò ad avere una certa responsabilità nell'azienda di famiglia. Conosceva diverse lingue, si era laureato presso le Università di Göttingen, in Germania, e di Strasburgo, in Francia, e aveva completato la sua formazione lavorando nelle filiali di Londra, Parigi e Francoforte. In particolare, fu una figura chiave nella creazione e gestione della Chemin de Fer du Nord, la compagnia per l'espansione della rete ferroviaria francese, e più avanti partecipò alla costruzione di linee ferroviarie in tutta Europa, in Brasile e in Messico. Così come altri membri della famiglia, Anthony era un raffinato collezionista d'arte e antiquariato, passione che saltava subito all'occhio entrando nella sua sfarzosa residenza di Londra, in Grosvenor Place, e nella Aston Clinton House, la villa nel Buckinghamshire dove si dedicava anche all'allevamento di cavalli da corsa, come poi avrebbero fatto molti altri discendenti della famiglia. Ebbe due figlie (Constance e Annie Henrietta), ma nessun erede maschio; quindi, alla sua morte, il titolo passò al nipote Natty, figlio maggiore di Lionel.

Ma c'era un terzo figlio maschio nel ramo britannico creato dal brillante Nathan: si trattava di Nathaniel, sposato con la cugina «Charlotte francese», figlia di James e Betty, quella a cui Chopin aveva reso omaggio con un famoso valzer. Nathaniel, nato e cresciuto a Londra, nel 1850 si trasferì a Parigi, dove per un paio d'anni lavorò nella banca dei suoceri. Tuttavia il mondo della finanza non gli interessò mai particolarmente e nel 1853 acquistò Château Brane Mouton, una vigna a Pauillac, nel dipartimento della Gironda, nel Sudest della Francia. Nathaniel cambiò il nome del vino da lui prodotto in Château Mouton Rothschild, che ben presto divenne uno dei più venduti al mondo. Oggi, a cinque generazioni di distanza, è ancora di proprietà della famiglia.

Dei cinque rami nati dai cinque fratelli pionieri, l'unico che non sopravvisse al cambio di secolo fu quello napoletano. L'unità d'Italia, nel 1861, con la conseguente riduzione dell'aristocrazia, principale cliente di Carl Rothschild, portò alla chiusura della sua banca. A quel punto comunque già quattro dei suoi figli erano sposati con altri Rothschild. Il quinto, Anselm Alexander Carl (1835-1854), morì prima di poter celebrare le nozze con una cugina.

Il XX secolo: l'importanza della segretezza

Nel 1879 Lionel morì a causa di un attacco di cuore. All'epoca i Rothschild avevano smesso di dedicarsi solo al finanziamento dei governi e servivano più che altro imprese private. «L'apogeo del potere politico della famiglia fu intorno al 1880. Poi, da quando i governi cominciarono ad applicare politiche fiscali pubbliche, ebbero sempre meno bisogno di finanziamenti privati» spiega l'economista Tony Spiva. Fino a quel momento però, i Rothschild dominarono il mercato dei buoni internazionali, la compravendita di prodotti come cotone, tabacco, zucchero, rame e mercurio e i trasporti ferroviari. L'ammontare della fortuna dei Rothschild rimaneva un segreto. L'unico indizio della loro ricchezza sconfinata erano le case in cui vivevano e la sterminata collezione di opere d'arte in loro possesso, forse la più vasta di tutti i tempi.

Qual era nel frattempo la situazione dell'impresa famigliare sull'altra sponda dell'Atlantico? A partire dal secondo decennio del XIX secolo, i Rothschild si erano posti come obiettivo l'espansione negli Stati Uniti. La storia rivela che furono coinvolti nel finanziamento di entrambi gli schieramenti durante la guerra civile americana. Nel

1862-63, Lincoln avrebbe posto un freno alle attività dei Rothschild rifiutandosi di pagare gli interessi esorbitanti che richiedevano, e limitando costituzionalmente gli interessi bancari di tutto il paese.

I Rothschild non si fecero intimorire dalle prime difficoltà incontrate negli Stati Uniti, e tra la fine della guerra civile (1865) e il 1914 si unirono alla Kuhn, Loeb & Company e alla J.P. Morgan per fare affari nel paese. Ciò permise a John D. Rockefeller di estendere il suo impero petrolifero, nonché di finanziare le attività di Edward Harriman nel settore delle ferrovie e di Andrew Carnegie in quello dell'acciaio. Si dice anche che i Rothschild arrivarono a partecipare indirettamente alla creazione della Riserva Federale degli Stati Uniti, nel 1913.

L'inizio del XX secolo portò numerosi cambiamenti politici e sociali in tutta Europa. Fino a poco prima della Prima guerra mondiale, il potere della famiglia in Gran Bretagna era nelle mani di Nathan «Natty» Mayer, primogenito di Lionel, che nell'aprile 1867 si era sposato con la cugina Emma Louise, nipote di Carl, fondatore della Casa napoletana. Natty era innanzitutto un banchiere, ma si dedicava anche alla politica. In quegli anni gli interessi della Gran Bretagna erano profondamente legati ai Rothschild e durante il suo mandato la banca continuò a essere la principale finanziatrice dei governi di Stati Uniti, Russia e Austria. Concesse un prestito anche a De Beers, il proprietario delle più importanti miniere di diamanti del Sudafrica, e diventò uno dei suoi maggiori azionisti. Alcuni esperti (tra cui Daniel Yergin, vincitore del Pulitzer per *Il premio*) affermano che Natty fu decisivo al momento di modernizzare la Royal Navy, fornendo i soldi necessari a modificare le imbarcazioni in modo che invece del carbone (proveniente dal Galles) utilizzassero il petrolio. Questa mossa portò notevoli vantaggi alla famiglia che, insieme ai Rockefeller, era proprietaria della Standard Oil, poi Exxon.

Alla morte di Natty, nel 1915, la sede di Londra non passò a uno dei suoi figli, come avrebbe voluto la tradizione. Il primo, Lionel Walter (1868-1937), fin da piccolo non aveva mostrato alcun interesse per l'attività famigliare, anche se per dieci anni fu costretto a lavorarci. Nel 1908 gli fu permesso di rinunciare all'incarico e, invece di collezionare arte come molti suoi parenti, decise di collezionare animali, fondando un museo zoologico: aveva infatti studiato Zoologia al Magdalene College di Cambridge. Diventò famoso quando guidò un carro trainato da sei zebre fino a Buckingham Palace, per dimostrare che era possibile addomesticarle.

Per un certo periodo si dedicò anche alla politica e con il Partito liberale unionista fu membro del Parlamento dal 1899 al 1910. Ma si fece notare soprattutto in quanto sionista: per anni lavorò al progetto per la proclamazione di una patria ebraica in Palestina. I suoi sforzi furono ricompensati il 2 novembre 1917, quando ricevette una lettera del ministro degli Affari Esteri britannico, Arthur Balfour, in cui il governo dichiarava il proprio appoggio alla costituzione in Palestina di un «focolare nazionale per il popolo ebraico». Si stavano ponendo le basi del futuro Stato di Israele, e l'aristocratico zoologo, leader degli ebrei britannici, era uno dei primi a esserne a conoscenza.

Nemmeno il figlio minore di Natty, Nathaniel Charles (1877-1923), mostrò una grande inclinazione per la finanza. Come il fratello maggiore, preferì la zoologia e in particolare si dedicò all'entomologia. Descrisse cinquecento nuove specie di pulci in un catalogo che oggi si trova nella Collezione Rothschild del British Museum, e siccome non avrebbe ereditato alcun titolo (dato che spettava di diritto al fratello maggiore), né la banca, decise di non sposarsi con una cugina, ma con l'ungherese Rozsika Edle von Wertheimstein, discendente di un'illustre famiglia ebraica. Nel 1923, a 46 anni, Nathaniel Charles scoprì di soffrire di encefalite e si suicidò.

Cominciano gli attriti

I Rothschild continuavano a occuparsi dell'attività bancaria, ma siccome non avevano sviluppato una strategia per affrontare le turbolenze degli anni Venti e Trenta, l'impressionante crescita dell'impresa famigliare subì una battuta d'arresto. Ma chi era a capo della filiale inglese? L'erede di lord Natty fu il nipote Lionel Nathan (1882-1942), figlio maggiore di Leopold, ma dato che il suo interesse principale erano l'orticoltura e la creazione dei Giardini di Exbury, e dato che Evelyn, il secondogenito, era caduto in battaglia durante la Prima guerra mondiale, fu il terzo fratello, Anthony Gustav (1887-1961), a occuparsi della banca, lasciandola poi in eredità al figlio sir Evelyn de Rothschild (1931).

E chi portava il titolo di barone d'Inghilterra? Lo zoologo Walter non si sposò mai, ma ebbe una figlia da una delle sue amanti. Figlia illegittima e femmina, non poteva certo sperare di ottenere qualche privilegio della famiglia. Siccome il fratello minore, Nathaniel Charles, morì prima di lui, il titolo fu ereditato dal figlio di quest'ultimo, Victor Rothschild, a 26 anni. Il barone Victor, biologo, mostrò fin da subito di prediligere la scienza piuttosto che le banche, e fino al 1970 fece parte del dipartimento di Zoologia dell'Università di Cambridge. Inoltre, fu consulente per la sicurezza di Margaret Thatcher.

Sua sorella Miriam (1908-2005), raccogliendo l'eredità dello zio Walter, arrivò a essere la più grande esperta dell'epoca nei meccanismi di salto della pulce e gli studiosi britannici la soprannominarono affettuosamente «Regina delle pulci». Nel 1985 entrò a far parte della prestigiosa Royal Society; assistette alla fine della Società per la promozione delle riserve naturali fondata da suo padre, e divenne presidente dell'ente che la sostituì, la Società reale per la conservazione della natura. Prima di morire, nel 2005, all'età di 97 anni, aveva pubblicato più di trecento articoli di ricerca e una serie di libri scientifici e divulgativi, e ricevuto lauree ad honorem da otto università, tra cui Oxford e Cambridge. Tutto questo nonostante la sua formazione accademica si riducesse alle lezioni serali di zoologia della Scuola politecnica di Chelsea, Londra, seguite tra il 1928 e il 1933.

Alla morte di Victor, il figlio Jacob (1936) diventò il quarto barone Rothschild, due secoli dopo che la banca delle banche aveva cominciato l'espansione del suo impero in Europa. Tuttavia, prima di arrivare al potere, dovette confrontarsi con il padre e il cugino: l'inizio della contesa risaliva al 1980, quando Jacob lavorava alla N.M. Rothschild & Sons di Londra, «e voleva espandersi e aprire l'attività anche a investitori esterni. Voleva approdare alla borsa per attrarre grandi capitali e trattare i titoli» spiega il giornalista del «Business Week» Anthony Bianco. Suo cugino sir Evelyn invece, diretto rivale nella successione, voleva seguire un percorso più sicuro e tranquillo, mantenendo il ruolo di banca d'élite conquistato dopo una ventina d'anni di declino. Grazie all'appoggio del biologo Victor, che a sorpresa si schierò contro suo figlio, prevalse la visione conservatrice di Evelyn. Come conseguenza del «colpo di Stato» istigato dal padre, Jacob dovette cedere la presidenza della banca londinese N.M. Rothschild al cugino Evelyn. Jacob, dopo aver perso la battaglia per il controllo dell'attività famigliare, vendette la propria partecipazione alla banca e creò l'impresa d'investimento indipendente Rothschild Investment Trust (oggi RIT Capital Partners), una società specializzata in operazioni di borsa che quota i titoli del mercato di Londra.

Questa disputa per il potere fu all'origine della prima frattura in Casa Rothschild. «Jacob è un investitore di grande successo. Lui e il figlio Nathaniel "Nat" valgono sul mercato più di 2000 milioni di euro» assicura Bianco. Evelyn, alla presidenza della N.M. Rothschild & Sons, gestì la banca come una «boutique degli affari», si dedicò alle consulenze e non mise mai a rischio il proprio denaro, accumulando guadagni notevoli. Il suo maggiore successo fu quello di riunire, per la prima volta dall'epoca della guerra contro Napoleone, il ramo inglese e quello francese, siglando un «matrimonio di convenienza» nel 2007. La fortunata figlia di questa fusione si chiama Société Paris-Orléans.

I banchieri ebrei con Hitler al potere

Ma facciamo un passo indietro. Cosa accadde agli altri rami della famiglia? Perché all'inizio del XXI secolo ne rimanevano solo due? Quando Hitler dominava l'Europa, i nazisti misero gli occhi sulla famiglia Rothschild, che grazie alla propria fortuna non dovette subire la spietata persecuzione di cui furono vittime altri ebrei. Fu arrestato solo un illustre membro della famiglia, residente a Vienna, il barone Louis Rothschild, che non sfuggì alla persecuzione antisemita di Hitler nonostante avesse la possibilità di farlo grazie al denaro e alle conoscenze. «Lo portarono al quartier generale della Gestapo, poi fu trasferito in un hotel adibito a prigione dove alloggiavano alcuni membri "vip" della comunità ebraica» racconta Frederic Morton.

La parte austriaca della famiglia fu quella che più subì le conseguenze della Seconda guerra mondiale: la banca cadde in mano ai nazisti nel 1938 e i Rothschild dovettero fuggire dal paese. Persero tutto. I loro palazzi, noti per la grandezza e per le enormi collezioni di quadri, armature, arazzi e sculture che contenevano, furono confiscati, saccheggiati e distrutti. I Rothschild riuscirono tutti a scappare: alcuni andarono negli Stati Uniti, ma la maggior parte a poco a poco tornò in Europa, dove alla fine del conflitto cominciò a reclamare i propri beni. Nel 1999 il governo austriaco restituì ai Rothschild viennesi circa 250 opere d'arte rubate dai nazisti che, terminati i combattimenti, erano state esposte nei musei statali. «Dopo la guerra tornarono alla normalità, ma non recuperarono mai il loro eccentrico stile di vita» racconta la scrittrice Anka Muhlstein.

Solo un membro della famiglia francese morì a causa delle persecuzioni antisemite: fu Elisabeth Pelletier de Chambure (1902-1945), detta Lili, moglie del barone Philippe (proprietario dell'azienda vinicola Château Mouton di Bordeaux), baronessa di Rothschild e viscontessa Chambure, che non era nemmeno ebrea. Il marito era fuggito dalla Francia di Vichy a Londra, per unirsi alle forze di Charles de Gaulle. A Elisabeth, figlia di un importante conte e di una famiglia cattolica della regione della Borgogna, non toccò la stessa sorte. Nel 1941 fu arrestata dalla Gestapo, accusata di voler attraversare la linea di demarcazione con un permesso falso e rinchiusa a Ravensbrück, un campo di concentramento una cinquantina di chilometri a nord di Berlino, dove trovò la morte.

Dopo la liberazione, il barone Philippe de Rothschild tornò a Parigi insignito della Croix de Guerre e lì venne a sapere della morte di Lili. Devastato, tornò alle sue vigne e le trovò distrutte dal passaggio dei tedeschi, ma non si scoraggiò e riprese in mano la situazione incaricando Philippe Jullian (1919-1977) di disegnare per le sue bottiglie di vino un'etichetta con la «V» di vittoria. Ancora oggi, ogni anno un artista diverso si occupa di realizzare l'etichetta di quest'ottimo vino.

Il ramo francese era passato direttamente dal pioniere James al figlio maggiore Alphonse (1827-1905), che si sposò con la cugina Leonora. Il primo figlio della coppia, Édouard (1868-1949), si assunse la responsabilità di dirigere la Rothschild Frères di Parigi aiutato da alcuni dei suoi numerosi cugini, fino a quando, nel 1940, fu costretto a lasciare il paese occupato dai nazisti, portandosi dietro moglie e figli. Tornarono dopo la liberazione, nel 1944. Édouard morì cinque anni dopo, all'età di 81 anni. A quel punto aveva già passato il testimone al suo secondogenito (il primo, Alphonse, era morto a soli cinque anni in seguito a un intervento di appendicite), l'aristocratico e galante barone Guy (1909-2007), noto allevatore di cavalli e pilota di auto da corsa, nonché bisnipote del più giovane dei cinque pionieri, James Rothschild. Dopo la liberazione, Guy avrebbe ricostruito la banca francese.

Negli anni Cinquanta, Guy assunse Georges Pompidou e la collaborazione tra i due diede i suoi frutti quando quest'ultimo diventò primo ministro e poi presidente. Negli anni seguenti i leader gaullisti, come Jacques Chirac e Édouard Balladur, chiesero spesso consiglio al barone Guy. I rapporti con il potere cambiarono radicalmente nel 1981, quando il governo socialista di François Mitterrand nazionalizzò la banca. Il barone Guy fu risarcito economicamente, ma sentì di essere stato affondato: aveva lavorato per quasi quarant'anni e «gli avevano portato via tutto» come dichiarò al momento del congedo. Si trasferì per qualche tempo a New York, ma tornò nel 1984, quando cambiò la politica socialista, e insieme al figlio David ricostruì la banca francese «cominciando con poco. Non poteva usare il cognome di famiglia, ma aveva la reputazione e le conoscenze giuste, che lo aiutarono molto» spiega la giornalista del «Financial Times» Chrystia Freeland.

La brama di ricchezza

All'inizio degli anni Novanta era già chiaro che la banca britannica e quella francese sarebbero sopravvissute in un mercato finanziario sempre più spietato solo unendo le forze. Innanzitutto, nel 2003, unificarono la gestione delle attività bancarie in una società chiamata Concordia, una struttura di gestione comune creata appositamente. Poi, nel 2007, i due rami si fusero. Così, quando sir Evelyn (uscito vincitore dalla contesa con Jacob) a 75 anni abbandonò la presidenza della banca britannica, il suo omologo francese David Rothschild (figlio di Guy) prese in mano le redini di entrambe le imprese, riunite sotto il nome di Paris-Orléans, una società nuova di cui la famiglia Rothschild possiede il 51,10 per cento del capitale. Sir Evelyn, azionista principale del ramo inglese, si ritirò nella sua lussuosa casa di Ascott, nel Buckinghamshire, fatta erigere dai nonni e oggi proprietà della National Trust, lasciando in mano ai tre figli (Jessica, Anthony e David) la partecipazione alla nuova società e ricevendo circa la metà del ricavato dall'emissione delle azioni, pari a circa 1200 milioni di euro.

David Rothschild, fino a quel momento a capo della parte francese della famiglia, diventava nuovo presidente della Paris-Orléans e da allora ha sempre prestato grande attenzione alle manovre di lord Jacob Rothschild e di suo figlio Nat, giovane brillante a capo della compagnia di investimenti RIT, dato che entrambi esercitano una forte influenza nel settore delle speculazioni, almeno prima della crisi finanziaria del 2010, e hanno ostacolato diverse acquisizioni di banche da parte della Paris-Orléans. Rivalità, conflitti e desiderio di vendetta sono latenti dal 1980, ma nessun Rothschild arriva per questo a trascurare quello che da sempre è il principale obiettivo della famiglia: accumulare guadagni.

Nat invece, che erediterà il titolo nobiliare dal padre, il barone Jacob, dopo essere stato allontanato dalla casa madre dei Rothschild prosegue un suo percorso basato sulle consulenze ai nuovi ricchi della Russia. Gli analisti prevedono che se sarà in grado di superare la crisi che negli ultimi anni ha colpito i mercati finanziari, nel secondo decennio del XXI secolo potrebbe diventare non solo ricco, ma «il più ricco» del clan. Per ora si muove con un aereo privato tra le residenze di Londra, Parigi, Mosca, New York e in Svizzera, e ha ereditato dai suoi antenati il gusto per il lusso e la bella vita, nonché il desiderio di mantenersi lontano dai riflettori dell'opinione pubblica.

Leggende e teorie del complotto

Com'è noto, la ricchezza genera ricchezza e se due secoli fa questa famiglia era essenzialmente proprietaria dell'Impero britannico, è plausibile che oggi possieda una fortuna ancora maggiore, ma anche molto più frammentata tra centinaia di parenti con lo stesso cognome. Alcuni analisti ritengono che ad oggi la famiglia Rothschild controlli tutte le centrali bancarie del mondo. Altri affermano con certezza che ci siano loro dietro alla Federal Reserve degli Stati Uniti fin dal momento della sua creazione (alla quale parteciparono) e che controllino la Banca d'Inghilterra dalla metà dell'Ottocento. C'è poi chi sostiene che i Rothschild siano stati un pilastro portante di tutti gli avvenimenti politici e finanziari a partire dal 1770.

Secondo altri esperti, queste convinzioni fanno parte delle teorie del complotto che da secoli perseguitano la famiglia. Queste teorie assumono forme differenti: si dice che facciano parte degli Illuminati, che controllino la ricchezza del mondo agendo nell'ombra delle più importanti istituzioni finanziarie o, come sosteneva la propaganda nazista, che fomentassero le guerre tra i governi per trarne beneficio, un'idea che si trascina da quando «i Rothschild decisero il risultato delle guerre napoleoniche fornendo aiuti economici alla Gran Bretagna, ma non per questo devono rimanere per sempre seduti al banco degli imputati» dice lo storico e scrittore Niall Ferguson.

Secondo il biografo Frederic Morton, la naturale inclinazione della famiglia per la segretezza è una delle cause di tante elucubrazioni. «Molto tempo fa il fondatore della dinastia ordinò ai figli di rimanere dietro le quinte del potere in Europa, al sicuro da qualsiasi tipo di arma, compresa la pubblicità. Oggi la famiglia continua a scegliere l'invisibilità, portando alcuni a credere che il potere e l'influenza che detenevano siano ormai solo una leggenda. E i Rothschild sono ben contenti di lasciare che sia la leggenda a parlare per loro nelle pubbliche relazioni» spiega Morton, e aggiunge che siccome le decine di industrie, attività commerciali, miniere, imprese turistiche e vinicole dei Rothschild (in aggiunta al mercato internazionale dell'oro) sono private e non portano il loro nome, la famiglia non è tenuta a rendere pubblico alcun bilancio o altri documenti sulla propria situazione finanziaria. «La volontà della famiglia di passare inosservata e la ricerca dell'anonimato sono tali che oggi il nome Rothschild è legato solo a piccole banche di investimento» afferma l'economista e giornalista Walter Gustavo Graziano.

Ciò che non hanno mai nascosto è il legame tra il cognome Rothschild e un prodotto molto speciale ed esclusivo, il vino. Le due marche appartenenti alla famiglia sono rinomate a livello mondiale. Il Mouton Cadet è senza dubbio il vino di Bordeaux più diffuso in assoluto. All'inizio la famiglia entrò nel mercato della viticoltura vedendolo come un investimento immobiliare. Ogni marca fu acquisita da un membro della famiglia: Nathaniel, il figlio minore del fondatore della banca londinese, dopo le nozze con la cugina francese Charlotte, nel 1853, comprò lo Château Mouton Rothschild. Nel 1868 suo zio, il barone James, capostipite del nucleo francese, acquistò le vigne del fondo confinante che diventarono lo Château Lafite Rothschild. Il barone James morì appena tre mesi dopo e i vigneti furono spartiti tra i figli Alphonse, Gustave e Edmond. A partire da allora nacque una certa rivalità tra le due marche, più o meno amichevole a seconda dei periodi.

La Classificazione ufficiale dei vini di Bordeaux del 1855 non incluse il vigneto Château Mouton tra i *premier cru*, massimo riconoscimento che invece spettò allo Château Lafite Rothschild e ad altri tre vini. Nathaniel era indignato, ma fu il suo bisnipote, il barone Philippe (1902-1988) a lottare per la riqualificazione. Philippe, prima di sposarsi con Lili, era un famoso dongiovanni con la passione per le gare automobilistiche, ma non si tirò indietro quando a soli vent'anni dovette farsi carico dell'azienda vinicola. Era un intruso nel ristretto mondo del vino di Bordeaux, ma aveva le capacità imprenditoriali tipiche dei Rothschild e decise di esercitare il proprio controllo su tutto il processo di produzione, dalle vigne al bicchiere: cominciò quindi a imbottigliare nella propria azienda. Prima di allora il vino era venduto sfuso, e spettava poi ai commercianti occuparsi di imbottigliarlo, etichettarlo e venderlo, ma l'idea del barone Philippe fu subito copiata dagli altri produttori della zona.

Poco dopo pensò di incaricare ogni anno un artista famoso per disegnare le etichette delle bottiglie di Mouton Rothschild. Tra questi compaiono Jean Cocteau (nel 1947), Georges Braque (1955), Salvador Dalí (1958), Georges Mathieu (1961), Henry Moore (1964), Joan Miró (1969), Pablo Picasso (1973), Robert Motherwell (1974), Andy Warhol (1975), John Huston (1982), Keith Haring (1988), Francis Bacon (1990) e Antoni Tápies (1995).

Nel 1932 creò il Mouton Cadet, un bordeaux di qualità a basso prezzo che ebbe un successo tale che per rispondere alla domanda dovettero comprare l'uva di altri vigneti della regione. Dopo centovent'anni di sforzi, nel 1973, Philippe ottenne ufficialmente il riconoscimento di *premier cru* per lo Château Mouton. È l'unico cambiamento che sia mai stato apportato a questa classificazione. Solo un Rothschild poteva riuscirci. Il barone Philippe morì nel 1988, a 85 anni. Con il passare del tempo, le donne Rothschild avevano cominciato a ereditare, soprattutto se non c'era un figlio maschio a portare avanti la stirpe, quindi l'azienda vinicola passò all'unica figlia e discendente del barone, Philippine, che ne ha aumentato il prestigio e la produzione, e si è lanciata in investimenti vinicoli internazionali con l'acquisto di vigneti in Cile e in California. Prima di ereditare l'azienda del padre, la baronessa aveva ottenuto un discreto successo anche come attrice, usando il nome d'arte Philippine Pascal. Insieme ai tre figli Camille (1961), Philippe (1963) e Julien (1971), la baronessa continua a raccogliere premi e consensi nell'esclusivo mondo del vino.

A pochi chilometri di distanza, un altro barone Rothschild dirige l'azienda che produce lo Château Lafite Rothschild, intavolando un duello amichevole con la cugina Philippine. Dal 1974 il barone Eric, come rappresentante della settima generazione da quando i suoi antenati erano entrati nel mondo della finanza e della quinta da quando erano a capo dell'azienda vinicola, ha esteso la marca, di cui oggi è proprietario insieme ai baroni David, Édouard, Robert, Nathaniel e Benjamin Rothschild. Nel 2008 la sua compagnia Domaines Barons de Rothschild (DBR) si è dedicata alla produzione di vini premium (il più famoso è lo Château Lafite), con attività in Portogallo, Francia, Argentina, Cile e, di recente, anche in Cina, dove possiedono venticinque ettari di vigne nella regione di Penglai con cui vogliono creare il primo *grand cru* cinese. Inoltre, Eric si occupa di finanza: è insieme al cugino David il socio principale della Rothschild et Compagnie Banque (RCB), una piccola banca di investimenti che opera in tutto il mondo.

È strano che una famiglia di banchieri copra tante generazioni. «Tutte le grandi famiglie di banchieri, senza eccezioni, sono andate in rovina o sono state assorbite da grandi gruppi di investimento e, quindi, sono scomparse» sostiene Anthony Bianco. Chrystia Freeland conclude: «Con mercati finanziari complessi come quelli di oggi, avere la consulenza di un Rothschild è molto tranquillizzante. È proprio questo il valore del marchio di famiglia».

9

I Barrymore

Non ho paura di nulla.
Sono stata all'inferno e sono tornata,
e non è stata esattamente una vacanza.

DREW BARRYMORE (N. 1975)

I Barrymore

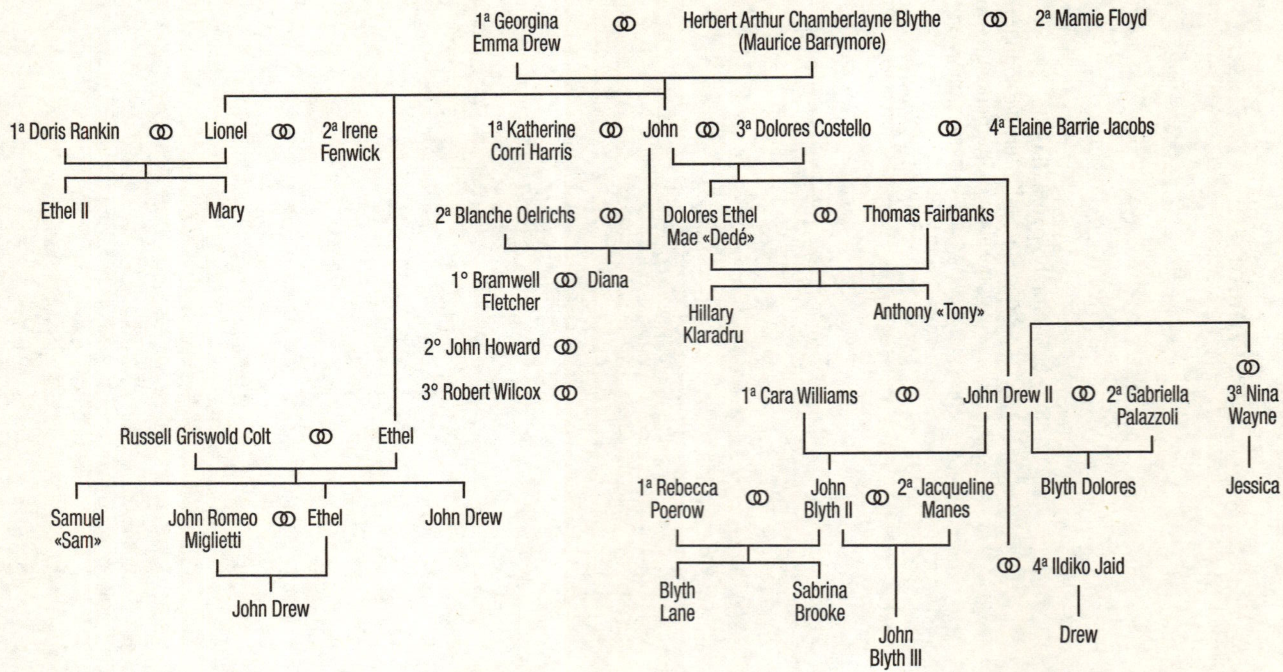

1ª Georgina Emma Drew
Herbert Arthur Chamberlayne Blythe (Maurice Barrymore)
2ª Mamie Floyd
1ª Doris Rankin
Lionel
2ª Irene Fenwick
Ethel II
Mary
1ª Katherine Corri Harris
John
3ª Dolores Costello
4ª Elaine Barrie Jacobs
2ª Blanche Oelrichs
Dolores Ethel Mae «Dedé»
Thomas Fairbanks
1° Bramwell Fletcher
Diana
Hillary Klaradru
Anthony «Tony»
2° John Howard
3° Robert Wilcox
1ª Cara Williams
John Drew II
2ª Gabriella Palazzoli
3ª Nina Wayne
Russell Griswold Colt
Ethel
Samuel «Sam»
John Romeo Miglietti
Ethel
John Drew
John Drew
1ª Rebecca Poerow
John Blyth II
2ª Jacqueline Manes
Blyth Dolores
Jessica
Blyth Lane
Sabrina Brooke
John Blyth III
4ª Ildiko Jaid
Drew

«Tutto il mondo è un palcoscenico e tutti gli uomini e le donne non sono che attori; hanno le loro entrate e le loro uscite.» I celebri versi di William Shakespeare potrebbero essere stati scritti per i Barrymore, famiglia di attori da cinque generazioni. La dinastia, che vanta una discendenza ininterrotta e ineguagliata, fu fondata da Maurice Barrymore nel 1847 e oggi sopravvive grazie a Drew Barrymore, balzata agli onori della cronaca ad appena 6 anni per il suo ruolo nel film E.T. l'extraterrestre *e poco tempo dopo per l'abuso di alcol e droga, vizio in cui scivolò a soli 9 anni. E, infatti, la vita fuori dalle scene della cosiddetta «famiglia reale» della recitazione ha superato ogni loro spettacolo. La prima dinastia di Hollywood è stata accompagnata da trionfi, applausi e riconoscimenti, ma anche da omicidi, follia e sbornie. A causa dei loro eccessi sono finiti in cliniche psichiatriche, centri di recupero e carceri, sempre in bilico sull'orlo del baratro. I discendenti hanno assicurato la continuità cinematografica dei Barrymore, un cognome dietro a cui si nascondono nomi illustri del palcoscenico e del grande schermo americani e tra essi anche uomini tormentati e turbati che hanno esplorato le profondità del proprio io.*

Un attore inglese nel far west

Maurice Barrymore, all'anagrafe Herbert Arthur Chamberlayne Blythe, nacque il 21 settembre 1849 ad Amritsar, la città santa dei Sikh, nel Punjab, e più precisamente nel Forte di Agra, nel Nord dell'India britannica, dove suo padre lavorava per la British East India Company. Herbert, in seguito, fu allevato in Inghilterra dalle zie e dagli zii, dediti all'avvocatura e al sacerdozio. Era uno studente brillante e tutti si aspettavano che diventasse avvocato. Frequentò anche l'Università di Oxford, dove nacque la sua passione per il pugilato. Ma alle lezioni Herbert preferiva i combattimenti e nel 1872 vinse il campionato inglese di pesi medi. In quel periodo cominciò anche a frequentare quelle che allora si consideravano «cattive compagnie», ovvero attori e artisti. Suo padre, contrariato, gli diede un ultimatum: la recitazione o la famiglia. Fu così che Herbert cambiò il proprio nome in Maurice Barrymore e si imbarcò alla volta degli Stati Uniti per dedicarsi liberamente alla professione di attore ed evitare la vergogna del padre di fronte a quella vocazione «dissoluta».

Quando giunse a New York, nel 1874, Maurice non era ancora una star, ma ciò nonostante si fece presto notare fuori dal palcoscenico. Dopo appena sei settimane la rivista «Vanity Fair» scriveva: «Maurice Barrymore è il giovane più affascinante nel raggio di svariati chilometri. Possiede una squisita educazione, un'eccellente formazione e anche se indossasse un abito raccolto da terra sembrerebbe ancora un principe».

Maurice strinse amicizia con un altro attore, John Drew Junior, membro della celebre famiglia Drew, legata al teatro fin dai tempi di Shakespeare, nel XVII secolo. Louisa Drew, la matriarca della famiglia, anche lei attrice, fu la prima donna a dirigere il prestigioso teatro Arch Street di Filadelfia. Maurice si innamorò di sua figlia, la sorella di John Drew, Georgiana Emma, «Georgie», un'attrice di commedia in ascesa. Tre mesi dopo, il 31 dicembre 1876, si sposarono con una sobria cerimonia.

Nell'estate del 1877 entrambi i coniugi avevano già raggiunto il successo come attori. Maurice partì quindi in tournée verso ovest con la sua neonata compagnia di teatro per recitare in varie città del Texas, ormai accessibili in treno. Georgie, invece, rimase a casa, dove il 12 aprile 1878 diede alla luce Lionel.

Il 19 marzo 1879 la compagnia di Maurice giunse nella piccola cittadina di Marshall, nell'Est del Texas, prossima alla frontiera con la Louisiana. La località vantava diversi teatri, ma il più prestigioso era il Mahone Opera House, dove si esibirono quella stessa sera. Terminato lo spettacolo, gli attori si diressero alla stazione per prendere il treno di mezzanotte e proseguire la tournée nella città successiva. Maurice, accompagnato dall'attore Ben Porter e dalla sua bella fidanzata, Ellen Cummins, entrò in un piccolo bar della stazione per mangiare qualcosa. Poco dopo un impiegato locale delle ferrovie, Big Jim Currie, si avvicinò barcollando ubriaco. Qualche tempo prima l'uomo aveva sparato a tre individui uccidendoli, «per legittima difesa» sosteneva, ma nessuno gli aveva creduto. Anche da sobrio, infatti, Big Jim era noto per il suo temperamento violento ed era riuscito a evitare il carcere solo grazie all'influenza di suo fratello, Andy Currie, sindaco della vicina Shreveport.

Big Jim bevve un bicchiere e, guardando Ellen, disse: «Qui c'è una prostituta cara come mai ne ho viste». Maurice si avvicinò al gigantesco Currie e gli sussurrò: «Vattene. Qui vedo solo una signora». Currie lo sfidò a battersi. Maurice alzò i pugni come un pugile, pensando che fosse disarmato, ma l'altro tirò fuori i due revolver Smith & Wesson che nascondeva sotto il cappotto e cominciò a fare fuoco gridando: «Posso farvi fuori tutti». Le sue pallottole uccisero Porter. Maurice, invece, fu ferito gravemente da tre colpi e si salvò per miracolo.

Il giorno dopo la nazione scopriva inorridita l'assassinio a sangue freddo di Ben Porter e il ferimento di Maurice Barrymore. Nella cittadina giunsero giornalisti da tutto il paese. Nelle prime versioni dei fatti la stampa fornì informazioni contraddittorie. Il «St. Louis Democrat» scriveva che il vicino stato del Texas era «un luogo dove il whisky e le pistole erano troppo abbondanti, mentre l'ordine pubblico troppo scarso». E ben otto numeri del «New York Times», nella primavera del 1879, dedicarono spazio alla notizia. Maurice divenne così un eroe.

Una giuria accusò Big Jim di assassinio, ma l'uomo si lamentò solo di «non averli uccisi tutti». Maurice promise di tornare nella piccola località per il processo e rientrò a Filadelfia per ristabilirsi. Quando tre mesi dopo tornò a Marshall, il fratello di Big Jim, Andy Currie, aveva ingaggiato un costoso team di avvocati. Il giudice, stranamente, posticipò il processo a tempo indefinito. E nonostante l'avessero minacciato di morte se in futuro si fosse ripresentato in città, Maurice, con atteggiamento di sfida, giurò che sarebbe tornato per ottenere giustizia per il suo amico morto, Ben Porter.

Un anno più tardi, lunedì 14 giugno 1880, dopo una lunga selezione della giuria, si aprì il processo. Maurice era di nuovo lì. Le prove della colpevolezza di Currie erano schiaccianti, ma la giuria impiegò meno di dieci minuti per emettere il proprio verdetto: non colpevole, perché Big Jim era folle. Furioso, Maurice se la prese con il giudice: «Mi sembra uno dei miei spettacoli: cominciamo con una commedia e terminiamo con una farsa». Anche il resto del paese si mostrò indignato, e il risentimento si accentuò quando si seppe che a Big Jim Currie era stata concessa la libertà vigilata, sotto la sorveglianza di suo fratello, il sindaco, che lo aiutò a esiliarsi in Nuovo Messico, dove si mise in affari con un cercatore d'oro. Nessuno si sorprese quando, l'anno seguente, Big Jim sparò e uccise il suo socio. Questa volta il tribunale lo dichiarò colpevole e lo condannò a vent'anni di reclusione nel penitenziario di Santa Fe. Tuttavia, nel marzo del 1891, dopo aver trascorso solo un anno in carcere, l'assassino venne liberato, ancora una volta grazie all'intervento di Andy Currie.

Anni di successi e infedeltà

Dopo il disastroso processo Maurice Barrymore tornò a New York e non mise mai più piede in Texas. Da allora, nel decennio del 1880, tutto quello che riguardava i Barrymore prosperava: la loro felicità, la famiglia, la carriera e il prestigio. La famiglia si era allargata con la nascita di Ethel (1879) e John (1882). Siccome Maurice e Georgie erano sempre in tournée, Louisa, la protettiva nonna, decise che i suoi nipoti avevano bisogno di una dimora stabile e portò i bambini con sé a Filadelfia. Louisa si dedicò al ruolo di madre più di Georgie e i tre bambini la chiamavano istintivamente «mamma».

Non sempre Maurice e Georgie andavano in tournée insieme, anzi spesso rimanevano separati per cinque o sei mesi. Maurice era un attore attraente e virile, e non respingeva le donne che si gettavano tra le sue braccia. Georgie accettava le sue avventure come parte della loro vita di attori, ma solo se capitavano durante le tournée.

In quegli anni Maurice, che era anche un drammaturgo di talento, scrisse un'opera intitolata *Nadjezda*. Helena Modjeska, attrice di origini polacche e stella internazionale del teatro, gli promise che avrebbe accettato la parte da protagonista se lui fosse partito in tournée con lei. Maurice insistette affinché anche Georgie si unisse alla compagnia. Helena accettò di mala voglia: lei e Maurice avevano avuto una relazione un anno prima, quando lui aveva debuttato come autore a Londra. *Nadjezda* fu presentata a Baltimora e Maurice venne acclamato come «un nuovo e promettente drammaturgo». La compagnia si spostò quindi a Boston, ma Georgie preferì non seguirli e si fermò a New York.

Nel 1886 l'opera venne rappresentata allo Star Theatre di New York e, quando la coppia si incontrò nuovamente, Georgie scoprì che Maurice e la sua prima attrice erano diventati amanti. Anche il produttore dello spettacolo, il conte Bozenta, marito di Helena, era al corrente della relazione e per vendicarsi relegò l'opera di Maurice alle rappresentazioni diurne, sinonimo di disprezzo. Dal canto suo, Georgie, che era la proprietaria dell'opera, decise di cancellare lo spettacolo, ma il conte Bozenta la querelò sostenendo che la donna non avesse il diritto di farlo. La notizia apparve sulle prime pagine dei giornali. Né la stampa né il pubblico conoscevano la verità dei fatti e lo interpretarono come il gesto di una donna che difendeva l'arte del proprio marito. Maurice era consapevole che questa pubblicità avrebbe potuto pregiudicare *Nadjezda*, ma preferì evitare lo scontro con sua moglie per la vera ragione che l'aveva spinta a cancellare lo spettacolo: allontanarlo da Helena. Georgie vinse la causa e la battaglia per suo marito, il quale però perse la guerra per la reputazione della sua opera, che in seguito a quella vicenda venne messa in scena ben poche volte.

A ogni modo, Maurice divenne presto l'attore più pagato di New York. E, nonostante avesse deciso di prendersi un anno di riposo per dedicarsi interamente alla scrittura, il suo costoso stile di vita non glielo permetteva. Georgie si offrì quindi di tornare a calcare le scene e mantenere la famiglia con il suo stipendio. Maurice accettò. Per permettergli di scrivere affittarono un secondo appartamento, che divenne il loro nido d'amore. Sembrava che nella casa dei Barrymore tornasse a regnare la felicità.

Il decennio del 1890 fu idilliaco per la famiglia. Lei recitava. Lui scriveva e faceva il pugile. Il figlio maggiore, Lionel, di 11 anni, venne mandato in collegio e lì scoprì la sua passione per la pittura. Ethel, di 9 anni, era entusiasta di studiare in una scuola cattolica dove poteva aspirare a diventare la pianista che sognava. John, di 6 anni, rimase invece a Filadelfia con la «mamma» e si dedicò al disegno, ritraendo già allora figure dai toni cupi e inquietanti.

Mentre Georgie era in tournée, a Maurice venne offerta la parte principale in una nuova opera, *Captain Swift* («Il capitano Swift»). I critici elogiarono la sua interpretazione: «È il miglior primo attore di tutto il Nord America». Nel cast era affiancato dalla bella attrice Grace Henderson, buona amica dei Barrymore, con la quale Maurice cominciò una relazione. In una recensione dell'epoca si leggeva: «Sospettiamo che le appassionate scene d'amore proseguano anche dopo lo spettacolo». Quando cominciarono a circolare voci di una possibile gravidanza di Grace, Georgie tornò a New York per affrontarla. La stampa riferì che Georgie distrusse l'appartamento della sua rivale come «solo un ciclone o una donna infuriata potrebbero fare». Stanca dei tradimenti di Maurice, costantemente oggetto della stampa sensazionalistica, Georgie chiese il divorzio.

Lui rimase come impietrito, annullò i suoi spettacoli e ripeteva continuamente ai suoi amici che non poteva immaginare la sua vita senza Georgie. Dopo averle dimostrato il suo pentimento, averle promesso che non sarebbe più successo e che avrebbe comprato una casa dove vivere insieme alla famiglia, Georgie decise di dargli una seconda opportunità. Lo perdonò e tornarono insieme.

Georgie Drew Barrymore ottenne finalmente un ruolo che metteva in luce tutto il suo talento per la commedia, grazie all'opera *The Senator* («Il Senatore»). I critici la acclamarono come la migliore attrice di commedia del momento. I Barrymore-Drew formavano un duo senza uguali nel teatro statunitense dell'epoca. Il re e la regina della recitazione avevano fondato il loro regno.

Verso la fine della tournée una bronchite arrochì la voce di Georgie. Inizialmente nessuno pensò a qualcosa di grave. L'attrice tornò a casa per celebrare il pensionamento di sua madre, Louisa, che, a 72 anni e dopo trentadue come direttrice di teatro, aveva deciso che era giunto il momento di ritirarsi.

Tuttavia, nel dicembre del 1891 il ricorrente disturbo bronchiale di Georgie la costrinse ad abbandonare le scene. Maurice era molto spaventato dalla malattia della moglie e non la lasciava più sola. Dopo un periodo di convalescenza le sue condizioni migliorarono, ma i medici le consigliarono di seguire una terapia con uno specialista a Santa Barbara (California). Suo marito non poteva accompagnarla perché doveva recitare, e così fu Ethel, la figlia tredicenne, ad andare con lei. A causa delle frequenti tournée di Georgie, Ethel, come i suoi fratelli, non aveva molta confidenza con la madre. Avevano trascorso solo pochi momenti insieme come una vera famiglia.

L'aria dolce e calda del Pacifico sembrava rinvigorire Georgie, eppure una domenica mattina, inaspettatamente, morì tra le braccia di sua figlia per un'emorragia cerebrale. Le sue ultime parole furono: «Poveri figli miei, che ne sarà di loro». Appena tredicenne, Ethel dovette telegrafare la terribile notizia al padre, disporre il feretro della madre per riportarla a casa in treno e accompagnarla da una costa all'altra degli Stati Uniti in uno spossante viaggio di otto giorni fino a Filadelfia. Maurice prese un treno per raggiungere la figlia a metà strada, a Chicago. Quando si ricongiunsero, il padre apparve così abbattuto che fu la povera ragazza a doverlo consolare per il resto del viaggio.

Il 2 luglio 1893 l'intero paese pianse la scomparsa dal mondo dello spettacolo di Georgie Barrymore. A soli 38 anni sembrava troppo giovane per morire. La stampa non cessava di elogiare la donna che molti consideravano «la migliore attrice di commedia della sua generazione». Alcuni giorni dopo Maurice Barrymore tornò nella loro casa, la vendette con tutto quello che c'era dentro e non vi rimise mai più piede.

Un anno dopo la morte di Georgie, Maurice si risposò con la ventenne Mamie Floyd, ma non ebbe il coraggio di dirlo ai suoi figli e chiese perciò ad amici di farlo al posto suo. I figli rimasero profondamente feriti dalla notizia, ritenendo che Maurice avesse dimenticato Georgie troppo in fretta.

La compagnia si allarga

Maurice Barrymore non era mai stato molto abile nell'amministrare il denaro. Aveva un alto tenore di vita ed era molto generoso e spendaccione, attitudini che gli causavano continui problemi finanziari. Per risolvere la situazione, Lionel, quindicenne, ed Ethel, tredicenne, furono costretti a unirsi all'attività della famiglia. Dopo il primo spettacolo Lionel venne cacciato. Ma a lui non importava, perché – come affermò – preferiva dipingere paesaggi che recitare su un palcoscenico. Ethel, a sua volta, venne tolta dalla scuola che tanto amava e vide svanire il suo sogno di diventare una pianista. Nessuno le aveva mai chiesto cosa volesse fare davvero nella vita. Era una Barrymore e doveva fare l'attrice.

La ragazza debuttò con una piccola parte durante una tournée in Canada. Rientrata a New York, passò mesi in cerca di un lavoro.

Avrebbe potuto unirsi facilmente alla compagnia di teatro dello zio, John Drew Junior, ma era decisa a cavarsela da sola. Non le era mai piaciuto chiedere aiuto. Inoltre, in quegli anni, la sua vita sociale era molto più interessante della sua carriera di attrice. La giovane conobbe un gruppo di scrittori e artisti ricchi agli albori del successo. I giornali parlavano della «bella e carismatica Ethel Barrymore». A soli 16 anni rimpiazzò un'attrice che si era ammalata e dovette recitare nel ruolo di un'avventuriera di 32 anni. Era la prima volta che affrontava l'esigente pubblico newyorkese ma «lo fece con la tranquillità di chi recita da tutta una vita», sottolinearono i critici.

Pochi mesi dopo Londra accolse a braccia aperte la diciassettenne Ethel. Nella città inglese rappresentò, con Henry Irving, *The Bells* («Le campane») e *Peter the Great* («Pietro il Grande»). Su entrambe le sponde dell'Atlantico la sua carriera e la sua vita sociale fiorivano, al punto da essere l'unica attrice invitata alle celebrazioni per il Giubileo della regina Vittoria d'Inghilterra. Nel 1901 fece la sua prima apparizione a Broadway, in un'opera intitolata *Captain Jinks of the Horse Marines* («Il capitano Jinks dei marine a cavallo»). La sua interpretazione di Madame Trentoni fu un successo e da allora le venne affidato spesso il ruolo della giovane dama elegante e alla moda.

Per Maurice, invece, la vita non era così facile. Cominciava a dimenticare le battute durante gli spettacoli e i suoi colleghi erano preoccupati. Spesso riusciva a cavarsi d'impaccio grazie al suo ingegno e attribuiva la colpa di quei vuoti alla spossatezza. La gente mormorava: «Povero Barry». Sul patriarca tornò a sollevarsi il polverone mediatico.

Nel frattempo, a Filadelfia, il quattordicenne John si dedicava interamente a «mamma» Louisa. Sua nonna era sempre stata la roccia a cui potersi aggrappare. Tra i due si era instaurato un rituale notturno e sua nonna, prima di coricarsi, gli ripeteva: «John, voglio che tu sia l'ultima cosa che vedo prima di addormentarmi». Il 1° settembre 1887 la donna non si risvegliò più. I titoli dei giornali annunciarono semplicemente: «La signora Drew è morta», e lasciarono spazio alle parole della nipote Ethel: «Non c'è stato giorno in cui non abbia voluto essere come lei, così perbene e generosa e con un cuore grandissimo».

Lionel ed Ethel si presero cura del loro sconsolato fratello John. Erano preoccupati per lui, perché, nonostante la sua giovane età, beveva già molto. Maurice non partecipò al funerale di Louisa, perché gli ricordava troppo la sua defunta moglie Georgie. In seguito John venne mandato a studiare a Londra, ma non ci rimase a lungo. Tornò a New York e si iscrisse alla Art Students League, scuola che lasciò dopo un solo giorno.

I vuoti di memoria di Maurice erano sempre più frequenti, e la situazione si fece più allarmante quando cominciò a confondere realtà e finzione. Durante la scena di una rissa attaccò improvvisamente e con violenza un altro attore. I suoi comportamenti erano sempre più strani e arrivò perfino a trasformare la sua casa in una comune per vagabondi, costringendo la sua seconda moglie, Mamie, a cercarsi un posto più sicuro. I giornali scrivevano che stava impazzendo. A Saint Louis Maurice si comprò ventidue completi identici. Eppure, malgrado i suoi comportamenti stravaganti, mostrava sempre una sincera sensibilità per i suoi figli, di cui esaltava il talento per la recitazione.

La principessa di Broadway e i suoi fratelli

Nel gennaio del 1901 il nome di Ethel Barrymore brillava sui grandi cartelloni luminosi del teatro di Broadway che ospitava la sua opera. La popolarità di Ethel cresceva, facendone la prima star mediatica. La stampa seguiva ogni suo movimento. Il concetto di *glamour girl* fu ideato apposta per lei, per cercare di descriverne la bellezza, la voce, l'eleganza, l'intelligenza e tutte le sue altre qualità, tra cui la devozione per il padre e i fratelli. Così come le studentesse di epoche posteriori copiarono la chioma biondo platino di Jean Harlow, le sopracciglia di Cindy Crawford e la pettinatura di Hedy Lamarr, le giovani di allora cercavano di imitare quella che ribattezzarono la «voce Ethel Barrymore», la «postura Ethel Barrymore» e una dozzina di altri gesti dell'attrice. La stampa sfruttava ogni opportunità di usare il suo nome o la sua immagine per vendere più giornali. Un giorno, mentre Ethel si trovava per caso in mare nel porto di New York, una barca naufragò davanti ai suoi occhi; e «The Globe» intitolò così la notizia: *Ethel assiste al naufragio*. Era la ragazza di moda del momento.

Al contrario, la stampa sensazionalistica non era molto tenera con Maurice. I curiosi affollavano i suoi spettacoli nella speranza di vedere il «grande Maurice Barrymore» impazzire sul palco. Durante una rappresentazione per raccogliere fondi a Boston, Maurice cominciò improvvisamente a farneticare frasi incoerenti, con lo sguardo perso e il corpo rigido. John, che oltre a essere diventato il compagno di svaghi di suo padre si occupava anche di accudirlo, lo aiutò a scendere dal palco e lo accompagnò a casa, dove Maurice lo aggredì. L'uomo, in seguito, fu visto aggirarsi per New York con un coltello in mano mentre minacciava di uccidere qualcuno. E una notte irruppe nella stanza di Ethel, la scosse energicamente e le strinse le mani attorno al collo. Ma lei non si lasciò prendere dal panico e gli sorrise finché i loro sguardi si incontrarono. Allora lui la lasciò andare come se non fosse successo nulla.

John si lasciò convincere ad accompagnare suo padre nel nuovo ospedale psichiatrico di Bellevue per farlo visitare. Con Maurice al suo fianco, lo stoico figlio firmò le carte per farlo internare. Ma in seguito, desolato, scoppiò a piangere. E, nonostante le esortazioni di Ethel a rispettare la vita privata del padre, i giornali annunciarono a grandi titoli: *Maurice Barrymore è pazzo. Il divo è rinchiuso in una cella per lunatici.*

All'epoca Ethel era già il principale sostentamento della famiglia Barrymore, mentre il più giovane dei fratelli, John, faceva molta fatica ad avviare la sua carriera di illustratore. I suoi disegni erano comici, tetri e macabri. Dapprima venne assunto dal «New York Morning Telegraph», ma non durò più di venti minuti, giusto il tempo di elaborare e presentare uno schizzo. Poi fu il turno dell'«Evening Journal», ma anche da lì venne licenziato dopo qualche settimana per avere presentato un'illustrazione inopportuna. John si lamentava: «Comincio a pensare che dovrò soccombere alla maledizione della famiglia, la recitazione». Non c'era via di fuga. Ethel lo ingaggiò nella sua compagnia per sostituire un attore malato. Durante il suo primo spettacolo John si dimenticò le battute e, per mascherare il fatto, improvvisò il testo con un umorismo talmente irresistibile che il pubblico non smetteva di ridere. Aveva talento per la comicità, dote di cui non andava particolarmente orgoglioso.

In quel periodo Ethel recitava nei teatri inglesi, dove conobbe Winston Churchill. L'uomo, che anni dopo avrebbe rivestito due volte la carica di primo ministro britannico, le chiese di sposarlo. Lei non accettò, ma rimasero amici tutta la vita e fu perfino la sua accompagnatrice all'incoronazione di Edoardo VII. In seguito si mormorò più volte che Ethel era vicina al matrimonio. Tra la dozzina di fidanzati che le vennero attribuiti figuravano anche il principe Ranjitsinhji, celebre giocatore di cricket indo-britannico; l'attore Gerald du Maurier; Harry Graham, capitano della guardia scozzese ecc.

Dal canto suo, John, dopo essersi arreso alla professione famigliare e sempre a corto di denaro, andò a recitare a Chicago nell'ottobre del 1903. Interpretò una piccola parte in *Magda* al teatro di Cleveland. Le critiche non furono molto benevole. Era impossibile che quell'attore mediocre fosse un Barrymore, dicevano. Ma non intaccarono la sicurezza di John, e neppure la sua sete di vino e donne. Possedeva enormi doti istrioniche, ma poche inibizioni. Per riuscire a tornare a casa telegrafò un messaggio a suo fratello Lionel chiedendo di mandargli 50 dollari.

Il 28 dicembre 1903 John, a 19 anni, debuttò infine a Broadway. «The Journal» annunciava: *Un altro Barrymore calca le scene.* Due stagioni dopo era a Londra per recitare con William Collier in *The Dictator* («Il dittatore»). Riscosse presto grande successo nella commedia leggera, ma anche nei ruoli drammatici delle opere di Shakespeare.

Mentre Ethel recitava una parte in *Cousin Kate* («Il cugino di Kate»), nel teatro di fronte, sulla stessa strada, il fratello maggiore Lionel stava diventando una star. Il successo colse di sorpresa anche lui, poiché non gli era mai importato di recitare. Spesso lavorava insieme allo zio John Drew Junior. Ma nonostante la sua crescente popolarità le sue nozze con la diciassettenne Doris Rankin, nel 1904, non destarono grande interesse. Doris era figlia di un attore poco conosciuto; la maggiore delle sue sorelle, Gladys, era sposata con lo zio di Lionel, Sidney Drew; mentre un'altra sua sorella, Phyllis, era la moglie di Harry Davenport, membro di un'altra grande dinastia teatrale dell'epoca.

In quel periodo la stampa si interessava soprattutto ai fidanzati di Ethel e al suo nuovo spettacolo, *Sunday* («Domenica»). Il copione prevedeva una scena muta, senza alcuna battuta, ma all'attrice non piaceva e ci aggiunse una frase che divenne molto celebre: «Questo è tutto. Non c'è altro». Gli applausi risuonarono fragorosi e la battuta si trasformò in un'espressione popolare che entrò a far parte della lingua nazionale.

Nel frattempo la salute di Maurice, affetto da sifilide, sembrava migliorare. Lionel gli fece visita in clinica e gli disse che sarebbe andato a San Francisco. Suo padre si infuriò e cominciò a delirare: «Lionel, sei un bugiardo. San Francisco è stata distrutta dal terremoto e dalle fiamme». Non avrebbe mai più rivisto suo padre. Maurice Barrymore morì nel sonno il 26 marzo 1905. Quando Ethel ricevette la notizia svenne. Ma dopo essersi ripresa, organizzò nuovamente tutto, esattamente come aveva fatto dodici anni prima con la madre. Gli omaggi e le condoglianze giunsero da ogni angolo del mondo. Ethel provò tristezza e rammarico per avere conosciuto così poco quell'uomo che in tanti amavano e ammiravano.

Una vocazione eternamente rimandata

Nel 1906 la stampa ribattezzò Ethel, Lionel e John il «trio volante Barrymore», soprannome che a loro piacque molto. La loro carriera di attori procedeva senza intoppi, fino alla mattina del 18 aprile, quando giunse la notizia del forte terremoto che aveva raso al suolo San Francisco. John era lì in tournée. Centinaia di persone morirono e la città sembrava interamente avvolta dalle fiamme, proprio come aveva predetto Maurice Barrymore l'anno prima. L'hotel San Francis, dove alloggiava John, crollò e i soccorritori dovettero cercarlo tra le macerie. Lo ritrovarono ancora in vita. Il terremoto, di cui tutta la stampa parlava, gli fu utile per farsi pubblicità.

Poco tempo dopo un altro terremoto di minore importanza scosse il mondo del teatro: Lionel Barrymore abbandonava le scene. La sua passione era dipingere e Parigi la città in cui voleva studiare. Lionel, nel pieno splendore della sua carriera, aveva deciso di voltare le spalle alla fama. Ma era un pessimo momento: era sul lastrico. Perciò bussò alla porta di Ethel in cerca di aiuto per le sue aspirazioni. La sorella, dopo aver visto svanire il proprio sogno di diventare una pianista, non era disposta a lasciar morire anche le speranze di Lionel e gli diede un assegno in bianco.

A Parigi Lionel visse i suoi giorni più felici. Di giorno studiava musica e pittura, e di notte frequentava scrittori e artisti. Anche Ethel, negli Stati Uniti, era sempre circondata da amici e artisti, ma si sentiva ugualmente sola, almeno finché non conobbe Russell Colt, pronipote dell'inventore della celebre pistola Colt. I due si innamorarono. La famiglia di Russell si affrettò a comunicare alla coppia che non avrebbe potuto vivere della fortuna dei Colt, annuncio a cui Ethel ribatté: «Non importa. Non ne abbiamo bisogno, io ho un lavoro».

Ethel e Russell Colt si sposarono il 14 marzo 1909. Erano desiderosi di formare subito una famiglia, ma Lionel sapeva che questo sarebbe stato un ostacolo per le sue finanze. I suoi straordinari giorni a Parigi erano giunti al termine e, profondamente grato a Ethel per l'appoggio, tornò a casa per guadagnarsi da vivere come artista. Insieme a lui tornarono anche Doris e la loro bambina, chiamata Ethel in omaggio alla generosa sorella. Biasimando la propria infanzia, Lionel annunciò ai suoi amici: «Mia figlia sarà una Barrymore allevata e amata dai suoi genitori». Con profondo ottimismo Lionel cominciò a cercare lavoro come disegnatore e illustratore. Ma trascorsero i mesi e mantenere la famiglia lo tormentava al punto che fu costretto a tornare sulle scene, abbandonate quattro anni prima, con l'opera ironicamente intitolata *Fires of Fate* («Il fuoco del destino»). Come se non si fosse mai ritirato la critica e il pubblico applaudirono il suo ritorno.

Nel frattempo Ethel diede alla luce un bambino, Samuel. Per Lionel, invece, le cose non potevano andare peggio. Sua figlia Ethel, di soli 18 mesi, era morta all'improvviso per complicazioni insorte in seguito a un'infiammazione dei tessuti linfoidi. Lui e Doris erano sconvolti. Lionel Barrymore credeva che l'unica cosa giusta e buona che avesse fatto fino ad allora nella sua vita fosse quella bambina. Qualche anno dopo ebbero un'altra figlia, Mary, che morì poche ore dopo la nascita.

Anche Ethel, nonostante la felicità per l'arrivo del figlio, stava vivendo un vero e proprio inferno. Suo marito, Russell, era un donnaiolo perdigiorno che campava alle sue spalle. Inoltre, era solito reagire con violenza contro chiunque gli desse fastidio, inclusa sua moglie. Ma la donna non era disposta a lasciarsi sottomettere e chiese il divorzio. Russell le promise che sarebbe cambiato. Dalla loro riconciliazione nacque una seconda figlia, Ethel.

Nel 1910 John si sposò con Katherine Harris, una giovane e bella attrice, cresciuta nell'alta società, circondata di privilegi. Dopo soli due mesi Katherine cominciava già a pentirsi della sua scelta. John aveva ereditato la violenza del padre e lei non era la donna forte di cui lui sembrava avere bisogno.

Nonostante i problemi personali la carriera del «trio volante Barrymore» aveva preso il volo e puntava molto in alto. Il cinema cominciava a fare breccia nel pubblico, e nel 1911 Lionel fu il primo a fare il salto nella nuova industria come protagonista del film *Fighting Blood*, diretto dal grande David W. Griffith. Nei tre anni seguenti girò altri sei film con lo stesso regista.

Ethel pensava che il nuovo genere di spettacolo non avrebbe avuto grande futuro, finché le offrirono lo strabiliante compenso di 15.000 dollari alla settimana, contro i mille che guadagnava in teatro. Avendo già tre figli (John Drew era nato nel 1913) e un marito poco incline al lavoro, accettò un contratto di 120.000 dollari per cinque film. Tra il 1914 e il 1919 girò quindici film muti, che in seguito andarono tutti persi eccetto *The Call of Her People* («Il richiamo del suo popolo»). Ethel girava i film di giorno, recitava in teatro la sera e nel contempo cresceva i suoi tre figli. Nonostante avesse bambinaie e domestiche, l'attrice era una madre molto presente. «Avere avuto tre figli e averli cresciuti è la cosa migliore che abbia fatto» amava ripetere.

Il tortuoso cammino verso la gloria

John seguì subito le orme dei suoi fratelli maggiori e fece soldi a palate. Girò il primo film, *An American Citizen* («Un cittadino americano»), nel 1914. Eletto l'«uomo più bello del mondo», la sua nuova fama spianò la strada a nuovi amori facendogli perdere la testa per un'attrice sposata, Irene Fenwick. Ai suoi fratelli non piaceva che quella relazione fosse di dominio pubblico. John, almeno in teoria, era ancora sposato con Katherine, sebbene non vivessero più insieme. Alla fine John lasciò Irene Fenwick per non irritare Ethel, la sua più grande alleata e sostenitrice da sempre.

Nel 1917 i due fratelli Barrymore recitarono insieme nell'opera *Peter Ibbetson*. La critica e il pubblico non risparmiarono elogi. Nell'aprile del 1919 il quotidiano «The New York Times» scriveva: «Il futuro di questi attori non ha confini». I Barrymore spopolavano a Broadway, erano «la famiglia reale». Ethel decise perciò di non firmare più nessun contratto cinematografico. «Il palcoscenico è la mia vera casa. Mi sento persa senza il mio pubblico» dichiarò. I suoi fratelli invece, instancabili, continuarono a fare film di successo.

Nel 1920 la vita di John aveva assunto dei ritmi incredibilmente frenetici. Di giorno girava il film *Il dottor Jekyll e Mr Hyde*. Di notte vestiva i panni di Riccardo III, in un'acclamata interpretazione. E nel contempo, dopo aver divorziato da Katherine nel dicembre del 1917, cercava di mantenere una relazione con la sua seconda moglie, la bella, ricca ed enigmatica Blanche Oelrichs, una donna che beveva e usciva quanto lui, nonché autrice di poesie con lo pseudonimo di Michael Strange. Alla fine crollò e lo ricoverarono d'urgenza in ospedale. Il fratello Lionel raccontò: «Da quando ha accompagnato nostro padre alla clinica psichiatrica, John è ossessionato dal timore di impazzire come lui». A John venne diagnosticato un esaurimento nervoso.

Trascorse i mesi di convalescenza senza bere una goccia d'alcol, finché fece la sua ricomparsa. Affiancato da Blanche, il 3 marzo 1921, annunciò la nascita di sua figlia Diana. E, ottimista, proclamò: «La paternità cambierà per sempre la mia vita». Inspiegabilmente, neanche un mese più tardi, John concesse a sua moglie l'affidamento della bambina nel caso in cui il loro matrimonio fosse finito, e tornò a dedicarsi interamente al suo lavoro. Nel frattempo sua moglie, che era una delle prime donne unitasi alla Lucy Stone League, organizzazione che si batteva per il mantenimento del cognome da nubili anche dopo il matrimonio, cominciò a trascorrere lunghi soggiorni a Parigi, lontana dal marito.

Nel 1922 John tornò a vestire i panni di Amleto, ruolo in cui aveva già recitato nel 1909, e negli Stati Uniti la sua interpretazione fu acclamata come la migliore dall'epoca di Shakespeare. Il 20 febbraio 1925 fece il suo debutto nel celebre teatro di Haymarket a Londra, ottenendo «uno dei trionfi più memorabili della storia del teatro». In quei giorni John dichiarò: «Mi sento a mio agio solo quando posso nascondermi dietro a un paio di baffi e a un naso finti. Ho bisogno di una barriera, qualcosa dietro cui nascondermi». Quando tornò negli Stati Uniti, il presidente Coolidge, accompagnato dalla moglie, assistette alla prima di *Amleto* a Washington, e invitò John Barrymore a cenare alla Casa Bianca.

Dopo l'enorme trionfo del suo *Amleto*, John, come se ormai non dovesse più dimostrare il suo talento teatrale, abbandonò le scene per dedicarsi quasi esclusivamente al cinema. I film erano costellati di primi piani esagerati dalla sua teatralità, ma furono accolti positivamente dal pubblico e dalla critica. Tuttavia il cinema risultò essere una deviazione fatale. Dopo aver abbandonato le scene, e con esse la regolare disciplina di prove e spettacoli, la sua dipendenza dall'alcol si aggravò.

In quegli stessi anni, il matrimonio di Lionel e Doris Rankin finì dopo che recitarono insieme nell'opera *The Claw* («L'artiglio»). Oltre alla coppia nel cast figurava anche Irene Fenwick, la stessa donna sposata che qualche anno prima aveva avuto un'avventura con il minore dei Barrymore. Adesso era Lionel a cascare ai piedi di Irene perdutamente innamorato. Ethel lo implorò di non lasciare Doris, e John si spinse perfino oltre dichiarando: «Irene è una puttana. Anch'io ci sono andato a letto». Le sue parole ferirono profondamente Lionel, ma non gli impedirono di sposarla nel 1923. In quello stesso periodo, a metà degli anni Venti, il maggiore dei Barrymore venne ingaggiato dalla Metro-Goldwyn-Mayer, la casa di produzione con cui avrebbe collaborato per quasi tutta la sua lunga carriera cinematografica.

Mentre Lionel era in viaggio di nozze, John andò a Hollywood per recitare nel film *Beau Brummel*, con un contratto che superava qualsiasi compenso ricevuto fino ad allora da un attore, grazie agli *studios* Warner Brothers. Un giorno, mentre osservava i passanti dal suo camerino, John vide una giovane attrice e urlò al suo maggiordomo: «Ho appena visto la creatura più bella del mondo. Dio mio, è lei che aspettavo da tutta la vita!». Il giorno dopo riuscì a far scritturare quella meravigliosa creatura, Dolores Costello, come protagonista del suo nuovo film, *Il mostro del mare*, dove lui recitava nel ruolo del capitano Ahab Ceeley. Convinse, inoltre, il regista a girare subito tutte le scene d'amore. E quando questi urlò «Stop!», John e Dolores andarono avanti a baciarsi appassionatamente. Alla fine lei perse i sensi. John chiese di rigirare la romantica scena ben quattro volte. Chi avrebbe potuto resistere all'attore più affascinante dell'epoca? Dolores si innamorò.

Il seduttore sedotto

Dolores, allora ventenne, era figlia di Maurice Costello, celebre divo del cinema muto. Sua madre, Mae Costello, anche lei attrice, sapeva cosa volesse dire vivere al fianco di un attore e non era disposta a tollerare che John seducesse Dolores per poi abbandonarla. Mae minacciò John di non lasciarlo più avvicinare a sua figlia se non avesse smesso di bere. E John si sforzò di assecondarla. Divorziò da Blanche e il 24 novembre 1928, due anni dopo averla conosciuta, sposò Dolores, che all'epoca vantava già il soprannome di «Dea del cinema muto».

John era all'apice della sua carriera. E se per molti attori l'avvento del cinema sonoro fu una disgrazia, per Barrymore rappresentò invece la sua più grande occasione. Non solo aveva una bella voce, ma, essendosi formato in teatro, era anche capace di infondere ritmo e melodia alla prosa più scialba. E grazie al suo bel viso cominciarono a chiamarlo «Il Grande Profilo». In quel periodo fu perfino capace di restare sobrio per amore. Non era mai stato così felice. Due mesi dopo le nozze con Dolores, Mae Costello morì di infarto. Dolores era affranta per la morte della madre, ma era John il più abbattuto. Mae era una donna forte che Barrymore rispettava e che era stata capace di metterlo in riga, proprio come aveva fatto sua nonna Louisa. Così, John ricominciò a bere. Nel 1930 nacque la sua prima figlia, Dolores Ethel Mae, chiamata da tutti «Dedé».

Nel frattempo la carriera teatrale di Ethel viaggiava a gonfie vele. Nella zona ovest di Broadway era stato costruito un teatro in suo onore, l'Ethel Barrymore Theatre, che l'attrice inaugurò con lo spettacolo *The Kingdom of God* («Il regno di Dio»), osannato dalla critica: «La sua è l'interpretazione più commovente che si sia mai vista in teatro». Era ormai l'indiscutibile «regina di Broadway». Lavorava assiduamente, ma non trascurava i suoi figli, che aveva cresciuto da sola dopo il divorzio da Russell Colt nel 1923, da cui non pretese mai alcun assegno di mantenimento né per lei né per i bambini.

Lionel e Irene, dal canto loro, non avrebbero potuto desiderare un matrimonio più felice. I loro amici rimanevano senza parole di fronte all'amore che lui le professava. Lionel interpretava sempre ruoli da attore non protagonista e non ricevette mai i compensi del fratello John, che all'inizio degli anni Trenta riusciva a guadagnare anche 30.000 dollari alla settimana. Lionel doveva recitare in molti film per offrire a sua moglie Irene la vita lussuosa che meritava. E a poco a poco divenne un illustre attore secondario della Hollywood dorata. Non si servì mai di controfigure, neanche per le scene più pericolose, procurandosi numerose lesioni in altrettanti incidenti.

Alla fine, durante le riprese del film *Io amo*, in cui recitava a fianco dei giovani Clark Gable e Norma Shearer, pagò le conseguenze del suo frenetico ritmo di lavoro. Proprio mentre girava l'ultima gloriosa scena svenne. Nonostante quell'episodio, nel 1931, vinse l'Oscar come migliore attore non protagonista per la sua eccellente interpretazione. Due anni prima aveva già ricevuto una nomination come migliore regista per *Madame X*, ma la statuetta gli era stata strappata da Frank Lloyd con *Trafalgar*.

Nel 1932 Lionel e John vennero ingaggiati per girare un film insieme, *Arsenio Lupin*. La rivista «Times» dedicò loro una copertina. Quell'anno, inoltre, John faceva faville sul grande schermo con il film *Febbre di vivere*, affiancato dall'attrice emergente Katharine Hepburn. Mesi dopo i Barrymore tornarono a lavorare insieme in *Grand Hotel*. I loro colleghi, tra cui Joan Crawford e la diva Greta Garbo, ammiravano l'amore e la generosità con cui i due fratelli si aiutavano reciprocamente sul set.

A quel punto era inevitabile che Hollywood volesse vedere insieme i tre membri della «famiglia reale». Erano gli anni della Grande Depressione ed Ethel si trovava in difficoltà economiche. Per lavorare con i fratelli le offrirono 100.000 dollari e, tredici anni dopo il suo addio al grande schermo, girò *Rasputin e l'imperatrice* per la MGM. Fu il primo e unico film in cui recitarono insieme. Lionel interpretava Rasputin, mentre Ethel incarnava la zarina Alessandra. Quando dissero a John che nel finale doveva uccidere Lionel, replicò scherzando: «Ci ruberà la scena, a me e a Ethel, sarebbe meglio ucciderlo già all'inizio».

Il trio contava di organizzare meravigliose riunioni famigliari finché duravano le riprese, ma in tre mesi riuscirono a vedersi una sola volta fuori dagli studi. Ethel, che osservava una rigida dieta, era sfinita dal lavoro e anche a Lionel pesavano quei ritmi. John, dal canto suo, si sforzava di rimanere sobrio per compiacere Ethel e Dolores. Sua moglie in quel periodo era incinta e nel 1932 venne al mondo il loro secondogenito, John Junior. Stando ad alcune voci, John avrebbe confessato a Lionel: «Ho giurato su Dio che, se avessi avuto un figlio, non avrei mai più bevuto. Cosa succede a chi non tiene fede a un giuramento sacro?». John si riattaccò alla bottiglia, tanto che le sue sbornie causarono continui ritardi alle riprese di *Rasputin e l'imperatrice*. Dolores Costello, ormai madre di due figli, mise da parte la sua carriera per dedicarsi alla famiglia.

Dopo le difficili riprese di *Rasputin*, Ethel tornò a New York assicurando che non avrebbe mai più girato un film. Ma le finanze di Broadway, come quelle di Ethel, si stavano prosciugando. L'attrice era sul lastrico e chiese a un tribunale di poter sbloccare in anticipo i fondi fiduciari dei figli. La sua situazione economica si deteriorò rapidamente, tanto che Ethel fu querelata per alcune fatture non saldate.

Anche John e Lionel attraversavano difficoltà finanziarie, e forse per questo non la aiutarono. O forse perché Ethel odiava chiedere aiuto. Era stata così fin da bambina. Fatto sta che a Broadway non trovava lavoro e il cinema, dopo aver confessato che la cinepresa la intimoriva, non era un'opzione concreta. I suoi problemi si aggravarono quando le fu comunicato che doveva pagare le imposte arretrate di otto anni. Il debito ammontava a 100.000 dollari, ma alla fine il fisco ne pretese solo 7000 facendo figurare sui documenti pubblici che «Ethel Barrymore era sul lastrico e non aveva più alcun futuro come attrice». Sconsolata, Ethel si ritirò dalle scene per poi dedicarsi alla radio e fondare una scuola di recitazione.

Due anni dopo, nel 1938, le offrirono una parte in una *pièce* intitolata *The Ghost of Yankee Doodle* («Lo spirito di Yankee Doodle»). Le critiche non furono molto tenere, ma il pubblico accorse in massa per vederla. Ethel Barrymore si riappropriò del titolo di «regina di Broadway». Il suo spettacolo successivo, *Constant Wife* («La moglie fedele»), venne replicato 295 volte. Negli anni seguenti conquistò il cuore degli amanti del teatro con le sue interpretazioni di donne mature e, spesso, malate. Anni dopo confessò di «avere sempre avuto una paura tremenda» quando saliva su un palcoscenico a causa della sua timidezza.

Un grande talento affogato in una bottiglia di whisky

John Barrymore continuò assiduamente a girare film anche negli anni Trenta, ma il suo fisico stava cedendo e la sua vita amorosa era sempre più tormentata. Durante le riprese di un film si dimenticò le battute e venne subito portato in ospedale. Temeva di avere ereditato la follia del padre, ma invece era qualcosa di più banale: gli effetti dell'alcolismo. I medici gli raccomandarono di smettere assolutamente di bere, vizio che coltivava dai 14 anni. Ma non era facile. In ospedale John aggredì delle infermiere che gli avevano negato l'alcol. Dolores si trasferì con lui in una clinica di disintossicazione per stargli accanto e a poco a poco John si ristabilì.

A Vancouver, durante una vacanza in barca con la famiglia, la paranoia si impossessò di lui. Farneticava urlando che Dolores non lo amava e alla fine esplose con violenza rompendo il naso all'infermiera e facendo cadere a terra la moglie. In seguito a questo incidente Dolores si trasferì in California e John cominciò a temere che la donna volesse fare quello che lui aveva fatto a suo padre: internarlo in un manicomio. Decise allora di partire in cerca di aiuto medico, dapprima a New York e poi in Inghilterra. La diagnosi fu la stessa. Si recò anche in India, credendo di poter trovare qualche rimedio tradizionale, ma le sue speranze annegarono in fondo a una bottiglia di whisky. Di ritorno a New York, completamente ubriaco, si imbatté nella stampa e ammise l'evidenza: era alcolizzato.

Qualche tempo dopo venne trovato in coma in una stanza d'albergo e venne ricoverato un mese in ospedale. Nonostante tutto, Dolores lo aspettava pazientemente a casa, illusa di avere ancora un marito. Ma una mattina, aprendo il giornale, scoprì che John aveva un nuovo amore, una studentessa di 19 anni di nome Elaine Barrie. «Dolores è la tua ultima speranza in questa vita» gli rinfacciò suo fratello Lionel. John non gli diede ascolto e, nel 1935, Dolores chiese il divorzio e l'affidamento dei loro due figli. John accettò e fuggì con Elaine Barrie, inseguiti da un'orda di giornalisti ai quali annunciò il suo terzo matrimonio.

In quel periodo Irene, la moglie di Lionel, venne ricoverata in ospedale per anoressia nervosa. Purtroppo era già tardi: la malattia era allo stadio in cui il corpo si consuma da solo per ricavare proteine. La donna morì il 24 dicembre 1936, a Beverly Hills, a soli 49 anni, e insieme a lei morì anche gran parte di Lionel.

Per l'attore le cose si aggravarono nel 1939, quando cadde rompendosi l'anca per la seconda volta. Nonostante la lesione continuò a lavorare. Un critico dell'epoca commentava: «Bisogna dar credito a Lionel per la sua bravura nel recitare perfino bloccato su una sedia a rotelle». La sua invalidità non lo tenne lontano dagli studi cinematografici, anzi la sedia a rotelle divenne parte integrante dei suoi nuovi ruoli in film come *On Borrowed Time* («Tempo in prestito», 1939), *Dr Gillespie's Criminal Case* («Il caso criminale del Dr Gillespie», 1943) e il celebre *L'isola di corallo* (1948), dove interpretava il padre di una giovanissima Lauren Bacall. Divenne l'emblema dell'orgoglio dei disabili.

Nel contempo la decadenza del fratello minore sembrava inarrestabile. John, come suo padre, Ethel e Lionel, non riusciva a gestire le proprie finanze e finì in tribunale per bancarotta. Deciso a ripagare i suoi crescenti debiti, moltiplicò le apparizioni cinematografiche e divenne una presenza abituale nel popolare show di Rudy Vallée, uno dei più celebri programmi radiofonici di varietà dell'epoca. In alcune occasioni Lionel affiancò il fratello nello show, dove il minore dei Barrymore era solito mettere in scena una caricatura di se stesso. Si narra che gli tremassero così tanto le mani che attraverso i microfoni si sentivano fremere le pagine del copione e che alla fine gli sceneggiatori dovettero scrivergli le battute su dei cartoncini.

Anche al cinema John interpretava ruoli che erano parodie di lui stesso o scene che sembravano imitare fin troppo bene la sua vita in declino, come nei film *The Great Man Votes* o *Playmates* (dove ripeté perfino il soliloquio di Amleto che l'aveva reso famoso). John era stato ormai detronizzato. E la cosa peggiore era che la sua memoria, a causa del lungo abuso di alcol, vacillava sempre di più e ormai riusciva a ricordare le battute solo se gliele scrivevano su una lavagna. Ma poteva ancora contare sull'ammirazione dei suoi più fedeli amici. Suo fratello John ed Errol Flynn lo idolatravano. Nel 1939, dopo diciassette anni di assenza dal teatro, tornò sul palcoscenico con lo spettacolo *My Dear Children* («I miei cari bambini»), sia per dare una spinta alla carriera della sua terza moglie, sia per risollevare le proprie finanze. Le critiche furono unanimi: «John Barrymore è tra i migliori. È l'attore di maggior talento del paese».

In quel periodo la stampa trattava il suo matrimonio con Elaine Barrie come una telenovela. La giovane Barrie era accusata di essere una cacciatrice di doti. Quella storia, più che uno scandalo, era un cliché. L'inevitabile divorzio avvenne infine nel 1940 e per la prima volta in trent'anni per John non si profilavano nuovi fidanzamenti.

Cosciente della sua stessa parodia, nel 1942, in un programma radiofonico, si mise a recitare all'improvviso il soliloquio di Amleto: «Essere o non essere. Questo è il problema. Morire, dormire. Dormire, forse sognare...». Il pubblico rispose all'intensità della sua interpretazione. E, come se gli applausi l'avessero risvegliato da un sogno, John si ritrovò con le guance bagnate dalle lacrime. Imbarazzato, disse scherzando: «Queste lacrime hanno il gusto di un pessimo gin». Poco tempo dopo, durante le prove di un altro programma radiofonico, John svenne e fu portato d'urgenza in ospedale. Gli vennero diagnosticati una cirrosi epatica, problemi renali e un edema cronico. Entrava e usciva dal coma. La vita lo stava abbandonando, ma in nessun momento perse il suo umorismo. Il suo ultimo pensiero fu per la donna che aveva amato più di ogni altra, sua nonna Louisa. L'ultima parola che sussurrò fu «mamma». Morì il 29 maggio 1942. Lionel scelse l'epitaffio: «Buonanotte, dolce principe».

La fine del triumvirato

Nel 1944, due anni dopo la morte di John, Ethel accettò di affrontare nuovamente la cinepresa. Erano trascorsi dodici anni dal suo ultimo film, ma il tempo non ne aveva scalfito il talento. Anche lei vinse un Oscar, come miglior attrice non protagonista, per *Il ribelle*. Ethel e Lionel erano la prima coppia di fratelli ad aggiudicarsi la statuetta dorata. Ethel ottenne poi altre tre nomination, sempre come migliore attrice non protagonista, per *La scala a chiocciola* (1946), *Il caso Paradine* (1947) e *Pinky, la negra bianca* (1949).

Ethel finalmente si sentiva a suo agio davanti alla cinepresa e si trasferì a Hollywood, con grande gioia di Lionel che, bloccato sulla sua sedia a rotelle, era deciso a dimostrare a se stesso che non era solo un invalido. Licenziò il suo autista per percorrere da solo ogni giorno i 130 chilometri di andata e ritorno che lo separavano dal lavoro. Quando arrivava, suonava il clacson e qualcuno si avvicinava per aiutarlo a scendere dall'auto. Nonostante i dolori, considerava la sua vita sopportabile grazie soprattutto alle sue due passioni, l'arte e la musica. Il suo brano sinfonico *Partita* venne interpretato dalla New York Philharmonic Orchestra insieme a brani di celebri compositori come Beethoven e Brahms. Le sue incisioni a tema nautico vennero esposte nelle più importanti gallerie di New York e nessun altro artista americano poteva vantare così tante riproduzioni delle proprie opere. Ciò nonostante Lionel continuò a girare grandi film, interpretando soprattutto personaggi burberi ma dal cuore d'oro. A quegli anni risale la sua memorabile interpretazione del perfido signor Potter nel classico natalizio *La vita è meravigliosa* (1946).

Fece la sua ultima apparizione in *Main Street to Broadway*, insieme alla sorella Ethel, film a cui parteciparono come *guest stars* interpretando se stessi. Pochi mesi dopo, il 15 novembre 1954, Lionel Barrymore morì, lasciandosi alle spalle sessant'anni di carriera e milioni di spettatori. Ethel, sconvolta, non riuscì ad assistere al suo funerale.

Nel 1954 Ethel girò il suo ultimo film, *Tu sei il mio destino*, con Frank Sinatra e Doris Day. E nel 1956 recitò ancora un'ultima volta in televisione insieme al figlio maggiore Samuel «Sam» Colt, nella serie *Playhouse 90*. In seguito si ammalò e trascorse gli ultimi diciotto mesi della sua vita a letto, nel suo modesto appartamento di Beverly Hills. Martedì 18 giugno 1959 afferrò la mano della sua infermiera e aiutante, Anna Albert, e le chiese: «Lei è felice, Anna? Io lo sono e voglio che tutti siano felici». Quelle furono le sue ultime parole, che riassumevano la sua generosità e il suo buon cuore. Avrebbe compiuto 80 anni il mese dopo. Con la sua voce roca e vibrante e il suo talento innato aveva stregato gli spettatori per più di mezzo secolo. La sua vita trovò eco nella sua autobiografia, che, come lei stessa confessò, voleva inizialmente intitolare *Troppe lacrime*, ma poi preferì chiamare *Memories* («Memorie»), in linea con la sua riluttanza a lasciare trasparire le emozioni più intime.

John, Ethel e Lionel erano riusciti a liberarsi dell'ombra dei celebri genitori. Il triumvirato di Broadway e Hollywood, però, era giunto alla sua fine e ora toccava ai loro figli mostrarsi all'altezza della terza generazione della «famiglia reale».

Sotto il peso della maledizione

I tre figli di Ethel seguirono la tradizione famigliare. Sam Colt, però, si accorse presto che il talento dei Barrymore per la recitazione non scorreva nelle sue vene. Optò, quindi, per la carriera di agente teatrale, mentre si prendeva cura della madre anziana, e poi si dedicò alla produzione cinematografica. Morì nel 1986, nella sua casa di Beverly Hills, a 76 anni. Suo fratello, John Drew Colt, aspirava a diventare un famoso attore, ma dopo vari tentativi disastrosi si sposò e mise da parte le proprie ambizioni teatrali.

Solo la piccola Ethel, che tutti chiamavano «Sister», si impegnò seriamente a perpetuare la tradizione della famiglia. Dopo aver partecipato a varie rappresentazioni negli anni Trenta, comprese che essere la figlia di Ethel era un ostacolo più che un vantaggio. I produttori del suo secondo spettacolo, per sfruttare la celebrità del suo cognome, le affidarono il ruolo di protagonista, ben oltre le sue aspettative di allora. L'interpretazione di Ethel fu aspramente criticata, ma la ragazza non si perse d'animo; si liberò del suo illustre secondo cognome e continuò la sua gavetta teatrale nei primi anni Quaranta. Tuttavia nel 1950, a 38 anni, si accorse che la sua vera passione era il canto e divenne un apprezzato soprano, con lo pseudonimo di Ethel Miglietta, cognome che prese dal marito John Romeo Miglietta. Morì per un tumore nel 1977.

Nel 1939 sua cugina Diana, la figlia di John e della sua seconda moglie, l'eccentrica poetessa Blanche Oelrichs, apparve sulla copertina della rivista «Life», pochi giorni prima del suo debutto teatrale. Educata a Parigi e a New York, aveva lasciato la casa del padre all'età di 4 anni dopo la separazione dei genitori e aveva studiato recitazione all'Accademia Americana di Arti Drammatiche. Con quel cognome e quella formazione le aspettative per il suo debutto erano enormi, perciò «Life» le aveva dedicato un ampio servizio. Ma dopo aver visto lo spettacolo, un critico scrisse: «Deve fare ancora molta strada prima di diventare una Barrymore».

Diana pensò allora che con il cinema avrebbe potuto riscuotere più successo e nel 1941 ottenne una piccola parte in un film della Warner Bros. Nel 1942 le venne offerto un contratto di mille dollari settimanali dalla Universal Studios, che sfruttò il richiamo del cognome Barrymore per lanciare una vasta campagna promozionale. Sembrava incoraggiante per la dinastia Barrymore. Quando l'attrice arrivò a Hollywood si imbatté nel padre, John, che non vedeva da dodici anni. Si dice che l'incontro fu un trauma per Diana, che si era costruita un'immagine idealizzata di quell'uomo, una sorta di figura patriarcale forte e affettuosa. Ma John non sapeva fare il padre. E il giorno della sua morte, il 29 maggio 1942, Diana assistette alla proiezione inaugurale del suo primo lungometraggio, *Eagle Squadron* («Lo squadrone Aquila»).

In seguito Diana girò diversi film e recitò in altrettante opere teatrali, ma fu la sua vita fuori dagli schermi e dai palcoscenici a garantirle le prime pagine dei giornali. Le sue avventure sessuali, le feste sfrenate, i tre matrimoni falliti, gli arresti per alcol e droga appassionavano la stampa. Poco più di tre anni dopo il suo sbarco a Hollywood e con cinque film alle spalle la sua carriera cinematografica fu stroncata dai numerosi problemi personali (depressioni acute, diversi tentativi di suicidio e ricoveri in centri di recupero). Nel 1957 pubblicò la sua autobiografia, *Furia d'amare*, che la Warner Bros adattò per il cinema l'anno seguente, con Dorothy Malone nei panni di Diana ed Errol Flynn in quelli del padre. All'epoca Diana aveva 34 anni e aveva già dilapidato la sua fortuna.

L'attrice attribuiva la causa della sua infelicità al cognome che portava. Dopo la sua morte, avvenuta nel 1960, a 38 anni, per un cocktail letale di farmaci, il drammaturgo Tennessee Williams, suo amico, dichiarò: «Era una ragazza talentuosa, ma non abbastanza, e questo la tormentava e l'ha distrutta. Sui Barrymore pende una specie di maledizione».

Anche il fratellastro di Diana, John Barrymore Junior, fu un degno esempio della «maledizione» famigliare. Sua madre, Dolores Costello, cercò di rinchiuderlo in una scuola militare, ma lui si ribellò e a 17 anni firmò il suo primo contratto cinematografico. Venne presto ribattezzato «il Nuovo Profilo». Nel 1950, dopo l'uscita del suo primo film, *I nomadi*, i critici lo elogiarono: «Ecco un nuovo Barrymore degno del suo cognome». Purtroppo, a causa del suo carattere incostante e imprevedibile, fu velocemente relegato a ruoli secondari. «John, la notte prima di recitare, non riusciva a dormire e scoppiava a piangere per la tensione» dichiarò Cara Williams, la sua prima moglie.

Nel 1958, deciso a staccarsi dall'ombra del padre, modificò il suo nome in John Drew Barrymore, togliendo Junior. Visse una breve rinascita e fu scritturato per alcuni ruoli principali. L'anno dopo divorziò da Cara Williams, da cui aveva avuto un figlio, John Blyth (1954). In seguito si risposò tre volte e da ciascuna moglie ebbe una figlia. Dall'unione con Gabriella Palazzoli nacque Blyth Dolores. Mentre nel 1971 si sposò con Ildikó Jaid, la madre di Drew Barrymore, che abbandonò qualche mese dopo la nascita della bambina. Più tardi si risposò con Nina Wayne e nacque Brahma (Jessica) Blyth.

Forse per la pressione di doversi dimostrare all'altezza dei suoi predecessori, la carriera e la vita di John Drew furono stroncate dall'alcol e dalla droga, che gli causarono gravi problemi psichici compromettendo anche il rapporto con i suoi figli, dai quali visse sempre separato. Nel 2003 sua figlia, l'attrice Drew Barrymore, lo portò a vivere vicino a casa propria, nonostante il loro distacco, e si preoccupò di coprirne le spese mediche fino alla morte, causata da un tumore. Nella sua carriera John Drew mostrò alcuni sprazzi di talento, che però si persero nei meandri del vizio e degli arresti. Oltre alla sua interpretazione di Ulisse in una mediocre versione della *Guerra di Troia* (1961), l'unico suo film degno di nota fu *Quando la città dorme* (1956), un noir in cui recitava al fianco di Dana Andrews e Vincent Price.

La precoce protagonista di E.T.

La nipote di John Barrymore, Drew, aveva appena 11 mesi quando partecipò al suo primo casting per una pubblicità televisiva di cibo per animali. Negli studi, mentre giocava con un cagnolino, questo la morse, ma invece di piangere la bambina si mise a ridere e continuò a giocare. Fu così, grazie al suo sangue freddo, che ottenne il primo lavoro davanti alle telecamere.

Drew viveva con la madre Jaid a Los Angeles, in un duplex in affitto, ben diverso dalle lussuose residenze dei nonni. Jaid, che aveva cercato di mettersi in luce come attrice, non era sicura di volere che la figlia entrasse nel mondo dello spettacolo. I pochi mesi trascorsi al fianco del violento John Drew e i suoi stessi insuccessi la spaventavano, ma a 4 anni Drew le disse che voleva lavorare nel cinema. Jaid alla fine acconsentì e, forse frustrata dalla sua deludente carriera, si dedicò a vivere quella della figlia. La bambina girò il suo primo lungometraggio, *Stati di allucinazione*, all'età di 5 anni, nel ruolo della figlia di William Hurt.

Nel 1982, a 7 anni, interpretò Gertie nel film *E.T. l'extra-terrestre*, il maggior successo di botteghino di quegli anni. Steven Spielberg la rese di colpo famosa. I media la presentavano come la «nuova Barrymore» e mostravano fotografie del suo profilo per metterne in risalto la somiglianza con il padre e il nonno. A 7 anni ebbe il suo primo scontro violento con il padre alcolizzato e tra loro cominciò un lungo esilio sentimentale. Per sette anni non si scambiarono neppure una parola.

Nel 1984 fu la protagonista di un altro film, *Fenomeni paranormali incontrollabili*, e la co-protagonista di *Vertenza inconciliabile*. Era così precoce che maneggiava i media come una veterana. Ma fu un periodo duro per lei, ancora bambina. Insieme alla madre, si godeva il successo, ma oltre alla fama Drew conobbe anche il lato più oscuro e decadente di Hollywood. A 9 anni sapeva già cosa erano l'alcol, un padre violento, la cattiva influenza di una madre permissiva e la celebrità.

Negli anni Ottanta i paparazzi la seguivano in tutti i locali alla moda di New York e di Hollywood e non era raro vederla uscire dalle discoteche alle due o alle tre di notte. Drew cominciò a bere e a 12 anni faceva già uso di cocaina. La bambina prodigio cominciò a essere poco affidabile sul set e i paragoni con i suoi parenti si fecero più tetri. «Dipendenze infantili» titolavano le prime pagine dei rotocalchi. I media tornarono a parlare della «maledizione Barrymore».

I suoi amici temevano che stesse imboccando la stessa strada autodistruttiva di suo padre, di suo nonno e del suo bisnonno. A 14 anni Drew entrò in un centro di recupero e qualche mese dopo, affiancata dalla first lady Nancy Reagan, in un mare di lacrime ammise i suoi problemi di fronte alle telecamere del paese. Drew lottò contro le sue dipendenze con una perseveranza che renderebbe orgogliosi i suoi antenati. Quando uscì dal centro di disintossicazione, pubblicò un'autobiografia in cui raccontava la sua terribile esperienza, *Little girl lost* («Una ragazzina smarrita»). Guarita e ancora minorenne, a poco a poco ricostruì la sua vita e la sua carriera distrutta. Oggi Drew porta avanti la dinastia Barrymore. Ha cantato nel musical di Woody Allen *Tutti dicono I love you* (1996), è stata uccisa nei primi fotogrammi di *Scream* (1996), ha lottato contro il destino e contro un marito tossicodipendente in *I ragazzi della mia vita* (2001) e negli ultimi anni ha girato varie commedie romantiche con Adam Sandler, Hugh Grant e Ben Stiller. Ha lavorato anche insieme alla madre nel film *Bella e dannata*, con cui si è aggiudicata un Golden Globe e che ha sancito il suo grande ritorno al cinema.

Drew è risorta dalle sue ceneri come un'araba fenice e da allora la sua vita non è più stata la stessa. Sceglie i film in cui recitare, ha una sua casa di produzione, la Flower Films, e conduce un'esistenza più serena.

I Barrymore, sugli schermi e sul palcoscenico, ci hanno trasmesso tutti i sentimenti umani immaginabili, dalla commedia alla tragedia. Ma forse sono state le loro vite e le loro esperienze a mostrarci la vita reale, in tutta la sua assurdità e bellezza.

10

I Bush

L'unico modo per proteggere il nostro popolo,
l'unico modo per assicurare la pace,
l'unico modo per controllare
il nostro destino, è la nostra guida.

GEORGE HERBERT WALKER BUSH (N. 1946)

I Bush

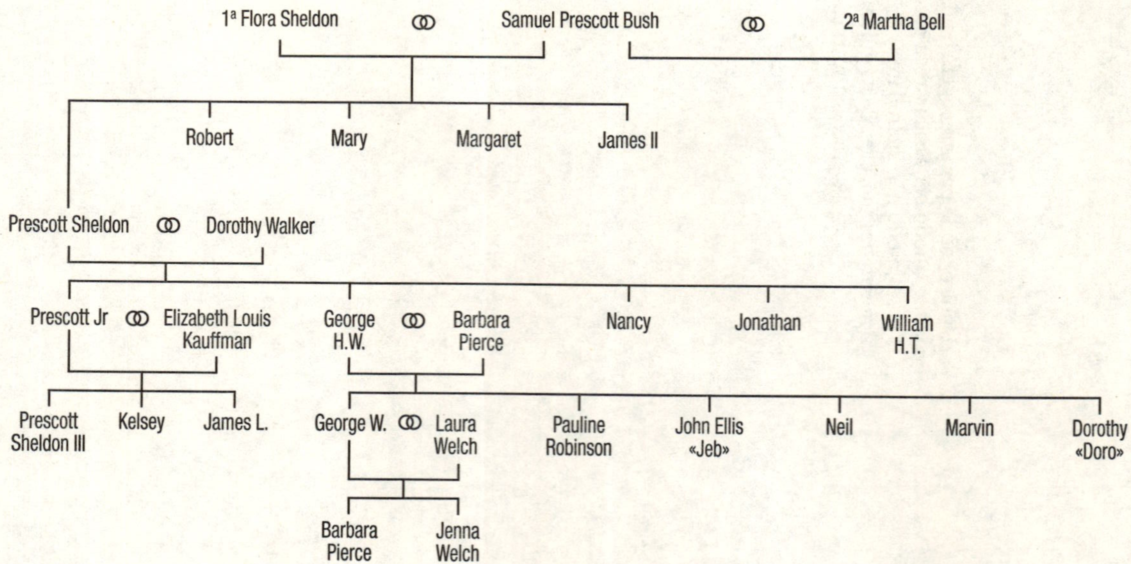
1ª Flora Sheldon
Samuel Prescott Bush
2ª Martha Bell
Robert
Mary
Margaret
James II
Prescott Sheldon
Dorothy Walker
Prescott Jr
Elizabeth Louis Kauffman
George H.W.
Barbara Pierce
Nancy
Jonathan
William H.T.
Prescott Sheldon III
Kelsey
James L.
George W.
Laura Welch
Pauline Robinson
John Ellis «Jeb»
Neil
Marvin
Dorothy «Doro»
Barbara Pierce
Jenna Welch

Poche famiglie nella storia recente hanno suscitato la critica e l'ammirazione di un numero così grande di scrittori e giornalisti di tutto il mondo, come la famiglia Bush. Una famiglia che, tra i feroci attacchi da parte dei nemici e l'ammirazione incondizionata dei suoi seguaci, ha attraversato quasi un secolo della storia degli Stati Uniti, che è la storia del mondo moderno. Dagli anni Trenta fino a oggi, questa famiglia di banchieri, imprenditori e politici di successo ha lottato per poter controllare il mondo come se questo fosse una delle sue società. Fedeli alla dottrina del destino manifesto, i Bush hanno vissuto con la convinzione di essere destinati a servire e a governare. Il fortissimo senso della famiglia e il sentirsi responsabili di una missione idealista li hanno portati a essere, in due occasioni, i massimi dirigenti del paese più potente della Terra.

La fortuna a Wall Street

Samuel Prescott Bush (1863-1948), il nonno di George H.W. Bush, il primo dei due presidenti che la famiglia ha dato alla storia degli Stati Uniti, fu il patriarca della famiglia, l'iniziatore della sua fortuna. Figlio di un reverendo episcopale, all'inizio del XX secolo, fu dirigente delle ferrovie, proprietà della famiglia Rockefeller, e da lì passò a presiedere un'importante azienda dell'industria dell'acciaio. Nel giugno 1894 si sposò con Flora Sheldon che, prima di morire investita da un'automobile, ebbe modo di dare alla luce cinque figli: Prescott Sheldon, Robert (che morì quando era bambino), Mary, Margaret e James II. Durante la Prima guerra mondiale, Samuel P. si mise a lavorare nella nascente industria delle armi. Infine, entrò nel consiglio della Federal Reserve Bank di Cleveland e poi alla Huntington National Bank in Columbia.

Esaminando rapidamente la biografia di questa famiglia, si può osservare che studiare alla prestigiosa Università di Yale, dirigere aziende ed essere implicati, in un modo o nell'altro, in una guerra, sono caratteristiche costanti nella vita dei tre principali membri della famiglia. Il primogenito Samuel P. Prescott Sheldon (1895-1972), seguendo la tradizione famigliare, studiò a Yale, l'università nel Connecticut già frequentata dal nonno nel 1844 e dallo zio Robert E. Sheldon nel 1904. In quegli anni da studente, come più avanti suo figlio George H.W. Bush e suo nipote George W. Bush, fece parte della sinistra confraternita della Skull and Bones Society (Società del teschio e delle ossa), in cui si dice che prese parte a cerimonie d'iniziazione violente e scabrose, rituali molto frequenti tra gli studenti universitari statunitensi. Gira una leggenda metropolitana secondo la quale lui e i suoi compagni avrebbero profanato la tomba del mitico indiano Geronimo per rubarne le ossa. Nel 2009, l'avvocato Ramsey Clark, in rappresentanza dei discendenti di Geronimo in Oklahoma, fece causa a questa organizzazione studentesca per il presunto furto, ma la denuncia fu ritirata quando i resti trafugati, finiti in Nuovo Messico, tornarono in Oklahoma.

Che questa storia sia vera oppure no, la Skull and Bones Society è considerata da molti la confraternita che rappresenta una fascia delle famiglie patrizie americane legate alla cupola del potere, la cui posizione predominante si trasmette ereditariamente. Stando alla lista dei membri, pubblicata dallo storico Anthony Sutton nel suo libro *Fleshing out Skull and Bones*, tra coloro che vi hanno preso parte si trovano i venti cognomi con il miglior pedigree del settore finanziario e industriale degli Stati Uniti. Percy Rockefeller fece parte di questa società segreta studentesca nel 1900 mentre, nel 1913, vi entrò Averell Harriman, figlio del magnate delle ferrovie Edward Henry Harriman, che ottenne il controllo della Union Pacific Railroad nel 1898 grazie a un credito del padre di Percy. George W. Bush figlio vi entrò nel 1968, come avevano fatto il padre e il nonno decenni prima.

Che utilizzasse o meno questa influente e sinistra associazione per stabilire le sue relazioni, negli anni universitari il giovane Prescott Bush si mise in luce per le sue qualità di sportivo. Fece parte della squadra di golf, di football americano e di baseball, e fu presidente del Glee Club dell'Università di Yale. Una volta laureato, si arruolò nell'esercito come capitano d'artiglieria e quando scoppiò la Prima guerra mondiale fu mandato in Europa. A Verdun ricevette una formazione nel campo dell'intelligence e combatté nella battaglia delle Argonne, l'offensiva condotta dagli Alleati alla fine del conflitto lungo il fronte occidentale.

Nel 1919, quando rientrò dall'Europa, si trasferì con la famiglia a Columbus (Ohio), dove Prescott chiese la mano di Dorothy, figlia di George Herbert Walker, banchiere e uomo d'affari di Saint Louis. La coppia si sposò nell'agosto del 1921. In quel periodo la famiglia viveva già in una bella casa vittoriana di Milton, dove nel 1922 nacque Prescott Junior e, due anni più tardi, venne alla luce George H.W. Bush. Dopo di loro nacquero Nancy, unica figlia femmina (1926), Jonathan (1931) e William H.T. (1938).

Nel 1926, Prescott Sheldon iniziò a lavorare in borsa con il suocero George Herbert Walker e il socio Averell Harriman, il ricchissimo figlio del magnate delle ferrovie. In questo modo divenne vicepresidente della società A. Harriman & Co., dove lavoravano anche altri compagni della società segreta universitaria di Yale. Nel 1931 divenne socio e la A. Harriman & Co. si associò con la Brown Brothers & Co., creando la banca Brown Brothers Harriman & Co. (BBH), a cui partecipò attivamente essendone membro fondatore nonché uno dei sette consiglieri. Gli affari non andavano affatto male e presto riuscì a mettere insieme una grossa fortuna a Wall Street. Verso la fine del 1930, la BBH si vantava di essere la banca privata d'investimento più grande del mondo. A mano a mano che crescevano i guadagni, aumentavano le proprietà di Prescott S., tra le quali rientravano la compagnia ferroviaria Union Pacific Railroad e la compagnia armatrice Merchant Shipping Corporation, senza contare gli investimenti milionari in diverse società.

Dal petrolio alla politica

Alla fine degli anni Venti, Prescott Bush iniziò a occuparsi di attività petrolifera insieme a Williams S. Farish, fondatore della Humble Oil Co. in Texas. Subito dopo, ci fu il crollo della borsa di New York, ma diversi accordi finanziari permisero a William S. Farish di acquistare la Standard Oil Company del New Jersey e di creare in Texas un impero di oleodotti e raffinerie, sotto il nome di Humble-Standard. Con lo scoppio della Seconda guerra mondiale, la crescita della società fu inarrestabile, tanto che, nel 1942, fu condotta un'indagine su William S. Farish per presunta collaborazione con la Germania nazista e Farish fu pubblicamente accusato dal senatore Harry Truman di «trarre vantaggio» dalla guerra grazie all'investimento di milioni di dollari nella IG Farben, produttrice di benzina, gas e altri derivati, fondamentali per l'esercito di Hitler.

Sempre durante la Seconda guerra mondiale, Prescott Bush e suo suocero George Herbert Walker furono accusati di collaborazione con il «nemico» in quanto, dal 1934 al 1943, erano stati soci della Union Banking Corporation (UBC), banca d'investimento con sede a New York e controllata dall'imprenditore tedesco Fritz Thyssen (zio del secondo barone Thyssen-Bornemisza) che si riteneva commerciasse in armamenti e finanziasse il governo di Hitler. Negli anni Trenta non era illegale fare affari con i Thyssen e molti tra gli imprenditori più noti degli Stati Uniti avevano investito parecchio nel recupero economico della Germania dopo la Prima guerra mondiale. Le cose cambiarono quando la Germania invase la Polonia nel 1939. Anche allora si sarebbe potuto argomentare che sia la BBH sia la UBC avevano il diritto di mantenere i rapporti commerciali con i tedeschi, dato che fino alla fine del 1941 gli Stati Uniti rimasero tecnicamente neutrali... fino all'attacco di Pearl Harbor.

Nel luglio 1942, l'organizzazione APC (Alien Property Custodian) che si occupava degli investimenti esteri avviò un'indagine sulla UBC. In autunno, in osservanza della Legge del commercio con il nemico, la banca fu messa sotto controllo dello Stato e vi rimase fino alla fine della guerra. L'embargo alla banca di cui Prescott Bush era il massimo dirigente fu tolto nel 1951. «Qualcuno afferma che Bush vendette poi la sua partecipazione nella UBC per un milione e mezzo di dollari, somma enorme a quel tempo, ma non esistono prove documentali a sostegno di questa affermazione» si leggeva nel 2004 sul quotidiano inglese «The Guardian», in un articolo sul rapporto tra il patriarca della famiglia e i finanziatori della Germania nazista.

Le accuse di collaborazionismo con il Terzo Reich, presunta origine della fortuna della famiglia, persistono tuttora. Secondo Webster Tarpley e Anton Chaitkin, autori di *George Bush: The Unauthorized Biography*, i nazisti potrebbero essere stati «pagati, armati e addestrati dalle consorterie di New York e Londra, di cui Prescott Bush era uno dei direttori esecutivi». Nel primo anniversario degli attentati alle Torri gemelle di New York, il giornalista Victor Thorn, rifacendosi alle indagini di Tarpley e Chaitkin, scriveva: «Una parte importante delle basi economiche della famiglia Bush venne dall'aiuto fornito a Adolf Hitler. L'attuale presidente degli Stati Uniti, così come suo padre, è arrivato al vertice della politica statunitense perché suo nonno, suo padre e la sua famiglia politica aiutarono e incoraggiarono i nazisti».

La polemica aumentò al punto che, nel 2003, l'organizzazione internazionale per la difesa dei diritti civili Anti-Defamation League (ADL) rese pubblico un comunicato in cui si affermava: «Le voci sui presunti legami di Prescott Bush con i nazisti, ampiamente diffuse in Internet negli ultimi anni, sono insostenibili e hanno motivazione politica». Era impossibile negare i rapporti economici tra Prescott Bush e l'industriale Fritz Thyssen, che infine fu arrestato dal regime nazista nel 1938 e tenuto in carcere durante la guerra. La ADL insistette sul fatto che «Prescott Bush non era né nazista né simpatizzante del nazismo». In quel momento, il nipote di Prescott Sheldon, George W. Bush, era da due anni uno degli inquilini più discussi della Casa Bianca.

Nel settembre 2004, il quotidiano britannico «The Guardian» pubblicò un'informazione ottenuta da documenti dell'Archivio Nazionale degli Stati Uniti, declassificati l'anno precedente, che dimostravano che Prescott Bush continuò a lavorare come direttore della UBC e che rappresentò gli interessi dei Thyssen negli Stati Uniti dopo l'entrata in guerra dell'America, «anche se non è chiaro se lui e la UBC fossero coinvolti nell'impresa del 1942, quando i beni statunitensi dei Thyssen furono sequestrati». Non è tuttora completamente chiaro neppure se Prescott Bush abbia trattato o no con i nazisti dopo Pearl Harbor, e da più di sessant'anni la famiglia si rifiuta di rilasciare commenti al riguardo.

Ma torniamo agli inizi degli anni Cinquanta, epoca in cui Prescott Bush cercò di farsi largo nella politica del suo paese. Nel 1950 si presentò per l'incarico di senatore dello Stato del Connecticut come avversario di William Benton. Accusato di avere simpatizzato con gruppi fascisti, Bush perse le elezioni per una differenza di mille voti. Si presentò di nuovo e vinse nel 1952 e nel 1956, quando fu rieletto Eisenhower, ottenendo un posto nel Comitato per i Servizi Armati del

Senato. Nel 1962 fondò, con il figlio maggiore Prescott Bush Junior, William Casey e Leo Cherne, il National Strategy Information Center (NSIC), ente senza scopo di lucro che identifica, esamina e promuove strategie innovative per migliorare la sicurezza e la qualità di vita nelle società democratiche. Nel 1966, in un'intervista per la Columbia University, il senatore Prescott Bush definì la sua dottrina politica: «Sono tre le cose che bisogna ricordare: protestare per tutto, non fornire mai spiegazioni e negare tutto». Morì nel 1972 a 77 anni, vittima di un cancro ai polmoni.

La corsa alla Casa Bianca

I quattro figli maschi dei Prescott, come da tradizione famigliare, studiarono all'Università di Yale e iniziarono la loro vita professionale nell'impresa privata. Il primogenito Prescott Sheldon Junior, «Pressy», ottenne un dottorato honoris causa in Diritto e nel 1942 iniziò a lavorare con la compagnia aerea Pan American World Airways, dove rimase nove anni per poi passare alla Johnson & Higgins, una compagnia di assicurazioni internazionali con affari soprattutto in Brasile, dalla quale uscì trent'anni dopo, nel 1984, dopo esserne diventato vicepresidente. Era famoso soprattutto per i suoi legami con la Cina e fu presidente della Camera di Commercio degli Stati Uniti in Cina, ottenendo grossi benefici prima ancora che il suo famoso fratello diventasse ambasciatore in quel paese e poi presidente degli Stati Uniti.

I due fratelli minori, Jonathan e William H.T., optarono per il settore bancario. Il primo creò la società J. Bush & Co. per fornire servizi bancari alle ambasciate con sede a Washington e a vari paesi stranieri, diventando anche alto dirigente della banca saudita Riggs Bank. Il fratello minore, William H.T. è co-fondatore, direttore e azionista della O'Donnel Bush & Co., ma era stato prima dirigente di diverse banche commerciali. L'unica donna di questa generazione dei Bush, Nancy, dopo essersi sposata con l'imprenditore Alexander B. Ellis II, si dedicò a sostenere il fratello nelle campagne politiche e a svolgere diverse attività in campo sociale.

Soltanto il secondo dei figli maschi, George Herbert Walker Bush, ha lasciato un segno nella storia. Arrivò alla Casa Bianca spinto dal suo entusiasmo per i valori tradizionali americani più puri e fermamente determinato a fare degli Stati Uniti «una nazione più benevola e gentile», a ogni costo e servendosi di ogni mezzo. Nel suo discorso d'investitura promise che avrebbe creato momenti di ricchezza e prosperità ma anche che «avrebbe usato la forza statunitense come "forza del bene"», parole senza dubbio derivanti dalla sua formazione militare.

George H.W. iniziò la sua carriera di comando nell'Accademia Phillips di Andover (Massachusetts), un collegio maschile esclusivo dove aveva già studiato il fratello maggiore Prescott Sheldon Junior. George ricoprì diversi incarichi di responsabilità, da segretario del consiglio degli studenti fino a presidente del comitato per la raccolta fondi, passando dall'essere membro del gruppo che si occupava di stampare il giornale della scuola a capitano delle squadre di baseball e football. Dopo l'attacco a Pearl Harbor nel 1941, a soli 18 anni, si arruolò nelle forze armate e diventò il pilota più giovane della Marina. Volò in cinquantotto missioni di combattimento nella Seconda guerra mondiale. Durante una missione sul Pacifico fu abbattuto dalla contraerea giapponese e fu recuperato in mare da un sottomarino americano. Per questa e per altre imprese fu decorato con la Flying Cross.

Fu in quel periodo che, a una festa natalizia a Greenwich (Connecticut), conobbe Barbara Pierce, figlia di un editore e accanita lettrice. Lei aveva solo 16 anni ma scoccò il colpo di fulmine e così si scrissero per tutto il periodo in cui lei si diplomava ad Ashley Hall ed entrava allo Smith College. In seguito, Barbara si iscrisse all'Università di Northampton (Massachusetts) ma non terminò neppure il primo anno. Il 6 gennaio 1945, appena lui tornò dalla guerra, si sposarono. Il 6 luglio, a New Haven (Connecticut) nacque il loro primogenito, George Walker Bush. All'epoca, George H.W., come molti altri veterani della Seconda guerra mondiale, frequentava l'Università di Yale grazie alla legge che favoriva gli ex militari. Nei due anni e mezzo che impiegò per laurearsi in Economia, come suo padre, la sua biografia registra il fatto che fece parte della società segreta Skull and Bones. Un anno dopo che il padre aveva concluso l'università, il piccolo George ebbe una sorella, Pauline Robinson, «Robin», nata nel 1949.

Nel 1948, abbandonando le radici sulla costa est degli Stati Uniti, la famiglia Bush si trasferì a sudovest, nei ricchi campi petroliferi del Texas, con la ferma intenzione di spezzare la tradizionale attività bancaria di famiglia. Inizialmente lavorò come dipendente di una filiale della BBH, la società del padre e del nonno materno. Nel 1950 la famiglia si stabilì nel centro petrolifero di Midland (Texas), un luogo ricco, con grattacieli che svettavano in mezzo al deserto. I Bush vivevano in un quartiere modesto, in una casetta azzurra acquistata per 8000 dollari.

Presto il prezzo del petrolio iniziò a crescere a velocità vertiginosa. Si scavavano pozzi sempre più profondi e si trovavano giacimenti che producevano sempre di più. In questo contesto di ricchezza, George H.W. Bush fondò una sua società petrolifera a Midland, la Zapata Petroleum Corporation. Tutto pareva andare a gonfie vele quando nel 1953 arrivò la tragedia. Alla figlia Robin, di soli 3 anni, fu diagnosticata la leucemia. La famiglia era sconvolta. Barbara e la piccola si dovevano recare con frequenza all'ospedale Sloan-Kettering di New York per le cure. A quel tempo si sapeva molto poco di questa malattia e Robin morì sette mesi dopo la diagnosi. La tristezza della famiglia fu alleviata dalla nascita di altri quattro figli: John Ellis, detto «Jeb» nel 1953, Neil nel 1955, Marvin nel 1956 e Dorothy, «Doro», nel 1959.

Nel 1959 la famiglia Bush si trasferì a Houston. L'anno successivo, all'età di 14 anni, George W., come già suo padre, andò a studiare alla Phillis Academy, ad Andover. Dopo la vita nella piccola città texana, il college sarebbe stato un grande cambiamento per il giovane. A quel momento, suo padre era già milionario.

Mentre il marito viaggiava con frequenza per affari, Barbara divideva il suo tempo tra la cura dei figli e alcune attività civiche e filantropiche, compreso l'insegnamento nella scuola domenicale e il volontariato per la filodrammatica locale in favore dell'ospedale. La morte della figlia Robin la spinse a sostenere molte azioni per la raccolta di fondi per la ricerca contro il cancro e la messa a punto di terapie. Quando a suo figlio Neil fu diagnosticata la dislessia, iniziò a interessarsi dei problemi di alfabetizzazione e sostenne numerose cause a favore della promozione della lettura. Lei e il marito divennero membri dello United Negro College Fund, un'associazione contro i problemi di razzismo, di cui continuarono a far parte anche durante gli anni alla Casa Bianca.

Dal 1964, George H.W., come suo padre Prescott Bush, sentì la vocazione per la vita politica. Accanto a lui, a sostenerlo per la prima volta in una campagna politica, c'era sua moglie Barbara. Nel 1966 fu eletto rappresentante dello Stato del Texas al Congresso, posto che occupò per due legislature. In seguito provò a diventare senatore, ma dopo essersi presentato due volte senza successo occupò diversi incarichi di responsabilità politica: fu ambasciatore alle Nazioni Unite nel 1970, presidente del Comitato Nazionale Repubblicano nel 1973, in pieno scandalo Watergate, capo dell'Ufficio Diplomatico degli Stati Uniti nella Repubblica Popolare Cinese, incarico assegnatogli nel 1974 e che durò quattordici mesi. Nel 1976 il presidente Gerald Ford, successore di Nixon, lo nominò direttore della CIA, carica che ricoprì per un anno.

In quel periodo, la famiglia tornò a vivere a Washington, però Barbara non partecipava molto alla carriera del marito, posto il carattere di segretezza del lavoro nella CIA. Questa sensazione di isolamento, nonché la convinzione che la sua vita valesse meno di quella di donne più giovani – come lei stessa confessò –, la fecero cadere in un breve periodo di depressione. Le cose migliorarono per la coppia quando nel 1977, con Jimmy Carter, tornò alla presidenza il Partito democratico e Bush riprese a lavorare per l'impresa privata.

Nel 1980 tentò per la prima volta di entrare alla Casa Bianca come rappresentante del Partito repubblicano. Vinse le elezioni Ronald Reagan e lui divenne vicepresidente, e si incaricò della regolazione dei programmi federali, della politica antidroga e degli affari esteri, viaggiando in numerosi paesi. Reagan vinse anche le elezioni successive e Bush fu nuovamente vicepresidente. Negli otto anni del suo mandato, dal 20 gennaio 1981 al 20 gennaio 1989, Bush mostrò pubblicamente una fedeltà assoluta all'ortodossia di Reagan. In quegli anni il ruolo di Barbara Bush fu estremamente discreto: non voleva rubare la scena alla first lady, Nancy Reagan. Certo è che le due donne mantennero sempre una certa distanza. Barbara si limitò a impegnarsi nella lotta contro l'analfabetismo e ad accompagnare il marito nei numerosi viaggi ufficiali.

George H.W. Bush, che aveva pensato alla carriera presidenziale fin dall'inizio degli anni Ottanta, ci provò nuovamente nel 1988, insieme al senatore Dan Quayle dell'Indiana come compagno di partito, e nelle elezioni generali riuscì a battere il governatore del Massachusetts, Michael Dukakis, considerato favorito dai sondaggi. Secondo gli esperti la campagna fu una delle peggiori della storia degli Stati Uniti a causa della scarsa eloquenza di entrambi i candidati. George

H.W. fece del grande clan famigliare il suo punto di forza. Gli annunci televisivi mostravano la coppia sempre in compagnia di qualcuno dei dodici nipoti. In questo modo volevano sottolineare la loro differenza dalla famiglia Reagan, i cui membri erano spesso in disaccordo con la coppia presidenziale. Sempre in contrasto con Nancy Reagan, Barbara Bush, con il suo aspetto di matrona dai capelli bianchi, incurante delle tendenze della moda, mostrava interesse solo per il giardinaggio, la famiglia e la chiesa.

Per la prima volta un vicepresidente riuscì a fare il salto alla presidenza del paese e il 20 gennaio 1989 si inaugurò l'epoca Bush. Dopo la cerimonia in Campidoglio, George e Barbara Bush percorsero la Pennsylvania Avenue alla volta della Casa Bianca, in una marcia trionfale. A ogni incrocio scendevano dalla limousine per avvicinarsi alla gente e ricevere ovazioni. George H.W. Bush aveva raggiunto l'apice della sua carriera.

La vita presidenziale

A soltanto un anno di distanza dalla sua elezione a presidente, il 20 dicembre 1989, Bush dovette affrontare la sua prima crisi internazionale. Dopo una serie di incidenti, culminati con la morte di un soldato statunitense (episodio preso come pretesto per un intervento), George H.W. Bush ordinò l'invio di truppe a Panama allo scopo di catturare il generale Manuel Antonio Noriega, comandante in capo delle Forze della Difesa della Repubblica di Panama, ricercato dalla giustizia statunitense per traffico di stupefacenti. Tra il 1981 e il maggio del 1989, il generale Noriega era stato l'alleato privilegiato di Washington e aveva ricevuto appoggio politico e militare per fare della sua Guardia un esercito moderno, in cambio dell'applicazione a Panama delle politiche sulla privatizzazione e sul debito estero imposte dagli organismi economici. Non solo: alcuni osservatori sostengono che dagli anni Settanta Noriega lavorò per l'intelligence americana di Ronald Reagan. Negli anni Settanta e Ottanta il dittatore panamense riuscì a manipolare la politica adottata dagli Stati Uniti nei confronti del suo paese arrivando abilmente a ottenere un potere quasi assoluto a Panama. Instaurò una dittatura che sprofondò il paese in una grave crisi economica, politica e morale. Per questo motivo, nel 1989, il Pentagono decise di catturare Noriega per poter instaurare nel paese un regime politico stabile.

Il comando militare statunitense battezzò l'operazione Operation Just Cause (Operazione Giusta Causa). George H.W. Bush giustificò l'invasione con «le imprudenti minacce e gli attacchi del generale Noriega» contro i 35.000 statunitensi residenti nel paese. Per fare ciò, mobilitò 27.000 soldati delle unità scelte, dei comandi navali, dell'esercito e l'82ª divisione aviotrasportata e diede loro l'ordine di invadere Panama. L'Assemblea Generale dell'ONU e l'Organizzazione degli Stati Americani (OSA) condannarono l'azione.

Nonostante la superiorità militare degli statunitensi, Noriega riuscì a fuggire e si rifugiò presso la Nunziatura Apostolica di Panama. Fu infine catturato, processato a Miami nel 1992 e condannato a quarant'anni di carcere per narcotraffico. Dopo varie riduzioni di pena fu rilasciato nel 2007, anno in cui venne estradato in Francia dove fu processato per avere acquistato a Parigi proprietà per più di 3 milioni di dollari utilizzando denaro proveniente dal narcotraffico.

Con la decisione di porre termine al regime del generale Noriega, George H.W. Bush ottenne soprattutto il controllo militare sul Canale di Panama. Stando a quanto scrive il giornalista Bob Woodward nel suo libro *The Commanders*, nel conflitto morirono quattromilacinquecento panamensi. Il 31 dicembre 1999, in osservanza del Trattato Torrijos-Carter, l'ultimo soldato statunitense lasciò il territorio panamense e la Repubblica di Panama tornò ad avere la sovranità sul Canale.

La maggiore prova che George H.W. Bush dovette affrontare in qualità di capo della prima potenza militare del mondo ebbe inizio il 2 agosto 1990, quando il leader iracheno Saddam Hussein ordinò alle sue truppe di invadere il Kuwait, minacciando poi anche l'Arabia Saudita. L'Iraq rivendicava storicamente i territori occupati dal Kuwait come parte della provincia ottomana di Bassora. La situazione si inasprì a causa dei problemi economici del paese arabo, dopo una lunga guerra contro l'Iran. Saddam aveva grossi problemi economici per pagare l'enorme debito contratto con i paesi che lo avevano finanziato negli otto anni di guerra. Tra questi paesi c'era il Kuwait la cui quota di produzione petrolifera, stabilita dall'OPEC, era in continua crescita, cosa che causava una diminuzione del prezzo del greggio e, di conseguenza, anche delle entrate dell'Iraq. Senza dubbio, l'enorme ricchezza del Kuwait sarebbe potuta diventare una soluzione per i problemi economici di Saddam Hussein.

All'alba del 2 agosto, la Guardia Repubblicana dell'Iraq entrò in territorio kuwaitiano con 100.000 uomini armati. L'attacco durò circa tre ore. Gli iracheni non trovarono resistenza alcuna e riuscirono a mettere in fuga l'emiro e il suo governo che si rifugiarono in Arabia Saudita.

Il 16 gennaio 1991 una coalizione internazionale guidata dagli Stati Uniti e sotto il mandato delle Nazioni Unite attaccò le truppe irachene in Kuwait dando inizio a quella che è stata chiamata la Guerra del Golfo. Con la promessa di liberare il Kuwait, George H.W. Bush inviò 425.000 soldati statunitensi ai quali si sommarono 118.000 membri degli eserciti di trentuno paesi alleati, comprese le forze di diversi Stati arabi. Si sferrarono inizialmente attacchi aerei e si proseguì con attacchi a terra, il tutto sotto il comando del generale statunitense Norman Schwarzkopf. Dopo settimane di bombardamenti aerei e missilistici, l'esercito di un milione di soldati iracheni fu sconfitto nell'operazione chiamata Tempesta del deserto, una battaglia terrestre che si protrasse per più di cento ore.

Il 27 febbraio George H.W. Bush annunciava la fine della guerra. Saddam Hussein fu espulso dal Kuwait e si lasciò alle spalle un paese distrutto, con numerosi pozzi petroliferi in fiamme che continuarono a bruciare per mesi. Inoltre, il trattato di pace obbligava l'Iraq a distruggere tutte le armi di distruzione di massa in suo possesso. Le Nazioni Unite decisero di inviare periodicamente degli ispettori per controllare se tale ordine fosse stato eseguito o no. Infine, si impose al paese un pesante embargo che sarebbe durato fino a che l'ONU avesse deciso che erano state soddisfatte tutte le richieste del trattato di pace. Tra il 1991 e il 2003 il Consiglio di Sicurezza dell'ONU, guidato da Stati Uniti e Gran Bretagna, impose all'Iraq un regime di sanzioni economiche che, stando alla stessa ONU, causò la morte di un milione e mezzo di civili iracheni. Da allora, numerosi esperti continuano a denunciare la politica delle sanzioni come «un'altra forma di guerra».

Agli occhi dei cittadini statunitensi, però, il successo dell'offensiva fece salire moltissimo l'indice di approvazione di Bush. Sembrava addirittura che la vittoria avesse aumentato il prestigio degli Stati Uniti all'estero. Era l'occasione per utilizzare questo capitale politico prodotto dal trionfo della coalizione per rivitalizzare il processo di pace tra arabi e israeliani che diede luogo alla Conferenza di Madrid nel 1991. All'inizio del 1992, Bush annunciò la sua rielezione a candidato del Partito repubblicano per la corsa alla presidenza.

Nonostante la popolarità senza precedenti raccolta tra i suoi concittadini e i trionfi militari e diplomatici, George H.W. Bush non poté evitare lo scontento del paese di fronte a un'economia vacillante, all'incremento della violenza nei centri urbani e all'aumento delle tasse con una spesa pubblica altissima e fuori controllo. Nel 1992 perse le elezioni e fu il democratico William «Bill» Clinton a diventare presidente.

Durante il suo mandato, George H.W. Bush visse in prima persona alcuni degli episodi più importanti della storia contemporanea. Era presidente quando cadde il muro di Berlino, la notte tra il 9 e il 10 novembre del 1989, ventotto anni dopo che era stato innalzato. Da quel momento iniziò la fine dei quarant'anni di tensione tra le due grandi potenze del pianeta, gli Stati Uniti e l'Unione Sovietica; agli occhi del mondo, la Guerra Fredda finiva con lo sbaragliamento del campo comunista. Con l'appoggio del governo riformista di Mikhail Gorbaciov, Bush fu testimone della disintegrazione dell'Unione Sovietica e della svolta politica moderata dei nuovi paesi emergenti. Gorbaciov voleva che si sciogliesse la NATO, così come era stato sciolto il Patto di Varsavia, ma questo fu un punto su cui Bush e i britannici si rifiutarono di cedere. È pur vero che Bush appoggiò il Cremlino contro l'Armenia e l'Azerbaigian quando, dopo non molto tempo, scoppiarono le ostilità tra queste regioni.

Nel frattempo Barbara Bush si dedicava attivamente ad appoggiare iniziative intese a combattere l'Aids, favorire l'alfabetizzazione e promuovere l'uso delle biblioteche pubbliche. Nei suoi quattro anni da first lady, fu sempre molto attenta a evitare qualsiasi controversia politica e si astenne dal dichiarare le sue opinioni sul mondo. Con i suoi capelli bianchi, divenne una specie di «mamma di tutti». Le sue apparizioni pubbliche puntavano soltanto a difendere il marito o la vita famigliare: la copertina della rivista «Life» la mostrò intenta a correre in pantofole e vestaglia per la Casa Bianca quando la sua springer spaniel Millie ebbe i cuccioli. Erano frequenti anche le immagini di lei, con jeans e scarpe sportive, nella casa di Kennebunkport (Maine), ritiro estivo del presidente. Fu anche la prima first lady a lanciare la palla per l'apertura del campionato di baseball, nello stadio dei Texas Rangers: vero è che il proprietario della squadra era il suo figlio maggiore, George W.

Il passaggio di testimone nella stirpe

Mentre il padre conduceva con grande successo i suoi affari in campo petrolifero, prima di dedicarsi alla politica, il giovane George W. proseguiva la tradizione famigliare seguendo le orme paterne riguardo alla formazione, ma non riguardo al comportamento esemplare che aveva consolidato la buona reputazione paterna. Nel 1964, nonostante i suoi risultati accademici fossero mediocri, frequentò la prestigiosa Università di Yale. Come suo padre, entrò nella società segreta Skull and Bones e nella confraternita Delta Kappa Epsilon, diventandone presidente. La confraternita e i suoi cinquanta membri erano conosciuti nel campus universitario per le feste scandalose e le frequenti ubriacature. Nel 1968, però, durante l'ultimo corso, poco prima della laurea in Storia, la vita di tutti gli studenti universitari statunitensi cambiò. La guerra del Vietnam divenne la preoccupazione maggiore per tutti. Il giovane Bush decise di arruolarsi nella Guardia Nazionale del Texas, come pilota di caccia a reazione F-102. La sua unità, però, non fu mai inviata a combattere in Asia e lui prestò tutto il servizio militare in Texas.

Ancora una volta, si trovava a vivere all'ombra di suo padre, che era stato decorato nella Seconda guerra mondiale. George W. poté comunque dimostrare le proprie capacità al comando di un F-102. Il pilotaggio, soprattutto al momento del decollo del vecchio reattore «ti obbligava a tenere tutto sotto controllo», affermò una volta. George W. Bush trascorse cinque anni a pilotare durante i fine settimana per la Guardia Nazionale, ma aveva parecchio tempo a disposizione per conoscere belle ragazze e passare da una festa all'altra a Houston. Il suo comportamento era tale che, anni più tardi, in un articolo pubblicato dal «Washington Post» in merito a quell'epoca si leggeva: «Se George padre fu il noioso primo marito toccato a tutte le donne, George figlio fu il fidanzato mezzo matto che tutte le ragazze hanno avuto in gioventù».

George W. Bush chiama quella parte della sua vita «i suoi anni da nomade», un periodo in cui cercava di capire come impostare la propria esistenza. Nel 1973 decise di tornare a est e seguire un master in Amministrazione d'impresa all'Università di Harvard. Due anni più tardi, con un titolo in mano, ripeté il viaggio che aveva fatto suo padre nel 1948, alla ricerca di giacimenti petroliferi nella parte occidentale del Texas, nuovamente in auge grazie all'embargo del petrolio arabo.

Quando George W. tornò a Midland, era deciso a trionfare con mezzi propri. Conduceva una vita semplice, tanto che spesso si burlavano della sua mania di risparmiare, caratteristica che avrebbe avuto per tutta la vita. Era di un'austerità estrema e i suoi amici lo consideravano un buon socio per gli investimenti petroliferi ma non il compagno ideale quando si trattava di pagare il conto di una cena. Raccontano addirittura che arrivasse a recuperare abiti vecchi che altri buttavano.

Dopo due anni impiegati a imparare come muoversi nel campo degli affari petroliferi, fondò la sua compagnia di sfruttamento degli idrocarburi, la Arbusto Energy, nome scelto perché corrispondente al significato della parola inglese *bush*. Non ebbe mai lo stesso successo del padre negli affari petroliferi, ma si guadagnava bene da vivere. Nel 1977 Bush tornò a seguire le orme paterne, questa volta verso la vita politica. Decise di presentarsi per un seggio al Congresso, in rappresentanza dell'Ovest del Texas.

Quell'estate gli O'Neill, suoi amici, lo invitarono a una grigliata. Lì conobbe una bella bibliotecaria di nome Laura Welch. Anche lei era cresciuta a Midland, ma i due non si conoscevano. Era figlia unica di Harold Welch, un costruttore edile, e Jenna Hawkins. La sua vita era trascorsa senza problemi fino a una notte di novembre del 1963 quando, al volante della sua auto, non si fermò a uno stop e causò un incidente in cui perse la vita un popolare compagno di studi, una stella della squadra di football. Stando alla sua autobiografia *Spoken from the Heart*, pubblicata nel 2010, dopo quell'incidente perse la fede, e il senso di colpa la tormentò per lungo tempo. Nel 1968 si diplomò in Scienze dell'Educazione presso la Southern Methodist University di Dallas (Texas) nel pieno delle rivolte studentesche diffuse in tutto il paese e agli albori del movimento di liberazione femminista. Dopo avere lavorato come insegnante in diverse scuole pubbliche di Dallas e Houston, nel 1973 si laureò in Biblioteconomia presso l'Università del Texas, ad Austin, e quando conobbe George W. lavorava in una biblioteca pubblica. Aveva 30 anni. Dopo un fidanzamento lampo, di soli quattro mesi, si sposarono nel novembre 1977. «La zitellona di Midland si è sposata con lo scapolo più ambito di Midland.» Si sposarono con una cerimonia semplice, circondati dalla famiglia e dagli amici più intimi. Trascorsero la luna di miele facendo campagna elettorale e viaggiando per tutto lo Stato del Texas. In quel periodo, la suocera, Barbara Bush, le diede un solo consiglio: «Lo direi alla moglie di qualsiasi uomo politico: non criticare mai tuo marito».

George W. sconfisse due concorrenti nelle elezioni primarie del partito, ma nelle elezioni generali fu battuto dal candidato del Partito democratico. Così come era successo a suo padre nel 1964 quando si presentò al Senato, perse le sue prime elezioni, ma si riprese rapidamente dalla delusione e la definì un'«esperienza didattica».

Nel 1981 George W. e Laura festeggiarono la nascita delle loro due gemelline, Barbara e Jenna, a cui diedero il nome delle nonne. Nella sua autobiografia Laura descrive i suoi problemi per avere altri figli, come invece le sarebbe piaciuto. «Ma quando nacquero le bambine io avevo 35 anni. E negli anni successivi non accadde.»

Nel 1983, la Arbusto Energy fu acquistata dalla società Spectrum 7 Energy Co., di cui Bush divenne direttore esecutivo. A metà degli anni Ottanta, l'attività petrolifera rallentò molto e la nuova società di George faticava a stare a galla. Nel 1986 ebbe luogo la fusione con una società più grande, la Harken Energy Corporation, con sede a Dallas, che gli permise di riprendersi grazie anche a una partecipazione importante nel suo azionariato e all'incarico di direttore esecutivo e consulente con una remunerazione molto alta. La famiglia traslocò allora in un'elegante zona residenziale della capitale del Texas.

Come sua abitudine, si dedicava moltissimo alla vita sociale. Ma quando arrivò a 40 anni, il suo matrimonio cominciò a risentire delle conseguenze del suo abuso di alcol. Fu addirittura arrestato dalla polizia per avere guidato in stato di ebbrezza. Gli anni dei bagordi cominciarono a presentare il conto. La mattina successiva al suo quarantesimo compleanno, stando a quanto lui stesso racconta, si svegliò con un terribile doposbornia. Da allora non toccò più una goccia d'alcol e la sua vita cambiò radicalmente. Più o meno nello stesso periodo, cercò la guida spirituale di un buon amico dei suoi genitori: il carismatico predicatore Billy Graham, che lo trasformò in un devoto lettore della Bibbia. George rinnovò il suo impegno nella religione cristiana, e si mise a frequentare assiduamente la chiesa metodista, trasformandosi in un uomo che pregava tutti i giorni. I suoi nemici affermano che fu allora che divenne un fanatico, convinto di essere in comunicazione diretta con Dio e che questi gli aveva assegnato una missione trascendentale e importantissima.

Durante la campagna del 1988, Bush padre chiese al figlio di accompagnarlo a Washington per essere suo consigliere. Dopo due legislature come vicepresidente con Reagan, questa volta correva per il primo posto e aveva bisogno di avere vicino il suo primogenito. Sapeva di potersi fidare completamente di lui perché gli avrebbe detto sempre la verità. Quando il 20 gennaio 1989 suo padre divenne il 41° presidente degli Stati Uniti, lo sforzo di tutto il clan fu ricompensato.

Essere tanto vicino al potere non cambiò i modi da texano gioviale del giovane George W. Gli piaceva Washington ma aveva voglia di tornare a casa a Dallas e di riprendere la vita normale. Al suo rientro, un socio d'affari gli propose di investire nella squadra di baseball dei Texas Rangers e diventarne il dirigente. Il cognome Bush avrebbe attirato altri investitori. Il lavoro era perfetto per lui. Oltre a essere appassionato di baseball fin da bambino, trovarsi davanti a un pubblico così grande fu una buona scuola per il suo futuro in politica.

Nel 1992 George W. Bush aprì una parentesi nella sua carriera per aiutare nuovamente suo padre nella campagna per la rielezione. Questa volta i mezzi di comunicazione e l'opposizione furono molto più critici nei confronti del presidente e lo incolparono della recessione e del deficit di bilancio. Fu una campagna dura, sia all'interno del partito, sia contro i democratici. E perse le elezioni del 1992.

All'epoca, George W. aveva già stabilito il suo obiettivo: costruire uno stadio nuovo di cui potersi sentire orgoglioso, un risultato soltanto suo, fuori dal controllo paterno. Quando ne aprì le porte nel 1994, il momento non poteva essere migliore. Fu amministratore generale del club di baseball fino a che non fu rivenduto. In questa operazione Bush guadagnò 15 milioni di dollari, una somma venti volte più grande di quella che aveva investito. Aveva denaro a sufficienza per organizzare una campagna elettorale per diventare il nuovo governatore del Texas, il secondo Stato più grande della nazione, un territorio che dal 1991 era guidato dalla democratica e popolare Ann Richards. Il Texas aveva avuto soltanto due governatori repubblicani da quando era rientrato nell'Unione nel 1870 dopo aver fatto parte della Confederazione del Sud: Edmund J. Davis, dal 1870 al 1874, e William Clements, dal 1979 al 1983 e dal 1987 al 1991.

È certo che George W. e suo fratello Jeb sorpresero molte persone quando decisero di candidarsi alla carica di governatore, Jeb in Florida e George in Texas. Noto per essere troppo veemente e per perdere le staffe facilmente durante le campagne elettorali del padre, George W. Bush stupì gli esperti e i mezzi di comunicazione con il suo comportamento composto.

Polemiche e rivali convertiti

Durante la campagna si scatenò una polemica in merito ad alcune operazioni imprenditoriali realizzate nel 1990, quando George W. faceva parte della direzione della Harken Energy Corporation. Fu accusato di avere utilizzato a suo favore informazioni riservate per vendere le sue azioni della società. Aveva infatti venduto le azioni nel giugno del 1990 e poche settimane dopo il valore di mercato delle azioni della Harken era crollato e la loro quotazione in borsa era precipitata. Fu inoltre accusato di non avere informato la Commissione del Mercato Valori della vendita delle sue azioni, comunicazione che la legislazione federale lo obbligava a fare. Successivamente, la stampa pubblicò informazioni su un contratto potenzialmente lucroso aggiudicato alla Harken per realizzare prospezioni in Bahrain. Questa compagnia era un concorrente piuttosto piccolo eppure riuscì ad avere la meglio su compagnie più importanti, quali la AMOCO. Si indagò per controllare se stesse approfittando del fatto di essere il figlio del presidente degli Stati Uniti. Alla fine non si avanzarono accuse e le notizie ebbero un'influenza minima sulla campagna elettorale in Texas. George W. Bush vinse contro tutte le previsioni. Il trionfo stupì molte persone, compresi i genitori di George W. che pensavano che sarebbe stato Jeb a trionfare in Florida. Jeb, quell'anno, perse, ma riuscì a diventare governatore quattro anni più tardi.

Il 17 gennaio 1995 George W. Bush, all'età di 48 anni, prestò giuramento per il suo incarico di nuovo governatore del Texas. Era la terza generazione della famiglia che ricopriva un ruolo pubblico. Da quel momento, per poter realizzare i suoi programmi, avrebbe dovuto essere capace di lavorare a fianco del politico più potente del Texas, il vicegovernatore Bob Bullock, che apparteneva al partito dell'opposizione.

Bob Bullock, politico da quarantadue anni e vicegovernatore da nove, era un mito della politica texana, un incrollabile democratico che dava del filo da torcere a tutti. Sorprendentemente, il suo rapporto potenzialmente conflittuale con Bush si trasformò in vera amicizia. Erano d'accordo su molte questioni e avevano esperienze di vita comuni. Entrambi erano stati forti bevitori ed erano diventati astemi. Trovarono punti in comune nelle loro opinioni e nei programmi elettorali. Con l'appoggio fondamentale di Bullock, George W. Bush riuscì a fare approvare le iniziative più importanti del suo mandato. La cosa che più colpisce in questa storia è che, quando iniziò la sua campagna per la rielezione del 1998, il vicegovernatore Bob Bullock, vicino alla pensione, passò a sostenere Bush.

Nel suo primo mandato come governatore, Bush introdusse rigide regolamentazioni sulla spesa per mantenere sotto controllo l'inflazione e applicò i tagli alle imposte più alti di tutta la storia degli Stati Uniti. George W. Bush fu il primo governatore ad avvicinarsi alla comunità ispanica, che rappresenta un terzo della popolazione del Texas e che tradizionalmente vota per i democratici. Si sforzava di parlare loro in spagnolo, conosceva i problemi legati alla frontiera di più di mille chilometri che separa quello Stato e il Messico. Incontrò i loro leader politici e sindacali, manifestò rispetto per la loro cultura e le loro tradizioni. Quando giunse il giorno dei comizi, la sua vittoria contro il candidato del Partito democratico, Garry Mauro, fu schiacciante. Il suo secondo trionfo senza precedenti in Texas era un trampolino perfetto per lanciarsi verso la Casa Bianca. Quando lasciò l'incarico, era noto per essere il governatore dello Stato con il più alto numero di applicazioni della pena di morte. In sei anni George W., in qualità di governatore, aveva autorizzato 152 esecuzioni.

L'inizio di una nuova fase

I repubblicani di tutta la nazione pensarono che George W. Bush fosse il candidato ideale per riunificare un partito segnato da divisioni interne e lo appoggiarono perché presentasse la sua candidatura alla presidenza degli Stati Uniti e seguisse lo stesso cammino di suo padre, ritiratosi dopo la sconfitta inflittagli da Bill Clinton nel 1992.

Durante la campagna, Bush non poté nascondere i suoi difetti che divennero di pubblico dominio: la passata dipendenza dall'alcol, l'ignoranza della politica internazionale e, in generale, un livello culturale piuttosto scarso per qualcuno che pretendeva di guidare il paese più potente del mondo. La stampa lo metteva spesso in ridicolo. In un'intervista televisiva, un giornalista gli chiese maliziosamente i nomi dei capi di governo dell'India, del Pakistan, di Taiwan e della Cecenia, e lui seppe dire soltanto la metà del nome di uno di loro: «Il presidente Lee di Taiwan». Altri errori famosi furono il confondere la Slovenia con la Slovacchia e chiamare gli abitanti della Grecia «greciani» (*Grecians*) e quelli del Kosovo «kosovariani» (*Kosovarian*).

A ogni modo, come nelle precedenti campagne, la sua cordialità, i modi diretti, il comportarsi come un uomo della strada, furono il punto di forza che conquistò il Partito repubblicano e gli valse la nomination per le primarie. Senza contare che era opinione diffusa che chi riusciva a vincere due volte nell'enorme Stato del Texas poteva vincere in tutta la nazione.

Il suo avversario Al Gore, però, sembrava in grande vantaggio. Era stato vicepresidente con Clinton in un'epoca di prosperità senza precedenti. Gli unici punti a sfavore del «tecnico» Gore erano la sua scarsa scioltezza mediatica e una certa sufficienza intellettuale che irritava ampi settori dei votanti. Per contro, molti pensavano che il giovane Bush fosse arrivato sulla scena nazionale grazie al cognome che portava.

La corsa alla Casa Bianca era molto difficile, ma Bush riuscì ad accorciare le distanze. Puntò sull'essere il candidato della tradizione, delle classi medie bianche ostili al potere federale e all'intento regolatore. Scommise sull'integrazione sociale degli ispanici, facilitando l'immigrazione in un momento in cui il paese aveva bisogno di mano d'opera e accettando l'insegnamento bilingue nelle scuole. Si presentò come padre di famiglia, cowboy e uomo alla mano, lontano dalle complicazioni burocratiche e dotato di grande umorismo, qualcosa di impensabile nello ieratico Gore. Rifiutò di assumere una posizione tassativamente contraria all'aborto, legale dal 1973, ma non esitò a mostrarsi incondizionatamente a favore della pena di morte e del fatto che i cittadini avessero diritto a possedere armi da fuoco, cosa che gli garantì l'appoggio della potente National Rifle Association (NRA).

L'ultima parte della campagna coinvolse anche suo padre che restò in secondo piano per non fare aumentare i commenti ironici sul «figlio di Bush» e la confusione dei loro nomi, ma che stilò un elenco di prestigiosi esperti di politica internazionale, tra i quali risaltavano due figure dell'amministrazione paterna: Richard Cheney, ex segretario alla Difesa e candidato alla vicepresidenza, e Colin Powell, il popolare generale nero in congedo, veterano della Guerra del Golfo del 1991. E, ciliegina sulla torta, Bush proponeva di mantenere la supremazia internazionale degli Stati Uniti.

Sospetti sulla vittoria elettorale

Le elezioni presidenziali del novembre 2000 passarono alla storia degli Stati Uniti come le elezioni più accanite e caotiche mai viste. I risultati ottenuti dai candidati furono tanto simili che nelle prime ore parve che fosse stato il candidato democratico a vincere. Non solo, ci fu un pareggio virtuale: Al Gore ottenne più voti popolari e Bush più voti dei grandi elettori.

Per quel risultato fu molto importante il fatto che Bush ottenne ufficialmente qualche centinaio di voti in più in Florida, lo Stato governato da suo fratello, che si rivelò determinante nel conteggio, visto che i risultati erano così simili. La validità di tali risultati fu molto discussa, anche perché a diversi tavoli si presentarono schede che potevano indurre a commettere errori. Nonostante tutto, dopo alcune settimane di nuovi conteggi con accuse di frode, coinvolgimento dei servizi legali di entrambi i candidati e dei tribunali supremi della Florida e degli Stati Uniti, il 13 dicembre, la Corte Suprema risolse la questione per cinque voti contro quattro a favore di Bush. Il 20 gennaio 2001 George W. Bush divenne il 43° presidente degli Stati Uniti. Era la seconda volta che un figlio di un ex presidente ripeteva l'impresa: John Quincy Adams, presidente dal 1825 al 1829, era il figlio di John Adams, che aveva occupato la Casa Bianca dal 1797 al 1801.

Le prime decisioni di George W. Bush misero in evidenza che iniziava una fase diversa, se non addirittura opposta, a quella del suo predecessore, Bill Clinton. Avviò un'importante riduzione fiscale, che mise in crisi la continuità dei servizi sociali. Più tardi presentò un piano di governo per far fronte alla forte domanda di energia basato sull'aumento dell'offerta, misura che sembrava voler soddisfare gli interessi delle compagnie petrolifere. Rifiutò di firmare il Protocollo di Kyoto del dicembre 1997 sui cambiamenti climatici, dove si stabiliva che i paesi industrializzati operassero una riduzione media del 5,2 per cento dei sei principali gas responsabili dell'effetto serra, nel periodo compreso tra il 2008 e il 2012. Gli Stati Uniti sono tra le nazioni che emettono la maggior quantità di questi gas.

Con il passare dei mesi, parve che al centro dell'attenzione del presidente ci fossero i problemi interni della nazione: l'istruzione, lo sgravio fiscale, la previdenza sociale e le iniziative religiose erano le voci prioritarie nella sua agenda. Bush, che non era quasi mai stato fuori dagli Stati Uniti prima di diventarne presidente, mostrava poco interesse per gli affari esteri. Tutto cambiò l'11 settembre del 2001. Dopo l'attacco alle Torri Gemelle di New York e al Pentagono, George W. Bush dichiarò guerra al terrorismo e alla tirannia nel mondo e trasformò gli Stati Uniti nella nazione che avrebbe difeso la libertà in tutto il pianeta. Obiettivo principale della presidenza divenne la «guerra al terrorismo», una guerra che era deciso a vincere a qualsiasi costo.

Il primo a dover fare i conti con la determinazione del presidente Bush fu la «mente pensante» che stava dietro agli attentati: Osama Bin Laden. Il 7 ottobre 2001 Bush inviò caccia americani a bombardare i suoi insediamenti in Afghanistan. L'intelligence statunitense iniziò a identificare i centri operativi di Al Qaeda in tutto il mondo. Un presidente senza esperienza dimostrava di essere in grado di prendere il comando nella prima crisi internazionale del secolo, ma la fine della guerra al terrorismo era molto lontana. George W. Bush mise Saddam Hussein nel mirino della potente macchina bellica statunitense, coinvolgendo tutti i paesi nell'urgente necessità di democratizzazione del Vicino Oriente. «Tutte le nazioni devono prendere una decisione. Stare con noi o stare con i terroristi» fu il messaggio che diede al mondo.

L'Asse del Male e l'occupazione dell'Iraq

Per poter disarmare il capo del governo iracheno, sottraendogli le armi di distruzione di massa e porre fine al terrorismo mondiale, occorreva convincere il resto del mondo che questi Stati e i loro alleati terroristi costituivano l'Asse del Male e una minaccia per la pace mondiale. Negli anni Novanta gli Stati Uniti avevano trascurato le relazioni estere. La presidenza Bush era convinta che una risposta aggressiva a questo nuovo pericolo avrebbe aumentato la sicurezza del paese, dando ai nemici il chiaro messaggio che si sarebbe fatto ricorso a tutte le forze militari disponibili.

La leadership del presidente Bush nella nuova guerra contro il terrorismo fece crescere la sua popolarità, e i repubblicani vinsero con grandissimo vantaggio le elezioni di metà mandato del Congresso nel 2002. George W. Bush vinse altri seggi, recuperò il Senato e lasciò l'opposizione nello sconcerto. Nel frattempo, sua moglie Laura, come first lady, lavorava alla promozione della salute delle donne, soprattutto a favore della ricerca contro il cancro al seno. La sua esperienza di insegnante e bibliotecaria, insieme alla passione per la lettura, divenne la forza motrice a difesa dell'istruzione per tutti i cittadini degli Stati Uniti.

Nell'autunno 2002 Bush pareva invincibile quando presentò all'ONU il suo programma per il disarmo dell'Iraq e cercò di convincere i diversi membri del fatto che il regime di Saddam Hussein era un grave pericolo in continua espansione. Il Consiglio di Sicurezza delle Nazioni Unite approvò la risoluzione 1441 stabilendo all'unanimità di fissare un calendario per il disarmo. Gli ispettori delle Nazioni Unite tornarono in Iraq e sembrava che il paese desse segno di voler cooperare; così, allo scadere della prima data limite, nel gennaio 2003, l'ONU votò per estendere il calendario delle ispezioni. Bush, però, iniziò a spazientirsi di quelle che lui definiva «tattiche dilatorie» di Saddam.

In febbraio, Bush aveva già inviato 200.000 soldati in quella regione, con la ferma promessa di impiegare le sue forze militari indipendentemente dell'opinione delle Nazioni Unite. Ma le sue minacce furono respinte da gran parte della comunità internazionale, come la Francia e la Russia, membri chiave del Consiglio di Sicurezza dell'ONU, che esercitarono il loro diritto di veto. In molti paesi si generò un profondo sentimento antiamericano. Le complicate relazioni internazionali erano nelle mani di un uomo istintivo che nessuno aveva scelto come guida della politica internazionale. Fuori dagli Stati Uniti molti vedevano questa volontà di Bush di agire senza un piano predeterminato come una dimostrazione della sua mentalità da cowboy. Milioni di persone di tutto il mondo scesero nelle piazze per protestare, ma il presidente Bush rimase impassibile di fronte a queste reazioni.

A metà marzo 2003 erano già stati fatti tutti i possibili tentativi diplomatici per ottenere l'appoggio a un intervento militare in Iraq. Improvvisamente, il presidente rilasciò una dichiarazione straordinaria: «Saddam Hussein e i suoi figli devono lasciare l'Iraq entro quarantotto ore. In caso contrario daremo il via a un conflitto militare».

Contando unicamente sull'appoggio dei governi del Regno Unito e della Spagna, durante il vertice delle Azzorre si decise che gli Stati Uniti avrebbero invaso militarmente l'Iraq. Dopo un mese, le forze della coalizione, comandata dagli statunitensi, giunsero a Bagdad. Nel maggio 2003, il paese era occupato dagli Stati Uniti a tutti gli effetti. Si instaurò un'amministrazione provvisoria sotto il controllo di Washington.

Il 13 dicembre 2003 Bush poté annunciare il tanto atteso arresto di Saddam Hussein, che servì per compensare la caduta di consenso dell'opinione pubblica, sempre più contraria allo stato di violenza di quel dopoguerra, segnato anche da ripetuti attacchi della resistenza irachena contro le truppe della coalizione di stanza in Iraq. Il conflitto non era terminato. Negli anni successivi gli attacchi degli insorti costarono la vita a più di millecinquecento soldati statunitensi e causarono più di mille feriti.

Intanto le armi di distruzione di massa di Saddam Hussein, considerate il movente principale per l'invasione dell'Iraq, continuavano a non vedersi. Le notizie raccapriccianti degli abusi commessi contro i prigionieri iracheni, insieme alla «sparizione» delle armi, infangarono ancora di più l'immagine degli Stati Uniti all'estero. La fragile coalizione a favore dell'invasione iniziò a sbriciolarsi. Pochi mesi dopo, cambiò il governo della Spagna, che fu il primo dei principali alleati a ritirare le proprie forze dall'Iraq. Nonostante questa defezione, George W. Bush restò sulle proprie posizioni.

Il costo della guerra, però, iniziò a pesare sull'economia statunitense, già afflitta da un deficit di bilancio di proporzioni storiche a cui si sommava l'effetto dell'altissimo prezzo del petrolio. A meno di un anno dalle elezioni successive, sembrava probabile che George W. Bush avrebbe ancora una volta seguito le orme paterne e che il mandato non gli sarebbe stato rinnovato.

Come d'abitudine, la corsa alla presidenza si trasformò per i Bush in una questione di famiglia. Le figlie gemelle, Barbara e Jenna, dopo essersi diplomate parteciparono alla campagna e la stampa seguì ogni loro passo. La tensione aumentò quando Bush dovette preparare diversi incontri faccia a faccia con il suo avversario, il democratico John Kerry, che metteva in questione la sicurezza nazionale e la guerra, proprio i «punti forti» del presidente. Parte della popolazione criticava George W. Bush accusandolo di avere distolto l'attenzione dall'economia e dalle questioni sociali per concentrarsi unicamente sulla guerra in Iraq. Ma alla fine, George W. Bush riuscì là dove suo padre aveva fallito. Ottenne un secondo mandato presidenziale raccogliendo il maggior numero di voti mai assegnato a qualsiasi altro candidato alla presidenza nella storia degli Stati Uniti. Il 20 gennaio 2005 prestò giuramento per la seconda volta. La Stanza Ovale sarebbe rimasta altri quattro anni sotto il suo controllo.

Nell'estate del primo anno della seconda era Bush, il leader repubblicano ricevette un duro colpo che si sommava alla crescente impopolarità per l'impiego dell'esercito in Iraq. Dopo l'uragano Katrina, la catastrofe naturale più grave nella storia del paese dai tempi del terremoto di San Francisco, le autorità della Louisiana, dell'Alabama e del Mississippi, gli Stati più colpiti dall'uragano, denunciarono la passività iniziale di Washington e la disorganizzazione delle operazioni di evacuazione della popolazione rimasta imprigionata a New Orleans, dove morirono diverse centinaia di persone. Il colpevole principale era il presidente. Laura Bush, materna, cosciente dei suoi doveri e incrollabilmente fedele al marito, partecipò ad azioni di aiuto alle vittime dell'uragano e si salvò dall'ira e dal basso indice di popolarità che invece investivano il marito.

Poco tempo dopo, la riforma del sistema di previdenza sociale divenne il punto principale della politica interna del paese. Bush propose una completa ristrutturazione che includeva la privatizzazione del sistema attraverso conti d'investimento che, secondo lui, avrebbero costituito un vantaggio per i lavoratori più giovani. Non convinse, però, gli americani.

Il malessere dei cittadini e l'impopolarità del presidente continuarono ad aumentare. La popolazione era divisa come mai era accaduto prima e in diversi paesi cresceva un sentimento antiamericano. Scoppiarono anche diversi scandali in cui erano direttamente coinvolti alcuni dirigenti repubblicani. George W. Bush rimase irremovibile, come sempre, e dedicò l'intera presidenza all'idea che la sua posizione nei confronti della situazione irachena era quella giusta. Quando terminarono gli otto anni di governo di George W. Bush, tecnicamente il 4 novembre 2008, gli Stati Uniti aprirono un nuovo capitolo insieme al loro primo presidente nero.

Alcuni esperti ritengono che George W. Bush dovrebbe essere processato per avere dato inizio a una guerra d'aggressione: una guerra illegittima che non ebbe mai l'appoggio del Consiglio di Sicurezza dell'ONU. La confusa guerra contro il terrorismo iniziata da Bush lasciò un mondo molto più pericoloso di prima. Secondo il Programma per lo Sviluppo delle Nazioni Unite (UNDP) il denaro speso per l'occupazione dell'Iraq e dell'Afghanistan sarebbe stato il doppio di quello necessario a porre fine alla povertà nel mondo. La storia, che è inflessibile, lo giudicherà. Dichiara Laura Bush: «Sono orgogliosa del fatto che George, come presidente, abbia sempre messo il paese al primo posto e se stesso all'ultimo». Ma, si sa, lei è sempre stata un'incrollabile sostenitrice del marito.

11
Gli Alba

Lei è imprescindibile.
È lei a portare avanti il mito.
JESÚS AGUIRRE, DUCA D'ALBA (1934-2001)

Gli Alba

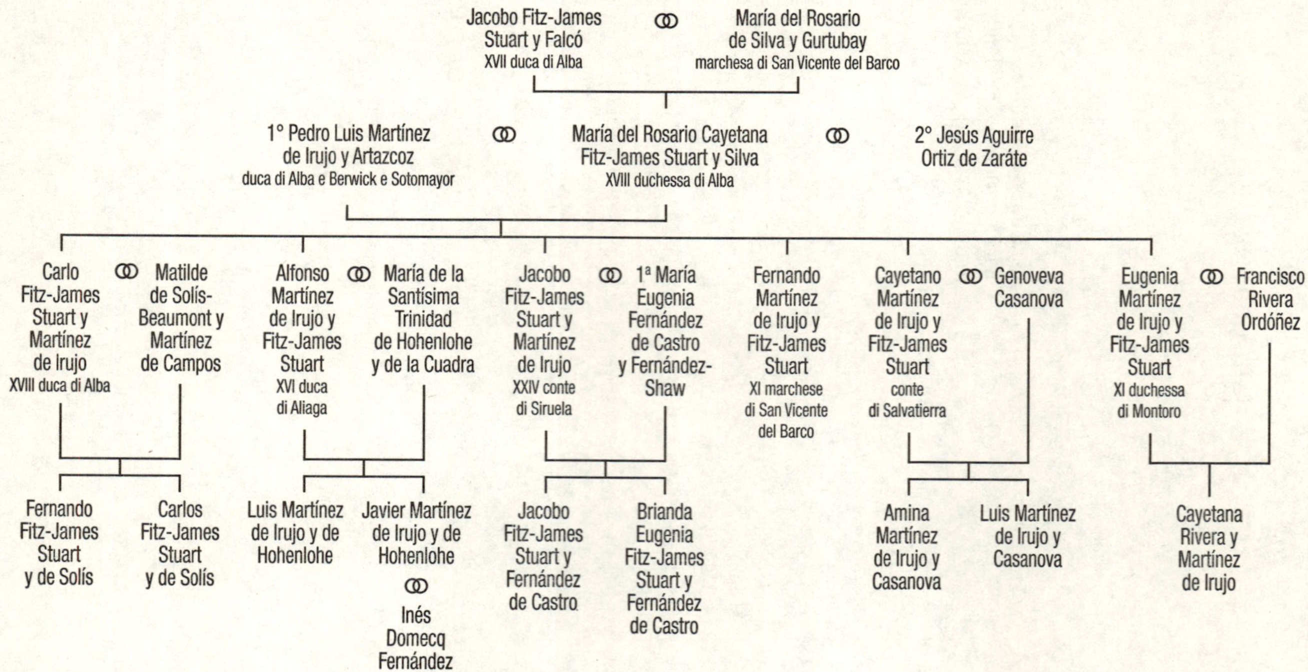

Jacobo Fitz-James Stuart y Falcó
XVII duca di Alba
ꝏ
María del Rosario de Silva y Gurtubay
marchesa di San Vicente del Barco
1° Pedro Luis Martínez de Irujo y Artazcoz
duca di Alba e Berwick e Sotomayor
ꝏ
María del Rosario Cayetana Fitz-James Stuart y Silva
XVIII duchessa di Alba
ꝏ
2° Jesús Aguirre Ortiz de Zaráte
Carlo Fitz-James Stuart y Martínez de Irujo
XVIII duca di Alba
ꝏ
Matilde de Solís-Beaumont y Martínez de Campos
Alfonso Martínez de Irujo y Fitz-James Stuart
XVI duca di Aliaga
ꝏ
María de la Santísima Trinidad de Hohenlohe y de la Cuadra
Jacobo Fitz-James Stuart y Martínez de Irujo
XXIV conte di Siruela
ꝏ
1ª María Eugenia Fernández de Castro y Fernández-Shaw
Fernando Martínez de Irujo y Fitz-James Stuart
XI marchese di San Vicente del Barco
Cayetano Martínez de Irujo y Fitz-James Stuart
conte di Salvatierra
ꝏ
Genoveva Casanova
Eugenia Martínez de Irujo y Fitz-James Stuart
XI duchessa di Montoro
ꝏ
Francisco Rivera Ordóñez
Fernando Fitz-James Stuart y de Solís
Carlos Fitz-James Stuart y de Solís
Luis Martínez de Irujo y de Hohenlohe
Javier Martínez de Irujo y de Hohenlohe
ꝏ
Inés Domecq Fernández
Jacobo Fitz-James Stuart y Fernández de Castro
Brianda Eugenia Fitz-James Stuart y Fernández de Castro
Amina Martínez de Irujo y Casanova
Luis Martínez de Irujo y Casanova
Cayetana Rivera y Martínez de Irujo

La Casa d'Alba incarna più di cinquecento anni di storia spagnola ed europea. L'attuale capofamiglia, la XVIII duchessa d'Alba de Tormes, María del Rosario Cayetana Fitz-James Stuart y Silva, otto volte duchessa, diciassette marchesa, dodici contessa e quattordici volte Grande di Spagna, è una delle maggiori icone dell'aristocrazia spagnola degli ultimi decenni. Nonostante si sia assunta tutte le responsabilità legate allo storico ducato e abbia rispettato i doveri imposti dal suo lignaggio, ha sempre vissuto al margine della classe sociale a cui appartiene e lontana dalle convenzioni, assecondando la propria natura stravagante e disinvolta. Possiede una delle fortune più vaste del paese, i castelli e i palazzi più importanti, le più belle case signorili e le più estese tenute agricole, senza dimenticare la sua straordinaria collezione d'arte. Purtroppo la cronaca rosa, pressante e vorace, negli ultimi anni ha turbato la serenità della duchessa e di alcuni dei suoi sei figli: gli Alba a noi contemporanei sono infatti vittime degli intrighi del XXI secolo, continuando la tradizione che nel corso della storia li ha visti coinvolti in scontri politici e rivalità di ogni genere. Ora è il momento della persecuzione costante da parte dei paparazzi. Secondo alcuni, gli eredi dell'immenso lascito non possiedono la forza d'animo con cui la madre ha tenuto in pugno le redini della Casa. Senza la duchessa le fondamenta della Casa d'Alba potrebbero iniziare a vacillare.

Il lignaggio della stirpe

La Casa d'Alba de Tormes è una dinastia nobiliare spagnola, derivante dalla Corona di Castiglia, le cui origini risalgono al XIV secolo. Il primo signore d'Alba fu, a partire dal 1430, Gutierre Álvarez de

Toledo, vescovo di Plasencia. L'ascesa della famiglia ebbe inizio però solo alla fine del XV secolo, in seguito all'appoggio fornito alla corona durante i contrasti con la nobiltà castigliana. Il primo duca d'Alba fu García Álvarez de Toledo (?-1488), insignito del titolo nobiliare nel 1469 dal re Enrico IV di Castiglia che elevò a ducato la contea d'Alba de Tormes, inaugurando uno dei titoli di più alto lignaggio della nobiltà spagnola. Solo le Case dei Medina Sidonia, degli Infantado e dei Medinaceli hanno un lignaggio più antico del loro. Secondo gli esperti, il primo posto per rango nell'aristocrazia spagnola appartiene alla XVIII duchessa di Medinaceli, Victoria Eugenia Fernández de Córdoba y Fernández de Henestrosa, stirpe che risale al primogenito di Alfonso X il Saggio, re di Castiglia e León, che non arrivò mai a regnare perché morì prima del padre e il cui discendente «perse» il trono in seguito a una complicata disputa per la successione degenerata in una lunga guerra civile.

Gli Alba de Tormes, così chiamati per il nome della loro residenza comitale a Salamanca, sono stati testimoni e protagonisti dei principali avvenimenti storici in Spagna e in Europa, continuando nel frattempo ad accumulare titoli nobiliari, terre, castelli e palazzi attraverso le unioni con altre famiglie di nobili, fino a diventare la Casa con il maggior numero di titoli al mondo. L'attuale duchessa d'Alba ha quarantaquattro titoli nobiliari conferiti ai suoi antenati da re e imperatori ma, contrariamente a quanto vorrebbe il mito popolare, stando al protocollo sarebbe tenuta a lasciare il passo alla regina d'Inghilterra qualora si trovassero, per esempio, a dover entrare nello stesso ascensore. «Una regina è sempre una regina» diceva Cayetana d'Alba a Tico Medina.

Al giorno d'oggi, il titolo non spetta più all'antica famiglia degli Álvarez de Toledo. Tra vari matrimoni e decessi, è passato a un ramo dei Fitz-James Stuart (cognome che deriva da Jacobo Fitz-James Stuart, figlio illegittimo di Giacomo II d'Inghilterra), duchi di Berwick, a causa della mancanza di eredi della XIII duchessa d'Alba, musa di Goya e seconda donna della stirpe a ricevere il ducato per diritto proprio. Il titolo e l'immensa fortuna del duca d'Alba passarono quindi nelle mani di Carlos Miguel Fitz-James Stuart, pronipote di Fernando de Silva y Álvarez de Toledo, XII duca d'Alba de Tormes, e nonno della prima famosa Cayetana. In seguito gli Alba si imparenteranno, tra gli altri, con i reali d'Inghilterra e Scozia e con l'imperatore francese Napoleone III, marito di Eugenia de Montijo.

Alcuni dei diciotto capifamiglia della Casa d'Alba che si sono alternati nel corso degli ultimi cinque secoli sono stati più rilevanti di altri; per esempio il figlio del primo duca, Fadrique Álvarez de Toledo (1460-1531), fu molto legato ai Re Cattolici e a Carlo V, e combatté contro i francesi per la conquista di Granada nella battaglia del Rossiglione, nel 1503, conquistando il regno di Navarra. Si fece notare anche il nipote, Fernando Álvarez de Toledo (1507-1582), conosciuto come granduca d'Alba: uomo di fiducia di Carlo V e Filippo II, fu viceré di Napoli e governatore generale delle Fiandre, ed è considerato dagli storici il miglior generale dell'epoca e uno dei migliori di sempre. Non ottenne invece grandi consensi nei Paesi Bassi, dove fu tra i protagonisti della sanguinosa repressione della rivolta calvinista diventando un personaggio di spicco della leggenda nera spagnola. Come per tutte le cariche nobiliari spagnole, fino a poco tempo fa il primo in ordine di successione era l'erede maschio. Solo tre donne furono a capo della Casa d'Alba: María Teresa Álvarez de Toledo (XI duchessa d'Alba), María Teresa Cayetana d'Alba (XIII) e María del Rosario Cayetana Fitz-James Stuart y Silva (XVIII e attuale duchessa d'Alba). Le mogli degli altri quindici eredi maschi figurano nominalmente nell'albero genealogico di famiglia con il titolo di duchesse d'Alba, ma in quanto consorti il loro ruolo era per lo più quello di aumentare il patrimonio della Casa con le loro doti.

Dalla morte di María Teresa Cayetana de Silva y Álvarez de Toledo y Silva-Bazán, nel 1802, con l'incorporazione della Casa d'Alba nella casa ducale di Berwick, la famiglia si trasferì a Madrid nel palazzo di Liria, in via Princesa. Fino ad allora, e a partire dal 1770, la XIII duchessa aveva vissuto nel palazzo Buenavista, vicino alla fonte di Cibele, oggi Quartier Generale dell'Esercito. Il nome di questo magnifico palazzo deriva dall'illustre antenato illegittimo Jacobo Fitz-James Stuart, primo duca di Berwick e maresciallo dell'esercito francese che, dopo la Guerra di successione fu nominato da Filippo V duca di Liria e Xerica (nel regno di Valencia) per il ruolo svolto nella decisiva vittoria di Almansa contro le truppe dell'arciduca Carlo d'Austria, nel 1707.

I lavori per la costruzione del palazzo di Liria cominciarono negli anni Settanta del Settecento, sotto la supervisione di Ventura Rodríguez e furono pagati dalle sostanziose rendite che arrivavano al proprietario (il III duca di Berwick) dall'America, grazie al titolo di duca di Veragua. A partire dal 1802 tutti gli averi della Casa d'Alba furono traslocati nel nuovo palazzo: mobili, manoscritti, incunaboli e una ricchissima collezione di libri e dipinti, in particolare alcuni eccezionali ritratti di Tiziano e di Goya e altre opere di grandi maestri come Rubens, Velázquez, Zurbarán, Ribera e Murillo. Inoltre, essendo imparentati con Cristoforo Colombo, gli Alba conservano ventuno documenti appartenuti allo scopritore dell'America tra quaderni di bordo, lettere e memoriali. Oltre a questi cimeli la loro immensa biblioteca, che comprende più di trentamila volumi, può vantare anche la preziosa Bibbia degli Alba del 1430, il testamento di Filippo II e lettere di personaggi storici come Carlo V, papa Sisto IV e Lope de Vega.

Anche gli altri due importanti palazzi degli Alba in origine non erano proprietà della famiglia. Il palazzo salamantino di Monterrey, magnifico ma mai terminato, passò agli Alba verso la fine del Settecento grazie al matrimonio tra Catalina de Haro y Guzmán, contessa di Monterrey, e il X duca d'Alba.

Il Palacio de las Dueñas, a Siviglia, prende il nome dal convento di Santa María de las Dueñas (che oggi non esiste più) e apparteneva a un ramo minore degli Afán de Ribera, marchesi di Villanueva del Río e discendenti di Fadrique Enríquez de Ribera che si legarono alla Casa d'Alba con il matrimonio tra María Francisca de Sales Palafox y Kirpatrick con il duca di Berwick. Qui trascorse molto tempo l'imperatrice Eugenia de Montijo, zia degli Alba, immortalata da Winterhalter in uno splendido ritratto che oggi si trova all'interno del palazzo. Sempre qui nacquero e passarono i primi anni di vita i poeti Manuel e Antonio Machado, figli dell'amministratore dei duchi.

Oggi il Palacio de las Dueñas ospita i principali tesori pittorici della Casa d'Alba: ci sono quadri rinascimentali e altri risalenti ai secoli XVII e XVIII, per lo più opere di maestri delle scuole italiana e spagnola come Ribera, Luca Giordano, Annibale Carracci o Sofonisba Anguissola. L'attuale duchessa ha aggiunto alla collezione quadri di artisti che vanno dal XIX secolo fino ai giorni nostri, come Federico de Mandrazo, Antonio María Esquivel, Ignacio Zuloaga, Joaquín Sorolla, Valeriano Bécquer, Julio Romero de Torres, Hermenegildo Anglada Camarasa, Gustavo Bacarisas, Carmen Laffón e altri ancora. A questi si unisce il fondo archeologico, con pezzi romani e medievali, ma anche arazzi delle Fiandre, mobili spagnoli dei secoli XVII e

XVIII, mobili barocchi di vari paesi europei, orologi fabbricati tra il XVIII e il XX secolo, porcellane, tendaggi e tappeti, che formano un tesoro di millequattrocento oggetti di inestimabile valore, oggi inseriti nel Catalogo generale del patrimonio storico andaluso. Nell'aprile del 2010, il governo autonomo ha stabilito che i pezzi registrati in questo inventario non possono uscire dal palazzo sivigliano senza l'autorizzazione della Giunta dell'Andalusia.

La leggendaria duchessa libertina

Erede diretta del titolo nobiliare, la XIII duchessa d'Alba, María Teresa Cayetana de Silva y Álvarez de Toledo y Silva-Bazán (1762-1802), fu una delle aristocratiche più celebri della nobiltà spagnola, e ancora oggi è avvolta da un alone di leggenda. Fu tra i primi mecenati del pittore Francisco de Goya, e fu la donna più discussa della sua epoca per la bellezza, la sensualità, il carattere capriccioso, la vita libertina e la costante rivalità con la regina Maria Luisa di Parma.

La sua biografia, in cui si intrecciano dati reali e romanzeschi, ci parla di un'infanzia solitaria a causa di genitori più concentrati sulla vita sociale che su di lei; di un matrimonio di convenienza all'età di 12 anni con il cugino José Álvarez de Toledo y Gonzaga (1756-1796), tra i vari titoli anche duca di Medina Sidonia, con l'obiettivo di far tornare il titolo ducale al cognome originario; della tristezza per i figli che non arrivarono mai e del suo amore per Juan Pignatelli, figlio del secondo marito della madre e noto dongiovanni, che a quanto si dice fu anche amante della regina. «Fu una donna decisa e coraggiosa e non perse occasione per dimostrarlo a chi aveva bisogno di lei, anche se il suo carattere narcisista la portò a commettere qualche leggerezza; non visse abbastanza a lungo da poter provare di essere una donna di sani principi» dice l'attuale duchessa d'Alba della sua antenata nel prologo della biografia *El último beso de Cayetana de Alba* («L'ultimo bacio di Cayetana de Alba»), di Concepción Calleja.

Le due duchesse condividono alcune caratteristiche, come l'interesse per l'arte, i tori e la beneficenza, e un'infanzia piena di tristezza e solitudine; ma anche i contrasti tipici di una vita trascorsa tra il mondo aristocratico e quello autentico e la predilezione per la gente comune piuttosto che per i membri della loro classe sociale. Questo parallelismo non dispiace all'attuale Cayetana, soprattutto quando si parla di carattere, sfrontatezza e coraggio in ogni aspetto dell'esistenza. Naturalmente Cayetana d'Alba ha sempre negato la relazione amorosa tra la sua antenata e Goya, o che il pittore l'abbia mai ritratta nuda: il rapporto tra i due non è mai stato chiarito e ha dato origine a dicerie di ogni genere.

L'unico fatto certo è che la leggendaria Cayetana, oltre a godere del privilegio di essere musa di uno dei più grandi pittori di tutti i tempi, fu ammirata da nobili e intellettuali, ma anche stimata e acclamata dal popolo. Fu una delle donne più attraenti della Madrid illuminista della seconda metà del XVIII secolo, un modello da imitare per tutte le altre. Nata nel 1762 a Madrid, nel quartiere Lavapiés, era figlia di Francisco de Paula de Silva y Álvarez de Toledo e di María del Pilar Ana de Silva y Sarmiento de Sotomayor. A dispetto della franceseria dei genitori, Cayetana mostrò fin da subito una predilezione per l'autenticità: quando era bambina amava perdersi per Lavapiés e nel Rastro, nella Madrid più vera, tra i gitani e la gente comune.

Le nozze con il cugino José Álvarez de Toledo y Gonzaga resero i duchi una delle coppie più titolate del regno, in competizione solo con i duchi di Osuna: avevano tutto, a partire da un'ottima posizione sociale nella corte dei Borbone. Nel 1770 morì il padre, duca di Huéscar, e sei anni dopo toccò al nonno: ad appena quindici anni Cayetana si trovò a ereditare il ducato e un'altra serie di titoli. Essendo figlia e nipote unica diventò immensamente ricca e spiccò per la sua generosità, ma anche per la fama di non essere fatta per il ruolo di moglie fedele. Si diceva che non perdesse occasione per godere della sua posizione sociale e dei piaceri mondani, atteggiamento che fomentò le malelingue della corte di Madrid.

La madre María del Pilar Ana de Silva, dopo essere rimasta vedova, si risposò con il conte italo-aragonese Joaquín Pignatelli. Juan, uno dei figli del conte, fu il più grande amore di Cayetana che per lui arrivò ad affrontare la regina Maria Luisa di Parma, innamorata dello stesso uomo. L'antipatia tra le due donne fu determinante nei successivi intrighi in cui fu coinvolta la duchessa d'Alba: quando Pignatelli fu spedito dalla regina all'ambasciata spagnola di Parigi e smise di mettersi tra loro, la duchessa cospirò contro Godoy, primo ministro di Carlo IV, protetto e possibile amante della regina che si dice fosse attratto anche da Cayetana.

L'altra grande rivale della duchessa d'Alba fu la duchessa di Osuna, che introdusse Goya nei circoli aristocratici. Si racconta che l'artista incontrò Cayetana per la prima volta a una cena di cortigiani e ne fu subito folgorato. Nel 1795, quando era il pittore più in voga tra gli aristocratici e Cayetana aveva 33 anni, la ritrasse nel famoso quadro avvolta in un abito di voile bianco stretto da una cinta rossa e con nastri dello stesso colore sul petto e tra i capelli, in compagnia di un cagnolino. Il quadro è tuttora di proprietà degli Alba. Inoltre, quello stesso anno Goya dipinse due ritratti di José Álvarez de Toledo, pochi mesi prima della sua morte. A partire da quel momento il rapporto tra l'artista e la vedova aristocratica si fece più stretto: Cayetana si ritirò a Sanlúcar de Barrameda e invitò Goya a seguirla, scandalizzando la corte di Carlo IV. A Sanlúcar lui la ritrasse ancora, protetta dall'anonimato e dai lunghi capelli ricci sciolti sul petto, come conferma il piccolo *Album di Sanlúcar* conservato al Museo del Prado. Nessuno sa se in quel periodo tra i due sia sbocciato l'amore.

La morte della duchessa a soli 40 anni ha dato luogo a dicerie di ogni genere; qualcuno sospettò addirittura che fosse stata avvelenata. I suoi documenti e il palazzo furono saccheggiati. Il palazzo di Buenavista e le opere che conteneva (tra cui la *Venere allo specchio* di Velázquez e *L'educazione di Cupido* di Correggio, oggi conservati alla National Gallery di Londra, e *La Madonna d'Alba* di Raffaello, attualmente alla National Gallery di Washington) nel 1807 passarono a Godoy per mezzo del comune. Quando Godoy perse il potere il palazzo fu espropriato, tornando più tardi a essere proprietà della famiglia reale.

La duchessa morì senza eredi (anche se aveva adottato María de la Luz, una bambina di origine africana), lasciando vitalizi a tutti i servitori e i titoli nobiliari ai figli di una cugina inglese, i duchi di Berwick, con i quali non era particolarmente in buoni rapporti. Perciò il XIV duca d'Alba fu Carlos Miguel Fitz-James Stuart y Fernández de Híjar-Silva (1794-1835), pronipote di suo nonno, che si era imparentato con gli Alba grazie al matrimonio della bisnonna María Teresa de Silva y Álvarez de Toledo, sorella del XII duca, con il III duca di Berwick, James Francis Edward Fitz-James Stuart y Ventura Colón del Portogallo.

La salma della duchessa venne riesumata due volte: la prima, nel 1842, aveva rivelato l'assenza di un piede e la gambe tagliate, probabilmente per farla entrare nel feretro; la seconda, nel 1945, provò le cause naturali del decesso grazie a un esame autoptico, sfatando una volta per tutte il mito secondo cui Cayetana era stata assassinata per ordine della regina. Stando a quanto afferma Jaume Tortella, professore di Storia moderna e contemporanea presso l'Università autonoma di Barcellona, la morte della duchessa fu provocata da una meningoencefalite di origine tubercolotica.

Tra libertà e tradizione

In Cayetana Fitz-James Stuart, attuale duchessa d'Alba e donna di saldi principi ma anche di estrema naturalezza, si fondono la tradizione e una semplicità che la porta a tenersi lontana dallo sfarzo e dalle convenzioni, oltre allo stesso fervore popolare che possedeva la XIII duchessa d'Alba, la Cayetana che ammaliò Francisco de Goya. «È un personaggio eterodosso nei modi ma, nel profondo, è più ortodossa di quanto crediamo. Un misto tra Holly Golightly e la nonna di Lady Di. Le è sempre piaciuto scandalizzare, girare scalza e fare di testa sua, rifiutando di uniformarsi agli usi e costumi dei vecchi aristocratici. È divertente, loquace, infantile, frivola e capricciosa: un vero e proprio personaggio. La duchessa d'Alba è unica nel suo genere ed è così che vuole essere considerata. Le piacciono i gitani, il flamenco, gli intellettuali e l'amore. Nessuno è mai riuscito a piegarla» dice di lei la giornalista Carmen Rigalt. Secondo Elena Castelló, direttrice della rivista «Hoy Corazón», la duchessa «è più intelligente di come appare, piuttosto colta e dotata di grande personalità. È orgogliosa di ammettere che ha sempre fatto quello che voleva, senza mai preoccuparsi dei pettegolezzi suscitati dal suo stile di vita. Soprattutto vuole godersela, anche ora che è ottuagenaria».

Da adolescente, Cayetana de Alba ha scelto di condurre un'esistenza intensa e appassionata, «ma nella sua vita hanno sempre pesato il senso di responsabilità, la storia, la lealtà verso il proprio nome e l'educazione impartita dal padre, Jacobo Alba, che la lasciò sola nel 1953, con un'immensa eredità da amministrare e una missione storica e culturale da portare a termine» racconta la giornalista María Eugenia Yagüe nel libro *La duquesa de Alba. La ùltima diva de la nobleza* («La duchessa d'Alba. L'ultima diva della nobiltà»).

Come la duchessa ha ripetuto in diverse occasioni, era stata una bambina triste e solitaria. Conobbe appena la madre, che si ammalò di tubercolosi poco dopo il parto. Di fronte al rischio di contagio, parte del palazzo di Liria fu adibita ad appartamento della duchessa inferma, in modo da allontanarla dalla figlia, che rimase orfana di madre a soli 8 anni.

La madre, María del Rosario de Silva y Gurtubay Fernández de Córdoba y González de Castejón, duchessa de Híjar e marchesa di San Vicente del Barco (e vari altri titoli che andarono a sommarsi alla lunga lista di quelli già appartenenti alla Casa d'Alba), si era sposata con Jacobo Fitz-James Stuart, detto «Jimmy Alba», nel 1920, appena ventenne. Il duca aveva il doppio dei suoi anni e già allora era uno dei personaggi di spicco della cronaca sociale internazionale. Nel 1902, Jimmy Alba aveva ereditato il titolo nobiliare più importante di Spagna in seguito alla morte del padre, Carlos María Fitz-James Stuart y Porocarrero. La giovane duchessa de Híjar lo seguiva a ruota in quanto a grandezza di Spagna, denaro e quantità di titoli.

Dopo cinque anni di matrimonio e varie gravidanze mai giunte al termine, nacque nel palazzo di Liria l'unica figlia della coppia. Milionari e cosmopoliti, gli sposi viaggiavano per tutta Europa e trascorrevano brevi periodi a New York. Nel loro palazzo madrileno ricevevano il fior fiore della società dell'epoca, compresi i reali Alfonso XIII e Victoria Eugenia, il filosofo Ortega y Gasset, il dottor Gregorio Marañón e lo scrittore Ramón Pérez de Ayala, tutti grandi amici degli Alba. Nel 1930, il duca fu nominato ministro della Pubblica Istruzione e più tardi dello Stato, sotto il generale Berenguer, incaricato da Alfonso XIII di formare il primo governo dopo la dittatura di Primo de Rivera.

Dopo la morte della moglie nel gennaio 1934, il duca mandò Cayetana a vivere a Parigi e cominciò a trascorrere lunghi periodi a Londra e in Svizzera, per curare i polmoni minacciati dalla tubercolosi. Uomo colto, raffinato, di vedute e modi liberali, e uno dei maggiori esperti d'arte del suo tempo, Jacobo Fitz-James Stuart fu molto duro nell'educazione dell'unica figlia, che trattava con un misto di distacco, freddezza e affetto. «Tana», come la chiamavano il padre e i padrini (re Alfonso XIII e la regina Victoria Eugenia), fu educata nel rispetto dell'ordine, della disciplina e della formalità; le fu insegnato a essere fedele alle proprie origini e a onorarle con umiltà e modestia. «Era importante che la bambina non dimenticasse mai chi era e da dove veniva» dice María Eugenia Yagüe. «Semplice nei modi, a volte glaciale e distante nell'armatura che indossa per nascondere ciò che prova, non si è mai lamentata pubblicamente del suo destino. Al contrario, non ha mai dimenticato di essere la duchessa d'Alba e per un vero aristocratico il titolo significa obblighi e rinunce, integrità, coerenza e un ruolo che va al di là del posare in sale lussuose per le riviste di cronaca mondana» aggiunge la giornalista.

Jacobo Fitz-James Stuart le trasmise la passione e il gusto per la cultura e per l'arte e, fin da quando era piccola, i due visitarono le principali città e i più importanti musei del mondo. «Era una persona eccezionale, lo amavo e lo ammiravo più di chiunque altro. Eravamo inseparabili» ha affermato in più di un'occasione Cayetana d'Alba. E da lui imparò anche «a non mostrare mai un accenno di debolezza. Forse per questo la duchessa trattò sempre i suoi figli in modo diverso, lasciando loro molta libertà e senza metterli sotto pressione [...] Cercò di evitare per quanto possibile che fossero infelici com'era stata lei. Cayetana eliminò dall'educazione dei figli la durezza e la solennità che avevano caratterizzato la sua [...] Desiderava che imparassero dalla vita per conto loro, senza obbligarli a fare niente che non volessero» racconta María Eugenia Yagüe.

Infanzia e adolescenza tra le guerre

Quando scoppiò la guerra civile spagnola, Cayetana aveva 10 anni e andò a vivere nel Palacio de las Dueñas con la zia Eugenia Sol, sorella del padre e duchessa di Santoña, dalla quale imparò ad amare i tori, il flamenco, gli sport, i cavalli e l'Andalusia. La nonna materna invece, duchessa de Híjar, ebbe grande influenza nell'educazione della giovane e nello sviluppo del suo interesse per l'arte.

A causa dei bombardamenti su Madrid, gli Alba decisero di lasciare parte della collezione d'arte nel palazzo di Liria, anche perché, vista l'identità del proprietario, si pensava che gli insorti non l'avrebbero mai colpita. Per sicurezza comunque, il duca custodì alcune delle opere più importanti in una camera blindata della Banca di Spagna. Come si legge nella *Historia recuperada. Vicisitudes del palacio de Liria durante la Guerra Civíl española* («La storia recuperata. Vicissitudini del palazzo di Liria durante la guerra civile Spagnola») uno studio di Valme Muñoz scritto in occasione della mostra «Collección Casa de Alba», a partire dall'agosto del 1936 si cominciarono a organizzare due volte alla settimana visite a palazzo di gruppi di miliziani e conferenze con ospiti di prestigio come Rafael Alberti o Teresa León, che resero Liria uno dei centri culturali più attivi di Madrid durante la guerra.

Ma il 17 novembre 1936, contro ogni pronostico, diciotto bombe incendiarie caddero sul palazzo di Liria, devastandolo: perforarono lo zinco del soffitto e il fuoco divorò l'armatura di legno, lasciando intatte solo le facciate. Secondo le testimonianze raccolte da Valme Muñoz, i miliziani e i servitori del palazzo portarono in giardino quadri, tende e arazzi, insieme a mobili, libri, porcellane e argenti, nel tentativo di salvarli dal rogo. In seguito venne tutto trasferito in due edifici nel centro di Madrid occupati dal Partito comunista, nelle vie Serrano e Antonio Maura. Con il governo repubblicano insediato a Valencia per sfuggire all'avanzata delle truppe nazionali, i tesori della Casa d'Alba, insieme a migliaia di pezzi del Museo del Prado, vennero spostati nella nuova capitale, dove il ministero della Pubblica Istruzione organizzò una mostra con le opere d'arte provenienti dal palazzo di Liria. Più tardi le tele furono affidate alla Società delle Nazioni ed esposte a Ginevra, per poi rimanere sotto la custodia del Servizio di difesa del patrimonio artistico nazionale istituito dal primo governo di Franco nel 1938.

Jacobo Fitz-James Stuart ci mise alcuni anni a rimettere insieme l'intera collezione, dall'estate 1939 alla fine del 1944. Inoltre, si assunse la responsabilità di restaurare il palazzo, impegno che viene ricordato con una frase di Cicerone incisa sulla scalinata dell'edificio: «Per gli dei immortali, i quali hanno voluto che ricevessi queste cose dai miei avi e che le trasmettessi ai miei discendenti». I lavori durarono sette anni e il XVII duca d'Alba non ne vide la fine.

Al termine della guerra civile, Cayetana si trasferì con il padre a Londra, dove passò i successivi sei anni. Il 21 novembre 1937, il generale Franco nominò Jacobo Fitz-James Stuart rappresentante del regime franchista a Londra e poi ambasciatore l'8 marzo 1939, ruolo che il duca accettò dopo aver consultato Alfonso XIII, esiliato a Roma. Il duca era imparentato con la famiglia reale britannica e con Winston Churchill, aveva studiato al prestigioso Beaumont College ed era un convinto anglofilo.

In quei giorni, a soli 14 anni, Cayetana apparve sulla copertina della rivista britannica «Modern Girl» in cui il padre aveva scritto un articolo intitolato *Spagna, un paese da romanzo*. Erano anni in cui la duchessa prendeva il tè con l'amica Lizzie, la futura regina Elisabetta II d'Inghilterra, e aveva nostalgia di Madrid e Siviglia.

La sua educazione fu affidata a Frau Dorphi, istitutrice tedesca «tanto amata dalla futura duchessa che in seguito l'avrebbe incaricata di occuparsi dei suoi figli. L'istitutrice morì nel palazzo di Liria a 92 anni» riporta María Eugenia Yagüe. I suoi compagni di scuola, figli di diplomatici, venivano da ogni parte del mondo e uno di loro (il nipote del conte Tolstoi) fu uno dei suoi primi ammiratori. In quegli anni la duchessa si recava spesso a Losanna per far visita alla regina Victoria Eugenia, al tempo già vedova, nella sua residenza Vieille Fontaine.

A partire dal 1942, il duca volle allontanare la figlia dal conflitto in Europa e dai bombardamenti su Londra: la fece quindi rientrare in Spagna affidandola alle cure della nonna materna e dell'amata e coraggiosa zia Sol. A 16 anni, Cayetana viveva tra Madrid e Siviglia. Il 27 aprile 1943 fu un giorno importante per la duchessa, ancora adolescente, che debuttò in società con una splendida festa al Palacio de las Dueñas e ricevette il ducato di Montoro, titolo sivigliano appartenuto anche all'imperatrice Eugenia de Montijo e che in seguito sarebbe passato alla figlia di Cayetana, Eugenia, prima del matrimonio con il torero Francisco Rivera Ordóñez.

Il 19 marzo 1945, Juan di Borbone, pretendente al trono di Spagna e padre dell'attuale re Juan Carlos, rese pubblico il Manifesto di Losanna, in cui si chiedeva a Franco di farsi da parte in favore di una monarchia moderata, democratica e costituzionale. Il sollecito era accompagnato da una petizione diretta ai monarchici che sostenevano Franco perché abbandonassero le loro cariche nel governo dittatoriale. Di innegabile lealtà alla corona, secondo quanto racconta lo storico Paul Preston nel libro *Francisco Franco*, il primo a lasciare il suo posto all'ambasciata di Londra fu proprio il duca d'Alba, nell'ottobre 1945. «I rapporti tra il duca e Franco, dopo quasi sette anni di collaborazione, erano chiusi per sempre» segnala María Eugenia Yagüe nella biografia sulla duchessa d'Alba. Più avanti, l'attuale duchessa mantenne «buoni rapporti con il regime politico sotto cui le toccò vivere per quarant'anni, ma è sempre stata monarchica» aggiunge.

Dopo una breve storia d'amore con il torero Pepe Luis Vázquez, interrotta per volontà del duca d'Alba, il 12 ottobre 1947 Cayetana si unì in matrimonio davanti all'altare maggiore della cattedrale di Siviglia con qualcuno più adatto al suo rango: si trattava di Luis Martínez de Irujo, figlio dei duchi di Sotomayor. L'evento, a cui parteciparono millecinquecento invitati, è considerato l'ultimo grande matrimonio feudale di Spagna e arrivò a competere, a livello di interesse internazionale, con quello della principessa Elisabetta d'Inghilterra con il principe Filippo di Mountbatten, celebrato un mese più tardi. Il quotidiano francese «Libération» lo classificò come «matrimonio più caro del mondo», con un costo pari a 20 milioni di pesetas dell'epoca, cioè circa 4 milioni di euro attuali.

Più di centomila persone acclamarono gli sposi mentre percorrevano le strade di Siviglia, ammirando soprattutto il diadema di perle e diamanti che sosteneva il velo di Cayetana, un gioiello ricevuto da Eugenia de Montijo come regalo di nozze dal marito Napoleone III, che era passato agli Alba quando l'imperatrice era morta senza discendenti. Nel 1998 la figlia della duchessa, Eugenia, sfoggiava lo stesso diadema per le sue nozze con Francisco Rivera.

La luna di miele di Cayetana e Luis durò sei mesi. Viaggiarono per l'Europa, il Messico, gli Stati Uniti e Cuba, visitarono gli studi di Hollywood e conobbero tra gli altri Cary Grant, Marilyn Monroe, James Stewart, Henry Fonda e Charlie Chaplin. Durante il soggiorno a New York Cayetana ebbe un lieve mancamento e dopo una visita medica la radio annunciò che aspettava un figlio. Il loro primogenito, Carlos Juan, nacque il 2 ottobre 1948, in un appartamento in via Princesa annesso al palazzo di Liria, in cui gli Alba vivevano durante i lavori di ricostruzione.

Dopo il matrimonio, Luis Martínez de Irujo, che aveva studiato ingegneria ma senza conseguire la laurea, si dedicò anima e corpo agli impegni amministrativi e culturali degli Alba e ce la mise tutta per essere capo della Casa della regina Victoria Eugenia, ruolo compatibile con la presidenza dell'Accademia di Belle Arti e dell'Istituto di Spagna, così come con la partecipazione ai consigli di amministrazione di varie imprese, tra cui la Banca di Spagna. «Il duca consorte fu un personaggio chiave nella Casa d'Alba. Portò una folata di aria fresca nell'amministrazione del patrimonio [...] Mise in moto una nuova forma di gestione imprenditoriale. Vendette terreni, comprò immobili e promosse la creazione della Fondazione Casa d'Alba con l'obiettivo di mantenere unito il patrimonio ducale. Inoltre, seppe agire in modo discreto e intelligente restando sempre in secondo piano, e lasciando il ruolo da protagonista a Cayetana» spiega María Eugenia Yagüe.

Nell'ottobre del 1950 nacque il secondo figlio della coppia, al quale fu dato il nome di Alfonso. Il 24 settembre 1953, tre anni prima che finissero i lavori di ricostruzione del palazzo di Liria, Jacobo Fitz-James Stuart morì a Losanna, dove era andato a trovare la regina Victoria Eugenia. Era stato un uomo molto curioso e capace di godere dei privilegi derivanti dalla sua posizione. Jimmy Alba riposa nel panteon di famiglia nella località di Loeches, a sudest della Comunità di Madrid, tra Alcalá de Henares e Arganda del Rey. Cayetana, a 27 anni, diventò la XVIII duchessa d'Alba e XI di Berwick, nonché un personaggio unico nella società spagnola ed europea dell'epoca. L'anno seguente diede alla luce il terzo figlio, che fu chiamato Jacobo in onore del nonno.

Nell'estate del 1959, sempre a Madrid, nacque Fernando, il quarto figlio maschio. Pochi mesi dopo la duchessa compariva sulla copertina della rivista americana «Harper's Bazar», in un'immagine del famoso fotografo Richard Avedon in cui balla il flamenco nelle campagne vestita di bianco, come quattro anni prima aveva fatto Ava Gardner nella *Contessa scalza*. Si dice che anche Pablo Picasso volesse immortalarla come una maja del XX secolo, ma Luis Martínez de Irujo non diede il suo permesso. Lo stesso anno, la duchessa e il principe Ali Khan, famoso per essere figlio dell'Aga Khan III, per il matrimonio con Rita Hayworth e per la fama di playboy, si incontrarono a un ballo di beneficenza al Waldorf Astoria di New York. Lui rimase subito colpito da Cayetana e cominciò a mandarle regali e messaggi. «Ripeteva che sarebbe venuto in Spagna per vedermi, ma rimase ucciso in un incidente automobilistico prima di poterlo fare. Non sapremo mai cosa sarebbe successo» dichiarò Cayetana de Alba in un'intervista a «Marie Claire» nel 2000. E l'elenco di devoti ammiratori, pretendenti internazionali e amori consumati fa parte della leggenda sentimentale di Cayetana de Alba, che lei non conferma né smentisce. «È che sono sempre stata una ragaz-

L'annuncio del fidanzamento del principe Ranieri di Monaco con Grace Kelly nel gennaio 1956 commosse il mondo. Ma la loro incredibile favola fu perseguitata da una maledizione, quella dei Grimaldi.

Nel 1957, la Fiat, la famosissima società guidata dagli Agnelli, lanciò la sua vettura più conosciuta, la Fiat 600, che riscosse un successo sorprendente in tutte le sue versioni. La spagnola Seat 600 fu uno dei simboli dello sviluppo della Spagna negli anni Settanta.

Il palazzo della Seagram, simbolo dell'azienda fondata da Sam Bronfman, orgoglio dell'industria canadese. Qui Bronfman creò il suo fiore all'occhiello, il Chivas Regal, che ben presto si affermò come whisky di prima qualità occupando un posto da protagonista sul mercato internazionale.

L'emblematico negozio di Gucci, a Milano, è tuttora uno dei più importanti riferimenti del lusso nel mondo. Come dice Aldo Gucci, ormai abituato a vestire le stelle di Hollywood: «La qualità si ricorda per molto tempo, il prezzo si dimentica».

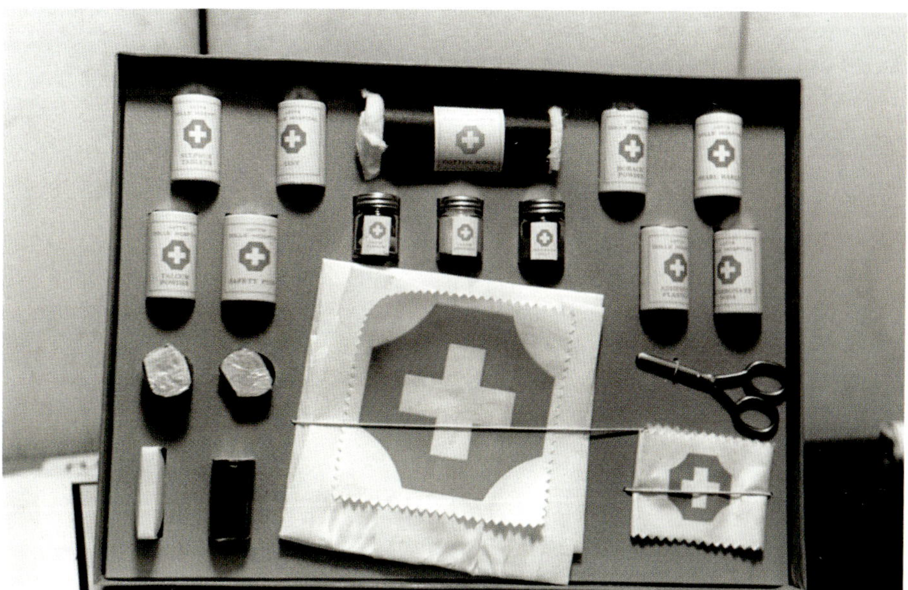

Nel 1920 Earle Dickson, che lavorava alla Johnson & Johnson, inventò il cerotto pensando agli incidenti della moglie in cucina. Il successo fu tale che nel 1924 la J&J installò i macchinari per produrre in quantità industriali le bende adesive. Nell'immagine, un kit di primo soccorso usato nella Seconda guerra mondiale.

Il 7 ottobre 1960 due candidati alla presidenza degli Stati Uniti si affrontarono per la prima volta in un dibattito trasmesso in televisione, che fu seguito da un milione di spettatori. Oggi i dibattiti televisivi sono considerati fondamentali nella politica statunitense, ma fu a partire da quel faccia a faccia tra Kennedy e Nixon che la televisione cominciò a giocare un ruolo determinante in ambito politico.

Dopo la morte di Onassis, Jackie Kennedy scrisse: «Aristotele Onassis mi salvò in un periodo in cui la mia vita era piena di ombre. Mi portò in un mondo dove era possibile trovare felicità e amore. Abbiamo vissuto insieme molti momenti splendidi che non dimenticherò e, per questo, gli sarò eternamente grata».

La vecchia casa dei Rothschild. La storia della famiglia più ricca d'Europa ha avuto inizio nel misero e sovraffollato ghetto ebraico di Francoforte alla fine del XVIII secolo.

Ad appena 9 anni, Drew Barrymore, erede di una lunga stirpe di attori, sapeva già cosa fossero l'alcol, un padre violento e la fama, ma riuscì a rinascere dalle sue ceneri e oggi seleziona i migliori film, ha una sua casa di produzione e conduce una vita più serena.

© Jason Hirschfeld/Getty Images

George H.W. Bush e George W. Bush, padre e figlio, sono stati presidenti degli Stati Uniti. Durante il loro mandato, furono sostenitori della guerra. Quando George W. Bush collocò Saddam Hussein nel mirino della potente macchina bellica statunitense, coinvolse molti altri paesi. Il suo messaggio fu: «Tutte le nazioni del mondo devono prendere una decisione. Stare con noi o stare con i terroristi».

Cayetana de Alba insieme al marito, Luis Martínez de Irujo y Artacoz, e ai sei figli (da sinistra): Carlos, Cayetano, Eugenia, Fernando, Alfonso e Jacobo. Caratterizzata da una personalità forte, la duchessa cercò sempre di non sottoporre i figli all'educazione dura e solenne con cui era stata cresciuta lei.

«Se avessi conosciuto Oona anni fa, non avrei avuto problemi con le donne. L'ho attesa tutta la vita senza saperlo» racconta Charlie Chaplin nella sua autobiografia.

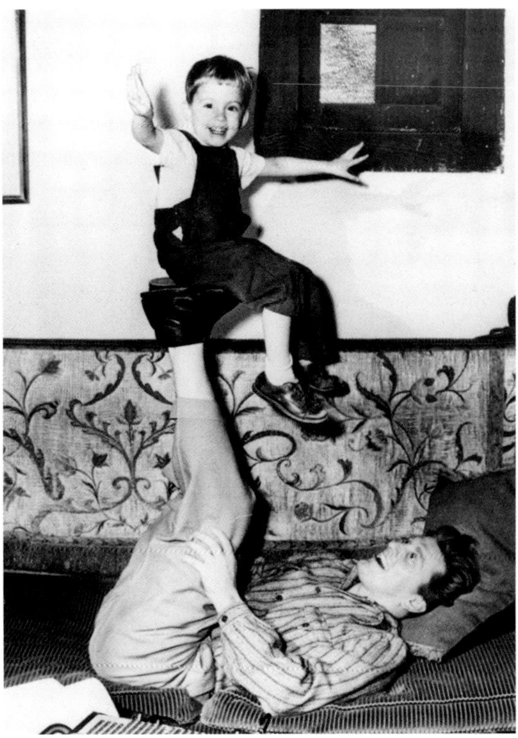

La foto ritrae Kirk Douglas intento a giocare con il figlio Michael di 4 anni. Kirk ha sempre dichiarato di voler essere ricordato come «uno che ci provava, perché è tutto ciò che si può fare nella vita: provare a fare le cose nel modo migliore possibile».

Secondo Paris Hilton, «nella vita non c'è peccato peggiore che annoiarsi». Qui posa insieme alla madre e al suo chihuahua, Tinkerbell, durante il Gay Pride del 2005 a Los Angeles.

«La mia vita è fatta di episodi fortuiti e disparati: cinque mogli, molte relazioni, la caccia, le scommesse, la pittura, le collezioni, il pugilato e gli oltre sessanta film che ho scritto, diretto e interpretato...» Così riassumeva la sua vita John Huston.

Il Rockefeller Center, in stile art déco, molto popolare negli anni Trenta, divenne il Radio City Music Hall.

Audrey Hepburn e George Peppard davanti alla vetrina di Tiffany nel film *Colazione da Tiffany*. Ma neanche in questa occasione da Tiffany hanno servito brioche…

Donald Trump è uno dei magnati più conosciuti degli Stati Uniti. Il suo nome e la sua immagine sono sinonimo di uno stile insolente, audace e unico. Grazie alla sua peculiare visione degli affari è considerato un'icona americana. Il motto «tutto è lecito per fare soldi» sembra avere ispirato la sua vita.

© Rex Features/Olycom

© Bridgeman/Archivi Alinari

Una delle migliori opere di Gertrude Vanderbilt, il Monumento alla Fede della Scoperta, si trova a Huelva. La scultura è alta 37 metri. È popolarmente conosciuta come «Monumento a Colombo».

«Tanto nella storia quanto nella mitologia, Medusa ha un significato speciale. Chiunque la guardasse restava paralizzato, immobile, letteralmente pietrificato. Gianni era solito dire che chiunque guardasse i suoi vestiti ne rimaneva incantato ed era costretto a comprare abiti firmati Gianni Versace per il resto della vita» spiega Santo Versace.

Carmen Martínez-Bordiú insieme al marito Alfonso di Borbone. «Lo sposai perché, in fondo, cercavo un modo per liberarmi del controllo di mio padre. Nessuno mi costrinse a farlo, anzi. Mio padre mi disse di pensarci bene, ma in quel momento sei incontenibile e ti sposi piena di illusioni, seppur inconsistenti» raccontò Carmen Martínez-Bordiú in un'intervista.

Julio Iglesias è un artista che ha saputo costruirsi una delle carriere musicali di maggiore successo nella storia della musica leggera. Insieme a lui, anche il figlio Enrique Iglesias è diventato una grande stella, con all'attivo incassi di vendita quasi superiori a quelli del padre. Julio José, pur distanziato dal padre e dal fratello, ha già inciso tre album. In molti sostengono che tra di loro non ci sia rivalità ma... guerra aperta!

«Se ne avessi avuto la possibilità, sarei tornata da lui. Sì, sarei tornata dicendogli: "Feriscimi ancora".» Lucia Bosè, nella foto insieme a Luis Miguel Dominguín.

«Tita riesce a essere con me ovunque. Ed è una cosa che nessuna delle mie precedenti mogli ha mai fatto: loro non si prendevano cura di me. Tita, invece, è sempre attenta. Ha saputo riempire la mia vita. Ha saputo superare la meschinità dettata dall'invidia e non si è montata la testa per essere la moglie di Hans Heinrich Thyssen-Bornemisza.»

© Euroimagen/Olycom

«La mia famiglia ha dato la vita per la corrida, e mio padre l'ha addirittura persa. È più che uno stile di vita, è una fede profonda, una religione. La corrida è il più reale degli spettacoli, rappresenta la vita e la morte. È come la vita stessa» dichiarò Cayetano Rivera Ordóñez, ritratto insieme al fratello Francisco in attesa dell'inizio di una corrida durante la Feria de Begoña a Gijón, nell'agosto nel 2009.

za allegra e divertente, e questo piace alla gente. Ho sempre avuto successo con gli uomini» ammette nella biografia scritta da Ismael Fuente, *La Duquesa, mito y realidad de Cayetana Alba* («La Duchessa, mito e realtà su Cayetana Alba»).

All'inizio degli anni Sessanta, la coppia Martínez de Irujo-Fitz-James Stuart era già un'icona dell'aristocrazia spagnola e Cayetana era considerata una delle donne più ricche e alla moda dell'epoca, al pari di Jacqueline Kennedy o Grace di Monaco, alla quale era pari per rango ma superiore come indole popolare. Solo i terreni della Casa d'Alba superano di centosettanta volte la grandezza del Principato di Monaco.

Fu proprio la duchessa a fare da paciere quando Jacqueline Kennedy e Grace di Monaco si «affrontarono» alla Fiera di Aprile del 1966. Jacqueline era ospite della duchessa d'Alba nel Palacio de las Dueñas. Il fatto che le due gran signore si trovassero a Siviglia negli stessi giorni era un evento di portata nazionale e gli organizzatori del ballo delle debuttanti, promosso per raccogliere fondi per la Croce Rossa, chiesero a entrambe di presenziare alla serata in cui le giovani sivigliane delle casate più importanti entravano in società. Tutti sapevano nell'inimicizia tra le due che a quanto pare era cominciata il giorno dell'omicidio del presidente Kennedy a Dallas, il 22 novembre 1963: si dice infatti che i principi di Monaco, ospiti della famiglia presidenziale nella residenza di Hyannis Port, quando ricevettero la notizia dell'attentato non si degnarono nemmeno di lasciare la festa alla quale stavano prendendo parte.

Durante il ballo sivigliano, che si tenne nella Casa de Pilatos, palazzo dei duchi di Medinaceli, le ospiti americane non si rivolsero la parola. La duchessa d'Alba fece tutto il possibile per allentare la tensione e invitò i principi a pranzo al Palacio de las Dueñas. Tre icone dell'epoca sotto lo stesso tetto e intorno allo stesso tavolo. In quei momenti poche donne al mondo erano superiori a loro per fama, glamour e posizione sociale. Non c'è alcuna fotografia che ritragga l'evento, ma è noto che in quell'occasione gli sforzi della duchessa cominciarono a dare i loro frutti. Cayetana sistemò la mantella sulle spalle di Jacqueline Kennedy e la portò a fare una passeggiata. Poi fece lo stesso con Grace Kelly. Qualche giorno dopo, Antonio Garrigues y Díaz-Cañabate, allora ambasciatore negli Stati Uniti e accompagnatore della «vedova d'America», in una sorta di conferenza stampa tenuta in uno dei cortili di las Dueñas, dichiarò ai giornalisti: «Tra loro non c'è alcuna rivalità».

In quei giorni Cayetano, il quinto figlio dei duchi a cui era stato dato il nome tenuto in serbo per la tanto desiderata figlia femmina che ancora non era arrivata, compiva tre anni. Nel dicembre 1968, quando la duchessa aveva 42 anni, fu annunciata in esclusiva sulle pagine di «¡Hola!» la nascita della figlia dei duchi, nata vent'anni dopo il primogenito e futuro duca d'Alba. La chiamarono Eugenia, in onore dell'amata imperatrice Eugenia de Montijo.

Duchessa, madre, moglie e grande collezionista d'arte, in quegli anni Cayetana d'Alba seppe accrescere la pinacoteca ereditata dal padre e ampliata nel corso dei secoli con opere di Renoir, Rosales, Chagall, Miró, Picasso e altri maestri della pittura, e come responsabile storica dell'eredità Alba fece grandi investimenti per restaurare e conservare i palazzi di famiglia. «Bisogna riconoscere che è stata molto attenta al patrimonio della Casa d'Alba, uno dei più importanti della storia spagnola. Grazie a lei è stato catalogato, curato e ampliato. Di solito questo aspetto viene oscurato dall'indole popolare che a volte la fa sembrare una caricatura di se stessa» segnala Elena Castelló.

Un insolito matrimonio

Nel 1971 il duca consorte era gravemente malato, affetto da leucemia. La coppia si rivolse a una clinica di Houston (Stati Uniti) per cercare una cura che gli salvasse la vita, ma il 6 settembre 1972, a soli 51 anni, il duca morì. Fu sepolto nel panteon di Loeches, costruito nel 1909 dal padre di Cayetana, dove già riposavano tre duchi d'Alba con le loro consorti e che oggi ospita anche i due mariti della duchessa d'Alba.

Cayetana si dedicò totalmente ai figli, alle opere di beneficenza e alla pittura. Poco a poco i figli più grandi cominciarono a sposarsi, mentre lei affermava che non lo avrebbe mai più fatto. Invece, all'inizio del 1978 si cominciò a vociferare di un suo imminente matrimonio con un intellettuale. Si trattava di Jesús Aguirre Ortiz de Zárate, direttore generale della Musica nel governo di Adolfo Suárez. Un uomo di otto anni più giovane della duchessa, che nel 1969 aveva messo da parte il sacerdozio per seguire la dottrina di Marx, anche se non militò mai in nessun partito politico. Di indole progressista, dopo aver abbandonato la Chiesa, aveva diretto la casa editrice Taurus fino al 1977, quando l'amico e compagno di università Pío Cabanillas, allora ministro della Cultura, gli affidò la responsabilità della politica musicale del paese. Durante il suo mandato nacquero l'orchestra e i cori nazionali, i due balletti nazionali (quello spagnolo e quello classico) e il Centro nazionale di documentazione musicale.

Vedova da otto anni, cinquantaduenne e madre di sei figli, il 16 marzo 1978 la duchessa celebrò il matrimonio con l'ex gesuita nel palazzo di Liria. Le nozze sollevarono commenti di ogni genere. Molti la considerarono un'unione impossibile: «La duchessa d'Alba non può sposarsi con un parroco!». Lei invece dichiarò a «El País» che «fu un colpo di fulmine in piena regola». Jesús Aguirre l'aveva conquistata con il senso dell'umorismo, la raffinatezza e la sua cultura sconfinata. «Il secondo matrimonio della duchessa turbò soprattutto la nobiltà dell'epoca. Lontana da una classe aristocratica stantia e dalle convenzioni sociali, diceva senza problemi di fare l'amore tutti i giorni, con grande senso dell'umorismo, in dichiarazioni ispirate dal clima di apertura e cambiamento che caratterizzava la Spagna di allora» segnala Elena Castelló. «Luis era bello e colto, era un uomo di mondo, aveva senso dell'umorismo, una grande cultura e un'integrità morale a tutta prova. L'ex gesuita, invece, era capace di sorprendere Cayetana, di infonderle gioia, a volte persino di scandalizzarla. Il compagno ideale per una duchessa d'Alba che aveva bisogno di appoggio, consiglio e di scoprire nuovi ambienti quando credeva di avere ormai visto tutto» sostiene María Eugenia Yagüe.

Jesús Aguirre Ortiz de Zárate, dottore in Teologia presso l'Università di Monaco, non era come Cayetana, semplice e amante del popolo, ma era un uomo colto, raffinato, una specie di bohémien sibillino, un po' eccentrico e irriverente. «So che non piaccio, ma finirò per piacere» disse allora il nuovo duca consorte. E in effetti seppe conquistare, se non l'aristocrazia spagnola (con la quale non seppe o non volle relazionarsi), almeno i figli della duchessa con i quali instaurò un rapporto quasi fraterno. Aveva una personalità singolare e complessa, era divertente e aveva un grande senso dell'umorismo, come dimostra la risposta che era solito dare quando gli chiedevano com'era sua moglie: «Cayetana è così sopra le righe che si è sposata con me».

Traduttore, critico, conferenziere, editore, capace di recitare a memoria un discorso in greco antico, diventò membro dell'Accademia di Belle Arti di San Fernando e della Real Academia Española de la Lengua. Inoltre, trasformò nuovamente il palazzo di Liria in centro della vita sociale, politica e culturale, come ai tempi in cui il padre di Cayetana era vivo. Alle cene che organizzava partecipavano politici di ogni partito, dal popolare Manuel Fraga al socialista Felipe González; scrittori in voga come Paco Umbral, Juan Benet o Jorge Semprún; filosofi e intellettuali come Barral, García Hortelano, Gil de Biedma o lo psichiatra Carlos Castilla del Pino, suo grande amico.

Nel 1983, Felipe González, allora presidente del Governo, offrì a Jesús Aguirre l'ambasciata spagnola di Bonn. Si dice che Cayetana non gli permise di accettare e lui si dedicò con dedizione e onestà al lavoro di consorte. «Non solo è entrato nel suo ruolo di duca, ma ha anche lavorato con grande impegno per la Casa. Sembra che non abbia fatto altro nella vita, che sia sempre stato duca. Nonostante tutto, Jesús mantiene alta la bandiera della Casa d'Alba» scrisse di lui Manuel Vázquez Montalbán. Dalla sua posizione di presidente della Fondazione Casa d'Alba, creata dal precedente marito di Cayetana, lavorò attivamente per la conservazione e la diffusione dei beni artistici e documentali della famiglia. Condivideva con Carlos, primogenito di Cayetana e duca di Huéscar con cui andava d'amore e d'accordo, il compito di gestire l'immenso patrimonio del ducato.

Ma dopo quasi venticinque anni insieme i due cominciarono ad allontanarsi. «La verità è che gli ultimi anni del matrimonio tra Cayetana e Jesús Aguirre furono duri, difficili e crudeli. Lei viveva a Siviglia, mentre lui rimase a Madrid dove morì con la sola compagnia del maggiordomo» racconta María Eugenia Yagüe. L'11 maggio 2001, Jesús Aguirre restò vittima di un'embolia. «La morte cancella ciò che si vuole dimenticare [...] Cayetana cercò di idealizzare il suo secondo matrimonio come per vedere se ripetendosi tante volte che era stato perfetto sarebbe riuscita a convincersene» aggiunge la giornalista.

In quel periodo la stampa aveva già iniziato a sbandierare la vita privata della duchessa con assoluta mancanza di rispetto. Con il circo mediatico era cominciato anche il suo calvario dovuto alla costante persecuzione da parte di telecamere e microfoni, che la inseguono da vent'anni. «La cronaca rosa la infastidisce non tanto per quello che dice, di cui le interessa ben poco, ma per come agisce, ostacolando di continuo i suoi spostamenti» afferma Carmen Rigalt. Come direbbe Jaime Peñafiel, che la pressione dei giornalisti e i commenti sulla sua persona la disturbassero o meno «è sempre andata avanti con la sua vita, nonostante scandali e pettegolezzi». «Io credo che si diverta. Civettuola com'è, apprezza la costante attenzione della stampa, cosa che non smette di sorprendere i suoi cari e il resto del mondo» dice la giornalista Rosa Villacastín. «Negli ultimi tempi alcuni programmi televisivi ingiustamente considerati "sentimentali" si sono presi gioco di lei. Hanno trasmesso filmati in cui veniva fatta passare per stupida o in cui comunque le si mancava di rispetto. La duchessa è amata dal popolo ed è sempre molto esposta, e ciò comporta dei rischi» indica Elena Castelló.

Carlos, l'erede

Carlos, duca di Huéscar e primogenito di Cayetana Fitz-James Stuart, è il futuro erede del ruolo di capofamiglia e di più di trenta titoli appartenenti alla Casa Ducale d'Alba. Si è laureato in Giurisprudenza presso l'Università Complutense e concilia le aspirazioni culturali (è a capo della Fundación Hispania Nostra) con il ruolo di principale amministratore delle finanze famigliari, che derivano per lo più dai terreni coltivati e dagli uliveti, dall'affitto di immobili e dagli investimenti in borsa.

Considerati per molto tempo i maggiori proprietari terrieri di Spagna, c'è chi dice che gli Alba non siano più i latifondisti che erano negli anni Trenta e Quaranta. Per ricostruire e mantenere i loro palazzi (soprattutto quelli di Liria e Monterrey) hanno dovuto vendere quasi la metà delle terre che possedevano. Pare che dei 30.000 ettari che appartenevano alla famiglia all'inizio del secolo scorso ne siano rimasti solo 16.000. La Giunta dell'Estremadura li ha espropriati dei fondi Cabra Alta e Cabra Baja (per un totale di circa 3000 ettari), ma dispongono ancora di terreni nelle province di Siviglia, Cordoba, Cadice e Salamanca, a cui si sommano le numerose proprietà di Madrid, Ibiza, Marbella, San Sebastián, Ourense e La Coruña. La giornalista María Eugenia Yagüe assicura però che la loro fortuna «è inferiore a quella dei grandi imprenditori, banchieri o speculatori immobiliari dei giorni nostri».

Carlos Fitz-James Stuart, che come il fratello Jacobo cambiò l'ordine dei cognomi perché non si perdessero nelle generazioni successive, rispettando il desiderio dei genitori, si sposò il 13 giugno 1988 con la giovane sivigliana Matilde de Solís-Beaumont y Martínez Campos, con uno dei matrimoni più raffinati e solenni degli ultimi anni, durante il quale la duchessa sembrava raggiante. La sposa, di quindici anni più giovane del marito, è figlia dell'importante marchese de La Motilla, ex presidente della Banca dell'Andalusia e appartenente a una famiglia di origine antica quasi quanto gli Alba. Il rito fu celebrato davanti al magnifico retablo del XV secolo contenuto nella cappella reale della cattedrale di Siviglia, privilegio di cui hanno goduto solo altre tre coppie nel corso del XX secolo: Pedro de Orléans y Bragança ed Esperanza di Borbone, sorella della madre di re Juan Carlos; la duchessa d'Alba e il suo primo marito, e la principessa Elena di Borbone con Jaime de Marichalar. Una delle invitate fu Alicia Koplowitz, amica di vecchia data del duca di Huéscar, accompagnata dal marito Alberto Cortina.

Dopo le nozze la coppia visse per un certo periodo nel palazzo di Liria, ma ben presto si emanciparono e presero casa a Montepríncipe, alla periferia di Madrid. Due anni dopo il matrimonio si celebrò il battesimo del continuatore della stirpe, Fernando Cayetano Luis Jesús, nato a Madrid nel settembre del 1990. A quattordici mesi di distanza veniva al mondo, sempre nella capitale, Carlos Arturo José y María. Ma la felicità della coppia non durò a lungo, infatti il 25 marzo 1999, Matilde veniva portata d'urgenza all'ospedale Puerta de Hierro di Madrid, ferita da un colpo di schioppo. Un incidente domestico che fece discutere a lungo e che per poco non le costò la vita.

L'anno seguente Matilde Solís, destinata a essere la prossima duchessa d'Alba, scelse invece la libertà e l'opportunità di rifarsi una nuova vita: la coppia si separò in modo pacifico. I bambini furono mandati a studiare in un college inglese e lei cominciò una relazione con Borja Moreno, un amministratore di terre che aveva dieci anni meno di lei e diventò suo marito con un rito civile quando lei era già incinta del primo figlio. Pochi mesi dopo, Matilde chiese l'annullamento del primo matrimonio al Tribunale Interdiocesano di Siviglia per potersi rifare una vita sentimentale in seno alla Chiesa.

La stampa cominciò allora a insinuare che anche Carlos Fitz-James voleva essere un uomo libero per sposarsi di nuovo, come tutto faceva pensare, con Alicia Koplowitz, che a sua volta aveva ottenuto l'annullamento dell'unione con Alberto Cortina.

Matilde celebrò un matrimonio religioso con quello che era già suo marito e il padre del suo terzo figlio, ma la coppia si separò alla fine del 2008. Il duca di Huéscar e Alicia Koplowitz continuano a sostenere di essere solo «buoni amici». Chi conosce Carlos Fitz-James Stuart lo descrive come discreto, nemico della notorietà giornalistica, con un gran senso del dovere e ossessionato dal rispetto delle tradizioni. Chi conosce Alicia Koplowitz dice che potrebbe essere un'eccellente duchessa d'Alba, ma per ora lei sceglie di rimanere in secondo piano durante gli eventi di famiglia degli Alba e sulle pagine dei giornali.

Una specie in via d'estinzione?

«I figli di Cayetana sono gli ultimi esemplari di una specie in via d'estinzione che si scontra con l'essenza tradizionale della classe aristocratica, nota per la cura della forma e delle apparenze. Cayetana ha preteso troppo da loro per la maggior parte della sua vita» sostiene María Eugenia Yagüe. Condividono però con la madre la passione per il flamenco, la pittura, lo sport, l'arte e la letteratura. «Tutti i figli della duchessa hanno sempre formato un fronte compatto per preservare l'onore e l'intimità della loro famiglia, nonché gli interessi della Casa d'Alba» afferma Elena Castelló. Un atteggiamento rispettoso nei confronti della capostipite della dinastia che portarono avanti anche nel 2008, dopo lo scandalo del fidanzamento della duchessa con Alfonso Díez, funzionario dell'Istituto Nazionale per la Sicurezza Sociale assegnato al ministero del Lavoro, di quasi trent'anni più giovane di lei.

E così Cayetana, a 82 anni, tornò sulle prime pagine dei giornali con questa nuova storia d'amore che sembrava dovesse trasformarsi in un terzo matrimonio. «Alla duchessa d'Alba gli uomini sono serviti a sconfiggere la noia. Alfonso Díez, qualsiasi intenzione abbia, è stato provvidenziale in questo momento della sua vita. Mentre alcune passano il tempo servendo una vergine barocca, Cayetana se ne infischia delle convenzioni e vive una folle storia d'amore all'altezza delle sue attuali necessità» afferma la giornalista Carmen Rigalt. Secondo Rosa Villacastín, alla duchessa piace infrangere le regole. «Lo ha sempre dimostrato, prima con la sua intensa vita sentimentale, ben lontana dai canoni sociali, poi sposandosi con un uomo come Jesús Aguirre, progressista ed ex parroco, e ora uscendo con Alfonso Díez, fratello di un amico intimo di Aguirre, a un'età in cui la maggior parte delle donne vive il tramonto della propria esistenza circondata da figli e nipoti». Molti però affermano che la comparsa di Alfonso Díez nella vita della duchessa abbia portato a gravi screzi tra madre e figli.

Il secondo figlio della duchessa, Alfonso Martínez de Irujo y Fitz-

James Stuart, duca di Aliaga, si è laureato in Scienze economiche all'Università Complutense di Madrid e ha poi conseguito un master in Gestione d'impresa. Il primo lavoro lo portò a Parigi, dove fu dirigente della banca Morgan, poi si trasferì a New York e infine in Spagna, a lavorare per la banca Saudí. Poco dopo fu eletto presidente dell'Istituto d'impresa e si dice che abbia ottenuto tutto questo solo grazie ai suoi meriti.

Si sposò il 4 luglio del 1977 a Marbella con María de la Santísima Trinidad de Hohenlohe y de la Cuadra, figlia dei principi di Hohenlohe (amici della duchessa fin dall'infanzia), con la quale ebbe due figli: Luis, primo nipote della duchessa, e Javier. Oggi sono divorziati. Sono passati anni prima che la duchessa rivedesse l'ex nuora, con la quale non era in buoni rapporti. Secondo quanto dice la stampa María non va d'accordo neanche con gli altri cinque figli di Cayetana.

Il terzo figlio della duchessa, Jacobo, conte de Siruela, studiò Lettere e Filosofia all'Università Autonoma di Madrid. È un appassionato di libri che ha saputo dimostrare la propria abilità nel sopravvivere con successo in un mondo competitivo e difficile come quello dell'editoria. A 23 anni cambiò l'ordine dei suoi cognomi per mettere al primo posto quello del figlio illegittimo di Giacomo II d'Inghilterra. Come editore si firmava Jacobo Fitz-James Stuart, come disegnatore J. Siruela. Si è firmato «conte di Siruela» solo per pubblicare il suo libro sui vampiri. Alla fine scelse come nome d'arte «Jacobo Siruela». «Non mi interessa che sia un marchio registrato. Non mi crea alcun problema. E non rinnego affatto il mio passato» dichiarava nel 2005 in un'intervista su «El País». «Non rifiuto i titoli, né quello che sono, né le mie tradizioni famigliari: è pericoloso non riconoscere le proprie radici» aggiungeva.

Impegnato fin da piccolo nello studio della storia della famiglia, si dice che sia il più colto, quello che più sa apprezzare i tesori della Casa e il più «Alba» tra tutti i figli di Cayetana. Indipendente dal punto di vista economico dall'età di 23 anni, viaggiatore, curioso e individualista di fronte ad alcuni eventi che riguardarono la famiglia, si sposò nel palazzo di Liria nel novembre del 1980 con María Eugenia Fernández de Castro y Fernández-Shaw.

A 26 anni, nel 1982, fondò la casa editrice Siruela, che esordì con una collezione di libri medievali su re Artù. «Quando cominciai c'erano molti pregiudizi su di me, ma decisi di ignorarli» raccontava a «El

País». «Fu un successo inatteso, il mondo intero si aspettava un clamoroso fallimento.» Pubblicò anche «El paseante», rivista culturale interdisciplinare che offriva un'ampia panoramica delle idee culturali ed estetiche più importanti degli anni Ottanta. L'ultimo numero uscì nel 1998.

Il primo matrimonio durò poco più di dieci anni e gli diede due figli, Jacobo e Brianda, che furono mandati a studiare all'estero e rimasero quasi due sconosciuti per i media. La coppia si separò nel 1993, ma l'ex moglie María Eugenia Fernández de Castro è tutt'oggi una grande amica della duchessa. Jacobo Fitz-James Stuart si sposò per la seconda volta a marzo del 2004, a Venezia, con la giornalista Inka Martí. A 50 anni, dopo aver venduto la Siruela a Germán Sánchez Ruipérez ed essersi ritirato nell'Empordá, a Girona, decise insieme alla moglie di intraprendere un nuovo percorso creando la casa editrice Atalanta, che scommette sull'artigianato (non pubblica più di dodici titoli all'anno), e sulle opere ben stampate. Jacobo e Inka lavorano dalla loro masseria Mas Pou, un rifugio che lasciano solo quando proprio non possono farne a meno.

Il quarto figlio della duchessa, Fernando, è il più discreto, e infatti di lui si sa ben poco. Ha studiato al liceo francese e poi Giurisprudenza all'Università Complutense. Lavora presso la Fondazione della Banca centrale spagnola e si dedica a questioni culturali. È marchese di San Vicente del Barco, titolo che gli concesse la madre qualche anno fa e che era appartenuto alla nonna materna, María del Rosario de Silva y Gurtubay. Secondo María Eugenia Yagüe, è «il figlio che riceve meno favori dalla madre, nonostante sia sempre disponibile quando si tratta di accompagnarla dal medico, alle prime e alle inaugurazioni». È anche l'unico a non avere una casa in campagna. Nonostante sia stato visto insieme a diverse donne e abbia ormai più di 50 anni, non ha mai dichiarato una fidanzata ufficiale.

Lo scontro con i titani della cronaca mondana

«Cayetano ed Eugenia sono i suoi beniamini perché sono i più piccoli, e anche quelli che più le assomigliano. Sembrano accettare meglio degli altri il prezzo da pagare per essere "figli di", e frequentano più di tutti il cosiddetto jet set» spiega Rosa Villacastín. Cayetano, conte de Salvatierra, imparò ad andare a cavallo quando aveva 5 anni e a 13 partecipò alla prima gara di salto. Studiò al British Institute di Madrid ed è l'unico figlio, insieme a Eugenia, che non ha proseguito gli studi. È il numero uno nella classifica nazionale dello sport equestre e uno dei migliori fantini a livello internazionale per quanto riguarda il salto. Per un certo periodo conciliò l'ippica con alcuni lavori nel mondo della moda, per marche come Ralph Lauren, Cortefiel e Springfield. La sua passione per i cavalli lo ha portato a vivere in Germania, Olanda e Francia. Dal 2001, Cayetano si divide tra Madrid e la Germania, dove si allena con Ludgar Beerbaum, il numero uno a livello mondiale.

Tuttavia, suo malgrado, ciò che per molto tempo ha riempito le pagine delle riviste non sono state le imprese sportive del conte, ma le relazioni sentimentali di quello che è considerato uno scapolo d'oro e un grande conquistatore. Tra le sue storielle giovanili troviamo Ana García Obregón e la cugina Victoria Carvajal. La relazione più famosa fu con la modella Mar Flores, e durò quasi due anni, anche se la duchessa disapprovava. Si dice che lui, innamorato pazzo, la riempisse di regali, ma ricevette in cambio una terribile delusione. Si lasciarono a febbraio del 1999. In quegli anni Cayetano continuava a ripetere che si sentiva «prigioniero nel mio paese» per l'assedio della stampa, con la quale ancora oggi continua una battaglia legale.

Cayetano e la giovane messicana Genoveva Casanova si conobbero a Jerez nel 2000, grazie alla comune passione per i cavalli. Stando a quanto ha raccontato lui stesso nel corso del programma televisivo di Jesús Quintero, i due seppero di aspettare un figlio quando uscivano insieme da appena un mese. Dopo aver ricevuto la notizia si rifugiarono in Kenya a riflettere sul loro futuro. Decisero di rimanere insieme e il 25 luglio 2001 Genoveva diede alla luce due gemelli, Amina e Luis. Sembrava che il conte avesse trovato un equilibrio sentimentale.

Quattro anni dopo indossò la divisa della Real Maestranza della Cavalleria di Siviglia, la stessa che sfoggiava sette anni prima al matrimonio della sorella, per sposarsi con Genoveva nella cappella del Palacio de las Dueñas. La madrina fu Cayetana de Alba e i gemelli portarono le *arras*. Secondo alcune voci fu la duchessa a fare pressioni perché il fantino e la fidanzata si sposassero, ma Genoveva le smentì qualche giorno prima delle nozze dichiarando su «¡Hola!»: «Non cercò mai di forzarci. Non è nel suo stile. Rispetta le decisioni dei figli e del resto del mondo [...] Non ci fece mai alcun tipo di pressione, o niente del genere». La stampa non smise comunque di parlare del matrimonio. «Non c'è una coppia che possa resistere a un tale stress e a tanta influenza negativa» afferma María Eugenia Yagüe. A ottobre del 2007 i conti de Salvatierra annunciarono la separazione.

Eugenia Martínez de Irujo, duchessa di Montoro, è l'altro personaggio della famiglia che più subisce la persecuzione della stampa. Fin dalla nascita ha dovuto affrontare l'insaziabile opinione pubblica. «Non ho mai capito tutto questo interesse» raccontava in un'intervista su «El Mundo», poco prima delle nozze. «Mi dispiace soprattutto che attacchino la mia famiglia o le persone che amo. A volte ti ritrovi ridicolizzata in un programma televisivo, o perseguitata, e non è affatto piacevole. Alla fine, in realtà, le uniche cose che posso raccontare sono molto semplici. Mi piacciono i cani perché sono fedeli e a volte mi sento sola, anche se sono in mezzo alla gente. Da piccola ero grassa e ora sono ossessionata dall'idea di dimagrire. Sono orgogliosa di avere un lavoro. Lavoro da quando avevo vent'anni perché non andavo bene a scuola e ho abbandonato gli studi al terzo anno delle superiori.» Eugenia finì poi il liceo al British Institute di Madrid e si trasferì a Siviglia dove aprì un negozio di abbigliamento che gestì per sette anni. Oggi è l'immagine nonché una delle disegnatrici dei gioielli Tous di Barcellona.

Ha sempre avuto una forte complicità con il fratello Cayetano, che fu suo testimone quando, il 23 ottobre 1998, sposò il torero Fran Rivera, figlio di Francisco Rivera «Paquirri» y de Carmina Ordoñez, conosciuto per caso durante una prova di torelli. Le donne della Casa d'Alba hanno sempre avuto un debole per i tori e per i toreri più valorosi, la duchessa non avrebbe potuto essere più felice per la nuova coppia. Dopo una serie di rotture e riconciliazioni (a quanto pare spesso a causa della gelosia di lei) si sposarono a Siviglia nella chiesa di Santa Ana, e i balconi intorno si riempirono di fotografi e telecamere. Provenivano entrambi da famiglie troppo importanti perché non facesse notizia ogni singolo dettaglio delle nozze. Lei aveva 29 anni, lui 24. «Eugenia è la donna della mia vita. Bacio la terra dove cammina» disse Fran. Nella tenuta La Pizana, regalo di nozze della duchessa d'Alba, la coppia visse quella che sembrava una grande storia d'amore. Il 16 ottobre 1999 nacque a Siviglia la loro primogenita, Cayetana.

Il matrimonio durò poco più di tre anni. La coppia annunciò la separazione con un comunicato a marzo 2002 spiegando che «non erano stati in grado di appianare le loro divergenze». La separazione fu l'argomento centrale dei successivi incontri con la stampa finché nel dicembre del 2005 divorziarono, ponendo fine alle speranze di Cayetana d'Alba, (da sempre grande sostenitrice del genero) che la coppia si riconciliasse. «Quel che è successo tra mia figlia e mio genero è colpa dei giornalisti. Li detesto. Se morissero tutti mi metterei a ballare. Eugenia è pazza di lui» dichiarava la duchessa mesi prima.

«Per lo più, i figli della duchessa sono persone timide, discrete, disgustate dalla continua persecuzione della stampa che tanto diverte la madre. Mi risulta che vorrebbero passare inosservati, cosa piuttosto difficile dato che gli obiettivi sono puntati sulle loro vite non solo per la fama della madre, ma anche perché appartengono a una delle famiglie più importanti della Spagna. Una famiglia tanto aristocratica quanto folcloristica» dice la giornalista Rosa Villacastín. La duchessa però non ha avuto fortuna con i cinque matrimoni dei suoi figli, che finirono tutti per separarsi anche se, a parte Alfonso, duca de Aliaga, si mantennero in buoni rapporti con gli ex coniugi. «Non hanno saputo reggere l'impegno che richiede la vita di coppia» si è spesso lamentata la duchessa. «Gli eredi di Cayetana non hanno affatto il senso di responsabilità storica che è stato centrale nella vita della madre» afferma María Eugenia Yagüe. «Cayetana è una donna che ha portato uno dei titoli più importanti della Spagna. È insostituibile grazie alla sua personalità e alla vita intensa e interessante. I figli fanno parte di un'altra generazione, hanno vissuto un'altra epoca, un'altra Spagna. Non hanno lasciato il segno che ha lasciato lei, non sono stati al centro di scandali sociali: non avranno il suo splendore mediatico, ma saranno di certo all'altezza della storia e del titolo» sostiene Elena Castelló. Sarà il tempo a dire se dimostreranno di avere i requisiti necessari per emergere in una classe aristocratica le cui uniche battaglie si svolgono in tribunale e in una società i cui unici eroi sono star del cinema e sportivi multimilionari.

12

I Chaplin

È quel che siamo tutti: dilettanti.
Non viviamo abbastanza per diventare di più.

CHARLIE CHAPLIN (1889-1977)

I Chaplin

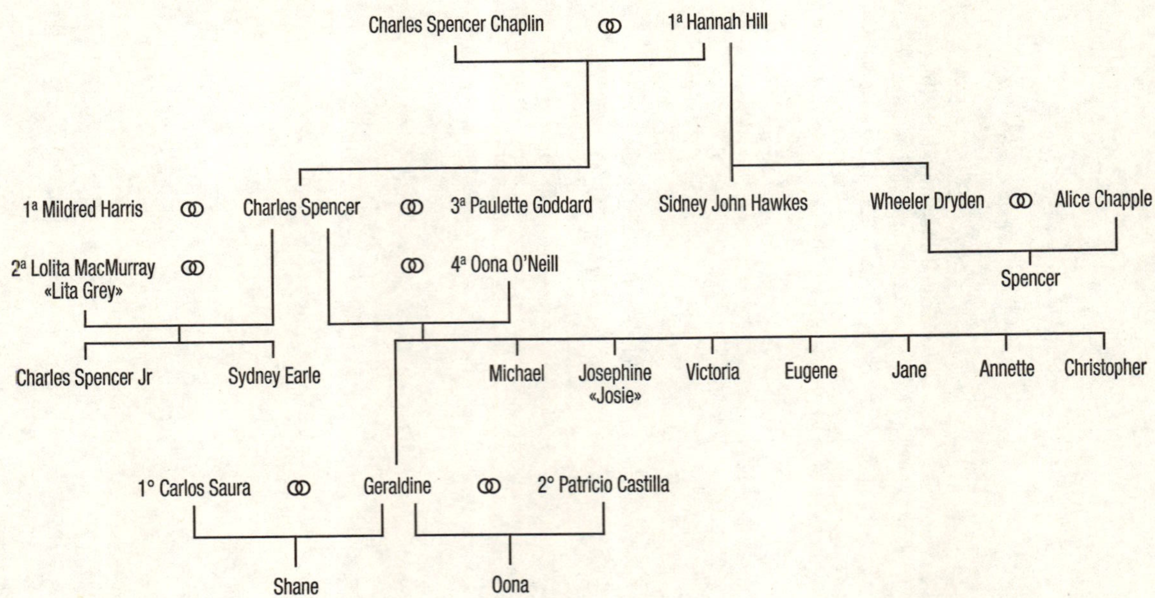
Charles Spencer Chaplin
1ª Hannah Hill
1ª Mildred Harris
Charles Spencer
3ª Paulette Goddard
Sidney John Hawkes
Wheeler Dryden
Alice Chapple
2ª Lolita MacMurray «Lita Grey»
4ª Oona O'Neill
Spencer
Charles Spencer Jr
Sydney Earle
Michael
Josephine «Josie»
Victoria
Eugene
Jane
Annette
Christopher
1° Carlos Saura
Geraldine
2° Patricio Castilla
Shane
Oona

Con il suo vagabondo Charlie Chaplin diede vita a uno dei personaggi più memorabili della storia. I suoi pantaloni larghissimi, le sue scarpe enormi, la bombetta e il bastone di bambù, la sua camminata ondeggiante, il suo sentimentalismo e la sua malinconica disillusione verso le ingiustizie sociali fecero di Charlot il simbolo universale dell'individualità che trionfa sulle avversità, emblema delle nuove classi sociali nate dalla Rivoluzione industriale. Il padre di questo mito fu anche il primo cineasta a occuparsi dell'intera realizzazione di un film: regista, sceneggiatore, produttore, autore delle musiche, selezionatore del cast, montatore e primo attore. Ma tra i suoi personaggi il più complesso fu quello che egli stesso incarnò fuori dagli schermi. Il racconto della sua vita è pieno di miserie, scandali e persecuzioni. Insieme all'ammirazione suscitò anche il disprezzo, soprattutto per le sue tumultuose vicende personali, il suo carattere perfezionista e tirannico e la sua inclinazione per le adolescenti. Perseguitato dalla Commissione per le attività antiamericane, fu costretto a lasciare gli Stati Uniti nel 1952 e a trascorrere il resto dei suoi giorni in Svizzera. Discendente di artisti di varietà, due dei suoi figli e una sua nipote hanno cercato di seguire le orme della sua genialità.

Una famiglia poco convenzionale

Nell'ultimo quarto del XIX secolo nell'Inghilterra vittoriana nacquero nuovi modelli economici che determinarono differenze, spesso irreconciliabili, tra i due gruppi sociali formatisi in seguito alla seconda Rivoluzione industriale: la borghesia capitalista e finanziaria e il proletariato, fondamentalmente industriale. Nella Londra dell'epoca i due ceti vivevano uno a fianco all'altro. Da un lato del Tamigi, persone ben vestite e ben educate, soffocate dalle norme, dal rigido puritanesimo e dalla bigotteria. Dall'altro, nei quartieri a sud di Londra, proliferavano la prostituzione, l'alcol e, soprattutto, gli spettacoli dal vivo. In questa società rigidamente divisa in classi, i ricchi si riunivano con i poveri solo nei teatri di varietà e nelle osterie.

Questa era la realtà in cui Charles Chaplin Senior si guadagnava da vivere come cantante, interpretando nei suoi brani e con i suoi personaggi la vita della gente comune. Con meno successo ma con molto più talento, anche la ventenne Hannah Hill, nota artisticamente come Lilly Harley, figlia di un calzolaio, minuta, simpatica e con una voce melodiosa, si esibiva in divertenti imitazioni. Nel 1885 Hannah diede alla luce un figlio, Sydney, di padre tuttora ignoto.

Quattordici settimane dopo la nascita del bambino, la donna conobbe Charles Spencer Chaplin e lo sposò. Quattro anni dopo, il 16 aprile 1889, la stessa settimana in cui in Austria nasceva Hitler, venne al mondo il loro unico figlio, Charles «Charlie» Spencer. Nei registri ufficiali non c'è traccia della sua nascita, anche se Chaplin nelle sue memorie affermò di essere nato a East Street, nel sobborgo londinese di Walworth. Un altro mistero, tra i numerosi che avvolgono ancora la sua infanzia e la sua gioventù, riguarda le origini dei suoi genitori, su cui circolano versioni divergenti. Alcuni biografi avanzano l'ipotesi che la madre fosse di etnia Rom, e forse anche il padre, oppure di origine ebraica, anche se Chaplin lo smentì dopo aver girato *Il grande dittatore*. «Misurare la morale della nostra famiglia in base a norme convenzionali sarebbe errato tanto quanto immergere un termometro nell'acqua bollente» scrisse nella sua autobiografia pubblicata in Inghilterra nel 1964, e in cui ammise di non avere praticamente conosciuto il padre.

«Suo padre partì in tournée nei teatri di varietà americani e, quando l'anno dopo tornò a casa, si ritrovò inaspettatamente un neonato. La signora Chaplin aveva avuto una relazione con un altro attore di music-hall. Charles Chaplin la lasciò e si diede all'alcol» spiega David Robinson, biografo del cineasta. Il padre riconobbe un unico figlio, anche se poi raramente provvide al suo mantenimento. Il figlio che Hannah aveva avuto con l'attore Leo Dryden, Wheeler, fu subito affidato al padre, che lo portò con sé a vivere e lavorare in India, e insieme trascorsero diversi anni in Oriente.

Hannah dovette allevare da sola i suoi figli Sydney e Charles. Mentre lottavano per sopravvivere, però, la sua voce cominciò a indebolirsi e la donna fu costretta a dedicarsi a lavori di sartoria pur di racimolare un po' di denaro. Nel frattempo i bambini bighellonavano per le strade esibendosi in piccoli spettacoli fuori dai locali, grazie ai quali guadagnavano qualche soldo con intelligenza e talento.

In quegli anni l'istruzione e lo studio erano molto meno importanti della sopravvivenza. Il periodo più lungo che Chaplin trascorse alla scuola per bambini poveri di Hanwell non superò l'anno e mezzo. E quando nel luglio 1898 la situazione si fece insostenibile, Hannah, Sydney e Charlie vennero accolti nell'istituto di via Lambeth e separati gli uni dagli altri. Gli insuccessi e la mancanza di denaro turbarono la salute mentale di Hannah Hill, che cominciò a mostrare segni di follia. Un mese dopo venne internata per la prima volta in un manicomio, situazione che si sarebbe ripetuta nei sette anni seguenti fino al ricovero a vita.

I due fratelli vissero in diversi orfanotrofi, finché il padre di Charlie decise di mandarlo a stare dalla famiglia di comici Jackson, a Kennington Road. Per quasi due anni ballò con gli Eight Lancashire Lads (Gli otto ragazzi di Lancashire), un gruppo di giovani attori che si esibiva nei borghi. I momenti migliori di quegli anni, come confessò nelle sue memorie, furono quelli trascorsi con la madre quando era in buona salute. Ricordi che conservò sempre. Ma a rimanergli più impressi furono la musica e la vita della gente del sud di Londra: canzoni tristi che narravano di bambini poveri e orfani, temi con cui il pubblico dell'epoca si identificava e si commuoveva.

Charles Chaplin Sr morì alcolizzato nel 1901, a 37 anni, e fu seppellito in una fossa comune per mendicanti. A quel tempo il figlio era già un provetto attore bambino. Due anni dopo Charlie, appena dodicenne, dovette dichiarare sua madre demente e farla internare in manicomio, al Cane Hill Asylum. Nel frattempo, il suo fratellastro, che aveva trovato un impiego nella Marina mercantile conciliabile con l'attività di attore, cominciò ad aiutare Charlie a ottenere le sue prime parti nel vaudeville. Il piccolo debuttò con un modesto ruolo in un adattamento teatrale di *Sherlock Holmes*.

Nel 1908 Sydney, con un'avviata carriera di interprete, riuscì a far entrare Charlie nella compagnia di pantomima di Fred Karno e i suoi «comici muti». Viaggiavano senza sosta su un piccolo bus da un teatro all'altro, interpretando in una stessa giornata diversi personaggi in diversi luoghi.

Il suo primo idillio con una bambina

A 19 anni Chaplin si innamorò della ballerina e attrice quindicenne Hetty Kelly. Si videro sei volte in soli undici giorni prima che lei gli confessasse che le sue parole d'amore la spaventavano e lo respingesse perché ancora troppo giovane. Tempo dopo Chaplin scrisse: «Quell'avventura per lei non fu altro che un capriccio infantile, ma per me fu l'inizio di una crescita spirituale, una ricerca della bellezza». Dopo la madre, i sei appuntamenti con Hetty costituirono la relazione più intensa della sua gioventù.

L'anno dopo Chaplin rimpiazzò suo fratello in uno spettacolo, nella parte dell'ubriacone. Siccome Sydney era un attore troppo prezioso per mandarlo in tournée negli Stati Uniti, Fred Karno ci mandò Charlie, il quale non avrebbe più fatto ritorno in Inghilterra. Nell'ottobre del 1910 sbarcò a New York, deciso a conquistare l'America.

Nei tre anni seguenti Chaplin attraversò gli Stati Uniti nei panni di un ubriacone. Dopo centinaia di spettacoli aveva infuso al suo personaggio una mimica e un ritmo comico quasi perfetti. Il pubblico statunitense non aveva mai visto nulla di simile. In quel periodo Charlie divideva l'alloggio con Jefferson Stanley, più tardi conosciuto come Stan Laurel, che per un po' fu il suo supplente e che quindici anni dopo avrebbe interpretato Stanlio nel duo Stanlio & Ollio (Laurel & Hardy).

Per ironia della sorte Charlie Chaplin, il cui padre era morto alcolizzato, conquistò la fama nei panni di un ubriacone che divertiva tutti. Si godeva i piaceri carnali di una vita dedicata alla strada e al palcoscenico ma, avendo sempre disdegnato l'alcol, trascorreva il suo tempo libero osservando minuziosamente il comportamento di chi gli stava attorno. Secondo il regista Milos Forman: «Aveva un talento straordinario per captare aspetti del comportamento umano che sono assolutamente atemporali e universali».

Nel 1913 Charlie e Sydney avevano raggiunto il successo e i compensi sufficienti per trasferire la madre in un manicomio privato, il Peckham House. Quell'anno Chaplin, che raramente scriveva lettere, ne indirizzò una al fratellastro in Inghilterra per informarlo di avere accettato un lavoro con la casa di produzione di Mack Sennett, che gli aveva offerto 150 dollari alla settimana per un film. Certo di aver trovato una miniera d'oro, commentò: «Voglio dedicarmi a quest'attività solo cinque anni, il tempo di guadagnare il denaro sufficiente per essere indipendenti il resto della nostra vita».

Nel 1913 non gli fu facile adattarsi al nuovo lavoro a Los Angeles. Il re della commedia Mack Sennett aveva delle regole semplici: fare gag rapide, brevi e divertenti. Con i suoi film di bagnanti e poliziotti, incentrati su inseguimenti, gesticolazioni esagerate, risse e lanci di torte alla panna, riscuoteva grande successo. Chaplin, però, che basava la sua recitazione sulla sincronizzazione perfetta dei movimenti del suo personaggio, con una mimica più raffinata e complessa, non afferrava appieno lo stile rapido di Sennett. Il 2 febbraio 1914 fece il suo debutto cinematografico nel film *Per guadagnarsi la vita* (conosciuto anche con il titolo di *Charlot giornalista*), in cui interpretava un falso aristocratico inglese che ottiene un impiego come giornalista. La critica lo definì subito «un comico di prima classe». Charlie, tuttavia, odiava quella sua prima apparizione sul grande schermo, e soprattutto non gli piaceva ricevere ordini dal regista.

In un film uscito appena cinque giorni dopo *Per guadagnarsi la vita*, Charlie Chaplin riuscì incredibilmente a imporsi e introdurre il personaggio con cui sarebbe diventato il comico più celebre del mondo: il vagabondo (*The Tramp*, in inglese; *Charlot*, in italiano, francese e spagnolo; *Carlitos*, in Argentina e Brasile), una delle icone più amate nella storia del cinema. Il film, girato negli studi Keystone, si intitolava *Charlot si distingue* e vedeva Chaplin assistere a una corsa automobilistica per bambini su una spiaggia di Los Angeles, chiamata Venice. Nella trama, mentre un cameraman sta filmando la corsa, lo spettatore, Charlot, affascinato da questo nuovo marchingegno meraviglioso, cerca con insistenza di apparire nel film, muovendosi di continuo davanti alla cinepresa. Lo cacciano, torna, interrompe le riprese e ostacola la corsa causando un profondo malcontento nel pubblico e nei partecipanti.

Chaplin stesso raccontò di aver avuto l'idea del vestiario del vagabondo mentre si dirigeva al reparto costumi. Voleva un contrasto: cappello piccolo, scarpe grandi, pantaloni larghi e giacca stretta. Ne risultò l'abito più famoso e intramontabile della storia del cinema. Per suo figlio, l'attore Sydney Chaplin, il padre si ispirò ai vagabondi inglesi, che cercavano di mostrarsi rispettabili indossando una camicia e una cravatta che, nonostante fossero molto sporche, davano loro un certo decoro. Una teoria condivisa anche dallo storico Tony

Merrick: «Quando viveva nel sud di Londra, Chaplin poté osservare molti venditori ambulanti, i quali, per alleviare il dolore dei piedi affaticati, tagliavano la parte anteriore delle scarpe. Camminavano trascinando i piedi, come per tenersi incollati alle scarpe. Pare che Chaplin abbia ripreso da loro la sua andatura sofferente, la sua inconfondibile camminata ondeggiante. Nacque così il vagabondo».

Il piccolo vagabondo

Mack Sennett si lasciò sedurre dallo stile anticonformista di Chaplin. Tre mesi dopo il suo arrivo negli studi Keystone, Charlie era già produttore e regista dei suoi film, cortometraggi costruiti attorno alla reazione del personaggio a una data situazione più che alla situazione in sé. Sennett stesso spiegò: «Il suo talento non risiedeva nella pantomima, ma nel movimento comico. Era capace di creare situazioni divertenti senza cercare di essere spiritoso».

Nei dieci mesi trascorsi agli studi Keystone, Chaplin realizzò trentaquattro cortometraggi, con una durata compresa tra i 12 e i 16 minuti, scritti e diretti da Sennett, dallo stesso Charlie o da altri registi. Si trattava ancora solo di un abbozzo del vagabondo ingenuo e sentimentale che l'avrebbe reso celebre nel mondo intero. Siccome Chaplin interpretava un mestiere diverso in ogni corto, in Italia i film vennero ribattezzati *Charlot ballerino*, *Charlot panettiere*, *Charlot pazzo per amore*, *Charlot bandito gentiluomo* ecc. Allo stesso periodo risale anche la sua prima interpretazione in un lungometraggio, in una commedia intitolata *Il romanzo di Tillie*, l'ultimo film in cui recitò senza curarne anche la regia.

Nel febbraio del 1915 cambiò casa di produzione e si unì alla Essanay di Chicago, dove percepiva un salario di 1500 dollari alla settimana più extra, una cifra astronomica per un comico di film muti, dieci volte superiore al compenso che gli offriva la Keystone. Tuttavia, a Chaplin non piacevano i copioni scritti dalla caposceneggiatrice Louella Parsons, la futura regina del gossip di Hollywood, che attraverso le sue colonne di pettegolezzi fu per molti anni arbitro dei costumi della mecca del cinema. A Chicago realizzò, pertanto, un solo film, *Charlot principiante*, che segnò tra l'altro l'esordio di Gloria Swanson in un ruolo secondario.

Allora gli *studios* gli proposero di costituire un proprio team di produzione. Charlie accettò e si trasferì in California, dove in un solo anno diresse e interpretò quattordici film e alcuni dei suoi migliori cortometraggi. Cominciò, inoltre, a impiegare una serie di attori fissi. Per il ruolo femminile principale Chaplin scelse la giovanissima e ancora inesperta Edna Purviance, che adorava sia professionalmente che personalmente. Insieme girarono trentacinque film, di cui i primi cinque nei dintorni di San Francisco. Wyn Ritchie Evans, amica della famiglia Chaplin, precisa: «Edna era molto tranquilla e molto dolce, l'esatto opposto di Charlie. Era bellissima, ma non era una brava attrice». Le prime attrici, del resto, servivano a Chaplin solo per mettere in luce il suo stesso personaggio. Era lui il protagonista indiscusso. All'epoca i film duravano già due bobine e si sviluppavano attorno a una trama più complessa, che aggiungeva un pizzico di romanticismo e melanconia alla ricetta umoristica. Il pubblico era commosso dai vani tentativi del piccolo vagabondo di conquistare il cuore della bella Purviance.

Il 1915 fu l'anno della «chaplinite». Dopo avere girato quarantacinque film in diciassette mesi, il cineasta era già una celebrità nel mondo intero. Eppure, nonostante questa popolarità senza precedenti, Chaplin rimaneva un uomo molto solitario. La sua seconda moglie, Lita Grey Chaplin, che sposò nel 1924, quando lei aveva 16 anni e Charlie 35, racconta che «lui stesso affermava di essere più famoso di Gesù Cristo. E aveva ragione, perché c'erano posti nel mondo in cui la gente rideva con lui, ma non aveva mai sentito parlare di Gesù». L'attore ripeteva che tutta quell'adulazione e il successo non erano per la sua persona ma per il piccolo vagabondo, con cui chiunque poteva identificarsi, e che numerosi attori imitarono senza alcun pudore, incluso il suo vecchio compagno di stanza, Stan Laurel, che raggiunse la fama sei anni dopo.

In quello stesso anno il personaggio di Chaplin sbarcò in Europa come Charlot, nome datogli dal suo distributore francese. In autunno Sydney, che l'anno prima aveva girato alcuni film con gli studi Keystone, cominciò ad amministrare i floridi affari del fratello. Charlie si fidava solo di lui. Divenne praticamente il suo manager e da lì in poi esercitò un'influenza fondamentale nel successo del fratello minore. Sydney recitò anche in alcune pellicole di Charlie, ma non ebbe grande fortuna come attore nel cinema muto.

Dedito interamente alla lavorazione dei suoi film, Chaplin non sperimentò la propria fama fino al febbraio del 1916, quando attraversò in treno gli Stati Uniti da sud a nord. Le stazioni, dalla California a Chicago, erano affollate di gente che lo acclamava. «Avevo sempre pensato che avrei amato il rapporto con il pubblico» scrisse. «E invece eccomi là, paradossalmente depresso, con una profonda sensazione di solitudine.» Era salito su quel treno per recarsi a New York e firmare un contratto con la Mutual Film Corporation. L'ingaggio, negoziato dal fratello Sydney, doveva fruttargli 10.000 dollari alla settimana e una gratifica annuale di 150.000. Un giornalista dell'epoca scrisse: «Dopo la guerra in Europa, Chaplin è la cosa più costosa al mondo».

La reputazione di uomo perfezionista, tetro e taccagno

La Mutual concesse a Chaplin libertà artistica e autorità assoluta per realizzare i suoi film. Il cineasta dapprima mise insieme la troupe, che sarebbe rimasta quasi invariata negli anni seguenti. Oltre alla prima attrice, Edna Purviance, furono scritturati Eric Campbell, solitamente impiegato nel ruolo del bullo grande e grosso, e Ben Turpin, attore di vaudeville famoso per il suo strabismo, che però recitò solo in due cortometraggi perché non amava lavorare con il meticoloso Chaplin. Completavano la lista Henry Bergman, Albert Austin e Roland Totheroh, meglio noto come Rollie Totheroh, direttore della fotografia oltre che attore. Qualche anno più tardi Rollie disse di Chaplin: «Quando le cose andavano bene poteva essere la persona più adorabile del mondo. Ma spesso si trasformava da Jekyll in Hyde. Un attimo prima era geniale e quello dopo un mostro. Bastava un suo sguardo per capire che ti odiava».

Il maestro pretendeva molto da se stesso e altrettanto dai suoi collaboratori, di cui seppe ricompensare generosamente la lealtà. «Chaplin manteneva gli ingaggi anche quando non realizzava alcun film pagando un compenso settimanale. E nella troupe c'erano persone che lo avevano affiancato fin dagli inizi» osserva l'attore e amico Norman Loyd.

In quel periodo Chaplin cominciò a girare film sempre più complessi, introducendo gag molto più elaborate rispetto ai suoi lavori precedenti. Con la Mutual portò a termine dodici film in due anni, tra cui *Charlot usuraio*, *La strada della paura*, *La cura miracolosa*, *L'emigrante*, *Il vagabondo*.

Chaplin non scrisse e non disse mai granché su come realizzava i suoi film, perché pensava che svelando i retroscena della cinepresa sarebbe svanita la magia. Molti anni dopo la sua morte, sua moglie concesse ai documentaristi Kevin Brownlow e David Gill di esaminare migliaia di ore di nastri custoditi nei suoi archivi, materiale con cui realizzarono *Chaplin sconosciuto*. «Non seguiva un copione ed essendo lui stesso regista e primo attore provava davanti alla cinepresa, girando le scene cinquanta o sessanta volte. Sviluppava così la trama e la recitazione» osserva David Gill. Non numerava mai le riprese. «Improvvisava senza curarsi del tempo che ci metteva. Diceva spesso: "Siamo solo in ritardo di un giorno". La sola cosa che gli importava era il risultato finale, indipendentemente dal tempo impiegato» spiega Kevin Brownlow. «Lavorava in una stanza austera. C'erano solo una sedia dura, un tavolo e una finestra talmente alta che non si riusciva a guardare fuori, così eliminava qualsiasi distrazione esterna» precisa il regista Milos Forman.

A Los Angeles viveva in un hotel e circolo privato, l'Athletic Club, dove si incontrava spesso con Edna, nonostante durante i suoi anni a Hollywood ripetesse di avere un solo vero amico, l'attore Douglas Fairbanks, celebre per i suoi film d'azione e per i ruoli di seduttore esotico nell'era del cinema muto, con titoli come *Il segno di Zorro* (1920), *I tre moschettieri* (1921), *Robin Hood* (1922), *Il ladro di Bagdad* (1924). Tra loro nacque subito una profonda amicizia. Charlie ammirava la sua altezza, la sua bellezza e la facilità con cui si divertiva. Douglas e sua moglie, Mary Pickford (l'attrice più influente e pagata del cinema muto nel periodo 1915-1925 e la prima ad avere fan in tutto il mondo), i proprietari della leggendaria residenza Pickfair, uguagliavano Chaplin per fama e ricchezza. Erano loro a organizzare la vita sociale di Charlie.

Per sostenere gli Stati Uniti durante la Prima guerra mondiale, Chaplin affiancò la Pickford (allora già soprannominata «la fidanzata d'America») e Fairbanks nella vendita dei *Liberty bonds*, buoni emessi dal Tesoro americano per finanziare le attività belliche. I tre raccolsero milioni di dollari. E ben presto i giornali britannici cominciarono a chiedersi perché Chaplin non fosse tornato in patria per appoggiare il paese nella sua causa. Maggiori erano le critiche nei suoi confronti, più numerose erano le lettere di protesta che il cineasta riceveva. La sua fama di asociale e taccagno si accentuò. Certo, il fatto che nel suo tempo libero non fosse una persona molto estroversa e spendacciona era una realtà. Nel 1917 guadagnò mezzo milione di dollari, ma le sue spese personali non ammontarono neppure a cinquecento dollari. I suoi amici non lo descrivevano come un taccagno ma piuttosto come «angosciato dal denaro», sempre timoroso di rivivere i patimenti e la miseria della sua infanzia e della sua gioventù.

Nel 1918, oltre a un corto per incoraggiare la gente ad acquistare i *Liberty bonds*, Chaplin girò *Charlot soldato*, in cui il vagabondo si arruolava in guerra. Il film, in cui recitò anche il fratello Sydney, venne proiettato gratuitamente nei cinema del mondo intero. Durante il conflitto i documentari di Chaplin riscossero grande successo negli ospedali militari, dove venivano perfino proiettati sul soffitto affinché potessero guardarli anche i pazienti che non erano in grado di sollevarsi sul letto.

Le nozze con un'adolescente incinta

Nel gennaio del 1918 Charlie cominciò a lavorare con la First National, un gruppo di proprietari di cinema che volevano realizzare i loro film, e con cui avrebbe collaborato anche negli anni successivi. Fecero costruire uno studio apposta per lui e gli offrirono un milione di dollari all'anno, il compenso più alto percepito fino ad allora nell'industria cinematografica. I profitti sarebbero stati divisi a metà. I dirigenti della First credevano, giustamente, di aver concluso un buon affare. Il contratto, ottenuto grazie al talento commerciale di Sydney, stabiliva che i costi di produzione venissero coperti da Chaplin, a cui veniva richiesto di investire il proprio denaro nella sua ricerca della perfezione cinematografica. Finalmente poteva dedicare maggiore perizia artigianale alla realizzazione dei film, che miglioravano a mano a mano che si facevano più lunghi e ambiziosi.

Un anno e mezzo dopo i grandi *studios*, decisi a mettere fine agli esorbitanti salari dei divi, si fusero con i distributori dando vita a un monopolio. Per protesta Chaplin, il 5 febbraio 1919, si unì a tre star di Hollywood, i suoi amici Douglas Fairbanks e Mary Pickford e il regista David Wark Griffith, per produrre e distribuire i propri film. Nacque così la United Artists, società che segnò l'inizio della produzione cinematografica indipendente. Fondata per sfidare il potere dei grandi studi di allora, divenne una delle principali case di produzione dell'epoca dorata di Hollywood, ed è attiva ancora oggi. A differenza dei suoi soci, Chaplin si era impegnato a soddisfare gli obblighi con la First National prima di poter lavorare con la United Artists, motivo per cui tardò diversi anni prima di unirsi alla nuova società.

Il 1918 fu anche l'anno delle sue prime nozze con ragazzine poco più che adolescenti. La giovane attrice Mildred Harris aveva 16 anni quando iniziò una relazione sentimentale con Chaplin. A 17 anni gli annunciò di essere incinta e il cineasta fu costretto a sposarla, il 23 ottobre 1918, suscitando grande scandalo per l'età di lei (lui aveva già 29 anni). Alla fine la gravidanza si rivelò un falso allarme. Dopo il periodo di scarsa creatività che seguì le nozze, il 7 luglio 1919 nacque Norman Spencer Chaplin. A causa di gravi malformazioni, il bambino morì tre giorni dopo. Molti anni più tardi Mildred Harris confessò che il ricordo più vivido di quegli anni erano le lacrime di Chaplin per la morte del figlio. Dopo soli venti giorni il cineasta cominciò le riprese del film *Il monello*, considerato il suo primo capolavoro, in cui cesellò il suo stile tragicomico, critico e sottilmente commovente con l'imprescindibile Purviance e, soprattutto, con il bambino interpretato da Jackie Coogan.

Il monello narra le vicende di una donna londinese estremamente povera costretta ad abbandonare il figlio davanti alla casa di una famiglia di milionari. Il bambino, però, finisce nelle mani di un vagabondo, che lo alleva come un padre. Cinque anni dopo, e con la madre divenuta una popolare cantante, il destino cercherà di separare l'uomo e il bambino. Era la seconda volta che Chaplin tentava di girare una commedia lunga, con una durata di sei bobine, ma i produttori dell'epoca dubitavano che potesse avere successo. Spingersi oltre la mezz'ora di risate era un rischio che Chaplin era pronto a correre.

Il cineasta vide per la prima volta Jackie Coogan a Los Angeles, mentre ballava lo *shimmy* su un palcoscenico di vaudeville. Aveva 6 anni e i suoi movimenti e la sua mimica impressionarono il maestro. Capì subito di avere trovato il suo attore e divennero inseparabili. «Era bizzarro, capace di fare qualsiasi cosa per fare ridere e spezzare la monotonia» ricordava Coogan nei primi anni Ottanta a proposito di quelle riprese. «Nel film ci sono molti aneddoti autobiografici dello stesso Chaplin. Nella scena in cui il bambino viene separato dal vagabondo e gettato sul cassone di un furgone dagli addetti ai servizi sociali per essere condotto all'orfanotrofio è ovvio che sta rivivendo la sua esperienza infantile» assicura il suo biografo David Robinson. La scena divenne una delle più celebri del cinema. «Mentre girava quelle sequenze, Chaplin piangeva» raccontò Coogan in un'intervista rilasciata nel 1983, poco prima di morire.

Jackie Coogan, come attore bambino, guadagnò ben 4 milioni di dollari e fu una delle prime star a sfruttare la propria celebrità per pubblicizzare dei prodotti. Ma tutto quel denaro fu sperperato dalla madre e dal patrigno, che portò in tribunale nel 1935. Quando crebbe, la sua popolarità come attore tramontò. Anni dopo, sapendolo in difficoltà economiche, Chaplin non esitò ad aiutarlo. Nel 1972 i due si incontrarono casualmente e il cineasta britannico salutò Jackie, ormai cinquantasettenne, con un caloroso e fraterno abbraccio, affrettandosi a sussurrare all'orecchio di Dorothea Lamphere, la quarta e ultima moglie di Coogan: «Non dimentichi mai che suo marito è un genio».

Durante le riprese del *Monello* la diciannovenne Mildred Harris presentò l'istanza di divorzio, per motivi di crudeltà e abbandono. Per sottrarsi alle leggi sui beni comuni della California ed evitare che sua moglie potesse far valere qualche diritto sul film, una notte d'agosto Chaplin affittò una stanza in un hotel di Salt Lake City e montò in segreto *Il monello*. La separazione ebbe una grande ripercussione mediatica. Mildred lo accusò di essere un sadico e di aver abusato sessualmente di lei. Charlie, dal canto suo, affermò che sua moglie intratteneva relazioni lesbiche con la famosa e potente attrice hollywoodiana Alla Nazimova. Dopo due anni di matrimonio, Chaplin dovette sborsare 200.000 dollari per il divorzio. In seguito l'attrice ebbe una fugace relazione con il principe di Galles (il futuro re Edoardo VIII). In breve tempo la sua carriera si infranse e lei finì a lavorare in locali notturni. Morì alcolizzata a 42 anni.

La consacrazione di un genio

Il monello fu un successo planetario e il suo protagonista diventò il simbolo dei numerosi orfani della recente guerra mondiale. Il giorno dopo la prima del film Chaplin lasciò gli Stati Uniti per recarsi in Europa, dove non era più tornato dai tempi in cui faceva il comico nella compagnia di Fred Karno. Era il 1921 e rientrava in Inghilterra per presentare *Il monello*. Il paese lo accolse come un eroe trionfatore e ovunque lo attendevano folle di ammiratori. Nel contempo la severa critica europea lo consacrò come genio del cinema.

In quegli anni Wheeler, il fratellastro minore, stava cercando di riallacciare i rapporti con Sydney e Charlie, ma, trovandosi ancora in India, non poté incontrarli prima del 1921. A partire da allora cominciò a collaborare con loro.

All'epoca Charlie Chaplin era già un personaggio molto noto e tutto quello che diceva finiva sulle prime pagine dei giornali. In quel periodo manifestò il suo desiderio di visitare l'Unione Sovietica. «Mi piacerebbe molto vedere il paese e gli sforzi che ha intrapreso per superare il caos sociale» affermò. Le sue dichiarazioni non vennero accolte molto bene sull'altra sponda dell'Atlantico. Per gli Stati Uniti la rivoluzione bolscevica era una minaccia all'«individualismo» americano. E così cominciò a essere accusato di comunismo. A detta di Charles Maland, autore di *Chaplin and American Culture* («Chaplin e la cultura americana»), la persecuzione politica del cineasta negli Stati Uniti ebbe inizio negli anni Venti. «In una lettera del 1922 indirizzata all'allora direttore assistente dell'FBI, J. Edgar Hoover, si parla già di Chaplin come uno dei bolscevichi di Hollywood» racconta. Il critico e storico Andrew Sarris sostiene che Chaplin mostrò sempre una dualità politica: «Simpatizzava con la sinistra, ma nutriva sentimenti contraddittori. Era un genio e un uomo molto ricco ma, nel contempo, era un "omuncolo", e nella vita fece di tutto per togliersi di dosso quell'immagine di pover'uomo».

Chaplin voleva approfittare del suo viaggio all'estero per riallacciare i contatti con Hetty Kelly, il suo primo amore, che nel 1918 gli aveva inviato una lettera per sapere se si ricordasse ancora di lei. Charlie le aveva risposto subito, ma non seppe mai se la sua lettera fosse arrivata alla destinataria. Durante il suo viaggio in Europa scoprì che Hetty era morta tre anni prima a causa di un'influenza. Giunto in Inghilterra, come prima cosa si recò nel quartiere della sua infanzia, Lambeth. Inoltre, strinse amicizia con il drammaturgo George Bernard Shaw e con lo scrittore H.G. Wells.

Quando rientrò in California, affittò una casa sulle colline di Hollywood, onorò il contratto con la First National girando tre film mediocri e si avventurò in una tempestosa relazione di otto mesi con Pola Negri, la regina del dramma. Considerando la superbia e l'età dell'attrice (aveva 30 anni, troppi rispetto alle «donne-bambine» che amava Chaplin), era l'amante meno adeguata per il cineasta.

Nel 1923 finalmente cominciò a lavorare per la United Artists, che aveva fondato quattro anni prima. Con la sua casa di produzione, una solida fortuna personale e una sontuosa residenza a Beverly Hills, sentì finalmente di avere le mani libere per dare sfogo alla sua creatività. Eppure, nonostante l'entusiastico benvenuto, il pubblicò non apprezzò il suo nuovo film, *La donna di Parigi*, di cui Chaplin non era attore ma solo sceneggiatore e regista. Quell'opera fu il trampolino di lancio di Adolphe Menjou, ma sancì anche la fine dell'inseparabile Edna Purviance. Per più di trentacinque anni Chaplin continuò comunque a versare un salario settimanale alla sua vecchia amante, che morì nel 1958 a causa di un tumore alla gola.

Nella seguente produzione, *La febbre dell'oro*, Chaplin reintrodusse astutamente il personaggio del vagabondo, facendogli indossare questa volta i panni di un solitario cercatore d'oro giunto in Alaska a inizio secolo per fare fortuna. Trasformare in commedia le vicende dei minatori che sfidavano la natura per sopravvivere, alcuni patendo perfino la fame, fu un'intuizione geniale. Del film Chaplin scrisse: «Dobbiamo riuscire a ridere anche della nostra impotenza di fronte alle forze della natura o diventeremo pazzi». Per girare la scena in cui Chaplin e l'attore Mack Swain mangiano la suola delle loro scarpe ci vollero tre giorni e grosse quantità di liquirizia, tanto che i due alla fine si ammalarono. Continuarono a girare e a mangiare suole di liquirizia finché alla 464ª ripresa Chaplin decise che era stata raggiunta la perfezione che sempre ricercava.

Come protagonista femminile della *Febbre dell'oro* Chaplin non ricorse alla sua ex amante Edna Purviance, ormai ingrassata e con un fisico fuori moda, ma cercò una principiante più malleabile. Vide molte aspiranti e alla fine si decise per la bella ed esotica Lillita MacMurray, ribattezzata «Lita Grey», all'epoca quindicenne, che tre anni prima aveva già interpretato l'angelo che appariva in sogno a Charlot nel *Monello*. Chaplin si lasciò trasportare dall'entusiasmo, senza badare alla scarsa sensibilità della ragazza, al poco talento e alla sua dipendenza da una madre-agente che la comandava.

Nel 1924 Lita rimase incinta, a soli 15 anni. Sua madre minacciò Chaplin di denunciarlo per corruzione di minori e il cineasta, per evitare un nuovo scandalo, dovette accettare il matrimonio. A 35 anni si sposò segretamente in Messico con Lita, che nel frattempo aveva compiuto 16 anni. Erano le sue seconde nozze indesiderate e con una minorenne. Ma il matrimonio non funzionò. «Ero solo una bambina e volevo stare con gente della mia età. Invece frequentavo Albert Einstein, che ai miei 17 anni mi sembrava solo un vecchio sporcaccione» spiega Lita Grey. Chaplin usò il pretesto della gravidanza per appartarla dalle riprese del film, ma lei non glielo perdonò. Per sostituirla venne scritturata una sconosciuta, Georgia Hale, che in nove settimane girò tutte le scene. *La febbre dell'oro* ebbe un enorme successo.

Il 5 maggio 1925 Lita diede alla luce Charles Spencer Jr e nel marzo del 1926 nacque il loro secondogenito, Sydney Earle, che però non riuscì a riportare serenità nella coppia. In quel periodo il cineasta era alle prese con *Il circo*, film in cui interpretava un pagliaccio che riusciva a fare ridere solo quando non voleva. Le riprese segnarono l'inizio dei due anni peggiori nella vita di Chaplin. Infelice nel matrimonio, accantonò il lavoro per avventurarsi in relazioni amorose con le attrici della sua troupe: Merna Kennedy, Georgia Hale e Marion Davis. Con quest'ultima trascorse numerosi fine settimana a San Simeon, nella villa dell'amante dell'attrice, il magnate della stampa William Randolph Hearst. «Non ci provava neppure, a essere un buon marito e io stavo spesso ad aspettare che rincasasse. Mia madre mi diceva che sarebbe cambiato, ma io mi sentivo molto sola» racconta Lita Grey.

Il 28 settembre 1926 un incendio distrusse il suo studio di registrazione. Andava tutto storto. E il 10 gennaio 1927 Lita Grey presentò un'istanza di divorzio di 42 pagine contro suo marito. Si vendettero perfino copie di quel documento, ribattezzato «Le lamentele di Lita», che raccoglieva una serie di denunce sensazionalistiche, come per esempio che suo marito trascorreva molto tempo insieme a una nota attrice o che, venuto a sapere della seconda gravidanza della moglie, la accusò di egoismo perché si rifiutava di abortire. Troppo per una società profondamente conservatrice come l'America di allora. I suoi biografi affermano che il cineasta sarebbe stato disposto a trovare un accordo se la moglie non avesse cercato di rovinarlo in ogni modo, non solo economicamente ma anche sotto il profilo del prestigio e della popolarità. La causa si protrasse per un lungo anno, durante il quale la stampa si fece eco di ogni scabroso dettaglio. «Fecero apparire mia madre come una delinquente, sebbene i suoi presupposti fossero dieci volte migliori di quelli di mio padre» raccontava il figlio Sydney.

Cinque giorni dopo la richiesta di divorzio, Chaplin venne convocato dal fisco, che reclamava un milione e mezzo di dollari per tasse non pagate da dieci anni. Nell'aprile del 1927 il cineasta raggiunse un accordo con le autorità e pagò un milione. Nel frattempo, sette mesi dopo l'istanza presentata da Lita, gli avvocati della donna annunciarono che avrebbero reso noti i nomi di cinque famose dive con cui Chaplin aveva intrattenuto relazioni intime durante il matrimonio. Marion Davies, terrorizzata all'idea che William Randolph Hearst scoprisse le sue scappatelle, chiese a Chaplin di trovare una soluzione per evitare lo scandalo. Due settimane più tardi Lita si ritrovò la soluzione tra le mani, un assegno da 625.000 dollari, la cifra più alta pagata fino ad allora per un divorzio. I due figli, inoltre, ricevettero un fondo fiduciario di 100.000 dollari ciascuno. Lita Grey aveva vinto. Will Rogers, umorista, commentatore e attore statunitense, riassunse così la vicenda: «Charlie non è un marito devoto, ma sposarlo vale sicuramente la pena». Il divorzio dovette addolorare profondamente il cineasta, perché Lita fu l'unica moglie che non menzionò nelle sue memorie, *La mia autobiografia*, scritte quarant'anni dopo. Lei, invece, dedicò due libri ai dettagli della sua relazione con Chaplin.

In quei mesi il suo umore incostante e la sua paura di essere ingannato, che spesso lo spingeva ad agire con una durezza sconcertante, si accentuarono, tanto da fargli quasi perdere la ragione. Ma l'amore del pubblico per il personaggio che aveva creato era così grande che la popolarità dell'attore sopravvisse agli scandali... almeno allora.

La riluttanza ad abbandonare il cinema muto

Nonostante nel 1927 fosse stato realizzato il primo film sonoro, *Il cantante di jazz*, con Al Jolson, Chaplin rimase fedele al cinema muto e nel 1928 proiettò nelle sale *Il circo*, film che a lui stesso parve poco riuscito, tanto da nasconderne tutte le copie dopo l'esordio. Il flop poteva forse imputarsi ai molteplici incidenti che avevano colpito il cast, ai successivi incendi dello studio o alla costante revisione e al taglio dei fondi decisi dagli amministratori. O forse, come sostengono alcuni dei suoi biografi e critici dell'epoca, la ragione fu lo sconforto causato dalla battaglia legale per il disastroso divorzio da Lita Grey, esibito con eccesso e malizia dalla stampa sensazionalistica, l'unica che si leggeva a quel tempo. Certo è che alla fine delle riprese del *Circo* i capelli di Chaplin erano diventati quasi tutti bianchi.

Cinque mesi dopo il debutto sul grande schermo di Al Jolson, Chaplin si mise a lavorare a un nuovo film, *Luci della città* (1931), paradigma della tenerezza e della desolazione del suo alter ego cinematografico. Per girare la scena in cui la povera ragazza cieca, interpretata da Virginia Cherrill, scambia Charlot per un milionario gli ci vollero sei settimane. Ma lui investiva il proprio denaro per fare i suoi film. «Credo che fosse molto coraggioso. Non chiese mai alcun prestito per realizzare i film. Perciò se le riprese duravano troppo e perdeva denaro, era un problema suo» afferma Betty Tetrick, cugina di Chaplin.

Il 28 agosto 1928 la madre di Chaplin morì, a 63 anni, a causa di un'infezione alla vescica. «Era pazza e lui voleva tenerlo nascosto. Gli unici a sapere che viveva in California eravamo io, mia madre ed Amy, la moglie di Alf Reeves, il suo agente. Ma non lo rivelammo mai a nessuno» spiega Wyn Ritchie Evans, amica della famiglia. Pare che la madre, a causa del suo stato mentale, non fu mai cosciente del trionfo di Charlie e non riuscì neppure a riconoscere Wheeler Dryden, il suo figlio minore, da cui era stata separata quando il bambino era ancora in fasce e che in quegli anni formava già parte della troupe di Chaplin.

Il 30 gennaio 1931, quasi tre anni dopo l'inizio del progetto, *Luci della città* esordì finalmente a Los Angeles. Il pubblico si alzò in piedi per applaudire il film. Il giorno seguente Chaplin lasciò Hollywood, dove fece ritorno solo un anno e mezzo dopo. Più tardi scrisse: «Le delusioni amorose, la fama e la fortuna mi avevano reso piuttosto apatico». Il suo amico Thomas Burke lo definì allora «l'amico di milioni di sconosciuti e l'uomo più solitario al mondo».

Chaplin intraprese un lungo viaggio in Europa. A Londra incontrò il leader indiano Mahatma Gandhi, che gli confessò di non avere mai visto un suo film. In quegli stessi giorni, in casa del suo amico H.G. Wells, autore della *Guerra dei mondi*, il cineasta affermò: «Non credo che la parola sia necessaria, rovina l'arte come una statua dipinta. Il cinema è l'arte della pantomima, come lo è in parte anche il teatro. Con la parola non ci sarà più spazio per l'immaginazione», si legge nella *Storia illustrata del cinema* di René Jeanne e Charles Ford.

A Vienna fu accolto da grandi folle, ma non poté incontrare il cittadino più famoso di allora, Sigmund Freud, che approfittò della visita di Chaplin per redigere una breve analisi della sua personalità: «È un caso eccezionalmente semplice e trasparente. Interpreta solo le tristi esperienze della sua infanzia e della sua gioventù. Non può sottrarsi alle umiliazioni del passato». A Parigi, durante un ricevimento, conobbe l'attrice newyorkese Paulette Goddard, allora ventunenne. Insieme proseguirono l'itinerario di quello che divenne un tour mondiale.

L'anno dopo Paulette lo affiancò in *Tempi moderni*, un'amara parabola sulla catena di montaggio che denuncia le disperate condizioni di lavoro degli operai, la loro drammatica vita nelle fabbriche e le miserie del capitalismo. Dopo dieci anni di successi fu l'ultimo film in cui apparve il personaggio del vagabondo. Anche Paulette, come Charlie, veniva da una famiglia divisa. I suoi genitori erano divorziati e fin dall'età di 14 anni l'attrice aveva mantenuto la sua famiglia esibendosi a Broadway. «Era una donna molto intelligente, qualità con cui Chaplin non si era mai confrontato prima. Era molto sicura di sé e aveva molte conoscenze. Le compagne di Chaplin, invece, erano sempre state delle adolescenti» racconta Andrew Sarris, critico e storico cinematografico. Dopo il divorzio da Lita Grey Charlie non si preoccupava granché dei suoi figli, ma Paulette, trasferitasi con lui a Benedict Canyon, lo spinse a prendersi cura di Charles e Sydney, rispettivamente di 6 e 7 anni. I bambini, mentre la madre cercava di farsi strada come cantante, vivevano con la nonna, ma grazie a Paulette cominciarono a trascorrere i fine settimana con il padre. La felicità famigliare, però, durò poco.

Da adolescente, Charles Jr (che descriveva suo padre come «un severo disciplinatore e un sognatore capriccioso. L'uomo selvaggio del Borneo, con attacchi vulcanici di malumore») cominciò a bere molto, suscitando la disapprovazione del padre. «Mi addolorava molto il fatto che mi invitasse a casa sua in occasione di feste a cui mio fratello maggiore non poteva partecipare. Mio padre mostrava grande sensibilità verso molte persone, ma non riusciva a capire quanto male facesse a Charles Jr, per il quale il suo biasimo era come una pugnalata» spiega Sydney.

Nel frattempo Chaplin si ostinava a non introdurre dialoghi nei suoi film. *Tempi moderni*, tuttavia, si presentava come un esperimento a cavallo tra il cinema muto e il sonoro, in quanto le immagini erano accompagnate da musiche, canzoni, voci provenienti da radio e altoparlanti e dal rumore dei macchinari in funzione. Nel finale si sente anche la voce di Charlie Chaplin intonare brevemente un brano di Léo Daniderff, *Je cherche après Titine*, pur storpiandone il testo in una sorta di miscuglio senza senso di francese e italiano con qualche parola riconoscibile in inglese. Sebbene non sapesse scrivere musica, Chaplin era un compositore molto creativo. Due anni dopo due musicisti, partendo dalla melodia senza titolo che il cineasta aveva ideato per *Tempi moderni*, scrissero *Smile*, uno dei grandi successi di Nat King Cole.

Le sue prime parole davanti alla cinepresa

Terminate le riprese del film, Charlie e Paulette Goddard si sposarono in segreto. La sua terza moglie aveva la metà dei suoi anni (25 lei e 48 lui), eppure era la più grande delle signore Chaplin. Quattro anni dopo girarono un nuovo film insieme, *Il grande dittatore*, a cui partecipò anche Wheeler Dryden. Per la sceneggiatura Chaplin trasse nuovamente ispirazione dagli avvenimenti mondiali. Le riprese cominciarono nel 1937, quando Hitler era al potere in Germania. Il cineasta e il Führer condividevano alcuni aspetti impressionanti: erano nati entrambi nell'aprile del 1889, a soli quattro giorni di distanza, e avevano superato la povertà prima di conseguire un potere autocratico. C'è perfino chi sostiene che l'uomo più malvagio del secolo adottò il suo caratteristico baffo per emulare il pagliaccio più amato del secolo.

Chaplin stesso definì il progetto del *Grande dittatore* come un cocktail di dramma, commedia e tragedia che ritrae la figura grottesca e sinistra di un uomo illuso di essere un supereroe e certo che solo la sua opinione e la sua parola siano importanti. Sfruttò l'immagine di Hitler per mettere in scena una brillante parodia delle idee politiche, culturali, sociali ed economiche del nazismo, dalla superiorità della razza germanica alla sottomissione incondizionata dell'individuo alla comunità, passando per l'antimarxismo e l'antisemitismo.

Nel dicembre del 1939, quattro settimane dopo aver visitato il set del film, Douglas Fairbanks, il suo più caro amico, morì nel sonno. Sei giorni dopo il suo funerale, Chaplin girò una delle scene più ispirate della sua carriera, quella in cui Hynkel gioca e balla con il mappamondo, pantomima del dominio della Terra. Il film, inoltre, fu il primo in cui Chaplin introdusse il dialogo, e lo fece indirizzando delle parole di speranza a un mondo che stava entrando in guerra. «L'odio degli uomini scompare insieme ai dittatori e il potere che hanno tolto al popolo ritornerà al popolo. E qualsiasi mezzo usino, la libertà non può essere soppressa» proclamava il suo personaggio sdoppiato in un barbiere ebreo. Chaplin scrisse il discorso quando ancora nessuno si opponeva a Hitler e più tardi avrebbe continuato a ripeterlo per radio e in conferenze.

Il cineasta terminò la produzione del film un giorno prima dello scoppio della Seconda guerra mondiale, nel settembre del 1939; aveva cominciato a lavorarci dopo l'esordio di *Tempi moderni* nel 1936. Durante le riprese, quando il Führer non era ancora osteggiato in Occidente, Chaplin subì le critiche di coloro che un anno dopo l'uscita del film – Stati Uniti e Regno Unito – si sarebbero alleati per attaccare Hitler. Nonostante l'opposizione dei grandi studi, il cineasta si lanciò nella sua peculiare avventura, finanziandola come sempre di tasca sua.

Il suo dittatore debuttò nell'ottobre del 1940, un anno prima dell'attacco giapponese di Pearl Harbor e dell'entrata in guerra degli Stati Uniti. Ben presto si affermò come il più grande successo della sua carriera e come il catalizzatore del periodo politicamente più attivo della sua vita. Quando gli Stati Uniti si unirono al conflitto, Chaplin prese le difese della Russia. «Dopo tutto sono stati i nostri alleati contro Hitler e hanno subito numerose perdite per difendere il fronte orientale» affermò. In un discorso pronunciato a San Francisco Chaplin chiese agli Stati Uniti di combattere al fianco dei sovietici. Più tardi, a New York, disse: «I comunisti non sono diversi dagli altri; soffrono e muoiono come noi». Neppure in tempo di guerra le sue idee piacquero molto agli americani e durante la Guerra Fredda quelle parole avrebbero motivato la sua persecuzione.

Incatenato a una storia ripetitiva

Chaplin e Paulette si separarono nel 1941. Lei desiderava una carriera mentre Chaplin una moglie, e perciò le cose non funzionarono. Divorziarono civilmente e poco tempo dopo il cineasta stava già con

Joan Barry, di trent'anni più giovane di lui. Ma dopo solo qualche mese lui la lasciò e Joan, furiosa, cominciò a presentarsi a casa sua a qualsiasi ora della notte, di solito ubriaca e ostile. La donna diceva di essere incinta e di essere stata buttata fuori di casa dall'attore. La sua condotta sessuale divenne nuovamente di dominio mediatico, grazie alla famosa giornalista del gossip hollywoodiano, Hedda Hopper, nemica di Chaplin.

Lui non negò di aver avuto una relazione con Joan, ma precisò di averla lasciata un anno prima della nascita della figlia di Joan, Carol Ann, il 2 ottobre 1943. La madre assicurava di essere stata invitata da Charlie a New York nell'ottobre del 1942 e di aver avuto un rapporto con lui nella sua stanza d'albergo. Chaplin fu processato in virtù della legge Mann, una legge federale introdotta per penalizzare la prostituzione organizzata e secondo cui viaggiare da uno Stato all'altro a scopo sessuale era un reato grave. Chaplin dovette, pertanto, farsi carico del mantenimento di Carol Ann fino alla maggiore età, ma negò sempre di esserne il padre, e un'analisi del sangue gli diede indiscutibilmente ragione. «La vicenda di Joan Barry fu orchestrata dall'FBI e ci sono chiari indizi che lo provano» sostiene David Robinson, biografo del cineasta. Dieci anni dopo Joan Barry fu internata in un manicomio.

Mentre accadevano quei fatti, Chaplin, a 54 anni, cominciò a uscire con la sua futura e ultima moglie, la diciassettenne Oona O'Neill, una precoce star del jet set newyorkese, figlia dell'illustre drammaturgo Eugene O'Neill, all'epoca già premio Nobel per la letteratura e vincitore di tre premi Pulitzer (ne avrebbe ricevuto un quarto postumo), separato dalla moglie.

I due si incontrarono per la prima volta durante un viaggio di Oona in California per fare visita al padre e cercare fortuna a Hollywood. La ragazza si presentò al casting di un film di Chaplin, le cui riprese però non vennero mai concluse. «Più la conoscevo e più mi sentivo soggiogato dalla generosità del suo spirito. Aveva il raro dono di porsi all'altezza degli altri. E il senso dell'umorismo di una persona matura, pur conservando un animo innocente» scrisse lui.

Nonostante la ferrea opposizione paterna, la coppia si sposò nel giugno del 1943, non appena Oona compì 18 anni, trentasei meno di lui. Suo padre la diseredò per essersi unita a un «sadico». Lo scrittore odiava Hollywood e gli antecedenti amorosi del suo genero. Morì nel

1953, senza averle mai più rivolto la parola e senza avere mai conosciuto i suoi nipoti. Fin dall'inizio la coppia si costruì una barriera invisibile per proteggere la loro relazione da un mondo di cui diffidavano.

Il 1° agosto 1944, in piena polemica per il caso Barry, Oona diede alla luce Geraldine Chaplin. Quando nacque Micheal, quasi due anni dopo, lo scandalo Barry era ormai acqua passata. Finalmente Chaplin aveva trovato la felicità personale. Ma per Rollie Totheroh, che lo affiancava come direttore della fotografia dal 1915, Charlie non era più lo stesso e voleva circondarsi solo di intellettuali. Dopo *Tempi moderni* aveva abbandonato il piccolo vagabondo. «Non volle più interpretarlo perché era un personaggio poco colto. Non era la figura in cui voleva immedesimarsi. Ormai voleva essere un Chaplin distinto» dichiarò Totheroh alla fine degli anni Cinquanta, una volta terminata la collaborazione con il leggendario cineasta, che assistette in trenta film.

Nell'ottobre del 1947 uscì *Monsieur Verdoux*, il suo primo noir, ma gli incassi furono disastrosi. Al film partecipò anche il fratello Wheeler Dryden. Dopo averlo girato, Charlie Chaplin finì nelle mire del «maccartismo», che si stava accanendo contro intellettuali e artisti di Hollywood. Nel 1949 la critica sociale che traspariva dalle sue opere e la sua nazionalità straniera (non si naturalizzò mai) portarono a una sua convocazione davanti alla Commissione per le attività antiamericane. Inizialmente confermò la sua presenza, ma poi cambiò idea e mandò un telegramma al presidente Thomas dicendo: «Non sono comunista; sono pacifista». «C'è chi attribuisce un significato sociale alle mie opere. Si sbagliano. Lascio questi argomenti al dibattito. Intrattenere è la mia prima preoccupazione» dichiarò in seguito.

Nel frattempo, a Hollywood, cominciò a dedicarsi al suo nuovo film, *Luci della ribalta* (1952), forse il più autobiografico di tutti. La trama narra di un vecchio pagliaccio del teatro di varietà che rinasce prendendosi cura di una giovane ballerina. Claire Bloom, che fu scritturata da Chaplin per il ruolo principale grazie alla sua grande somiglianza con la moglie, ricorda che il cineasta le suggeriva di fare determinate cose perché «gli ricordavano sua madre. E non si ispirava solo a lei, ma anche a Oona, che amava moltissimo, e ai suoi amori perduti, come Hetty e le altre donne che portava nel cuore». Chaplin incluse nel cast, come attori secondari, i suoi due figli maggiori, nati dal matrimonio con Lita Grey, e affidò anche ai suoi figli minori, Geraldine, Michael e Josephine (nata pochi mesi prima), una piccola parte all'inizio del film. Il fratellastro Wheeler Dryden, a cui Chaplin pagava uno stipendio dagli anni Venti, interpretava invece un medico. *Luci della ribalta* sembrava una dolce riconciliazione con il passato, ma giunse in un momento in cui il suo mondo stava per cambiare.

Vittima della «caccia alle streghe»

Il 29 dicembre 1949 il direttore dell'FBI, J. Edgar Hoover, aveva tra le mani un voluminoso dossier contro Chaplin. «Ci aveva schedato come una famiglia di ebrei polacchi. Erano convinti che fossimo delle spie comuniste» racconta sua cugina Betty Tetrick. La fiera arroganza e l'indipendenza di Chaplin ne fecero un facile bersaglio all'interno dell'industria cinematografica. I cronisti di costume come De Sullivan e Hedda Hopper erano pronti a perseguitare e schiacciare il cineasta, che non era mai ricorso ai loro favori al contrario di altri personaggi della Hollywood dell'epoca.

Il 17 settembre 1952 Chaplin, Oona e i loro quattro figli, Geraldine (di 8 anni), Michael (di 6), Josephine «Josie» (di 3) e Victoria (di solo un anno), salparono in nave diretti a Londra per assistere alla prima di *Luci della ribalta*. Il 18 settembre J. Edgar Hoover consegnò al procuratore generale James McGranery il dossier dell'FBI su Chaplin. Il giorno seguente le autorità doganali annullarono il suo permesso di ingresso negli Stati Uniti, classificandolo come «persona non grata».

Il cineasta decise di non tornare più e si stabilì con la famiglia in una lussuosa villa a Corsier-sur-Vevey, sulle tranquille sponde del lago Lemano, in Svizzera, di fronte a Ginevra. Oona si occupò di liquidare le sue incombenze economiche e professionali negli Stati Uniti. La coppia, multimilionaria, costruì il suo personale paradiso, il suo grazioso rifugio appartato. Fu sua moglie a ridargli fiducia in se stesso e voglia di vivere quando tutti gli voltarono le spalle. «Questa donna mi ha salvato e mi ha trasmesso ogni giorno il piacere di vivere» disse Chaplin di lei. «Se avessi conosciuto Oona anni fa, non avrei mai avuto problemi con le donne. L'ho attesa per tutta la vita senza saperlo» racconta nella sua autobiografia. Sua moglie rinunciò perfino alla cittadinanza americana per lui, come gesto d'amore e in segno di protesta contro il paese che aveva tanto maltrattato suo marito.

Nelle sue rare apparizioni pubbliche Chaplin non fece nulla per farsi benvolere dagli Stati Uniti. Nel 1954 incontrò il primo ministro cinese Zhou Enlai e accettò anche il Premio Internazionale per la Pace, patrocinato dai sovietici. Plasmò il suo risentimento verso gli Stati Uniti nel film *Un re a New York*, del 1957, girato interamente in Inghilterra e che nonostante gli alti e i bassi lasciava ancora trasparire l'umorismo corrosivo di Chaplin. L'opera, proiettata negli Stati Uniti solo nel 1976, fu un fiasco in tutto il mondo.

La coppia ebbe altri quattro figli in Svizzera: Eugene, Jane, Annette e Christopher, nato nel 1962, quando Charlie Chaplin aveva già 73 anni. Nel settembre del 1964 a Londra vennero pubblicate le sue memorie, intitolate *La mia autobiografia*, che in poche settimane balzarono in testa alle classifiche dei best seller, insieme a quelle del generale Douglas MacArthur. L'infanzia di Chaplin occupa il primo terzo dell'opera, narrata come un racconto di Dickens. Nel libro il cineasta elenca gli incontri importanti della sua vita, ma non menziona né il fratellastro Wheeler Dryden, morto nel 1957, né il suo direttore della fotografia Rollie Totheroh, né la sua seconda moglie Lita, madre dei suoi due figli maggiori.

Nel 1966, prossimo ai 77 anni, Charlie Chaplin cominciò a girare il suo 81° film, *La contessa di Hong Kong*, una commedia romantica interpretata da Sophia Loren e Marlon Brando, che avrebbe però voluto realizzare trent'anni prima insieme a Paulette Goddard. Il regista, qui nel ruolo minore di un cameriere, lasciò spazio anche al figlio Sydney, affidandogli la sua parte più importante sul grande schermo. Dopo l'esordio Marlon Brando affermò che Chaplin era un «tiranno egoista» nonché l'uomo più sadico che avesse mai conosciuto. Il film non ebbe successo. Realizzata lo stesso anno del *Laureato* e *Gangster Story*, l'opera di Chaplin era terribilmente fuori moda. Il suo tocco magico conservava una certa eleganza, ma l'argomento era frivolo. L'anziano maestro se ne rese probabilmente conto, poiché non girò più alcun film.

La fatalità e la gloria

Chaplin perse ogni legame con la propria infanzia quando il 16 aprile 1965 il suo fratellastro Sydney morì a Nizza, dove viveva dagli anni Cinquanta. L'uomo, che si era sposato due volte senza però avere figli, era sempre stato molto vicino al fratello. Charlie aveva talento, ma fu soprattutto grazie a Sydney se quel talento fu ricompensato economicamente. Morì a 80 anni, il giorno del compleanno del fratello minore.

Tre anni dopo, nel 1968, il primogenito del maestro, Charles Jr, morì alcolizzato a 43 anni. In quello stesso periodo, invece, il secondo figlio di Lita Grey stava vivendo il suo momento di gloria. Nel 1957 aveva vinto il premio Tony come migliore attore di musical per la sua interpretazione in *Bells are ringing* (*Susanna agenzia squillo*, nell'adattamento cinematografico), insieme a Judy Holliday, e nel 1964 aveva ricevuto una seconda nomination per il ruolo di Nicky Arnstein nel musical di Broadway *Funny Girl*, insieme a Barbra Streisand. E non seguì le orme del padre solo nel lavoro, ma anche nell'implicarsi personalmente con le prime attrici che lo affiancavano. All'inizio degli anni Settanta Sydney decise di dedicarsi al teatro e non fece quasi più apparizioni al cinema. «Non ho mai provato l'ardente desiderio di riconoscimento né il rispetto da cui era mosso mio padre» dichiarò nel 1967. Charlie Chaplin, esiliato in Svizzera, non poté mai vedere il figlio recitare sui palcoscenici di Broadway. In seguito Sydney interpretò parti mediocri in molte serie televisive e alla fine degli anni Ottanta aprì un ristorante di successo a Palm Springs (California). Morì nel 2009, a 82 anni.

Nel 1971 Charlie Chaplin firmò un contratto con l'imprenditore Moses Rothman per distribuire nuovamente i suoi film negli Stati Uniti. Tornò in America nel 1972, vent'anni dopo la sua partenza, per fare una breve apparizione trionfale a Hollywood, dove ritirò l'Oscar alla carriera. Il 16 aprile, durante la 44ª edizione dell'Academy Award, Chaplin, tremolante, con le lacrime agli occhi e la voce rotta dall'emozione, ringraziò per l'onore.

Nel 1976 Richard Patterson girò *Il vagabondo gentiluomo*, ispirandosi all'autobiografia di Chaplin, e nel documentario incluse alcune scene famigliari filmate a Vevey da Néstor Almendros, direttore della fotografia. Il giorno di Natale dell'anno seguente sir Charles Spencer Chaplin morì nel sonno a 88 anni, nel suo ritiro svizzero, assistito dalla fedele Oona e dai loro otto figli. «Se fosse morto alcolizzato, povero e solo l'avrebbero amato. Non gli perdoneranno mai di essere morto ricco e felice nella sua casa in Svizzera» lamenta il suo biografo David Robinson. «Era una persona strana, un uomo tormentato, con frequenti sbalzi di umore e profondamente insicuro, ma se non fosse stato così non avrebbe fatto molti dei suoi film» lo descrive suo figlio Sydney, morto di infarto il 3 marzo 2009 nella sua residenza a Rancho Mirage, nel deserto della California.

L'eredità del miglior comico di tutti i tempi

Charlie e Oona vissero felicemente insieme trentaquattro lunghi anni. Nei quattordici anni restanti, Oona cercò di rifarsi una vita tra New York e la sua casa di Le-Manoir-de-Ban. Ebbe alcune avventure con uomini più giovani e parecchi problemi con l'alcol. Nel settembre del 1991, a 66 anni, un tumore al pancreas le stroncò la vita. Oggi riposa al fianco di Chaplin, su una collina svizzera, proprio come desiderava. In un'intervista a «Top Magazine» Geraldine raccontò che la «madre era forte e geniale come lui. Era una persona impressionante. Appena diciassettenne si era sposata con quel vecchio dongiovanni di 53 anni, uno scandalo. Ma era incredibilmente matura. Gli dedicò tutta la sua vita, e la sua era l'unica opinione che a lui importasse: scriveva un film e glielo sottoponeva; se a lei non piaceva, sbatteva le porte, si innervosiva, si incavolava, ma alla fine lo riscriveva. Lei possedeva un grande talento che aveva ereditato dal padre, ma non lo mostrò mai al pubblico».

Gli otto fratelli Chaplin finirono per litigare a causa dell'eredità dei genitori. Si dice che custodiscano le opere del maestro in una teca e che, eccetto Geraldine, gli altri non abbiano neppure voluto vedere il film che Richard Attenborough ha dedicato alla vita del miglior comico di tutti i tempi. «I miei fratelli mi sono del tutto indifferenti, non li vedo da anni. Da piccoli era diverso, c'era allegria, non ci annoiavamo mai, ma quei tempi sono finiti: dopo la morte di mia madre non abbiamo più avuto niente da dirci» dichiarò Geraldine a «Top Magazine».

Dei figli di Charlie e Oona, solo lei ha tentato di seguire le orme del padre. Nata in California nel 1944 e cresciuta tra la Svizzera e l'Inghilterra, studiò danza alla Royal Ballet School di Londra. Nel 1963, un anno fortunato per Geraldine, la ragazza interpretò Cenerentola in un'opera al teatro Champs-Élysées a Parigi e fece la sua prima comparsa sul grande schermo, nel film *Anna dei mille giorni*, per poi ottenere un ruolo importante nel *Dottor Živago* di David Lean.

Questo film, girato principalmente a Madrid e Soria, rappresentò il suo primo vero contatto con la Spagna. Poco dopo conobbe il regista Carlos Saura, a cui rimase legata professionalmente e sentimentalmente fino al 1979. La relazione risultò fondamentale per la sua carriera cinematografica. Insieme girarono nove film, tra cui *Anna e i lupi* (1972), *Cría cuervos...* (1975) e *Mamà compie 100 anni* (1979), che, sul filone del nuovo cinema spagnolo, si distanziavano molto dalle convenzionalità dell'epoca. Dopo la separazione dal regista, da cui ebbe un figlio, Shane, abbandonò il cinema spagnolo, continuando però a recitare in film inglesi, francesi, svizzeri e americani, diretta da personalità del calibro di Robert Altman, Alan Rudolph, Alain Resnais, Martin Scorsese e Daniel Schmid.

Nel 1999, a 55 anni e dopo venti di assenza, Geraldine tornò a recitare in Spagna in *Che faresti per amore?*, l'opera prima dei figli del suo ex marito, Carlos e Antonio Saura Medrano, rispettivamente regista e produttore. «È stato bello ritrovarmi con la generazione successiva; mi sono sentita, se non solida, almeno duratura. Ero affiancata dai tre figli di Saura, da mio figlio Shane, dai figli dei truccatori dei film di Saura, dai figli di tutti» raccontò durante la promozione del film. Con i figli del grande regista ha un rapporto fantastico, ma non con lui. «Il padre non lo vedo da vent'anni. Abbiamo fatto un lavoro stupendo insieme. Ma non sono molto civile su certi aspetti: abbiamo avuto una relazione molto intima, come potrei berci un tè insieme adesso? Non sono così moderna. Non è per rancore, ma per imbarazzo. Cosa gli direi? Ciao?»

Nel 2002 ha collaborato con Pedro Almodóvar in *Parla con lei* e ha ottenuto il premio Goya come migliore attrice secondaria nel film *En la ciudad sin límites* («Nella città senza limiti»), di Antonio Hernández. In seguito, nel 2007, ha interpretato una medium nel film horror *The Orphanage*, di Juan Antonio Bayona, ottenendo una seconda nomination ai Goya. Umile, gentile e matura, non si considera all'altezza dell'eredità paterna: «Mio padre era assolutamente unico, non era un semplice attore ma era anche musicista e regista: un creatore completo. Io sono solo argilla plasmata da altri. Se fossi la figlia di Henry Fonda, Jane, forse potrei rispondere che sì, sono meglio di mio padre. Ma se sei figlia di Charlot non c'è paragone che tenga».

Si è sposata in seconde nozze con l'operatore cinematografico e fotografo cileno Patricio Castilla, padre di sua figlia Oona, anche lei attrice. La nipote del maestro, nata nel 1986, si è diplomata alla prestigiosa Scuola di Arti Drammatiche di Londra (RADA) e si è cambiata il cognome in onore di suo nonno. Forse stanca di sentirsi ripetere sempre la stessa domanda, confessa che quel cambio l'ha aiutata tanto quanto l'ha ostacolata: «A ogni modo, non conoscendo altra realtà, non posso sapere come sarebbe andata se non mi fossi chiamata Chaplin» spiega Oona. Ha recitato in *Quantum of Solace* (2008), il secondo capitolo del nuovo James Bond. «È stato il mio minuto e mezzo di gloria dopo un casting con 1500 ragazze» ha raccontato alla stampa. In seguito è apparsa in *Imago Mortis* (2009), un thriller psicologico di cui è stata co-protagonista insieme alla madre, con cui ha recitato anche in *Inconceivable* («Inconcepibile», 2008), di Mary McGuckian. Per ora lavorare con la madre le piace. «È una santa, è incredibile quando arriva sul set, ha una presenza che ti colpisce. È come se tutti all'improvviso si fermassero. È un'attrice molto incisiva e professionale» dice. Oona, inoltre, lavora regolarmente in teatro e in televisione. Parla correttamente spagnolo, francese, inglese e italiano ed è appassionata di flamenco, cha ha imparato a ballare da bambina. Si direbbe che il talento scorra nelle sue vene.

13
I Douglas

Ho una certa idea della pressione che comporta
il trovare la propria identità quando si ha un padre famoso.
Non sono sicuro di riuscire a capire che cosa significhi
avere a che fare con due generazioni.

MICHAEL DOUGLAS (N. 1944)

I Douglas

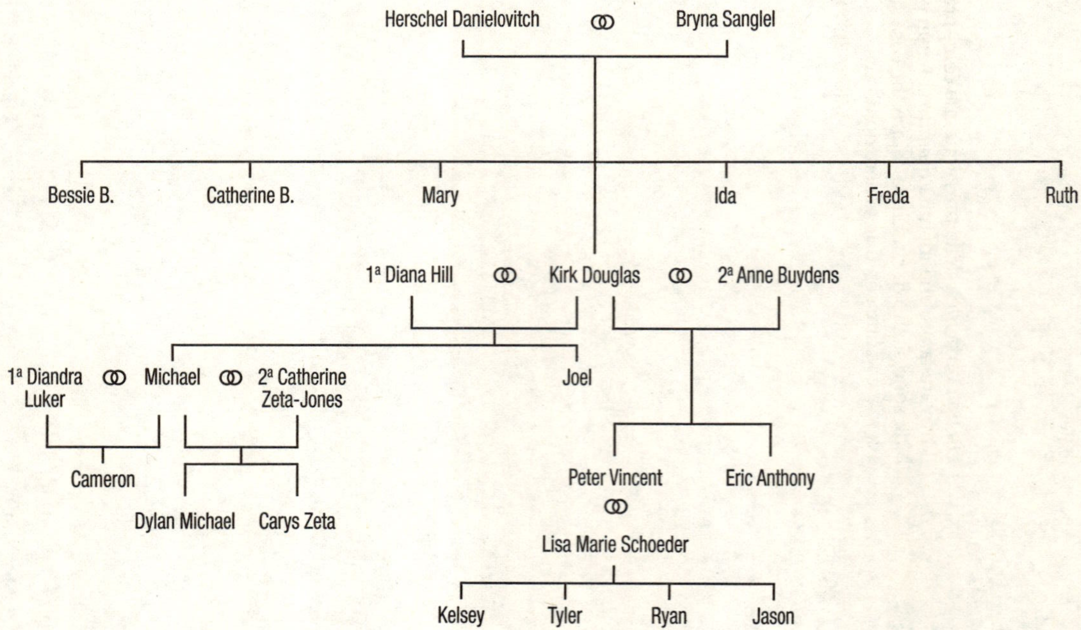

Herschel Danielovitch
Bryna Sanglel
Bessie B.
Catherine B.
Mary
Ida
Freda
Ruth
1ª Diana Hill
Kirk Douglas
2ª Anne Buydens
1ª Diandra Luker
Michael
2ª Catherine Zeta-Jones
Joel
Cameron
Dylan Michael
Carys Zeta
Peter Vincent
Eric Anthony
Lisa Marie Schoeder
Kelsey
Tyler
Ryan
Jason

La storia di questa famiglia inizia con l'ultimo dei grandi attori famosi della Hollywood del secondo dopoguerra, Kirk Douglas. Un uomo che grazie all'energia prorompente e alla costanza incrollabile che lo caratterizzano è riuscito a superare un grave incidente in elicottero avuto all'età di 75 anni e a vincere gli effetti devastanti di un'emorragia cerebrale al punto di poter continuare a recitare, partecipare alla vita sociale e scrivere fino a oggi. Figlio di una famiglia di immigranti ebrei ucraini, molto poveri, non si è mai fermato davanti a nulla e si è costruito una brillante carriera come attore e produttore, proseguita poi dal figlio Michael. Come è accaduto a molte altre famiglie di Hollywood, i Douglas non hanno potuto salvarsi dal prezzo che esige la fama, e sono stati perseguitati dagli scandali e dalle dipendenze, così comuni nel mondo patinato dello spettacolo. L'ombra della celebrità, sempre incombente su di loro, è costata la vita del figlio minore di Kirk Douglas, Eric, ritrovato senza vita nel suo appartamento dopo avere assunto un cocktail di droghe e alcol. Ultimamente, questa famiglia famosa è stata coinvolta in un altro scandalo: l'arresto e la detenzione di Cameron, il primogenito di Michael Douglas, imputato di possesso e traffico di eroina.

Il figlio del venditore di stracci

Kirk Douglas si annovera tra le grandi stelle di Hollywood sia come attore, sia come produttore. In più di cinquant'anni ha incantato gli spettatori di tutto il mondo. La sua storia inizia in Ucraina alla fine del XIX secolo. Come accadde a molti cittadini statunitensi, il destino della sua famiglia fu marcato dalla persecuzione e dalla povertà. I suoi genitori erano contadini ebrei che vivevano terrorizzati dai cosacchi e dalle violente azioni antisemite. Quando la madre di Kirk assistette al pestaggio a morte di suo fratello, gli Stati Uniti divennero il sogno di salvezza. Nel 1910, dopo lunghi anni di ristrettezze e risparmio, Bryna Sanglel e suo marito Herschel Danielovitch riuscirono ad arrivare ad Amsterdam, città industriale vicina ad Albany, nello Stato di New York, in quel momento in piena fioritura economica, e lì formarono una famiglia da cui nacquero sette figli.

Nacquero prima tre bambine: Bessie, Catherine e Mary. Il 9 dicembre 1916 nacque Kirk Douglas che all'epoca si chiamava Issur Danielovitch. Nel nuovo continente il cognome della famiglia si abbreviò in Demsky e Kirk era chiamato da tutti Izzy. In seguito nacquero anche le gemelle Ida e Freda e, per ultima, Ruth.

Amsterdam era un luogo che offriva molte opportunità, ma tutto giocava contro Herschel Demsky: era analfabeta, non possedeva alcuna specializzazione e nessuna delle fabbriche locali assumeva ebrei. Herschel divenne straccivendolo, l'occupazione più umile della scala sociale. Nel 1923, con sei figlie femmine e un figlio maschio a cui pensare, si trovava spesso in difficoltà per mettere insieme il necessario per sfamare la famiglia. La madre di Kirk era ebrea ortodossa e osservava lo Shabbat del venerdì sera, momento in cui era normale trovare il rude padre di Kirk in questo o quel bar locale.

Molti anni più tardi, Kirk disse ai suoi figli: «Mio padre, al bar, era capace di mordere e masticare il vetro di un boccale di birra fino a ridurlo in briciole». Kirk e le sue sorelle non sapevano che cosa aspettarsi dal genitore. Una volta Kirk uscì a giocare e si fece un taglio alla testa. Quando tornò a casa con il sangue che usciva copioso dalla ferita finendo sui vestiti, tutti si spaventarono moltissimo, tranne suo padre che non fece altro che sgridarlo severamente. «Credo che questo episodio ebbe un'enorme influenza su Kirk, che aveva bisogno di essere consolato, mentre l'unica cosa che suo padre riuscì a fare fu sgridarlo» raccontò più tardi una delle sorelle. La mancanza d'amore e di approvazione da parte del padre perseguitò il figlio del rigattiere per tutta la vita. A quel tempo Kirk recitava in tutte le rappresentazioni teatrali della scuola. Il palcoscenico era il luogo in cui otteneva l'attenzione che desiderava disperatamente ricevere in famiglia.

Per tutta la vita, Kirk si sforzò di capire quel suo padre così strano, il loro rapporto complicato, i sentimenti che suscitava in lui e cercò di rappacificarsi con lui. In una conferenza stampa svoltasi quando aveva più di 90 anni, confessò che l'unica occasione in cui suo padre lo aveva sorpreso fu quando lui aveva 4 anni e aveva recitato per la prima volta in una rappresentazione scolastica. «Mio padre si era seduto in fondo alla sala e quando la recita terminò mi diede un gelato: ho sempre considerato quel gelato come il premio più importante di tutta la vita, il mio Oscar. Sono convinto che in molti momenti è stato quel gelato a darmi la forza di perseverare.»

Rifiuto e determinazione

Quando Kirk era adolescente, i suoi genitori si separarono e i sette figli rimasero a vivere con la madre; ognuno di loro contribuiva al mantenimento della famiglia. Kirk divenne un giovane molto socievole e con una particolare inclinazione a compiacere gli altri, tanto che i suoi compagni lo elessero il più simpatico della classe. Si diplomò con lode alla scuola superiore ma, anche così, gli risultava difficile trovare lavoro perché era ebreo, proprio come era accaduto a suo padre. Racconta lo stesso Kirk: «Ero solito dire che ero ebreo per metà, così mi sentivo male solo a metà. Ricordo un'estate in cui, per avere un lavoro, dovetti dire che mi chiamavo Don Dempsy: mi dispiacque molto, ma ebbi il lavoro».

Nel 1935 decise di iscriversi all'università. Kirk e un suo compagno d'avventura fecero l'autostop fino all'Università privata di St Lawrence a Canton (New York). L'ultima parte del viaggio la percorsero seduti nel retro di un camion che trasportava letame. Kirk si presentò al rettore senza essersi potuto lavare e gli confessò che aveva soltanto 163 dollari per pagare l'iscrizione. Il rettore, che restò colpito dalla determinazione del giovane, gli fece avere un prestito universitario. La vita sociale in quell'ambiente in cui i compagni lo disprezzavano non fu affatto facile per lui. Dimostrazione di questa emarginazione fu il tentativo di Kirk di entrare a far parte di una confraternita, fallito a causa del suo essere ebreo. Quando gli studenti seppero qual era la sua religione lo discriminarono e lo misero nella lista nera del campus.

Nonostante ciò, il rifiuto subito non intaccò la sua ambizione a farsi strada nella vita e si lanciò anima e corpo in svariate attività extracurricolari, soprattutto teatrali. Divenne il primo rappresentante eletto di un gruppo studentesco senza essere membro di nessuna confraternita. In realtà, Kirk odiava il lavoro di rappresentante di classe, ma fu in grado di dimostrare di poterlo fare anche senza far parte dell'ordine stabilito. Si laureò con lode. In quella stessa estate diede inizio a un'avventura teatrale insieme a Karl Malden. Fu allora che, su consiglio della moglie di Karl, Mona Greenberg, entrambi abbandonarono il nome vero per assumere i nomi d'arte con i quali il mondo intero li conosce. Mladen Sekulovich divenne Karl Malden e Izzy Demsky divenne Kirk Douglas.

Intenzionato a farsi conoscere a Broadway, Kirk arrivò a Manhattan nel freddo autunno del 1939, senza un luogo dove vivere e con addosso soltanto un vecchio impermeabile leggero, regalatogli da un compagno d'università. In pochi mesi Kirk trovò il modo di ottenere una borsa di studio per frequentare la prestigiosa Accademia Americana di Arti Drammatiche. Lì conobbe una bella e giovanissima aspirante attrice di 16 anni, Lauren Bacall, quando ancora si chiamava Betty Perske. Lei rimase abbagliata da quel giovane attraente.

La stessa Bacall racconta: «Pensai che era molto sfacciato e non mi sbagliavo. Faceva il cameriere da Shraft. Io ero solita andarci con mia madre a bere qualcosa o a prendere un gelato, e aspettavo che fosse lui a servirci. Non aveva neppure un cappotto ma soltanto una specie di mantella da pioggia, era completamente senza soldi. Mio zio aveva un cappotto in più e lo convinsi spiegandogli che questo ragazzo non aveva di che coprirsi e non aveva soldi, così me lo diede. Gli portai il cappotto al Village, dove stava in un edificio a tre piani senza ascensore. Da quel giorno non dovette più sopportare il freddo». Kirk cercò di restituire il favore alla Bacall e provò anche a sedurla, senza però riuscirci, come lui stesso ha confessato con rammarico. Del resto, Kirk non era libero perché usciva con una giovane attrice di buona famiglia, Diana Dill. L'amicizia con Lauren Bacall durò comunque per settant'anni.

Nel 1943 gli Stati Uniti erano entrati nella Seconda guerra mondiale e Kirk si arruolò in Marina. Mentre era impegnato nell'addestramento della scuola dei marine, gli capitò tra le mani una copia della rivista «Life»: la modella sulla copertina era la sua fidanzata del corso d'arte drammatica, Diana Dill. Davanti ai suoi increduli compagni di Marina, giurò che si sarebbe sposato con quella ragazza. Dopo vari mesi e un fidanzamento affrettato, mantenne la promessa e si sposò con lei. Kirk Douglas non partecipò mai a un combattimento attivo ma nel 1944, durante una pratica di lancio di cariche di profondità contro i sottomarini, la barca su cui si trovava esplose. Era stata colpita dal «fuoco amico». L'attore riportò lesioni interne e fu congedato definitivamente dall'esercito. Fece quindi rientro a casa dove Diana stava per mettere alla luce il loro primo figlio, Michael. Con l'arrivo di Michael nel 1944, Kirk si rese conto che le piccole parti che poteva ottenere a Broadway non sarebbero bastate per pagare le spese famigliari e lui non voleva assolutamente dipendere economicamente dalla moglie.

Anche se Kirk non lo sapeva, la sua amica Lauren Bacall stava adoperandosi perché Hollywood si accorgesse di questo attore promettente. Durante un viaggio in treno che l'attrice fece insieme al famoso produttore di allora, Hal Wallace, mentre bevevano qualcosa insieme nel vagone riservato, lei gli disse: «C'è un attore stupendo che sta recitando in uno spettacolo teatrale a New York, devi vederlo». Il produttore gli fece un provino per lavorare in California per il grande schermo e gli diede una parte in *Lo strano amore di Marta Ivers*, film in cui fu co-protagonista insieme a Barbara Stanwyck, allora all'apice della carriera dopo il successo di *La fiamma del peccato*. Kirk era consapevole che l'essere stato scelto per recitare accanto alla Stanwyck era un colpo di fortuna che avrebbe significato una buona entrata economica. Accettò il lavoro e decise di dedicare un paio d'anni a cercare di sfondare a Hollywood. All'età di 29 anni debuttò nel cinema nella parte di un pover'uomo comandato a bacchetta da una moglie dalla personalità travolgente, Barbara Stanwyck, che lo trattava come un fantoccio. In quel momento non poteva immaginare che, da lì a poco, sarebbe diventato uno degli attori più richiesti degli Stati Uniti.

Verso la leggenda

Nel 1946 uno sconosciuto Kirk Douglas si guadagnò gli elogi della critica e un'offerta di contratto per la sua recitazione in *Lo strano amore di Marta Ivers*. La sua mascella affilata, la fossetta nel mento (degna del sogno più ambizioso di ogni chirurgo plastico), gli occhi ardenti e il suo carisma divoravano lo schermo. Hollywood non restò insensibile alle sue qualità. Stando a quanto ricorda l'attore, e amico di Kirk, Jack Valenti: «Si produsse una di quelle epifanie istantanee che qualche volta avvengono: i produttori, i critici, gli attori e il pubblico vedono un volto nuovo e tutti si domandano: chi è? E lo rendono famoso». La prestigiosa critica cinematografica Thelma Adams ha detto di lui: «Kirk possedeva talento e bellezza insieme. Inoltre era perseverante e tenace, qualità che contribuivano a costituire un tutt'uno poco comune e fecero di lui una vera stella».

Nonostante avesse bisogno di soldi, Kirk era ostinato e indipendente. Rifiutò diversi contratti e stupì gli amici quando respinse un'offerta di 50.000 dollari per recitare in una superproduzione di Hollywood. Accettò invece un ruolo in un film molto più modesto e a basso budget, dal titolo *Il grande campione*. Con questa decisione, nel 1949, Kirk fece una delle mosse decisive della sua carriera. Il film era una cupa riflessione sulla corruzione dell'anima nel mondo dei pugili professionisti. «Kirk era molto credibile nel personaggio di un uomo di potere» spiega Thelma Adams «perché era lui stesso un uomo molto forte.» I critici furono unanimi e, come disse Richard Schickel, «era molto bravo nel ruolo di personaggi sgradevoli». Anche i suoi colleghi, come Jack Valenti, erano d'accordo: «Era splendido nelle sue interpretazioni degli antieroi. Non si può vedere *Il grande campione* senza provare una certa empatia, una connessione emotiva con quell'uomo che colpiva e distruggeva tutto». La sua ostinazione gli valse il plauso dei media e la prima delle sue quattro nomination all'Oscar.

Racconta il figlio Michael che, in occasione della nomination per *Il grande campione*, Kirk andò ad Amsterdam a trovare suo padre, che era quello di sempre, asciutto, avaro di parole e poco incline alle dimostrazioni d'affetto. Kirk gli domandò se avesse visto il film e lui disse di sì. Ma l'attore voleva qualcosa di più di una risposta laconica e gli domandò che cosa ne pensasse, al che il nonno di Michael disse semplicemente che gli era piaciuto. «Credo che fu quella mancanza di riconoscimento da parte del suo stesso padre a motivarlo nel suo desiderio di trionfare e dimostrare di che cosa fosse capace. In parte, tutta quella rabbia che mostra nella maggior parte delle sue interpretazioni, trae origine dal rapporto con suo padre» assicura Michael. Quell'anno Kirk non vinse l'Oscar.

Stava comunque attirando l'attenzione del pubblico e la sua mascolinità risultava ugualmente attraente alle donne e agli uomini. «Aveva un non so che di speciale» ha riconosciuto Lauren Bacall. «Era molto mascolino, e chiaramente gli piacevano le donne, cosa che loro percepivano agendo di conseguenza.» Kirk era un uomo sposato, ma molte attrici lo trovavano irresistibile e lui, come lui stesso ammette nelle sue memorie, non opponeva troppa resistenza. Le riprese dei film favorirono la nascita di molte avventure che Diana Dill non aveva intenzione di tollerare. Kirk e Diana avevano allora due figli, Michael e Joel. Quando ne ebbe abbastanza, l'attrice, senza esitare, si trasferì a New York portando con sé i bambini.

Kirk era all'apice della carriera e si godeva la fama conquistata. A Hollywood, divenne un vero casanova. Ebbe relazioni con molte delle stelle dell'epoca: Joan Crawford, Patricia Neal, Rita Hayworth, Gene Tierney e addirittura Marlene Dietrich. Alla fine del 1949, Kirk Douglas e Diana ottennero il divorzio che, con sorpresa di tutti, avvenne in termini molto amichevoli. Entrambi sapevano che era stata la guerra a far sì che si sposassero quando erano ancora molto giovani. I loro figli divennero i «bambini delle due coste», continuamente su e giù dagli aerei, con due vite completamente diverse. L'unica cosa che Kirk promise ai suoi figli fu che non avrebbe mai abbandonato la famiglia come aveva fatto suo padre. Stando alle parole di suo figlio Michael: «Aveva un'enorme necessità di essere padre, di conoscere i propri figli, di insegnarci e di assolvere i doveri di genitore. Non importava se era per tre giorni o per tre settimane, lo faceva ogni volta che poteva e questo divenne una grande pressione nella sua vita».

E poi trovò la sua compagna

Kirk Douglas si sentiva senza radici e non aveva riposo. Continuò a rivestire i panni di personaggi alienati scegliendo i ruoli in un modo del tutto sorprendente per una stella di Hollywood. Si costruì una reputazione sempre più solida di attore in grado di sfruttare le emozioni e interpretare personaggi che richiedevano una grande forza emotiva. Nel 1952, ancora una volta, sfidò le attese dell'industria cinematografica quando accettò il ruolo di spietato magnate di uno studio cinematografico nel film di Vincente Minnelli *Il bruto e la bella*. Kirk impersonò con abilità, talento e carisma un pezzo grosso di Hollywood con troppo potere. Anche in quella occasione Kirk Douglas ricevette una nomination all'Oscar, ma non lo vinse.

Nel 1953 Kirk aveva raggiunto una posizione eccellente. Pareva che il denaro e le donne lo seguissero ovunque. Fu allora che la sua attenzione fu attratta da una giovane belga poliglotta (parlava francese, tedesco, italiano e inglese) che era stata assunta per occuparsi delle relazioni pubbliche. Kirk cercò di conquistare Anne Buydens dal momento in cui mise piede sul set. Con grande sorpresa e dispiacere dell'irresistibile Douglas, lei non aveva alcuna intenzione di cadere nella sua rete. «Quella sera stessa suonò il telefono e sentii la sua voce inconfondibile. "Sono Kirk" mi disse e mi invitò a cena in un ristorante alla moda. Gli risposi molto onestamente che mi dispiaceva, ma ero molto stanca per il viaggio e che pensavo di cucinarmi un paio di uova e di andare a dormire, e che ci saremmo visti la mattina dopo durante le riprese» ricorda Anne, parlando del primo tentativo di conquista da parte del famoso attore. Secondo il figlio Peter Vicent «lui era una delle stelle del cinema più desiderate e supponeva di poter avere tutto quello che voleva, cosa che, naturalmente, risultava vera la maggior parte delle volte. Fino a che conobbe quella donna, che gli rese le cose molto più difficili di quanto si aspettasse. Conquistarla gli costò parecchio lavoro».

Anne Buydens non era una donna da avventure passeggere. Era fuggita dalla Germania nazista quando aveva 15 anni e, con molta abilità, si costruì una carriera nel campo della produzione cinematografica. Non aveva in programma di essere vulnerabile nei confronti di un uomo. Kirk e Anne iniziarono ad avere una relazione ma lei non voleva lasciarsi trasportare dai sentimenti e, come poteva vedere, Kirk aveva un solo impegno nella vita: i suoi figli. Ma quando nel 1954 Kirk ricevette la notizia della morte di suo padre Herschel Danielovitch, decise di dare una svolta alla sua vita. Invitò Anne a fargli visita a Los Angeles per qualche mese. Lei aspettava quella chiamata e lo raggiunse, decisa a venire via nel momento in cui Michael e Joel fossero arrivati in California per passare le vacanze estive con il padre. «Un giorno, arrivando a casa, mi disse: "I miei figli stanno venendo a trovarmi". In quel momento mi sentii sprofondare, ma gli risposi: "Sì?". Mi guardò e iniziò a parlare: "E credo che sia meglio...", fece una pausa che mi parve lunga un secolo e proseguì "... per te e per me, che noi due ci sposiamo". Quasi svenni» ricorda Anne.

Kirk si era reso conto che in Anne aveva trovato la compagna della vita. All'età di 38 anni, la stella aveva finalmente messo la testa a posto, anche se questo non significava che evitasse del tutto di correre rischi. Voleva avere un maggior controllo sui suoi film e sui suoi guadagni.

L'attore ribelle decise di diventare produttore. Nel momento in cui la sua fama arrivava al culmine, Kirk si arrischiò a fare un cambio coraggioso e davvero insolito a quell'epoca, per creare la propria casa produttrice che chiamò Bryna, in omaggio a sua madre. «Voleva essere un produttore perché voleva controllare la propria immagine. Oggi lo fanno quasi tutte le grandi stelle del cinema, ma lui lo fece in un'epoca in cui gli studi controllavano assolutamente tutto. Si può dire che eliminò le manette degli studi e divenne indipendente. Tutti considerarono che fosse una scelta assurda e si domandavano come qualcuno come Kirk potesse essere così stupido. Lui fu il primo ma, più tardi, tutti gli altri lo imitarono» ricorda Jack Valenti.

Con il proseguire della carriera da produttore, Kirk Douglas trovò il ruolo della sua vita in *Brama di vivere*, la storia tormentata di Vincent Van Gogh. Anthony Queen, con lui nel cast, confessò: «Era uguale a Van Gogh. Pensavo che nessuno si sarebbe accorto di me in quel film. La sua interpretazione era talmente intensa che era impossibile competere con lui. Irradiava un magnetismo incredibile». Anche i suoi figli ne restarono impressionati. «Mi ricordo che vidi sullo schermo quell'uomo completamente posseduto» spiega Michael. «Quando si tagliò l'orecchio di fronte allo specchio, Joel uscì dalla sala gridando in preda all'isteria e io corsi fuori dietro di lui. Ci sentivamo disorientati e avevamo perso completamente la prospettiva delle cose.» Kirk Douglas ebbe la terza nomination all'Oscar. E per la terza volta non glielo assegnarono. «Quello che ricordo non è tanto il fatto che non lo vincessi mai, quanto che avevo preparato un bellissimo discorso che non potei mai fare» dichiarò l'attore a distanza di anni. Secondo Anthony Quinn, Kirk avrebbe dovuto vincere quella statuetta perché «era un ruolo in cui credeva con tutta l'anima».

I successivi cinque anni avrebbero portato una dura prova da superare per il grande attore e produttore che avrebbe guadagnato e perso una fortuna e avrebbe dimostrato che se c'era qualcuno capace di rompere le regole stabilite da Hollywood, quel qualcuno era Kirk Douglas.

Uno spirito instancabile

Negli anni Cinquanta, Kirk Douglas era felicemente sposato con Anne e nel 1955 ebbero il loro primo figlio, Peter Vincent (il secondo nome lo scelsero in omaggio all'eccentrico pittore olandese che il padre aveva interpretato). La vita famigliare dell'attore era prospera, ma lavorava senza sosta e il tempo che passava a casa era molto poco. «Era molto preoccupato del fatto che se non lavorava non poteva guadagnare il denaro di cui aveva bisogno. Aveva paura dell'ombra della povertà che aveva vissuto durante l'infanzia e la giovinezza» spiega Anne. «Fu quella paura a portarlo a fare tre film all'anno e a volte anche di più, il che era una cosa inaudita» aggiunge.

Bisogna però ammetterlo: Kirk si sentiva benissimo quando faceva un film. Nel 1957 interpretò Doc Holliday nel classico western *Sfida all'O.K. Corral*, film in cui tornò a recitare insieme a Burt Lancaster. Il film diede il via a una lunga serie di lavori che i due «colleghi» fecero insieme a Hollywood e per Kirk fu la base dell'amicizia con Burt Lancaster che durò tutta la vita. Kirk era sempre stato un uomo riservato che frequentava poche persone al di fuori della famiglia. «Non è un uomo che apra facilmente le porte della sua anima» dice di lui il suo amico Jack Valenti. «Credo che potesse essere il suo modo di proteggersi, uno scudo che si era costruito da bambino per mettersi al riparo dalla delusione e dallo sconforto.» In Burt Lancaster, il duro del quartiere newyorkese di Hell's Kitchen, Kirk riconobbe uno spirito affine al suo.

Nel 1957, Douglas dimostrò che come produttore aveva un istinto infallibile nel riconoscere il talento. Quell'anno, un giovane regista sconosciuto chiamato Stanley Kubrick gli propose una sceneggiatura piuttosto controversa, *Orizzonti di gloria*. Il film affrontava il difficile tema dell'esercito francese che aveva messo inutilmente a rischio le vite dei soldati durante la Prima guerra mondiale. La sceneggiatura si ispirava alla storia vera di cinque soldati francesi che furono fucilati per essersi ribellati nel 1915 e che furono poi assolti dalle accuse nel 1934, per cui ogni vedova ricevette un indennizzo simbolico di un franco. Douglas fece un film antibellico così inquietante da scatenare grandi discussioni in tutto il mondo: il film fu proibito in Francia fino al 1974, fu ritirato dal Festival di Berlino, l'esercito svizzero lo censurò fino al 1970 e i militari statunitensi ne vietarono la proiezione nelle loro basi europee. Anche se *Orizzonti di gloria* è considerato il primo capolavoro di Kubrick, il successo al botteghino fu contenuto. Douglas firmò comunque con Kubrick un contratto per quattro altri film con la Bryna, la casa produttrice di proprietà dell'attore.

Gli anni Cinquanta furono anni splendidi per Kirk Douglas, che si trovava al punto più alto della sua prolifica carriera. Divenne una delle stelle di Hollywood i cui film producevano i migliori incassi al botteghino e i milioni si accumulavano sul suo conto in banca. O almeno così credeva Kirk, che si fidava ciecamente del suo amministratore. «Lui e sua moglie erano gli amici più stretti di mio marito, era il suo amministratore, il suo avvocato, suo padre e il suo confessore; tutto girava attorno a quell'uomo» racconta Anne. Lei, però, aveva sempre sospettato che il procuratore non fosse così trasparente in fatto di questioni finanziarie del marito, e in varie occasioni confidò a Kirk i suoi dubbi. L'attore, però, si fidava completamente del suo amico e quell'argomento divenne motivo di accese discussioni con Anne. Anne, però, non era donna da arrendersi facilmente e si rivolse a revisori indipendenti per mettere in chiaro le cose. I risultati furono sorprendenti: la stella del cinema era piena di debiti e doveva centinaia di migliaia di dollari al fisco. Fu un colpo terribile per Douglas, perché ebbe nuovamente la sensazione che sarebbe ricaduto nella povertà. Tutta la sua carriera passata era andata in fumo, per lo meno dal punto di vista economico. Kirk e Anne accusarono l'amico e amministratore e richiesero un indennizzo, ma riuscirono a recuperare solo una piccola parte del capitale. Questa triste faccenda indurì ulteriormente l'attore.

I problemi economici di Kirk arrivarono nel 1957 quando stava girando nei fiordi norvegesi *I Vichinghi*, un film epico molto costoso prodotto da lui stesso e in cui recitava insieme a Tony Curtis e alla bellissima Janet Leigh, l'allora moglie di Curtis. Nonostante il titolo e il fatto che avesse luogo nell'Inghilterra dell'XI secolo, era un film western. Per fortuna della famiglia Douglas, piacque molto al pubblico. Grazie a questo film, Kirk poté saldare i suoi conti con il fisco e ricominciare a risparmiare.

Nel 1958, Kirk e Anne ebbero il loro secondo figlio che chiamarono Eric, come lo schiavo interpretato da Tony Curtis nel film *I Vichinghi*, che sfida il personaggio di Einar interpretato da Douglas. Il successo di questa superproduzione aiutò a consolidare la casa produttrice di Kirk, la Bryna Production, e diede all'attore la libertà necessaria per fare il lavoro che voleva. «Fare film non è un'occupazione frivola: se il film è in grado di arrivare davvero alla gente o semplicemente far sì che per un paio d'ore gli spettatori possano dimenticarsi dei loro problemi, allora si può dire che ha anche un gran potere terapeutico» ha affermato spesso Douglas.

Uno dei problemi del successo era che le riprese gli prendevano gran parte del tempo e questo ebbe conseguenze sulla vita famigliare, impedendogli di essere il padre e il marito che voleva. In generale i figli riuscivano a vederlo solo durante le riprese. «Era come vivere nel circo. La tua vita era visitare tuo padre sul set dei film o negli studi cinematografici, dove si trovava in quel momento» ha ripetuto Michael in molte interviste.

Possono giustiziarmi?

Kirk si preparò per iniziare le prove del film più importante della sua carriera, *Spartacus*, la storia dello schiavo che capeggiò la più grandiosa ribellione degli schiavi contro l'impero romano. Quando Douglas comperò il romanzo di Howard Fast, si identificò immediatamente con la storia dello schiavo indifeso e martirizzato. Come produttore, reclutò i migliori attori del momento: Lawrence Olivier, Tony Curtis, Charles Laughton, Peter Ustinov e Jean Simmons. Come regista volle ancora Stanley Kubrick, che allora aveva 30 anni. Kubrick accettò dietro compenso di 50.000 dollari e giunse con la Bryna Production a un accordo che gli permetteva di proseguire il progetto del suo film *Lolita*.

Le riprese di *Spartacus* furono un'impresa di grandi proporzioni (durarono centosettanta giorni) e richiesero l'enorme somma di 6 milioni di dollari. La sequenza culminante della battaglia è il risultato di sei settimane di lavoro in Spagna, per le quali ebbe a disposizione un'intera unità dell'esercito spagnolo. Ma Kubrick aveva una terribile paura di volare, perché un suo collega era morto in un incidente aereo. «Il volo di ritorno dalla Spagna, che fece in stato di choc nervoso, fu il penultimo della sua vita» raccontò Christiane Kubrick, la moglie del regista. Senza contare che durante le riprese si verificarono diversi problemi: Jean Simmons dovette essere operata d'urgenza, Douglas contrasse un virus che lo costrinse a letto per dieci giorni, Ustinov, Olivier e Laughton avevano impegni improrogabili in tutto il mondo e Curtis si fece male al tendine d'Achille e rimase ingessato per diverse settimane...

Per scrivere il copione, Douglas volle il leggendario sceneggiatore Dalton Trumbo, decisione che cambiò il corso della storia di Hollywood. Alla fine degli anni Cinquanta, la caccia alle streghe di McCarthy mieteva ancora vittime nella mecca del cinema e Dalton Trumbo, come altri scrittori accusati di essere comunisti, figurava nella lista nera. Gli studi non scritturavano apertamente scrittori che appartenessero a quella lista ma lo facevano nascondendo quegli autori dietro a pseudonimi. Incredibilmente, Trumbo, con lo pseudonimo di Robert Rich, aveva vinto un Oscar nel 1956 con *La più grande corrida*, di Irving Rapper.

Una volta terminato il film, Douglas e Kubrick discussero sul nome con cui si sarebbe dovuto indicare lo sceneggiatore. Tutti pensavano che fosse necessario mentire e tenere nascosta la partecipazione di Trumbo. Kubrick si offrì come volontario per comparire al suo posto, cosa che diede fastidio a Douglas. «Kirk scherzò su vari nomi e infine ci pensò e disse: "Mettiamo il nome di Dalton Trumbo. Cosa possono fare? Possono uccidermi? Possono giustiziarmi? Mi danno una sigaretta e mi bendano gli occhi? Il film è finito. La Universal dovrà farsene una ragione. Io metto il nome di Dalton Trumbo". E così fece» racconta Jack Valenti. «Fu un passo molto importante per spezzare il giogo imposto a Hollywood dalla lista nera» sostiene il giornalista Richard Schickel. «Credo che Douglas fu un uomo astuto» afferma «e valutò che il clima politico stava cambiando e poteva permettersi di prendere quella decisione. Questo comunque nulla toglie al coraggio della sua azione.» Kirk corse il rischio di essere isolato a Hollywood e che si scatenasse un boicottaggio politico nei confronti di *Spartacus*. «È sempre stato coraggioso. Non ha mai avuto paura quando decideva di fare qualcosa: se lui riteneva che fosse una cosa giusta, non gli importava di poter essere impopolare» spiega Lauren Bacall. «L'era McCarthy fu un periodo orribile nel nostro paese. Mi fa piacere sapere di avere contribuito a porvi fine, pur se in piccola parte» scrive Douglas nelle sue memorie.

Kirk si era giocato la reputazione ma la scelta risultò vincente. Non ci furono reazioni contro *Spartacus*. Costato 12 milioni di dollari, il film, proiettato per la prima volta nel 1960, ne incassò subito 15. Non solo. Peter Ustinov vinse l'Oscar per il miglior attore non protagonista per la sua interpretazione di Lentulo Batiato. In poco tempo, altri produttori seguirono il suo esempio. Jack Valenti riassume con una metafora il ruolo svolto da Kirk Douglas: «Brandendo una spada, tagliò il nodo che teneva tutti prigionieri e pose fine alla lista nera». La sua opinione su Stanley Kubrick, espressa nelle memorie scritte nel 1987, non lascia dubbi sul tipo di rapporto esistente tra loro in questo secondo film insieme: «Non è necessario essere una persona buona per avere grande talento» scrive Douglas.

Il suo coraggio nel non tenere nascosta l'identità del vero sceneggiatore ritrae un uomo che aveva forza sufficiente a far sì che Hollywood seguisse le regole che dettava lui. Ciò nonostante, nei dieci anni successivi, Kirk dovette imparare che non poteva ottenere tutto ciò che voleva.

Lavoro, possibilità e istinto

A 40 anni, Kirk Douglas aveva una solida reputazione di attore eccellente e produttore esigente, implacabile quando rilevava qualche mancanza sul set. La sua dedizione al lavoro si tradusse in un susseguirsi di successi. Negli anni successivi era lui che prendeva tutte le decisioni per film come *L'occhio caldo del cielo* (1961), *Solo sotto le stelle* (1962) e *Sette giorni a maggio* (1964).

Comunque Kirk Douglas, la grandissima stella di Hollywood, continuava a non riuscire a realizzare il suo sogno di essere acclamato come attore a Broadway. Quando lesse il romanzo di Ken Kesey *Qualcuno volò sul nido del cuculo*, che parla di una rivolta all'interno di un ospedale psichiatrico, Kirk sentì che il ruolo principale del ribelle Randle McMurphy era perfetto per lui. Il carattere di McMurphy, una bomba a orologeria sul punto di esplodere, uno spirito libero con il fuoco nelle vene e la risposta pronta, rifletteva il temperamento di Kirk. Decise che avrebbe prodotto l'opera teatrale a Broadway interpretando il ruolo del protagonista e in seguito avrebbe realizzato il film. I critici non trovarono interessante la storia di una manciata di lunatici che facevano sciocchezze, e scrissero recensioni che stroncarono il lavoro. L'opera rimase in scena soltanto pochi mesi e Kirk decise di rimandare il progetto del film per dedicarsi ad altro.

In molte occasioni era stato accusato di dirigere i suoi registi, e così tentò la fortuna in quel campo. Il suo primo lavoro come regista fu *Un magnifico ceffo da galera*, del 1973, una storia di pirati, con tema circense e un copione che camminava sul filo dell'autoparodia. In quel film recitò una piccola parte anche un amico di Michael Douglas, un giovane Danny DeVito. «Lui era il regista, il produttore e la stella del film, e faceva tutto senza togliersi la gamba di legno e con un'energia e una forza positiva che in vita mia non avevo mai visto» ricorda DeVito. Con grande sollievo di tutti quelli che vi avevano partecipato, *Un magnifico ceffo da galera* fu presto dimenticato e Kirk Douglas rinunciò alla regia.

Anche così, continuava a essere ossessionato dal progetto di realizzare *Qualcuno volò sul nido del cuculo*. Ogni volta che cercava di mettere in marcia il film sorgevano problemi legali o economici. A quell'epoca, Michael Douglas era già diventato una stella televisiva con la serie *Le strade di San Francisco* ed era deciso a seguire i passi del padre come produttore. Inoltre, anche lui era affascinato dalla storia di *Qualcuno volò sul nido del cuculo*. «Gli dissi che il libro mi piaceva moltissimo e mi offrii di cercare di realizzarlo e di trovare i finanziamenti. Lui insiste nel dire che ci riuscii in un anno, ma credo che furono sei, perché iniziai a darmi da fare già prima della serie *Le strade di San Francisco*. Ma furono il suo infallibile buon gusto e la sua capacità di scelta a rendere possibile la realizzazione del film» spiega Michael riguardo al film che poi produsse.

Kirk restò molto colpito dalle capacità di Michael e capì che il suo sogno di interpretare Randle McMurphy stava per realizzarsi. Era però il 1975 e Kirk Douglas aveva già 59 anni, troppi per interpretare il ruolo del personaggio ribelle. Michael Douglas, nei panni di produttore, era d'accordo sul fatto che ci volesse un uomo più giovane.

Per la parte che suo padre attendeva di recitare da dieci anni scelse Jack Nicholson. «Fu un momento difficile per lui e per me» dice Michael. «Devo tutto al fatto che lui abbia trovato quel libro e ne abbia comprato i diritti per metterlo in scena quando era al vertice della sua carriera. Credo che lui lo capisse a livello razionale ma emotivamente gli fu difficile accettarlo.» Fu doloroso perdere la possibilità di recitare quella parte che valse l'Oscar a Jack Nicholson per l'interpretazione magistrale di un personaggio che Kirk aveva lungamente difeso.

In quel 1975 *Qualcuno volò sul nido del cuculo*, prodotto da Michael Douglas, si aggiudicò i cinque Oscar più importanti. «Credo che Kirk ne fosse orgoglioso,» afferma Jack Valenti «ma in fondo all'anima sentiva che quell'Oscar avrebbe dovuto essere suo.» Kirk, che aveva investito nel film, ottenne un buon ritorno economico ma affermò che avrebbe restituito fino all'ultimo centesimo pur di poter interpretare McMurphy.

Nel 1986 Kirk poté tornare a provare grandi emozioni con il film *Due tipi incorreggibili*, scritto apposta per lui e per l'amico Burt Lancaster, che narra la storia di due vecchi gangster che ottengono la libertà condizionale dopo trent'anni di carcere ma, incapaci di adattarsi alla nuova vita, decidono di ritentare l'assalto al treno per il quale erano stati arrestati e condannati anni prima. Kirk aveva già 70 anni ma non li sentiva e la sua energia continuava a essere inesauribile.

Quando i buoni copioni iniziarono a scarseggiare, trovò un'altra strada da percorrere. All'età di 72 anni divenne scrittore e pubblicò un'autobiografia intitolata *Il figlio del venditore di stracci*, inizialmente di cinquemila pagine, poi ridotte a quattrocento. Nel libro, pubblicato in Italia nel 1989, Kirk si sforza di riconciliarsi con il padre. Attraverso queste memorie, il mondo poté venire a sapere, di prima mano, delle avventure avute prima e durante i due matrimoni. Pur professando profondo amore e devozione per sua moglie Anne, nel suo libro affermava che l'uomo non è un animale monogamo. Anne reagì molto civilmente alla pubblicazione: «Mi diede l'originale da leggere e mi disse che se vi avessi trovato qualcosa che mi dava fastidio lo avrebbe tolto. Ci pensai e gli dissi di no, perché quello era ciò che lui aveva vissuto. Non si può nemmeno dire che ne fossi molto sorpresa: lo sospettavo, che fossero successe tutte quelle cose. Capii perfettamente e gli dissi: "Meno male che il libro è in un volume solo"».

Sfuggire alla morte

A 75 anni, Kirk Douglas aveva raggiunto la pienezza della sua nuova professione di scrittore, ma nel 1991, durante un viaggio intrapreso per incontrare il suo editore, avvenne la tragedia. L'attore viaggiava in elicottero ma questo si scontrò con un piccolo velivolo subito dopo il decollo. Entrambi gli apparecchi precipitarono e le altre persone che erano a bordo (un allievo pilota di 18 anni e il suo istruttore) morirono, tranne lui. Malconcio e con diverse lesioni, Douglas sopravvisse. «Ricordo che quando uscì dal reparto radiografico era sulla barella e aveva il volto completamente nero. Mi chinai su di lui e gli dissi: "Tesoro, sono io" e lui aprì gli occhi e sorrise. È l'unica cosa che ricorda dell'incidente» racconta Anne. Questa esperienza lo scosse profondamente. Quando guarì, intraprese una ricerca spirituale che lo avrebbe portato di nuovo fino alle sue radici. Dopo tutta una vita trascorsa lontano dalla religione, abbracciò l'ebraismo e cominciò a studiare la Torah, il testo che raccoglie i fondamenti della dottrina religiosa ebraica.

Kirk fu anche toccato dai problemi della vita dei suoi figli. Eric, che fin da molto giovane aveva cercato di trionfare sullo schermo, ed era comparso da bambino in alcuni film del padre, non riuscì ad avere successo. Nonostante un debutto molto promettente nel 1971, accanto a Kirk e a Johnny Cash in *Quattro tocchi di campana*, i frequenti scandali e scontri con la legge di cui fu protagonista misero fine alla sua carriera. Ogni tanto recitò in qualche pellicola di basso profilo, fino a quando nel 1991 ottenne una nomination al premio Emmy per la sua interpretazione nella serie televisiva della HBO *Racconti della cripta*. Provò anche il genere della commedia e recitò come comico in molti club di New York.

Nonostante il grande affetto e il forte sostegno che Kirk gli diede sempre, in quanto lo considerava un ragazzo molto intelligente, come dice nelle sue memorie, Eric visse prigioniero del gran peso di un padre che era stato assente quando ne aveva avuto più bisogno. Al quotidiano newyorkese «Daily News» dichiarò che gli risultava difficile sentirsi parte di quella sua famiglia famosa. «Ho sempre sentito la pressione del confronto.» Il 6 luglio 2004 lo trovarono morto, steso a terra accanto al divano nella sala del suo appartamento di New York, vittima di una «intossicazione acuta dovuta a ingestione di alcol, tranquillanti e analgesici», come indicato nel rapporto autoptico. Aveva 46 anni.

L'ultimo mito classico di Hollywood

Il colpo più duro, però, Kirk lo ricevette nel 1996, quando ebbe un'emorragia cerebrale che gli causò gravi problemi psicomotori. Conservò il suo acume mentale ma dovette affrontare la grande sfida del recupero della parola. «Che possibilità ha un attore che non può parlare? Aspettare che torni di moda il cinema muto?» ci scherzò su Kirk Douglas. Nel libro che scrisse alcuni anni più tardi, *My Stroke of Luck* (titolo che gioca sul doppio significato della parola *stroke* che vuol dire sia «colpo di fortuna», sia «ictus»), confessa che la disabilità gli causò una depressione profonda, al punto che cercò di suicidarsi.

Si infilò in bocca una pistola ma quando sentì la canna tra i denti iniziò a ridere. Ora ammette di vergognarsi di quel pensiero: «Il suicidio è stupido ed egoista». Pochi giorni prima dell'ictus gli avevano detto che gli era stato attribuito il premio più alto immaginabile: l'Oscar alla carriera. «Billy Wilder voleva che interpretassi il ruolo principale in *Stalag 17*. Rifiutai. Lo accettò William Holden e vinse un Oscar. Rifiutai il ruolo di protagonista in *Cat Ballou*. Lo interpretò Lee Marvin e vinse un Oscar. Ero uno stupido!» raccontò Kirk alla rivista «Majestic Living Magazine» nel 2008. Dopo tre nomination, alla fine ottenne la statuetta.

La sua presenza alla cerimonia del 1996 fu di per sé un grandissimo successo. Anche se Kirk aveva lavorato molto sugli esercizi di logopedia, la famiglia era preoccupata di come avrebbe potuto esprimersi sul palco al momento della consegna del premio. Gli suggerirono di ringraziare brevemente e venire via con eleganza. Ma Kirk non avrebbe sprecato l'occasione di essere al centro dell'attenzione. Si esercitò segretamente sul suo discorso e sorprese tutti con le sue parole: «Grazie. Vedo lì i miei quattro figli, sono orgogliosi del "vecchio" e anch'io mi sento orgoglioso, orgoglioso di aver fatto parte di questo mondo per cinquant'anni. Ma questo [indicando l'Oscar] è per mia moglie Annie. Ti amo. E questa sera vi amo tutti quanti e vi ringrazio per questi meravigliosi cinquant'anni».

Durante la cerimonia, l'emozione fu evidente sul viso di Michael. «Le mie lacrime erano per tutto il mondo dello spettacolo, in piedi, che gli tributava un'ovazione. Mio padre avrebbe dovuto ricevere un Oscar molto tempo prima, e non soltanto uno onorario.» Fu una serata magica, un omaggio a un uomo partito dal niente, convinto che la forza di volontà permettesse di ottenere qualsiasi cosa. E in quel momento emozionante lo credettero anche tutti i presenti.

Nel 1998 accettò un ruolo fatto su misura per lui nel film *Diamonds*, insieme alla vecchia amica Lauren Bacall. E, con spirito instancabile, continuò a scrivere. Tra la fine degli anni Novanta e l'inizio degli anni Duemila pubblicò diversi libri, tra cui *My Stroke of Luck* e *Climbing the Mountain*. Nel 2007 pubblicò *Let's Face It – 90 Years of Living, Loving and Learning* e, nel 2012, quello che, a oggi, è l'ultimo libro: *I Am Spartacus!: Making a Film, Breaking the Blacklist*. Un totale di undici opere in cui parla in modo aperto, autocritico e onesto di tutto quello che ha vissuto in tanti anni, dalla sua carriera al rapporto con i figli, passando per i cinquant'anni d'amore con la seconda moglie Annie e i segreti della longevità della loro unione.

Nel 2003, Kirk realizzò un altro vecchio sogno: interpretare un film insieme a suo figlio Michael. Il progetto, che era stato rimandato a causa dell'impedimento fisico dell'instancabile attore, si concretizzò. Condivise lo schermo non soltanto con il famoso figlio ma anche con l'ex moglie Diane Dill e il nipote Cameron. *Vizio di famiglia* fu prodotto da Michael Douglas con la regia di Fred Schepisi, esperto in film sulle dinamiche delle famiglie, e racconta la storia di tre generazioni con una sorprendente somiglianza con la vita reale dei protagonisti. Nel 2009 Kirk Douglas fu nuovamente presente alla cerimonia annuale dell'Accademia di Hollywood, questa volta per consegnare l'Oscar onorario alla sua buona amica Lauren Bacall.

Nel 2010 l'instancabile Kirk Douglas, che continua a tenere conferenze in centri di riabilitazione, a lavorare a progetti benefici insieme alla moglie Anne, a scrivere e a presenziare a eventi pubblici, affermò in un'intervista che «voleva essere ricordato come uno che ci aveva provato, perché è il massimo che si possa fare nella vita: provare a fare le cose nel modo migliore possibile». Le sue parole sono il riflesso di un uomo cambiato negli anni, un uomo che ha imparato a sviluppare la pazienza, a controllare la rabbia e a reinventarsi ogni volta che il destino lo ha messo alla prova. «Quando mia madre stava morendo,» racconta nel libro *Let's Face It* «la presi per mano. Lei mi guardò sorpresa e mi disse: "Non ti preoccupare, capita a tutti". Da sempre sono consapevole del fatto che, alla fine, tutti quanti moriamo. Credo che sia molto importante lasciare la casa in ordine, in modo che non sia un disastro per chi viene dopo. Alcune persone si rifiutano di farlo. Penso che sia perché segretamente desiderano vivere per sempre. Fino a ora, però, non è successo a nessuno.»

Alla ricerca di una propria identità

Il figlio maggiore di Kirk Douglas, Michael, non è facilmente classificabile. Per uno strano fenomeno, spesso il pubblico lo confonde con i personaggi che interpreta nei film: il marito infedele di *Attrazione fatale*, il detective tormentato dai dubbi morali di *Basic instinct* o il magnate privo di etica di *Wall Street*.

L'inizio della sua carriera fu oscurato dalla figura dell'onnipresente padre, ma le cose per Michael cambiarono quando nel 1976 vinse l'Oscar per la produzione di *Qualcuno volò sul nido del cuculo*. Lavorando sodo era riuscito a forgiarsi una propria identità e iniziò a essere conosciuto per ciò che era e non più per essere il figlio di Kirk. Più avanti, nel 1987, vinse il secondo Oscar, questa volta come migliore attore per l'interpretazione del perfido e ambizioso Gordon Gekko di *Wall Street*. Pur se l'attore riconosce che in questi ultimi dieci anni è riuscito a stabilire un equilibrio tra vita professionale e vita privata, gli è stato necessario un lungo cammino per arrivare a questo equilibrio, attualmente turbato dalla condanna di suo figlio maggiore per detenzione e tentativo di traffico di stupefacenti e da un cancro alla gola che recentemente ha reso pubblico.

Per comprendere la strada percorsa da Michael fino a raggiungere il firmamento di Hollywood, bisogna fare ritorno alla sua infanzia. Sua madre, l'attrice Diana Dill, è solita dire che «durante l'infanzia, Michael sorrideva e rideva molto poco. Osservava il mondo con aria quasi sempre seria e pensosa». Le prime difficoltà che Michael dovette superare furono i problemi tra i genitori. Aveva 5 anni quando divorziarono, ma i dissapori erano iniziati già da tempo e il piccolo aveva imparato a controllarsi grazie alla vena inglese ereditata dalla madre. Il padre era molto più viscerale.

Certo è che Kirk e Diana erano completamente diversi. Una volta Kirk disse a Diana: «Veniamo da origini e culture diverse. Tu sei fondamentalmente una donna felice a meno che non si presenti qualcosa che ti infastidisca. Io sono fondamentalmente un uomo disgraziato con alcuni momenti di felicità». Michael riconosce di assomigliare più al padre che alla madre, che invece è più ottimista per natura.

Dopo la separazione, Michael, suo fratello Joel, di tre anni più giovane, e la madre si trasferirono a New York. Tornarono a Los Angeles per un breve periodo a causa di un contratto artistico della madre. Lì lei si sposò in seconde nozze con William Darrid che, stando alle parole di Michael, fu «come un padre» per lui. Con Darrid tutta la famiglia si trasferì nel Connecticut, dove Michael passò un'adolescenza lontana dalle luci di Hollywood; secondo l'attore fu un fattore importante per aiutarlo a mantenere un equilibrio nella sua vita.

Trascorse l'adolescenza passando da una scuola all'altra, fino a che arrivò all'Accademia Militare di Black-Foxe, dove fu il quinto trombettista dell'orchestra. Infine entrò all'Università della California, a Santa Barbara. Questo ateneo fu la sua prima scelta, dopo avere visto diversi dépliant di università. In uno di essi c'era scritto «Campus vicino al mare». Non compariva neppure una fotografia degli edifici scolastici ma si vedeva soltanto un ragazzo sulla spiaggia con una tavola da surf e due ragazze in bikini. Di fronte a una pubblicità tanto attraente, non ci pensò due volte. Solo più tardi scoprì che quell'università era una delle più prestigiose della California.

L'ambiente universitario degli anni Sessanta fu una rivelazione per il giovane, che si nutrì di musica, cultura contestataria e pacifista e di manifestazioni contro la guerra. Arrivò ad autoproclamarsi hippy e divenne seguace dello stesso guru a cui erano legati i Beatles, Maharishi Mahesh Yogi. Ancora oggi pratica meditazione.

Appena laureato, per non dover chiedere denaro ai genitori condivise un appartamento nella parte alta dell'East Side di Manhattan con l'amico Danny DeVito, che a quel tempo aveva solo un diploma di parrucchiere ma portava sempre con sé una cinepresa Super 8. Insieme iniziarono a sognare un futuro da stelle del cinema. Soltanto nove mesi dopo essere uscito dall'università debuttò in televisione, per la rete CBS. In seguito recitò in ruoli teatrali. Quando iniziò a recitare era estremamente critico con se stesso, censurava qualsiasi cosa che potesse ricordare suo padre. Fu sempre fermamente convinto del fatto che una delle componenti più importanti dell'interpretazione del «suo Kirk» fosse la collera. «Ogni volta che mi vedevo recitare in un ruolo drammatico, pensavo: "Dio mio, sono come lui", e la gente lo confermava: "Sei uguale a tuo padre". Così iniziai a interpretare parti di giovani sensibili.» Più tardi, paradossalmente, scoprì che nei suoi primi sei o sette film anche suo padre aveva recitato in ruoli di quel tipo.

Al principio, Michael aveva anche una grande paura del palcoscenico. Quando iniziò qualcuno gli disse che la cinepresa sa sempre se stai mentendo e la cosa lo terrorizzò, fino a che un giorno si disse: «Un momento. Recitare è proprio questo, mentire. Si tratta di rappresentare una menzogna, non di considerare la cinepresa come una specie di rilevatore di bugie. Diciamo che questa considerazione mi liberò e fece sì che la mia professione diventasse più divertente».

Il lato oscuro del successo

Il successo giunse nel 1972, con la serie televisiva *Le strade di San Francisco*, insieme a Karl Malden, che narra le avventure di due poliziotti impegnati a risolvere casi di omicidio percorrendo le vie della città californiana. Con questa serie Michael vinse tre premi Emmy. Stando alle sue stesse dichiarazioni, lì imparò molto di quello che sa sulla produzione cinematografica. Fu sempre in quel periodo che si unì al padre nel progetto di portare sul grande schermo *Qualcuno volò sul nido del cuculo*, con la regia di Milos Forman.

A quel film seguì *Sindrome cinese*, di cui fu produttore e attore, storia di una giornalista e del suo cameraman che riprendono casualmente le immagini di un grave incidente in una centrale nucleare. Il film si rivelò profetico, perché pochi giorni dopo la prima, il 28 marzo 1979, in una piccola isola vicino a Harrisburg, in Pennsylvania, accadde un episodio molto simile, il famoso incidente di Three Mile Island. Il film ricevette quindi grosse stroncature dai critici che lo accusarono di «irresponsabilità». Per Michael fu un vero e proprio epitaffio e, soprattutto, lo motivò a impegnarsi attivamente per l'eliminazione delle armi nucleari, cosa che ha fatto per tutta la vita.

Dopo il successo di *Sindrome Cinese*, Michael ebbe un grave incidente sugli sci che lo tenne lontano dal cinema per quasi tre anni. Come ha riconosciuto pubblicamente, per un lungo periodo della sua vita corse rischi inutili. Da giovane praticava caduta libera e altre attività rischiose. A dire il vero, la tripla lesione che si procurò sciando si dovette alla sua temerarietà. «È interessante capire la forza della genetica. Ho letto che si è scoperto che le persone che corrono dei rischi, come quelli che cadono in una qualche dipendenza, lo fanno perché sono geneticamente predisposte a farlo.»

Alla fine degli anni Novanta, come era successo al suo fratellastro Eric, anche Michael cadde nell'alcolismo e si sottopose a un programma di disintossicazione. Intanto, il fratello dello sventurato Eric, Peter Vincent, si era già aperto una strada nel mondo cinematografico come regista, attore e soprattutto produttore di cinema e televisione, vincendo addirittura un premio Emmy nel 1988. Ci provò anche Joel (il secondo figlio di Kirk e Diana Dill), ma senza successo. A metà degli anni Ottanta, Joel si trasferì a Nizza come dirigente degli studi Victorine Film, ma abbandonò il lavoro un anno dopo. Anche suo fratello Michael si imbarcò nella stessa avventura. «Eravamo molto speranzosi quando arrivarono i fratelli Douglas, ma Michael non si vedeva quasi mai e Joel passava il tempo a giocare a flipper» dichiarò nel 2007 al «New York Times» Emile Martin, storico degli studi creati nel 1919, quasi contemporaneamente a Hollywood, e in cui lavorarono stelle come Jeanne Moreau, Brigitte Bardot, Grace Kelly, Lauren Bacall e David Niven.

Impegnato sempre in temi d'attualità, come si può vedere dai ruoli scelti con molta attenzione, Michael è un grande lettore (legge almeno tre quotidiani al giorno) con una posizione un po' scettica nei confronti della religione, pur essendo stato testimone del riavvicinamento del padre alla fede ebraica, dopo che a 75 anni ebbe l'incidente aereo che lo spinse a domandarsi il motivo per cui lui si fosse salvato e gli altri no. «Ho visto cosa ha significato la religione per mio padre, ora è un uomo diverso, è cambiato spiritualmente, ha senso dello humour. Il problema è che, ovunque si guardi, qualsiasi atto di barbarie avviene sotto l'egida di una qualche religione, per cui mi risulta piuttosto difficile trovare corrispondenza tra le dottrine religiose e questo terribile conflitto che vedo tra le diverse religioni.»

Dopo il tempestoso rapporto con suo padre, i successi e gli scandali, le dipendenze dell'attore davanti e dietro lo schermo accesero l'immaginazione del pubblico quando si diffuse come un fulmine la voce (che coincise con la sua partecipazione al thriller erotico *Basic instinct*) che fosse stato ricoverato per dipendenza dal sesso, vicenda che lui ha smentito in varie occasioni con buon senso dello humour. Disse che era solo una storia suggestiva inventata dal direttore di una rivista scandalistica inglese.

Che la fama di erotomane fosse fondata oppure no, in quell'epoca le riviste scandalistiche suggerivano che forse quella era stata la ragione per cui si era separato da Diandra Luker dopo ventitré anni e innumerevoli infedeltà. Michael aveva conosciuto Diandra a Washington, a una festa per l'insediamento del presidente Jimmy Carter. Lei aveva 19 anni. Due settimane dopo Michael le aveva chiesto di sposarlo e lo fecero il 20 marzo 1977, a sole sei settimane dal loro primo incontro, nella casa di Kirk a Beverly Hills.

In seguito vennero gli anni dei grandi successi di botteghino e la nascita del primo figlio, Cameron. Nel 1997, Diandra avviò il procedimento di separazione, ma fece marcia indietro per dare a Michael una nuova possibilità. Aveva ammesso pubblicamente le sue colpe: era un donnaiolo e faceva abuso di sostanze chimiche. L'invenzione della dipendenza dal sesso assunse una dimensione reale. Ormai era troppo tardi per salvare il matrimonio. Nel 2000 Michael presenziò alla presentazione del film *La maschera di Zorro* e restò affascinato dalla protagonista, l'attrice gallese Catherine Zeta-Jones. «Prima vidi il film al cinema e poi la conobbi al Festival del Cinema di Deauville. Le dissi che sarebbe diventata la madre dei miei figli e lei mi rispose: "Ah, bene, mi avevano già parlato del tuo stile in quanto a proposte..."» raccontò Douglas in un'intervista del 2010. Liberarsi dal legame con Diandra gli costò 45 milioni di dollari, ma alla fine dell'anno sposò Catherine.

Il suo matrimonio con l'attrice gallese non soltanto pose fine alla sua fama di playboy, ma apportò un profondo cambiamento nella sua carriera perché iniziò a interpretare personaggi diversi.

La casa e il figlio condivisi con l'ex

Attualmente la maturità, il successo e la stabilità che ha conquistato gli hanno permesso di trascorrere più tempo con i figli Dylan Michael e Carys Zeta e con la seconda moglie Catherine. Ora sceglie anche le scritture con maggiore attenzione. Con l'inesauribile energia ereditata dal suo illustre padre, dedica gran parte degli sforzi alla sua attività di Messaggero della Pace per le Nazioni Unite, incarico che condivide con la principessa Haya bint Al Hussein, Daniel Barenboim, George Clooney, Paulo Coelho, Yo-Yo Ma, Jane Goodall, Midori Goto, Wangari Maathai, Charlize Theron, Elie Wiesel e Stevie Wonder. I dodici messaggeri sono personalità scelte del mondo dell'arte, della letteratura, della musica e dello sport e il loro proposito è aumentare la sensibilità per la necessità di un mondo senza guerre.

Trova anche il tempo di godersi la casa che possiede a S'Estaca, sulla costa settentrionale di Mallorca, luogo che conobbe grazie all'ex moglie Diandra che, in quanto figlia di diplomatici, passò buona parte della sua infanzia sull'isola. Michael s'innamorò immediatamente del luogo e quando divorziarono Diandra cercò di farsi assegnare la casa ma il marito non accettò. Il giudice stabilì che avrebbero condiviso casa e spese. Da allora, ognuno di loro è proprietario della casa per sei mesi all'anno. Si tratta di una casa storica perché fu proprietà dell'arciduca Luigi Salvatore d'Austria, cugino dell'imperatore d'Austria Francesco Giuseppe; lì dormì la moglie di questi, l'imperatrice Sissi. Situata in posizione splendida, la villa, con i suoi giardini, i suoi saloni, la vista, i padiglioni adiacenti, colpisce per la sua bellezza. Nella sua casa, oltre ai vigneti con cui produce il suo vino, Michael ha inaugurato un centro culturale per diffondere la storia e la cultura di quella parte dell'isola.

Così come molti dei film in cui ha lavorato si sono dimostrati profetici, altrettanto profetiche sono state alcune frasi da lui pronunciate sullo schermo. Ne è un esempio il messaggio trasmesso durante la conferenza stampa del desolato personaggio di *Traffic*: «Se c'è una guerra alla droga, spesso i nostri stessi famigliari sono il nemico. Non so come si possa dichiarare guerra alla propria famiglia». Parole che anticiparono la sentenza a cinque anni di prigione emessa nei confronti del figlio maggiore Cameron per possesso di droga. «Io desidero che i miei figli siano felici, Cameron ha avuto successo a New York come disc jockey e a volte parla di provare a recitare, ma a noi va bene che i nostri figli trovino il proprio cammino. So che cosa significa crescere all'ombra di qualcuno, è accaduto a me con mio padre, ma anche così uno può trovare la propria identità ed essere felice» diceva Michael Douglas alcuni anni fa in un'intervista concessa al giornalista inglese David Frost.

In quello stesso periodo, Cameron partecipò a *Vizio di famiglia* (2003), il film in cui appare insieme ai nonni paterni e al padre, una riunione famigliare in piena regola che pareva esorcizzare i fantasmi del passato. E anche se si trattava di uno dei primi lavori del giovane davanti alle telecamere, la critica lo applaudì. Durante la promozione, Cameron raccontò alla stampa che aveva cercato di allontanarsi dal mondo della recitazione. «A me interessa la musica e con quella mi guadagno la vita. Devo riconoscere che quando mio padre mi ha parlato di quel film mi sono incuriosito e ho preso le cose sul serio. A dire il vero, è impossibile prepararsi per una parte se stai lavorando in una discoteca fino all'alba.»

Il primo arresto di Cameron per possesso e tentato spaccio di droga avvenne nel 2007, e il successivo nel luglio 2009. Il processo fu celebrato nel 2010, Cameron si dichiarò colpevole e chiese pubblicamente scusa alla famiglia. Prima del processo, i Douglas scrissero al giudice istruttore Richard Berman chiedendo clemenza. La sentenza minima a cui Cameron andava incontro era di dieci anni. Sua madre Diandra scrisse: «Essere figlio di Michael e nipote di Kirk Douglas è stata una croce pesante da portare per Cameron. Mio figlio si è sentito uno sconfitto ancor prima di uscire dalla porta». Nella sua lettera al giudice, suo padre diceva: «Cameron viene da una famiglia di stelle del cinema e di persone con qualche dipendenza. È da quando ha 13 anni che abusa di sostanze varie e ha molto risentito del fallimento del mio matrimonio con sua madre, Diandra. Inoltre, a causa del mio lavoro, sono stato un padre sempre assente. Sono cosciente del fatto che è un adulto ed è responsabile delle sue azioni. Ma anche i geni hanno il loro peso. So cosa significa vivere con la pressione causata dall'avere un padre famoso». Il patriarca Kirk, novantatreenne, chiedeva l'indulgenza con queste parole: «Amo Cameron. Sono convinto che può diventare un grande attore e spero di poterlo vedere prima di morire». Anche Catherine si fece avanti per difenderlo e definì Cameron un «fratellastro stupendo per Dylan e Carys», i figli avuti con Michael Douglas.

Quando lesse la sentenza nel tribunale di Manhattan, il giudice Berman dichiarò di avere preso in considerazione le lettere sul comportamento e la personalità del giovane. Fino al compimento dei 36 anni, Cameron dovrà restare in carcere, dopodiché dovrà fare 450 ore di lavoro per la comunità e resterà altri cinque anni in libertà vigilata, seguendo un programma di recupero.

Nel 2010, un anno in cui le prime pagine dei giornali non facevano che parlare della crisi e delle speculazioni del mercato dei valori, uscì il film *Wall Street: il denaro non dorme mai*, in cui Michael Douglas interpretò nuovamente il personaggio di Gordon Gekko che lo aveva reso famoso in un'epoca in cui poco si sapeva sulle frodi finanziarie.

A ventidue anni di distanza, dopo lo sforzo fatto per guadagnarsi il rispetto degli spettatori, Michael interpretava nuovamente il ruolo del cattivo. «Amo le sfide, mi piace scommettere e correre dei rischi» ripeteva durante la promozione del film al Festival di Cannes. Sono i geni dei Douglas, non c'è dubbio.

14
Gli Hilton

Il successo sembra collegato all'azione.
Le persone di successo sono sempre in movimento.
Possono sbagliare, ma non si fermano mai.

CONRAD N. HILTON (1887-1979)

Gli Hilton

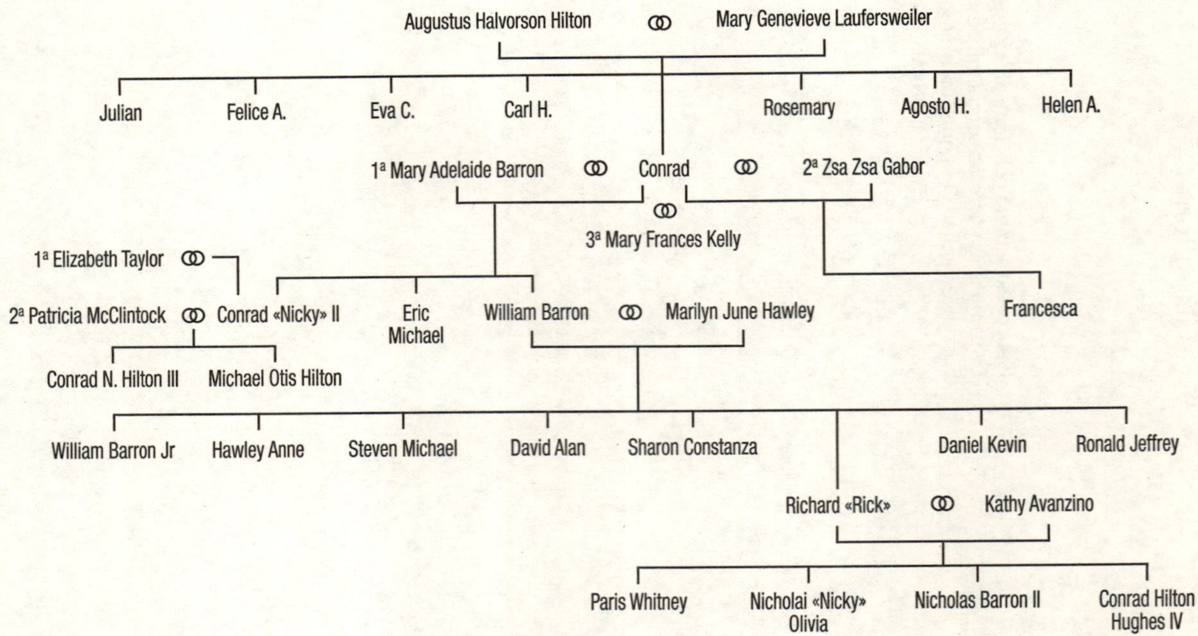

Augustus Halvorson Hilton
Mary Genevieve Laufersweiler
Julian
Felice A.
Eva C.
Carl H.
Rosemary
Agosto H.
Helen A.
1ª Mary Adelaide Barron
Conrad
2ª Zsa Zsa Gabor
3ª Mary Frances Kelly
1ª Elizabeth Taylor
2ª Patricia McClintock
Conrad «Nicky» II
Eric Michael
William Barron
Marilyn June Hawley
Francesca
Conrad N. Hilton III
Michael Otis Hilton
William Barron Jr
Hawley Anne
Steven Michael
David Alan
Sharon Constanza
Daniel Kevin
Ronald Jeffrey
Richard «Rick»
Kathy Avanzino
Paris Whitney
Nicholai «Nicky» Olivia
Nicholas Barron II
Conrad Hilton Hughes IV

Negli anni Quaranta del XX secolo, gli Stati Uniti erano il paese con il maggior numero di imprenditori in cerca di fortuna. Erano la nazione in cui, con tenacia e impegno, si poteva raggiungere qualsiasi obiettivo. In quest'epoca di prosperità, il settore alberghiero subì una trasformazione radicale per opera di un uomo di umili origini. Il suo nome era Conrad N. Hilton e fu in grado di creare un impero dal nulla. Godette dell'amicizia dei più importanti capi di Stato, si sposò con una bella attrice che in seguito sarebbe diventata famosa più per la sua collezione di mariti che per il talento, e offrì ospitalità a milioni di persone mentre accumulava un'enorme ricchezza. Fu un uomo contraddittorio, da una parte ancorato a profonde credenze religiose, dall'altra dedito ai piaceri mondani. Noto per amare le belle donne, visse una vita insolita e privilegiata. Quando morì, a 91 anni, lasciò quasi tutto a una fondazione benefica, ma il figlio Barron contestò le sue volontà e vinse la causa. Oggi, la bisnipote Paris è uno dei volti più noti della cronaca rosa. In più di un'occasione hanno scritto che i continui scandali di cui si è resa protagonista avessero spinto il nonno Barron a diseredarla, privandola di una fortuna che, secondo i calcoli della prestigiosa rivista «Forbes», supera i 365 milioni di dollari. Paris tuttavia non è la prima Hilton ad avere problemi con la stampa: la storia del clan alberghiero è costellata di scandali fin dall'inizio.

Un umile imprenditore del Nuovo Messico

Com'è riuscito un uomo nato nel deserto del Nuovo Messico, da genitori di umili origini, a creare e dirigere una delle catene alberghiere più vaste del pianeta? Di certo non fu una passeggiata. L'ombra della rovina ha minacciato più di una volta l'attività di Conrad N. Hilton, ma lui è rimasto a galla in un periodo che vide crollare compagnie molto più grandi della sua. E come ha fatto un uomo che non aveva niente a espandere il proprio impero in un'epoca durante la quale il resto del paese affondava sotto il peso della Grande Depressione? «Per ottenere grandi cose bisogna avere grandi sogni» era solito dire Conrad Hilton. E lui trasformò i suoi sogni in realtà.

Da un piccolo e scalcinato hotel in Texas, acquistato nel 1919, fino al prestigioso Waldorf Astoria di New York, l'impero Hilton continuò a espandersi fino a dare vita alla catena Hilton nel 1946, la prima con stabilimenti alberghieri su entrambe le coste degli Stati Uniti e, più tardi, la prima a essere presente sui cinque continenti. Oggi la catena dispone di circa 3000 hotel, che si trovano in 79 paesi sotto 10 nomi diversi (The Waldorf-Astoria Collection, Hilton Brand, Conrad Hotels, Doubletree, Embassy Suites Hotels, Hampton Hotels, Hilton Garden Inn, Homewood Suites by Hilton, Hilton Grand Vacations e Home2 Suites by Hilton) e danno lavoro a 130.000 persone, oltre a varie partnership con compagnie aeree e imprese di autonoleggio. Un giro d'affari valutato intorno ai 20 miliardi di euro, che però oggi appartiene alla famiglia Hilton solo in minima parte.

Tutto ebbe inizio nell'ultimo quarto del XIX secolo, a San Antonio (Nuovo Messico), cuore del Far West, un luogo in cui, nonostante la povertà, era radicata la convinzione che con l'impegno si potesse raggiungere il successo. In quest'epoca di pionieri, Augustus Halvorson Hilton, «Gus» per gli amici (di origini norvegesi, emigrato negli Stati Uniti nel 1870) e la moglie Mary Genevieve Laufersweiler, tedesca, decisero di formare una famiglia in un villaggio vicino a Rio Grande. Il giorno di Natale del 1887, in una capanna di paglia e fango, nacque il loro primo figlio, Conrad.

Gus Hilton era proprietario dell'emporio del paese, ma non disdegnava di trarre profitti da qualsiasi altra attività commerciale. Se non si presentava nessuna occasione di guadagno, Gus andava a cercarla sulle montagne, trattando pelli di castoro, biancheria da letto o pepite d'oro. Dal padre, Conrad imparò a lavorare sodo e l'arte della negoziazione. Dalla madre, colonna portante della famiglia, ereditò una scala di valori diversa. La religiosità e l'indole discreta di Mary Hilton contrastavano con il carattere chiassoso e gioviale del marito. Fu lei a inculcare al figlio una profonda fede cattolica e una grande fiducia nel potere della preghiera. La dedizione al lavoro di Gus e la religiosità di Mary modellarono il carattere di Conrad e crearono in lui una forte ambizione e un'incrollabile fiducia in Dio, che lo avrebbero guidato per tutta la vita.

Studiò nella modesta scuola San Miguel, a Santa Fe, e fin da bambino dimostrò una predisposizione per l'aritmetica. Inoltre, grazie agli amici messicani, imparò anche lo spagnolo. Appena fu più alto del bancone del negozio, cominciò ad aiutare il padre imparando ben presto che il principio basilare di tutte le vendite consiste nel dare alla merce il giusto prezzo, in modo da ottenere un ricavo pur richiedendo al compratore una cifra accessibile. Lavorando insieme al padre sviluppò le sue doti di negoziante. «I cacciatori arrivavano per vendere le pelli e trattavano con lui. Non c'è molta differenza tra pelli e hotel, la negoziazione è uguale per tutto, gli accordi sono sempre gli stessi» racconta il figlio Barron Hilton, presidente della Hilton Corporation.

Mentre lavorava all'emporio, Conrad ebbe l'opportunità di conoscere l'industria alberghiera. Gli agenti di vendita che andavano da Albuquerque a El Paso di solito si fermavano a Socorro. Quando Gus veniva a sapere del loro arrivo, mandava il piccolo Conrad alla stazione per offrire vitto e alloggio per un dollaro a notte. In quei giorni, il ragazzo lavorava sodo, ma non provava il minimo interesse per il settore alberghiero. Le sue aspirazioni erano decisamente più alte.

Cogliere tutte le opportunità

Nel 1910 Conrad era un bel ragazzo di 22 anni e aveva sette fratelli. Così come la famiglia Hilton, anche l'attività di Gus si era espansa e il suo umile emporio si era trasformato in grande magazzino di alimentari. Gus diventò un commerciante rispettato che tutti chiamavano «Colonnello Hilton». Voleva che il figlio maggiore lavorasse con lui, ma era troppo esigente e soffriva di frequenti depressioni che sfociavano in continue divergenze tra padre e figlio.

Per sfuggire al dispotismo paterno, Conrad decise di darsi da fare per conto suo. L'occasione gli si presentò nel 1911, quando il Nuovo Messico entrò a far parte degli Stati Uniti d'America. Contro il parere del padre, Conrad si dedicò alla politica, diventando membro del corpo legislativo della Camera Bassa del recente Stato del Nuovo Messico, come esponente del Partito repubblicano. Presentò otto progetti di legge su tematiche di vario genere: dalla regolamentazione del traffico stradale, al divieto di inscenare rappresentazioni e spettacoli pubblici con contenuti violenti.

Ma il suo destino non era nemmeno nella politica e resistette solo due anni. Hilton trovava che fosse un lavoro noioso e frustrante e decise di dedicarsi ad altre attività, anche se l'esperienza gli fu molto utile. A partire da questo momento cominciò a subire il fascino della frenetica vita cittadina. Nel 1913 era un assiduo frequentatore delle feste che si tenevano nella capitale e fu proprio in questi anni che imparò a ballare, una passione che lo accompagnò per tutta la vita.

Dovette però tornare al paese d'origine, dove il padre continuò a manifestare la propria disapprovazione per il suo desiderio di autonomia. Ma Conrad non si arrese, era più deciso che mai a trovare da solo la propria strada. Gli si presentò un'altra opportunità grazie alla sorella Eva, che suonava il violino e insieme a due amiche aveva dato vita al gruppo musicale The Hilton Trio. Convinto che gli immigrati giunti nel Nuovo Messico sarebbero accorsi in massa a qualsiasi spettacolo, Hilton diventò agente e autista del trio. Nell'estate 1916 fissò alcune date per i loro concerti, ma il pubblico fu scarso e riuscirono a malapena a coprire le spese della tournée.

Nonostante questo la determinazione di Conrad non vacillò e lui si lanciò in un nuovo progetto: voleva creare la prima banca di San Antonio. Chiese prestiti, riunì un piccolo capitale e aprì il primo ente bancario della città, di cui lui stesso era presidente, cassiere e portiere. Per più di un anno tentò strenuamente di convincere i concittadini ad affidargli i loro risparmi, ma furono in pochi a farlo e alla fine la banca fu un altro insuccesso.

A 26 anni, Conrad non si era ancora costruito un futuro e tutto sembrava indicare che avrebbe dovuto cedere alle pressioni paterne e lavorare per l'attività di famiglia, ma intervenne la Prima guerra mondiale a dare una svolta al suo destino. Il ragazzo del Nuovo Messico, che lottava per trovare un posto nel mondo lontano dalla sfera d'influenza del padre, trovò l'occasione che aspettava quando, nel 1917, gli Stati Uniti entrarono in guerra. Si arruolò e lo mandarono in Francia, ma il suo desiderio d'avventura venne deluso quando, vista la sua esperienza, fu incaricato dell'approvvigionamento. Conrad non arrivò mai a combattere. Di stanza a Parigi e con un impiego tranquillo, ben presto divenne un volto noto delle osterie intorno agli Champs-Élysées. Anche senza padroneggiare la lingua, il tenente Hilton se la spassava in Francia, godendo delle belle donne e della cultura. Come per quasi tutto quello che intraprese nel corso della sua vita, anche l'esperienza militare gli fu di grande aiuto. «Prima mi sentivo una rana troppo grossa in uno stagno troppo piccolo. Poi capii di essere solo un girino nell'oceano» disse in più di un'occasione riferendosi a quel periodo.

Qualche giorno dopo l'armistizio, l'entusiasmo di essere solo e indipendente nella fastosa Parigi fu smorzato da un telegramma della madre che gli annunciava la morte del padre e gli chiedeva di tornare subito a casa. Gus Hilton era stato il primo a portare a San Antonio un'automobile, ma, disgraziatamente, fu anche la prima vittima di un incidente automobilistico nella città. Conrad non arrivò in tempo per il funerale e non poté salutare per l'ultima volta l'uomo per cui aveva provato un misto di amore, rancore e ammirazione.

Sapeva che il padre avrebbe voluto che fosse lui a occuparsi dell'attività famigliare, ma presentiva che l'epoca della prosperità economica a Socorro stava per finire. Le miniere non erano più produttive e il treno passava sempre più di rado: arrivò alla conclusione che sarebbe stato più semplice fare fortuna lontano dalla città natale. Del negozio si sarebbero occupati la madre e i fratelli.

Il primo hotel dell'impero

La nuovissima macchina che era costata la vita a Gus stava portando enormi guadagni al vicino Stato del Texas, dove l'oro nero trasformava i poveri in milionari da un giorno all'altro. Conrad raccolse tutti i suoi risparmi, che ammontavano a 5000 dollari, li nascose nella fodera del cappotto, e nella primavera del 1919 emigrò in Texas. Tuttavia, non fu quello del petrolio il settore in cui decise di tentare la sorte: il figlio della devota Mary e del conservatore Gus era troppo pratico per cimentarsi in un'impresa al tempo considerata assurda. Conrad continuò invece a occuparsi di banche.

Nella città petrolifera di Cisco c'era una banca in vendita. Determinato ad acquistarla, Conrad fece un'offerta, ma appena prima che firmassero il contratto il venditore alzò il prezzo. In preda alla frustrazione, Conrad cercò alloggio in un hotel poco distante chiamato Mobley. Nella hall, mentre pensava a come convincere il banchiere ad abbassare il prezzo, notò che l'albergo traboccava di clienti. Verificò che le camere si affittavano anche a ore, su tre turni, e la domanda superava l'offerta. Fu allora che decise qual era la sua strada.

Acquistò il Mobley, che in realtà non era un granché. Sembrava più una pensione di basso livello che un hotel, ma le sue quaranta camere fruttavano più di 2000 dollari alla settimana. Altri si sarebbero accontentati di tali profitti, ma non Hilton. Sapeva riconoscere una miniera d'oro quando la vedeva. Gli ospiti erano per lo più operai dei pozzi di petrolio che volevano solo un pasto caldo, una bevanda forte e una branda. Decise quindi di ridurre la hall per aumentare il numero delle camere, e fece costruire un bar e un ristorante in cui venivano serviti piatti abbondanti ed economici. Nel giro di alcuni mesi l'hotel diventò un'attività decisamente redditizia. I prezzi erano accessibili e i guadagni di Conrad aumentavano a vista d'occhio.

Il successo del Mobley fu travolgente e Hilton si dimenticò della banca. In poco tempo ampliò l'attività acquistando altri alberghi in altre città del Texas. Li comprava a un prezzo ridicolo: non importava che fossero in rovina o gestiti male, lui partiva con l'idea che tutti potevano essere fonte di guadagno. Il suo motto era: «L'oro si trova scavando». Riduceva le dimensioni delle hall per aggiungere camere o ingrandire i bar, trasformava i magazzini in negozi di souvenir e riservava spazi per gli inserzionisti.

In quegli anni era comparso sulla scena un nuovo tipo di viaggiatore: l'uomo d'affari, che non poteva permettersi di alloggiare negli hotel di lusso, ma trovava antigieniche le vecchie pensioni. Per accontentare questa fetta di clientela, nasceva una nuova categoria di alberghi: gli hotel commerciali, con camere private e bagno incluso. Il primo fu inaugurato a Buffalo (New York) nel gennaio 1908. Lo slogan pubblicitario di questo tipo di alberghi era «una camera e un bagno per un dollaro e mezzo». Conrad non solo saltò sul treno di questa redditizia attività, ma fece un ulteriore passo avanti offrendo servizi innovativi.

Dato che la strategia funzionava e gli affari andavano bene, Hilton decise di inventare un proprio slogan, qualcosa che esprimesse in breve ciò che i suoi hotel rappresentavano. Rimuginò per settimane su come riassumere in una frase la sua filosofia e un giorno, all'improvviso, ebbe l'illuminazione: «Mini-max», perché ciò che proponeva era «un miniprezzo per un maxiservizio».

Nel 1924 la piccola catena alberghiera contava otto hotel, per un totale di 530 camere. Conrad guadagnava 100.000 dollari all'anno e sognava di costruire il primo stabilimento che portasse il suo nome; l'hotel Hilton di Dallas fu inaugurato il 2 agosto 1925 ed ebbe così tanto successo che Conrad ricevette numerose proposte per costruire o amministrare hotel in tutto il Nord del Texas. Aveva intrapreso la carriera che lo avrebbe portato a diventare il «capitano» del settore alberghiero.

Rimanere a galla a tutti i costi

Conrad era un cattolico devoto e fece tesoro dell'insegnamento della madre secondo cui «la preghiera è il migliore investimento che si possa fare»; andava a messa ogni domenica e fu proprio in chiesa che conobbe Mary Barron. Mary era del Kentucky e, come lui, proveniva da una famiglia numerosa. Hilton rimase folgorato dai suoi capelli castani, dal sorriso radioso e dagli scintillanti occhi azzurri. Fu un vero e proprio colpo di fulmine e i due si sposarono il 19 ottobre 1925, quando lui aveva 38 anni e lei circa la metà.

Vivevano in una casa modesta ma confortevole a El Paso (Texas) e sembravano una coppia perfetta; Mary amava occuparsi della casa e prendersi cura di suo marito. Ebbero tre figli: Conrad Nicholson «Nicky» nel 1926, W. Barron nel 1927 e Eric Michael nel 1933.

Conrad però si dedicava anima e corpo al lavoro e non aveva tempo per la vita privata. «Non aveva amici intimi. All'epoca era un uomo estremamente riservato» racconta Donald Hubbs, presidente della Fondazione Hilton (che erediterà l'intera fortuna di Hilton) per trentasei anni, fino al 2005. Conrad era un asso degli affari e un filantropo, ma pagò a caro prezzo la totale dedizione al lavoro. «Mio padre era così preso dagli affari che non stava molto con noi. Da bambino lo adoravo. La sua capacità di raggiungere grandi obiettivi mi ispira ancora oggi un immenso rispetto, ma si preoccupava troppo del successo» dice Barron Hilton, presidente della catena Hilton dalla morte del padre e uno dei pochi membri della famiglia a essersi dato da fare per tenere in piedi l'attività.

Alla fine degli anni Venti Hilton aveva costruito il primo hotel fuori dal Texas, ad Albuquerque (Nuovo Messico) e ne stava finendo un altro a Dallas. Era diventato una celebrità grazie al suo talento imprenditoriale e a 42 anni era l'orgoglioso padre di tre figli e un personaggio pubblico in ascesa. Aveva quasi guadagnato il primo milione di dollari e sembrava che niente potesse andare storto. Ma il sogno si trasformò in un incubo: nell'ottobre del 1929 arrivò la Grande Depressione.

La crisi economica devastò gli Stati Uniti, intere famiglie persero tutto quello che avevano e uomini che erano stati ben più ricchi di Conrad non riuscivano nemmeno più a procurarsi da mangiare. L'economia colò a picco e i viaggiatori non alloggiavano più negli hotel Hilton. Dalla mattina alla sera, gli affari si arenarono. Non poteva succedere in un momento peggiore, dato che proprio in quel periodo Conrad stava dando gli ultimi ritocchi al suo progetto più ambizioso: un albergo di lusso nel centro di Dallas. Era pieno di debiti e in meno di un anno perse tutto, tranne l'Hilton di El Paso. L'impero che aveva costruito andò in frantumi. Nella sua prima autobiografia, *Be my Guest* («Sia mio ospite»), scritta nel 1957 e collocata per anni insieme alla Bibbia in ogni camera degli alberghi della catena, Conrad ricorda quest'epoca come «un pozzo senza fondo di debiti, umiliazioni e ipoteche». «In quei giorni bui» scrive «gli uomini si buttavano giù dalle finestre dei miei hotel» e racconta come una volta un fattorino dovette prestargli 300 dollari per evitare che una delle sue strutture fallisse.

Molti imprenditori dovettero abbandonare le loro attività, ma lui no. Decise invece di perseverare e lavorare duramente seguendo una rigida politica di contenimento delle spese: per risparmiare sul riscaldamento fece sigillare i pavimenti e pannellare le camere e arrivò anche a ridurre la quantità di vernice usata dagli imbianchini. Ma nonostante questo il numero di viaggiatori continuava a diminuire, mentre i debiti aumentavano. Ci fu un momento in cui ammontavano a 500.000 dollari; ma Conrad era convinto che se avesse salvato l'Hilton di El Paso sarebbe poi riuscito a ricostruire l'impero. Per fare ciò doveva pagare 40.000 dollari di ipoteca e ancora una volta le sue doti di negoziatore gli tornarono utili. Riunì in Texas la madre e un gruppo di fornitori e propose loro un accordo: se ognuno avesse contribuito con 5000 dollari al pagamento dell'ipoteca, sarebbero stati suoi fornitori a vita. Nessuno era convinto e la discussione fu animata, ma a un certo punto uno dei fornitori decise di aiutarlo, e altrettanto fece sua madre. Così mise insieme i 40.000 dollari che gli servivano e andò in banca a liquidare l'ipoteca. «A quel che afferma, se non avesse effettuato il pagamento, l'impero si sarebbe sgretolato» spiega Donald Hubbs.

Riuscì quindi a salvare l'hotel, ma i problemi finanziari erano ancora ben lontani da una soluzione. Nonostante i debiti, Hilton si mantenne fermo nell'impegno di conservare la sua reputazione. Con il crollo vertiginoso delle azioni della Borsa di New York nel 1929 e la reazione a catena del sistema finanziario, l'85 per cento degli hotel statunitensi chiuse i battenti. Mentre gli altri albergatori affondavano, Conrad fece di tutto per rimanere a galla. «I concorrenti dichiaravano la bancarotta uno dopo l'altro,» aggiunge Hubbs «ma a lui non passò neanche per la testa. I suoi avvocati le provarono tutte per convincerlo, ma lui sbatteva il pugno sul tavolo e ribatteva: "Non mi dichiarerò mai in bancarotta".» E così fu. Quando gli Stati Uniti cominciarono a riprendersi dalla paralisi economica provocata dalla Grande Depressione, l'impresa di Hilton rinacque e si rafforzò, e la sua reputazione uscì dalla crisi ancora più solida. La capacità di Hilton di sopravvivere in quegli anni bui fu ciò che gli diede l'impulso per far prosperare di nuovo l'attività.

Nonostante questo, molti si chiedono ancora oggi come fece Conrad a creare un impero e a espanderlo così rapidamente proprio negli anni in cui l'economia degli Stati Uniti si perdeva nel caos. Donald Hubbs lo spiega così: «Tutti volevano essere fornitori di Conrad Hilton perché fu l'unico a non dichiarare la bancarotta. Il prestigio gli consentì di espandersi». Ma c'è di più: già durante gli anni della Depressione, Hilton firmò un accordo finanziario con la National Hotels Corporation, di proprietà della famiglia di W.L. Moody di Galveston (Texas), in base al quale arrivò a dirigere diciannove hotel come presidente della Hilton Hotels, Inc., e direttore generale della Moody's National Hotels Corporation. Grazie a questo sodalizio, Conrad Hilton ricevette dalla famiglia Moody un prestito di 300.000 dollari e uno stipendio annuo di 18.000 dollari, come racconta in *Be my Guest*, soldi che gli servirono per risistemarsi dal punto di vista economico. La fusione Hilton-Moody, tuttavia, non durò a lungo e finì piuttosto male. Nel 1934, Hilton tornò a gestire la sua attività in modo indipendente, ma solo con cinque hotel.

Il prezzo che pagò per tanta dedizione e tanti sforzi in ambito lavorativo fu il suo matrimonio. Tornava sempre a casa esausto, quando tornava, e Mary si stancò. Si sentiva sola e abbandonata a se stessa e nel 1934, quasi in contemporanea con la rottura con la famiglia Moody, chiese il divorzio. Fu un colpo durissimo per un cattolico praticante come Hilton e, anche se Mary l'aveva lasciato, agli occhi della Chiesa continuavano a essere sposati. I figli, di 8 e un anno, rimasero con la madre.

Il campagnolo che conquistò Hollywood e New York

Alla fine degli anni Trenta, gli hotel Hilton erano pubblicizzati dal logo, dallo slogan «Mini-max» e da un motto aggiuntivo che diceva: «Gli hotel Hilton rinfrescano come il profumo di pino». Con la ripresa economica pian piano gli affari ricominciarono a prosperare; nel 1939 i debiti degli hotel Hilton del Texas erano stati completamente saldati e Conrad cominciò a espandere l'attività oltre i confini dello Stato. Nel 1940, intuendo che la situazione economica sarebbe migliorata a partire dalla costa occidentale, decise di lasciare El Paso per un luogo più felice, a livello finanziario ed economico, e si imbarcò in un'avventura che gli avrebbe cambiato la vita.

L'astuto Conrad riusciva a vedere opportunità dove gli altri vedevano solo rovina. La guerra nel Pacifico, iniziata nel 1937 con un Giappone desideroso di espandersi verso la Cina e le isole dell'Asia Orientale, seminava il panico sulla costa occidentale degli Stati Uniti. Mentre altri imprenditori fuggivano di fronte all'ipotetica invasione giapponese, Hilton passò all'azione. «Conrad Hilton notò che, con il timore di un attacco giapponese sulla costa Ovest, il prezzo del terreno edificabile si stava abbassando. Nel 1942 comprò un lussuoso palazzo a Los Angeles, il Town House, a un prezzo che si potrebbe definire irrisorio» indica Cathleen Baird, amministratrice dell'archivio Conrad N. Hilton dell'Università di Houston.

Questa acquisizione gli offrì l'opportunità di crearsi una nuova vita sociale a Los Angeles. Si trasferì in una splendida villa a Beverly Hills e a 55 anni, con un'attività ormai ben avviata, Conrad decise di rilassarsi e godersi la vita. Usciva tutte le sere, di solito per andare a ballare, e cominciò a fare amicizia con diverse star del cinema.

Durante una di queste serate mondane conobbe una giovane ambiziosa che cercava di ritagliarsi un posto a Hollywood. Aveva 22 anni ed era stata Miss Ungheria: il suo nome era Zsa Zsa Gabor. Agli occhi di lei Hilton era il prototipo ideale dell'uomo americano, alto, ricco e passionale. La prima volta che ballarono insieme lei gli sussurrò all'orecchio: «Credo che ti convincerò a sposarmi». La bellezza ungherese affascinò Conrad al punto da stregarlo. Solo pochi mesi dopo l'imprenditore le chiese di sposarlo e tutti pensarono che fosse impazzito.

Secondo la stampa scandalistica, Zsa Zsa e le sue due sorelle, Magda ed Eva, erano «donne in cerca di avventure, arrampicatrici sociali e opportuniste». Zsa Zsa, nel 1937, si era sposata con il ministro degli Affari Esteri turco, talmente più vecchio di lei che si diceva non avessero mai consumato il matrimonio. Si mormorava anche che avesse avuto una storia con il presidente della Turchia, Kemal Atatürk. Nel 1941, giunta da poco negli Stati Uniti al fianco del marito, la Gabor divorziò e conobbe Conrad Hilton. O forse non fu proprio questo l'ordine degli avvenimenti, ma la coppia non ne parlò mai.

Conrad non diede ascolto alle dicerie e ai consigli di amici e parenti, la passione per Zsa Zsa era così intensa che calpestò anche i dogmi della sua fede. Di fronte alla Chiesa Cattolica continuava a essere sposato con la prima moglie, Mary, ma andando contro tutto e tutti, Hilton e Zsa Zsa convolarono a nozze nel 1942. Secondo i pettegolezzi dell'epoca, ben presto Conrad scoprì che la nuova moglie sperperava un sacco di soldi per i suoi capricci e decise di darle non più di 250 dollari al mese per evitare che i suoi sprechi mandassero a rotoli il matrimonio.

Con la sua giovane sposa accanto, Conrad si sentì pronto per la sfida più grande: l'ingresso nella capitale del settore alberghiero, New York. Nella Grande Mela però, tutti pensavano che Hilton fosse fuori di testa, un campagnolo ignaro del fatto che gli hotel erano un pessimo investimento. Lui, al contrario, era convinto che nel dopoguerra ci sarebbe stato un boom del settore e, dando sfoggio della sua proverbiale fiducia in se stesso, comprò l'hotel Roosevelt.

Le cose non furono ugualmente semplici quando mise gli occhi sull'hotel Plaza. L'alta società newyorkese detestava l'idea che un rozzo texano si prendesse il migliore albergo della città. Ancora una volta Hilton dimostrò la propria astuzia e, sapendo che il rispetto della tradizione era una parte fondamentale degli affari, annunciò che non avrebbe modificato l'edificio. I newyorkesi tirarono un sospiro di sollievo quando seppero che il glamour e il lusso avrebbero continuato a essere le caratteristiche principali del palazzo. Nel 1943, in piena Seconda guerra mondiale, acquisì il Plaza e subito ne aumentò la resa: un nuovo buffet di insalate per il pranzo attrasse i giovani professionisti che lavoravano nei dintorni, così come le signore di una certa età ospiti dell'hotel. Ma non furono solo i profitti della sala da pranzo ad aumentare; crebbero anche i guadagni operativi e l'efficienza dei dipendenti.

Poco dopo acquistò quello che con le sue 3000 camere è stato per decenni il più grande hotel del mondo: lo Stevens di Chicago, poi ribattezzato Conrad Hilton. Il successo superò addirittura le aspettative di Conrad. A metà degli anni Quaranta, era proprietario degli hotel più caratteristici di Beverly Hills, New York, San Francisco e Chicago, nonché uno degli imprenditori più ricchi degli Stati Uniti.

Negli anni seguenti la Hilton Hotel Corporation, creata nel 1946, comprò o costruì in tutto il mondo numerosi stabilimenti di lusso e ingaggiò una concorrenza spietata con le altre due catene alberghiere più importanti dell'epoca (Sheraton e Statler), dalle quali però non si fece mai intimorire.

La prima celebrità in famiglia

I successi di Conrad, purtroppo, continuavano a non riguardare la vita privata. Il matrimonio con Zsa Zsa fu tormentato fin dal primo giorno, una miscela esplosiva di passione e pentimento. Erano due mondi separati, due personalità opposte. Hilton arrivò a dire che se avesse aspettato un'ora in più non l'avrebbe mai sposata. «Era molto credente e, ovviamente, questo gli creava un problema con il secondo matrimonio. Non si era reso conto di quanto fosse radicata la sua fede religiosa fino a quando non ebbe sposato Zsa Zsa» afferma Donald Hubbs.

Alla fine del 1946 la relazione di Zsa Zsa con il magnate degli alberghi non andava per niente bene. Nella sua autobiografia, *One Lifetime is not Enough* («Una vita non basta»), la Gabor afferma di essere rimasta incinta dopo aver subito violenza da parte dello stesso Conrad Hilton. Fatto sta che, incinta di sette mesi, conobbe l'attore George Sanders e annunciò che sarebbe stato il suo prossimo marito, il terzo. Nel marzo 1947, dopo il divorzio da Conrad, nacque la figlia, Francesca Hilton. La bambina, non desiderata dai genitori, non ebbe vita facile e vedeva il padre solo a qualche riunione natalizia e per sporadici pranzi nel lussuoso ristorante L'Escoffier, che per anni è stato all'ultimo piano dell'hotel Beverly Hilton.

Nel frattempo Zsa Zsa, una volta sposato Sanders, decise di dedicarsi interamente al cinema. Nel 1951 comparve nel suo primo film, *Moulin Rouge*, con José Ferrer. Recitò in ruoli minori durante tutti gli anni Cinquanta, poi, negli anni Sessanta, cominciò ad avere cammei televisivi in cui interpretava se stessa. Dunque, ben prima che Paris Hilton irrompesse sulla scena mediatica, fu Zsa Zsa Gabor, seconda moglie del suo bisnonno, ad avere l'onore di essere la prima celebrità della famiglia, una pioniera di quella categoria di personaggi famosi solo per l'eccessiva attenzione dei media, che negli ultimi anni è cresciuta a dismisura a causa dell'insaziabile curiosità del pubblico.

Il clamoroso divorzio da Zsa Zsa aprì un nuovo capitolo nella vita di Conrad. L'anno seguente fu devastato dalla morte della madre, la donna che sentiva più vicina e che più amava al mondo. Per superare la perdita, si gettò nuovamente sul lavoro e, inarrestabile, stabilì nuovi obiettivi: l'abilità negli affari gli rese possibile riprendersi dai problemi personali.

Intanto Zsa Zsa Gabor, famosa per la passione per i gioielli e per il suo acume, continuò a collezionare mariti. Dopo il divorzio da George Sanders lui si risposò con Magda, la sorella di Zsa Zsa. In seguito Sanders, stanco della vita, si suicidò. «I fidanzati di mia madre mi portavano dappertutto» ricorda Francesca in un'intervista sul «Los Angeles Times». «Mi compravano quello che volevo perché la convincessi a sposarli.» Francesca aveva 11 anni, e madre e figlia sembravano inseparabili, viaggiarono insieme a Parigi, Londra e Roma, «ma Zsa Zsa ebbe molti mariti e, probabilmente, ogni volta fu più difficile per Francesca» racconta Ronald Richards, il suo avvocato.

Nel 1986, Frédéric Prinz von Anhalt diventò il nuovo marito di Zsa Zsa, il più duraturo. Tedesco, più giovane di lei di quasi trent'anni, ebbe una relazione con la famosa coniglietta di «Playboy» Anna Nicole Smith e fu uno degli uomini che rivendicarono la paternità di sua figlia Danielynn, ma nell'aprile 2007 il test del DNA dimostrò che il padre biologico era Larry Birkhead. Zsa Zsa decise di restare in silenzio davanti alla scappatella del marito. Dal 2002, anno in cui fu vittima di un incidente d'auto che la lasciò parzialmente paralizzata in sedia a rotelle, si è ritirata dalle scene, ma gli scandali continuarono.

Nel 2006 fece causa alla figlia Francesca Hilton. Madre e patrigno accusarono Francesca, all'epoca già attrice comica in televisione e teatro, di aver falsificato la firma di Zsa Zsa per ottenere un prestito di 2 milioni di dollari, usando come garanzia la casa della Gabor, valutata intorno ai 14 milioni. Probabilmente il denaro era servito a Francesca per comprarsi una casa, ma da allora il capitale è scomparso. Francesca, a sua volta, accusò Von Anhalt di manipolare la volontà della moglie. Un giudice di Los Angeles respinse l'istanza perché Zsa Zsa non si presentò all'udienza in tribunale. Da allora madre e figlia non si sono mai più parlate. L'ultima notizia apparsa sui giornali in merito alla seconda moglie di Conrad riguarda la perdita di più di 7 milioni di dollari negli investimenti con Madoff, il finanziere artefice di una delle più grandi truffe della storia, che l'ha costretta a vendere la villa di Bel Air. Inoltre, a 94 anni, con otto divorzi alle spalle, è perseguita dalla giustizia statunitense per evasione fiscale.

Teorie sul segreto del successo

Ma torniamo alla storia del fondatore dell'impero. Nel 1948, Conrad Hilton trasformò la sua impresa in una società anonima. Le azioni a Wall Street non smisero di salire: la sua buona stella era in rialzo e gli investitori volevano prendere parte al successo. Per un uomo tanto ambizioso, poteva esserci un solo destino, la vetta, l'Everest degli hotel, il lussuoso Waldorf Astoria di New York. Nel 1949 coronò questo sogno diventando proprietario del celebre albergo. «Mio padre sosteneva che il pensiero positivo porta sempre risultati positivi. Sulla scrivania aveva una cartolina del Waldorf Astoria su cui c'era scritto: "Non ce n'è un altro più grande". E lui si ripeteva: "Uno di questi giorni me lo compro", e così fece» racconta Barron Hilton.

Il Waldorf Astoria fornì uffici e alloggi alla delegazione americana presso le Nazioni Unite. A partire da quel momento, molti ambasciatori, leader politici e artisti internazionali scelsero di soggiornare negli appartamenti del Waldorf Astoria e diventarono amici di Conrad, in particolare il presidente Dwight Eisenhower, con cui giocava a golf. Hilton convinse il presidente a inaugurare l'attività del Congresso statunitense tenendo un discorso mattutino all'hotel

Mayflower Hilton di Washington e in seguito, motivato dall'impegno nella lotta al comunismo, fu uno dei suoi ambasciatori di pace.

Negli anni Cinquanta era tra gli uomini più ricchi degli Stati Uniti, con un patrimonio netto che secondo le stime superava i 100 milioni di dollari. Gli affari prosperavano, e il suo nome era conosciuto in tutto il pianeta. Appariva di frequente sulle copertine delle riviste «Time», «Newsweek» e «Life» ed era ospite di numerosi programmi televisivi. «Diventò un uomo d'affari molto popolare, un'icona del suo tempo paragonabile a quello che è oggi Bill Gates» segnala Cathleen Baird.

Come spesso accade agli uomini che si sono fatti da soli, la gente cominciò a parlare di quale fosse il segreto del suo successo. Alcuni dicevano che era frutto della peculiare abilità nel riconoscere al volo il valore di un investimento; altri lo attribuivano all'integrità ferrea, che gli garantiva il rispetto degli investitori e l'incorruttibile lealtà dei dipendenti. «Era un negoziatore molto duro, ma non cercò mai di ingannare nessuno. Era un lavoratore, una persona onorata e onesta» dice di lui Donald Hubbs.

Fino all'arrivo di Hilton sul mercato, una sistemazione comoda e pulita era privilegio esclusivo dei ricchi, mentre lui la rese accessibile al cittadino comune, segnando una pietra miliare nella storia del settore alberghiero. L'efficace «formula magica» del suo sistema di gestione manteneva gli hotel redditizi anche se non si riempivano e, inoltre, stabilì le norme di qualità dell'industria alberghiera, orientate alla comodità dell'uomo d'affari in viaggio per lavoro. Fu il primo proprietario di hotel a trasformare le sue strutture in moderni centri commerciali, con sale conferenze e da ballo, ristoranti e zone relax sulle terrazze. Fu un pioniere al momento di installare le prime segreterie telefoniche nelle camere degli ospiti e la rivista americana «Fortune» lo paragona a Henry Ford con la sua trasformazione dell'industria automobilistica, o a Steve Jobs, co-fondatore della Apple.

La passione per le feste e le belle donne

Il rapporto di Conrad con i quattro figli fu il più stretto possibile per un padre divorziato e troppo preso dal lavoro. «Era un uomo meraviglioso, ma era sposato con i suoi affari» spiega Francesca. Lavorava sodo sei giorni alla settimana, ma si divertiva anche molto. «Per quanto lavorasse duramente, aveva una regola: alle sei di pomeriggio si staccava. Da quel momento in poi pensava solo ad andare a ballare» racconta il figlio Barron. Le sue compagne di danze erano sempre donne bellissime. «Aveva una vera e propria passione per le donne avvenenti e non cercò mai di giustificarsi per questo: le guardava e le invitava a ballare» dice Donald Hubbs.

Nicky, il figlio maggiore che spesso lo accompagnava, non tardò a farsi la fama di festaiolo e dongiovanni. Conrad sperava che un giorno prendesse il suo posto a capo dell'impero, ma lui, come anche il padre quando era giovane, aveva altri progetti. Più interessato a godersi la vita che all'attività famigliare, Nicky può essere considerato il vero precursore della passione per le feste e gli scandali che sarebbe diventato un segno distintivo delle successive generazioni di Hilton.

Nicky si sposò nel maggio del 1950 con una bella attrice, già allora piuttosto famosa. Si trattava di Elizabeth Taylor, che a soli 18 anni aveva appena girato *Il padre della sposa*, il primo film come attrice adulta, e guadagnava più di 2000 dollari alla settimana. Lui aveva 24 anni e non aveva fatto altro che divertirsi e scommettere, altre due grandi passioni oltre a quella per il gentil sesso. Il matrimonio fu l'evento sociale del decennio: migliaia di fan acclamarono l'attrice all'ingresso della chiesa del Buon Pastore, a Beverly Hills. I circa seicento invitati creavano un eccitante cocktail di glamour, potere e alta finanza. «Credo che papà avrebbe preferito una vita più tranquilla per Nicky, non quella di marito di una stella del cinema, vista la sua esperienza con Zsa Zsa. Ma mio fratello era un tipo indipendente. Come accade con i figli al giorno d'oggi, li cresci e li educhi, ma alla fine fanno quello che vogliono loro, soprattutto se hanno un carattere forte, come Nicky» racconta Eric Hilton, il terzo figlio di Conrad e Mary, nonché vicepresidente della Hilton Corporation.

Nicky e Liz partirono per la luna di miele a bordo della *Queen Mary*. Trascorsero sei mesi in viaggio per l'Europa, ma la stampa e i fan dell'attrice non li lasciarono in pace un momento. Nicky non sopportava i giornalisti, e detestava ancora di più che lo chiamassero «Mr Taylor». Secondo alcuni osservatori, la coppia cominciò a fare acqua da tutte le parti ancor prima di levare l'ancora. Raccontano che lui preferisse trascorrere le notti a bordo dedicandosi a ogni genere di gioco d'azzardo, all'alcol e alle droghe, piuttosto che giocare a canasta con la giovane sposa e con la duchessa di Windsor, in viaggio sulla stessa nave.

Inoltre avevano entrambi una personalità forte e litigavano spesso. Solo 205 giorni dopo il fatidico sì, Elizabeth Taylor, pallida, smunta e con gli occhi color violetta pieni di lacrime, pose fine al matrimonio con l'erede della prospera catena alberghiera. Era il 29 gennaio 1951. Quel giorno, al tribunale di Santa Monica (California), dichiarò, con una formula che sarebbe poi diventata il suo marchio di fabbrica, che il marito era «indifferente e usava un linguaggio oltraggioso». Ottenne il divorzio per crudeltà mentale, rifiutò gli alimenti e tornò a utilizzare il suo nome da nubile: Elizabeth Taylor.

Nicky Hilton continuò a corteggiare tutte le donne che gli passavano davanti fino a quando, nel 1958, si fidanzò con Patricia McClintock, anche lei diciottenne ed erede di un impero petrolifero. A novembre si sposarono ed ebbero due figli, Conrad Nicholson Hilton III, nel 1960, e Michael Otis Hilton, nel 1961. Divorziarono nel 1965.

La potente catena alberghiera

All'inizio degli anni Cinquanta aumentava la richiesta di buoni alberghi per uomini in viaggio d'affari e l'impero Hilton era inarrestabile. La compagnia ampliò la gamma di servizi che offriva agli ospiti cominciando a noleggiare automobili e ad accettare le carte di credito. Nel 1954 comprò la catena di alberghi Statler (quelli che costruirono il primo hotel commerciale a Buffalo, pionieri nel dotare ogni camera di bagno privato) per 111 milioni di dollari. Aveva dieci hotel ed era la più diretta concorrente della Hilton Corporation. Questa acquisizione rese Hilton proprietario di ventotto alberghi e costituì l'operazione immobiliare più importante dai tempi dell'acquisto dello Stato della Louisiana, quando Napoleone Bonaparte vendette agli Stati Uniti i possedimenti francesi nell'America del Nord per poco più di 23 milioni di dollari, aumentando notevolmente il territorio della nazione, che però negli anni Cinquanta stava già stretta a Hilton. Sempre nel 1954 il ventisettenne Barron, secondogenito di Conrad, fu eletto vicepresidente della Hilton Hotels Corporation, la compagnia presieduta dal padre. Come il fratello minore Eric, anche Barron aveva cominciato a lavorare all'hotel Hilton di El Paso quando ancora era al liceo, cominciando come apprendista fattorino per poi ricoprire le mansioni più disparate: mentre terminava gli studi fu custode, cameriere, addetto all'ascensore, alla reception e telefonista.

Nel frattempo, il patriarca pensò di ampliare i propri orizzonti, uscendo dai confini nazionali: capì che grazie al trasporto aereo il mondo sarebbe diventato più piccolo e creò una nuova impresa alberghiera, contro il parere dei membri più conservatori del consiglio d'amministrazione della Hilton Hotels Corporation, che dubitavano del successo degli hotel Hilton al di fuori degli Stati Uniti. Ma Conrad era fermamente convinto che fosse prossima l'espansione del turismo internazionale. Alla fine degli anni Cinquanta, gli americani erano il popolo che viaggiava di più al mondo. Questo enorme flusso di turisti diretti all'estero avrebbe avuto bisogno di alloggi in stile americano, pensò Hilton, e si incaricò di fornirglieli.

Fece il primo tentativo in Portorico. Il governo portoricano voleva attrarre investimenti e invitò gli imprenditori del settore a presentare i loro progetti. «Mio padre fu l'unico a rispondere all'appello in spagnolo facendo un'ottima impressione sui portoricani, che ci selezionarono. Fu l'inizio del nostro decollo a livello internazionale» spiega Eric Hilton. L'anno in cui aprì ebbe un successo tale da portarlo a inaugurare nel giro di pochissimo tempo anche gli hotel a Madrid, Istanbul e Il Cairo.

Nel 1955, cinquemila operai si misero all'opera per erigere il più lussuoso degli alberghi di Conrad fuori dagli Stati Uniti, considerato in quei giorni come il progetto turistico più ambizioso di tutti i tempi: il colossale Habana Hilton. Fu inaugurato ufficialmente il 19 marzo 1958, con l'autorizzazione del dittatore cubano Fulgencio Batista. Nel frattempo, nascosto nella foresta, il giovane Fidel Castro pianificava l'attacco definitivo al regime dittatoriale. Già durante la costruzione dell'edificio, in diverse occasioni venne issata la bandiera del Movimento 26 Luglio nei vari piani che venivano terminati. Castro, a quanto pare, decise di attendere l'inaugurazione dell'hotel, convinto che sarebbe stato un trofeo magnifico per la liberazione di Cuba.

L'Habana Hilton costò 24 milioni di dollari. Con i suoi 30 piani e le 630 camere, era l'edificio più alto dell'America Latina. Per la fastosa cerimonia di inaugurazione, come sempre, Hilton non badò a spese. La stampa dell'epoca parlò molto dell'apertura del gioiello cubano della nota catena alberghiera. Venne organizzato un grandioso banchetto a cui parteciparono anche Marta Fernández de Batista, moglie del presidente della Repubblica, e altre personalità legate al governo cubano, oltre all'alta borghesia dell'Avana e un gran numero di celebrità, come l'attrice e cronista mondana Hedda Hopper, allora soprannominata «la regina di Hollywood», ed Ernest Hemingway. L'accompagnatrice di Hilton naturalmente era una donna bellissima, la sua cara amica e celebre ballerina Ann Miller, che da vent'anni incantava il pubblico a teatro e sul grande schermo con le sue lunghe gambe e la potente sensualità.

Nel 1959, Eric fu nominato direttore del Deshler-Hilton di Columbus (Ohio), poco dopo la perdita dell'Habana Hilton da parte della famiglia. L'8 gennaio 1959, quando Fidel entrò nella capitale, alloggiò in quell'hotel con altri guerriglieri. «Con grande sorpresa di tutti, quando Castro scese dai monti si stabilì all'Habana Hilton. Mi capitò spesso di scendere in cucina a bere il caffè con lui e il suo cuoco e quando venne negli Stati Uniti per la prima volta, fummo noi a ospitarlo» ricorda Gregory Dillon, vicepresidente della Emeritus Hilton Corporation. La camera 2324, la suite Continental, si trasformò per tre mesi nel quartier generale della rivoluzione. Quando il dittatore Batista fuggì dal paese, il popolino sfogò la frustrazione accumulata sul casinò dell'albergo. Le slot machine, i tavoli da poker e da baccarà e le roulette bruciarono per le strade dell'Avana. Due mesi dopo il casinò venne chiuso, ma più tardi fu riaperto in seguito alle proteste di chi ci lavorava.

Un duro colpo per il patriarca

Conrad dovette abbandonare l'hotel di Cuba quando Castro lo requisì e ne affidò la gestione al sindacato del settore. Perse molti soldi, ma non era ciò che più lo preoccupava alla fine degli anni Cinquanta, dato che l'espansione del blocco comunista minacciava la pace mondiale e il suo piano di creare una rete alberghiera internazionale. L'ideologia marxista era un affronto alle sue radicate credenze religiose, al patriottismo e alla strenua difesa del libero mercato. «Mio padre era profondamente religioso e credette che fosse suo dovere dire al mondo che la preghiera poteva risolvere tutti i problemi. Questa convinzione lo motivò e lo ispirò nella composizione del discorso *America On Its Knees* («L'America in ginocchio»)» racconta Barron Hilton. L'orazione fu pubblicata per la prima volta nel 1952 e per tredici anni fu messa in ogni camera degli hotel Hilton e venne distribuita gratis in tutti gli Stati Uniti, dove divenne molto popolare. Hilton diffuse il suo messaggio anche per televisione, comparendo in varie occasioni in programmi nazionali in cui pregava e incoraggiava gli americani a confidare in Dio. «Non dobbiamo temere niente e nessuno, tranne Dio» gli piaceva ripetere.

La scrittrice Mildred Houghton Comfort, nella biografia di Conrad Hilton, afferma che «ebbe due grandi amori che durarono per tutta la vita, oltre al profondo affetto per la famiglia e gli amici: l'amore per Dio e quello per la patria». E niente lo rendeva più orgoglioso dell'avere contribuito con dollari americani alla costruzione di hotel moderni per uomini d'affari e turisti ricchi di tutto il mondo. «Hilton insistette sempre perché i materiali da costruzione, gli arredi e il personale dei suoi alberghi fossero locali. Credeva che fosse una politica eccellente per migliorare l'immagine dell'America all'estero» indica Cathleen Baird. Lo stesso Conrad, all'apertura del Dallas Statler Hilton, disse: «La bandiera degli Hilton è una piccola bandiera di libertà che si agita insolente contro il comunismo».

Mentre Barron ed Eric contribuivano allo sviluppo, alla crescita e al funzionamento della Hilton Hotels Corporation nel ruolo di vicepresidenti e Conrad Hilton pregava per la pace nel mondo, una desolante oscurità calò sulla famiglia. La mattina del 31 marzo 1969 la governante trovò il corpo di Nicky, il figlio maggiore, ucciso da un attacco di cuore a soli 42 anni. Gli eccessi di una vita gli avevano presentato il conto. Quando morì erano passati diciotto anni dal suo divorzio da Liz Taylor, ma i giornali ancora si riferivano a lui come «l'ex marito di Liz Taylor», titolo che con il tempo avrebbe condiviso con altri sei uomini. Il secondo matrimonio, con l'attore Michael Wilding, durò poco più di quattro anni. Poi vennero Michael Todd, Eddie Fisher, Richard Burton, John Warner e Larry Fortensky. Molti anni dopo, Elizabeth finalmente rivelò il segreto che aveva custodito per quasi mezzo secolo: la violenza e le percosse di Nicky durante il loro matrimonio le avevano provocato un aborto. «L'ho abbandonato perché un giorno era ubriaco e mi ha presa a calci in pancia. Sentii un dolore terribile e vidi il bebè nel water. Neanche sapevo di essere incinta. Nicky non l'ha fatto apposta, è successo solo perché era ubriaco» raccontò tristemente l'attrice durante un'intervista.

Hilton aveva 85 anni quando morì il figlio. A partire da quel momento, forse per il dolore o forse solo per l'età, quelli che lo frequentavano notarono che cominciò a perdere colpi. Andava ancora in ufficio tutti i giorni e continuava a uscire con gli amici, ma quando decise di prendere di nuovo moglie, non fu con una giovane promessa di Hollywood. Questa volta, dopo la morte di Mary, Conrad era libero di sposarsi secondo il rito cattolico. Nel 1976, a 88 anni, Hilton si unì in matrimonio con Mary Frances Kelly, che di anni ne aveva 63. I due si erano conosciuti all'inaugurazione dell'Hilton di El Paso una quarantina d'anni prima e quando tornarono a incontrarsi, ormai anziani, decisero di sposarsi.

La filantropia postuma

Hilton trascorse gli ultimi anni nella magnifica residenza di Bel Air che chiamava «Villa dell'incanto», con sessantuno stanze, cinque cucine e diciannove domestici. Nel gennaio 1979, a 91 anni, morì di polmonite, dopo tre giorni di ospedale. Fu attivo fino alla fine.

Quando morì, il valore degli hotel Hilton era di 4 miliardi di dollari, con 184 strutture in tutto il mondo. Lasciò ai due figli maschi mezzo milione di dollari e alla figlia Francesca 100.000 dollari. Ma il lascito più duraturo di Hilton fu probabilmente la fondazione che porta il suo nome e che ha ereditato il resto del suo patrimonio. C'è chi dice che fece questa mossa per lasciare il controllo degli alberghi e la sua fortuna a un'impresa già formata, la Conrad N. Hilton Foundation ed evitare così di dividere i suoi averi, risparmiando sulle tasse, cosa che avrebbe potuto porre fine al suo impero come era accaduto per la Ford.

Di fatto, tra il 1940 e il 1979, le sue attività filantropiche aumentarono. Essendo cattolico, appoggiò sempre numerose cause benefiche e destinò parte dei guadagni a opere di carità. «L'idea alla base del suo testamento era quella di donare soldi per alleviare la sofferenza umana. E noi ci dedichiamo proprio a questo con i nostri progetti di aiuto ai disabili e ai bambini abbandonati, con azioni per estirpare le violenze domestiche, la mancanza d'acqua e la povertà. Sono certo che ne sarebbe orgoglioso» spiega Donald Hubbs, per trentasei anni presidente della Conrad N. Hilton Foundation. «La fede in Dio e nella fratellanza degli uomini, la fiducia patriottica negli Stati Uniti, e la convinzione che esista una legge naturale che obbliga l'umanità ad alleviare per quanto possibile il dolore, l'angoscia e la miseria: furono queste virtù la pietra angolare secondo cui Conrad Hilton visse i suoi novantuno anni» afferma Baird.

Conrad Hilton fu una persona che cercò l'equilibrio tra ambizione materiale e fede religiosa, un uomo che lavorò per migliorare le cose e si divertì nel farlo. Secondo quanto scrisse nella sua autobiografia, «nella Bibbia non si dice che è il denaro la radice del male, ma che lo è l'amore per il denaro». «Fu un esempio di ciò che può voler dire essere un ricco imprenditore: si può essere dirigenti di successo, entrare in politica, divertirsi nel tempo libero, avere una bella casa e viaggiare. Ma vuol dire anche pensare alle persone più bisognose, cercando di fare in modo che ottengano l'aiuto di cui necessitano» spiega Baird.

La Conrad N. Hilton Foundation, con sede a Los Angeles e a Reno, e le entità a essa collegate, hanno distribuito fino al 2006 più di 360 milioni di dollari per progetti di aiuto in tutto il mondo, più della metà fuori dagli Stati Uniti. Inizialmente fu Eric Hilton alla presidenza della fondazione, dopo essersi ritirato dalla carica di vicepresidente della Hilton Hotels Corporation nel 1997. Oggi al suo posto c'è il nipote Steven Hilton, figlio di Barron, e alla giunta direttiva partecipa anche Conrad N. Hilton III, il figlio che lo sfortunato Nicky ebbe dalla seconda moglie. Questo ente assegna ogni anno il Premio Conrad N. Hilton per il riconoscimento degli sforzi che le ONG senza scopo di lucro fanno per alleviare la sofferenza umana. Il premio consiste in un milione e mezzo di dollari, ed è il più ricco del mondo nel suo genere.

Il ragazzino del Nuovo Messico realizzò i suoi sogni con un capitale iniziale di soli 5000 dollari. «Bisogna lottare per il proprio futuro, con strumenti umani e divini, dal lavoro alla fede. A volte il destino è un elemento da prendere in considerazione, ma di certo senza un sogno non si va da nessuna parte» lasciò scritto nelle sue memorie.

La terza generazione

Dopo la morte del patriarca, si aprì un nuovo capitolo nella storia della famiglia Hilton. Per dieci anni Barron fu in causa per recuperare la fortuna che il padre gli aveva negato. Disse in tribunale che la catena alberghiera non era interamente di suo padre, ma che l'avevano costruita insieme. In effetti dal 1966 Barron era presidente della compagnia, e i giudici gli diedero ragione. Riuscì quindi a recuperare un terzo della fortuna. Un altro terzo continuò a essere amministrato dalla Conrad N. Hilton Foundation e l'ultima parte fu assegnata alla fondazione W. Barron Hilton Charitable Remainder Unitrust.

Per la sorellastra Francesca le cose non andarono altrettanto bene. Cercò anche lei di contestare le volontà del patriarca per ottenere una quota maggiore dell'eredità. «C'era una clausola per diseredarti. Se lo querelavi, perdevi. Erano 100.000 dollari per tentare di ottenerne 200 milioni, per questo ho contestato il testamento» spiega sul «Los Angeles Times». Decise di rischiare e perse tutto, ma accettò la sconfitta con sportività: «Non si può vivere nel passato» dice.

Barron Hilton, che per tutta la vita si tenne lontano dall'attenzione dei media e dagli scandali, si sposò nel 1947 con Marilyn Hawley con la quale ebbe otto figli. Il nuovo capofamiglia continuò a costruire in giro per il mondo gli alberghi che portano il suo cognome, fino ad arrivare a dirigere dieci catene sparse per il pianeta. Solo due dei suoi figli sono coinvolti nell'impresa di famiglia. Il terzo figlio, Steven, che vive a Malibù con la moglie Lisa (nota pianista e compositrice) e i due figli Christian e Fiona, è l'attuale presidente della Conrad N. Hilton Foundation. Tuttavia, la sua notorietà è lontana anni luce da quella del fratello Richard «Rick», padre della chiacchieratissima Paris, amministratore della Hilton Hotels Corporation fino al 2007 e oggi presidente della Hilton & Hyland Real Estate.

Rick studiava all'Università di Denver, giocando a pallavolo e organizzando feste, quando conobbe Kathy Avanzino, ribattezzata Kathy Richards dopo il secondo matrimonio della madre. Lei aveva solo 15 anni quando si conobbero, lui 19. Si sposarono quattro anni dopo, nel novembre del 1979.

Prima di conoscere Rick, Kathy aveva cercato di sfondare come attrice, ma ebbe solo qualche particina in un paio di film. Non ebbero particolare successo neanche le apparizioni in serie televisive come *Happy Days*, *Agenzia Rockford* e *Tre nipoti e un maggiordomo*. Le sue sorellastre Kim e Kyle hanno avuto maggiore fortuna nel mondo dello spettacolo, ma Kathy avrebbe trovato la fama solo nel XXI secolo, al fianco della sua primogenita.

Nel 2005 tornò a dedicarsi alla carriera interpretando se stessa in *I Wanna be a Hilton* («Voglio essere una Hilton»), concorso televisivo coprodotto dal marito e trasmesso dalla NBC, in cui quattordici ragazzi si sfidavano per vincere la possibilità di vivere per un anno da ricchi. Da allora è comparsa in vari reality che vedono protagoniste lei o le sue figlie. Molti biografi della famiglia sostengono che sia lei l'artefice della fama internazionale della primogenita e che Paris stia vivendo i sogni di gioventù della madre e della nonna materna, Sharon Kathleen «Kathy» Dugan.

La coppia e i quattro figli (Paris, Nicky, Nicholas Barron II e Conrad Hughes IV) hanno abitato in diverse case, tra cui una suite al Waldorf Astoria di New York, una villa a Beverly Hills e altre negli Hamptons, a Bel Air e a Hollywood Hill, da cui Paris e sua sorella hanno sempre avuto facile accesso ai club di Los Angeles. Lo scrittore Jerry Oppenheimer, nel libro *House of Hilton* («Casa Hilton»), assicura che Rick e Kathy sono genitori orgogliosi, anche di tutto ciò che Paris ha fatto per non passare inosservata. Chi, stando a Oppenheimer, non è particolarmente felice del suo comportamento è il nonno Barron. «È molto imbarazzato da come il cognome della famiglia viene infangato da Paris» afferma nel suo libro.

La movimentata vita di Paris

Non c'è molto che non si sappia della vita di Paris. È nata nel 1981, è cresciuta tra Beverly Hills e Manhattan e non ha finito il liceo. Non aveva ancora 10 anni quando ha cominciato a essere fotografata insieme ai genitori a inaugurazioni o eventi mondani, già truccata con rimmel e matita per gli occhi. A 12 anni portava in giro la sua mascotte in una borsa di Prada. All'epoca non si separava mai dalla sorella minore, Nicholai Olivia, detta «Nicky», ma quando Paris cominciò a brillare di luce propria le sorelle si allontanarono e oggi Nicky, più timida e meno assetata di popolarità, preferisce avere successo disegnando abiti e accessori.

Nel dicembre del 2002 abbandonò le carte di credito, i vestiti di marca e lo status di milionaria per essere protagonista, insieme all'amica Nicole Ritchie (figlia del cantante Lionel Ritchie), del reality *The Simple Life*, in onda su Fox. Trascorsero un mese in una fattoria dell'Arkansas, pulendo stalle e mungendo vacche, ovviamente senza trucco. Il programma fu un successo, tanto che la prima stagione superò di gran lunga il numero di spettatori che ebbe il presidente Bush durante l'importante discorso tenuto in seguito all'attacco in Iraq. Ci furono altre quattro stagioni, durante le quali le due amiche viaggiarono per gli Stati Uniti a bordo di una camionetta, lavorando per procurarsi da mangiare, facendo le pulizie e vivendo con persone di ogni genere in un accampamento in California. L'intento del programma era chiaro: puntava a risvegliare la curiosità morbosa del pubblico che voleva vedere come se la cavavano due ragazze di buona famiglia senza soldi e alle prese con le professioni più comuni.

Nel 2003, a 21 anni, Paris diede scandalo con un video diffuso su Internet che la riprendeva durante un rapporto sessuale con l'ex fidanzato Rick Salomon. Il video fu commercializzato con il titolo *One Night in Paris* e, nonostante la polemica che scatenò negli Stati Uniti, si rivelò un ottimo affare per la protagonista, che diventò il personaggio più richiesto alle feste e dai giornali e arrivò a guadagnare circa 6 milioni di dollari all'anno. Secondo vari esperti, Paris sa trarre profitto da ogni singolo minuto di esposizione al pubblico più di qualsiasi altra celebrità.

«Nella vita non c'è peccato peggiore che annoiarsi» afferma nella sua autobiografia *Confessioni di un'ereditiera*, scritta nel 2004 con la giornalista Merle Ginsberg. «Non tutte le ereditiere sono famose o divertenti. Conosco un sacco di ereditiere annoiate da queste parti. Che spreco!» aggiunge. Ma la parte migliore sono senz'altro i consigli da guru della vita sociale con cui la milionaria sprona i lettori: «Devi metterti da sola su un piedistallo, poi lo faranno anche tutti gli altri». O anche: «Agisci sempre come se indossassi una corona invisibile; io lo faccio, e funziona». Il libro è diventato un bestseller.

Ha recitato in qualche film di scarso successo e in serie televisive come *The O.C.*, *Las Vegas* e *Veronica Mars*, e una volta ha anche presentato il famosissimo *Saturday Night Live*. È modella di marchi del calibro di Iceberg, Christian Dior, Guess e Tommy Hilfiger, canta, ha un'etichetta discografica (la Heiress Records), una linea di trucchi, una linea di vestiti e accessori per cani (ispirati dall'inseparabile chihuahua Tinkerbell) nonché una di gioielli creata in collaborazione con Swarovski. «Sto tentando di costruire un impero. Non voglio essere conosciuta come la ragazza degli hotel Hilton per tutta la vita. Voglio crearmi un nome da sola» ha dichiarato alla rivista «Stuff». In *House of Hilton*, Oppenheimer spiega che «la maggior parte della fortuna degli Hilton andrà alla Conrad N. Hilton Foundation. Paris è una tra i tanti nipoti e bisnipoti che devono lavorare per vivere».

Proprio come per il bisnonno Conrad Hilton diversi anni prima, l'obiettivo di Paris è quello di trasformare il suo nome in un marchio da cui guadagnare, non solo con gli hotel, ma in settori come la televisione, la musica, il cinema e la moda. «Se vincolo il mio nome a qualcosa, voglio che cresca il più possibile» ha dichiarato davanti a un tribunale di Miami per difendersi dall'accusa di inadempimento di contratto per non aver promosso il film *National Lampoon's Pledge This!*, dopo essere stata pagata un milione di dollari. Nel 2005 Lea Goldman, editrice della rivista «Forbes», collocò Paris al 56° posto nella classifica delle cento celebrità più importanti del mondo. E tutto ciò che fa sembra servire ad aumentarne la fama e i guadagni, anche andare in prigione per guida in stato d'ebbrezza, come nel giugno del 2007. Durante i ventitré giorni trascorsi dietro le sbarre ha continuato a rilasciare interviste telefoniche, ripetendo che l'esperienza le era servita da lezione e che a partire da quel momento avrebbe cambiato vita. Lo stesso anno entrò nel Guinness dei primati come «celebrità più sopravvalutata» ed è tra i personaggi famosi con il maggior numero di pagine web a loro dedicate. Quasi nello stesso periodo il fratello minore, Nicholas Barron, ancora minorenne, cominciò ad apparire sui giornali immortalato ubriaco alle feste. Il più piccolo della famiglia, Conrad Hughes, per il momento viene seguito dai paparazzi solo quando va a cena con i parenti famosi nei ristoranti più lussuosi di Beverly Hills.

Senza dubbio però sono le relazioni amorose di Paris ad aver ottenuto più spazio su giornali e riviste, tutte condite con qualche goccia di sesso, gelosia e scandali. Una delle più chiacchierate fu quella con il milionario greco Paris Latsis, ventiquattrenne, che le regalò una casa a Beverly Hills del valore di circa 10 milioni di euro. Uscivano insieme da cinque mesi quando, nell'estate del 2005, si fidanzarono e portarono il loro amore per le strade di Los Angeles, Londra e Atene, sulle isole greche e in Costa Azzurra, facendo tappa anche a Saint-Tropez. Secondo la rivista «Forbes», la fortuna dei Latsis è alla posizione numero 54, mentre quella degli Hilton è tra la 600 e la 700. La fidanzatina quindi sapeva quello che stava dicendo quando dichiarò alla stampa: «È il primo uomo che non ha bisogno dei miei soldi. So per certo che non mi sta usando ed è la prima volta che mi succede». Ma le nozze non si celebrarono mai. Fu lei a rompere il fidanzamento «per paura di commettere un errore».

L'estate precedente, la sorella Nicky aveva celebrato a Los Angeles il matrimonio a sorpresa con Andrew Todd Meister, un finanziere di 33 anni laureato a Harvard e appartenente a una famiglia newyorkese. Cinque settimane dopo la coppia divorziò e Nicky tornò tra le braccia del fidanzato precedente, l'attore Kevin Connolly, che aveva lasciato per sposarsi con Meister.

Mentre la quarta generazione degli Hilton non sembra mostrare un particolare interesse per la gestione e l'amministrazione dell'impero famigliare, alla fine del 2007 l'impresa di investimenti americana Blackstone acquistò il gigante del settore alberghiero per 26 milioni di dollari. La dinastia degli Hilton abbandonava l'attività dopo ottantotto anni. Nel frattempo la Conrad N. Hilton Foundation figura al 61° posto tra le entità filantropiche più grandi degli Stati Uniti, con un budget di 300 milioni di dollari. Il 27 dicembre 2007, Barron Hilton dichiarò in un comunicato stampa che era lieto di seguire l'esempio del padre donando la maggior parte della sua fortuna alla fondazione. Forse anche in questo caso si trattò di uno stratagemma per eludere il fisco americano, come insinuarono riguardo alle volontà del padre, ma stando ai calcoli del «Daily News», Barron Hilton ha tenuto solo il 5 per cento della sua fortuna, pari a circa 69 milioni di dollari, dei quali Paris erediterà meno di 5 milioni. Poche briciole rispetto a quello che può guadagnare in un solo anno come personaggio famoso.

15

Gli Huston

Quello che pensiamo di essere
e quello che siamo davvero
sono due cose completamente diverse.
JOHN HUSTON (1906-1987)

Gli Huston

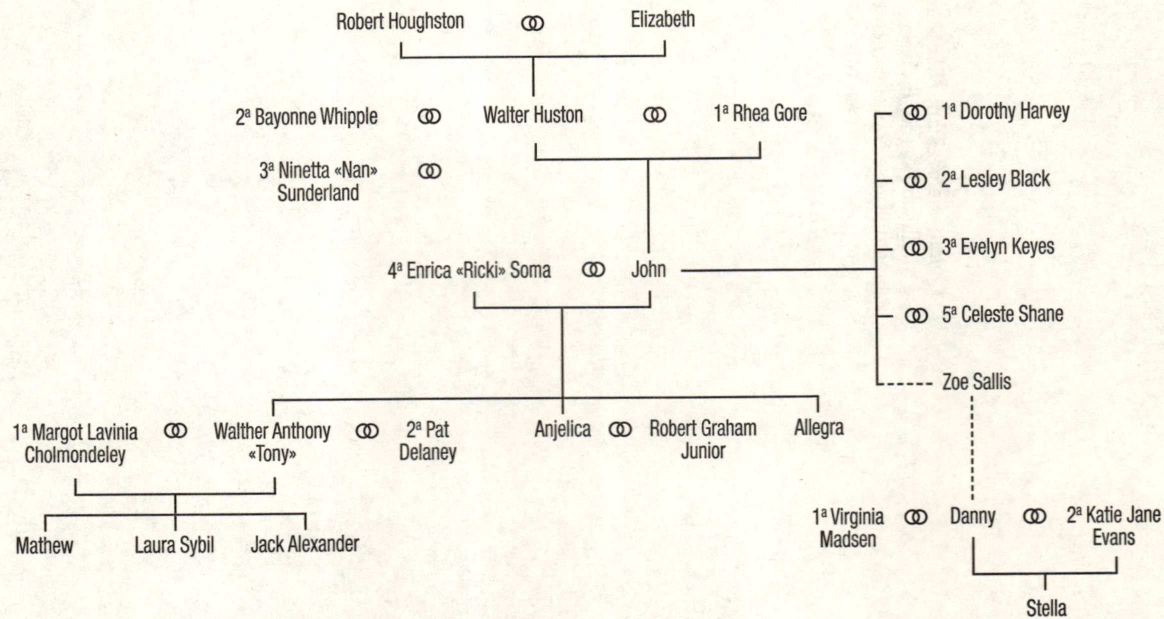
Robert Houghston
Elizabeth
2ª Bayonne Whipple
Walter Huston
1ª Rhea Gore
3ª Ninetta «Nan» Sunderland
1ª Dorothy Harvey
2ª Lesley Black
3ª Evelyn Keyes
4ª Enrica «Ricki» Soma
John
5ª Celeste Shane
Zoe Sallis
1ª Margot Lavinia Cholmondeley
Walther Anthony «Tony»
2ª Pat Delaney
Anjelica
Robert Graham Junior
Allegra
1ª Virginia Madsen
Danny
2ª Katie Jane Evans
Mathew
Laura Sybil
Jack Alexander
Stella

La storia degli Huston è quella di una famiglia anticonformista i cui membri, ciascuno a suo tempo, hanno trasgredito ogni convenzionalismo e raggiunto il successo. Se Walter Huston fu l'attore più rispettato della sua epoca, il figlio John incarnò invece l'archetipo del regista cinematografico ribelle. Generoso, avventuriero, sarcastico, amante della caccia, dell'alcol, del gioco e delle donne, guidato da una passione sconfinata e, spesso, da una capacità di ferire il prossimo che sfiorava il sadismo, la sua vita superò quella degli eroi che portò sul grande schermo. I suoi figli sono riusciti a loro volta a emergere dall'ombra del padre. Anjelica è oggi una delle attrici più camaleontiche di Hollywood, e i suoi fratelli si stanno affermando nel mondo dello spettacolo, Tony come sceneggiatore e Danny come attore e regista. Una famiglia che, tra luci e ombre, ha sempre cercato di reinventarsi. Un clan che ha scritto pagine memorabili nella storia del cinema e la cui leggenda perdura da più di un secolo.

La stoffa dell'avventuriero

Al termine della sua vita, Walter Huston era considerato uno dei migliori attori statunitensi. Eppure, l'uomo che raggiunse il successo cinematografico nei panni di Abramo Lincoln e che era stato amico e confidente del presidente Roosevelt non era nato negli Stati Uniti, bensì a Toronto, in Canada. I suoi genitori, Elizabeth e Robert Houghston, erano figli di emigranti irlandesi e scozzesi. Erano persone perbene e affabili, e mentre Robert fabbricava armadi Elizabeth si occupava dei figli. Il 6 aprile 1884 venne al mondo Walter, il loro quarto e ultimo erede. Fin da piccolo Walter coltivò l'amore per il teatro. Non appena imparò a parlare, cominciò a mettere in scena degli spettacoli nel granaio per gli altri bambini del quartiere.

Da adolescente, recitava nel circuito di spettacoli di vaudeville del Canada. Era un impiego mal pagato, ma la sola prospettiva di avventure era più che sufficiente per lui. Per anni i genitori lo spinsero a cercarsi un'attività più lucrativa, ma Walter tornava sempre sul palco. «L'approccio di mio padre alla recitazione era molto semplice, sincero e diretto. Affrontava tutto quello che faceva con il raro pregio dell'umiltà. Non cercò mai l'affermazione personale. Non cercò mai di mettersi in luce come Walter Huston» spiegò suo figlio John in un'intervista alla televisione britannica BBC nel 1966.

Walter dovette adattarsi a treni mal ridotti, teatri in rovina e palcoscenici fatiscenti, ma seppe apprezzare ogni istante. Ben presto gli fu chiaro che per sfondare come attore doveva trasferirsi negli Stati Uniti. A New York trovò impiego come cameriere in un ristorante di Times Square e, nelle ore libere, cercava qualche ingaggio in teatro. E finalmente ne ottenne uno: doveva interpretare il messaggero nel *Giulio Cesare* di Shakespeare. La sera del debutto, però, dimenticò le uniche quattro righe che avrebbe dovuto pronunciare, e il produttore lo cacciò dal retro del teatro augurandogli un infelice futuro a Broadway.

Nei due decenni seguenti recitò soprattutto melodrammi nei piccoli teatri del paese, sempre in viaggio da una città all'altra. Era il prezzo per raggiungere la notorietà, e Walter era disposto a pagarlo. Nel 1904 ottenne un ruolo secondario in uno spettacolo a Saint Louis, nel Missouri, dove era in corso il più grande evento di tutti i tempi negli Stati Uniti: l'Esposizione Universale. Per molti anni il ricordo di quella città rimase impresso nella sua memoria, non per l'esposizione (la più grande che si fosse mai organizzata fino ad allora, con 1500 edifici distribuiti lungo un percorso di 120 chilometri) ma per la giornalista di 23 anni che vi conobbe, Rhea Gore, la donna che avrebbe reso leggendario il suo futuro figlio.

Il padre della ragazza, John Gore, era un affascinante veterano dell'Esercito dell'Unione, nato nel Midwest, mentre sua madre, Adelia Richardson, dal carattere forte, era figlia di un eroe della guerra civile americana. Insieme percorrevano il paese in cerca di fortuna. Il mito del «selvaggio West» non era ancora tramontato e la famiglia Gore lasciò Newcastle per trasferirsi dapprima in Indiana, poi in

Ohio e in Kansas, passando per Cincinnati, Wichita, Saratoga, Syracuse, Stratton County, Garden City e oltre. John inizialmente aprì un'osteria, ma in seguito fu a capo di un movimento che difendeva l'astinenza; lavorò come redattore per un giornale, e poi mollò tutto per andare a cercare oro in Colorado. Ma qualsiasi fosse l'attività che svolgeva, la sua più grande passione rimanevano le scommesse.

Lo stile di vita di John e Adelia non lasciava loro molto tempo da dedicare alla figlia. E così, quando la bambina compì 8 anni, la mandarono in convento. A 16 anni Rhea tornò a Saint Louis e cominciò a cavarsela da sola. A 23 anni era già un'affermata cronista del «St. Louis Post-Dispatch». E fu proprio grazie a un articolo che conobbe Walter. Lo notò mentre intervistava il primo attore della compagnia, e rimase colpita dal suo sguardo penetrante e dalle sue scarpe rosse. Si diedero appuntamento per mangiare insieme nel giorno del Ringraziamento. E dopo poco più di un mese di fidanzamento, la notte di Capodanno, divennero marito e moglie.

Il suocero di Walter aveva fatto fortuna in una piccola località chiamata Nevada, in Missouri, e lo convinse ad accettare un lavoro stabile. Walter Huston abbandonò il mestiere di attore, tra i peggiori all'epoca, per diventare assistente ingegnere nella cittadina e occuparsi della fornitura municipale d'acqua. Il 5 agosto 1906 Rhea diede alla luce un figlio che, in onore del nonno, fu chiamato John.

Sembrava che Walter fosse ormai diventato un uomo dedito alla famiglia. Ma la vita tranquilla non era fatta per lui e cominciò a sentire la nostalgia del palcoscenico. Stando alla leggenda che si tramanda in famiglia, pochi mesi dopo la nascita di John, Walter «lasciò» bruciare metà del villaggio, perdendo, evidentemente, il lavoro. Sebbene non ci sia alcuna testimonianza ufficiale dell'incendio, John affermò sempre che uno dei suoi primi ricordi era la fuga in carretto dalla cittadina in fiamme. L'altro, invece, erano le prime volte che era montato a cavallo, passione che coltivò fin dai 3 anni, quando la sua famiglia si trasferì a Weatherford (Texas), dove suo padre aveva trovato impiego presso una piccola azienda elettrica.

Walter voleva tornare sul palco mentre sua moglie Rhea voleva tornare a Saint Louis, e così la coppia si separò. Nel 1912 Rhea accusò Walter di averla abbandonata e lo allontanò dal figlio per un lungo periodo. John rimase con la madre e, quando lei lavorava, era la nonna Adelia a occuparsi di lui. Fu lei a leggergli i primi versi, che il bambino memorizzava rapidamente. A 4 anni, il futuro attore e regista debuttò in un teatro del Texas.

Nel 1913 suo nonno John Gore fu trovato morto in un hotel di bassa categoria a Waco (Texas). Di fianco al corpo c'erano una bottiglia di whisky vuota e due valigie piene di impermeabili che stava cercando di vendere porta a porta. Era sempre stato un uomo diviso fra mille progetti. Spariva per lunghi periodi andandosene tranquillamente in giro a sbevazzare, e poi ricompariva. Senza dubbio la personalità di John Gore influenzò parecchio il carattere inquieto e avventuriero nonché l'amore per la vita spericolata di John Huston. Ispirandosi alla sua vita, nel 1972, il nipote girò il film *L'uomo dai sette capestri*, interpretato da Paul Newman. Dal nonno ereditò, inoltre, la passione per il gioco. Anche a Rhea, d'altronde, piaceva scommettere e i fine settimana portava il piccolo alle corse. «Mia madre mi ha insegnato che il denaro è fatto per essere speso. Al diavolo il futuro!» ammise John Huston.

Walter tornò alla sua carriera di attore e riprese le tournée con i più disparati spettacoli di vaudeville. Nel 1915 si sposò con un'attrice della sua troupe, Bayonne Whipple. Tempo dopo affermò che «essere sposati voleva dire pagare meno per gli hotel e i treni. Semplificò anche la nostra vita sessuale». Il matrimonio durò fino al 1924.

L'irresistibile attrazione del palcoscenico

All'età di 11 anni John Huston andò a vivere a Hollywood per problemi di salute. I dottori gli avevano diagnosticato un soffio al cuore e gli avevano raccomandato di osservare una dieta rigida e di trasferirsi in una località dal clima più mite. Così, si stabilì con la madre dapprima in Arizona e poi a Los Angeles. Rhea, preoccupatissima per la sua salute, lo fece visitare da un altro medico, il quale le disse che il bambino soffriva solo di anemia. Per mettere alla prova la sua forza, John scappava ogni notte verso un canale vicino, dove si lasciava trasportare dalla corrente fino a una pericolosa cascata. «Lottando contro la sua debolezza infantile nacque in lui una certa energia interiore che lo accompagnò tutta la vita. Se c'era qualcosa che lo spaventava, non lo diceva mai. Semplicemente prendeva il toro per le corna» racconta il figlio maggiore Anthony. Huston forgiò così la tempra del suo carattere, la sua indomabile voglia di lottare e la sua determinazione a vivere ogni minuto come fosse l'ultimo.

John si avvicinò anche al pugilato a Los Angeles, dove frequentò piccoli club disputando combattimenti da 5 dollari. Su 25 incontri ne vinse 23, e alla fine si ritrovò con il tipico naso rotto dei pugili. Sempre nella città californiana scoprì un'altra delle sue passioni, la pittura, che l'avrebbe tormentato tutta la vita e che fu vicina a diventare la sua vera vocazione. Aveva talento e i pennelli sostituirono il sacco da boxe. Si unì anche alla Art Students League.

Nell'estate del 1923, a 16 anni, John cominciò a recarsi a New York per riallacciare i contatti con il padre, con cui instaurò un rapporto fraterno che sarebbe durato per sempre. Walter, quasi quarantenne, cercava sbocchi più «dignitosi» per la sua carriera. E li trovò nel teatro. Dopo aver dedicato metà della sua vita al vaudeville, ebbe l'intelligenza e la maturità sufficienti per lanciarsi nel mondo teatrale. Finalmente arrivò la sua grande occasione con il ruolo di un anziano settantenne nell'opera *Desiderio sotto gli olmi*. Quando calò il sipario, il pubblico lo applaudì per quindici minuti. Walter Huston, autodefinitosi il «bohémien del vaudeville», fu acclamato dall'intera città per quella sua interpretazione.

A metà degli anni Venti Walter era già un apprezzato attore drammatico. Per stargli più vicino, a 18 anni, John traslocò in un appartamento del Greenwich Village di New York, sopra un bar clandestino. Da allora, ogni volta che poteva, assisteva alle prove delle compagnie teatrali in cui recitava il padre.

Anche il giovane John, come Walter, era attratto dalla vita avventurosa. E così nel 1925 partì per il Messico, dove entrò a fare parte della cavalleria militare, si appassionò alle corride, alle partite di poker, alle scommesse più strampalate, all'arte precolombiana e alla tequila. Il paese gli permise di calarsi nell'atmosfera postrivoluzionaria, e rimase perfino coinvolto in un duello armato. Per fortuna lo sfidante, alla fine, non si presentò all'appuntamento. Si trattenne in Messico fino a quando la madre, preoccupata, lo costrinse a rientrare a Los Angeles. Poco dopo, e appena ventenne, John si sposò con Dorothy Harvey, la sua fidanzata della scuola. Fu la prima delle cinque mogli «ufficiali» che ebbe nella sua vita.

John e Dorothy andarono a vivere in un bungalow a Malibù, dove lui trascorreva la maggior parte del tempo dipingendo. Un giorno sua madre gli regalò una copia dell'*Ulisse* di James Joyce, che aveva acquistato in Francia perché era un'opera proibita negli Stati Uniti. Quel libro «mi aprì gli occhi» spiega John nelle sue memorie. Scrisse quindi un racconto breve che spedì al padre, il quale a sua volta lo passò a un amico, per terminare infine sulle pagine della prestigiosa rivista «The American Mercury». Incoraggiata dal successo, la coppia si trasferì a New York, dove il giovane John era deciso a diventare uno scrittore.

Da Broadway a Hollywood

L'attore, compositore e produttore George M. Cohan, noto come il «padrone di Broadway» nel primo decennio del XX secolo e considerato il padre della commedia musicale statunitense, affidò una parte a Walter nell'opera *Elmer, The Great* («Elmer, il grande»), che portò in tournée in tutto il paese, compresa Chicago, dove alla compagnia si unì l'attrice Edith Luckett Robbins, madre della futura first lady americana, Nancy Reagan. Tra i due nacque una lunga e profonda amicizia, tanto che Nancy Reagan chiamò sempre «zio» Walter Huston e, quando trascorrevano le vacanze estive insieme con le rispettive famiglie, recitavano in coppia per gli amici.

All'epoca Walter si era già separato dalla seconda moglie, l'attrice Bayonne Whipple, e aveva adocchiato un'altra collega del cast, Ninetta «Nan» Sunderland, che aveva recitato come sua fidanzata in *Elmer, The Great*.

Mentre la carriera di Walter avanzava, John viveva momenti difficili come scrittore a New York. Lavorò come redattore in un giornale, ma durò poco. E gli andò male anche come cronista giudiziario... L'unico successo di quel periodo lo ottenne grazie a uno spettacolo di marionette, per il quale ricevette 500 dollari, denaro che scommise vincendo 11.000 dollari. «Indubbiamente, grazie al gioco, sviluppò la passione del rischio con cui affrontò ogni aspetto della sua vita» sostiene lo sceneggiatore Ivan Moffat, suo collaboratore in vari film e noto soprattutto per aver scritto il copione del *Gigante*, interpretato da Elizabeth Taylor, Rock Hudson e James Dean.

Alla fine degli anni Venti Herman Shumlin chiese a John, suo amico, di dirigere il lavoro teatrale a cui stava lavorando con Sam Jaffe, *Grand Hotel*. Huston accettò e riscosse un grande successo. E così, su un palcoscenico di Broadway, cominciò la sua carriera di regista. Ma presto avrebbe preso un'altra strada.

Fu grazie all'avvento del cinema sonoro che Walter Huston conquistò la fama, poiché la sua voce profonda era molto richiesta nei nuovi film. Nel 1929, in California, recitò in *The Virginian* («Il virginiano»), uno scontro tra due rivali in amore che, in una piccola cittadina del West, si contendono le attenzioni di una maestra appena arrivata. I protagonisti erano interpretati da Gary Cooper e Mary Brian. Per Walter Huston il lavoro a Hollywood era solo un mezzo per fare soldi facili, nulla a che vedere con le «vere interpretazioni» del teatro. Il suo primo ruolo importante arrivò l'anno seguente, nei panni di Abramo Lincoln. Diretto da David W. Griffith, il film fu un successo, nonostante l'eccessiva teatralità ostentata da Walter. Anche alla sua fidanzata Nan Sunderland, che sposò l'anno successivo, venne affidata una piccola parte.

Il cinema sonoro, però, aveva bisogno anche di buoni scrittori, e così John si unì all'emigrazione da Broadway a Hollywood. Spinto dal padre, venne ingaggiato dagli Universal Studios. Nel 1931 strinse amicizia con William Wyler, per il quale scrisse il copione del film *La sposa nella tempesta*, interpretato da suo padre Walter. Nel frattempo fece anche alcune apparizioni di poca importanza. Di notte John si riuniva con la troupe e le sue infedeltà divennero sempre più evidenti. Sua moglie Dorothy, a casa da sola, scivolò a poco a poco nell'alcolismo.

Nel febbraio del 1933 John fu arrestato per aver causato un incidente mentre guidava ubriaco in compagnia dell'attrice Zita Johann. E sei mesi dopo fu coinvolto in un nuovo incidente d'auto. Questa volta uccise un pedone, a Sunset Boulevard, e da allora non guidò mai più. Grazie all'aiuto di Walter, John fu ufficialmente assolto da una giuria, ma a Hollywood ormai era visto come un paria. Dopo sette anni di matrimonio con Dorothy, la coppia si separò.

Dal canto loro, Walter e sua moglie Nan optarono per allontanarsi dal lusso e dalla mondanità di Hollywood, e costruirono una casa vicino a Lake Arrowhead, in California. Per pagarla Walter girò undici film in due anni, tra i quali *The Star Witness* («Il testimone chiave»), un'avvincente storia di gangster, tipica della Warner di allora; *The Ruling Voice* («La voce dominante»), film che lo lanciò con successo nel cinema noir, molto in voga all'epoca; *Pioggia*, che consacrò la leggenda della carismatica Joan Crawford, nel ruolo di Sadie, una prostituta che adesca gli uomini con la sua sfacciataggine e il suo fascino, e in cui Huston veste i panni di un severo missionario che alla fine però mostra il suo cuore; e ancora *Law and Order* («Legge e ordine»), un western diretto da Edward L. Cahn e interpretato da Walter Huston, alla cui sceneggiatura collaborò anche il figlio John.

Mentre la fama del padre cresceva, John partì per Parigi e Londra, dove trascorse un anno alla deriva, ottenendo qualche piccola parte ma nulla di più. Per sopravvivere, eseguiva numeri e canzoni per i turisti in cambio di qualche moneta. Dormì perfino sulle panchine dei parchi. Durante il suo soggiorno in Inghilterra, Huston ebbe un breve incontro con Hitchcock e abbozzò una prima idea per la futura sceneggiatura del film *L'idolo cinese*, girato nel 1946.

Quando tornò a New York, nel 1934, suo padre si stava preparando per una delle sue più celebri interpretazioni teatrali, quella di Sam, un romantico uomo d'affari, in *Dodsworth*, tratto dall'omonimo romanzo satirico di Sinclair Lewis. L'anno dopo interpretò nuovamente quel personaggio nell'adattamento cinematografico di William Wyler, intitolato *Infedeltà*. In teatro Walter fu affiancato dalla moglie Nan, mentre al cinema il ruolo femminile toccò a Mary Aston. Il «New York Times» selezionò il film tra i dieci migliori del 1936 e nella classifica dei venti successi di botteghino di quell'anno si aggiudicò il primo posto. La carriera cinematografica di Walter era decollata. Ormai era una star del cinema.

Il talento creativo e la passione per la vita

Forte del successo di *Infedeltà*, Walter decise di interpretare Shakespeare, autore con cui non si era più cimentato dopo il suo esordio come messaggero nel *Giulio Cesare*. Mise in scena *Otello* a Broadway, pagando di tasca sua gran parte delle spese dello spettacolo. Il debutto al teatro New Amsterdam di New York fu un disastro. «Ma lui non gli diede importanza. Addirittura rise delle critiche negative. Sapeva che il destino può sempre giocarti un brutto scherzo. E questa idea gli piaceva» chiarisce il produttore Michael Fitzgerald.

Nel 1935 John conobbe una ragazza irlandese in vacanza negli Stati Uniti, Lesley Black, e le chiese subito di sposarlo. Lei accettò a condizione che lui riuscisse ad avere dei guadagni regolari. Allora John tornò a Hollywood per provarci una seconda volta. Nel 1937 sposò Lesley dopo avere ottenuto un contratto come sceneggiatore per gli studi Warner Brothers. Il suo primo copione, lo straordinario *La figlia del vento*, lo scrisse per l'amico William Wyler. Costruì una casa a Tarzana, nella valle di San Fernando, a Los Angeles, e sembrava avere messo la testa a posto.

Nel 1938 il drammaturgo Maxwell Anderson e il compositore Kurt Weill insistettero affinché Walter interpretasse il ruolo di Peter Stuyvesant, un politico zoppo con una gamba di legno, nel musical *Knickerbocker Holiday* («La festa di Knickerbocker»), una commedia romantica che aveva per sfondo la critica al fascismo. Sebbene all'inizio quel personaggio in apparenza così poco attraente non gli interessasse, Huston finì per accettare la parte dopo che i due scrissero apposta per lui una canzone che metteva in luce il suo talento. Il musical debuttò al teatro Ethel Barrymore il 19 ottobre 1938 e rimase in cartellone fino all'11 marzo 1939, con 168 repliche. Il brano *September Song* cantato da Walter fu un successo, e oggigiorno è un classico della cultura popolare americana.

Durante le prove dello spettacolo a Rhea fu diagnosticato un tumore al cervello. Morì nell'agosto del 1938, a 56 anni, poco dopo aver saputo che John e Lesley aspettavano il loro primo figlio. John non strinse mai più un legame così forte come quello che lo univa alla madre, «un'anima inquieta e una buona scrittrice» come la definiva lui, e da cui aveva ereditato la passione per la scrittura. Cinque mesi dopo la morte di Rhea, il figlio della coppia venne al mondo senza vita e Lesley piombò nello sconforto, trascinandoci anche il suo matrimonio.

John si concentrò sul suo lavoro e, in un'epoca in cui gli sceneggiatori non si cimentavano ancora nella regia, il suo agente John Paul Kohner fece pressione sugli *studios* affinché lo lasciassero dirigere un film se volevano che continuasse a scrivere. Il nuovo contratto gli dava la possibilità di girare un film per la Warner qualora fosse stato adattato un suo copione. La sceneggiatura di *Una pallottola per Roy*, che cambiò il destino di Humphrey Bogart, venne approvata e per Huston si aprirono le porte della regia. Fu uno dei migliori esordi cinematografici di tutti i tempi.

Il suo primo lavoro dietro la cinepresa fu il remake di un testo di Dashiell Hammett, *Il falco maltese*, di cui esistevano già due adattamenti di scarso successo. Secondo Huston le trasposizioni cinematografiche non erano state fedeli. La sua versione, invece, preservava l'essenza e l'energia del testo originale. «Ero profondamente insicuro. Volevo mettermi alla prova dietro la macchina da presa e così diressi sequenza per sequenza ogni scena del film» dichiarò in un'intervista alla BBC nel 1975. «Essendo un lettore vorace e uno scrittore, sapeva quali fossero gli ingredienti importanti di una storia, cosa amava la gente. Gli veniva naturale» sostiene il produttore Michael Fitzgerald. Nel film riservò anche una piccola parte a Walter, affidandogli il ruolo del marinaio che porta il falco nell'ufficio di Sam Spade, il protagonista magistralmente interpretato da Bogart.

Tra i numerosi aneddoti sul film, si racconta che ogni giorno Huston, Bogart, Peter Lorre, Ward Bond e Mary Astor se ne andassero in giro a sbevazzare insieme, abitudine che in apparenza non condizionò la buona riuscita delle riprese, visto l'eccellente risultato finale. *Il mistero del falco* uscì nel 1941, e ridefinì i canoni del cinema poliziesco, oltre a consacrare Humphrey Bogart come stella del cinema e icona del duro detective privato. Era nata la leggenda di John Huston. Il film ricevette tre nomination agli Oscar nel 1942: per il miglior attore non protagonista, Sydney Greenstreet, per il miglior film e per la migliore sceneggiatura non originale, scritta da John.

A 36 anni John non aveva più bisogno di continuare a bussare alla porta dei produttori e degli *studios*. Hollywood era ai suoi piedi e poteva scritturare le più grandi star della Warner Brothers. Per il suo nuovo progetto Huston si avvalse della collaborazione di Howard Koch, scrittore che ammirava e che era approdato alla Warner su raccomandazione sua. Il regista accettò di girare *In questa nostra vita* proprio perché poteva lavorare con Koch, ma il film non gli interessava granché e il risultato finale fu piuttosto mediocre. A ogni modo trovò anche il tempo di cominciare una relazione con una delle due protagoniste, Olivia de Havilland (l'altra era Bette Davis, in cui «si annidava un demone che minacciava di saltare fuori e divorare tutti», come la descrisse John, affascinato, nelle sue memorie). La relazione con l'attrice non durò molto, ma diede il colpo di grazia a un matrimonio in agonia. Stando alle parole del regista e sceneggiatore John Milius, Huston «era un maiale maschilista e sciovinista, che adorava esserlo».

Neppure Walter, suo padre, era un esempio di fedeltà, ma era più discreto nelle sue avventure extraconiugali. Ancora sposato con la terza moglie, il suo successo cinematografico cominciò a eclissare la carriera di Nan, che a poco a poco divenne una donna sempre più instabile. Walter si concentrava sempre di più sul suo mestiere, dimostrando grande versatilità interpretativa. A quegli anni risalgono film come *Mission to Moscow* («Missione a Mosca»), *Fuoco a Oriente*, *Il mio corpo ti scalderà*, *La bandiera sventola ancora*.

Documentari di guerra antibellici

Con l'intervento degli Stati Uniti nella Seconda guerra mondiale, Hollywood cominciò a produrre film patriottici. John, preferendo un approccio più diretto, si unì al Signal Corps, l'unità d'informazione dell'esercito americano, con cui girò alcuni documentari bellici.

Durante la fase iniziale della guerra Huston servì nel Pacifico e, dopo essere rientrato brevemente negli Stati Uniti per montare il primo documentario, *Report from the Aleutians* («Reportage dalle Aleutine»), si spostò nel Nord Africa. Tutto il materiale girato in Africa, però, andò perduto in seguito al naufragio della nave che lo trasportava. Huston e Frank Capra dovettero ricorrere alle scene girate dai britannici per realizzare il loro documentario. In seguito Huston si occupò dello scenario italiano, vivendo da vicino le feroci battaglie di Napoli, San Pietro e Cassino, dove girò le scene più dure e violente della guerra. A montaggio ultimato, il dipartimento della Guerra americano proibì la diffusione di *The Battle of San Pietro* («La battaglia di San Pietro»), considerandolo antibellico. La risposta di Huston a quella censura fu: «Se un giorno dovessi girare un film a favore della guerra, mi auguro che qualcuno mi cacci e mi spari». Alla fine fu il generale George Marshall in persona ad autorizzare la proiezione del documentario.

Depresso dalla guerra ma contento per aver salvato la pelle, John tornò a New York per prendersi un po' di riposo. Lì conobbe e si innamorò di Marietta Peabody, discendente di un'antica famiglia americana e moglie infelice di Desmond Fitzgerald. La donna, all'epoca giornalista della rivista «Times», fu uno dei suoi «grandi amori» e rimasero buoni amici per tutta la vita. «Papà la adorava. Sono sicura che la loro relazione durò così tanti anni proprio perché non si sposarono» racconta la figlia minore Allegra. Secondo le indiscrezioni e gli storici, Marietta fu l'unica donna che Huston amò realmente.

In quegli stessi giorni John concluse il suo ultimo documentario di guerra, *Let There Be Light* («Sia fatta luce»), narrato da suo padre. In esso il regista mostrava il trattamento psichiatrico a cui venivano sottoposti i veterani che rientravano dal fronte con disturbi mentali. Girato nell'ospedale Mason General di Long Island, il film esaltava i metodi curativi dell'esercito americano che offrivano guarigioni quasi miracolose grazie ai farmaci e all'ipnosi, ma nel contempo mostrava in tutta la loro crudezza i danni provocati dalla guerra sulla psiche dei soldati. Anche questo documentario venne inizialmente proibito e custodito negli archivi militari, fino alla sua prima proiezione nel 1981.

Finita la guerra, con sorpresa di John, Marietta divorziò, ma non per sposarsi con lui, bensì con Ronald Tree, un agente di borsa e parlamentare del Partito conservatore britannico, con cui si stabilì nella campagna inglese. Nel 1949 la coppia ebbe una figlia, Penelope, una delle modelle più famose negli anni Sessanta. La madre, invece, divenne un'attivista democratica e fu nominata da John F. Kennedy come rappresentante degli Stati Uniti nella Commissione per i Diritti Umani dell'ONU.

John, amareggiato dal rifiuto di Marietta, tornò a Hollywood e cominciò una relazione con l'attrice Evelyn Keyes, già nota allora per il ruolo di Suellen O'Hara, sorella di Rossella, in *Via col vento*. «Quando gli stavi vicino era molto difficile non lasciarti sedurre. Ricordo che una delle prime cose che mi domandò fu: "Che tipo di avventura vuoi?". Una notte, mentre cenavamo al Romanoff, un ristorante frequentato da molti vip, non so cosa mi prese e gli dissi: "Sposiamoci". Lui sbatté le palpebre e mi rispose: "Perché no?"» racconta Evelyn Keyes. Noleggiarono un piccolo aereo da turismo e volarono a Las Vegas. La coppia, tuttavia, non rimase insieme a lungo. La casa di John era piena di scuderie e cavalli, a cui Evelyn era allergica. Lupita Kohner, amica dell'attrice, rivela che la goccia che fece traboccare il vaso fu «uno scimpanzé che regalarono a John durante una festa. Quando vide suo marito totalmente stregato da quell'animale, la povera Evelyn non ebbe altra soluzione che andarsene».

Nell'aprile del 1947, in cerca di scenari naturali realistici che gli studi di Hollywood non potevano offrirgli, John partì per il Messico, dove iniziò le riprese di un nuovo film, *Il tesoro della Sierra Madre*, destinato a diventare un altro grande classico della storia del cinema. Nel cast figurava anche suo padre, nei panni di un cercatore d'oro canuto e sdentato, la più grande interpretazione della sua vita. Insieme a lui recitavano Humphrey Bogart, in un ruolo diverso dai suoi celebri gangster, e Tim Holt. La trama si sviluppa inizialmente attorno all'amicizia e al cameratismo che legano i tre uomini, ma, una volta scoperto il prezioso metallo, fra loro si instaurano l'avidità e la diffidenza. John Huston si riaffermò come efficace ritrattista di tipi umani, talento che gli valse un Oscar per la migliore sceneggiatura e uno per la migliore regia. Anche Walter fu premiato per la sua superba interpretazione come attore non protagonista. «D'ora in poi voglio girare un solo film all'anno... con te» scrisse Walter al figlio qualche tempo dopo.

Quell'anno la migliore attrice non protagonista fu Claire Trevor, per il suo ruolo nell'*Isola di corallo*, diretto dallo stesso Huston, che confermò così le sue doti di regista, contribuendo anche alle brillanti interpretazioni di Edward G. Robinson, di Bogart e della sua giovane moglie Lauren Bacall. Tuttavia, in numerose occasioni Huston minimizzò l'importanza del suo lavoro assicurando che gli elementi più rilevanti per la buona riuscita di un film erano la sceneggiatura e il casting, e che il resto veniva da sé. Molti esperti sostengono che la bravura di Huston come regista risiedesse nello spingere gli attori a creare il personaggio a modo loro, ricercando interpretazioni istintive e fedeli alla propria persona, e che solo raramente li dirigeva davvero.

L'isola di corallo fu l'ultimo film che girò per gli studi Warner prima di fondare la Horizon Pictures insieme al produttore Sam Spiegel.

La giovane e l'uomo patologicamente infedele

La sua forte personalità – un miscuglio tra Picasso e Hemingway, secondo il suo biografo Lawrence Grobel – si plasmava a mano a mano che accumulava successi e fallimenti. Separatosi dalla terza moglie, cominciò a uscire con la ballerina italo-americana Enrica «Ricki» Soma, che si trovava a Los Angeles per sostenere un provino con David Selznick, uno dei produttori icona dell'epoca d'oro di Hollywood, noto soprattutto per *Via col vento*, del 1939, lungometraggio con cui si aggiudicò l'Oscar per il miglior film. «Mamma, che allora aveva 19 anni, si ritrovò con un uomo di 44, congenitamente infedele, ma pensò che con il suo magnifico carattere avrebbe potuto domare quell'animale» racconta il figlio Tony.

Per John Huston gli anni Cinquanta si aprirono da un lato con il terzo costoso divorzio e con la «caccia alle streghe» intrapresa dal senatore McCarthy contro gli esponenti di Hollywood sospettati di simpatizzare con il comunismo, tra cui amici e colleghi del regista, e dell'altro con una delle più dolorose perdite della sua vita. Nell'aprile del 1950 John stava organizzando una grande festa per celebrare i 66 anni del padre, ma Walter alla fine, sentendosi poco bene, dovette rinunciarvi. Il figlio andò quindi a fargli visita nella suite dell'hotel Beverly Hills dove l'attore risiedeva e lo trovò in gravi condizioni. Morì poche ore dopo per un aneurisma aortico. Nella stanza c'era ancora la torta con la scritta «Buon compleanno, papà!» che il regista gli aveva portato. «Idolatrava suo padre. Cercò sempre di emularlo e di compiacerlo. Non avrebbe potuto fare di più per renderlo orgoglioso come figlio» ricorda lo sceneggiatore Ivan Moffat.

Nel 1950 John diresse *Giungla d'asfalto*, che segnò l'inizio di un nuovo filone del cinema noir, e la cui scena della rapina fu imitata in innumerevoli film successivi. I personaggi, tutti delinquenti, si caratterizzano per una notevole densità emotiva e umana. La pellicola ottenne un successo strepitoso grazie alle brillanti interpretazioni di Louis Calhern, Jean Hagen, James Whitmore e Sam Jaffe, oltre alla scoperta di nuovi talenti come la quasi esordiente Marilyn Monroe e Sterling Hayden. Tuttavia, all'epoca il film indignò molti critici, che ritenevano impudica la ricerca di empatia emotiva con «i cattivi». Huston replicò: «Le persone che considerano immorale il mio film hanno semplicemente paura dei sentimenti che esso risveglia in loro. Si sentono criminali perché comprendono lo stato d'animo e le motivazioni dei criminali».

Nove giorni dopo la morte di Walter Huston, Ricki diede alla luce il primo figlio della coppia, Walter Anthony «Tony». Nel frattempo John aveva ormai forgiato la propria leggenda grazie ai suoi antieroi, perdenti in un mondo assurdo e privo di regole, condannati a costruire in ogni momento la propria identità, afflitti dall'angoscia di sapersi gli unici responsabili delle loro vite, in accordo con il pensiero esistenzialista di Jean-Paul Sartre. John ammirava il filosofo francese, a cui affidò perfino la sceneggiatura del film *Freud, passioni segrete*, che però rifiutò per l'esagerata estensione girandone una versione profondamente modificata, arrivata sul grande schermo nel 1962, con Montgomery Clift nel ruolo principale.

Ingaggiato dalla Metro-Goldwyn-Mayer nel 1951, John cominciò a dedicarsi a un nuovo film ispirato alle vicende del suo bisnonno, un eroe della guerra civile che aveva combattuto a Chancellorsville: *La prova del fuoco*, un lungometraggio antibellico girato in piena paranoia anticomunista. Inizialmente Huston concepì la sua opera come un saggio sull'essenza della paura, ma gli *studios* la giudicarono noiosa e decisero di modificarla, riducendo un presunto capolavoro a un flop di incassi. Ma Huston non sembrò affatto contrariato. «Quando terminava le riprese, dava alcune indicazioni sulla musica e poi si disinteressava totalmente dei film. Credo che non abbia mai assistito a nessuna prima. E sono sicuro che non abbia mai guardato le copie finali dei suoi lavori» precisa il fotografo Ossie Morris, che affiancò il regista in otto lungometraggi.

Quel fiasco, inoltre, lo colse molto lontano da Hollywood, e più precisamente in Congo, insieme a tutta la troupe della *Regina d'Africa*. Le riprese del film furono una specie di licenza per dedicarsi a un'altra delle sue grandi passioni: la caccia grossa. «La prima mattina non si presentò sul set. Arrivò verso l'ora di pranzo, quando tutti stavano cominciando a innervosirsi, e disse: "Non sono arrivato prima perché ho visto che non avremmo avuto bel tempo". Invece stava cercando elefanti; non ce n'era neanche uno nei paraggi, ma lui li cercava lo stesso» racconta Angela Allen, segretaria di edizione del film.

In Congo, insieme a Katherine Hepburn, Bogart e Sam Spiegel, c'era anche il giovane scrittore e sceneggiatore Peter Viertel, incaricato di riscrivere alcuni dialoghi e che due anni dopo avrebbe plasmato la frenesia cacciatrice di Huston nel pungente romanzo *Cacciatore bianco cuore nero*. Le riprese non furono facili. Oltre ai problemi tecnici, Huston dovette vedersela con le continue assenze causate dalla dissenteria, che colpiva chi beveva acqua contaminata (e che risparmiò invece il regista e Bogart, che consumavano solo whisky), con le zanzare, con le formiche, con la riproduzione del battello usato nel film e con il divismo della Hepburn, che non faceva altro che lamentarsi di tutto. Tuttavia, a poco a poco, Huston e la sua protagonista appianarono le loro divergenze e al termine delle riprese avevano stretto una profonda amicizia, tanto che l'attrice in seguito scrisse che quella era stata «la miglior regia che avesse mai visto fino ad allora».

Durante l'assenza di John, Ricki diede alla luce una figlia, Anjelica. «Prima che papà tornasse dal Congo, mamma chiese alla costumista Dorothy Jeakins dove avrebbe potuto trovare delle lenzuola di satin nero. Dorothy le rispose che non lo sapeva e le chiese a cosa le servissero. Mamma le disse: "In tutto questo tempo John sarà andato a letto con così tante donne nere su delle lenzuola bianche che una donna bianca su lenzuola nere potrebbe essere un buon cambio"» racconta il figlio Tony.

Prima dell'esordio della *Regina d'Africa*, Huston troncò la collaborazione con Spiegel e lasciò la Horizon Pictures. Decisione di cui si pentì velocemente. Il film, infatti, fu il più grande successo di incassi della sua carriera, ma Huston, eccetto il suo stipendio, non vide un solo quattrino come produttore.

Sempre a corto di denaro

Lasciate le selvagge foreste africane, John si diresse ai saloni di Parigi, dove vent'anni prima si guadagnava la vita esibendosi in piccoli numeri per i turisti. Questa volta vi si recava per girare un film sulla tormentata esistenza del pittore Henri de Toulouse-Lautrec. Voleva filmarlo come fosse un quadro dell'artista francese, vale a dire utilizzando colori pastello, ma quando i dirigenti della Technicolor lo videro andarono su tutte le furie. Nonostante il loro dissenso, John portò avanti la sua idea e realizzò uno dei più splendidi lavori di fotografia della sua carriera. Durante le riprese, come sempre, si innamorò di una delle attrici, Suzanne Flon, e pensò perfino di divorziare da Ricki. «Tutto il denaro che guadagnò con *Moulin Rouge* lo spese per regalare quadri a Suzanne Flon» racconta Ossie Morris. Il film, interpretato da José Ferrer e Zsa Zsa Gabor, vinse due Oscar: per la migliore scenografia (Paul Sheriff e Marcel Vertès) e per i migliori costumi (Marcel Vertès); e ricevette altre cinque nomination.

Nel 1952, nonostante i successi, John Huston era quasi sul lastrico e aveva grossi problemi con il fisco statunitense. Seguendo i consigli dei suoi consulenti finanziari, che gli suggerirono di spostare la residenza all'estero, si stabilì in Irlanda (come, prima di lui, aveva fatto Orson Welles), dove acquistò un'immensa casa del XVIII secolo, nella contea di Galway. Saint Clerans sarebbe stata la dimora della famiglia nei successivi vent'anni.

Situata a venti chilometri a est di Galway, la proprietà era perfetta per andare a caccia e a pesca nei laghi circostanti. L'edificio era in rovina e il primo anno John spese 50.000 sterline per restaurarlo. Lì si abbandonò ai piaceri dell'alcol, del gioco, delle cene e dei vini costosi insieme agli amici e a coloro che gli facevano visita. Come egli stesso amava ripetere: «Bisogna sempre vivere alla grande». Paul Newman, che collaborò con il regista in due film, racconta che un giorno andò a fargli visita a Saint Clerans e durante una cena, mentre sorseggiava un delizioso vino, chiese a Huston dove l'avesse trovato. «Mi rispose» prosegue l'attore «che veniva dalla cantina dello zar Nicola II. Lo guardai e gli dissi che non avrebbe dovuto aprire una bottiglia così costosa per noi. E lui replicò: "Lascia che ti dica una cosa, mio caro: non c'è miglior momento di un'occasione speciale. E ogni occasione in compagnia dei propri amici è speciale. Bisogna sempre offrire il meglio di ciò che si ha".»

La successiva avventura cinematografica lo portò in Italia, dove insieme al suo vecchio amico Humphrey Bogart realizzò *Il tesoro dell'Africa*, un film tanto assurdo quanto divertente da girare, infarcito di complessi dialoghi scritti da Truman Capote. Questa commedia d'avventura fu anche l'ultima collaborazione di Huston e Bogart, che poco dopo l'uscita del film, a 57 anni, morì per un tumore alla gola. Il suo decesso segnò la fine di una delle più grandi unioni nella storia di Hollywood. E troncò anche uno dei pochi legami personali che Huston strinse nella sua vita. «Penso che il nostro rapporto sia durato così a lungo» spiega il fotografo Ossie Morris «proprio perché mantenni una certa distanza da lui. Il pericolo era quello. Ho visto molte persone distrutte perché gli si erano avvicinate troppo e John, quando si sentiva oppresso e soffocato, le abbandonava.»

Il regista tornò a mostrare il suo desiderio di esplorare nuovi territori in *Moby Dick, la balena bianca*, con Gregory Peck nei panni del protagonista, ruolo che a detta di molti sarebbe stato perfetto per Huston stesso. In seguito accettò di girare *Il barbaro e la geisha*, solo per l'opportunità di visitare il Giappone. In cinque anni aveva diretto cinque film in cinque paesi diversi. Poi fu il turno di *Le radici del cielo*, interpretato da Errol Flynn, con cui anni prima aveva avuto una clamorosa lite sfociata in rissa, si dice a causa di Olivia de Havilland, che era finita con entrambi in ospedale. Chiuse il decennio con un buon western, *Gli inesorabili*, anche se per diverse ragioni lo ripudiò, nonostante l'imponente contributo di Burt Lancaster e Audrey Hepburn, oltre agli eccellenti attori secondari.

Nel 1960, dopo un decennio di riprese all'estero, Huston realizzò il suo primo film negli Stati Uniti, *Gli spostati*, che narrava di anime perdute e cuori solitari. La sceneggiatura fu affidata a uno dei più grandi scrittori americani, Arthur Miller, e la recitazione ad alcune delle più lucenti stelle del firmamento hollywoodiano dell'epoca: Clark Gable, Marilyn Monroe e Montgomery Clift, affiancati da Thelma Ritter ed Eli Wallach. Quello straordinario cast attirò l'insistente attenzione della stampa. Clark Gable, a 59 anni, era ancora l'anziano re di Hollywood; Montgomery Clift cercava di liberarsi delle cicatrici di un incidente avuto quattro anni prima; e Marilyn Monroe stava per separarsi dal famoso sceneggiatore del film. L'attrice arrivava sempre in ritardo per le riprese e «in due occasioni finì in ospedale per un'overdose di sonniferi» commenta l'autorevole Eve Arnold, la prima fotografa dell'agenzia Magnum, che ritrasse la vita di Marilyn sul set. Oltre ai problemi personali di Huston e della platinata diva, anche il clima desertico del Nevada, Stato in cui fu girato il film, complicò il lavoro e causò numerosi incidenti. *Gli spostati* fu l'ultima interpretazione sia della Monroe, che si suicidò di lì a poco, sia di Clark Gable, stroncato da un infarto qualche giorno dopo la fine della produzione. Anche Montgomery Clift morì poco dopo.

Il film fu un successo artistico, ma ancora una volta tenne il regista lontano dalla famiglia. All'epoca, quando tornava, John viveva nella casa principale, a Saint Clerans, mentre Ricki stava con Tony e Anjelica in un edificio annesso, nella medesima proprietà. «Non trattò mai bene quella donna. La vita insieme a John era totalmente imprevedibile» sottolinea Ossie Morris.

Il peculiare universo cinematografico e personale

Nel 1962 Ricki si trasferì a Londra, portando con sé Tony e Anjelica. Da allora i bambini videro il padre solo durante le vacanze estive a Saint Clerans. L'anno prima John aveva avuto una relazione con l'attrice ventunenne Zoe Sallis, da cui ebbe un figlio, Danny, nato a Roma il 14 maggio 1962. Anche Ricki, a Londra, diede alla luce un'altra figlia, Allegra, il cui padre biologico era un aristocratico inglese, John Julius Norwich, visconte di Norwich, ma John la riconobbe come sua.

Senza dubbio John mantenne sempre una peculiare relazione con i suoi figli. Era sempre assente per lavoro e «quando terminava i film, faceva spettacolari apparizioni con valigie piene di regali e poi si dileguava come babbo Natale» ricorda il figlio Tony. Sua figlia Anjelica è più diretta nell'ammettere che a suo padre non piacevano i bambini, e li trattò sempre come adulti. John esigeva molto da loro. «Non si accorse mai, credo, del danno che poteva provocare utilizzando i suoi figli per perpetuare una certa illusione di sé» afferma Tony. Suo padre fornì una versione diversa in un'intervista alla BBC: «Presumo di aver dato ai miei figli più importanza che a qualsiasi altra cosa. Sono la mia proiezione e ho cercato di farne delle persone migliori di me».

Nel 1963 John ottenne ufficialmente la cittadinanza irlandese. Quello stesso anno cominciò le riprese della *Notte dell'iguana,* film che lo riportò in Messico, a Puerto Vallarta, località che deve proprio al regista la sua reputazione di rifugio prediletto dai divi di Hollywood. La trama, sapientemente adattata dal testo teatrale di Tennessee Williams, intreccia passione, paura, eccentricità, emarginazione e repressione, in un ambiente impregnato di sessualità e con attori, ancora una volta, all'altezza dei rispettivi personaggi. Richard Burton, nelle vesti di un ex pastore protestante sudato e alcolizzato, vive in acceso conflitto con tre donne: una giovanissima Sue Lyon, una matura e sensuale Ava Gardner, e la severa e antiquata pittrice interpretata da Deborah Kerr. Le avventure e gli intrighi amorosi erano così tanti che, a detta del produttore, «John si mostrò entusiasta all'idea di fare un film con tutti quei nevrotici». Pare che Huston dovette affrontare quattro notti di baldoria a Madrid per convincere Ava Gardner a recitare nel film.

E continuò instancabilmente a dedicarsi al lavoro. Pur essendo un ateo dichiarato, si cimentò in un'opera biblica, sceneggiata da Orson Welles (*La Bibbia*). Oltre a curarne la regia, interpretò un ruolo perfetto per lui: Noè. In seguito girò altri film che rivendicavano l'«epica dei perdenti», secondo cui si può fallire ma non bisogna mai sacrificare i propri ideali o abbassare la testa di fronte ai potenti, e continuò a interpretare la propria vita come un'avventura aperta a ogni imprevisto e passione. Nel suo libro *Picture: processo a Hollywood* la giornalista del «New Yorker» Lillian Ross scrive: «Si nota che John Huston ha curato tutto nei dettagli, in particolare l'ambientazione, la regia e la composizione visiva, per immergere lo spettatore in una grande intimità sentimentale. Nonostante la sua delicatezza, il regista è sempre stato ossessionato dalle profondità dell'essere umano, dalla sua essenza».

Il disastroso debutto di Anjelica

Mentre Tony, su raccomandazione del padre, lasciò l'università per accompagnare nelle sue conferenze internazionali l'architetto e futurologo Buckminster Fuller, che allora godeva di una certa notorietà e spopolava tra le comunità hippy, Anjelica manifestò il desiderio di diventare attrice. Fece un provino per il film di Franco Zeffirelli *Romeo e Giulietta*, ma John convinse il maestro a non scritturarla e la ingaggiò lui stesso per interpretare il suo *Di pari passo con l'amore e la morte*, una storia d'amore medievale. Anjelica aveva 16 anni e sua madre voleva che terminasse gli studi. Suo padre, invece, la voleva nel film. La tensione tra Ricki e John si esasperò.

La pellicola uscì nel 1969, ma fu un clamoroso fiasco e l'interpretazione di Anjelica venne stroncata dalla stampa. Il co-protagonista, Asaf Dayan, figlio del famoso generale israeliano Moshe Dayan, non riscosse molto più successo. «L'ho messa davanti alla cinepresa nel momento sbagliato e lei non ha tirato fuori il suo talento. Ho commesso un grave sbaglio. Ma diventerà un'attrice» cercò di giustificarsi John Huston. Durante la promozione del film Anjelica si scusò perfino in un programma televisivo per la sua cattiva interpretazione. «Credo di essere potenzialmente una brava attrice,» disse «anche se non l'ho dimostrato nel film. La prossima volta lascerò tutti a bocca aperta.» Molti anni dopo dichiarò: «Ero la figlia senza talento di un uomo estremamente talentuoso. Rimasi profondamente delusa dalla mia recitazione in quel film». Le ci vollero cinque anni prima di tornare su un set, e quindici prima di tornare a lavorare con il padre.

Poco dopo aver concluso il film, John fu trovato incosciente in un hotel londinese: soffriva di enfisema polmonare e dovette cominciare a usare una maschera d'ossigeno per respirare. Il suo corpo cominciava a cedere. Due mesi più tardi Ricki morì in un incidente d'auto nelle campagne francesi. Non avendo mai divorziato da John, sulla carta erano rimasti insieme diciannove anni.

Dopo il disastroso debutto cinematografico, Anjelica intraprese una nuova carriera come modella. Il grande fotografo Richard Avedon scorse un certo potenziale nella sua bellezza poco ordinaria e la volle per un reportage di trenta pagine per la rivista «Vogue». Anjelica si trasferì a New York, dove la sua carriera prese il volo. Ritrovata la fiducia, conobbe e si innamorò di un giovane attore, Jack Nicholson, con cui iniziò una relazione sentimentale che godeva dell'approvazione di suo padre. «Credo che rivedesse qualcosa di sé in Jack. Aveva quel fascino irlandese da avventuriero senza scrupoli» osserva la figlia minore, Allegra.

Quando compì 66 anni, la stessa età in cui era morto suo padre, John cominciò a temere per la sua cattiva salute. Eppure, nonostante spesso dovesse portare con sé una bombola d'ossigeno, non rinunciò ai suoi famosi sigari. «Credo che la sua capacità creativa venisse direttamente da quei sigari» assicurò Paul Newman dopo aver girato insieme a lui *L'uomo dai sette capestri* (1972) e *L'agente speciale Mackintosh* (1973). Huston trovò ancora la forza di corteggiare la trentatreenne Celeste Shane, soprannominata «Ci Ci», che sposò nel 1972. La donna, con cui condivideva la passione per i cavalli, veniva da un'agiata famiglia di Los Angeles.

Nel 1973 Huston e Nicholson lavorarono insieme in un altro classico del cinema noir, *Chinatown*, di Roman Polanski, in cui John offre un ritratto inquietante del potente patriarca Noah Cross, una delle sue migliori prove. Già dieci anni prima la sua interpretazione di un alto rappresentante della Chiesa americana nel *Cardinale*, di Otto Preminger, gli era valsa una nomination agli Oscar come miglior attore non protagonista. «A partire da quel momento, ogni volta che aveva bisogno di denaro, lavorava come attore... e ne aveva sempre bisogno» racconta Tommy Shaw, che lo affiancò come assistente alla regia in numerosi film. La sua filmografia come attore conta più di venti titoli, spesso nel ruolo del cattivo o di un personaggio di geniale autorità, con molti alti e bassi negli anni seguenti.

Dopo una serie di film di scarso successo, la sua reputazione rinacque grazie a *Città amara*, del 1972, un ritratto compassionevole sul mondo dei pugili dilettanti, e soprattutto grazie all'epopea *L'uomo che volle farsi re*, del 1975, tratta dal romanzo di Rudyard Kipling, con Sean Connery nei panni di Daniel Dravot e Michael Caine in quelli di Peachy Carnehan, due uomini che partono in cerca di tesori per trovare invece la morte e la mutilazione. Era una super produzione come non se ne facevano più. «L'unica indicazione che mi diede come regista fu di accorciare un lungo discorso che credevo di recitare bene, e ci rimasi male. Mi disse semplicemente: "Puoi parlare più veloce, Michael"» ricorda Caine.

A poco a poco Anjelica tornò a interpretare piccole parti, dopo *James Bond 007 – Casino Royale* (1967), e *Di pari passo con l'amore e la morte* (1969), in *Hamlet* (1969), *Gli ultimi fuochi* (1974) di Elia Kazan, *Il postino suona sempre due volte* (1981) e in *Frances* (1982). Cominciava a liberarsi dell'ombra del padre. «Iniziai una relazione con Jack Nicholson, e stare con una persona che attirava così tanta attenzione come lui mi faceva sentire creativa ma al tempo stesso senza valvola di sfogo. Presumo che fu per quello che tornai a recitare» spiegò nel 1985 in merito alla sua ricomparsa sul grande schermo.

Il desiderio di girare a qualsiasi prezzo

Negli anni Settanta John Huston assunse con i suoi figli minori un comportamento diverso da quello tenuto con Tony e Anjelica, pur continuando a trattarli come dei piccoli adulti. Sua figlia Allegra ricorda che si guadagnava la paghetta settimanale sfidandolo a backgammon, un dollaro a punto. «Voleva perfino portarmi a Las Vegas» racconta «per partecipare al campionato nazionale. Avevo circa 12 anni, ma scoprì che l'età minima era 14. Andò su tutte le furie quando si rese conto che non avrei potuto partecipare.»

Professionalmente John era all'apice della sua carriera. Ma la sua vita privata era tutt'altra cosa. Sua moglie odiava Saint Clerans, e John, privo di risorse per mantenerla, la vendette, con tutta la sua vasta collezione d'arte riunita in oltre quattro decenni. «Molta gente si attacca alle cose per paura. Nel caso di mio padre, disfarsi del passato era un segnale di vita» sostiene Tony Huston.

«La mia vita è composta da episodi fortuiti, tangenziali e differenti. Cinque mogli e molte avventure, alcune più memorabili dei matrimoni. La caccia, le scommesse, i purosangue, il pugilato, dipingere, collezionare... Ho scritto, diretto e interpretato più di sessanta film.» Riassumeva così il suo percorso nelle memorie intitolate *Cinque mogli e sessanta film*, che scrisse nel 1980, a 73 anni, dopo essersi ritirato in una capanna indigena a Las Caletas, un'isola inaccessibile a un'ora di barca da Puerto Vallarta, dove si era trasferito in seguito al quinto divorzio, lontano dal lusso e dallo splendore di Saint Clerans. Nella sua eloquente autobiografia John menziona solo una volta la sua quinta moglie, definendola un «coccodrillo». Dopo il divorzio, avvenuto nel 1977, John, a 71 anni, cominciò a vivere con la domestica della sua ex moglie, la messicana Maricela Hernández, ventitreenne, che gli rimase accanto negli ultimi anni.

Il regista che aveva sempre disdegnato Hollywood ne era divenuto un'icona. Ma Huston era più preoccupato dai nuovi film che voleva girare che dal commentare quelli vecchi. In quegli anni sperimentava ancora di tutto: da una storia di evasione e calcio come *Fuga per la vittoria* (1981), a un musical come *Annie* (1982) e un dramma come *Sotto il vulcano* (1984), realizzato in Messico e interpretato da una giovanissima Jacqueline Bisset.

Inoltre, come suo padre l'aveva aiutato a farsi largo a Hollywood, John a sua volta spianò la strada a una nuova generazione di Huston. Nel 1985 tornò a lavorare con la figlia, per la prima volta dopo il suo infelice debutto, nel film *L'onore dei Prizzi*, dove Anjelica indossa i panni di Maerose Prizzi, la figlia del boss mafioso innamorata del sicario della famiglia, Charley Partanna, interpretato da Jack Nicholson. «È la prova che io e Jack possiamo lavorare insieme, che io sono capace di recitare. È il risultato di un duro e lungo lavoro e del grande sostegno della mia famiglia» raccontò Anjelica alla stampa. Anche lei, come suo nonno, dimostrò di avere talento per la recitazione. E come lui, vinse un Oscar come migliore attrice non protagonista sotto la regia di John. Quando salì sul palco per ritirare il premio, l'attrice sottolineò quanto significasse per lei quel riconoscimento, poiché era stato proprio suo padre a dirigerla nel film. Huston, tuttavia, in quell'occasione si fece soffiare la statuetta per la migliore regia da Sydney Pollack con *La mia Africa*.

Quello stesso anno Huston fu molto fiero anche della figlia minore, Allegra, che si laureò a Oxford, diventando la prima della famiglia a ottenere un titolo universitario.

Esploratore di nuovi territori fino alla fine, il suo ultimo film, quasi fosse una premonizione, si intitola in originale *The Dead* («I morti»). Tratto dall'omonimo racconto di James Joyce, contenuto nella raccolta *Gente di Dublino*, il film si sviluppa come una bella e lirica meditazione sulla vita e la morte, che Huston diresse su una sedia a rotelle permanentemente attaccato a una bombola d'ossigeno. Il suo volto era eroso da creste e valli, scolpito dalla pioggia, dal sole e dalla vita dura. Troppo debole per viaggiare, ricreò la Dublino del 1910 negli studi di Los Angeles. Sua figlia Anjelica era la prima attrice. Al figlio Tony, che si era sempre tenuto ai margini dell'industria cinematografica e viveva in Inghilterra con i tre figli e la moglie, lady Margot Lavinia Cholmondeley (figlia del sesto marchese di Cholmondeley e discendente del fondatore della famiglia Rothschild), John affidò il difficile compito di adattare *I morti* per il grande schermo. Girò fino all'ultimo respiro. Era il suo omaggio a Joyce e all'Irlanda, il suo commovente addio.

Sebbene fosse malato, John si recò in Rhode Island per aiutare il figlio Danny con il suo film. Lì le sue condizioni si aggravarono. Marietta Peabody Tree, il suo vecchio amore con cui non si era mai sposato, gli stava accanto e insieme, poiché John non voleva trascorrere i suoi ultimi giorni in un ospedale, affittarono un appartamento a Newport (Rhode Island), con vista sulla baia di Narragansett. Morì la mattina del 28 agosto 1987 per complicazioni causate dall'enfisema diagnosticatogli vent'anni prima. Il maestro aveva 81 anni e, come disse Orson Welles, il suo capolavoro fu la sua stessa vita.

Il suo paradiso privato a Las Caletas, un rifugio più che una vera e propria casa, dove aveva vissuto con Maricela, fu donato secondo le sue volontà agli indigeni locali e oggigiorno è la meta di migliaia di turisti curiosi. La sua amata Saint Clerans, invece, fu trasformata dal nuovo proprietario, l'artista Merv Griffin, scomparso nell'agosto del 2007, in uno degli hotel più lussuosi d'Irlanda.

La componente genetica

Tony, come regista e scrittore, si dedicò a due progetti che suo padre avrebbe voluto realizzare: una storia sugli indiani d'America e *Benito Cereno*, tratto da un racconto di avventura di Herman Melville. Allegra abbandonò la carriera di editrice per unirsi all'attività di famiglia coproducendo lungometraggi di animazione Disney insieme a Elton John. Ma ciò che realmente hanno imparato i suoi figli in tutti questi anni è che nessuno può essere come John Huston. «È impossibile imitarlo. Dobbiamo trovare la nostra strada» sottolinea Tony, che nel 1987 divorziò da lady Margot Lavinia Cholmondeley per sposare l'attrice Pat Delaney.

La versatilità di Anjelica ricorda quella di suo nonno Walter. È diventata un'attrice di grande forza e carattere, capace di interpretare con la stessa facilità ruoli molto diversi fra loro: come la madre omicida di *Nemici, una storia d'amore*, per cui fu nuovamente candidata all'Oscar nel 1989; Dolores, la trentenne uccisa in *Crimini e Misfatti* (1989), di Woody Allen; Lilly, la madre di John Cusack, in *Rischiose abitudini* (1990) di Stephen Frears, magistrale interpretazione che le valse una terza nomination, anche se la statuetta andò poi a Kathy Bates; la divertente Morticia Addams nella *Famiglia Addams* (1991); o ancora un'eroina del selvaggio West in *Buffalo Girls* (1995).

L'attrice ha anche voluto mettere alla prova la sua eredità genetica dietro la cinepresa. Nel 1996 diresse il film tv *Bastard out of California*, una controversa arringa contro i maltrattamenti infantili, e tre anni dopo diresse e interpretò per il grande schermo *La storia di Agnes Browne*. «Ogni volta che comincio un nuovo lavoro mi chiedo sempre, in un certo senso, se lui l'avrebbe approvato, se gli sarebbe piaciuto quello che faccio» dichiarò in un'intervista.

Da oltre quattro decenni davanti alla cinepresa, il suo talento continua a risplendere in diversi generi, come ha dimostrato ancora nel 2010 con la commedia romantica *La Fontana dell'amore*, il film fantastico *The Other Side* e il dramma *Long Time Gone*, al fianco di Christina Ricci.

Alla fine degli anni Ottanta terminò la relazione con Jack Nicholson, suo compagno per sedici anni. E nel 1992 si sposò con il pittore e scultore messicano Robert Graham (artefice del mausoleo dedicato al presidente Franklin Roosevelt a Washington), con cui visse in un ranch a Venice (California) fino al 2008, anno in cui rimase vedova. E anche lei, come il suo famoso e prolifico padre, ha la sua stella sulla Hollywood Walk of Fame, la numero 2398 della mitica strada.

Anche il fratellastro Danny Huston ha portato avanti la tradizione famigliare. Mosse i suoi primi passi nel mondo dello spettacolo ad appena 16 anni, ma non prese sul serio la sua carriera fino a metà degli anni Novanta, passata già la trentina. E lasciò tutti a bocca aperta con la sua interpretazione dell'agente di Hollywood Ivan Beckman nel film *Ivansxtc*, diretto da Bernard Rose nel 2000 e candidato a numerosi premi. Anche Anjelica prese parte al film con un cameo. Da allora Danny ha lavorato con registi del calibro di Alejandro González Iñárritu (*21 grammi*, 2003), Jonathan Glazer (*Birth – Io sono Sean*, 2004), John Sayles (*Silver City*, 2004), Martin Scorsese (*The*

Aviator, 2004), Fernando Meirelles (*The Constant Gardener – La cospirazione*, 2005), Alfonso Cuarón (*I figli degli uomini*, 2006), Sofia Coppola (*Marie Antoinette*, 2006), David Slade (*30 giorni di buio*, 2007), Martin Campbell (*Fuori controllo*, 2010). Inoltre, ha scritto, prodotto e diretto numerosi progetti per il cinema e la televisione. «Credo nei nostri geni, uno di noi porterà avanti e conserverà lo spirito di nostro padre e di Walter, ma non succederebbe nulla se il talento saltasse una generazione» assicura.

Danny e la moglie, la modella inglese Katie Jane Evans, madre della sua unica figlia, Stella, erano divorziati da un anno quando la donna, nell'ottobre del 2008, si suicidò gettandosi nel vuoto dal tetto di un edificio in California. Non aveva mai nascosto quanto fosse difficile per lei essere la moglie di un attore, spesso assente a causa dei numerosi progetti cinematografici. Katie era scivolata nell'alcolismo, proprio come settant'anni prima era successo alla prima moglie di John Huston.

L'ultimo della famiglia a intraprendere una carriera cinematografica è stato Jack, il figlio di Tony Huston e lady Margot Lavinia Cholmondeley. Il giovane, nato a Londra, iniziò la sua carriera nel 2004 con dei piccoli ruoli in televisione e due anni dopo fece il salto al grande schermo (*Factory Girl*, *The Garden of Eden*, *Outlander – L'ultimo vichingo*). Recita anche nella serie televisiva americana *Eastwick*. Grazie al ruolo di Royce King in *Eclipse*, il terzo capitolo della saga vampiresca di *Twilight*, Jack ha imboccato la via del successo e della celebrità. Per molti critici la sua aria sfacciata e il suo sorriso ineguagliabile ricordano un po' Johnny Depp.

I trionfi degli Huston sullo schermo sono stati plasmati dalle difficoltà della vita reale. I loro successi cinematografici sono solo un riflesso della vita che hanno condotto. Ciascuno ha affrontato a modo suo il peso dell'eredità. E per ora sembra che lo spirito di John Huston continui a vivere.

16

I Rockefeller

La crescita di una grande attività è semplicemente
la sopravvivenza del più adatto...
Questa non è una tendenza malvagia degli affari.
È soltanto il risultato della coniugazione
di una legge della natura con una legge di Dio.

JOHN D. ROCKEFELLER (1839-1937)

I Rockefeller

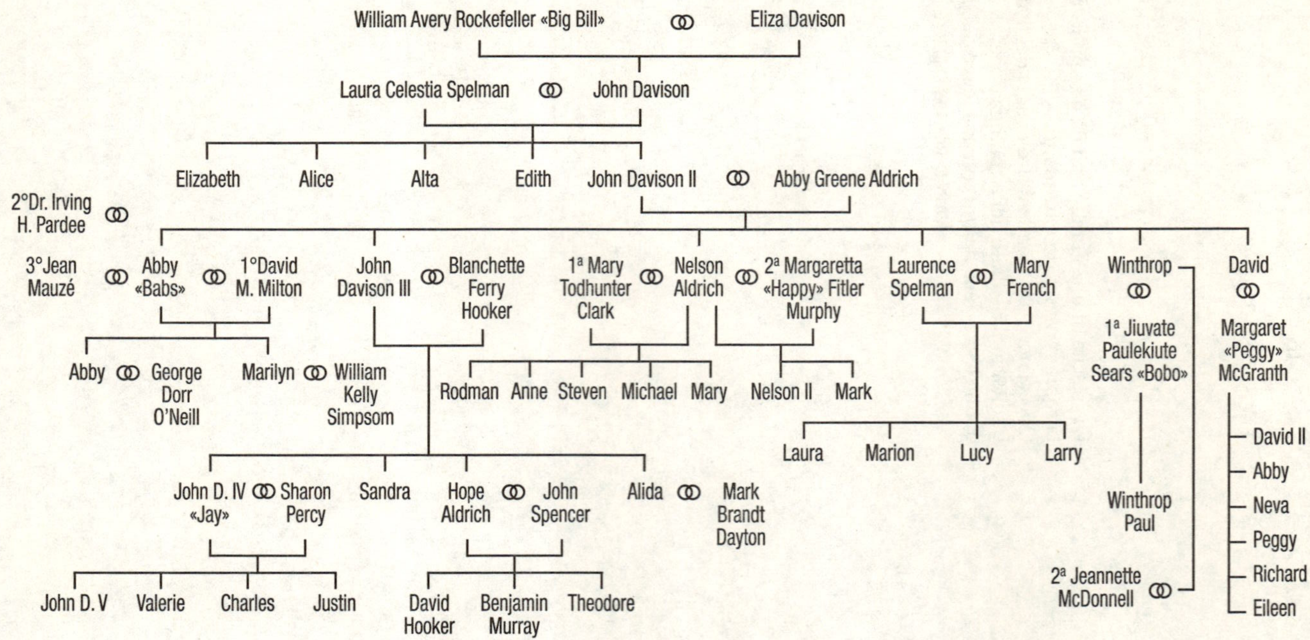

Non ci sono dubbi sul fatto che, considerando la sua rilevanza storica, negli ultimi secoli non è esistita nessuna famiglia ricca quanto quella dei Rockefeller. Il loro nome è ancora oggi sinonimo di ricchezza. Grazie al loro denaro, rimasero per più di un secolo all'avanguardia dell'industria, della finanza, della politica e della filantropia. Ma il loro smisurato successo diede anche luogo a grandi controversie. La loro storia, punteggiata da scandali, tragedie e addirittura episodi sanguinari, non soltanto è la cronaca di una stirpe ma, come spesso avviene tra i più ricchi del pianeta, un'autentica epopea di varie generazioni contraddistinte dalla pratica dello sperpero, da un'ambizione sfrenata e da un orgoglio smisurato. Più di centoquarant'anni della storia della famiglia più rappresentativa degli Stati Uniti sono raccolti nel bunker sotterraneo di tre piani costruito sotto la residenza famigliare Kykuit, a Pocantico, dove dieci archivisti lavorano a tempo pieno per classificare i più di 70 milioni di documenti storici, lettere, carte personali e ufficiali delle loro numerose fondazioni e istituzioni filantropiche. Sono le impronte di una dinastia sempre rimasta sotto il controllo totale dei suoi membri maschili e dove le donne hanno influito poco o niente sulla crescita e la gestione della fortuna della famiglia.

Come si costruisce una grande fortuna

La fortuna dei Rockefeller, discendenti di immigranti ebrei tedeschi, arrivati negli Stati Uniti nel 1733, iniziò a formarsi grazie a John Davison Rockefeller (1839-1937), fondatore della Standard Oil

Corporation. Suo padre, William Rockefeller, soprannominato «Big Bill», era un venditore ambulante di medicinali, anche se si presentava come famoso oncologo. Nel XX secolo viaggiò per il Nord dello Stato di New York, vendendo balsami medicinali e false cure per il cancro. Uno dei suoi intrugli, che lui garantiva curasse qualsiasi male, conteneva anche petrolio grezzo. «In un modo o nell'altro, riusciva sempre a sfuggire agli agenti, alla legge e ai compratori truffati» racconta Burton W. Folsom, scrittore e professore di Storia all'Hillside College.

John D. Rockefeller era il secondo dei cinque figli di Bill ed Eliza. Big Bill se ne andò dalla famiglia poco dopo il trasferimento a Cleveland, nel 1853. Big Bill non divorziò mai. Semplicemente si trasferì in Canada, si sposò con un'altra donna e costruì una nuova famiglia.

Il giovane John assunse il ruolo di uomo di casa e cercò di aiutare la madre. Fin da giovane si mise a «concedere piccoli prestiti, un commerciante bambino», sostiene lo storico e scrittore Richard Norton Smith, biografo di Nelson Rockefeller e vincitore del premio Pulitzer nel 1983. Vendeva ai suoi compagni di scuola pietre di forme e colori diversi e metteva il denaro guadagnato in un recipiente blu di ceramica, la sua «prima cassaforte», come racconta nel suo libro autobiografico *Random Reminiscences*. Quando aveva messo da parte 50 dollari, un fattore suo vicino gli chiese proprio quella somma per saldare un debito urgente. John gliela prestò con un interesse del 7 per cento. Un anno dopo, gli tornarono in tasca 53 dollari e mezzo. Da quel momento, come scrisse in seguito, decise di «far lavorare il denaro» al posto suo.

Nell'autunno del 1855, un commerciante lo assunse come contabile. John aveva 16 anni, lavorava senza orario e guadagnava soltanto 50 centesimi al giorno. Annotava ogni movimento in un piccolo libro contabile, una specie di diario economico a cui diede il nome di *Libro mastro A*, che tuttora si conserva. Da allora, il suo codice di vita fu: «Disciplina, ordine e una registrazione fedele delle entrate e delle uscite». In questo curioso registro annotava anche le somme che elargiva a opere di carità, «perché da quando guadagnò il suo primo stipendio, dedicò una parte di esso ai bisognosi. E pur se conduceva una vita spartana, poteva comunque risparmiare», dice John Grabowski, professore di Storia presso l'Università di Cleveland (Ohio). Ogni sera, a letto, ricontrollava mentalmente le operazioni finanziarie del giorno, cercando di scoprire come poter ottenere maggiori guadagni.

Nel 1858, quando aveva 18 anni, si associò con un commerciante di nome Maurice Clark e insieme crearono una loro attività di vendita di carne, cereali e qualunque altra merce arrivasse dal porto di Cleveland. A poco a poco, la condizione di Rockefeller iniziò a essere prospera, ma a trasformare il suo piccolo patrimonio in una delle più grandi fortune della storia fu la decisione di entrare in un settore allora poco conosciuto.

Nell'anno successivo, a Cleveland, proprio sulla frontiera con lo Stato della Pennsylvania, si perforò il primo pozzo di petrolio degli Stati Uniti. Mancava ancora molto tempo alla comparsa dell'automobile Fort T e all'invenzione della lampadina elettrica da parte di Edison. Ciò nonostante, l'oro nero, raffinato per essere trasformato in cherosene ed essere utilizzato per l'illuminazione, era caro: costava 20 dollari al barile. Il giovane commerciante Rockefeller capì subito il futuro economico che avrebbe potuto avere il petrolio della Pennsylvania.

Il primo monopolio del mondo

Nel 1863, i giornali di Cleveland parlavano continuamente delle fortune che si creavano e si perdevano con i giacimenti petroliferi. In quello stesso anno, Rockefeller e il suo socio Maurice Clark si unirono al chimico Samuel Andrews (inventore di un processo rivoluzionario per la raffinazione del petrolio greggio) e avviarono una piccola raffineria. Con il crescere del giro d'affari, però, Rockefeller e Clark si scontravano sempre più spesso. «Alla fine fecero un'asta tra loro due per vedere chi si sarebbe tenuto la raffineria. Le offerte partirono da 500 dollari, ma la cifra crebbe rapidamente fino a raggiungere valori esorbitanti. John Rockefeller offrì 72.500 dollari e il socio gli cedette la sua parte dell'attività» racconta Tony Spiva, professore di Economia presso l'Università del Tennessee-Knoxville.

Rockefeller sciolse la società e ne creò un'altra: la Rockefeller & Andrews. In pochi mesi diventò la più grande raffineria di Cleveland, con una capacità di cinquecento barili al giorno e guadagni di un milione di dollari all'anno che raddoppiarono l'anno successivo.

A quell'epoca, John corteggiava una vecchia compagna di scuola,

Laura Celestia Spelman (1839-1915), una donna molto religiosa, figlia di un abolizionista di Cleveland. John e Laura si sposarono nel settembre del 1864. La loro prima figlia, Elizabeth, nacque nel 1865. Ebbero poi altre tre bambine prima che Laura desse alla luce un figlio maschio, nel 1874. Esultante, il padre lo chiamò John Davidson Junior.

Fin dal momento della sua nascita, l'eredità di Junior non fece che aumentare. Suo padre gestiva gli affari con fermezza, soprattutto per quanto riguardava la concorrenza. Secondo Tony Spiva, il suo motto era: «Se posso liberarmi di un concorrente, lo faccio, a qualunque costo». Nella primavera del 1872, Rockefeller decise di acquistare azioni della concorrenza, e arrivò a possedere partecipazioni in più di venti piccole raffinerie di Cleveland. In soli due giorni, si appropriò di sei di esse. Esercitava pressioni su chi non voleva vendere. «Ricorreva alla guerra dei prezzi. Grazie al suo potere e alla portata delle sue operazioni, era in grado di sostenere la lotta per un tempo molto più lungo di quanto potesse fare la maggioranza di quelle imprese più piccole» dice lo storico Richard Norton Smith.

L'impero delle raffinerie di Rockefeller, che nel 1870 assunse il nome di Standard Oil, si estese molto oltre Cleveland. «Rockefeller fu il primo a creare un'organizzazione imprenditoriale in grado di monopolizzare un intero settore economico» spiega Spiva. Nel 1882 la Standard Oil controllava già il 90 per cento delle raffinerie di petrolio degli Stati Uniti ed esercitava il monopolio sui canali di distribuzione. Aveva creato il primo *trust* del mondo, un sistema che divenne molto comune all'epoca delle grandi concentrazioni imprenditoriali del capitalismo agli albori negli Stati Uniti. Rockefeller faceva pressioni sulle società ferroviarie per negoziare le tariffe di trasporto e ottenere che la Standard Oil avesse un trattamento preferenziale con grossi sconti, fatto che gli permetteva di trasportare il petrolio pagando cifre inferiori rispetto ai suoi sempre meno numerosi concorrenti.

Due anni più tardi, Rockefeller trasferì la sede del suo impero a New York e portò con sé la famiglia in una casa della 54ª Strada Ovest che gli costò 600.000 dollari dell'epoca. Nel 1885, la Standard Oil era cresciuta tanto da essere ormai la più grande compagnia mondiale, nonché quella con i maggiori profitti. I Rockefeller stavano per diventare la famiglia più ricca del pianeta ma anche una delle più malfamate. Il patriarca era un uomo duro e risoluto, considerato da molti un terribile sfruttatore, un uomo che aveva conquistato la sua fortuna con il sudore e il sangue dei suoi lavoratori.

Una ricchezza dalla cattiva reputazione

I decenni successivi alla guerra di Secessione videro l'inizio dell'era capitalista, anni in cui sarebbero nati magnati come Carnegie, Vanderbilt o Rockefeller. «Si formarono concentrazioni di potere economico di proporzioni mai viste e che, pur se in modo velato, erano più sinistre di quanto qualsiasi cittadino statunitense potesse sospettare» spiega Richard Norton Smith.

Con l'inizio del XX secolo, il prestigio dei Rockefeller iniziò a vacillare. Nel 1902 la Standard Oil divenne il nemico pubblico numero uno per opera della giornalista Ida Tarbell. «Ida Tarbell era figlia del proprietario di una raffineria della Pennsylvania che aveva perso la sua attività per colpa di Rockefeller. È indubbio che fosse mossa dal rancore» dice Austin Kerr, presidente della Ohio Academy of History. La Tarbell pubblicò sulla rivista «McClure's» diciotto articoli sulla storia della Standard Oil. Il primo uscì a novembre 1902 e l'ultimo due anni più tardi. Rockefeller era la Standard Oil e pertanto quello era un modo per denigrare lui e la sua famiglia. «Ciò che della Standard Oil dava più fastidio a milioni di persone negli Stati Uniti erano la sua grandezza e l'arroganza con cui divorava i concorrenti» indica Richard Norton Smith. Tarbell concludeva così il suo ultimo articolo: «Rockefeller raggiunse i suoi obiettivi ricorrendo alla forza e alla frode. Simili metodi, invece di generare disprezzo, suscitano ammirazione crescente. E, in fondo, è logico: si celebra il successo negli affari e gli uomini che trionfano, come quelli della Standard Oil, diventano eroi nazionali».

In quegli anni, i giornali pubblicavano vignette con la caricatura di Rockefeller, rappresentato come un industriale malvagio che manipolava l'economia a suo vantaggio. Sindacalisti, anarchici e politici dicevano che era un mostro. In alcuni casi, gli attacchi a Rockefeller non si fermavano alle parole. Ci furono tentativi di omicidio, manifestazioni, incarichi politici che vacillarono...

Era solo l'inizio. Nel 1904 il presidente Theodore Roosevelt, nella sua lotta contro i monopoli, si propose di eliminare la Standard

Oil. Il governo federale avviò una causa contro il gigante del petrolio, accusandolo di monopolio. Mentre i suoi avvocati si scontravano con i tribunali, gli sforzi fatti da Rockefeller per dirigere la Standard Oil cominciarono a far sentire il loro effetto. La sua salute si indebolì. Soffriva di ulcera ed era affetto da un tipo poco comune di alopecia, una malattia che colpisce il sistema ghiandolare e che lo fece diventare completamente calvo.

Aveva poco più di 50 anni ma sembrava un anziano. Rockefeller si ritirò dalla vita pubblica. Negli ultimi anni visse praticamente recluso. Aveva a malapena il coraggio di uscire di casa, riceveva poche visite e non concedeva interviste. Viveva tranquillamente in una tenuta di 1200 ettari, acquistata poco tempo prima: una proprietà con vista sul fiume Hudson chiamata Kykuit, che in olandese significa «belvedere» o «posto d'osservazione». La residenza fu donata al National Trust: attualmente è aperta al pubblico ed è visitata da centinaia di migliaia di persone ogni anno.

«Si ritirò dalla Standard Oil Company all'età di 55 anni. Dimostrò una grande tenacia nel creare ciò che divenne un enorme impero e poi, semplicemente, lo abbandonò» spiega il suo bisnipote, il senatore John Rockefeller IV. John D. Rockefeller smise di occuparsi degli affari, della gestione quotidiana della Standard Oil, e si consacrò alla filantropia. «Credeva fermamente che doveva destinare il 10 per cento dei suoi guadagni a opere benefiche e religiose» dice Peter Johnson, storico della famiglia. E il 10 per cento del reddito di Rockefeller era una somma enorme. Quelle donazioni generose erano destinate a centri d'insegnamento, come l'Università di Chicago, fondata nel 1890 grazie al suo denaro. Ad Atlanta fondò lo Spellman College, la scuola per donne afroamericane, in onore dei suoceri che erano abolizionisti. Poi venne l'Istituto Rockefeller per la Ricerca Medica di New York (1901), il Consiglio Generale per l'Istruzione (1902) e la Fondazione Rockefeller (1913). Ciò nonostante, la generosità non migliorò la reputazione del magnate del petrolio. La stampa vedeva nelle sue opere benefiche un tentativo di guadagnare popolarità. «Lo vedevano come una specie di mostro avaro» ricorda Tony Spiva.

Il peggio, però, doveva ancora venire. Quando il suo unico figlio cercò di riscattare il nome della famiglia, un tragico conflitto sul lavoro trasformò, secondo alcuni, il «suo denaro sporco» in «denaro macchiato di sangue».

L'erede del monopolio Standard Oil

A 19 anni, John Rockefeller Senior aveva già avviato la sua attività. Alla stessa età, nel 1893, il suo unico figlio maschio, John D. Rockefeller Junior (1874-1960), iniziava gli studi all'Università Brown di Providence (Rhode Island), a orientamento battista. Il padre era un chiaro esempio di sicurezza, decisione e, a volte, addirittura crudeltà. John Junior era un giovane introverso e insicuro. Praticamente il classico «figlio di papà», come lo definisce Mary Louise Pierson, sua trisnipote e co-autrice, insieme a sua madre Ann Rockefeller Roberts, del libro sulla casa di famiglia *The Rockefeller Family Home: Kykuit.*

Junior era così timido che, quando nell'autunno del 1894 conobbe a una festa universitaria la ventenne Abby Aldrich (figlia dell'influente senatore Nelson Wilmarth Aldrich, presidente del potente Comitato per la finanza del Senato degli Stati Uniti), non ebbe neppure il coraggio di chiederle di ballare. «Abby era una donna molto affascinante, piena di vita, il tipo di donna che faceva tutto quello che trovava emozionante. Era la tipica persona che si gode al massimo la vita» sostiene Richard Norton Smith.

Una volta sposati, i due giovani si stabilirono a Manhattan ed ebbero sei figli. La primogenita fu una femmina, Abby «Babs», a cui fecero seguito cinque maschi: John Davidson III, Nelson Aldrich, Laurence, Winthrop e David, conosciuti come i famosi cinque «Rockefeller Brothers» che, con il tempo, arrivarono a dirigere i più importanti settori di attività dell'epoca, dalle banche alle grosse società immobiliari, passando per il mondo della politica.

Junior aveva tempo da dedicare alla famiglia visto che, pur se era entrato nella società dal 1897, quelli che in realtà se ne occupavano erano i dirigenti scelti da suo padre. «A mio nonno diedero un posto simbolico, ma non ebbe modo di sapere quali fossero esattamente le sue competenze né di scoprire chi fosse lui in realtà» racconta il senatore John D. Rockefeller.

Nel 1904, frustrato e profondamente depresso, Junior prese un'aspettativa di un anno. «Dopo alcuni anni negli affari, entrò in crisi e decise di fare un lungo viaggio in Europa con la moglie» dice lo storico Austin Kerr. Al suo ritorno, la situazione non era migliorata e nel 1910 annunciò che avrebbe lasciato l'impresa. Junior se ne andò dalla Standard Oil quando il gigantesco monopolio iniziava a frantumarsi. Nel 1911, dopo quasi dieci anni di processo, la Corte suprema stabilì che la Standard Oil doveva essere smantellata entro sei mesi. Praticamente tutte le industrie petrolifere importanti degli Stati Uniti nacquero da quella decisione che il tribunale prese per combattere il monopolio. «Rockefeller continuò a mantenere spettanze in quelle imprese e addirittura la proprietà di quasi tutte. Il loro valore, in valuta odierna, era di più di dieci miliardi di dollari» indica Kerr.

Due anni dopo quella decisione, la fortuna personale di John Rockefeller Senior superava i 900 milioni di dollari. Era diventato l'uomo più ricco del mondo. E se teniamo conto dell'inflazione, è possibile che sia stato l'uomo più ricco mai esistito. Secondo una valutazione della sua discendente Mary Louise Pierson, «è possibile che possedesse il doppio di quello che si calcola abbia attualmente Bill Gates».

Ma se la fortuna dei Rockefeller era incommensurabile, la sua popolarità diminuiva sempre più. Nel 1902, la famiglia acquistò azioni di controllo di una compagnia mineraria chiamata Colorado Fuel and Iron. Junior occupò un posto nel consiglio d'amministrazione. Fu una delle poche volte in cui partecipò a un'operazione d'impresa, anche se solo nominalmente, dato che non partecipò mai alle riunioni del consiglio.

Il massacro di Ludlow

Nel 1913 novemila minatori della miniera di Colorado entrarono in sciopero. «John Junior si mantenne al margine del conflitto, lasciando che fossero i suoi subordinati a occuparsene. Solo che lo fecero piuttosto male» spiega lo storico Larry Schweikart. Il 20 aprile 1914 i dirigenti si rivolsero a un'agenzia di sicurezza privata e alla Guardia Nazionale perché attaccassero il campo degli scioperanti, appena fuori Ludlow (Colorado). Rimasero uccisi ventiquattro minatori tra cui due donne e undici bambini, e l'episodio fu ricordato con il nome di «massacro di Ludlow».

«Una generazione dopo che la stampa aveva detto di un Rockefeller che era un polpo che strangolava l'economia, improvvisamente un altro Rockefeller si macchiava le mani di sangue. La tragedia di Ludlow fu il colpo più duro inferto alla popolarità della famiglia, ma aprì gli occhi a Junior» spiega lo storico Richard Norton Smith. «Si rese conto che aveva commesso un errore personale che si ritorceva contro di lui come uomo, non soltanto come Rockefeller e, cosa forse ancora più importante, come cristiano. Andò in Colorado e affrontò personalmente la faccenda» sostiene Peter Johnson, storico della famiglia. «Passò più di un mese con i minatori, vivendo con loro, mangiando con loro, parlando con loro e cercando di capire, dal loro punto di vista, le cause di quell'orribile tragedia» racconta Richard Guy Wilson, capo del Dipartimento di Storia dell'Architettura dell'Università della Virginia.

L'intervento di Junior calmò gli animi. Fu, soprattutto, il punto di svolta della sua vita, la restaurazione della reputazione famigliare e rappresentò l'inizio di una nuova era nei rapporti di lavoro negli Stati Uniti. Come riconoscimento per quel risultato, Rockefeller Senior affidò al figlio tutti gli affari di famiglia. Si fece inoltre carico della responsabilità delle opere di beneficenza e le istituzioni fondate dal patriarca vissero uno sviluppo straordinario. Fu un pioniere nell'istituire la Lega Urbana e la Fondazione Nazionale Universitaria per i Neri. «I Rockefeller promossero sempre l'uguaglianza razziale» osserva Richard Norton Smith. Appoggiò anche organizzazioni progressiste come la Società delle Nazioni. Sua moglie, Abby (conosciuta come la «donna della famiglia») svolse un ruolo determinante nella creazione del Museo d'Arte Moderna, nella 53ª Strada di New York, nel novembre del 1929. E Junior contribuì con un fondo di 5 milioni di dollari alla restaurazione del centro storico di Williamsburg, in Virginia. Inoltre, comprò e donò terre per la creazione di numerosi parchi nazionali... La lista delle azioni benefiche, donazioni e iniziative filantropiche realizzate da lui o da sua moglie è lunghissima. Ripulì sia l'immagine della famiglia sia quella di suo padre.

Non solo: seguendo i consigli dell'esperto in relazioni pubbliche, e pioniere in quest'ambito, Ivy Lee, Rockefeller Senior adottò l'abitudine di consegnare una moneta da dieci centesimi nelle sue apparizioni pubbliche. Arrivò a darla, come gesto simbolico, a numerosi industriali e perfino allo stesso presidente degli Stati Uniti. La tattica ebbe successo tra i fotografi e i cameraman e trasformò il mostro avido in un nonnetto affettuoso. Alla fine degli anni Venti, grazie a Junior, il cognome Rockefeller smise di essere disprezzato e divenne sinonimo di filantropia.

La costruzione della sua insegna

Un pomeriggio di primavera del 1928, John Rockefeller Junior osservava il Midtown di Manhattan dalla sua casa di nove piani situata al numero 10 della 54ª Strada Ovest, allora la casa privata più grande di New York. Non gli piacque la vista del suo vicinato. Nel 1884, quando i Rockefeller si erano trasferiti a Manhattan, la Quinta Avenue era la via più elegante della città, ma erano ormai trascorsi alcuni decenni da allora e molte delle grandi famiglie se ne erano andate, per cui la zona non era più così elegante. All'epoca del proibizionismo, erano proliferati i bar clandestini. Junior fu sempre contrario al consumo degli alcolici. Tanto lui quanto suo padre erano astemi e entrambi lottarono per anni a favore di una Lega contro i bar. Nella Quinta Avenue c'erano alcune delle bische più famose, sorte su terreni di proprietà della Columbia University. Junior voleva dare impulso al quartiere promuovendo lo sviluppo di nuove attività economiche.

Stando a Peter Johnson, la Columbia University intendeva utilizzare quei terreni, ma non aveva denaro sufficiente, per cui John Rockefeller Junior decise di prendere parte al progetto. Scelse un terreno di sei ettari e mezzo che apparteneva all'università, e lo affittò per quasi 5 milioni di dollari all'anno. All'epoca, quella era una zona in cui sorgevano case da affittare e lui, con un ambizioso progetto urbanistico, intendeva farne la nuova sede della Metropolitan Opera House, che avrebbe quindi lasciato il Garment District. Appena firmato il contratto d'affitto, però, avvenne il disastro. Il 29 ottobre 1929 ci fu il crollo della Borsa di New York e la nazione entrò nella Grande Depressione. La Metropolitan Opera si ritirò dal progetto ancor prima che questo si mettesse in marcia per cui Rockefeller, che aveva accettato di patrocinarlo, non poté fare altro che continuare da solo.

Il contratto a novantanove anni firmato con l'università da Rockefeller era molto rigido. Junior prese una decisione coraggiosa: sarebbe andato avanti nonostante la crisi finanziaria. «Avrebbe speso quasi 5 milioni di dollari all'anno ricevendone in cambio circa 200.000 dagli inquilini che occupavano le case che allora sorgevano in quell'area. Era parecchio denaro, perfino per un Rockefeller» racconta Johnson.

Nel 1931 si stavano già completando i primi piani di quello che sarebbe stato il Rockefeller Center. Al progetto si dedicarono sei architetti che disegnarono gli edifici che ora occupano diversi isolati nel cuore della Grande Mela. Il complesso era una «città dentro la città». Era la prima volta nella storia di Manhattan che si realizzava un vasto insieme di edifici in cui coesistevano uffici, centri commerciali e spazi per il tempo libero. «In piena Depressione, quando a New York e nell'intera nazione tutto stava andando male, quando la disoccupazione era un problema sociale, mio nonno diede lavoro a settantacinquemila persone. E pagò gli stipendi di tasca sua» dice il senatore Rockefeller.

«A differenza dei progetti urbanistici attuali, dove gran parte del capitale proviene da un credito, in quel progetto non esisteva questa possibilità. Il costo totale fu di circa 120 milioni di dollari e, di questi, tra gli 80 e i 90 milioni uscirono dalle tasche di John Rockefeller» dice Johnson.

I lavori iniziarono il 22 luglio 1931. Il progetto prevedeva un complesso di quattordici edifici attorno a un grattacielo di settanta piani, tutti in stile art déco, molto popolare negli anni Trenta. In seguito, si aggiunsero altri quattro edifici di stile internazionale. Il complesso, che comprendeva più di mezzo milione di metri quadrati di spazi per uffici e centri di commercio, cambiò il profilo della città. L'obiettivo iniziale era quello di fare del quartiere il secondo centro economico di Manhattan, dopo Wall Street. «Fu il più grande progetto architettonico dalla costruzione delle piramidi» commenta Peter Johnson. Rockefeller aveva corso il rischio di andare in rovina.

Quando i lavori erano quasi terminati, Junior prese un'altra decisione rischiosa. Se suo padre aveva scommesso sul petrolio, un settore emergente, lui pensava che il futuro risiedesse nei mezzi di comunicazione di massa. «Quando la Metropolitan Opera abbandonò il progetto, la chiave del successo del Rockefeller Center» spiega Johnson «fu l'alleanza stipulata prima con la General Electric e poi con la RCA, la Radio Corporation of America, che aveva come simbolo un cane che ascolta un grammofono. La RCA accettò di partecipare al progetto e occupò un paio di edifici che divennero la sua sede principale.» Nel complesso trovò posto anche la Radio City Music Hall, uno splendido spazio scenico, considerato il più importante degli Stati Uniti. Questo auditorium, cha ha una capienza di seimila posti, fu aperto al pubblico nel 1932. Il suo palcoscenico, profondo venti metri e largo 44, è provvisto di un sistema idraulico e di pulegge molto avanzato per quell'epoca.

John Rockefeller Senior visse abbastanza a lungo da vedere il Rockefeller Center, la grande opera di suo figlio, svettare sul Midtown di Manhattan, insieme all'edificio di settanta piani della RCA, alto 259 metri. La decorazione di questi grattacieli era stata commissionata a due grandi artisti del XX secolo, Henry Matisse e Pablo Picasso. A quanto pare, però, i due artisti non accettarono l'incarico e la famiglia si rivolse prima a Diego Rivera e, più tardi, a José María Sert che sostituì l'artista messicano.

Grazie ai contratti d'affitto firmati dai pionieri della radiodiffusione, il Rockefeller Center divenne la Città della Radio degli Stati Uniti. La NBC, che iniziò a trasmettere dal grattacielo fin dall'inizio, è ancora lì. I popolari programmi *Today Show*, che partì nel 1952, e *Tonight Show*, nel 1954, sono ancora trasmessi dal trentesimo piano del Rockefeller Center.

La scommessa di Junior diede i suoi frutti. Nel 1938, un anno dopo la morte del grande patriarca, il Rockefeller Center era già diventato redditizio. Inoltre, il complesso divenne il simbolo di Manhattan. Come risultato, Junior si trovò a essere uno dei principali proprietari di beni immobili a New York.

Il nipote con maggior spirito imprenditoriale

Rockefeller Senior morì all'età di 98 anni. Lo spirito del patriarca sopravvisse nel secondo figlio maschio di Junior, il nipote Nelson Aldrich, che non ereditò la timidezza né l'insicurezza del padre, quanto piuttosto il carattere socievole e la grazia naturale della madre. «Abby gli trasmise la sua passione per la vita, la voglia di sperimentare nuove esperienze, il piacere di conoscere persone nuove ogni giorno. Entrambi erano molto estroversi, si nutrivano del loro contatto con gli altri» racconta lo scrittore Richard Norton Smith. Nelson, però, aveva ereditato anche la smisurata ambizione del nonno. «Si considerava il più adatto a dirigere gli affari di famiglia e si imponeva sui cinque fratelli» assicura sua nipote Mary Louise Pierson. Inoltre, Nelson credeva nel destino, soprattutto perché era nato lo stesso giorno in cui era nato il nonno, fatto che, secondo lui, indicava che era predestinato a fare grandi cose.

Nelson Aldrich Rockefeller nacque l'8 luglio 1908, nella residenza estiva della famiglia a Bar Harbor (Maine). Fu il terzo figlio di Abby e John Rockefeller Junior. I suoi genitori erano felici di questo nuovo figlio, un bambino sano e vivace. La madre lo chiamò come il nonno materno, Nelson Aldrich, un uomo che si era fatto da solo. Alla fine del XIX secolo, Aldrich arrivò a essere un potente senatore conservatore. La sua brama di successo ebbe molta influenza sulla personalità del nipote. «A volte si diceva che doveva di più alla famiglia della madre che a quella del padre. E, in effetti, assomigliava più a loro che ai Rockefeller» sostiene William J. Ronan, ex capo di Stato Maggiore.

Nelson e i suoi cinque fratelli impararono ad apprezzare il valore del denaro. Il padre era un fervente battista, un grande risparmiatore, che dava molta importanza alla disciplina e alla modestia. «Per imparare a risparmiare, seguivano regole molto severe. Da piccoli dovevano dare spiegazioni su come avevano speso ogni singolo centesimo» ricorda Cary Reich, biografo di Nelson. Furono educati all'idea di associare la ricompensa allo sforzo, perché nulla sembrasse loro troppo facile da ottenere. Il padre insegnò loro che il denaro si guadagna con il duro lavoro e che il miglior premio è utilizzare quel denaro per aiutare gli altri. Così, della sua mancia settimanale di 30 centesimi, Nelson doveva utilizzarne 10 per opere caritatevoli. «Un'abitudine che aveva iniziato suo nonno» spiega Reich.

Nelson ricevette una solida formazione. Frequentò la scuola elementare e la scuola secondaria alla Lincoln School, una scuola sperimentale gestita dal Teachers College della Columbia University e finanziata da suo padre, dove fu circondato da alunni di tutte le classi sociali. Lo educarono al libero pensiero. Sua madre, Abby, riuscì a farlo appassionare all'arte. «Era un ragazzo molto estroverso. Fin dal principio ebbe un carattere passionale, molto diverso dal resto della famiglia» afferma Reich. Inoltre, al giovane Nelson piaceva moltissimo essere al centro dell'attenzione ed era incapace di concentrarsi sugli studi, cosa resa più difficile anche dalla dislessia di cui soffriva, in un'epoca in cui questa malattia non era stata ancora diagnosticata.

Con grande dispiacere di suo padre, Nelson non riusciva mai a prendere buoni voti. Era uno studente mediocre, per cui non fu accettato alla prestigiosa Università di Princeton, ma entrò alla Dartmouth, una piccola università del New Hampshire, lontana dalla grande città. Il padre era molto amico del rettore e confidava nel fatto che il figlio diciottenne prendesse lo studio sul serio. Nel 1926, all'università, Nelson mostrò per la prima volta le sue doti per la politica. «L'interesse per il valore delle cose e la sua disposizione per il lavoro si mostrarono fin dalla gioventù. All'università Nelson avrebbe potuto dedicarsi a dare la caccia alle ragazze e a organizzare feste, ma preferì mostrarsi servizievole. Un modo di essere che lo contraddistinse per tutta la vita» dice Joseph E. Persico, storico e autore dei discorsi di Nelson Rockefeller, dal 1974 al 1977.

Pur se i suoi fratelli erano stati educati secondo gli stessi ideali, Nelson era diverso e tale si sentì per tutta la vita. Era molto più estroverso, mentre sua sorella e gli altri quattro fratelli, seguendo la tradizione paterna, erano piuttosto riservati. «Era molto progressista riguardo ai temi sociali, proprio come sua madre. I due si adoravano. Furono molto uniti per tutta la vita» dice il senatore Rockefeller, nipote di Nelson. Quando parlava del Museo d'Arte Moderna, fondato dalla madre, lo chiamava il «museo di mia madre» e all'età di 21 anni, all'inizio del 1930, era già membro del suo Comitato di Consulenza, ruolo che ricoprì per tutta la vita.

All'ultimo anno di università si mise a studiare con grande impegno e lottò contro la dislessia, dimostrando a suo padre che possedeva i geni della famiglia. Si laureò con lode in Economia all'Università di Dartmouth.

La donna giusta per un milionario

Durante una vacanza di famiglia nel Maine, Nelson conobbe quella che sarebbe stata la sua prima moglie, Mary Todhunter Clark, una ragazza di famiglia benestante appartenente all'alta società di Filadelfia. «Tod», come la chiamavano, e Nelson non davano l'impressione di essere una coppia perfetta. Lui era più impulsivo di lei che, al contrario, era piuttosto riservata, come le imponeva la sua educazione. «Era una donna adatta a sposare un Rockefeller. Nelson credeva in ciò che rappresentava un bene per la famiglia. È inevitabile pensare che la scelse in parte perché le voleva bene e, in parte, perché era la compagna perfetta per un Rockefeller e sarebbe stata la madre dei suoi figli», secondo Cary Reich.

Alla fine del 1930, ventunenne e appena laureatosi alla Dartmouth, Nelson sposò Tod. Il matrimonio fu celebrato in una chiesa nei dintorni di Filadelfia alla presenza di millecinquecento invitati. La luna di miele dei giovani sposi durò nove mesi, passati in quello che Nelson chiamò «un viaggetto intorno al mondo», regalo dei genitori. Fu come se una coppia reale facesse un grand tour. Lui era il principe Rockefeller ed esibiva i colori di famiglia là dove i suoi potevano avere qualche interesse economico. «Stava costruendo il suo futuro e stabilendo contatti con grandi personalità. Si trattò di una luna di miele accuratamente pianificata ed estremamente faticosa» spiega Reich.

Quando la coppia fece ritorno a New York, Nelson lavorò in diverse imprese di famiglia. In quel periodo, nessuno dei figli di Junior era economicamente indipendente e il padre continuava a dare a ciascuno una certa quantità di denaro, pur se pagava la maggior parte delle loro spese. Ma i figli volevano contare su un proprio capitale. Per questo motivo Nelson e i fratelli scrissero una lettera al padre chiedendogli l'indipendenza economica. Con loro sorpresa, il padre si dichiarò d'accordo e nel 1934, all'apogeo della Depressione, diede a ciascun figlio azioni per un valore di milioni di dollari, rendendoli milionari con quello che fu il primo dei trasferimenti della ricchezza paterna di John D. Rockefeller Junior ai propri figli.

Alla guida di gran parte delle attività e delle trentatré fondazioni della famiglia gli successe il maggiore dei cinque figli maschi, John D. Rockefeller III (1906-1978), che si specializzò nella realizzazione di una straordinaria collezione di arte orientale. Nel frattempo, Nelson iniziò a occuparsi dell'affitto degli uffici nel nuovo edificio di Manhattan, il Rockefeller Center, lavoro che svolse con molto successo, soprattutto durante la Grande Depressione, quando il denaro scarseggiava. Nelson era stato il primo dei cinque fratelli a sposarsi e a formare una famiglia, e fu lui – e non il fratello maggiore John – a ottenere il titolo di presidente della Rockefeller Center Corporation, che nel 1938 aveva trasformato in un suo feudo personale.

In quegli anni, durante una visita alle sue proprietà petrolifere, Nelson scoprì una nuova passione: l'America del Sud. Presentiva che la guerra in Europa era imminente e che gli Stati Uniti avrebbero avuto bisogno dei loro vicini del sud come supporto per la loro economia. Scrisse un rapporto dettagliato su questo argomento e fece in modo che arrivasse nelle mani del presidente degli Stati Uniti. Poco tempo dopo, il presidente Roosevelt lo nominò coordinatore degli Affari Interamericani (CIAA) della politica della Casa Bianca, incarico creato apposta per lui allo scopo principale di contrastare l'influenza della Germania nazista nella regione. Quello fu il suo primo contatto con il potere, poi trasformato in una carriera politica che durò trentasei anni.

Durante la Seconda guerra mondiale, mentre i fratelli minori Winthrop e David servivano nell'esercito, Nelson stava con un piede a Washington e uno in Sudamerica, come esigeva il suo posto di assistente del segretario di Stato per gli Affari Latinoamericani, aiutando a mettere in atto la «politica del buon vicinato» del presidente Roosevelt. Aveva 32 anni e immediatamente, pieno di passione e ingenuità, creò un fastoso dipartimento in cui a volte si comportava come uno zar, guadagnandosi l'inimicizia di molti perché cercava di fare troppe cose. Tra l'altro, gli affibbiarono il titolo di «gran ciarlatano». Stando a Reich, «aveva una forza enorme, voleva controllare tutto quanto avesse attorno. Doveva sempre essere a capo di tutto e non desisteva mai». Nei successivi quindici anni, Rockefeller entrò e uscì dal governo, tra Washington e New York, coltivando l'amicizia delle persone più potenti della capitale.

Nel 1945 tornò a New York, dove trascorse i successivi cinque anni incoraggiando gli investitori a fare affari e a diffondere le conoscenze tecniche e gestionali nei paesi in via di sviluppo, e dedicandosi alle attività filantropiche della famiglia. Anche se ora dirigeva il Rockefeller Center ed era presidente del Museo d'Arte Moderna, la sua necessità d'azione non era soddisfatta. Tra le sue attività di maggior rilievo del dopoguerra, Nelson convinse il padre a donare un terreno per la costruzione della sede dell'ONU a New York.

Nel 1948 la madre settantatreenne morì improvvisamente per un attacco cardiaco. Era già un po' di tempo che si era allontanato da sua moglie Tod. La differenza di carattere, che si era resa evidente già nei primi giorni della loro vita in comune, continuò ad aumentare fino al punto che finirono col vivere vite separate. «Lui era molto interessato alle donne. Era il classico matrimonio tra due persone di rango elevato, dove lei era disposta ad accettare che il marito si prendesse certe libertà pur essendo ancora legato alla famiglia» racconta Reich. Tod si dedicò interamente a educare i cinque figli e Nelson, liberato da quella responsabilità, iniziò ad avere relazioni con donne più giovani. «Era attratto soprattutto da donne che avevano successo nella professione e una buona istruzione, che sapevano badare a se stesse» sostiene Reich.

La corsa alla presidenza degli Stati Uniti

La prima metà degli anni Cinquanta vide Nelson a Washington, dove lavorò per i governi dei presidenti Truman e Eisenhower. «Nelson Rockefeller manteneva quello che si potrebbe chiamare un governo ombra, che facesse parte della vita pubblica o no. Negli anni Cinquanta aspirava alla segreteria di Stato e allora conobbe un professore di Storia di Harvard che, all'epoca, non era ancora molto famoso: Henry Kissinger» racconta Joseph E. Persico. Presto quei due uomini di formazione così diversa divennero grandi amici. Anche se Nelson aveva lavorato fino ad allora per amministratori democratici, nel 1952 aiutò il repubblicano Eisenhower ad arrivare alla presidenza. Quando occupò la Casa Bianca, Rockefeller entrò a far parte della sua squadra. Per due anni fu aiutante speciale del presidente per questioni legate alla guerra psicologica.

Ma Nelson Rockefeller si sentiva frenato dalla burocrazia di Washington e nel 1956 si dimise dall'Amministrazione Eisenhower. Al suo rientro a New York, gli uomini chiave del Partito repubblicano gli consigliarono di presentarsi alle elezioni per diventare governatore di New York. La famiglia, che non aveva mai amato occupare incarichi pubblici, fu colta di sorpresa da questa decisione. A Nelson, però, piaceva molto essere al centro dell'attenzione.

Secondo il racconto di Richard Norton Smith, i primi sondaggi indicavano che avrebbe perso contro Averell Harriman e i suoi consiglieri politici gli suggerirono di non presentarsi alle elezioni. Nelson decise invece di ascoltare soltanto il suo istinto. Dopo una lotta accesa con Averell Harriman, fu eletto governatore nel 1958. Rockefeller aveva vinto per mezzo milione di voti. La sua vittoria fu una bomba. «Nelson Rockefeller era una persona molto aperta, amava la gente e fu per questo che sconfisse Averell Harriman che era un politico eccellente ma, al contrario di Nelson, non sapeva gestire bene le pubbliche relazioni» afferma suo zio, il senatore Rockefeller. Secondo Sam Roberts, giornalista del «New York Times», «vinse perché era una novità. Vedere un Rockefeller mescolarsi alla gente per chiedere il voto era un fenomeno molto interessante». Perfino suo padre rimase sorpreso, perché non poteva immaginare che un Rockefeller sarebbe stato eletto per un incarico pubblico.

Nel 1958, all'età di 50 anni, Nelson Rockefeller iniziò quello che sarebbe stato il mandato più lungo di tutti i governatori di New York. Il nome della famiglia assumeva ora un'aura diversa mentre lui si occupava di cambiare lo Stato che governava. Repubblicano progressista, fece sì che si investissero enormi quantità di denaro in opere pubbliche, quali il miglioramento della rete autostradale. Iniziò immediatamente ad aumentare le tasse e continuò a farlo per finanziare i suoi programmi. Ampliò l'università statale e ne fece una delle migliori degli Stati Uniti. Ottenne più del quadruplo degli aiuti statali per le scuole primaria e secondaria. Ad Albany, abbatté quaranta ettari di edifici d'abitazione per sostituirli con un discusso e ultramoderno complesso governativo che alcuni considerarono il monumento alla sua vanità. Arrivò a costruire cinquantacinque nuovi parchi nel suo Stato. Realizzò il più grande programma statale di servizio sanitario per le persone bisognose degli Stati Uniti. Anche i suoi programmi sociali erano tra i più avanzati del paese, e causarono confusione tra i politici del Partito repubblicano che a volte lo rimproveravano di essere troppo progressista.

«Nelson Rockefeller esercitò il suo incarico in modo magistrale. Non solo era il governatore, non solo apparteneva al Partito repubblicano, ma era anche un Rockefeller» afferma il giornalista Sam Roberts. Di fatto, le sue aspirazioni non si arrestavano alla frontiera dello Stato. Considerava l'incarico di governatore di New York come il primo passo verso la Casa Bianca. Per tre volte – nel 1964, 1968 e 1972 – cercò di candidarsi per la presidenza nel Partito repubblicano.

Nel novembre del 1961 avvenne l'evento più tragico per la famiglia Rockefeller. Michael, figlio di Nelson, sparì. Aveva 23 anni, era antropologo e stava studiando l'arte delle tribù primitive della Nuova Guinea. Nelson Rockefeller si recò immediatamente sul posto e rimase in Nuova Guinea per dieci giorni, cercandolo, ma Michael non fu mai ritrovato. Per anni, l'unica fotografia presente nel suo ufficio fu quella del figlio scomparso.

Perseguitato dallo scandalo

Nel 1964, soltanto un anno dopo l'assassinio di Kennedy, il suo successore Lyndon B. Johnson si presentò per la rielezione. Le primarie si avvicinavano e un rivale molto forte gli faceva ombra. Il possibile candidato repubblicano era Nelson Rockefeller, che aveva a sua disposizione tutto l'apparato del suo partito. I sondaggi dicevano che era il favorito dei repubblicani. Si trattava di un politico nato, di quelli a cui piace stringere mani e mescolarsi alla gente; inoltre era tremendamente attraente e carismatico. In quel periodo era stato esemplare nel suo lavoro per due mandati come governatore di New York e nella gestione della Empire State Development Corporation, di cui era stato presidente.

Ciò nonostante, il punto più rilevante nel curriculum di Nelson era il suo cognome. In quanto nipote di John D. Rockefeller ed erede della Standard Oil, Nelson non era soltanto un governatore ma apparteneva all'aristocrazia statunitense e possedeva molto denaro, una fortuna inimmaginabile al giorno d'oggi, impossibile da calcolare per gli analisti finanziari. Inoltre, per linea materna, era nipote del senatore Nelson Aldrich Wilmarth.

Verso la fine della campagna per le primarie, Rockefeller e il suo rivale conservatore, Barry Goldwater, senatore dell'Arizona, erano praticamente alla pari. Secondo il «New York Times», Rockefeller aveva le stesse probabilità di perdere la nomination di quante ne avesse di andare in rovina. Tutto dipendeva dai voti raccolti in California, Stato che apportava un numero significativo di delegati per la convention. Dunque il vincitore delle primarie sarebbe stato il candidato repubblicano nella battaglia per la presidenza del paese contro il democratico Johnson. «Secondo i sondaggi, fino alla settimana prima delle elezioni Rockefeller era in vantaggio» dice Burton V. Folsom.

Ma in quel momento, quando sembrava che tutto fosse a suo favore, Nelson Rockefeller, che aveva 54 anni, abbandonò quella che era stata sua moglie per trentadue anni e si sposò con Margaretta Fitler Murphy, detta «Happy», trentaseienne, volontaria e madre di quattro figli, appassionata di politica e precedentemente sposata a un amico della famiglia Rockefeller. «Il divorzio e il nuovo matrimonio arrivarono nel momento peggiore. Furono elementi che si aggiunsero alla sua reputazione di *liberal* in un partito sempre più di destra» dice lo scrittore Joseph McCartin. Con l'avanzare della campagna, le allusioni malevole si susseguivano. Lui, che a differenza di altri politici repubblicani aveva sempre avuto un ottimo rapporto con la stampa, si ritrovò al centro di molte critiche, non solo da parte dei giornali scandalistici ma anche di quelli più rigorosi. L'adulterio e il successivo divorzio lo avevano danneggiato perfino all'interno del suo partito. I repubblicani passarono dall'essere affascinati da lui all'odiarlo apertamente, soprattutto tra i settori più conservatori del partito. «Alcuni compagni di partito, tra cui Prescott Bush, padre e nonno dei due presidenti, lo denunciarono per offesa alla morale» racconta Richard Norton Smith.

Durante il fine settimana precedente alle elezioni, Happy partorì. Rockefeller interruppe la campagna in California e tornò a New York per rimanere vicino alla seconda moglie e al neonato. Il suo avversario Goldwater approfittò della situazione e si dedicò a screditare la moralità del suo rivale. Il risultato fu che Goldwater vinse le primarie e quindi ottenne la candidatura repubblicana, anche se con un margine molto stretto: poco meno di novecento voti. In questo modo, quella che al principio si pensava sarebbe stata un'ascesa inarrestabile della famiglia Rockefeller fino al vertice della politica terminò in uno scandalo. La via spalancata verso la presidenza divenne presto un calvario.

Alla convention repubblicana del 1964, Rockefeller si prese la rivincita criticando la politica reazionaria che avrebbe portato Goldwater fino alla candidatura. Dopo poco tempo, Rockefeller fu nuovamente eletto governatore di New York. Nonostante tutto, non abbandonò la sua intenzione di diventare presidente. Nel 1968, all'età di 60 anni, ci provò di nuovo e tornò a lanciarsi come candidato. Con la nomination di Goldwater quattro anni prima, il Partito repubblicano aveva deviato verso destra e Rockefeller non aveva più la stessa influenza di prima. Non era più il favorito. Il favorito era Richard Nixon, che era risorto con forza e che contava su una vasta organizzazione elettorale. Ancora una volta, il tentativo di arrivare alla Casa Bianca fallì perché non riuscì a ottenere la nomination.

Gli artefici della nuova vita di Manhattan

John Rockefeller Junior morì nel 1960, ma visse abbastanza da vedere l'impronta su New York dei suoi discendenti. Un anno prima, il suo figlio maggiore John D. Rockefeller III aveva iniziato la costruzione del Lincoln Center, il più grande centro al mondo dedicato allo spettacolo, nato dalla necessità di creare una nuova sede per la Metropolitan Opera House e la Filarmonica di New York. Creò anche l'India

International Center a Nuova Delhi, la International House of Japan e l'Asia Society (a cui donò la sua collezione artistica quando morì nel 1978). E mentre John III si dedicava a costruire i suoi centri d'arte, il fratello minore David avviava un immenso progetto urbanistico nella parte sud di Manhattan, il World Trade Center, con l'aiuto di Nelson. Il progetto poté essere realizzato quando il governatore di New York affittò al governo degli Stati Uniti quarantaquattro piani di una delle torri. La costruzione delle Torri Gemelle, che la stampa battezzò David e Nelson, ebbe inizio nel 1966. La loro storia finì in modo drammatico l'11 settembre del 2001.

L'altro fratello, Laurence (1910-2004), si dedicò agli investimenti. Era un pioniere dei capitali a rischio. Nel 1946 fondò una società con i suoi quattro fratelli e l'unica sorella, Babs, il Rockefeller Brothers Fund (Fondo Fratelli Rockefeller) e, come presidente della fondazione della famiglia, si fece carico della sua amministrazione e delle svariate attività a fini filantropici. Nel 1968 gestì anche gli investimenti iniziali per l'Intel e la Apple Computer, oltre che per altre nascenti aziende tecnologiche di quel periodo. In quegli anni la sua compagnia aerea Eastern Airlines era già una delle più redditizie del paese. Successivamente ampliò ulteriormente gli investimenti per le ricerche aerospaziali, l'elettronica, i materiali compositi, l'ottica, la tecnologia laser, l'elaborazione dei dati e l'energia atomica.

Mentre i fratelli si dedicavano a innalzare le torri a Manhattan e a investire il denaro di famiglia in affari redditizi, Nelson cercava di rifarsi una reputazione in seno al Partito repubblicano. Adottò pertanto una posizione politica più conservatrice. Per esempio promulgò le leggi antidroga più severe degli Stati Uniti e prese misure energiche contro le frodi a danno dei fondi pubblici. Nel 1970, all'età di 62 anni, condusse una campagna molto dura e divenne governatore di New York per la quarta volta, cosa che nessuno aveva mai fatto prima.

Il 9 settembre 1971 prese la decisione che gli valse le polemiche più aspre di tutto il mandato. I prigionieri del carcere statale di Attica erano in rivolta e tenevano dieci ostaggi in loro potere. Il 13 settembre Rockefeller ordinò alla polizia di assaltare il carcere e questo portò alla morte di trentadue dei rivoltosi. Per questa sua decisione fu molto attaccato dai mezzi di comunicazione e dai politici democratici.

Lui aspirava comunque alla presidenza degli Stati Uniti. Era governatore di New York, ma voleva occupare un posto più alto. Ancora una volta, nel 1974, Nelson pareva essere avviato a ottenere la Casa Bianca ma il caso Watergate gli attraversò la strada. Richard Nixon si dimise. Alla fine del 1974, con suo grande dispiacere, Nelson accettò l'incarico di vicepresidente lasciato libero da Gerald Ford quando divenne presidente degli Stati Uniti. Alla richiesta di Ford, Nelson inizialmente dichiarò: «Non sono una ruota di scorta, non sarò vicepresidente». Ford utilizzava Rockefeller per rappacificarsi con i democratici e cercare la loro cooperazione, cosa che fece infuriare i repubblicani più conservatori. Alla fine, Rockefeller accettò e prestò giuramento il 19 dicembre 1974. Era l'ultima occasione per essere presidente.

La fedeltà di Rockefeller non fu però ricompensata ed egli fallì nuovamente nel suo intento. Tra i repubblicani non godeva di buona reputazione, come invece lui pensava. Come compagno nella candidatura alle elezioni del 1976, Ford scelse Bob Dole. Dole era un veterano di guerra, esperto d'agricoltura, che poteva essere accettato da tutte le fazioni del partito conservatore. A Nelson Rockefeller, vicepresidente in carica, si negava in questo modo la possibilità di aspirare alla rielezione. Le sue ambizioni presidenziali furono definitivamente frustrate. Rockefeller fu allontanato dal gabinetto presidenziale nel gennaio 1977. All'età di 68 anni, lasciò Washington e abbandonò la politica per dedicarsi unicamente alla grande passione della sua vita: l'arte.

Una morte in circostanze strane

Ci fu un ultimo scandalo a offuscare la sua immagine. Nel 1979 Nelson Rockefeller, settantenne, ebbe un attacco di cuore, presumibilmente durante un rapporto sessuale con un'impiegata di 27 anni. Morì durante il trasporto all'ospedale, poco dopo la mezzanotte del 27 gennaio. «La ragazza non chiese immediatamente aiuto. Chiamò prima un'amica che si recò da lei per darle una mano, ma quando l'ambulanza arrivò era passata più di un'ora» spiega Burt W. Folsom. Il funerale si svolse in forma privata, nella tenuta di Pocantico Hills e le ceneri di Nelson Rockefeller furono sparse su una collina, in un bosco vicino al fiume Hudson, in un punto indicato da una piccola lapide.

La morte di Nelson continua a essere avvolta dal mistero. Ma trent'anni dopo che la famiglia aveva perso la possibilità di vedere uno dei suoi membri occupare la Casa Bianca, il cognome Rockefeller tornò ad avere un peso politico. Già prima, il fratello minore Winthrop (1912-1973), il quinto fratello dei «Rockefeller Brothers», seguendo le orme di Nelson era diventato governatore dell'Arkansas nel 1967, incarico che era stato occupato dai democratici per ventiquattro anni consecutivi. Fu rieletto, ma nel 1971 i democratici si ripresero l'ufficio del governatore. L'ultima decisione di Winthrop prima di lasciare l'incarico fu la commutazione della pena di morte ai reclusi nel corridoio della morte in Arkansas, con l'invito ai governatori degli altri Stati a fare lo stesso.

Ad avvicinarsi più di tutti al potere di Washington fu il nipote di Nelson, John D. Rockefeller IV che, dopo avere esercitato per due legislature l'incarico di governatore dell'Arkansas, divenne senatore degli Stati Uniti. Il suo mutamento di rotta in politica provocò lo stupore di molti, ma fu uno dei democratici di maggior peso nel Senato. «Diventare democratico non mi è costato fatica» dice. «Tutto è iniziato quando ho visto i primi dibattiti tra Kennedy e Nixon. La prima volta che ho votato l'ho fatto per Kennedy. Non avrei cambiato partito soltanto perché mio zio aspirava alla presidenza.»

L'orientamento politico della famiglia non è l'unica cosa a essere cambiata. «La gente pensa che qualunque Rockefeller debba essere milionario, però alcuni di noi non lo sono affatto» dice Mary Louis Pierson. «Io appartengo alla quinta generazione» aggiunge «e non sono cresciuta circondata dal lusso. Possiamo ancora andare nella grande tenuta, girarla e ricordarci che siamo dei Rockefeller, ma poi dobbiamo tornare a casa nostra.»

A un secolo di distanza da quando John Rockefeller divenne l'uomo più ricco del mondo, David, nato il 12 giugno 1915, è l'unico nipote del magnate del petrolio ancora in vita e l'unico Rockefeller che compare nella lista dei quattrocento americani più ricchi, stilata dalla rivista «Forbes». Non è neppure tra i primi cento. Pur se il più conosciuto dei cinque fratelli maschi della seconda generazione fu Nelson, con il suo tentativo di emulare il modello Kennedy di esercizio simultaneo dell'aristocrazia economica, politica e sociale, arrivando a essere vicepresidente degli Stati Uniti, David fu probabilmente il più influente dei «Rockefeller Brothers».

Dopo la morte dei fratelli Winthrop A. nel 1973, John D. III nel 1978, Nelson nel 1979 e Laurence nel 2004, David, il primo banchiere della famiglia – che ha svolto la propria carriera professionale nella Chase

Manhattan Bank, la banca a lungo associata con la famiglia e attualmente conosciuta come J.P. Morgan Chase & Co. – divenne il capofamiglia e massimo dirigente della Stanza 5600, l'ufficio di famiglia, situato tra il 54° e il 56° piano dell'Edificio GE, noto a tutti come il Rockefeller Center. È la poltrona storica degli affari di famiglia, con centinaia di consulenti, avvocati e contabili che vigilano sugli investimenti e sugli interessi di questo clan di sei generazioni, composto attualmente da circa centoquaranta persone con vincolo di parentela di primo grado.

Si calcola che la ricchezza creata da David Rockefeller sia di 2500 milioni di dollari. La fortuna della famiglia non sta soltanto nel suo denaro ma, come dice il senatore Rockefeller, anche nella sua eredità. «Il mio bisnonno, mio nonno e mio padre hanno fatto cose che hanno contribuito a cambiare il mondo. Il vantaggio di essere un Rockefeller è che cresci sapendo con certezza che tutti abbiamo la possibilità e il dovere di fare del bene e di adoperarci perché la vita degli altri sia migliore.» Richard Norton Smith ritiene che «è difficile trovare una famiglia con tanta influenza come i Rockefeller, e questo in moltissimi sensi».

17

I Tiffany

> Il mio desiderio più grande è aiutare
> i giovani artisti del nostro paese,
> sostenerli perché trovino un posto
> nel mondo dell'arte.
>
> LOUIS COMFORT TIFFANY (1848-1933)

I Tiffany

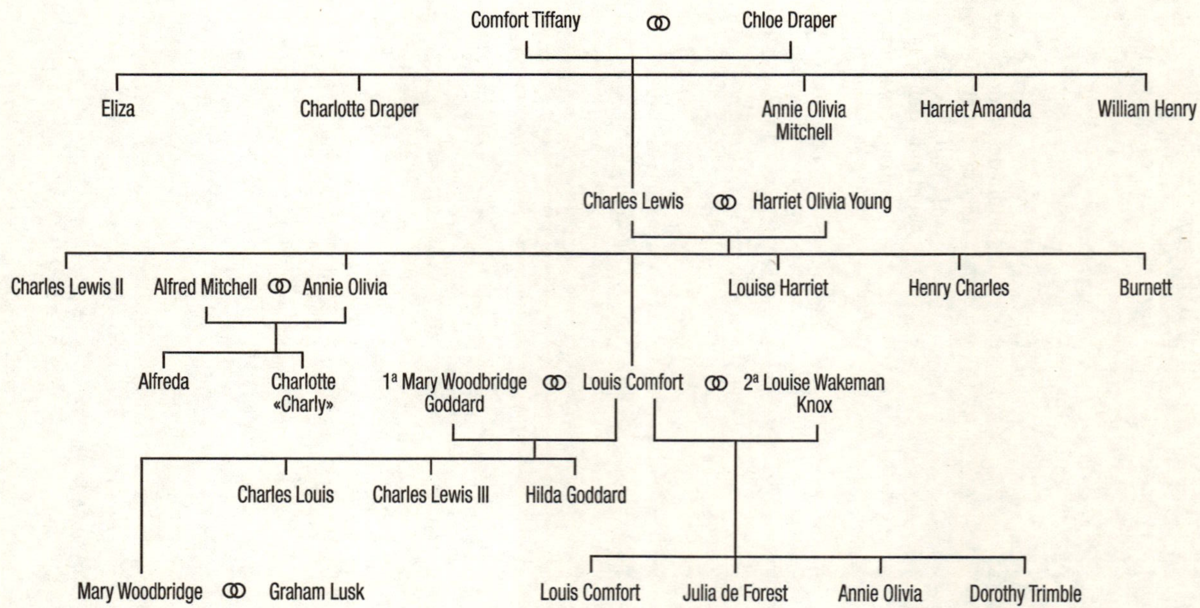

Comfort Tiffany ⚭ Chloe Draper
Eliza
Charlotte Draper
Annie Olivia Mitchell
Harriet Amanda
William Henry
Charles Lewis ⚭ Harriet Olivia Young
Charles Lewis II
Alfred Mitchell ⚭ Annie Olivia
Louise Harriet
Henry Charles
Burnett
Alfreda
Charlotte «Charly»
1ª Mary Woodbridge Goddard ⚭ Louis Comfort ⚭ 2ª Louise Wakeman Knox
Charles Louis
Charles Lewis III
Hilda Goddard
Mary Woodbridge ⚭ Graham Lusk
Louis Comfort
Julia de Forest
Annie Olivia
Dorothy Trimble

Tiffany ha conquistato la fantasia di Hollywood e i cuori dei clienti in tutto il mondo.

È un cognome che nell'immaginario comune richiama bagliori di lusso e lo scintillio di gemme e pietre preziose. Charles Tiffany, fondatore e proprietario della celebre gioielleria sulla Quinta Avenue, ha guadagnato milioni affascinando l'élite di New York e la nobiltà europea. Il figlio, Louis Comfort, non ha voluto ricevere in eredità l'azienda di famiglia, ma nonostante abbia deciso di seguire un percorso differente, ha imparato dal padre ad amare l'arte. Louis Comfort preferì farsi da solo come artista e ci riuscì con le celebri lampade di vetro multicolore, trasformandosi nel più noto rappresentante americano dell'art nouveau, con una solida preparazione da artigiano. Le lampade da lui create sono oggi pezzi da collezione. I due Tiffany erano completamente diversi: mentre il padre accumulava denaro ma conduceva un'esistenza modesta, il figlio si godeva la vita sperperando per soddisfare le sue numerose eccentricità. Due modi di vivere differenti che però, alla fine, erano destinati a creare una tradizione di qualità e uno stile veramente americano.

Dall'agricoltura al lusso

Charles Lewis Tiffany, il cui cognome è sinonimo di stile ed eleganza cittadina, nacque in realtà in un piccolo paese del New England, nel Nordest degli Stati Uniti. Come la maggior parte degli americani di allora, anche i Tiffany si dedicarono per anni all'agricoltura, fino a quando Comfort, padre del famoso gioielliere, ruppe con la tradizione e decise di investire in una piccola fabbrica di cotone a West

Killingly (Connecticut). Fu qui che nacque Charles Lewis Tiffany il 15 febbraio 1812. Quando aveva 11 anni, suo padre fondò uno stabilimento tessile tra i fiumi Quinebaug e Five Mile, trasformandosi in uno degli industriali più ricchi della regione. «Erano l'alta borghesia della zona. Charles Lewis crebbe in un contesto in cui il padre era l'uomo forte della comunità; la persona a cui tutti si rivolgevano per avere un lavoro, un aiuto o una casa» spiega Michael John Burlingham, trisnipote di Charles Lewis Tiffany.

Charles era il figlio maggiore e suo padre si aspettava da lui che si facesse carico della fiorente attività famigliare, che ben presto arrivò a comprendere anche l'emporio del paese. A 15 anni, Charles lasciò la scuola e cominciò a lavorare nell'azienda di famiglia. Fu allora che imparò a fare il commerciante, una lezione che non dimenticò mai. «Apprese le regole della vendita al dettaglio, in particolare come offrire prodotti che catturassero l'attenzione e l'interesse dei clienti che entravano in negozio» osserva Ed Warneyck, storico della Tiffany & Co.

Charles diresse il negozio per un anno con un successo tale da guadagnare i soldi necessari a pagarsi un sostituto in modo da poter riprendere gli studi e diplomarsi nel giro di due anni. Nei sei anni successivi tornò a dirigere lo stabilimento, recandosi spesso a New York per procurarsi i prodotti che a Killingly non arrivavano. Il padre era così contento del suo lavoro che cambiò nome al negozio, che a partire da allora si chiamò Tiffany e figlio. Ma a 22 anni Charles non voleva più lavorare alla realizzazione del sogno paterno, perché ne aveva uno suo. «Gli piaceva rischiare e credeva di avere il proprio destino, che non sarebbe di certo stato quello del pesce grande nell'acquario troppo piccolo. Voleva essere un pesce grande in un grande stagno» dice Ed Warneyck.

Quando il figlio rifiutò di seguire le sue orme, Comfort Tiffany ne fu deluso, ma capì che Charles stava facendo esattamente quello che aveva fatto lui anni prima smettendo di lavorare nei campi del padre per cominciare un'attività indipendente. E così, con la benedizione e l'appoggio finanziario di Comfort, nel 1837 Charles Tiffany si trasferì a New York, proprio mentre la città cercava ancora di riprendersi dall'incendio che l'aveva devastata due anni prima e gruppi di immigrati senza lavoro vagavano per le strade terrorizzando gli abitanti insieme a branchi di maiali liberi che vivevano mangiando l'immondizia. Niente a che vedere con la vibrante metropoli alla moda che conosciamo oggi. New York era anche nel bel mezzo della peggiore crisi finanziaria che il paese avesse mai attraversato, ma tutto questo non scoraggiò Charles. Insieme all'amico d'infanzia John B. Young decise di aprire un negozio di articoli di lusso facendosi prestare 1000 dollari dal padre. Alla base di questa iniziativa c'era la convinzione che anche nei periodi di difficoltà i ricchi hanno sempre denaro da spendere. «Dato che era un ragazzo sveglio, appena arrivato a New York si accorse che in città non c'era nessuno che si dedicasse a questo segmento del mercato, perciò decise di muoversi in quella direzione nonostante la profonda recessione economica» racconta Janet Zapata, storica specializzata nel settore dei gioielli. Tiffany riempì il negozio di oggetti di lusso, soprattutto porcellane cinesi, lacche giapponesi e sculture e candelabri di bronzo.

Nel 1837 i ricchi pensavano ancora che i prodotti americani fossero di qualità inferiore. Erano interessati solo a oggetti provenienti dall'altra sponda dell'Atlantico. Charles si occupava personalmente di trovare merce di qualità e acquistarla. «New York era una grande città marittima ed erano numerose le navi che attraccavano a Manhattan. Lui andava a parlare con i capitani che quasi sempre portavano oggetti da Parigi e da Londra e li comprava direttamente da loro» racconta Harry Platt, trisnipote di Charles Lewis Tiffany.

Il re dei diamanti e del titolo dell'argento

Tiffany & Young aprì i battenti il 14 settembre 1837, al numero 259 di Broadway Street, quando ancora la via non era il centro teatrale della città. Il primo giorno, come si legge sul registro di cassa, guadagnarono solo 4,98 dollari, ma alla fine del mese gli affari già andavano a gonfie vele, tanto che nel 1841 a Tiffany e Young si unì un terzo socio, J.L. Ellis. Grazie al nuovo investitore, la Tiffany, Young & Ellis poté mandare un compratore in Europa diventando il primo negozio newyorkese con un rappresentante all'estero. «In quel periodo vendevano bronzi, quadri, porcellane e cristalli. Un critico dell'epoca entrò nel negozio, si guardò intorno e commentò: "Un giro di tre ore da Tiffany equivale a un viaggio di tre mesi in Europa"» racconta Janet Zapata. E il suo commento diede grande slancio alla ditta.

Lo stesso anno, Tiffany si sposò con Harriet Olivia Young, grande amore di gioventù e sorella del suo socio. Si sa ben poco di Harriet, a parte il fatto che anche lei proveniva da una famiglia benestante e aveva «un carattere ammirevole».

Tiffany lavorava duramente, deciso a rendere il suo negozio il migliore della città, e cominciò a importare bigiotteria dalla Germania e dalla Francia. Vendevano la merce a prezzo fisso, un concetto rivoluzionario per l'epoca. Sulle etichette con il prezzo compariva la scritta «non trattabile», una novità assoluta in città, tanto che il negozio finì sulle prime pagine dei giornali per questa peculiarità. «Stabilire una politica del genere in una società basata sulla contrattazione dei prezzi era un rischio, ma lui riteneva che i clienti dovessero entrare in negozio consapevoli del fatto che i prezzi dei prodotti erano onesti e non trattabili» spiega Ed Warneyck. Tiffany si allontanò dalle consuetudini dell'epoca anche quando cominciò a richiedere un pagamento in contanti invece di fare credito o accettare baratti.

In quegli anni, tra i vari articoli che vendevano c'erano stoviglie, orologi, ornamenti, bronzi, profumi, prodotti per pelle e capelli, sputacchiere, scarpe, cinture e la linea di cartoleria più completa della città. In soli dieci anni l'attività ebbe un successo tale da trasferirsi in uno spazio più ampio. E così come il negozio, anche la famiglia di Charles stava crescendo. Il primo figlio, Charles Lewis, nacque nel 1842. Due anni dopo, Harriet diede alla luce una bambina che fu battezzata Annie Olivia. Nel 1848 venne al mondo il terzo figlio, Louis Comfort.

Nel 1845 uscì il *Tiffany Blue Book*, in cui erano catalogati oggetti personali e pezzi d'argento acquistabili, per la maggior parte importati. Fu il primo catalogo di vendita su prenotazione mai pubblicato. Due anni dopo cominciarono a vendere argenti con il nome di Tiffany. Erano pezzi realizzati da orefici newyorkesi che, di solito, portavano il marchio del produttore e quello del rivenditore.

Nel 1848 in Francia scoppiò una rivoluzione che si concluse con il rovesciamento di re Luigi Filippo d'Orléans e con l'avvento della Seconda repubblica, e che trasformò per sempre l'attività commerciale di Tiffany. Per puro caso proprio quell'anno Tiffany aveva mandato in Europa un compratore con l'incarico di acquisire mobili e altri beni di lusso, ma quando questi arrivò a Parigi si ritrovò in mezzo ai cittadini che combattevano per le strade, mentre l'aristocrazia tentava la fuga vendendo tutti i gioielli che poteva. Da un giorno all'altro, il prezzo dei diamanti si dimezzò. Il rappresentante di Tiffany spese migliaia di dollari in gioielli, alcuni dei quali si diceva fossero appartenuti a Maria Antonietta. Charles approfittò dell'occasione e per la prima volta il cognome Tiffany si legò a diamanti e gioie costose: a partire da allora venne chiamato «il re dei diamanti». «Tiffany raccontò storie di ogni genere su come lui e i suoi agenti avessero rischiato di trovarsi davanti a un plotone d'esecuzione per procurarsi quei gioielli durante i moti del 1848 e gli americani lo ascoltavano incantati e pieni di ammirazione» dice John Loring, direttore del design di Tiffany & Co.

La cosa certa è che Tiffany aveva un talento speciale per il marketing e la pubblicità: riuscì a giungere a un accordo con Cyrus Field, responsabile dell'installazione dei primi cavi sottomarini tra Europa e Stati Uniti, per comprare tutti i cavi non installati e venderli a pezzi con un certificato di autenticità. Il negozio era così pieno di clienti che dovettero chiamare la polizia. «L'abilità di Tiffany nel farsi pubblicità, la bravura nelle vendite e il suo talento come imprenditore erano incredibili. Quando cominciò aveva pochi mezzi, ma riuscì a sfruttarli con iniziative che a nessun altro sarebbero venute in mente e che senza dubbio attraevano molti clienti» dice John Loring.

Il 1851 fu un anno di particolare importanza nella storia dell'argento americano, grazie alla visione pionieristica di Charles Tiffany che voleva dare ai suoi prodotti un marchio distintivo. Per questo i suoi pezzi erano di un argento di altissima qualità, puro al 925 per mille (92,5 per cento argento puro e il resto rame o altre leghe). Tiffany trattò con il governo americano perché la qualità del suo argento fosse certificata ufficialmente e fu così che venne introdotto lo standard di purezza per l'argento.

Nel 1853 i due soci di Tiffany decisero di incassare i loro guadagni e ritirarsi dall'attività. Charles acquisì le loro partecipazioni e, a 41 anni, diventò l'unico proprietario del negozio che da quel momento portò solo il suo nome. Inoltre, una volta assunto il controllo totale degli affari, si trasferì in un edificio di quattro piani a Soho e sulla facciata del palazzo collocò quella che poi sarebbe diventata l'insegna della compagnia: una scultura in legno alta quasi tre metri di Atlante che sorregge un orologio gigante. Ogni mattina, alle nove in punto, Charles varcava la soglia e chiunque arrivasse dopo di lui veniva rimproverato duramente. «Stabiliva un livello molto alto e si aspettava che i dipendenti non fossero da meno. D'altra parte era un capo giusto e pagava bene, come dimostra il fatto che la maggior parte dei suoi dipendenti abbia lavorato per lui fino alla pensione» spiega il bisnipote Michael John Burlingham.

Disciplina militare per l'erede

All'epoca i suoi figli trascorrevano parecchio tempo in negozio e questo ebbe una certa influenza soprattutto sul piccolo Louis Comfort, anche se non fu l'influenza che il padre si sarebbe augurato. Secondo Alice Cooney Frelinghuysen, commissario del Metropolitan Museum of Art di New York, grazie all'attività del padre, Louis poté apprezzare opere lussuose e di grande bellezza e «cominciò a prestare attenzione agli oggetti belli e raffinati, un interesse che lo accompagnò per tutta la vita», tanto che divenne uno degli artisti americani più versatili della fine del XIX secolo e dell'inizio del XX, dando vita all'immensa collezione esposta in questo museo che comprende vetrate, lampade, mobili, mosaici, vasi di vetro soffiato, ceramiche, smalti, gioielli e più di quattrocento bozzetti. Ma torniamo agli anni dell'infanzia.

Nel 1860 Charles Tiffany trasferì la famiglia in una modesta abitazione su Madison Avenue. In quegli anni gli Stati Uniti erano divisi dalla questione della schiavitù e la guerra civile era imminente. Il 12 aprile 1861 i soldati confederati attaccarono Fort Sumpter, nella Carolina del Sud, ed ebbe inizio lo scontro. I ricchi non spendevano più in beni di lusso e gli affari di Tiffany si arenarono. Charles ideò quindi un piano per attirare nuovi clienti: le statue di bronzo e i servizi d'argento furono tolti dagli scaffali per fare spazio a spade ornamentali, uniformi, medaglie e cappelli dell'esercito.

Tiffany, nel 1862, iscrisse il figlio Louis Comfort all'Accademia Militare di Eagleswood, in New Jersey; era scontento dei suoi risultati scolastici e sperava che l'addestramento militare potesse impartire la giusta disciplina a un ragazzo che, secondo lui, era distratto, smemorato e viziato. Desiderava che Louis fosse preparato a combattere, se necessario, ma voleva anche metterlo in riga e trasformarlo in un uomo capace di prendere le redini dell'attività famigliare quando fosse stato il momento. Tuttavia il quattordicenne Louis non voleva saperne del negozio del padre, né di disciplina militare. A scuola gli interessavano solo le lezioni facoltative di pittura e disegno, e ben presto dimostrò di avere un certo talento.

Nel 1865 i soldati dell'Unione costrinsero i Confederati a ritirarsi. Gli undici Stati del Sud che avevano dichiarato la propria indipendenza avevano perso la guerra. Louis Comfort aveva 17 anni e conseguì il diploma all'Accademia Militare. A quel punto aveva già deciso che sarebbe diventato un artista, facendo sfumare le speranze del padre di vederlo un giorno a capo dell'azienda. «Louis fece esattamente quello che aveva fatto Charles, cioè decise di non seguire le orme del padre, ma di andare a vivere per conto suo e intraprendere un'attività propria» fa presente lo storico Ed Warneyck.

Louis voleva diventare un pittore e, contro il parere dei genitori, entrò alla Flushing Academy di Long Island. Nel 1865 convinse il padre a mandarlo in Europa per studiare le opere dei grandi maestri dell'arte e assorbì tutte le tendenze artistiche dell'epoca. Ben presto si innamorò delle vetrate medievali delle chiese e delle cattedrali francesi, un amore che si rifletté sulle sue future creazioni in vetro piombato. Durante quei viaggi, però, ciò che più lo affascinò furono i paesaggi dell'Europa, come emerge dai suoi primi bozzetti. «La rappresentazione della natura diventò il suo credo. Alcuni lo chiamano "religione della bellezza"» spiega il commissario del Metropolitan Museum. L'interesse per l'architettura, l'arte ornamentale e la ceramica sorse dopo numerosi viaggi in vari paesi europei (tra cui la Spagna), nell'Africa settentrionale e in Estremo Oriente, durante i quali diventò esperto conoscitore della cultura araba e di quella giapponese, nonché di arte romanica.

Mentre il figlio era in Europa, Charles lavorava sodo perché il negozio potesse tornare a vendere beni di lusso. A mano a mano che il paese si riprendeva dalla devastazione della guerra civile, rinasceva l'orgoglio per il possesso di articoli fatti negli Stati Uniti. Gli americani dell'epoca cercavano un proprio stile, volevano slegarsi dai gusti europei e crearsi un'immagine che li distinguesse come cittadini di una nuova nazione. Charles rispose immediatamente a questa esigenza e Tiffany diventò il primo stabilimento a promuovere il design americano. Nei laboratori di Tiffany gli artigiani dovevano utilizzare gemme provenienti dagli Stati Uniti e scegliere soggetti che rappresentassero il paese, come uccelli o piante autoctone; furono anche riprodotti su oggetti d'argento molti disegni dei nativi americani. «Gli

Stati Uniti avevano bisogno di un loro stile, che non fosse dell'Inghilterra georgiana o parigino. Qualcosa che si basasse sulla natura, secondo un'ottica di ritorno alla semplicità nelle creazioni artistiche» spiega John Loring.

Nel 1867 Tiffany presentò al concorso di Belle Arti all'Exposition Universelle di Parigi alcuni pezzi rappresentativi del nuovo stile americano realizzati dagli orefici J.L. Moore e dal figlio Edward Chandler Moore. Con grande sorpresa di tutti, vinsero il Grand Prix for Excellence del design. Era la prima medaglia vinta da un argentiere americano, la prima volta che un'impresa statunitense otteneva un riconoscimento da un giurato europeo. «Fu una notizia così sensazionale che tutti i più importanti quotidiani d'America scrissero in prima pagina che una giovane impresa statunitense, la Tiffany & Company, aveva superato i grandi artigiani europei nel loro stesso campo» dice Ed Warneyck. L'oreficeria Moore fu acquisita da Tiffany che, oltre a vendere al dettaglio, da quel momento cominciò a produrre i propri argenti. Diventò tradizione della compagnia marcare ogni pezzo con l'iniziale del direttore artistico, pratica che durò fino alla metà degli anni Sessanta. Edward C. Moore fu nominato direttore generale della filiale dedicata all'argento e una delle sue prime decisioni fu avviare la produzione di posate. Era l'inizio di un'alleanza che avrebbe trasformato la Tiffany & Co. nell'argenteria più famosa e prestigiosa del mondo, quella che avrebbe cambiato per sempre il mondo della gioielleria e degli articoli di lusso.

Nel 1868 avevano uffici a Parigi, Ginevra e Londra. Il successo aumentava e, ancora una volta, si videro costretti a trasferirsi in uno spazio più grande, un palazzo tra la 15ª e Union Square. Nel 1871 la figlia maggiore di Tiffany, Annie Olivia, si sposò con Alfred Mitchell, che dal 1850 viveva alle Hawaii, dove aveva avviato diverse attività per il rifornimento delle baleniere mai particolarmente redditizie. Intorno al 1860 aveva fondato la Compagnia di navigazione a vapore delle Hawaii per il trasporto di passeggeri e merci tra le isole dell'arcipelago, ma neanche questa iniziativa era andata troppo bene.

Marketing e colpi di scena

Nonostante fosse proprietario di una delle imprese più importanti degli Stati Uniti, Charles Tiffany viveva molto al di sotto delle sue possibilità. Ogni giorno andava e tornava dal lavoro a piedi e, sebbene fosse membro di vari club esclusivi di New York per il bene dell'attività, preferiva passare le serate a casa con moglie e figli. «Era in tutti i sensi un uomo modesto. Era orgoglioso dei suoi successi imprenditoriali e soddisfatto di quel che era riuscito a fare, si rapportava con le famiglie più ricche dell'epoca e con i reali d'Europa, ma non per questo si era montato la testa» ricorda John Loring.

La nuova fonte di prestigio per il negozio di Tiffany arrivò da una miniera di diamanti in Sudafrica. Nel 1878 Charles comprò un diamante giallo di 287 carati nelle miniere di Kimberley, una gemma tuttora conservata dal negozio. Tiffany fu il primo ad assumere un gemmologo, il dottor George Frederick Kunz, per intagliare la pietra. Dopo più di un anno di studi, Kunz l'aveva ridotta a 128 carati e le aveva dato ottantadue faccette, ventiquattro più di quelle previste dal taglio tradizionale dei diamanti, ottenendo un gioiello più piccolo ma di una lucentezza senza pari. Tiffany lo espose con tutto il suo splendore in una vetrina del negozio e, da quel momento, la pietra ha attratto più visitatori di qualsiasi altro oggetto. «Per essere il re dei diamanti, bisognava presentare al pubblico qualcosa di straordinario come simbolo dell'impresa. Il diamante, stando ai registri contabili di Tiffany, fu acquistato per 18.000 dollari di allora, quindi il suo valore attuale potrebbe aggirarsi intorno ai 18 milioni di dollari. Si può dire che fu un buon investimento» fa presente John Loring. Insieme al diamante Hope, allo smeraldo Hooker e al diamante Oppenheimer, questo diamante giallo è considerato uno dei gioielli più cari del mondo. Nel 1960 fu collocato sotto l'uccello d'oro e platino con diamanti incastonati e occhi di rubino disegnato da Jean Schlumberger e noto come *Uccello sulla pietra*. Solo due donne, e in due sole occasioni, hanno avuto il privilegio di indossare questo gioiello: una dama dell'alta società del Rhode Island e, nel 1961, l'attrice Audrey Hepburn, per la promozione del film *Colazione da Tiffany*.

Tra il 1880 e il 1890, gli Stati Uniti raggiunsero il punto più alto della loro industrializzazione. Gli investimenti, il settore ferroviario e la produzione di petrolio e acciaio triplicarono dalla fine della guerra civile. Furono inventati il telefono, la luce elettrica, il fonografo e la macchina per scrivere. Imprenditori come J.P. Morgan, John D. Rockefeller e Cornelius Vanderbilt accumularono fortune enormi e tentarono di modificare il loro stile di vita sul modello della nobiltà europea. Quest'epoca è conosciuta come «Era dorata», ed è caratterizzata da un dominio assoluto del materialismo. Nelle imponenti ville sulla Quinta Avenue, le dame dell'alta società newyorkese organizzavano grandiosi ricevimenti, che si rivelarono una miniera d'oro per Tiffany & Co. «Ogni sera venivano organizzate cene che di solito prevedevano tra le dodici e le diciotto portate e per ogni pietanza venivano utilizzate posate diverse. Sulla tavola risplendeva sempre un'argenteria molto elaborata. Erano eventi meravigliosi» spiega Janet Zapata.

Marie Louise Hungerford, moglie di John Mackay, diventato milionario grazie alle miniere di Comstock in Nevada, decise che voleva avere la tavola più spettacolare di New York. Per esaudire il suo desiderio, nel 1877, Mackay mandò quasi 500 chili del proprio argento ai laboratori Tiffany perché realizzassero il servizio d'argenteria più elaborato del mondo. Molti dei 1200 pezzi del servizio furono ricoperti d'oro e su tutti fu inciso lo stemma di famiglia. Mackay chiese a Tiffany di distruggere gli stampi in modo che il servizio restasse unico. Nonostante questo Marie Louise Mackay non riuscì a guadagnarsi la tanto agognata ammirazione dell'alta società newyorkese e alla fine si trasferì a Parigi, dove il marito le comprò una villa enorme e la sua ricchezza le permise di trasformarsi nell'anfitriona che da anni sognava di essere. Per vent'anni ospitò in casa sua i membri della nobiltà e organizzò sfarzosi ricevimenti.

«Il XIX secolo per gli Stati Uniti fu il secolo dell'argento, che non solo diventò il materiale preferito per la creazione di servizi da tavola, ma anche un mezzo per accumulare ricchezza e per mostrare ad amici, soci d'affari o a qualunque altro invitato che ce l'avevi fatta, avevi raggiunto il successo; bastava avere i mobili pieni di argenteria disegnata dal più straordinario orefice d'America, che in quel momento era Tiffany & Company» racconta Ed Warneyck.

In quegli anni il presidente Abraham Lincoln comprò da Tiffany un collier di perle coltivate per la moglie, Mary Todd. L'altro modo adottato dai ricchi newyorkesi per ostentare la loro ricchezza era infatti ricoprire le mogli di gioielli costosi. Le donne arrivavano all'opera o alle cene cariche di brillanti su orecchini, collane e tiare. E più erano grandi, meglio era. Si trattava di un'imitazione dell'aristocrazia e delle famiglie reali europee. Charles Tiffany era più che felice di fornire le munizioni per questa competizione in lusso e ricchezza. Nel 1877 comprò vari gioielli appartenuti alla corona francese per l'astronomica somma di 500.000 dollari. «Con questi gioielli Tiffany ottenne un immenso prestigio perché era la prima volta che gli americani vedevano così tanti gioielli tutti insieme e di così grande valore economico e storico, dal momento che erano stati indossati dall'imperatrice Eugenia di Francia. Fu un evento eccezionale per l'alta società di New York» ricorda John Loring. Durante l'Era dorata, Charles Tiffany vendette ogni anno più di 6 milioni di dollari in diamanti e ancora di più in smeraldi, zaffiri e rubini.

L'originale e stravagante designer del vetro

Nemmeno tutti i gioielli del mondo avrebbero convinto suo figlio a interessarsi all'impresa famigliare. Louis voleva trovare la propria strada da solo. Per anni, Tiffany figlio aveva esposto i suoi quadri nelle gallerie di New York, opere che per la maggior parte rappresentavano le culture esotiche che l'avevano affascinato durante i suoi numerosi viaggi. Ogni pezzo valeva 1000 dollari, una cifra di tutto rispetto per l'epoca. A 37 anni, Tiffany figlio cominciava a uscire dall'ombra del gioielliere più famoso degli Stati Uniti. Nel frattempo si era sposato con Mary Woodbridge Goddard, un'amica d'infanzia, e insieme avevano avuto quattro figli, dei quali il secondo sopravvisse solo pochi giorni. Anche una delle sue sorelle si era sposata, e aveva dato a Charles due nipoti.

Louis era sempre determinato a farsi un nome nel mondo dell'arte. «Era un bravo pittore, anche se capì ben presto di non essere il nuovo Monet, e voleva lasciare una traccia nella storia facendo qualcosa di diverso e unico» spiega il bisnipote Harry Platt. Così, nel 1878, abbandonò la pittura e, insieme a due soci, creò una ditta di design di interni, la Tiffany & Company Associated Artists, che dirigeva seguendo il principio, allora molto in voga, del *total environment*, consistente nell'uso di uno stile portante per la decorazione di tutta la casa: dai mobili alle pareti, passando per tende e accessori (vasi, stoviglie ecc.).

Considerato paradigma del buon gusto, nel 1880 fu assunto per decorare la Sala dei Veterani dell'armeria del 7° reggimento di New York. È uno dei due interni da lui creati che sono intatti ancora oggi e, come nella maggior parte dei suoi lavori, emerge una forte influenza delle culture esotiche. In soli quattro anni, con l'aiuto dei soldi e delle conoscenze del padre, ottenne vari contratti in esclusiva con clienti molto ricchi, tra cui Cornelius Vanderbilt, Mark Twain e il presidente degli Stati Uniti Chester A. Arthur, che nel 1882 lo incaricò di decorare la Casa Bianca (lavoro che però venne smantellato nel 1904).

In quegli anni cominciò a diversificare le creazioni artistiche e progettò spettacolari pezzi da scrivania e installazioni elettriche che lasciavano a bocca aperta i suoi facoltosi clienti. Charles era contento dei successi del figlio e mise in vendita alcuni progetti di Louis nel suo negozio.

Tiffany figlio dedicava la maggior parte delle energie alla lavorazione di un nuovo materiale, il cristallo. Quando era un artista in erba, si era innamorato delle vetrate delle cattedrali francesi di Chartres e Notre-Dame. Lavorò per anni con i mosaici e sviluppò nuove tecniche perché il vetro colorato lasciasse passare più luce rispetto a quando veniva dipinto direttamente come prevedeva la tecnica usata fin dal Medioevo. Creò miscugli di colori, trame e texture che portarono a un prodotto decisamente più luminoso. Voleva che le sue vetrate rilucessero come gioielli.

Dopo anni di esperimenti con esperti di chimica e artigiani vetrai, nel 1886 decise di aprire la propria compagnia produttrice di cristallo. Il momento non avrebbe potuto essere più propizio: infatti proprio in quegli anni gli Stati Uniti attraversavano un periodo di rinascita religiosa che portò alla costruzione di centinaia di chiese e cattedrali in tutto il paese. I fedeli volevano vetrate come quelle delle cattedrali europee e così, in soli quattro anni, Tiffany creò più di cento finestre piombate. Louis, come suo padre, era un maestro nella promozione del proprio lavoro e non ci mise molto a rendere la sua compagnia la più grande degli Stati Uniti in quel settore. «Faceva in modo che uscissero articoli e note stampa su tutti i giornali locali ogni volta che veniva inaugurata una vetreria Tiffany, e fece presto a farsi conoscere dal pubblico» racconta Alice Cooney Frelinghuysen.

Le vetrate per le chiese di Tiffany erano così famose che tutti i ricchi americani le volevano nelle loro abitazioni. I nuovi incarichi consentirono a Louis di dedicarsi al soggetto che preferiva: la natura. In gran parte dei suoi lavori comparivano paesaggi, cascate e uccelli esotici fatti di frammenti colorati e diverse texture. «Nessun artista superò mai il livello di luminosità raggiunto dalle sue vetrate, in cui la luce era l'elemento centrale del disegno» racconta il bisnipote Harry Platt.

Ma Tiffany non si fermò qui e cominciò a utilizzare il cristallo per creare vasi e lampade di una luminosità eccezionale. L'incontro con Thomas Alva Edison, inventore della lampadina elettrica, fu decisivo per la sua carriera, perché gli diede l'idea per un oggetto innovativo: un pannello di cristallo colorato per le lampade che conferiva un tono più caldo alla luce artificiale. Creò una sua tecnica di assemblaggio unendo i pezzi di cristallo intagliato con finissime lamine di rame saldate tra loro, in modo da evitare le fughe di luce tra un pezzo e l'altro. Giocando con le diverse qualità di vetro e con l'ispirazione primordiale suscitata dalla natura, fece dei veri e propri miracoli: pezzi apparentemente di onice e ambra che fanno pensare a un fogliame lussureggiante; fiori delicati e piante di glicine, gerani, ninfee e fiori di ciliegio; forme che ricordano lische di pesci o libellule. La combinazione della luce elettrica con i pannelli di vetro piombato e metallo siglò definitivamente l'inizio del suo grande successo. Il termine usato da Louis per indicare il suo particolare tipo di vetro fu «Favrile», un neologismo derivato dalla parola latina *faber* (artigiano): si trattava di un materiale iridescente prodotto tramite l'esposizione del vetro caldo a fumi metallici e a ossidi, un sistema che brevettò alla fine degli anni Ottanta dell'Ottocento.

Nel 1889 visitò l'Exposition Universelle di Parigi, dove vide per la prima volta i nuovi tipi di vetro elaborati da vetrai europei: i pezzi striati di Léveille, i raffinati disegni di Galle, i vasi di vetro-cammeo degli artigiani inglesi e l'effetto roccia ottenuto dal tedesco Loetz, nonché le prime creazioni in vetro iridescente. Conobbe anche Samuel Bing proprietario del negozio-galleria parigino L'Art Nouveau che diede origine all'omonimo movimento artistico, caratterizzato dalla fusione tra arti plastiche e arti applicate e dal contatto tra Oriente e Occidente. Verso la fine del 1890 lo studio di Tiffany guadagnava centinaia di migliaia di dollari grazie alle opere di cristallo. Gli esperimenti con metodi esclusivi di colorazione e fabbricazione del vetro erano adatti per anfore, vasi e altri oggetti antichi che aveva imparato a conoscere nel negozio del padre e nella sua collezione di antiquariato, nonché durante i propri viaggi.

Tuttavia, Tiffany non era un uomo d'affari. Non era attento alla gestione dell'impresa e, nonostante la notorietà delle sue opere, la fabbrica di New York era sempre in perdita. Ma lui non se ne preoccupava. Come artista, era più interessato all'aspetto estetico di un'opera piuttosto che alle reali possibilità di vendita. «Cercava sempre i materiali migliori e sperimentava di continuo senza lesinare sui costi. Insieme al padre ogni anno doveva coprire i debiti dello studio» dice Alice Cooney Frelinghuysen.

Le due grandi ville di famiglia

Louis Comfort Tiffany era un uomo stravagante. Amava travestirsi e organizzare feste, ma con la massima discrezione per non offendere il padre, più conservatore. Charles, che aveva ormai 70 anni, continuava ad avere uno stile di vita modesto, andava in chiesa ogni domenica e declinava gli inviti ai balli in società organizzati dai suoi ricchi e famosi clienti.

Nonostante fossero così diversi, i Tiffany erano molto uniti e il patriarca decise di costruire una casa abbastanza grande da poter ospitare la famiglia al completo. A quel tempo la figlia Annie Olivia era già madre di due bambine, Alfreda e Charlotte «Charly», mentre Louis era appena rimasto vedovo, con due figlie e un figlio a carico. Il progetto originale della villa era di Louis e dell'architetto Stanford White. Si trattava di una specie di palazzetto urbano su sei piani in stile romantico, con cinquanta stanze e un grande studio. Però, man mano che procedevano i lavori per la costruzione della villa su Madison Avenue, Charles si rese conto che la casa rappresentava più il gusto di Louis che il suo e non ci si trasferì mai. Louis invece andò a vivere con i tre figli nella nuova residenza e poco tempo dopo conobbe Louise Wakeman Knox che sarebbe poi diventata sua moglie. Tra il 1887 e il 1891 ebbero quattro figli, ma la terza, Annie Olivia, morì a soli 4 anni.

Data la reputazione di Louis Tiffany come decoratore di interni, la villa in Madison Avenue destò un particolare interesse. Fu divisa in tre appartamenti: il suo era uno spazio grandioso e teatrale, con vista su Central Park, un camino enorme e una collezione di spade giapponesi e vetri pompeiani. Nello studio, in cima a una scalinata degna di un palazzo reale, si esprimeva ancora di più la genialità dell'artista. Oltre alle pareti alte e alle grandi finestre, attraverso le quali la luce del sole inondava la stanza, catturava l'attenzione il lampadario in varie tonalità di rosso, rosa, giallo e crema appeso al soffitto a un'altezza notevole. Proprio come il padre aveva desiderato, il palazzetto diventò luogo di incontro per tutta la famiglia Tiffany. La favolosa abitazione, che sorgeva su un angolo dell'incrocio tra la 72ª e Madison Avenue nel 1885, fu demolita nel 1936 per far posto a un lussuoso edificio residenziale di diciassette piani in pietra calcarea.

Nel frattempo Annie Olivia, figlia del fondatore, e il marito Alfred Mitchell si costruirono una villa in stile vittoriano a New London, nel New England, con vista panoramica su Long Island e accesso privato alla spiaggia. I lavori finirono nel 1890, quando la figlia minore della coppia era già defunta. «Mitchell aveva contratto la sifilide in gioventù, nei bordelli delle Hawaii, e attraverso la moglie aveva infettato la figlia Charly, ponendo fine alla sua breve esistenza» racconta Alfred Bingham, bisnipote di Charles Tiffany in *The Tiffany Fortune* («La fortuna dei Tiffany»), libro che pubblicò all'età di 91 anni.

Nel 1902, a 90 anni, Charles si ammalò all'improvviso. Tre giorni dopo, circondato dai famigliari, morì di polmonite. Sotto la sua direzione, nei laboratori Tiffany erano stati creati gioielli per la regina Vittoria d'Inghilterra e per lo zar di Russia. Tra le altre cose, lasciò in eredità varie pratiche che oggi sono la norma nel settore della gioielleria: il prezzo non trattabile, l'adozione dello standard del titolo dell'argento, la pubblicazione di un catalogo di vendita anticipata e soprattutto l'incastonatura con griffe a sei punte, grazie alla quale il diamante è sostenuto al di sopra del platino e riceve la luce su ogni singola faccetta, brillando ancora di più in tutta la sua purezza. È una struttura usata tuttora, tra le preferite per gli anelli di fidanzamento.

Il commerciante più celebre degli Stati Uniti fu sepolto nella tomba di famiglia nel cimitero di Green Wood, a Brooklyn, dove condivide una semplice lapide con la moglie. Dopo la morte di Tiffany, Charles T. Cook, il suo consulente di fiducia per più di quarant'anni, assunse l'incarico di dirigere l'azienda. Da allora, la gioielleria più famosa del mondo non è mai più stata diretta da un membro della famiglia Tiffany.

Quando morì, Charles lasciò un'eredità valutata intorno ai 14 milioni di dollari, somma che oggi corrisponderebbe a più di 120 milioni. Sua figlia ereditò un sostanzioso fedecommesso, oltre alle azioni della Tiffany & Co., entrate che insieme ad altri investimenti furono alla base della ricchezza famigliare. Più tardi questa ricchezza sarebbe stata ereditata da Alfreda, la sua unica figlia e moglie di Hiram Bingham III, figlio di un missionario, laureato nelle tre università più prestigiose degli Stati Uniti (Yale, Harvard e l'Università della California) e professore di Storia sudamericana presso l'Università di Yale, che nel 1911 scoprì la città inca Machu Picchu.

Louis Comfort Tiffany ereditò 4,5 milioni di dollari, denaro che, in ogni senso, lo rese libero. «La sua vita diventò un po' più stravagante rispetto a quando viveva all'ombra del padre. Allora doveva fare ciò che ci si aspettava da lui. Era un designer che si sforzava di essere un artista. Credo invece che dopo la morte del padre si sentì più libero e cominciò a mostrare apertamente le sue eccentricità» sostiene Janet Zapata. A partire da quel momento, Louis cominciò a viaggiare per il mondo in prima classe e a mangiare solo nei ristoranti più esclusivi. Investì la maggior parte della sua fortuna in una nuova casa, che chiamò Laurelton Hall. Fu il capolavoro di Tiffany, che mise nel progetto tutta la sua energia creativa.

I lavori per la costruzione di Laurelton cominciarono nel 1902 e terminarono tre anni dopo; la villa sorse su un terreno di circa 2 chilometri quadrati a Oyster Bay, Long Island. La costruzione, in stile art nouveau, era costituita da una struttura in acciaio con pareti a vetrata, una grande innovazione architettonica all'epoca. Ogni dettaglio degli otto piani della casa, dalle ottantaquattro camere ai giardini, fu ideato da Tiffany stesso, che creò un ambiente estetico totale. Tutto rispecchiava il suo amore per la natura: i giardini, le fontane esotiche, le piscine e l'incredibile vista su Long Island. Nel centro di Laurelton c'erano quattro colonne di marmo nelle quali Louis intagliò fedeli riproduzioni di piante e fiori. Queste colonne oggi fanno parte di una collezione conservata al Metropolitan Museum of Art di New York.

Louis fece erigere la nuova casa anche per ospitare ed esporre la sua vasta collezione d'arte, che comprendeva opere di artisti giapponesi e cinesi, alcuni lavori dei nativi americani e molti dei suoi progetti. La casa fu tragicamente ridotta in cenere da un incendio scoppiato nel 1957, ma già dieci anni prima era stata venduta insieme a tutto ciò che conteneva.

La famosa figlia psicoanalista

All'inizio del XX secolo Louis era considerato il fabbricante di vetro più importante a livello mondiale, la sua azienda produceva migliaia di pezzi ogni mese e tutti erano sottoposti alla sua personale supervisione. «Louis Comfort Tiffany disegnò tutto ciò che portava il suo nome. Ogni mattina faceva un piccolo grafico sulla lavagna, per rappresentare la provenienza di ogni pezzo. Alla fine della giornata, passava a controllare e approvare ogni creazione e se una non era di suo gradimento, la frantumava con il bastone» racconta Janet Zapata. A partire dal 1902, quando il padre era già morto, fece in modo che il lavoro in fabbrica fosse compatibile con l'incarico come direttore creativo di Tiffany & Co. e cominciò a creare gioielli con disegni fantastici ispirati alla natura e all'arte di culture diverse dalla sua.

Louis era un perfezionista in ogni aspetto della sua vita, anche nel rapporto con i figli. Con la morte della seconda moglie, nel 1904, dovette farsi carico dell'educazione dei sei figli. La famiglia trascorreva gli inverni nella grande villa su Madison Avenue e le estati a Laurelton Hall, dove i bambini non erano autorizzati a giocare nei giardini perché non rischiassero di rompere qualcosa. Secondo quanto spiega il bisnipote Michael John Burlingham, «credeva di offrire alla sua famiglia un ambiente eccezionale in cui vivere, ma i bambini avevano la sensazione di abitare in una specie di museo, e non sia mai che rompessero un fiore o spostassero un vaso. Amava molto i figli, ma in casa era un tiranno e per non farlo esplodere dovevano assecondarlo». Con i figli era esigente, così come con se stesso: era sempre vestito in modo impeccabile e con il viso perfettamente rasato, come appare nel ritratto dipinto nel 1911 dal pittore spagnolo Joaquín Sorolla. «Si preoccupava del proprio aspetto e di ciò che lo circondava. Voleva che tutto intorno a lui fosse bello» dice Alice Cooney Frelinghuysen.

Dei suoi sei figli fu Dorothy, la più piccola, ad avere la maggiore importanza storica, anche se legata al suo rapporto con la famiglia Freud e la psicoanalisi più che al cognome Tiffany e ai gioielli. Il marito di Dorothy, il chirurgo Robert Burlingham, soffriva di psicosi maniaco-depressiva e, dopo sette anni di matrimonio e quattro figli, nel 1921 i due si separarono. Quando nel 1925 diagnosticarono una malattia psicosomatica al maggiore dei loro figli, Robert Jr «Bob», Dorothy andò a Vienna per farlo curare. Lì conobbe Anna Freud, che aveva seguito il percorso professionale del famoso padre. Anna si fece carico dei bambini; si può dire che Dorothy e i suoi figli furono adottati dalla famiglia Freud e al padre fu concesso di vederli sempre più di rado. Dorothy si ritrovò all'improvviso sul divano di Sigmund Freud, che la incoraggiò a diventare psicoanalista. Anche i quattro figli rimasero per decenni in terapia sul divano di Anna Freud.

Quando Anna viveva da sola a Londra, dopo la morte del padre nel 1939, Dorothy decise di trasferirsi nei pressi di Maresfield Gardens, in una casa vicina a quella della sua protettrice. Le due erano inseparabili e nel 1941 parteciparono insieme alla creazione, e in seguito alla realizzazione, gestione e organizzazione, della famosa Hampstead War Nursery, struttura che ospitava bambini rimasti senza casa e senza famiglia o rifugiati della Seconda guerra mondiale. Le due donne passarono il resto delle loro vite e carriere professionali insieme ai bambini, sviluppando strumenti psicoanalitici per migliorare le loro esistenze.

Dorothy diventò un'esperta di educazione infantile e scrisse diverse opere famose sull'argomento. L'amicizia con Anna arrivò a essere sospetta, si vociferava che fossero lesbiche, ma Anna lo negò sempre, considerandola un'offesa terribile. A differenza del padre, considerava l'omosessualità una malattia. Quando Dorothy morì, a Londra, nel 1979, Anna continuò a occuparsi dei figli dell'amica come fossero suoi. Le ceneri di entrambe sono conservate nel cimitero di Golders Green, nella capitale britannica, in un loculo di marmo dove riposano le ceneri di tutti i membri della famiglia Freud. Michael John Burlingham, nipote di Dorothy, scrisse un libro intitolato *The Last Tiffany: A Biography of Dorothy Tiffany Burlingham* («L'ultima Tiffany: biografia di Dorothy Tiffany Burlingham») in cui racconta la storia di questa donna «che dedicò la vita alla psicoanalisi e strada facendo perse la maggior parte della sua famiglia». Michael John Burlingham, così come Elisabeth Young-Bruehl, biografa di Anna, esclude la possibilità che sua nonna e la figlia del famoso psichiatra fossero amanti.

Dalla notorietà al disprezzo

Nel 1911, ben prima che Dorothy si sposasse, divorziasse e si trasferisse a Vienna, suo padre creò un'enorme vetrata per il Palazzo delle Belle Arti di Città del Messico, un'opera d'arte applicata unica, dato che non disegnò mai più finestre per nessun teatro e che la vetrata è uno dei suoi lavori più famosi e spettacolari. È costituita da 206 pannelli coperti da circa un milione di tessere di vetro refrattario e iridescente, per un peso approssimativo di 27 tonnellate. Misura 14 metri di larghezza per 12,5 di altezza e ha uno spessore di 32 centimetri. L'opera, inizialmente esposta a New York, fu poi spedita via nave a Città del Messico, ma il successo non durò a lungo. Nel giro di soli cinque anni il pubblico perse interesse per la sua arte.

Nel 1916 Louis organizzò una festa per i suoi 68 anni durante la quale avrebbe esposto le sue opere: invitò tutti i più importanti giornalisti di New York a partecipare. Tiffany si aspettava che l'esito della festa rispecchiasse i suoi successi artistici, invece la mostra fu molto criticata. I suoi disegni, una volta così popolari, cominciavano a passare di moda. Già nel 1904, un anno prima di morire, Siegfried Bing, creatore dell'art nouveau, aveva dovuto chiudere lo storico negozio di Parigi. Anche Louis Comfort visse abbastanza da assistere alla fine della sua notorietà e al disprezzo delle sue opere in seguito all'emergere di un nuovo gusto estetico.

Durante i felici anni Venti, il paese si era lasciato alle spalle la grandiosità dei disegni dell'Era dorata e lo «stile americano» era adesso più elegante e moderno. Si imponeva l'art déco. Tiffany non si preoccupò mai della critica; era sicuro che un giorno la sua arte avrebbe costituito la sua eredità storica e continuò a regalare vari pezzi a musei in tutto il mondo. «Era talmente convinto del valore della sua arte da volersi assicurare che fosse conservata per i posteri e che i musei più importanti esponessero sempre il suo lavoro» spiega Alice Cooney Frelinghuysen. E così è stato. Musei americani (tra cui il Metropolitan Museum e la New York Historical Society) ed europei vantano numerosi pezzi del prolifico artista. Intanto, nel 1918, creò una fondazione per formare pittori e giovani designer, in modo che le nuove generazioni garantissero la continuità del suo stile. La fondazione ebbe sede nella tenuta estiva di Laurelton fino a quando fu venduta, nel 1946. Il denaro ottenuto è stato usato per finanziare la fondazione e per fornire borse di studio a studenti di design e arti decorative, soprattutto nel campo dei gioielli.

Nel 1928, Louis Comfort andò in pensione, dopo cinquantasette anni di carriera. Passò gli ultimi anni di vita in tranquillità, dipingendo paesaggi nei suoi amati giardini. Nel 1933 morì nella casa di Madison Avenue, all'età di 84 anni. Il più grande artigiano della sua generazione fu sepolto nel cimitero di Green Wood, a Brooklyn, accanto ai genitori. Quando morì, il cristallo con il suo cognome era ormai così comune nelle case americane da non essere più considerato simbolo di eleganza.

Sua sorella Annie Olivia sopravvisse solo altri tre anni. Alla sua morte, la figlia Alfreda (abbandonata insieme ai sette figli dal marito Hiram Bingham III, il quale scelse di andare a vivere con l'amante che poi avrebbe sposato) cedette alla comunità la villa di New London e gran parte della proprietà di famiglia che, nel 1938, diventò il New London Junior College, un istituto universitario. Alfred Bingham Mitchell, nipote di Annie Olivia e Alfred, fu per molti anni membro della giunta direttiva dell'istituto e, secondo quanto lui stesso racconta nel libro *The Tiffany Fortune*, quest'atto di generosità e filantropia fu motivato dall'«ardente impegno per la riforma sociale» ereditato dal nonno paterno, il missionario. Nessuno dei sette figli di Alfreda ebbe nulla a che fare con l'attività fondata dal bisnonno Tiffany: Woodbridge diventò professore; Hiram IV diplomatico ed eroe della Seconda guerra mondiale; Alfred fu avvocato e scrittore (oltre che membro della giunta del New London Junior College), mentre Charles decise di fare il medico; Mitchell diventò un artista e Jonathan Brewster un diplomatico e membro del Congresso per il Partito democratico.

Alfred racconta nel suo libro di aver speso buona parte dell'eredità nel 1984, per pagare la difesa del figlio minore, Stephen, processato con l'accusa di aver avuto un ruolo fondamentale quindici anni prima (quando era un attivista politico) nel tentativo di evasione di George Jackson, membro delle Pantere nere, dal carcere di San Quintino (California). Il bisnipote del creatore della gioielleria Tiffany fu accusato di aver nascosto una pistola in un registratore per passarla a Jackson in carcere. Il 21 agosto 1971 Jackson utilizzò un'arma (un'Astra 9 millimetri semiautomatica) per fuggire dal carcere. Il tentativo di evasione fallì e costò la vita a cinque persone oltre che a Jackson stesso. In seguito all'incidente, Stephen Bingham cominciò a temere per la propria vita: aveva paura di essere falsamente accusato di aver aiutato Jackson e non aveva fiducia nella giustizia dell'epoca. Per questo motivo fuggì dal paese e visse in Europa per tredici anni. Nel 1984 tornò negli Stati Uniti per sottoporsi al processo e due anni dopo fu assolto, ma il padre aveva speso buona parte della fortuna dei Tiffany in avvocati. Oggi Stephen è un avvocato specializzato in diritto dell'assistenza sociale a San Francisco.

Nel frattempo, i sei figli di Louis Comfort Tiffany, invece di seguire le orme del nonno imprenditore nel settore dei gioielli, o quelle del padre nelle creazioni in vetro, decisero di godersi il denaro dell'eredità. Solo suo nipote Bob, il figlio maggiore di Dorothy, si dedicò all'arte. Oltre a diventare violoncellista, fu architetto e pianificatore urbanistico. Morì suicida nel 1970 a soli 55 anni. Gli anni di cure psicoanalitiche a cui Dorothy sottopose i suoi figli non servirono a salvare dal suicidio né Bob né Mabbie, che nel 1974 si tolse la vita con un'overdose di pillole. Sono dovute passare cinque generazioni perché arrivasse il figlio di Bob, Stephen Burlingham, bisnipote del fondatore della Tiffany & Co., a proseguire il cammino iniziato dal suo antenato, disegnando gioielli per Cartier, dipinti su carta e su tela per la Brunschwig & Fils e accessori per Tiffany & Co.

Ambiti oggetti del desiderio

All'inizio degli anni Settanta, lo stile Louis Comfort Tiffany tornò di moda. Oggi, i suoi pezzi in cristallo sono oggetti del desiderio per i collezionisti: Max Kohler, di Zurigo, è una delle persone che possiede il maggior numero di opere, alcune delle quali hanno un valore che si aggira intorno ai 3 milioni di dollari. Nel 1998, come omaggio per il 150° anniversario della nascita di Louis Comfort Tiffany e in corrispondenza dell'importante mostra con le sue creazioni al Metropolitan Museum of Art, Christie's organizzò a New York un'asta con numerose opere di altissimo valore artistico. Tra le lampade originali, la star dell'evento fu Magnolia, una lampada a stelo del 1913, considerata una delle sue realizzazioni più spettacolari e venduta per 1.700.000 dollari. «Studiando il suo lavoro è evidente che fu un genio. Non siamo solo noi storici dell'arte a riconoscere la bellezza delle sue opere, ma quasi tutto il mondo ne apprezza la qualità e il valore estetico. È qualcosa destinato a perdurare nel tempo, per molte generazioni» fa osservare Janet Zapata.

Il cognome Tiffany è oggi sinonimo di qualità. In un periodo in cui gli europei davano poca importanza al lavoro degli artigiani statunitensi, Louis Comfort ha reso famoso il design di questo paese. Prima ancora suo padre, Charles Tiffany, era diventato il commerciante americano più famoso dell'epoca, e la sua fama perdura anche ai giorni nostri. «Quando parliamo di qualcosa che ha la qualità di Tiffany, intendiamo che è il meglio che si possa trovare» sostiene Janet Zapata. Il negozio che il giorno dell'apertura non raggiunse i cinque dollari di incasso è ora uno dei più lussuosi e più visitati del mondo. Solo nel 2009 la società, quotata alla Borsa di New York, registrò entrate per circa 600 milioni di dollari, con un guadagno di più di 43 milioni. A oggi è una holding che opera attraverso numerose imprese sussidiarie in tutto il mondo, compresa la vendita su Internet. La sua nave ammiraglia, il negozio sulla Quinta Avenue (dove si trasferirono negli anni Quaranta), produce meno di un terzo delle vendite di Tiffany & Co., mentre il lascito di Charles Tiffany è sempre presente grazie alla maestria dei suoi disegni. «Tiffany è ancora considerata la fabbrica del lusso statunitense, la grande gioielleria americana. Cerchiamo di migliorare i nostri prodotti, puntando sulla semplicità, sul vigore e sulla fantasia, per accontentare tutti gli Stati Uniti» racconta John Loring, direttore del design di Tiffany & Co.

Tiffany è molto più che una gioielleria, fa parte della cultura popolare. Charles e Louis sapevano che la gente era disposta a pagare per avere il meglio, e il successo e la continuità di Tiffany & Co. lo dimostrano. Con la natura e il passato come fonti di ispirazione, Tiffany presentò una nuova collezione di gioielli per il 2010, trasformando il negozio sulla Quinta Avenue in un paradiso tropicale. Esposti su pareti ricoperte di piante rampicanti e su tavoli adorni di ortensie e girasoli, i nuovi pezzi erano decorati con disegni di fiori, insetti, conchiglie, uccelli e altri animali, ed erano impreziositi con diamanti, smeraldi, zaffiri, acquemarine e opali di fuoco. Molti erano progetti antichi, disegni di Louis Comfort Tiffany e Jean Schlumberger recuperati dagli archivi. L'oggetto che più attirava l'attenzione era lo spettacolare collier di diamanti stella, chiamato Lucida, il cui valore supera i 10 milioni di dollari. E nonostante quel che scrisse Truman Capote nel romanzo *Colazione da Tiffany* (poi diventato un film con Audrey Hepburn come protagonista), da Tiffany nessuno ha mai servito brioches.

18

I Trump

> La gente mi chiede sempre come
> raggiungere il successo.
> Io rispondo che per prima cosa bisogna
> amare quello che si fa.
>
> DONALD TRUMP (N. 1946)

I Trump

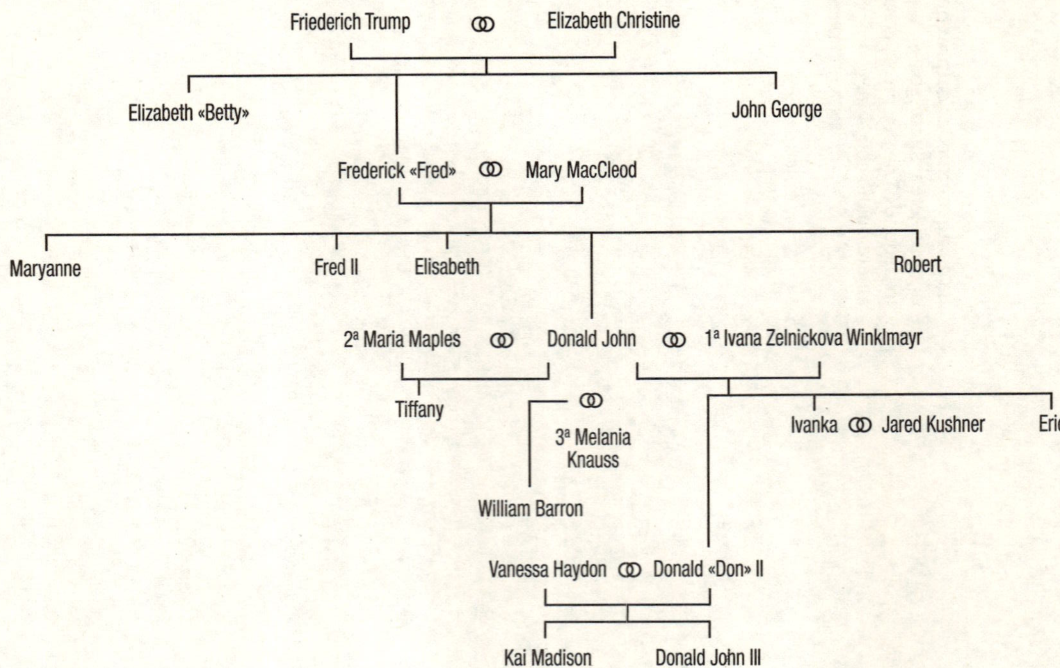

Friederich Trump
Elizabeth Christine
Elizabeth «Betty»
John George
Frederick «Fred»
Mary MacCleod
Maryanne
Fred II
Elisabeth
Robert
2ª Maria Maples
Donald John
1ª Ivana Zelnickova Winklmayr
Tiffany
3ª Melania Knauss
Ivanka
Jared Kushner
Eric
William Barron
Vanessa Haydon
Donald «Don» II
Kai Madison
Donald John III

Donald Trump è uno dei magnati più conosciuti degli Stati Uniti. Tanto il suo nome come la sua immagine sono sinonimo di uno stile insolente, audace e unico. Ed è proprio questa combinazione di astuzia, costanza e voglia di emergere, unita a una peculiare visione degli affari, che ne hanno fatto un'icona americana. Immobiliarista di successo e popolare autore di best seller, decenni dopo avere guadagnato il suo primo milione di dollari è riuscito a trovare un nuovo modo di farsi pubblicità in tv nelle ore di massimo ascolto. Con il suo reality show «The Apprentice» (L'apprendista), trasmesso a partire dal 2004, ha portato il suo stile personale nelle case degli americani. Il programma si svolge come una specie di «Grande Fratello» tra imprenditori: alloggiati in un appartamento nel grattacielo di Trump a Manhattan, sedici candidati di ogni estrazione sociale, da laureati in gestione aziendale provenienti dalle otto università private più prestigiose del Nord degli Stati Uniti a imprenditori senza istruzione superiore, camerieri o colf, devono superare ogni settimana prove complesse e, soprattutto, fare buona impressione sul magnate. Il vincitore si aggiudica un contratto di un anno con una delle aziende, a sua scelta, dell'impero di Trump, per un salario di 250.000 dollari. Nelle prime tre edizioni Donald Trump è stato presentatore, narratore e giudice del programma, oltre che produttore esecutivo. Il motto è: «Tutto è lecito per fare soldi», un'idea che sembra avere ispirato tutta la sua vita.

Esponente del sogno americano

Donald Trump nacque nel Queens, a New York, nel 1946, in una famiglia che seppe cavalcare il sogno americano per due generazioni. Suo nonno, Friedrich Trump, lasciò la Germania e arrivò negli Stati Uniti nel 1885.

Lavorò come barbiere a New York finché venne contagiato dalla febbre dell'oro. Quel giovane ambizioso fece le valigie e partì per il West. Aprì vari ristoranti e hotel nel Nordovest, lungo il Pacifico e nello Yukon, e racimolò una piccola fortuna servendo i minatori e le prostitute che vivevano nella regione. Tempo dopo tornò a New York, si formò una famiglia con Elizabeth Christ e avviò un'attività immobiliare nel Queens.

Il padre di Donald, Fred, rimase orfano a 13 anni, quando Friedrich morì per l'epidemia di influenza del 1918, e da allora in poi lavorò sempre come costruttore. A 30 anni conobbe Mary MacLeod, una giovane scozzese in viaggio nella Grande Mela, con cui si sposò nel 1936 e si trasferì in un tranquillo quartiere del Queens.

Dopo la Seconda guerra mondiale le imprese di costruzione di Fred decollarono. I soldati che rientravano dal fronte avevano bisogno di alloggi a basso costo, proprio quello che Trump sapeva fare meglio. E mentre i suoi affari prosperavano, anche la sua famiglia cresceva. In breve tempo era già padre di cinque figli: Maryanne, nata nell'aprile del 1937 e divenuta poi giudice federale degli Stati Uniti; Fred Jr, che si rifiutò di lavorare nell'azienda di famiglia, divenne pilota di linea e infine morì alcolizzato nel 1981, a 43 anni; Elizabeth, nata nel 1942, attiva nel settore bancario; Donald e Robert, il minore, nato nel 1948, che, eccetto una breve interruzione per gestire i casinò di suo fratello, è sempre rimasto legato agli affari paterni.

Fu proprio nell'impresa del padre che Donald, da bambino, apprese i segreti della costruzione. La famiglia trascorreva i fine settimana nei cantieri, e a 13 anni il piccolo era già in grado di guidare una ruspa. «Con mio padre imparai tutto quello che so della costruzione. Capii le difficoltà di un'attività tanto esigente. Era un uomo molto severo, ma era una bravissima persona. Era un tipo fantastico, ma è stata anche una delle persone di maggior rigore mentale che abbia mai conosciuto» ricorda Donald Trump.

Da bambino Donald non era uno studente brillante. «Ero un po' ribelle e aggressivo. Volevo uscire dal branco. E ancora oggi conservo parte di quello spirito» aggiunge. Quando terminò la scuola elementare, suo padre decise che il luogo migliore per insegnargli la disciplina era l'Accademia Militare di New York. In cinque anni Donald cambiò: divenne un grande sportivo e uno studente con menzione d'onore. Fu promosso a capitano della guardia d'onore e ricevette il più alto grado tra i diplomati di quell'anno.

Quando nel 1964 terminò la formazione militare, gli si aprì un ventaglio di opportunità, tra cui quella del baseball professionistico. Ma Donald preferì frequentare per due anni l'Università di Fordham, a New York. In seguito, si iscrisse alla prestigiosa Wharton Business School, dell'Università della Pennsylvania, dove conseguì un master in gestione aziendale. Optò quindi per seguire le orme del padre e iniziò la sua carriera come imprenditore in un ufficio che divideva con lui nella baia di Sheepshead, a Brooklyn. «Alcuni dei miei migliori affari li ho conclusi grazie a mio figlio, tutto quello che tocca si trasforma in oro» rispondeva Fred quando gli chiedevano del successo di Donald. E le cose insieme non andavano per niente male: si dice che costruirono ben 23.000 appartamenti tra il Queens e Brooklyn. Ma Donald, a differenza del padre, voleva costruire in una delle zone più costose del mondo. «Passeggiavo spesso per Brooklyn e il Queens e da lì potevo ammirare l'impressionante vista di Manhattan. Allora mi dissi: "È lì che voglio costruire, voglio che i miei edifici sorgano lì!"» ricorda Trump. E dopo cinque anni di collaborazione con il padre si mise in proprio.

La Grande Mela, però, può rivelarsi un avversario difficile. Prima di iniziare qualsiasi progetto nella città è meglio avere un piano. E così Donald Trump si preparò all'attacco. Nel 1974, a 28 anni, non dubitava di potersi affermare come magnate del settore immobiliare, ma gli servivano un po' più tempo e un po' più aiuto. Cominciò, quindi, a circondarsi di gente influente e a frequentare locali esclusivi come Le Cirque e lo Studio 54. Con il tempo si fece amico di un avvocato di vip, Roy Cohn, che lo introdusse nell'élite di New York.

Un imprenditore capace di persuadere chiunque

A quel tempo Donald Trump aveva già molte idee grandiose, ma gli mancavano l'esperienza e il denaro per realizzarle. Il suo piano era acquistare il Commodore Hotel, uno stabile in rovina accanto alla stazione ferroviaria di Grand Central, nel cuore di Manhattan. Il progetto prevedeva di riportare in vita il vecchio hotel ridando splendore a tutta l'area. «Suo padre pensava che fosse ridicolo. Impossibile. Non era realizzabile. E non gli piaceva che Donald abbandonasse la loro redditizia attività a Brooklyn e nel Queens» spiega Tony Schwartz, coautore insieme a Donald del saggio *Trump: l'arte di fare affari*. Nessuno era disposto a prestargli il denaro da investire, ma lui andò avanti lo stesso. «È una persona che non si lascia assalire dai dubbi. Incarna la sicurezza stessa, qualità molto utile nel mondo degli affari» precisa Schwartz. «Semplicemente non mi piace che mi si risponda di no. Non mi arrendo tanto facilmente e proseguii per la mia strada» osserva Trump. «La mia maniera di fare affari» aggiunge «è piuttosto semplice e diretta: continuare a insistere, insistere e insistere finché ottengo quello che voglio.»

Il 4 maggio 1975, data chiave nella sua storia personale, Donald Trump annunciò la sua prima grande operazione immobiliare. Non solo aveva convinto la Penn Central Railroad a vendergli il vecchio albergo per 10 milioni di dollari, ma era anche riuscito ad associare la catena di hotel Hyatt, oltre ad assicurarsi importanti prestiti bancari per 80 milioni di dollari e una riduzione fiscale concessagli dalle autorità cittadine per quarant'anni, che equivaleva ad altri 120 milioni. Come era riuscito a convincerli tutti? «Dissi loro che avrei messo in piedi un hotel incredibile, magnifico, sfavillante; che avrei creato posti di lavoro nella costruzione e avremmo recuperato gli impieghi del vecchio hotel, facendo rinascere l'area di Grand Central.» Il giovane Trump trovò, inoltre, un architetto in grado di costruire un rivestimento in vetro a specchio per coprire la facciata deteriorata del vecchio Commodore Hotel: Der Scutt, che lavorò cinque anni insieme alla Gruzen & Partners per trasformare l'edificio.

L'ascesa di Trump come magnate immobiliare era iniziata. La maggior parte dei suoi progetti successivi ricalcarono quello iniziale: trattative, insistenza, dollari. «La gente dice che ho una certa abilità nel fare affari. È risaputo che sono una persona diretta, che va subito al sodo. Non mi piace perdere tempo. È un atteggiamento che mi ha aiutato anche nella vita privata» racconta Trump.

Ma conquistare il cuore di Donald Trump, divenuto col tempo un playboy, non fu facile. La donna che riuscì a sedurlo si chiamava Ivana Zelníčková Winklmayr, una sciatrice olimpica cecoslovacca, che aveva lasciato il suo paese grazie a un matrimonio di convenienza con l'austriaco Alfred Winklmayr, anch'egli sciatore.

A Ivana non mancavano certo l'abilità di superare gli ostacoli e lo spirito di competizione, due qualità molto apprezzate dal magnate. Figlia di un ingegnere elettrico, nacque nella vecchia Cecoslovacchia, a Gottwaldov (oggi Zlín), una cittadina a sud di Praga. Da bambina recitò in vari film cechi, ma le sue vere passioni erano lo sci e il nuoto. A 6 anni vinse la sua prima discesa, e a 15 entrò a far parte della nazionale juniores di sci. Viaggiando con la squadra in Europa si accorse che, al di là della Cortina di Ferro, l'Occidente conduceva una vita ben diversa. Nel 1967 lasciò la sua città natale per iscriversi all'Università Carolina di Praga, dove si laureò in Educazione fisica. Lì si innamorò di George Syrovatka, uno sciatore suo compagno di studi. Ma il ragazzo emigrò in Canada.

In seguito cominciò a uscire con un carismatico – ma ben poco affascinante – poeta e compositore ceco di nome Yuri Steidal, che morì nel 1973 in un tragico incidente d'auto. Per Ivana, il duro colpo andò ad aggiungersi a quello subito l'anno prima, quando non poté rappresentare il suo paese alle Olimpiadi di Sapporo. Distrutta dal dolore, decise di abbandonare la Cecoslovacchia comunista, ma, per non essere considerata un disertore e per non mettere in pericolo i suoi genitori, decise di sposarsi con Alfred Winklmayr in modo da ottenere un passaporto straniero che le garantisse la libertà.

Emigrò in Canada dai suoi zii. A Montreal rincontrò il suo primo fidanzato, George Syrovatka, e cominciò a lavorare per l'agenzia di modelle Morris Audrey. Il suo nuovo impiego le permise di entrare in contatto con il fior fiore della società canadese e dei vicini Stati Uniti. Nel 1976 l'agenzia mandò varie modelle a New York per promuovere i Giochi Olimpici che si sarebbero svolti quell'anno a Montreal. All'epoca Ivana aveva già divorziato dal suo primo marito.

In città solo per un breve viaggio di lavoro, si recò con delle amiche in un ristorante della Grande Mela e lì conobbe Donald Trump. «Non riuscivamo a trovare un tavolo e lui si offrì di aiutarci. Allora mi avvicinai alle mie amiche e dissi: "Ho una notizia buona e una cattiva. Quella buona è che abbiamo trovato un tavolo. Quella cattiva è che dovremo dividerlo con quel signore, che vorrà sicuramente sedersi con noi"» ricorda Ivana Trump parlando del loro primo incontro.

Donald la seguì subito a Montreal per una sfilata di moda. E poi Ivana cominciò a recarsi a New York, scorrazzando per la città con la limousine di Donald. Era come se, alla fine, il magnate avesse trovato qualcuno che rispecchiava il suo spirito competitivo. Ai tempi in cui era una sciatrice, Ivana si era fratturata le gambe molte volte, ma, non appena le toglievano il gesso, tornava sulle piste per preparare la gara successiva. «Avevo conosciuto molte donne diverse, ma fino ad allora non ero riuscito a lasciarmi coinvolgere seriamente da nessuna. Quando conobbi Ivana, capii subito che era molto speciale. All'inizio volevo solo divertirmi, ma più la conoscevo più ero sicuro che ci saremmo sposati» ricorda Donald. «La vigilia di Capodanno, in ginocchio, mi chiese di sposarlo. Era una dichiarazione un po' all'antica, ma lui è sempre stato un cavaliere» racconta Ivana.

Nell'aprile del 1977, dopo avere sottoscritto un accordo prematrimoniale preparato da Roy Cohn, la coppia si sposò nella Marble Collegiate Church di New York. Dal loro primo incontro erano trascorsi solo nove mesi. Andarono a vivere in un moderno appartamento con vista su Central Park. «Acquisirono enorme potere quando erano ancora dei ragazzi. Grazie alla sinergia che si era creata tra loro, divennero due personaggi importanti» afferma Cindy Adams, editorialista del «New York Post». Senza mai stancarsi, i due si facevano pubblicità a vicenda. Ben presto la coppia riuscì a concludere grandi affari grazie alla scaltrezza di lui e alle innegabili doti di lei nelle pubbliche relazioni. E i figli non si fecero attendere. Donald Jr nacque la vigilia di Capodanno del 1977, e nei sette anni seguenti Ivana diede alla luce Ivanka ed Eric.

Finalmente, nel settembre del 1980, la prima grande operazione immobiliare di Donald Trump aprì le porte al pubblico. Il magnate incaricò subito Ivana di curare gli interni dell'hotel Grand Hyatt. «Aveva un'energia enorme, non poteva dedicarsi solo all'economia domestica. Permetterle di intervenire un po' negli affari, che all'epoca erano in crescita, mi sembrava una buona idea» racconta Donald. Ivana si occupava di piccoli arredamenti interni, della gestione degli immobili e si assicurava che tutto procedesse per il meglio quando il marito cominciava a dedicarsi al progetto successivo. Donald le pagava uno stipendio di un dollaro all'anno, «più tutti gli abiti che voleva comprarsi» ricorda lui. E in numerose occasioni si lamentò, scherzando, di non aver stabilito un salario fisso, viste le fatture che la moglie gli presentava per i vestiti.

Un altro colpo da maestro

Il Grand Hyatt fu solo l'inizio. Ubicato strategicamente di fianco alla stazione di Grand Central, fu un vero successo, proprio come Donald Trump aveva previsto. La hall dal design impeccabile, abbellita da una cascata, dava il benvenuto ai clienti. Con più di mille stanze, un'immensa sala da ballo, cinquanta sale per conferenze e, soprattutto, con i suoi rivestimenti in vetro a specchio e acciaio inossidabile levigato, divenne il marchio di fabbrica del suo costruttore e proprietario. E, quando l'albergo venne inaugurato, Donald Trump era già completamente immerso nel suo nuovo progetto.

Aveva acquistato la proprietà di fianco a Tiffany, nella Quinta Avenue di New York. Ma, fatto ancora più importante, aveva comprato i diritti di sopraelevazione della prestigiosa gioielleria, che in altri luoghi non vorrebbe dire granché, ma in una Manhattan presa d'assalto poter costruire verso l'alto, sopra un edificio, era una vera e propria manna. Nel 1982 iniziarono i lavori della Trump Tower, all'epoca l'edificio più alto di Manhattan. Ospitava sette piani di negozi e tredici di uffici, mentre il resto era destinato ad appartamenti di lusso dotati di terrazze private con vista sulla Quinta Avenue e Central Park. I cinquantotto piani dell'edificio, però, non erano sufficienti per Trump. Il magnate ne avrebbe voluti costruire altri dieci, ma la normativa di quell'area non lo consentiva. Curiosamente, ancora oggi, la pubblicità e le descrizioni del grattacielo spesso aggiungono quei dieci piani rimasti solo un sogno del suo costruttore. Del resto, chi si fermerebbe a contarli tutti nel centro di Manhattan?

A ogni modo la Trump Tower, costata 200 milioni di dollari, non era un semplice grattacielo in più nella Grande Mela. Perfino i suoi cittadini rimasero colpiti dai materiali e dalla profusione di specchi, ottoni, vetri riflettenti e marmi color pesca, scoperti da Donald e Ivana in uno dei loro frequenti viaggi in Europa. Il design seghettato della facciata riduceva visivamente l'imponenza dell'enorme struttura. Un edificio di quell'altezza non avrebbe potuto essere costruito in uno spazio così piccolo e perciò l'architetto progettò una galleria per collegare il grattacielo allo stabile dell'IBM a est, sfruttando i diritti di sopraelevazione di Tiffany.

All'interno, nell'atrio della Trump Tower, scorreva una cascata d'acqua alta 24 metri, che ne faceva uno degli spazi pubblici chiusi più belli che si fossero realizzati a New York in quegli anni. In mezzo al frastuono cittadino è come «entrare in un altro mondo. Vieni circondato subito dal silenzio, poi vedi la cascata, senti il rumore dell'acqua, e dimentichi dove sei. È davvero un luogo magico» osserva Tony Rafaniello, ex direttore dei lavori dell'edificio. «Fin dalla sua costruzione» afferma il proprietario «è stato un successo. Non è il mio edificio più grande né il mio lavoro più importante, ma la Trump Tower rimarrà certamente la mia preferita per sempre.» Da allora Trump vive nel suo grattacielo, agli ultimi tre piani, destinati al suo appartamento di cinquanta locali, valutato 10 milioni di dollari, e circondato dall'abbondante onice con cui ha fatto decorare le pareti e i bagni (con i rubinetti rivestiti d'oro, ovviamente).

La Trump Tower era la prova che Donald era più che preparato a lottare nel duro e competitivo mercato immobiliare di New York. Da allora il suo impero (ha battezzato tutti i suoi edifici con il suo cognome) divenne la sua ossessione, sempre attento a ogni minimo dettaglio di tutto quello che costruiva. «Un giorno, durante i lavori di un suo edificio, dopo che avevo già controllato e verificato che tutto procedesse per il meglio, mi telefonò per dirmi che il balcone del primo piano non era a livello. Mi sembrava impossibile. Esaminammo nuovamente tutti gli angoli. Incredibile: da 500 metri era riuscito a individuare un dislivello di un centimetro» ricorda Blanche Sprague, ex dirigente di Trump.

La successiva grande operazione di Donald lo portò ad Atlantic City, nel New Jersey. E in breve tempo aggiunse altri due preziosi gioielli alla sua corona: l'Harrah's Trump Plaza e il Trump Castle, due casinò che nel loro secondo anno di attività guadagnarono un totale di 30 milioni di dollari. «Non ho mai fatto scommesse in vita mia. Per me, uno scommettitore è uno che gioca alle slot-machine. Io preferisco possederle, le slot-machine. È un gran bell'affare quando ne sei il proprietario» dichiarò al «Time» in quei giorni. I casinò erano il luogo perfetto per dare visibilità a un'altra delle sue passioni, i campionati di pugilato, che attirarono numerosi vip e gli fecero guadagnare parecchio denaro. «Ammiro profondamente lo spirito della boxe: due uomini che si affrontano con abilità fisica e mentale e che, per vincere, devono confidare in se stessi» afferma Trump. Quello stesso spirito combattivo che lo portò a guadagnare milioni a soli 39 anni. «È un competitore accanito ed è questo che lo motiva. Non lavora solo per i soldi. Lo fa perché adora l'emozione della vittoria e la caccia» spiega Bill Rancic, vincitore della prima edizione del reality show «The Apprentice».

In occasione dell'incontro tra Mike Tyson e Michael Spinks per il campionato di pesi massimi ad Atlantic City, tenutosi nel giugno del

1988, Trump fissò il prezzo record di 1500 dollari per i posti in prima fila. «Se avessi chiesto 2000 dollari per i biglietti, li avremmo venduti comunque e nello stesso tempo. Ma Don King e i miei dirigenti del Trump Plaza mi hanno convinto che quello è il prezzo giusto. Io continuo a pensare che sarebbe stato molto meglio farli pagare 2000» dichiarò al «New York Times» qualche giorno prima del combattimento.

«Il Donald» (come era conosciuto allora dopo che Ivana l'aveva chiamato così in un'intervista televisiva, quando ancora non padroneggiava l'inglese e anteponeva l'articolo a tutti i nomi) sembrava inarrestabile. «Credo che nulla mi spaventi. In generale, il mio atteggiamento è aggredire la vita, e non puoi attaccare se hai paura» dichiarò alla rivista «Time» nel 1989, quando era deciso a guadagnare più denaro che mai, a farsi più pubblicità che mai e a soddisfare ancora di più i capricci più cari.

Ossessionati dall'autopromozione

Donald Trump e sua moglie Ivana, l'ex modella divenuta imprenditrice, erano ormai una delle coppie più ricche e famose di New York. I loro figli, Donald Jr, Ivanka ed Eric, vivevano circondati dal lusso. In settimana la famiglia risiedeva nel triplex in cima alla Trump Tower, mentre i weekend li trascorrevano a Greenwich (Connecticut) nell'enorme villa di quarantasette stanze, che Trump aveva acquistato per 2 milioni di dollari.

I due coniugi proteggevano i figli dalla pubblicità, ma certo non nascondevano il loro lussuoso stile di vita né il loro sontuoso assortimento di costosi giocattoli. Il primo acquisto di Donald fu uno yacht, che chiamò *Princess Trump*. Ma non uno yacht qualsiasi, bensì il più grande al mondo, appartenuto all'allora uomo più ricco, il sultano del Brunei. In seguito rilevò una compagnia aerea, la Trump Shuttle, e poco tempo dopo acquistò una delle più grandi proprietà degli Stati Uniti, la Mar-a-Lago, una villa con centodiciotto stanze, nell'esclusiva Palm Beach (Florida). Voluta nel 1927 dalla celebre e astuta imprenditrice Marjorie Merriweather Post (meglio nota per i suoi numerosi matrimoni e per le sue lussuose case), la Mar-a-Lago è costruita in stile moresco, con un'imponente scala che unisce i due piani, copia esatta di quella dell'Accademia di Venezia; i suoi soffitti sono decorati in oro a ventidue carati e ha una spiaggia privata di 400 metri.

Oggi solo quaranta stanze sono destinate alla famiglia Trump, le restanti sono occupate da un esclusivo club privato, con poco più di 400 membri che pagano circa 70.000 euro come quota di iscrizione e altri 4000 all'anno per usufruire di un lusso sfrenato.

I coniugi Trump ostentavano sempre un lusso assolutamente sproporzionato, impressionante, di dubbio gusto e scarsa o nulla raffinatezza. «È tutto troppo rococò, carico di ori, lampadari di cristallo appesi ovunque, lustro ed eccesso. Tutte le loro case sembrano nate dalla fantasia di Maria Antonietta» commenta Liz Smith, del «New York Post». Paul Goldberger, critico di architettura del «New York Times», fu perfino più duro: «Non ha ancora realizzato un'opera architettonica veramente seria. Il suo stile è l'ostentazione, una malattia dei nostri tempi. Trump è solo un'espressione della massa». E il magnate rispose beffardo che Goldberger non era qualificato per giudicare i suoi edifici perché portava abiti poco costosi.

L'ambizione di Trump era sconfinata («mi piace pensare sempre in grande» ripete con frequenza) e gli fece mettere gli occhi sullo storico ed elegante hotel Plaza, situato nella Quinta Avenue di Manhattan. Nessun altro hotel degli Stati Uniti poteva uguagliarne il prestigio, era «uno dei più grossi diamanti al mondo». Donald lo comprò per 400 milioni di dollari, «il migliore affare della mia vita» ama ripetere, e ne affidò la guida a Ivana. L'eccellente senso degli affari della moglie ridiede vita allo stabilimento e Donald la nominò vicepresidente della divisione di Architettura di Interni della Trump Organization. La coppia lavorò fianco a fianco per costruire il proprio impero.

All'epoca Ivana era già stata per quasi cinque anni direttrice generale del casinò Trump Castle ad Atlantic City, posto che lasciò per assumere la presidenza, mantenuta per quattro anni, dell'hotel Plaza di New York. Sotto la sua guida, il Plaza fu riconosciuto dagli altri albergatori come «il migliore hotel di lusso degli Stati Uniti». «Ivana lavorava tutti i giorni come una matta, senza fermarsi un attimo, e sempre con i suoi tacchi a spillo. Credo che cercasse di fare buona impressione sul marito. Voleva dimostrargli di avere le capacità che lui si aspettava da lei» osserva Liz Smith. Non c'è dubbio che alcune proposte di Ivana furono quanto meno curiose, come ad esempio l'idea di acquistare dei colbacchi a Londra per dare un tocco di Buckingham Palace ai portieri della Trump Tower.

In quel periodo Donald Trump scrisse un libro in cui illustrava il suo stile aggressivo negli affari, che entrò nella lista dei bestseller del 1988. Vendette 3 milioni di copie, più del numero raggiunto allora da Lee Iacocca, un altro affermato uomo d'affari che diffondeva la propria saggezza imprenditoriale. Il successo del libro convinse la casa editrice Random House a offrire a Trump 3 milioni di dollari per pubblicarne una seconda parte. Non c'erano dubbi: Donald Trump era una celebrità. «Camminare per strada al suo fianco era quasi come passeggiare con Cary Grant. La gente si avvicinava e gli chiedeva di firmare un autografo su qualsiasi cosa, sulla borsa, sulla maglietta, sulla mano...» ricorda Blanche Sprague. «Non ho mai conosciuto nessuno così ossessionato dal farsi pubblicità come Ivana e Donald Trump. Una delle cose che li ha sempre accomunati è il desiderio di essere continuamente al centro dell'attenzione» afferma Bob Colacello, giornalista di «Vanity Fair». «Avevano tantissimi soldi e volevano farlo sapere a tutti. Donald, poi, aveva un ego enorme» aggiunge Liz Smith.

Le querele contro i critici

Ma non ci furono solo successi. Il litigio era parte integrante dello stile di Trump. In quel periodo i suoi affari erano nelle mani di dieci studi legali diversi. Il suo principale avvocato era suo cognato, John Barry, marito della maggiore delle sue sorelle, Maryanne Trump.

Alcune acquisizioni di case popolari da trasformare in edifici di lusso si scontrarono in tribunale con la forte opposizione di inquilini e vicini. Trump, inoltre, presentava continue querele per diffamazione. Nel 1985 denunciò il critico di architettura del «Chicago Tribune», Paul Gapp, per avere scritto che il suo progetto per costruire l'edificio più alto del mondo lasciava presagire «una mostruosità atroce, orribile, una delle cose peggiori che si potessero infliggere a New York o a qualsiasi altra città». Il giudice, tuttavia, si pronunciò a favore della libertà di espressione. Trump fece causa anche all'architetto Richard Hayden, uno dei progettisti della Trump Tower, perché non era soddisfatto di una parte del suo lavoro, e tardò più di due anni a saldare il suo onorario. Poi fu il turno del sindaco Ed Koch, colpevole di avere respinto una riduzione delle imposte municipali della durata di vent'anni sollecitata da Trump. Il sindaco denigrò il costruttore chiamandolo «maiale, maiale e maiale» e Trump, a sua volta, affermò che Koch era «incompetente» e «idiota». Arrivò perfino a portare in tribunale Eddie e Julius Trump, due imprenditori sudafricani che non avevano alcuna parentela con lui, accusandoli, disse Donald, di «volere sfruttare il mio nome». L'udienza preliminare stabilì che i sudafricani non erano colpevoli di portare il suo stesso cognome.

Quello che Trump non poteva immaginare era che il decennio si sarebbe chiuso con la caduta del suo impero, allora al massimo del suo fulgore. I problemi iniziarono nell'autunno del 1989. Trump stava costruendo il più grande hotel-casinò del mondo, il Taj Mahal di Atlantic City, tre volte più grande del palazzo indiano originale. I lavori del complesso da un miliardo di dollari procedevano con grande ritardo e l'opera diventava ogni giorno più cara. «Lo chiamiamo l'ottava meraviglia del mondo. Sarà la maestosità generale dell'edificio ad attirare la gente. Le persone rimarranno impressionate dalla sua opulenza» dichiarò al «Washington Post». Con il suo terzo casinò Trump divenne il più grande amministratore della cosiddetta «Las Vegas dell'est», con un reddito operativo stimato attorno ai 100 milioni di dollari all'anno.

Nell'ottobre del 1989 tre dirigenti dell'azienda di Trump noleggiarono un elicottero per raggiungere Atlantic City. Era un viaggio di quaranta minuti che effettuavano almeno una volta alla settimana per vigilare sull'andamento dei casinò. Ma l'apparecchio si schiantò e tutti i passeggeri morirono. L'incidente si ripercosse sugli affari di Donald, e anche sulla sua vita privata, perché i tre erano suoi buoni amici. «All'improvviso i miei quadri dirigenti, nonché amici, morirono su un elicottero. Era molto difficile sostituirli. Inoltre, ciò influì negativamente sulla mia relazione con Ivana» ricorda.

Donald e Ivana sembravano la coppia perfetta, ma dietro all'apparenza pubblica il loro matrimonio attraversava un brutto periodo. «Lavorare insieme danneggiò la nostra relazione. Rincasavo sfinito e Ivana mi raccontava dell'azienda. Io non volevo parlare ancora di lavoro, ne avevo avuto abbastanza nel resto della giornata. Non volevo avere per moglie una manager» spiega Donald Trump. «Parlavamo tutto il giorno di affari e alla fine non ci rimaneva tempo per l'amore» afferma lei.

Il triangolo amoroso in prima pagina

All'inizio del 1990 Ivana scoprì che suo marito aveva una relazione con Marla Maples, ex Miss Georgia. Le due donne si incontrarono faccia a faccia sulle piste da sci di Aspen (Colorado), dove sedici anni prima Donald si era dichiarato a Ivana. Trump era andato a sciare con la moglie, ma aveva affittato una stanza per Marla in un hotel vicino, il St Moritz. Lo scontro fra le due donne finì sui media di tutto il mondo. «Per tre mesi la notizia apparve quasi quotidianamente sulla stampa sensazionalistica. Le vendite aumentarono e anche la televisione cominciò a farsi eco del triangolo amoroso» ricorda Liz Smith. Sembrava che a Donald piacesse comparire sui giornali. «Perfino in titoli come quello in cui Marla affermava che il miglior sesso della sua vita l'aveva fatto con lui. Lei negò di averlo detto, ma lui se ne compiacque ugualmente» commenta la giornalista. Al margine del circo mediatico, Ivana portò avanti il suo impegno nell'hotel Plaza. Da allora, la prima moglie del magnate non ha più permesso che la sua vita personale interferisse con gli affari.

Ma Trump aveva sottovalutato l'importanza di Ivana nel suo impero ormai indebolito. Il suo tocco glamour e sofisticato rendeva speciali e originali le proprietà di cui si occupava. Era, inoltre, un personaggio molto popolare nella società newyorkese e offriva a Trump una costante pubblicità gratuita sui media. Alla fine, però, Ivana decise che ne aveva abbastanza. «Un giorno le dissi: "Tesoro, perché non ti comporti come le altre donne europee e fai finta di niente?". La sua risposta fu radicale: "Non lo voglio se mi tradisce". E così decise di separarsi da lui» racconta Cindy Adams. Ivana chiese il divorzio e, come stabilito dall'accordo prematrimoniale, pretese una cifra pari alla metà della presunta fortuna del marito, denaro di un impero che allora si stava svalutando ma che anche lei aveva contribuito a far prosperare.

La lite pubblica della coppia terminò nell'ottobre del 1991, quando il padre di Ivana fu colpito da un infarto e morì inaspettatamente. Tutta la famiglia si recò in Cecoslovacchia. «Donald la accompagnò al funerale nel bel mezzo del divorzio, in piena discussione sull'affidamento dei figli, sul denaro, sulle proprietà... Anche i tre bambini andarono con loro. Dopo quel riavvicinamento decisero di divorziare amichevolmente per il bene dei loro figli e per l'amore che li aveva uniti» racconta Bob Colacello.

Sebbene, nel 1993, l'accordo finale di separazione venne tenuto sotto stretto segreto, tutti i giornali riferirono che il divorzio era costato a Donald 14 milioni di dollari in contanti più i 12 milioni che valeva la loro casa in Connecticut e tutti i gioielli, che divennero proprietà di Ivana. Restarono comunque amici e, nel 1995, tornarono a fare soldi insieme. Girarono uno spot televisivo per Pizza Hut nella loro villa, dove, vestiti elegantemente, scherzavano su chi avrebbe mangiato l'ultima fetta di pizza. E rimasero uniti anche nel crescere i figli, a cui inculcarono il valore del lavorare sodo e dell'autosufficienza.

Dopo il divorzio Ivana riuscì a reinventarsi, tanto che le venne attribuita anche una famosa battuta su come le donne debbano affrontare la separazione: «Non prendetevela, prendetegli tutto!». Che il consiglio fosse suo o no, le toccò pronunciare quella frase nel cameo che fece nel 1996 nel film *Il club delle prime mogli*, una commedia in cui quattro amiche newyorkesi di mezza età (interpretate da Goldie Hawn, Diane Keaton, Bette Midler e Maggie Smith), dopo essersi consacrate per anni ai rispettivi mariti, vengono lasciate per delle donne più giovani. Ivana divenne il paradigma della donna abbandonata che si era rifatta una vita ed era riuscita a costruire il proprio impero finanziario, Ivana Inc., con qualche incursione nel mondo della moda, delle agenzie matrimoniali, della stampa e perfino della letteratura. Scrisse due romanzi e un saggio su come affrontare il divorzio, *The Best is Yet to Come: Coping with Divorce and Enjoying Life Again* («Il meglio deve ancora venire: come superare un divorzio e tornare ad amare la vita»), che servirono a dare libero sfogo alla sua ambizione e alla sua energia.

Anni Novanta: prima crisi, secondo matrimonio

Mentre la pratica del divorzio andava avanti, Trump aprì il suo costosissimo casinò, il Taj Mahal di Atlantic City, con oltre tremila slot-machine; un rilancio del suo sfarzoso impero. Ma la fortuna non durò a lungo. L'economia era in recessione e il mercato immobiliare crollò. Il Taj Mahal dichiarò la bancarotta il 5 ottobre 1991 e Trump dovette cedere metà della proprietà. Tra il 1990 e il 1993 il trionfatore indiscusso degli anni Ottanta corse il serio rischio di perdere tutto. Era precipitato nell'inferno dei debiti. «Mi trovavo sul più alto dei piedistalli, quando un giorno mi è venuto a mancare il sostegno sotto i piedi. Tutti pensavano che non sarei riuscito a rialzarmi, che ero finito. Non smettevano di parlare dei milioni e milioni di dollari che dovevo. I mercati immobiliari collassarono, trascinando con sé anche altri settori. Fu un vero caos» ricorda il magnate. E come se non bastasse, suo padre era sprofondato nella nebbia dell'Alzheimer.

Stando ai giornali, i suoi debiti ammontavano a miliardi di dollari. A 47 anni, Donald Trump non aveva più un soldo. Cominciarono a paragonarlo al promotore immobiliare William Zeckendorf, che cadde in rovina dopo aver costruito il palazzo delle Nazioni Unite, il quartiere Century City a Los Angeles e la piazza Ville-Marie a Montreal. «Per me è stato in parte un modello. Era un grande visionario, ma non era prudente dal punto di vista finanziario. Il suo tracollo mi ha insegnato a non ripetere gli stessi errori» dichiarò al «New York Times».

Assillato dalle banche che pretendevano il loro denaro, Trump dovette vendere alcuni tra i suoi beni più importanti: la compagnia aerea Shuttle Trump; lo yacht *Trump Princess*; il suo primo grande successo immobiliare, il Grand Hyatt; e il più doloroso, l'hotel Plaza di New York. Gli istituti di credito lo costrinsero a presentare ogni novanta giorni un resoconto finanziario dettagliato e un altro mensilmente sulle attività in perdita. In cambio, Trump poté conservare la gestione dei suoi casinò e la Trump Tower, e guadagnare il denaro contante sufficiente per tenere in vita il suo impero ormai ridimensionato.

Mentre lottava contro gli enormi debiti, la sua relazione con Marla Maples, aspirante attrice di diciassette anni più giovane di lui, andava avanti. Sotto molti aspetti, Marla era l'esatto opposto di Ivana. «Credo che si fosse stancato di tutta quella vita mondana. Io preferivo trascorrere più tempo in casa, essere una donna più tradizionale, fargli trovare la cena pronta quando rincasava... curare il lato più spirituale della vita» spiega Marla, la sua seconda ex moglie. Cindy Adams pensa, invece, che Donald non volesse sposare Marla. «Voleva che fosse sua, stare con lei, divertirsi. Ma perché sposarsi? Perché rinunciare a milioni di altre donne?» afferma. Forse Trump non era pronto per il matrimonio, ma nella primavera del 1993 non poté sottrarsi alla futura paternità. Marla rimase incinta e il 13 ottobre nacque Tiffany. Dopo molti tentennamenti, Marla firmò un accordo prematrimoniale di soli 2 milioni di dollari. Celebrate le nozze, la nuova signora Trump si trasferì nel triplex della Trump Tower, ma il matrimonio partì con il piede sbagliato.

In privato, i tentativi di risollevare gli affari creavano tensioni tra i due neosposi. E, in pubblico, Marla sembrava sopportare male il fatto di essere «l'altra moglie». Ad aggravare la situazione si aggiunsero le voci sulla presunta infedeltà di Donald. Lo stress aumentò e la coppia finì col separarsi nel 1997. La rottura avvenne un mese prima della scadenza del contratto prematrimoniale. Fortunatamente per Donald, il secondo divorzio fu molto meno costoso del primo.

La resurrezione

Nuovamente single, Trump si buttò a capofitto nel lavoro. A 51 anni, il magnate immobiliare era pronto a tornare e a poco a poco ridusse i suoi debiti personali e quelli delle sue aziende. «Non ho mai dichiarato il fallimento. Le banche si comportarono molto bene. Capirono l'importanza del mio talento e l'importanza del mio nome» sostiene Trump. «Se lasciassimo Trump in mezzo al deserto del Mohave, aprirebbe un chiosco per le bibite» afferma Cindy Adams.

Il magnate non si è mai stancato di gonfiare di zeri i suoi risultati finanziari, al contrario della rivista «Forbes», che si è preoccupata di ridimensionarli nella sua classifica degli uomini più ricchi d'America. Nel 1997 «Forbes» valutò la sua fortuna attorno ai 450 milioni di dollari, ma Trump non era d'accordo e chiamò perfino l'editore Malcolm Forbes. «"Io valgo più di 3 milioni di dollari" gli disse. Malcolm ribatté che bisognava sottrarre il debito dal patrimonio netto. Ma Donald non volle dargli ragione, non la vedeva così» racconta Bob Colacello. «Sa vendersi e sostiene che un po' di esagerazione non fa male. È una specie di ciarlatano. L'etica è per i professori delle università, non per Donald» afferma Tony Schwartz, co-autore del libro *Trump: l'arte di fare affari*.

Ovviamente Trump seppe trarre profitto anche dalla sfortuna, e pubblicò un nuovo libro, intitolato *Trump: The Art of the Comeback* («Trump: l'arte del ritorno»). «Non si deve mai gettare la spugna» raccomandava il magnate. *Mi dispiace, amici: Donald Trump è tornato e più in forma che mai* fu uno dei numerosi titoli apparsi sulla stampa in quel periodo.

Trump tornò a dedicarsi agli affari più forte di prima, e pensò perfino di candidarsi alle elezioni presidenziali americane. «I sondaggi erano molto positivi, potevo vincere. Inizialmente, pensai di presentarmi per il Partito riformista, ma non mi piaceva granché, per usare un eufemismo. Nel partito regnava il caos, e alla fine decisi di non presentarmi. Sotto molti aspetti, sono troppo onesto per fare il politico» racconta Trump.

In seguito, Donald costruì vari campi da golf di lusso, acquistò i diritti del concorso di Miss Universo e aggiunse molti altri gioielli alla sua corona: la Trump International Hotel and Tower, con immobili a Chicago, Dubai, Fort Lauderdale, Honolulu, Las Vegas, New Orleans, New York, Panama, Phoenix, SoHo e Toronto; la Trump World Tower, un grattacielo residenziale di fronte al palazzo delle Nazioni Unite che venne concluso nel 2001 e i cui appartamenti valgono da uno a 28 milioni di dollari; il Trump Park Avenue, un edificio di trentadue piani, in origine un hotel, che il magnate comprò nel 2002 e restaurò per ricavarne centoventi appartamenti di lusso e otto attici; il Trump Place, sul fiume Hudson, anch'esso destinato ad appartamenti di lusso. E da lì a breve si sarebbe affermato con un altro grande successo.

Agli inizi del nuovo secolo aveva già attraversato le turbolente acque che separavano le acquisizioni esagerate dei primi anni dalle modeste operazioni degli anni seguenti, e stava per risorgere con il programma «The Apprentice».

Un reality show per imprenditori

Nel 2002, dopo aver risanato completamente le sue finanze, non si lasciò sfuggire l'opportunità di varcare una nuova frontiera. Mark Burnett, creatore del reality «Survivor», gli propose di collaborare a un nuovo progetto televisivo: «The Apprentice». Insieme ai produttori, la NBC e Burnett, decise di realizzare il nuovo show seguendo il modello degli altri reality ma con una differenza: invece di preparare cantanti o attori al mondo dello spettacolo, avrebbero formato degli imprenditori e li avrebbero fatti coabitare in una suite della Trump Tower, a Manhattan.

La prima edizione venne trasmessa tra l'inverno e la primavera del 2004. Il programma diventò rapidamente il più popolare, e non solo per il nuovo concetto ma anche per il tocco eccentrico di Donald. Il magnate registrò perfino come marchio la frase «Sei licenziato» (*You're fired*), che pronunciava nel suo programma. «Non ho mai usato quell'espressione in vita mia, ma venne fuori in una puntata e fece impazzire il pubblico» spiega. Il programma contribuì anche a rendere più umana e affascinante la figura del milionario. «La gente mi conosce più a fondo, ma è triste pensare che adesso mi considerino una persona migliore rispetto a quello che pensavano di me prima dello show, perché in "The Apprentice" non faccio altro che licenziare di continuo. È un segno della cattiva reputazione che avevo prima» osserva.

Per riaccendere l'interesse del programma, la NBC decise che nella settima e nell'ottava edizione, andate in onda tra il 2008 e il 2009, i concorrenti sarebbero stati dei vip il cui obiettivo era raccogliere fondi da dare in beneficenza. Trump partecipò ad alcune puntate come anfitrione, e anche i suoi figli maggiori collaborarono in diverse occasioni.

Negli anni i figli di Donald e Ivana hanno conquistato di diritto la popolarità. Appartengono, sì, a una nuova generazione di eredi di fortune incalcolabili spesso tormentati dal rancore verso dei genitori che hanno offerto loro una vita di privilegi e li hanno accontentati in ogni loro desiderio, ma nel loro caso non è andata esattamente così. I due figli maggiori dell'imperatore Trump hanno assunto la vicepresidenza delle aziende di famiglia appena terminati gli studi universitari, a soli vent'anni. Ma come sono riusciti a sottrarsi al destino di poveri-bambini-milionari? Lavorando fin dall'adolescenza.

Donald Jr, «Don», ottenne il suo primo lavoro a 13 anni, come assistente nel porto sportivo del Trump Castle, con un salario minimo più le mance che riceveva. «I nostri genitori ci hanno sempre insegnato il valore del denaro. Se volevamo qualcosa, dovevamo guadagnarcelo. All'università avevo a disposizione solo 300 dollari al mese e, se volevo più soldi da spendere, dovevo ottenerli lavorando» raccontava il primogenito nel documentario *Born Rich* («Nati ricchi»), diretto da Jamie Johnson, erede della Johnson & Johnson, sui privilegi dei figli dei milionari. E nonostante suo padre possieda migliaia di lussuosi appartamenti a New York, «Don» e i suoi fratelli, Ivanka ed Eric, hanno dovuto pagare di tasca propria gli affitti e le ipoteche per poter vivere nella costosa Manhattan. Ovviamente, tutti e tre in stabili appartenenti a Donald Trump.

Quando papà è il capo

Ivanka è la figlia prediletta di suo padre, ma per meriti propri. A soli 16 anni debuttò come modella a New York per una collezione di Ralph Lauren. Ha studiato alla Georgetown University e alla Wharton Business School dell'Università della Pennsylvania, e nel 2004 si è laureata *summa cum laude* in Economia. Dal 2007, in veste di vicedirettrice della divisione Sviluppo e Acquisizioni della Trump Organization, è responsabile di una cinquantina di progetti del padre, ma ha trovato anche il tempo di lanciare una linea di gioielli disegnati da lei. «Non importa quanto le nostre carriere siano diverse da quelle dei nostri genitori; la gente dirà sempre che non saremmo arrivati fin lì se non fosse stato per il nostro cognome. E alla fine non c'è modo di sapere se sia vero o no. Ma ormai ho accettato il fatto che la gente mi sottovaluterà sempre» ha dichiarato Ivanka in un'intervista al «New York Magazine».

Per Ivanka, Donald è «un uomo molto motivato, meticoloso e soprattutto si appassiona a tutto quello che fa. Inoltre, è un gran padre e, soprattutto, un grande maestro». Il suo contributo più prezioso «è stato inculcarmi un amore sincero per il mio lavoro e insegnarmi a cogliere il valore delle cose che gli altri non vedono» aggiunge, e assicura che la costruzione è insita nel suo codice genetico. «Ha fatto parte della mia vita da sempre ed è la cosa che amo e quella che ho sempre voluto fare fin da quando ho cominciato a ragionare con la mia testa.» A detta di Kristina Stewart, redattrice della rivista «Harper's Bazaar», sarà Ivanka a «dare nuovo lustro al cognome Trump. Abbiamo visto svettare il nome di suo padre su tutti gli edifici di New York, suscitando anche un certo disappunto per la sua attitudine sprezzante verso alcune situazioni. Ma credo che Ivanka stia facendo molto per cambiare le cose».

Il 25 ottobre 2009, con una cerimonia da favola e con rito ebraico, Ivanka si è sposata con Jared Kushner, altro grande erede immobiliare di New York, oltre che proprietario ed editore del settimanale «The New York Observer». L'abito da sposa, disegnato da Vera Wang, si ispirava a quello indossato da Grace Kelly quando divenne la principessa di Monaco. Da perfetta donna d'affari qual è, di fronte a una vetrina tanto importante, non ha perso l'occasione di sfoggiare i gioielli della sua collezione personale. Le nozze, ovviamente, sono state celebrate in uno degli stabili di proprietà della famiglia, il Trump National Golf Club a Bedminster (New Jersey). Tra i cinquecento invitati figurava anche l'ex sindaco di New York Rudolph Giuliani.

Quattro giorni dopo la cerimonia, la giovane coppia era già tornata al lavoro. E qualche settimana dopo Ivanka pubblicava il suo primo libro, *Trump Card: giocarla e vincere nel lavoro e nella vita*, destinato a un pubblico femminile e pieno di consigli su come raggiungere il successo in qualsiasi campo. Tuttavia, dopo il matrimonio, Ivanka e Jared sono apparsi solo di rado in pubblico.

Anche il primogenito di Trump, Donald Jr, lavora nell'azienda di famiglia come vicepresidente e lotta per dimostrare che le sue doti imprenditoriali vanno oltre l'ombra del padre. Come lui e come la sorella, anche Donald Jr ha frequentato la Wharton Business School, e vanta un curriculum legato a investimenti e finanza. Non è da meno neppure in quanto a operosità, perché, assicura, «le ore non bastano mai per gestire un impero di queste dimensioni» e aggiunge, autodefinendosi «un maniaco del controllo», che «lavorare quattordici ore al giorno è pura routine».

Negli ultimi anni Don si è dedicato soprattutto all'espansione internazionale dell'azienda di famiglia (hanno già costruito a Panama, nella Repubblica Dominicana, a Portorico e a Dubai) e alla ricerca di nuovi investimenti nei mercati emergenti. «Credo che con un padre come il mio» raccontava in un'intervista nel dicembre del 2008 «potrei farmi valere solo se lasciassi New York. Questo è il suo mercato e lui odia viaggiare. Se voglio fare qualcosa dovrò farlo altrove. Perciò, probabilmente, passerò il 70 per cento del mio tempo viaggiando. Il mio passaporto è già piuttosto sgualcito.»

Infaticabile come il padre, il primogenito dell'impero Trump è determinato a non lasciarsi scoraggiare neppure dalla più forte crisi economica e dalla maggiore bolla immobiliare che New York e l'intero pianeta abbiano mai conosciuto. «Ci sono ancora molte opportunità. Ci sono molte cose, molti mercati trascurati. Noi ci rivolgiamo più che altro a un mercato di alta gamma, solo prodotti a cinque stelle, che si tratti di centri turistici, alberghi o stabili residenziali. Certo, la crisi potrebbe influire sui tempi. Ma nei paesi emergenti manca ancora la dovuta offerta di prodotti di alta qualità» spiegava in un podcast registrato per il Forum Immobiliare del 2009.

Donald Jr è in tutto e per tutto figlio di suo padre. Spesso, infatti, ha occupato la scena che i suoi genitori hanno dominato a lungo, ovvero i tabloid. Come il giorno in cui chiese alla sua fidanzata, Vanessa Haydon, un'altra aspirante attrice e modella, di sposarlo. Non fu la proposta in sé a stuzzicare la stampa rosa, ma il fatto che glielo stesse domandando in un centro commerciale di fronte a giornalisti e fotografi, trasformando un momento che molti considerano il più intimo in una trovata pubblicitaria, senza dubbio nel miglior stile di suo padre.

Eric, il più piccolo dei fratelli nati dal primo matrimonio del magnate, è entrato a sua volta nell'azienda di famiglia. Nel maggio del 2006 si è laureato con menzione d'onore in Finanza e Amministrazione con specializzazione in Psicologia alla Georgetown University. Attualmente è vicepresidente esecutivo della divisione Sviluppo e Acquisizioni della Trump Organization, insieme ai suoi fratelli maggiori. Inoltre, ha creato una sua fondazione, la Eric Trump Foundation, per offrire una vita migliore ai bambini malati.

Tiffany, la figlia di Donald e Marla Maples, dopo la separazione dei genitori, ha vissuto con la madre a Los Angeles. Per ora si dedica ancora completamente agli studi, con il sogno di diplomarsi alla Wharton Business School (come i suoi fratellastri Ivanka e Don) e lavorare nell'impero immobiliare del padre. Sembra che i figli mantengano un'ottima relazione tra loro e non è raro vedere Tiffany in eventi privati e pubblici insieme ai suoi tre fratelli maggiori, ma anche in compagnia di William Barron, il piccolo della famiglia, nato dal matrimonio del milionario con la sua terza moglie, Melania Knauss.

L'ultimo gioiello della corona

La vita di privata di Donald Trump non è mai stata un segreto per la stampa. Dai tempi del divorzio da Ivana, è apparso su miriadi di prime pagine, tante quante i suoi affari. Circondato sempre da belle donne, si è guadagnato la fama di dongiovanni. La redattrice del «Post» Liz Smith ha la sua personale teoria: «Crede di essere un regalo divino per le donne. Si è lasciato convincere dalla sua stessa pubblicità».

Quando rimase folgorato dall'ammaliante sorriso e dal corpo scultoreo della modella slovena Melania Knauss aveva 53 anni, il doppio di lei. «Ci siamo conosciuti a una festa a New York nel 1998. Mi si avvicinò e cominciammo a chiacchierare, ci fu subito una buona intesa fra noi» racconta Melania. «È molto spiritoso, ha il cuore tenero, è molto romantico... Forse la gente pensa che sia solo lavoro, lavoro e ancora lavoro, ma non è così, vive con passione tutto quello che fa» aggiunge. In breve tempo la coppia si trasferì nel triplex della Trump Tower che il magnate aveva già condiviso con le sue due ex mogli. Non c'era avvenimento, riunione, festa o anteprima a cui non partecipassero insieme, e i flash dei paparazzi erano tutti puntati su di loro.

La coppia si sposò il 22 gennaio 2005 nella villa di Mar-a-Lago con una cerimonia degna delle più sontuose nozze reali. L'abito di Melania, a cui venne dedicata una copertina di «Vogue», era una creazione esclusiva di John Galliano per la firma Dior, con una scollatura senza spalline, una gonna molto ampia di seta e uno strascico di quattro metri ornato di oro e gemme. Costò più di 100.000 euro e per confezionarlo ci vollero ventotto sarte e più di mille ore di lavoro. Era così voluminoso che la navata della chiesa non venne addobbata di fiori per non intralciare il percorso di Melania.

Fedele allo stile organizzativo di Trump, fu una cerimonia grandiosa, stravagante ed estremamente fastosa. Gli inviti vennero realizzati a mano dalla gioielleria Tiffany. Nella lista degli invitati figuravano Carlo d'Inghilterra e Alberto di Monaco, Clint Eastwood, Bruce Willis, Arnold Schwarzenegger, Liza Minnelli ed Elton John. Vi parteciparono anche Luciano Pavarotti e le modelle Heidi Klum e Naomi Campbell. Lo sposo non lesinò sui costi. Solo l'anello di fidanzamento di Melania valeva 900.000 euro, anche se il gioielliere londinese Graff gli offrì il diamante di tredici carati alla metà del suo prezzo di mercato. Il collier di diamanti che indossava le fu donato dal gioielliere Fred Leighton. Lo chef Jean-Georges Vongerichten offrì, invece, la portata principale del menù, *filet mignon* con salsa di peperoni verdi. E non mancarono grandi quantità di champagne, caviale... Il tutto a prezzo speciale, tanto che la stampa inglese ribattezzò il matrimonio come «le nozze scontate». Senza scomporsi, il magnate elencò al «New York Times» tutte le offerte che aveva ricevuto per organizzare l'evento: «Per ogni cosa» disse «ci sono cinque persone che desiderano farla. E non vogliono nulla in cambio, eccetto il riconoscimento. Solo uno stupido direbbe: "No, grazie"».

Il 20 marzo 2006 nacque William Barron Trump, il quinto figlio di Donald. Ormai prossimo ai 60 anni, il milionario dichiarò: «Ho sempre pensato che sia fondamentale per un uomo avere accanto una donna e ora vivo gli anni migliori della mia vita perché Melania mi è vicina». In quel periodo «The Apprentice» era giunto alla sesta edizione e gli affari andavano a gonfie vele.

Nel frattempo la sua prima ex moglie, la popolare Ivana, si era già risposata con l'imprenditore Riccardo Mazzucchelli, da cui aveva divorziato dopo una relazione di appena ventidue mesi, e aveva avuto una breve e chiacchierata avventura con Roffredo Gaetani di Laurenzana dell'Aquila d'Aragona Lovatelli, lungo nome di uno dei magnati della Ferrari, conosciuto al Ballo della Croce Rossa di Monaco. Il suo debole per gli amanti italiani non si smentì neppure nell'aprile del 2008, quando sposò l'attore e ballerino Rossano Rubicondi, più giovane di lei di ventitré anni. All'epoca dichiarò alla stampa che un uomo maturo non sarebbe stato in grado di tenere testa alla sua «incontenibile energia» e di preferire il ruolo di «bambinaia» a quello di «infermiera». Anche lei celebrò il suo matrimonio nella villa di Mar-a-Lago, senza tuttavia la pubblicità e l'ostentazione delle nozze di Donald e Melania.

Ma neppure il suo quarto matrimonio è durato a lungo. E, fedele alla sua massima secondo cui la vita privata non deve pregiudicare gli affari, proprio come era accaduto dopo il divorzio da Donald Trump, anche dall'ultima separazione Ivana ha tratto benefici economici e quella pubblicità che tanto adora. Nel 2010 ha tolto per qualche giorno i tacchi a spillo per partecipare come ospite all'edizione italiana dell'«Isola dei famosi» , tenutasi nell'arcipelago di Cayo Perlas, in Nicaragua, dove è stata accolta tra i naufraghi dall'inviato ed ex marito Rossano Rubicondi e dove le è toccato imbandire un banchetto vinto dai concorrenti. Proprietaria di una residenza a Manhattan, una a Palm Beach, uno stabile a Miami, una casa a Londra, tre nella Repubblica Ceca e una a Saint-Tropez, Ivana continua a essere una donna sofisticata e indipendente, sempre meno legata a un cognome che le ricorda il passato. Preferisce essere «Ivana *tout court*, come Cher o Madonna, non ho bisogno di un cognome» chiarì in un evento tenutosi a Siviglia nell'inverno del 2009.

Dal canto suo, Donald, pur invecchiando, continua a mostrarsi insolente e scaltro come agli inizi, quando sognava di dare l'assalto a Manhattan. «La gente mi chiede sempre come raggiungere il successo. Io rispondo che per prima cosa bisogna amare quello che si fa. Se non ti piace, non avrai mai successo, a meno che tu non abbia molta fortuna. Il secondo consiglio è non fermarsi mai. Se devi superare una parete di cemento, passaci attraverso, girale attorno o scavalcala, ma devi trovare il modo di oltrepassarla, non puoi lasciarti fermare da quel muro» afferma.

«Trump è l'ultimo superstite. Ha avuto i suoi alti e bassi, ma si è rialzato per tornare sulla vetta. Credo che nessun altro incarni meglio di lui lo spirito di sopravvivenza» sostiene Amy Henry, concorrente di «The Apprentice». «Non ha mai preteso di essere diverso da quello che è. Un uomo dell'alta società formato a Wharton e un brillante truffatore» afferma la giornalista Cindy Adams. «In un certo senso, al di là della sua arroganza, è come un bambino in un negozio di caramelle. E nel negozio ci sono ancora molti dolcetti, nonostante li abbia avuti a sua disposizione per quarant'anni» commenta Tony Schwartz. «A parte il suo bilancio imprenditoriale, per il resto non è molto diverso dall'americano medio. Adora mangiare hamburger con ketchup e Coca-Cola» rivelò il figlio maggiore al «New York Magazine». Questi quattro interventi, ciascuno a modo suo, offrono un ritratto perfetto del magnate.

19

I Vanderbilt

> Se avessi imparato l'educazione,
> non avrei avuto tempo per imparare altro.
>
> CORNELIUS VANDERBILT (1794-1887)

I Vanderbilt

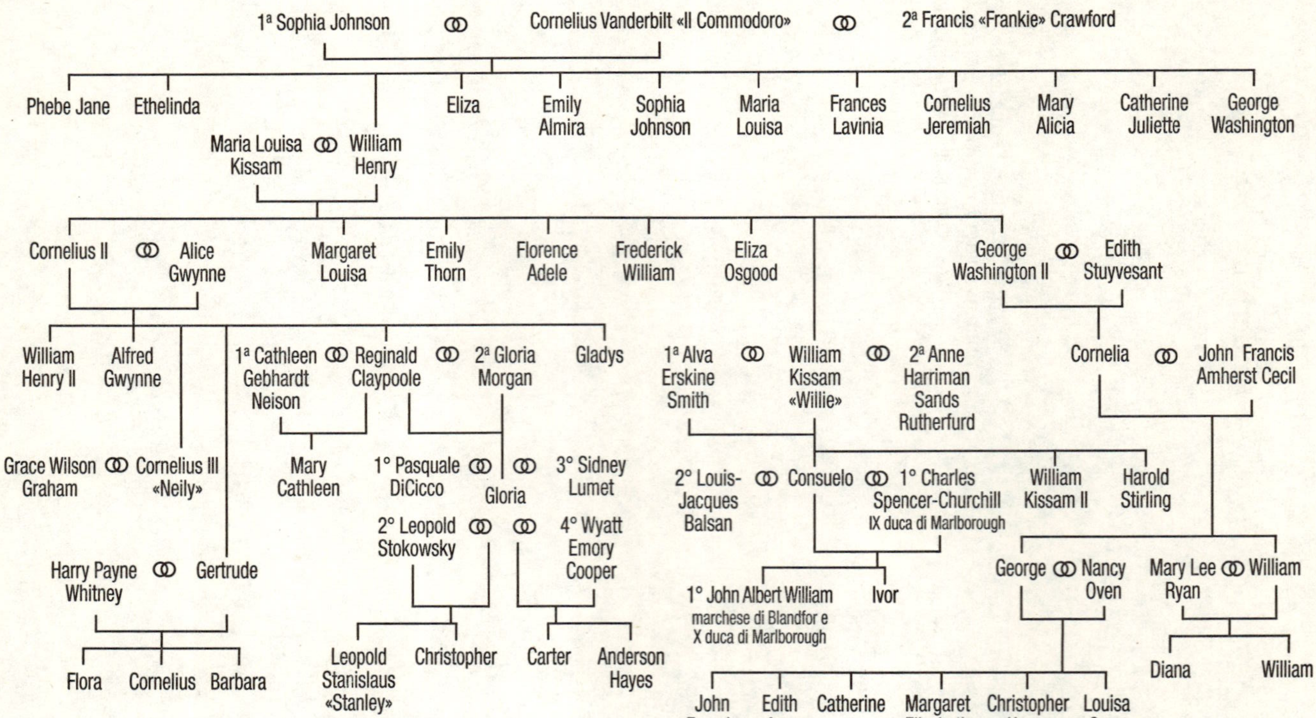

I Vanderbilt sono stati una delle famiglie più antiche e più conosciute degli Stati Uniti. Jan Aertsen van der Bilt emigrò dall'Olanda verso il 1650. I suoi discendenti prosperarono come agricoltori a Staten Island, nello Stato di New York, ma vivevano modestamente. Bisognava attendere Cornelius Vanderbilt perché, a metà del XIX secolo, questo cognome diventasse sinonimo di straordinaria ricchezza. Quando morì, il suo primogenito William Henry divenne l'imprenditore più ricco del suo tempo. E se non fosse stato sufficiente il denaro che già possedeva, riuscì a raddoppiare la sua eredità in meno di nove anni. Era l'«Era dorata», quel periodo della storia degli Stati Uniti che va dalla guerra civile fino al 1900, caratterizzato dalle esibizioni stravaganti di prosperità e dagli eccessi della classe alta, il tempo in cui ebbero inizio le grandi fortune – spesso grazie a manovre finanziarie poco etiche – di John D. Rockefeller, Andrew Carnegie, Henry Flagler e J.P. Morgan, gli anni in cui i Vanderbilt erano i re e le regine del paese.

Il rude e brillante commodoro

Nel 1794, l'anno di nascita di Cornelius Vanderbilt, il modesto porto di New York iniziava a svilupparsi per diventare ciò che avrebbe portato splendore e fama alla città. Cornelius era il quarto dei nove figli di Cornelius Vanderbilt e Phebe Hand. La famiglia viveva a Port Richmond, sulle rive della baia di New York, a Staten Island, dove aveva una piccola fattoria i cui prodotti venivano trasportati a Manhattan. Cornelius crebbe giocando tra le barche e i pontili. Lasciò la scuola quando aveva 11 anni, ma divenne presto esperto di maree e correnti del porto. A 15 anni stipulò il suo primo accordo: se avesse arato e seminato gli aridi campi, la madre gli avrebbe dato 100 dollari come regalo di compleanno per comperarsi la barca che voleva. Così fu. Comperò un piccola imbarcazione a vela e iniziò a trasportare merci e passeggeri. L'alto, energico, duro e attraente giovanotto fu presto soprannominato «Il Commodoro». «Era l'immagine dell'imprenditore degli Stati Uniti del XIX secolo: un uomo pieno d'energia che non conosce limiti né restrizioni. Si mise in testa il mondo e partì alla sua conquista» dice di lui John Foreman, autore di *The Vanderbilts and the Gilded Age*.

Durante la guerra del 1812, gli inglesi bloccarono il porto di New York. Cornelius aveva 18 anni e si dedicò a guadagnare denaro con la sua goletta trasportando armi per le diverse guarnigioni di coloni che si trovavano attorno alla baia di New York. La sua incredibile ascesa economica era iniziata. L'anno successivo si sposò con la cugina in secondo grado Sophia Johnson (1795-1868), una gran lavoratrice che gli diede anche dodici figli, dei quali arrivarono all'età adulta otto ragazze e due ragazzi.

Nel 1829 comprò un'imbarcazione a vapore e iniziò a fornire un servizio di trasporto lungo il fiume Hudson, tra Manhattan e Albany (nello Stato di New York), cosa che rappresentò un enorme vantaggio rispetto ai concorrenti che seguivano la rotta verso Filadelfia. Nel decennio 1840-50 possedeva già una flotta di cento imbarcazioni a vapore e si vantava di avere più dipendenti di qualsiasi altra società degli Stati Uniti. Il porto di New York e il fiume Hudson erano diventati una specie di canale privato di Vanderbilt. Tre quarti del commercio statunitense passava per le imbarcazioni del Commodoro.

Nel 1839 Cornelius e Sophia si costruirono una grande casa a Staten Island. A quel momento la coppia avrebbe già dovuto far parte dell'élite di New York, ma i modi e lo stile rozzo di Cornelius non si sposavano bene con l'alta società dell'epoca. «Era un giocatore d'azzardo e un donnaiolo, un uomo a cui piaceva chiamare le cose con il loro nome e andare direttamente al punto» spiega John Foreman.

A Sofia piaceva vivere a Staten Island ma il Commodoro voleva trasferirsi a Manhattan. Lei si rifiutò e lui la fece ricoverare in un istituto di cura per malattie mentali, mantenendovela fino a che accettò di trasferirsi. «Era molto ambizioso. Ora lo definiremmo un maniaco impegnato a trionfare a ogni costo e non credo che fosse capace di provare buoni sentimenti, neppure nei confronti dei figli» dice il suo nipote di quarto grado J. Watson Webb Jr.

Per dirla in modo garbato, era un tiranno spietato con tutti, ma molto duro soprattutto con il secondo dei suoi figli maschi, Cornelius Jeremiah (1829-1882), che considerava un buono a nulla, scialacquatore e giocatore. Il ragazzo, inoltre, soffriva d'epilessia e il padre pensava che fosse segno di pazzia. Disprezzava anche il figlio maggiore, William Henry detto «Billy» (1821-1885), e lo chiamava zuccone, imbranato e stupido. La taccagneria del Commodoro era leggendaria ed era noto anche per i pochi scrupoli nell'eludere la legge. Come se tutto questo non bastasse, la modestia non rientrava certo tra le sue doti. Su ogni certificato delle sue azioni fece riprodurre l'immagine del suo volto, convinto che in questo modo le donne le avrebbero comprate. Lo scrittore Mark Twain, che era soltanto una delle tante persone infastidite dal potere del multimilionario, scrisse una lettera aperta in cui chiedeva al Commodoro di utilizzare la sua fortuna per fare qualcosa di buono prima che fosse troppo tardi.

Ma Vanderbilt guadagnò molti più soldi quando, nel 1848, si scoprì l'oro in California. Il Commodoro trovò una scorciatoia, una via sicura che, attraversando il Nicaragua, permetteva di arrivare in California dalla costa Est accorciando il percorso di 960 chilometri e risparmiando così il 50 per cento del costo del viaggio, nonché diversi giorni di tempo rispetto alla rotta tradizionale attraverso Panama. Lui stesso fece quel percorso in prima persona su una barca per controllare la rotta. Ritto al timone, puntò controcorrente causando il terrore dell'equipaggio. Ebbe successo, naturalmente, e tracciò quindi una nuova rotta Vanderbilt, una linea di trasporto per terra e per mare, più rapida e meno costosa, per unire New York e San Francisco.

Poco tempo più tardi ebbe problemi con i suoi agenti e i suoi soci in Nicaragua perché non ricevevano il pagamento pattuito. Allora fece pubblicare in un giornale il seguente messaggio diretto a loro: «Non vi denuncio perché la legge è troppo lenta. Vi manderò in rovina». E praticamente lo fece, trovando un'altra rotta ancora. I concorrenti pagarono al Commodoro 56.000 dollari soltanto perché non utilizzasse il nuovo servizio. Alla fine del XIX secolo, quella rotta tracciata dal visionario Vanderbilt portò alla costruzione di diversi hotel nei punti chiave del percorso, dove le imbarcazioni facevano scalo e i viaggiatori cambiavano mezzo di trasporto, e questo rappresentò l'avvio dell'industria alberghiera del Nicaragua.

Nel tempo libero, il Commodoro decise di costruirsi uno yacht, il *North Star*, che fu la più grande imbarcazione privata mai esistita. Nel 1854, gli Stati Uniti bombardarono e distrussero il porto nicaraguense di San Juan del Norte dopo che lo Stato del Nicaragua aveva chiesto a Cornelius Vanderbilt di pagare le tasse per attraccare lì il suo yacht. Prendendo come scusa questa «offesa» a un così nobile cittadino statunitense, attaccarono il porto, spianando così la strada all'avventuriero William Walker che, poco dopo, si proclamò presidente di quel paese.

Nel 1864, un anno prima della fine della guerra civile americana, quando aveva ormai 70 anni, Cornelius Vanderbilt mise gli occhi sulla ferrovia. Aveva denaro a sufficienza per ritirarsi dagli affari, ma il suo genio finanziario era così: in grado di assicurarsi clienti vincolati e sfruttare poi la situazione. Comprò diversi treni e creò una sua rete ferroviaria, qualcosa che al tempo non esisteva nel paese. Inoltre si incapricciò della New York Central Railroad, l'enorme stazione centrale delle ferrovie di New York che, in breve tempo, divenne di sua proprietà.

Nel 1865, Sophia morì e l'anno successivo Vanderbilt si sposò con una cugina dell'Alabama, Francis «Frankie» Crawford, di quarant'anni più giovane. Francis s'impegnò fin dall'inizio a fare di suo marito un'anima più caritatevole, impresa niente affatto facile. Su suo consiglio Vanderbilt, che a malapena sapeva leggere e scrivere, donò un milione di dollari di allora a una piccola scuola metodista del Sud che divenne rapidamente l'Università Vanderbilt, a Nashville (Tennessee), ed è attualmente una delle migliori del paese.

Nel 1873 le sue linee ferroviarie si erano già spinte fino a Chicago (Illinois) e quasi tutti i treni che partivano o arrivavano a New York erano suoi. Inoltre, dal 1855, il suo impero comprendeva una linea per il trasporto di passeggeri e di merci tra il nuovo e il vecchio continente, unendo New York con il porto francese di Le Havre.

Nonostante il suo stile di vita sempre modesto, quando il 4 gennaio 1877 Cornelius Vanderbilt morì, era uno degli uomini più ricchi del mondo. Era stato uomo d'affari spietato e si diceva che nella sua vita aveva avuto pochi amici e molti nemici. Alla sua morte, la Borsa di New York rimase chiusa per tre giorni. Possedeva un patrimonio di 100 milioni di dollari, più soldi di quanti ne avesse allora il Tesoro degli Stati Uniti, ma questo era quasi nulla in confronto alla fortuna che stava per arrivare. I suoi discendenti furono famosi per la loro capacità di incrementare gli attivi e per le enormi residenze costruite quando dominavano l'alta società dell'Era dorata.

Una fortuna raddoppiata in nove anni

La fortuna di Cornelius fu divisa tra la sua seconda e giovane moglie – alla quale lasciò un milione di dollari – e le otto figlie – che ricevettero meno di 800.000 dollari ciascuna –; anche il figlio Cornelius Jeremiah ricevette una somma relativamente modesta a confronto dei 90 milioni di dollari che passarono al figlio maggiore William Henry, che ora si ritrovava con il controllo dell'87 per cento della New York Central Railroad, la più grande compagnia del paese. Si diceva che, dopo il presidente, fosse l'uomo più potente degli Stati Uniti. Il Commodoro aveva avuto un terzo figlio maschio, George Washington, morto a 25 anni per una tubercolosi contratta durante il servizio prestato nella guerra civile.

Non passò molto tempo prima che si scatenasse la guerra tra fratelli per l'eredità. Due delle sorelle e Cornelius Jeremiah impugnarono il testamento del Commodoro, sostenendo che il padre fosse in preda al delirio e incapace di intendere e di volere. La faida famigliare si svolse nei tribunali di New York e divenne uno dei processi più seguiti del secolo. Dopo un anno e mezzo di scandali – puntualmente seguiti dai giornali che volevano sfruttare al massimo la vicenda – William H. concordò con le due sorelle e con il fratello che avrebbero ricevuto ciascuno 450.000 dollari in più.

Cornelius Jeremiah prese i soldi e se ne andò a fare un viaggio attorno al mondo. Poco dopo essere tornato, il 1° aprile 1882, dopo avere trascorso la notte giocando, si ritirò in albergo e si sparò. Era sposato ma non aveva figli, per cui non lasciò discendenti. Il cognome Vanderbilt continuò grazie ai quattro figli maschi di William – Cornelius II, William Kissam, Frederick William e George Washington II –, oltre alle quattro figlie – Margaret Louisa, Emily Thorn, Florence Adele ed Eliza Osgood – avuti da Maria Louisa Kissam (1821-1896), la figlia di un ministro presbiteriano con cui si era sposato nel 1841.

La società New York Central Railroad fu gestita da William H. ancora meglio di come aveva fatto il padre. Dall'età di 18 anni, il Commodoro aveva curato la sua formazione. «Lui era un uomo più raffinato, più intellettuale e l'innovazione che apportò fu iniziare ad approfittare di tutte le occasioni per migliorare gli affari» spiega James Shenton, professore di Storia presso la Columbia University. Fu così che collegò le ferrovie a una linea di traghetti.

Nonostante il figlio fosse un filantropo e una figura molto più comprensiva del padre, gli americani dell'epoca lo vedevano come la viva immagine del magnate ladro, avido e insaziabile e fu oggetto di numerose caricature e critiche sui giornali di quegli anni. Nel 1883, all'età di 62 anni, William H. ne aveva avuto abbastanza di essere criticato e passò il controllo delle ferrovie ai due figli maggiori Cornelius (1843-1899) e William Kissam «Willie» (1849-1920). Morì l'8 dicembre del 1885 a New York dopo essere arrivato a possedere quasi 200 milioni di dollari, avendo raddoppiato, in meno di nove anni, il denaro ereditato dal padre. Aveva dimostrato di non essere così «stupido» come asseriva il Commodoro. Tra i risultati ottenuti, William H. fondò la Metropolitan Opera di New York e la scuola di medicina della Columbia University, a cui la famiglia destinò in seguito grossi contributi economici. Fu lui, inoltre, a pagare l'Obelisco egiziano (l'Ago di Cleopatra) che sorge in Central Park a New York.

Il patrimonio scolpito nel marmo

Dalla fine della guerra civile fino al cambio di secolo i ricchi americani furono soliti spendere il proprio denaro in maniera davvero sfacciata. «I magnati dell'Era dorata si godevano le loro fortune in modo quasi inimmaginabile ai nostri giorni. Nel decennio del 1890, per esempio, il miglior vestito confezionato su misura a Londra poteva costare l'equivalente di 13 euro, e questo in una società in cui una persona poteva guadagnare un milione di dollari all'anno senza neppure dover pagare le tasse» dice Lewis Lapham, editore di «Harper's Magazine». «Erano anni in cui ognuno cercava di superare l'altro per glamour e lo faceva spendendo una quantità illimitata di denaro in modo, oltretutto, molto ostentato» racconta J. Watson Webb Jr, nipote di quarto grado del Commodoro Vanderbilt. L'impero delle ferrovie e del trasporto marittimo attraversava un momento estremamente favorevole, ma da quel periodo in poi i discendenti del Commodoro avrebbero guadagnato e perso denaro con la stessa facilità.

Certo è che, con così tanto denaro, la famiglia Vanderbilt viveva come fosse stata una famiglia reale. Erano nel pieno dell'Era dorata e dovevano dimostrare di essere milionari, per cui investirono tutta la loro fortuna in case sempre più grandi, con il risultato che i Vanderbilt rifecero completamente la Quinta Strada di New York.

Il secondo figlio maschio di William H., William Kissam, era brillante, bello, atletico e molto ricco. Sicuramente era un buon partito. La donna che gli diede la caccia era un ragazza del Sud, bassa, cicciottella e con molta personalità, Alva Erskine Smith. «Sembrava un bulldog, sia nell'aspetto sia nel comportamento e, quel che è peggio, lei si sarebbe sentita orgogliosa di quell'appellativo. Era forte, non aveva paura e le piaceva sfidare la società in generale» dice di lei Clarice Stasz, autrice di *The Vanderbilt Women* («Le donne Vanderbilt»).

Alla fine del XIX secolo, il modo migliore per dimostrare che si possedevano grandi fortune era costruire un castello in stile francese in piena Manhattan. A occuparsi della costruzione di un simile edificio fu Richard Morris Hunt, l'architetto preferito dall'élite newyorkese, che Alva vedeva tutti i giorni per discutere ogni singolo dettaglio del progetto e del lavoro, un tipo di collaborazione tra cliente e architetto molto insolita a quel tempo.

Questa vetrina di Alva sulla Quinta Strada serviva per sconfiggere un grande nemico: la società di New York. In quegli anni, la decana dell'alta società newyorkese era Caroline Astor, moglie del magnate del settore immobiliare William Backhouse Astor Jr, più nota come «la signora Astor». I Vanderbilt avevano già abbondantemente superato in ricchezza gli Astor, ma i discendenti del Commodoro non erano considerati altro che «nuovi ricchi», dei parvenu infiltrati nell'élite di New York (i ricchi il cui lignaggio vantava almeno tre generazioni), che era soprannominata «i Quattrocento» perché quello era il numero di persone che entravano nel salone da ballo di Caroline Astor. Ma nel salone da ballo di Alva Vanderbilt ce ne potevano stare milleduecento, e fu esattamente quello il numero di persone che la moglie di William Kissam invitò al suo ballo in maschera nel 1883, vale a dire tutte le persone che erano qualcuno in quella società arrogante tranne la signora Astor che non si era mai degnata di invitare Alva... fino a quel momento. Improvvisamente Caroline

Astor reagì: non poteva essere esclusa dall'evento e quindi mandò il suo autista a prendere Alva alla residenza Vanderbilt per passare il pomeriggio insieme. In questo modo, la «signora Astor» concedeva la sua benedizione e da quel momento i Vanderbilt semplicemente iniziarono a essere considerati e ad avere importanza.

Il ballo in maschera di Alva fu un gran successo. Costò intorno ai 250.000 dollari e sui giornali dell'epoca si poteva leggere: «La festa privata più cara mai organizzata negli Stati Uniti». Ogni signora presente al ballo portava un bel gioiello di diamanti di Tiffany. «Da allora, la regina della società newyorkese divenne Alva, perché la regina precedente, la signora Astor, si era inchinata a lei» dice J. Watson Webb Jr.

All'epoca, William e Alva avevano già due figli: Consuelo e William Kissam II. L'anno successivo nacque Harold Stirling.

Rivalità fra cognate

Nel decennio del 1880 la New York Central Railroad era costituita da più di 9000 chilometri di binari, ma i due fratelli Vanderbilt non avevano lo spirito intraprendente che aveva contraddistinto il Commodoro e optarono per lasciare le cose così come stavano, almeno per il momento. «Come spesso accade, la prima generazione crea la ricchezza, la seconda se la gode e la terza la perde» osserva James Shenton, professore di Storia alla Columbia University. O per lo meno mette molta energia nello spendere ciò che le generazioni precedenti avevano accumulato. Certo, avevano molto da spendere. In quegli anni gli abitanti di New York passavano quotidianamente per la New York Central Railroad, e questo non faceva che rendere sempre più ricchi i due figli di William H.

I due fratelli non potevano essere più diversi. Cornelius II, il maggiore, era un uomo pio e dedito al lavoro. Aveva conosciuto la moglie Alice Gwynne quando entrambi frequentavano il catechismo. Willie, sei anni più giovane, era un bell'uomo che amava i piaceri che il suo denaro poteva comprare e sua moglie Alva impersonava perfettamente lo spirito dell'Era dorata.

Nel 1819 Alice Vanderbilt iniziò la costruzione di una casa nella 57ª Strada Ovest che superò di gran lunga il castello che sua cognata Alva aveva fatto costruire cinque isolati più a sud. La residenza di Cornelius II e Alice era un vero palazzo sulla Quinta Strada all'altezza del capo di una dinastia di un'epoca in cui l'ostentazione era importante e che era già padre di quattro figli: William Henry II, Cornelius III, Gertrude e Alfred Gwynne. Entro il 1886 si sarebbero aggiunti altri due figli, un maschio, Reginald, e una femmina, Gladys.

Ma oltre alle favolose residenze a New York, era bene avere per l'estate una casa a Newport (Rhode Island) a meno di due ore in treno da New York, un luogo che diventò di moda tra i ricchi e dove il boom della costruzione iniziò nella elegante Belleview Avenue. La prima a costruire una residenza nella zona fu «la signora Astor», nel 1881. L'architetto Richard Morris Hunt spese 2 milioni di dollari degli Astor per ristrutturare un'antica casa di faggio «in un luogo degno dei migliori cittadini degli Stati Uniti».

Alva, che voleva recuperare parte della popolarità che Alice le aveva rubato a New York, fu la seconda a comparire in quella zona. Fece costruire un'enorme casa di marmo, la Marble House, anch'essa progettata da Richard Morris Hunt. Attraverso il suo ingresso, abbellito da quattro alte colonne corinzie, ispirate a quelle del Tempio del sole di Heliopolis, si accedeva a un vero palazzo con stanze di marmo e oro, simili a quelle del palazzo di Versailles, e il tutto veniva utilizzato soltanto sette settimane all'anno. William K. Vanderbilt non badò a spese: 2 milioni di dollari per costruirla e 9 milioni per decorarla. E quando nel 1892 i lavori terminarono, la regalò ad Alva per il suo trentanovesimo compleanno. La Marble House creò un precedente in quegli anni dorati, e trasformò Newport da una colonia estiva con piccole case di legno in un complesso di residenze di lusso in pietra. Alva considerò la Marble House come il suo «tempio per le arti» negli Stati Uniti. Non c'erano dubbi che avesse superato la cognata Alice.

Ma il suo trionfo durò soltanto tre anni perché Alice fece costruire il suo palazzo in stile rinascimentale a Newport, The Breakers, ricostruito su una casa già proprietà di Pierre Lorillard IV che era stata distrutta dal fuoco nel 1892. Per questo motivo, Cornelius Vanderbilt II insistette nel farla costruire a prova d'incendio. Progettata sempre dall'architetto preferito Richard Morris Hunt, la Breakers Mansion era una magione di circa 6000 metri quadrati con settanta stanze, trenta bagni e cinque piani, disposti simmetricamente attorno a un grande salone centrale. Fu costruita in una posizione dominante, da cui si vedeva l'Oceano Atlantico, seguendo i progetti di un palazzo italiano del XVI secolo: costò 7 milioni di dollari. In alcune stanze c'erano venti varietà di marmo importato dall'Italia e dall'Africa. I legni pregiati, i mosaici francesi, le cornici dorate, gli enormi lampadari di cristallo, i camini comprati in antichi castelli europei, la sala da musica costruita interamente in Francia e trasportata per mare e in treno fino a Rhode Island, il cortile con le vetrate... tutto quanto nella Breakers Mansion dimostrava l'immensa fortuna del capo della dinastia. «Si è scritto in varie occasioni che Alice costruì la Breakers Mansion per eclissare Alva. Ma lei non aveva una personalità competitiva. Alice era più raffinata e vittoriana di Alva. Era sinceramente dedita ai lavori sociali e alla sua famiglia» assicura Lewis Lapham.

Sua cognata Alva era diversa. Lei governava la casa con mano di ferro, al punto da intimidire perfino il marito. Nel 1893 la relazione tra Alva e Willie attraversò una crisi e la coppia andò a fare un viaggio, insieme ai tre figli e alcuni amici, a bordo dello yacht di famiglia *Valiente*, uno dei più grandi del mondo. Il viaggio fu un disastro. Quando arrivarono in India, i due coniugi non si rivolgevano più la parola. Sbarcati a Mumbay, ognuno dei due tornò a Parigi per conto suo. Ad Alva erano arrivate voci di una presunta amante di Willie e così fece una cosa sorprendente per una donna vittoriana: chiese il divorzio.

Sangue reale per un umile lignaggio

Una volta separata, Alva dedicò tutte le sue energie a un nuovo progetto: far sposare la sua unica figlia, Consuelo, che aveva 17 anni. La giovane le disse che era pazzamente innamorata del bel Rutherford Winthrop. Lui apparteneva a una buona famiglia del New England, ma non aveva il livello economico che Alva voleva per sua figlia. Consuelo non sposò mai «Winty», perché sua madre lo impedì. Stracciava le lettere d'amore della figlia e arrivò a tenerla chiusa in casa quando la docile adolescente, la cui unica caratteristica fino ad allora era stata l'obbedienza assoluta alla terribile madre, fece un tentativo di fuga.

Alva aveva già scelto per sua figlia un marito diverso, un uomo che apportò sangue reale all'umile lignaggio dei Vanderbilt. E il denaro dei Vanderbilt era proprio ciò di cui il IX duca di Marlborough aveva bisogno per mantenere il suo palazzo di Blenheim, uno dei più grandi dell'Inghilterra. In quel periodo erano molti i matrimoni celebrati tra aristocratici europei ed ereditiere americane. Per i nobili del vecchio continente era un buon investimento economico. Si racconta che Alva aveva ricevuto almeno cinque proposte di matrimonio per sua figlia da pretendenti desiderosi di coniugare posizione sociale e denaro contante. Fortunatamente, la bellezza e la ricchezza di Consuelo le permisero di aspirare a un marito di alto lignaggio.

Il matrimonio con Charles Spencer-Churchill, IX duca di Marlborough, fu celebrato a New York il 6 novembre 1895.

Fu una cerimonia storica, e certamente non ci si poteva aspettare nulla di meno da Alva. Tutta New York voleva vedere gli sposi e furono necessari trecento poliziotti per trattenere la folla che si stringeva attorno alla chiesa episcopale di St Thomas. «Fu senza dubbio il matrimonio più sfarzoso che si sia mai visto negli Stati Uniti. I Vanderbilt erano diventati la famiglia reale del paese» spiega la scrittrice Barbara Goldsmith. Tutta l'élite inglese e newyorkese era lì, tranne la maggioranza dei Vanderbilt. Alva non volle che assistessero. Consuelo aveva 18 anni e dicono che il velo che le copriva il volto non bastò a nascondere le lacrime. Secondo l'accordo matrimoniale il duca, che aveva 24 anni, ricevette 2 milioni e mezzo di dollari (circa 75 milioni attuali) in azioni ferroviarie.

Consuelo fu impeccabile nel suo ruolo di sposa aristocratica e diede alla luce due figli: John Albert William Spencer-Churchill, che divenne il marchese di Blandfor e X duca di Marlborough, e Ivor Spencer-Churchill, entrambi cugini di sir Winston Churchill. L'infelice matrimonio con il duca ebbe fine dopo undici anni. Più tardi, il duca rimase incantato da Gladys Marie Deacon, un'eccentrica americana con meno denaro di Consuelo ma altrettanto bella e molto intelligente.

A soli due mesi di distanza dal gran matrimonio della figlia, nel gennaio del 1896, anche Alva trovò marito e, due anni dopo il divorzio, si risposò con il milionario Oliver Hazard Perry Belmont a cui il padre, morto nel 1890, aveva lasciato un'enorme eredità. Il nuovo marito possedeva un suo palazzo in stile gotico a Newport progettato, neanche a dirlo, dal solito Richard Morris Hunt.

Da parte sua, Alice Vanderbilt aveva i suoi figli per competere con Alva: due ragazze e quattro ragazzi. La figlia maggiore, Gertrude (1875-1942), aveva scelto un fidanzato di ottima famiglia, Harry Payne Whitney (1872-1930), che ereditò 20 milioni di dollari dalle attività di famiglia nel campo delle banche, del tabacco e del petrolio. Ma lo stesso giorno in cui annunciarono il matrimonio, i giornali pubblicarono la notizia che il fratello di Gertrude, Cornelius III (1873-1942), conosciuto come «Neily», di 23 anni, stava progettando di sposarsi con una donna più vecchia di lui di otto anni, Grace Wilson Graham, la figlia minore di Richard T. Wilson, che aveva fatto fortuna con il cotone all'epoca in cui i cavalieri del Sud lottavano contro gli yankee del Nord. Quasi tutta l'élite newyorkese ritenne che si trattasse di un matrimonio completamente inadeguato. Il giovane litigò con il padre e dopo la violenta discussione Cornelius ebbe un'emorragia cerebrale dalla quale non si sarebbe più ripreso. Neily se ne andò a vivere in Europa con Grace e là i due si sposarono nel 1896. Il loro matrimonio durò per tutta la vita. Tre anni più tardi, il 12 settembre 1899, Cornelius II morì per emorragia cerebrale, senza avere perdonato la coppia.

Il terzo dei suoi quattro figli, Alfred (1877-1915) fu quello a cui toccò la fetta più grande dell'eredità. William Henry II, il maggiore, era morto nel 1892 all'età di 22 anni. Il seguente nella linea di successione maschile era Neily, però era stato diseredato e ricevette soltanto mezzo milione di dollari in contanti e la rendita di un fondo fiduciario da un milione di dollari. Per amore di giustizia, Alfred divise l'eredità con le due sorelle Gertrude e Gladys e con i due fratelli. Diede a Neily 6 milioni di dollari in più di quanto aveva ereditato e diede la stessa somma anche al più giovane dei fratelli, Reginald Claypoole, che tutti chiamavano «Reggie», un vero playboy, giocatore e donnaiolo, amante delle corse automobilistiche ed eccellente giocatore di polo, che dilapidò la sua fortuna. Neily, a differenza di Reggie, si laureò in Belle Arti, Filosofia e Ingegneria all'Università di Yale e fu un brillante ingegnere.

A Neily si devono più di trenta invenzioni per il miglioramento delle locomotive e dei vagoni merci e per un uso più efficiente del combustibile, alcune delle quali sono state brevettate, fruttandogli grossi guadagni. Neily fu inoltre ufficiale di spicco delle forze armate per trent'anni e combatté nelle guerre di frontiera con il Messico e durante la Prima guerra mondiale.

La coppia Neily e Grace, in passato ripudiata dall'alta società newyorkese, fece in modo di non essere esclusa dall'élite più ristretta e Grace superò addirittura Alice e Alva. Il primo grande colpo a effetto di Grace risale al 1902, quando l'imperatore Guglielmo II le chiese di fare gli onori di casa al principe Enrico di Prussia nell'unico incontro sociale privato a cui prese parte negli Stati Uniti. Negli anni successivi divennero amici e intrattennero il re e la regina del Belgio, il principe ereditario di Svezia e il principe ereditario di Norvegia. Neily utilizzò lo yacht *North Star* non soltanto per vincere diverse regate, ma per ospitare i re d'Inghilterra Edoardo VII e Giorgio V. Dopo la Seconda guerra mondiale, vi accolsero anche il delegato dell'Unione Sovietica all'ONU, Andrej Gromyko, con il quale la signora Vanderbilt discuteva di ricordi del defunto zar Nicola.

Il destino giocò un brutto tiro al generoso Alfred il 7 maggio 1915. Viaggiava sul RMS *Lusitania*, diretto a Liverpool, come passeggero di prima classe, quando l'imbarcazione fu raggiunta da un siluro sparato da un sommergibile tedesco che causò l'affondamento del transatlantico in soli diciotto minuti. Alfred, che non sapeva nuotare, cedette il suo giubbotto salvagente a una giovane madre che aveva con sé un bambino. Il suo corpo non fu mai ritrovato.

La sesta figlia di Cornelius II e Alice, Gladys (1886-1965), si sposò con il conte ungherese László Széchenyi il 27 gennaio 1908 con il quale ebbe cinque figlie. La minore delle figlie sposò a sua volta un aristocratico ungherese e, come contessa Sylvia Szapary, conservò la residenza estiva dei nonni a Newport, la Breakers Mansion, fino alla morte avvenuta il 1° marzo 1998. Attualmente la residenza è di proprietà della Preservation Society of Newport County, anche se il mobilio appartiene tuttora alla famiglia Vanderbilt, ed è l'attrazione più visitata del Rhode Island, con circa mezzo milione di turisti all'anno.

La residenza privata più grande degli Stati Uniti

Alice e Alva avevano costruito le case più strabilianti dell'Era dorata, ma il cognato più giovane George Washington Vanderbilt II, il minore degli otto figli di William H. e Maria Louisa Kissam, stupì tutti quanti costruendo un palazzo che superò le grandiose magioni che i fratelli avevano edificato nella Quinta Strada e a Newport.

George era sempre stato diverso dagli altri fratelli. Fragile, di salute cagionevole, era vissuto nella casa dei genitori fino ai 26 anni. I suoi problemi di tubercolosi lo avevano liberato dalla terribile responsabilità di essere uno dei maschi della famiglia. Per sfuggire al freddo, nel 1888 George e sua madre fecero un viaggio nelle montagne Blue Ridge, situate nella Carolina del Nord. Entrambi si innamorarono della zona e George decise di spendere la sua eredità per costruirvi una casa, la Biltmore House, che divenne uno degli edifici più importanti della storia dell'architettura residenziale degli Stati Uniti.

Per sei anni, più di cento artigiani lavorarono alla costruzione della residenza di vacanza più importante del paese. La tenuta disponeva di una fabbrica di mattoni, una falegnameria e una strada ferrata privata per il trasporto del materiale. Vi lavoravano talmente tante persone che George decise di comprare il vicino villaggio per poterle ospitare e, una volta ristrutturato, includerlo nella proprietà.

Fu sempre il famoso architetto Richard Morris Hunt a elaborare il progetto ispirandosi ai castelli della Francia del XVI secolo. La casa aveva duecentocinquanta stanze, trentaquattro camere da letto, quarantatré bagni, sessantacinque caminetti, una biblioteca con diecimila libri... Nel seminterrato si costruirono una piscina coperta, una palestra, gli spogliatoi, un campo da bocce, le stanze di servizio, le cucine... I giardini della tenuta, che occupavano una superficie di 25.000 ettari, furono progettati da Frederick Law Olmsted, il creatore del Central Park di New York e il padre del paesaggismo nordamericano. Nel suo sforzo per salvaguardare l'ambiente, Olmsted costruì per la prima volta negli Stati Uniti un vivaio in cui far crescere la flora autoctona.

«George non aveva il senso degli affari e spese quasi tutto quello che possedeva. Prima che i lavori terminassero dovette dare un netto taglio alle spese» spiega John Foreman. George Vanderbilt inaugurò ufficialmente Biltmore House la vigilia di Natale del 1895. Si era creato un rifugio in campagna per poter coltivare la sua passione per l'arte, la letteratura e il giardinaggio. Dopo il matrimonio a Parigi con l'americana Edith Stuyvesant (1873-1958), nell'estate 1898 si trasferì a vivere a Biltmore House insieme alla moglie. Lì nacque e crebbe l'unica figlia Cornelia (1900-1976).

Quando nel 1914 morì, George lasciò denaro insufficiente a mantenere la proprietà. La moglie e la figlia dovettero vendere gran parte del terreno. Oggi, Biltmore House è ancora di proprietà della famiglia e sopravvive grazie al turismo. Sono settecentomila i visitatori che ogni anno percorrono le stanze e i giardini per vedere come vivevano i ricchissimi Vanderbilt. Della gestione della proprietà si occupa il bisnipote Bill Cecil, che riesce a non dover ricorrere alle sovvenzioni vendendo vino, piante, una linea di mobili e accessori di decorazione, nonché prodotti per costruzione. La casa è utilizzata anche come hotel, il Vanderbilt Inn Biltmore, circondato dalla natura degli otto ettari rimasti della leggendaria proprietà del bisnonno George.

La fine degli anni dorati

Dopo la morte di Cornelius II, suo fratello Willie estese le rotte ferroviarie della New York Central Railroad, che ora coprivano 30.000 chilometri e apportavano vari milioni di guadagno. Ma dopo il divorzio da Alva, nel 1895, era stanco e decise di godersi un po' di più la vita. John D. Rockefeller era già diventato il primo multimilionario degli Stati Uniti e J.P. Morgan era il banchiere più ricco e famoso dell'epoca, quello a cui gli altri milionari affidavano il loro denaro. E Willie, che era altrettanto ricco, se non di più, sapeva come spendere i suoi soldi: costose crociere a bordo del suo yacht *Defender*, regate (fu grande sostenitore della Coppa America), corse di cavalli (fu fondatore del Jockey Club e azionista e presidente dell'ippodromo di Brooklyn), allevamento di cavalli vicino a Deauville, in Francia, viaggi per il mondo... Fece anche donazioni all'associazione dei giovani cristiani YMCA e alle Università Columbia e Vanderbilt.

Nel 1903, Willie si risposò segretamente con Anne Harriman Sands Rutherfurd. Al matrimonio erano presenti soltanto otto persone compresi gli sposi, il reverendo Arthur H. Hadden (vicario di St Mark a Londra e cappellano d'onore del re d'Inghilterra), sua figlia Consuelo e il genero, il duca di Marlborough. Le macchinazioni pensate per potersi sposare senza incuriosire il pubblico attirarono l'attenzione del grande romanziere Henry James che utilizzò la storia per il racconto *The Special Type*, pubblicato alcuni mesi più tardi.

Willie morì nel 1920, all'età di 61 anni. I suoi 54 milioni di dollari furono divisi tra la seconda moglie Anne Harriman Sands Rutherfurd e i suoi figli: William Kissam II, Harold Stirling e Consuelo, che a quel momento aveva già divorziato dal duca. I Marlborough, che si erano separati nel 1906, ottennero l'annullamento del matrimonio su richiesta del duca, e con il consenso di Consuelo, il 19 agosto 1926. Inaspettatamente, Alva (diventata membro del nascente movimento di liberazione della donna e suffragetta) appoggiò completamente l'annullamento dichiarando che il matrimonio Vanderbilt-Marlborough era stato un atto di coercizione. «Ho obbligato io mia figlia a sposarsi con il duca. Ho sempre avuto un potere assoluto su di lei» disse durante le indagini del processo per ottenere l'annullamento papale. Consuelo intanto si era risposata il 4 luglio 1921 con il tenente colonnello francese Louis-Jacques Balsan, pilota di idrovolante e pallone aerostatico.

Negli anni Venti, la fortuna della famiglia cambiò in modo radicale: il denaro iniziò a sfumare rapidamente e a questo si aggiungeva il fatto che bisognava pagare le tasse e i palazzi dei Vanderbilt erano molto costosi. Il primo a essere venduto fu il magnifico castello di Alva nella Quinta Strada e il secondo fu quello di Alice. Entrambi furono demoliti perché quella zona di Manhattan era diventata il cuore commerciale della Grande Mela. I resti della struttura che trent'anni prima era stata la splendida residenza di Cornelius II e di sua moglie Alice divennero il simbolo di un'epoca finita per sempre. A sessant'anni dalla morte del Commodoro, fu abbattuta anche l'ultima delle dieci grandi residenze che i Vanderbilt avevano posseduto sulla Quinta Strada. Perfino la Marble House di Alva a Newport si vendette per soli 100.000 dollari nel 1932, nel pieno della Grande Depressione.

In questa generazione di bisnipoti del Commodoro, quello con le mani più bucate fu il figlio minore di Cornelius II e Alice, Reggie, che dilapidò la sua fortuna al gioco e facendo la bella vita. Una volta vinse 70.000 dollari in un solo fine settimana all'esclusivo Casinò Canfield, il suo favorito, ma ne perse milioni in venticinque anni di baldorie.

La sorella maggiore, Gertrude, era più attenta alle spese e gestì meglio il denaro della famiglia e di suo marito, il banchiere e investitore Harry Payne Whitney, con il quale ebbe tre figli: Flora, Cornelius e Barbara. Questa bisnipote del Commodoro studiò scultura alla Art Students League di New York e prese poi lezioni da Auguste Rodin a Parigi. Dopo il matrimonio divenne scultrice e amica dei bohémien dell'epoca e nel 1914 aprì una galleria per giovani artisti, il Whitney Studio Club nel Village newyorkese. «Iniziò a esporre i lavori dei suoi amici prima nel suo studio e poi al Whitney Studio Club, dove era sempre più conosciuta, apprezzata e rispettata dalla comunità artistica e dalla stampa» dice la nipote di Gertrude Vanderbilt, Flora Biddle, direttrice del suo museo, il Gertrude Whitney Museum of American Art di New York, fondato nel 1931, quando il Metropolitan Museum of Art rifiutò la donazione della sua collezione d'arte moderna. Attualmente è conosciuto come Whitney Museum e si trova in Madison Avenue. Possiede una collezione permanente di più di diciottomila opere, soprattutto di artisti statunitensi.

Una delle migliori opere di Gertrude, il Monumento alla Fede della Scoperta, si trova a Huelva. La scultura, realizzata in uno stile che ricorda il cubismo, è alta 37 metri e si trova sulla Punta del Sebo, dove confluiscono i fiumi Tinto e Odiel. È popolarmente conosciuta come «Monumento a Colombo», anche se non è dedicata all'ammiraglio ma rappresenta la figura di un frate francescano del Monastero di Santa María de la Rábida, dato che quei frati ebbero un ruolo fondamentale nell'aiutare Cristoforo Colombo a scoprire l'America. La scultura fu donata nel 1929 al popolo spagnolo dagli Stati Uniti e con il patrocinio della Columbus Memorial Fund, come segno di amicizia verso «la nazione la cui generosità e chiara visione resero possibile la scoperta di Colombo», come si legge sulla placca commemorativa.

Nel 1934, anni dopo la realizzazione del monumento di Huelva, la scultrice mise nuovamente la famiglia al centro dell'attenzione generale e non esattamente per il suo amore per l'arte ma per la battaglia legale condotta contro la cognata per la custodia della nipote Gloria Vanderbilt, di 10 anni.

Il sogno della stampa sensazionalistica

Il fratello minore di Gertrude, del generoso Alfred e del coraggioso Neily, Reggie, che incarnava il tipico playboy, giocatore d'azzardo e bevitore, si innamorò nel 1922 di Gloria Morgan, una delle cosmopolite e belle figlie gemelle dei Morgan. Era nata in Svizzera, e i suoi genitori erano la cilena Laura Delphine Kilpatrick e un diplomatico

La famiglia era vissuta a Lucerna, Buenos Aires e Bru-
quel periodo Gloria viveva con la sorella gemella Thel-
un modesto appartamento di Harlem a New York. Avevano anche un fratello, Harry Morgan Hays Jr, che era poi diventato attore a Hollywood e aveva recitato in film come *Abie's Irish Rose* (1946) e *Giovanna d'Arco* (1948).

Quando Gloria e Reggie si conobbero, lui aveva 44 anni, era divorziato e aveva una figlia, Cathleen. Inoltre, aveva già dilapidato i 7 milioni ereditati dal padre e dalla generosità del fratello Alfred e stava usando un fedecommesso di 5 milioni creato per lui dal nonno. Lei aveva solo 17 anni e una certa fama di «ragazza leggera», per cui dovette convincere mamma Alice che era la donna giusta per quel suo figlio alcolizzato. «Alice Vanderbilt aveva sentito dire che Gloria Morgan aveva detto testualmente: "Ho parecchia esperienza". Questo significava che probabilmente non era vergine. Gloria decise quindi di rivolgersi a un medico che la esaminasse. Il dottore scrisse una lettera ad Alice Vanderbilt, che non conosceva per niente, comunicandole che la signorina Gloria Morgan era vergine» racconta la scrittrice Barbara Goldsmith.

Un anno dopo il matrimonio, il 20 febbraio del 1924, nacque Gloria. La chiamarono «la piccola Gloria». Suo padre la adorava, anche se questo non servì a fagli smettere di bere. A causa dei suoi eccessi morì di cirrosi quando la bambina aveva soltanto un anno. Per far fronte ai numerosi debiti, fu necessario vendere le proprietà. La piccola Gloria ereditò un fondo fiduciario di 3 milioni di dollari a cui non avrebbe avuto accesso prima di raggiungere la maggiore età, che allora era di 21 anni.

La madre dovette darsi da fare per poter mantenere la vita lussuosa a cui era abituata. Chiese al tribunale un assegno sul fondo fiduciario e ricevette 4000 dollari al mese, quanto bastava per vivere molto bene in Europa con i suoi amici ricchi e con la piccola Gloria. La vedova aveva solo 20 anni e voleva godersi la vita. Così, la bella Gloria Morgan si preoccupò soltanto di impiegare il tempo passando da una festa all'altra. «L'immagine che ho di lei è una figura di spalle che spariva per il corridoio. O che entrava in una Rolls Royce. Era una farfalla e io cercavo di acchiapparla. Ma non ci riuscii mai perché era molto difficile raggiungerla» ricorda Gloria Vanderbilt in un'intervista rilasciata nel 1985.

Fino all'ottavo compleanno della bambina vissero a Parigi in diverse case in affitto. Poi visitavano le zie a Londra, dove la piccola Gloria restava per lunghi periodi, quando la madre andava a Cannes e a Montecarlo. Mentre madre e figlia si spostavano per l'Europa, la bambina passava la maggior parte del tempo con la bambinaia Keislich, che lei chiamava «Dodo», l'unica persona con cui si sentiva sicura.

La famiglia Morgan voleva che la piccola Gloria tornasse negli Stati Uniti e che vivesse con la famiglia Vanderbilt per non perdere il vincolo con il denaro del padre. Nel 1933, la bambina andò a passare un po' di tempo con sua zia Gertrude a Long Island. «Gertrude era molto preoccupata per la figlia del suo defunto fratello. Aveva l'impressione che la bambina fosse maltrattata dalla madre» afferma Barbara Goldsmith. Lì con lei, Gloria era educata come una ricca ereditiera, circondata dal lusso della famiglia paterna. Inoltre, per la prima volta in vita sua stava andando a scuola.

Gloria Morgan aveva molti pretendenti, compreso un giovane principe tedesco. Quando decise di sposarsi con lui, la nonna Morgan si indignò e iniziò una campagna per separare madre e figlia. Quando Gloria Morgan compì 21 anni e divenne maggiorenne, si rivolse ai tribunali per chiedere la custodia esclusiva della figlia. Ma scoppiò lo scandalo. La madre, la signora Morgan, avanzò accuse contro la figlia affermando che esercitava una cattiva influenza sulla bambina. Il processo fu un sogno per la stampa scandalistica. La nonna diffamava pubblicamente la sua stessa figlia. Intanto, la zia Gertrude lottava per evitare che la custodia fosse assegnata a sua cognata Gloria e per ottenere invece che la bambina restasse con lei. In un periodo in cui gli Stati Uniti attraversavano la Grande Depressione, vedere i milionari scontrarsi tra di loro fu un vero spettacolo.

Durante il processo furono presentate numerose testimonianze per dimostrare che Gloria Morgan aveva avuto diversi amanti e la sua domestica assicurò di averla vista a letto anche con una donna, la marchesa di Milford Haven, appartenente alla famiglia reale britannica e che «loro due si baciavano come se fossero amanti. In quel momento si produsse una gran confusione nell'aula del processo» racconta Barbara Goldsmith. Il contenuto delle accuse, insieme alla ricchezza e alla fama dei protagonisti della storia che compariva su tutti i giornali del paese, portò a un nuovo standard del sensazionalismo dei tabloid dell'epoca. «Il punto di svolta fu quando il giudice decise che il processo si tenesse a porte chiuse perché si stava trasformando in qualcosa di troppo sensazionalistico e con troppi risvolti sessuali. Secondo me, questo fatto danneggiò Gloria Vanderbilt Morgan» afferma la Goldsmith.

La testimonianza più drammatica fu quella della piccola Gloria. Testimoniò nell'ufficio del giudice. «Io non sapevo di che cosa si trattasse. Non capivo bene di che cosa era accusata mia madre. Mi dissero che cosa dovevo dire contro di lei. Mi raccontarono che mia madre aveva intenzione di licenziare la mia bambinaia. Io avrei fatto qualsiasi cosa per conservare la sicurezza e la tranquillità che provavo quando ero vicina a Dodo» raccontò Gloria Vanderbilt nel 1985. «Mi dissero che dovevo dire che piuttosto che tornare con lei mi sarei buttata dalla finestra, che la odiavo. E che se avessi fatto così, Dodo sarebbe rimasta. E questo era ciò che volevo più di ogni altra cosa.» La sua testimonianza fu utilizzata da tutti contro la madre.

Nel novembre 1934 Gertrude fu nominata tutrice della bambina. Gloria Morgan poteva farle visita nei fine settimana e durante le vacanze. Oltre a perdere la custodia della figlia, non poté più amministrarne il fedecommesso. Rimasta senza denaro, andò a vivere con sua sorella Thelma – a cui restò sempre vicina per tutta la vita – tra New York e Los Angeles. Insieme scrissero un libro di memorie intitolato *Double Exposure*.

Ma il peggio per la bambina fu che il tribunale stabilì che Dodo era un ostacolo per il rapporto tra madre e figlia e ordinò che fosse allontanata dalla bambina. La notte di Natale del 1934, la fedele e amata bambinaia fu licenziata e separata per sempre da Gloria. «Il momento in cui Dodo fu mandata via fu per me la cosa più terribile che mi fosse mai capitata, perché mi dissero che non l'avrei vista mai più» dice Gloria Vanderbilt. Gloria era rimasta senza l'amore e la sicurezza che tutti i bambini della sua età tanto desiderano.

Quattro matrimoni e tre funerali

Per tutta la vita della «piccola Gloria» il suo patrimonio fu allo stesso tempo una benedizione e una maledizione. Con i suoi soli 10 anni dovette sopportare l'attenzione pubblica sui dissidi legali della sua famiglia. «Decisi di non leggere niente di quello che si pubblicava su di me sui giornali» dice Gloria Vanderbilt.

Nell'estate del 1937 sua madre la portò con sé in viaggio a Hollywood. La bambina era molto emozionata all'idea di stare con le stelle del cinema amiche della madre, come Maureen O'Sullivan e Joan Crawford, e addirittura lo stravagante William Randolph Hearst. Ma alla zia Gertrude non piacquero le nuove relazioni di Gloria e nel 1938 la mise in collegio a Farmington, nel Connecticut. Quando compì 16 anni, la zia le permise di tornare all'Ovest. «Fu realmente come se io fossi stata un uccellino che usciva dalla gabbia. Fu la sensazione di libertà più incredibile della mia vita. E, naturalmente, a quell'età l'unica cosa che mi interessava erano le stelle del cinema di Hollywood» racconta.

Nel 1941, a 17 anni, si sposò con un agente di Hollywood, Pasquale Di Cicco. Lui aveva 31 anni, giocava d'azzardo, era alcolista e la maltrattava. «Penso che non avrei potuto sposarmi con qualcuno che desse maggior fastidio a mia zia» assicura Gloria. Gertrude morì soltanto quattro mesi dopo il matrimonio a cui si era tanto opposta. La coppia divorziò dopo quattro anni. Lei aveva già il controllo della sua eredità e diede a Pasquale Di Cicco 200.000 dollari per la separazione.

Pochi giorni dopo, il 21 aprile 1945 si sposò con il celebre direttore d'orchestra Leopold Stokowski, già al terzo matrimonio. Oltre ad avere avuto una chiacchierata relazione con Greta Garbo nel 1937, la precedente moglie di Stokowski era stata una delle eredi della Johnson & Johnson, Evangeline Brewster Johnson. Dall'ereditiera dei Vanderbilt (di quarantadue anni più giovane di lui) ebbe due figli, Leopold Stanislaus «Stanley» (1950) e Christopher (1952). «Lo amai molto. Era un genio e per me la sua musica era gloriosa e meravigliosa.» La famiglia viveva in una fattoria del Connecticut e lei iniziò a dipingere, attività che univa alla carriera di attrice di teatro. Anche se suo marito la incoraggiava come pittrice, non vedeva di buon occhio il fatto che si dedicasse alla recitazione che considerava un'arte minore. A quel punto, nel matrimonio iniziarono i problemi.

Accanto a Leopold Gloria non trovò la stabilità sentimentale che non esitò a cercare in un terzo marito, il regista cinematografico Sidney Lumet, che invece la sosteneva nella sua carriera di attrice. In quegli anni, mentre cresceva i figli, Gloria ebbe anche un discreto successo a teatro e in televisione. Ma anche questo matrimonio finì con la separazione. «Era il momento sbagliato, perché Sidney metteva sempre la vita al primo posto e il lavoro al secondo, ma all'epoca non avevo le stesse priorità. Misi il mio lavoro davanti a tutto. A ogni modo, pur se quel matrimonio finì, non significa che non sia stata felice» dice Gloria. Dopo sette anni insieme, Gloria e Sidney divorziarono nell'agosto del 1963.

Poco tempo dopo trovò nuovamente l'amore accanto allo scrittore Wyatt Cooper, con cui si sposò la notte di Natale del 1963. Lei lo descrive come «l'amore della sua vita». Ebbero due figli, Carter (1965-1988) e Anderson, nato nel 1967. Sembrava che Gloria Vanderbilt avesse finalmente trovato la felicità che tanto aveva desiderato da bambina. Aveva lasciato la recitazione e si dedicava alla pittura e al disegno.

Nella sua vita, Gloria si è impegnata sia in molti lavori che le hanno fruttato buoni guadagni e sia in affari fallimentari. Ad esempio, dal 1968 le società Hallmark (produttrice di prodotti di cartoleria) e Bloomcraft (produttori di tessuti di Hong Kong) hanno commercializzato i suoi disegni riprodotti su numerosi articoli come biglietti d'auguri, biancheria da camera, piatti, cristalleria e posate. All'inizio degli anni Settanta si è fatta una solida reputazione nel mondo della moda. Il suo dolce a basso contenuto di grassi e colesterolo ha avuto molto meno successo. Ma ciò che l'ha resa davvero famosa, nel 1976, sono stati i jeans di lusso con il suo nome sulla tasca posteriore da lei pubblicizzati in una serie di spot televisivi. Da quel momento, le etichette con il suo nome si sono moltiplicate e il logo Gloria Vanderbilt è apparso su vestiti e camicie.

Però, proprio mentre stava trionfando professionalmente, ha sofferto un duro colpo. Nel 1978, suo marito Wyatt, cinquantenne, è morto durante un'operazione a cuore aperto dopo aver avuto diversi infarti. Il figlio Carter aveva appena compiuto 12 anni e Anderson 10. Vedova, si è concentrata ancora di più sulla famiglia e sul lavoro. Nel 1982 la sua marca di jeans registrava vendite per milioni di dollari e Gloria ha lanciato un altro prodotto di grande successo, il suo profumo. In quegli anni, ha scritto due libri autobiografici, uno dei quali dedicato alla madre, con cui ha mantenuto un rapporto a distanza, ma amichevole, fino a che è morta nel 1965. Gloria Morgan era rimasta quasi senza soldi e al suo funerale c'erano soltanto pochi fedeli amici di Hollywood. Cinque anni più tardi, Thelma Morgan, viscontessa di Furness e oggetto dell'interesse di Edoardo VIII d'Inghilterra prima di Wallis Simpson, veniva sepolta accanto alla sua sorella gemella.

Nel 1983, Gloria è diventata nonna. Nel mese di marzo nasceva Aurora, figlia del suo primogenito Stanley. Due anni dopo arrivava Abra. Ma la felicità famigliare è durata poco. Dopo una vita di continue perdite, nel luglio del 1988 accadeva la peggiore disgrazia personale della vita di Gloria Vanderbilt: suo figlio Carter Cooper, di 22 anni, si suicidava lanciandosi dal quattordicesimo piano davanti ai suoi occhi. Un'altra perdita che non ha potuto evitare e che molti hanno pensato non sarebbe stata in grado di superare. Ci sono state varie congetture sulla possibilità che la morte di Carter non sia stata davvero un suicidio. Gloria è arrivata a credere che l'effetto congiunto del sonnambulismo e di un nuovo farmaco che il figlio assumeva per problemi respiratori abbia fatto sì che Carter si lanciasse nel vuoto. «Alla sua morte, una delle cose che mi hanno sostenuta è stata che volevo mostrare che una persona può sperimentare questo enorme dolore e sopravvivere, avere ancora una vita» spiega Gloria Vanderbilt. «In questo mondo siamo tutti sopravvissuti. Per me il dolore e la gioia, la paura e la speranza, la disperazione e la determinazione vanno sempre insieme» sostiene.

L'affascinante giornalista della CNN

E Gloria è andata avanti nonostante la perdita devastante, concentrandosi soprattutto sulla sua arte, anche se da lì a poco il suo terapeuta e il suo avvocato, dei quali si fidava pienamente, l'avrebbero tradita.

«Quei due avevano creato una società per frodarmi rubando il denaro che avevo guadagnato» ricorda Gloria. Nel 1993, un tribunale ha emesso una sentenza a suo favore ma lei non ha ricevuto il denaro sottrattole. I problemi economici cominciavano a farsi sentire. La milionaria ha dovuto vendere le sue case e vivere in modo più modesto. «La cosa sorprendente di mia madre è che, nonostante sia sopravvissuta a cose che per molti sono addirittura inimmaginabili, ha conservato la sua fragilità e insieme una grande capacità di riprendersi e rialzarsi più forte» racconta suo figlio Anderson Cooper, uno dei giornalisti più conosciuti degli Stati Uniti, e aggiunge: «Mi guardo attorno e vedo un mucchio di gente con cognomi famosi che non hanno fatto mai niente in vita loro. Non ho alcun rispetto per loro. Io rispetto e ammiro mia madre».

Da bambino, Anderson ha fatto da modello per marchi come Ralph Lauren, Calvin Klein e Macy's; ha poi studiato all'Università di Yale e cercato lavoro presso il canale televisivo ABC. Non ha avuto fortuna. È andato allora all'Università di Hanoi per imparare la lingua vietnamita e da lì inviava i suoi servizi a Channel One, specializzato in notizie per i giovani. Più avanti si è occupato del genocidio del Ruanda. Nel 1995 la ABC ha firmato con lui un contratto da presentatore per la trasmissione World News Now, da dove è passato a condurre un reality show dal titolo «The Mole». Nel 2001 ha accettato un'offerta della CNN per presentare un programma mattutino e due anni dopo aveva già un suo spazio. Si è occupato della carestia in Nigeria, delle guerre in Somalia e in Irak e della morte di papa Giovanni Paolo II. Nel 2005, due tragedie – lo tsunami asiatico e l'uragano Katrina a New Orleans – lo hanno trasformato in una celebrità dei mezzi di comunicazione. La sua fama è aumentata dopo il terremoto di Haiti, nel gennaio 2010. Con i suoi occhi azzurri e i capelli argentati, a 42 anni, è stato il primo a dare la tragica notizia a milioni di spettatori attraverso il suo programma «Anderson Cooper 360°». Il suo stipendio di oltre 300.000 dollari al mese gli permette infatti di avere un jet privato che utilizza per arrivare per primo sul luogo della notizia.

Nel maggio del 2006, Anderson ha pubblicato le sue memorie *Dispatches from the Edge*, una breve e intensa cronaca dell'ascesa alla fama e della lotta contro le tragedie e i demoni personali, in cui, però, l'affascinante giornalista non parla molto della sua vita privata né della sua ottuagenaria madre.

20

I Versace

Io non seguo la moda, la creo.
GIANNI VERSACE (1946-1997)

I Versace

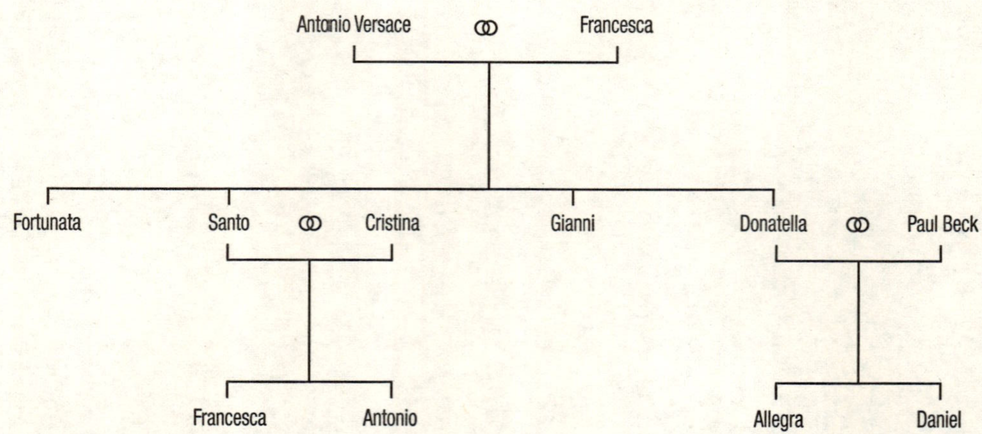
Antonio Versace
Francesca
Fortunata
Santo
Cristina
Gianni
Donatella
Paul Beck
Francesca
Antonio
Allegra
Daniel

Nel competitivo e glamorous *mondo dell'alta moda, il nome di Versace ha un alone di misticismo impossibile da eguagliare. Dalla nascita del marchio, nel 1978, la famiglia ne ha tenuto ben salde le redini e ancora oggi Versace è tra le case di moda preferite da numerose celebrità, soprattutto star del cinema che spesso la scelgono per sfilare sul red carpet grazie alle scollature smisurate e agli spacchi vertiginosi che rendono i suoi modelli estremamente sexy. Fin dall'inaugurazione del primo negozio, i capi colorati e sensuali creati da Gianni Versace riscossero un enorme successo e la popolarità dello stilista fu immediata. Dopo l'omicidio di Gianni, nel 1997, fu la sorella Donatella a raccoglierne l'eredità e da allora è lei il direttore creativo della maison. In quel drammatico frangente non solo dovette farsi carico dell'azienda, ma diventò anche il pilastro emotivo della famiglia. Sotto la sua energica direzione il marchio continua a dare segni di splendente vitalità. Il fratello maggiore, Santo Versace, è invece un celebre finanziere ed è lui che, muovendosi dietro le quinte, ha reso possibili gli immensi guadagni dell'azienda di famiglia. Oggi Santo è presidente della casa di moda, mentre la maggioranza delle azioni dell'impero è nelle mani di Allegra, la nipote del fondatore e figlia di Donatella, appena undicenne alla morte dello stilista.*

Le prime muse: le prostitute locali

La famiglia Versace non ha sempre bazzicato i ricchi e famosi: ha invece origini piuttosto modeste. Gianni Versace nacque il 2 dicembre 1946 a Reggio Calabria, in una camera vicino alla boutique della madre, Francesca, che vendeva le proprie reinterpretazioni dei modelli degli stilisti francesi. Il padre, Antonio, vendeva elettrodomestici. I due si erano conosciuti nel 1938 grazie al fratello maggiore di Antonio e si erano sposati nel gennaio del 1943. Nove mesi dopo venne alla luce una bambina, Fortunata. Nel giro di un anno arrivò il primo figlio maschio, Santo, e due anni dopo nacque Gianni. Nel 1953, la primogenita morì per un'infezione da tetano. I genitori ne furono distrutti, ma si ripresero con la nascita di Donatella, il 2 maggio 1955.

Santo era un bravo studente ed eccelleva in matematica. Gianni, al contrario, amava l'arte e la musica, ma la scuola lo annoiava. Quando non erano in classe, i due fratelli passavano il tempo in spiaggia o giocando a palla per le strade e tra le rovine, sempre in contatto con l'antica mitologia, grazie alla travagliata storia reggina. E quando non fantasticava sugli dei greci e romani, Gianni si divertiva in negozio insieme a Francesca. Lui stesso era solito raccontare: «Adoravo passare il tempo con mia madre, e l'unico modo per farlo era stare con lei nella boutique. Fu così che nacque il mio amore per la moda». Già da piccolo, Gianni la aiutava a cucire i bottoni e a tagliare le stoffe, e fu così che cominciò a subire il fascino della moda, che si sarebbe mantenuto intatto per tutta la vita.

I primi lavori cuciti da Gianni furono delle marionette con cui intratteneva i clienti. A 10 anni disegnò il suo primo capo d'abbigliamento: un abito lungo in velluto con una sola spallina. Da bambino cercava l'ispirazione per le strade della città e in particolare era attratto dai colori vivaci indossati dalle prostitute del bordello locale: si chiedeva perché mai le «donne rispettabili» non potessero vestirsi in modo provocante. A scuola gli insegnanti lo riprendevano spesso a causa di quelli che definivano «disegni osceni», i suoi primi bozzetti. Più di una volta arrivarono a chiamare la madre per dirle che suo figlio «pensava troppo alle donne».

All'inizio degli anni Sessanta, Gianni era un ragazzo stravagante ed eccentrico. Aveva bisogno di un incentivo per studiare, quindi il padre lo ricompensava degli sforzi scolastici portandolo all'opera e a teatro, oppure lasciando che accompagnasse Francesca a Parigi e a Milano a comprare tessuti. «Fin da quando era molto piccolo, la madre ebbe una grande influenza su di lui» afferma il giornalista Patrick McCarthy, di «W Magazine». Era evidente che Gianni avesse ereditato la creatività di Francesca, mentre Santo, come il padre, era più riflessivo. Nonostante le differenze, i due fratelli si volevano un gran bene ed entrambi coccolavano la piccola Donatella, che Gianni (di otto anni più grande di lei) usava come modella per i suoi disegni. «Gianni mi faceva indossare cose stranissime. Ricordo che a 11 anni mi mise una minigonna di pelle e degli stivali, e mi fece qualche riflesso nei capelli. Io ero contentissima, perché mi diceva che già da piccola avevo un certo stile» racconta Donatella.

Finito il liceo, nel 1964, Gianni continuò la propria formazione nel negozio della madre. Ben presto cominciò a viaggiare per l'Europa in cerca di nuovi progetti, di fili d'oro per i ricami e di tessuti innovativi. Donatella era nel pieno dell'adolescenza, girava per le discoteche più alla moda e riferiva al fratello le ultime tendenze. «Gianni e io eravamo attratti dai vestiti, dai tessuti e dalle persone che li indossavano. Per questo ci venne naturale dedicarci alla moda. Non mi chiesi mai cosa volessi fare da grande, è semplicemente successo» ammette Donatella. Santo invece decise di proseguire gli studi e, nel 1968, si laureò in Gestione d'impresa all'Università di Messina.

Gli esordi del re delle passerelle

Nel 1972, Gianni accettò di trasferirsi a Lucca per lavorare per una marca d'abbigliamento chiamata Florentine Flowers. In un momento in cui gli stilisti italiani presentavano collezioni caste in tonalità monotone, i capi di Versace catturavano l'attenzione per le scollature profonde e i colori vivaci. Non tardò a farsi notare. «Il suo primo stipendio fu di 2000 dollari, ma la compagnia gli regalò anche una decappottabile bianca e nera, ben più costosa. Era una piccola ostentazione dell'incredibile trionfo della prima collezione di Gianni» spiega il fratello Santo.

Il giovane e ambizioso stilista aveva bisogno di una passerella più ampia per mostrare il proprio talento e, nel 1972, Milano cominciava a rivaleggiare con Parigi per il ruolo di mecca della moda mondiale. A soli 25 anni la giovane promessa della moda si trasferì nel capoluogo lombardo e fu subito assunto da Arnaldo Girombelli, fondatore di Genny, già all'epoca una delle case d'abbigliamento più importanti d'Italia. «Quando Gianni era all'inizio della sua carriera, nella moda milanese predominavano il grigio e il beige, e abiti molto semplici. All'improvviso comparvero i suoi disegni, esuberanti e sfarzosi. Era difficile ignorarli» racconta il giornalista Patrick

McCarthy. «Fin dall'inizio si distinse perché si distaccò dalla corrente che seguivano gli stilisti italiani per quanto riguardava i tessuti lussuosi e l'innovazione» aggiunge Tim Gunn, esperto della Parsons (The New School for Design), prestigiosa scuola d'arte e design con sede nel Greenwich Village di New York dove hanno studiato, tra gli altri, Marc Jacobs, Dean e Dan Caten, Norman Rockwell, Donna Karan, Jane Frank e Tom Ford.

Nel 1973 Versace disegnò collezioni donna prêt-à-porter per Callaghan e per Genny, con pezzi in pelle e camoscio. Il concetto del made in Italy cominciava a emergere nel mondo della moda. I proprietari delle case produttrici compresero che i vestiti non potevano continuare a essere così anonimi. Capitava sempre più spesso che clienti sofisticati richiedessero abiti di qualità con un tocco personale. E così, per sfruttare appieno il nuovo talento che aveva tra le mani, nel 1974 Girombelli creò una marca solo per Gianni, la Complice. «Era davvero bravo. Straordinario. Le sue collezioni per Complice erano fresche e giovanili, all'avanguardia e sempre chic» sostiene Franca Sozzani di «Vogue Italia». «Fino ad allora gli stilisti vestivano la donna in modo classico e raffinato; lui cambiò questa tendenza e propose alla donna di essere anche un po' volgare, a patto di farlo con senso dell'umorismo, intelligenza e, naturalmente, che le donasse» aggiunge Patrick McCarthy. Mentre lui si faceva strada nel mondo della moda milanese, Donatella studiava Lingue all'Università di Firenze. La madre temeva che Gianni la trascinasse sulla sua stessa strada distraendola dallo studio. «Voleva che terminassi gli studi e che Gianni non mi influenzasse. Era divertente, dovevo fare le cose di nascosto. Ogni fine settimana Gianni veniva a prendermi e mi portava nel suo studio perché lo aiutassi» ricorda Donatella.

Nel 1976 Gianni decise che era pronto a proseguire da solo il proprio cammino. Convinse Santo a lasciare l'ufficio di consulenza di cui era proprietario a Reggio Calabria e a diventare suo socio a Milano. «Santo contribuì alla pianificazione dello sviluppo e di una strategia, cosa di cui Gianni era del tutto incapace» segnala Patrick McCarthy. Due anni dopo, nel 1978, Gianni e Santo aprirono la prima boutique Versace a Milano, in via della Spiga, accanto ai negozi più prestigiosi della città. Come logo dell'impresa scelsero una delle loro immagini preferite, la Medusa. «Tanto nella storia quanto nella mitologia, Medusa ha un significato particolare. Chiunque la guardasse restava paralizzato, immobile, letteralmente pietrificato. Gianni era solito dire che chiunque guardasse i suoi vestiti ne rimaneva incantato ed era costretto a comprare abiti firmati Gianni Versace per il resto della vita» spiega Santo.

Lo stesso anno, Gianni presentò la prima collezione con il suo nome al Palazzo della Permanente di Milano. I suoi modelli, seducenti e artistici, ricevettero critiche molto positive e la boutique aveva più clienti di quelli che poteva soddisfare. Nel settembre del 1978 uscì la prima collezione donna. Nel primo anno di vita l'impresa dei Versace guadagnò 9 milioni di euro.

Gianni aveva 32 anni. Da quando si era messo in proprio aveva cominciato a controllare di persona l'intero ciclo di produzione dei suoi modelli, dal disegno alla vendita. La supervisione era fondamentale per ottenere la qualità e l'immagine pubblica alle quali aspirava per i suoi capi prêt-à-porter. I risultati economici non tardarono ad arrivare e Gianni, preso dall'entusiasmo per la notorietà e per la fortuna in continuo aumento, spendeva il denaro non appena lo guadagnava; comprava opere d'arte, organizzava feste e faceva regali costosi ad amici e parenti. Santo si rese conto che, affinché l'impresa non fallisse, era necessario porre un freno agli sprechi del fratello. «Da bravo uomo d'affari, Santo non voleva che Gianni sperperasse, ma lui non lo ascoltava. In varie occasioni rischiò grosso» ammette Donatella.

Il glamour dell'ostentazione

Il 27 giugno 1978, il giorno in cui Donatella discuteva la tesi di laurea, Francesca morì all'improvviso a soli 58 anni. Distrutti dalla perdita, i tre fratelli si avvicinarono più che mai e Donatella decise di trasferirsi a Milano con Gianni e Santo.

Gianni si stava guadagnando la fama di essere uno degli stilisti più innovativi e *glamorous* della città e la sua vivace sorella lo aiutò a rafforzare quest'immagine. «Donatella fu una specie di musa. La sua personalità e le sue idee influirono in modo decisivo sul lavoro del fratello» sostiene Harold Koda, esperto del Metropolitan Museum of Art di New York. «Era il socio collaboratore e spirituale, ed era sempre lei a tenerlo in contatto con il mondo reale, guardandosi intorno e suggerendo a Gianni come procedere con i disegni» dice l'esperto della Parsons Tim Gunn. Donatella diventò un aiuto prezioso per

Gianni, come lui stesso dichiarò in varie occasioni: «Quando finisco un disegno chiamo mia sorella, e se a lei non piace lo butto via».

Nel 1979 Gianni assunse il leggendario fotografo di moda Richard Avedon (1923-2004), perché si occupasse della prima campagna pubblicitaria di Versace, che sarebbe stata il biglietto da visita per proporsi sul mercato americano. «I manifesti erano seduzione e arte allo stato puro. Le fotografie di Avedon parlavano di sesso e provocazione. Il mercato statunitense ne fu ipnotizzato» racconta Tim Gunn. Quelle immagini piene di forza fecero notizia e furono fondamentali per aumentare la popolarità del marchio.

A partire da questa prima campagna, Avedon collaborò spesso con Versace. Così come il nome di Helmut Newton è associato a Yves Saint Laurent, quello di Avedon forma un'unione indissolubile con la casa della Medusa. Nei lavori per lo stilista italiano riuniva le modelle più in voga degli anni Novanta e le ritraeva in pose dinamiche, in alcuni casi seminude. Dopo la morte di Gianni, Avedon raccolse parte di quegli scatti nel libro *Gianni Versace by Richard Avedon* (1998), come omaggio al caro amico. Grazie ad Avedon, la fotografia nel campo della moda mantiene lo status di opera d'arte, con le sue immagini che mostrano una donna moderna e dinamica, dalle forti emozioni.

Quando Avedon fece la sua comparsa nella vita di Gianni, era passato solo un anno dall'uscita della prima collezione firmata Versace. Era difficile che i colori, la sensualità e le provocazioni di Gianni passassero inosservati. Con Santo che si occupava delle finanze e l'aiuto di Donatella per quanto riguardava la parte creativa, la maison Versace era pronta a lanciarsi alla conquista del mondo della moda. Per celebrare il successo, Gianni si comprò una villa del XVIII secolo, Villa Fontanelle, sulle rive del lago di Como. Era una casa elegante, su tre piani e con un terrazzo centrale, e Gianni spese milioni per arredarla. Scelse personalmente ogni oggetto seguendo parametri neoclassici: aveva candelabri e lampade di vetro russo provenienti dal palazzo di San Pietroburgo, nonché opere d'arte di grandi artisti quali Picasso o Warhol. Per completare l'opera affidò la cura dei giardini a sir Roy Strong, paesaggista della regina Elisabetta II. Divenne la sua casa preferita tra tutte quelle che arrivò a possedere tra New York, Miami e Milano. Era il posto dove trascorreva le vacanze, e dove invitava gli amici più intimi, come la principessa Diana, Madonna ed Elton John.

Nel 1982 Gianni cominciò a disegnare costumi per il Teatro alla Scala di Milano. Per lui, che amava la musica fin da quando era bambino, fu la realizzazione di un sogno. Esordì con i costumi per il balletto di Richard Strauss *Josephslegende*; poi sarebbero arrivate le opere di Donizetti, come il *Don Pasquale* e poi ancora *Salomè* di Richard Strauss. Con i suoi disegni unici e originali, che consentivano movimenti «senza costrizioni», si occupò anche dei costumi per una della compagnie di balletto più prestigiose del mondo, il Béjart Ballet Lausanne. Queste collaborazioni gli valsero un'ottima reputazione nel settore della moda, gli aprirono nuove porte e fecero nascere nuove amicizie. «Alle feste che seguivano le sue sfilate, non c'erano solo modelle, giornalisti e editori di moda, ma anche esponenti del mondo dell'arte, del teatro e del balletto con cui aveva collaborato in Germania, Austria, Francia o chissà dove. Aveva una cerchia di amicizie molto variegata» commenta Candy Pratts Price, di Style.com.

Quell'anno la collezione donna comprendeva gli abiti in maglia di metallo che sarebbero diventati il marchio distintivo della ditta e un classico della moda. Gianni si era ispirato allo stile punk conosciuto nella Londra degli anni Ottanta e per sviluppare il materiale aveva collaborato con ingegneri tedeschi. Nelle collezioni successive avrebbe sorpreso tutti con vestiti metallici in colori brillanti.

Fino all'età di 36 anni, Gianni Versace si era concentrato così tanto sul lavoro da non avere tempo per pensare all'amore. Durante la prima del *Josephslegende* alla Scala, nel 1982, conobbe il ventiduenne Antonio D'Amico, modello e aspirante stilista. Come lui, Antonio era un appassionato di teatro e di opera, era nato nel Sud e aveva una madre sarta. L'attrazione tra i due fu immediata e cominciarono a uscire insieme. Partecipavano a sfilate, serate di gala, prime e feste. Gianni non nascose mai Antonio nella sua vita pubblica, passavano insieme da un evento mondano all'altro; visitarono luoghi esotici come l'Egitto, il Kenya e Bali, e ospitarono celebrità del calibro di Bruce Springsteen ed Elizabeth Taylor nelle varie ville dello stilista. «Gianni Versace è sempre stato a proprio agio nella sua pelle e quando gli venivano fatte domande sulla sua sessualità si dimostrava molto aperto al riguardo, non si faceva problemi a dichiarare di essere omosessuale» racconta Patrick McCarthy. Secondo il giornalista Guy Trebay del «New York Times», «uno dei maggiori pregi della famiglia Versace è che non si sono mai vergognati di niente. Sono franchi nell'esprimere le loro opinioni e sinceri nella scelta del loro stile di vita. Non li spaventa il fatto di essere una famiglia poco convenzionale».

La distribuzione dei ruoli in famiglia

Anche gli uffici dell'azienda rispecchiavano l'amore di Gianni per il mondo dell'arte: infatti la sede fu trasferita in un'antica casa nobiliare di tre piani in via Gesù, a Milano. Ispirandosi all'arte greca e romana, alla pop art e all'arte astratta, pieno di vitalità e immaginazione, conoscitore e creatore del lusso più esuberante e del barocchismo più sublime, Gianni creava collezioni che trionfavano per la loro smisuratezza. Negli anni Ottanta aveva già rivoluzionato il settore della moda. Entrò anche nei musei, con la mostra «Gianni Versace: a Sense of the Future» al Victoria & Albert Museum di Londra, nel 1985.

E mentre la maison Versace cresceva in fama e riconoscimento, aumentavano anche le famiglie dei fondatori. In quattro anni Santo e la moglie Cristina ebbero una figlia e un figlio, Francesca e Antonio. Donatella si sposò con il modello americano Paul Beck, che in diverse occasioni aveva lavorato per la ditta, e dopo il matrimonio passò a supervisionare la sua linea di abiti maschili. Ebbero due figli: Allegra nel 1986 e Daniel nel 1989.

Donatella continuò a essere la consigliera più fidata di Gianni sulle ultime tendenze della moda. «Mia sorella mi dà sempre consigli fantastici che io metto in pratica. Adoro le sue idee, perché essendo una donna riesce a sentire l'essenza di un vestito. È molto utile per uno stilista avere una donna vicino, soprattutto quando sai che ti vuole bene ed è qualcuno di cui puoi fidarti ciecamente» dichiarava Gianni Versace nel 1987.

Nonostante ciò, il fatto che lavoravano insieme fu spesso causa di discussioni tra i fratelli. «Puoi anche passare un giorno intero a urlare dietro a Donatella, ma lei non se la prende, perché sa che fa parte dell'essere sincero con le persone che ami. Può essere molto facile ma a volte anche molto difficile lavorare con la famiglia, comunque rimane qualcosa di meraviglioso. La sera possiamo sorriderci, contare l'uno sull'altra e godere del reciproco affetto» diceva Gianni poco prima di morire. Donatella invece ha sempre sminuito i litigi tra loro classificandoli come «cose che capitano tra fratelli».

Fuori dal lavoro, Gianni e Donatella avevano due stili di vita completamente diversi. Lui preferiva trascorrere tranquille serate casalinghe, mentre la minuta e sempre abbronzata ragazza biondo platino si divertiva nelle notti milanesi. Gianni era convinto che il modo migliore per promuovere i suoi modelli fosse farli indossare da personaggi famosi, ma era timido con le persone che non conosceva. Donatella invece aveva un talento naturale per i rapporti sociali e presentò al fratello numerose celebrità, tra le quali Elton John, che poi diventò uno dei suoi migliori amici.

In quegli anni Santo si guadagnò la reputazione di scaltro direttore finanziario con un buon fiuto per gli affari, e trasformò l'azienda in un vero e proprio fenomeno economico: «Spesso dietro alle persone di successo c'è un membro della famiglia che ha talento per gli affari. Secondo me, Santo è stato cruciale per la sopravvivenza della casa di moda tanto quanto i disegni di Gianni» sostiene il giornalista Guy Trebay.

Gli affari andavano a gonfie vele: nel settembre 1988, Versace aprì a Madrid la prima boutique spagnola, mentre nel 1989 la società entrò appieno nella *haute couture* (il magico mondo dei costosissimi vestiti di lusso cuciti a mano) con la linea Atelier che comprendeva capi da più di 30.000 dollari. La compagnia cominciò anche a diversificare producendo accessori e profumi. Come fondatore e stilista, Gianni controllava il 45 per cento dell'impresa, Donatella aveva il 20 per cento e il restante 35 per cento era nelle mani di Santo.

Quello stesso anno Donatella si fece carico di Versus, una linea più informale, rivolta a un pubblico giovane e ispirata al mondo del rock and roll, genere musicale che poi decisero di usare come colonna sonora delle sfilate. L'iniziativa ebbe un successo clamoroso, le sfilate crearono un'aspettativa che difficilmente le marche concorrenti avrebbero potuto eguagliare e le celebrità facevano la fila per assistere. «Gianni fu uno dei primi stilisti ad avere la prima fila piena di personaggi famosi del calibro di Madonna, Jon Bon Jovi ed Elton John, che ovviamente attiravano l'attenzione della stampa e facevano un'ottima pubblicità a Versace» nota McCarthy.

Nel 1991 Elton John, grande estimatore di Versace, usò costumi creati da Gianni per il suo tour mondiale. Due anni dopo lo stilista fu incaricato di disegnare parte dei costumi per il film *Kika – Un corpo in prestito* di Almodóvar, in collaborazione con il figurinista José

María Cossío. Gli piaceva avere a che fare con l'arte in ogni sua forma: continuò a lavorare per vari studi cinematografici, ma anche per compagnie di teatro e di ballo, e cercò sempre di creare look indimenticabili per le sue campagne pubblicitarie. Come già aveva fatto il francese Yves Saint Laurent, dimostrò il profondo legame che unisce moda, arte e industria.

Nascono le top model a tempo di rock

Versace trasformò anche le sue modelle in vere e proprie celebrità. Invece di assumere indossatrici da passerella, scelse modelle da copertina, più care, ma di una bellezza tale da creare la sensazione che le donne più belle del mondo vestissero Versace. Si deve a lui la nascita di una nuova categoria di star: le supermodelle. Le sue sfilate erano un andirivieni di donne appartenenti a questa «nuova categoria» con addosso modelli impossibili che centinaia di celebrità volevano rendere possibili sfoggiandoli sul red carpet. «Fu il responsabile della popolarità di Linda, Naomi, Christy... Tutto il mondo cercava di imitarlo, ma le modelle non erano mai tanto seducenti come quando indossavano un Versace. Gianni sapeva vestirle, sapeva farne risaltare la bellezza» segnala McCarthy. Donne così esuberanti, potenti e sexy che aprivano le sfilate a tempo di rock erano di grande impatto. «L'attenzione del pubblico era garantita. Le sue sfilate erano così piene di sensualità e bellezza che non si poteva restare impassibili» spiega Candy Pratts Price.

Il posto preferito da Donatella per rilassarsi era Miami Beach e nel 1991 invitò il fratello a raggiungerla per una vacanza in famiglia. Gianni andò accompagnato da Antonio e, non appena arrivò, si innamorò della luce, dell'energia, del colore e della gente del luogo. Lo colpì soprattutto il vibrante quartiere di South Beach, dove decise di comprare casa. Spese 2,5 milioni di dollari per l'acquisto di due edifici in Ocean Drive Street, che divennero Casa Casuarina. Il progetto originale della villa risaliva al 1930 ed era dell'architetto e filantropo Alden Freeman che l'aveva disegnata come omaggio all'Alcázar de Colón di Santo Domingo, costruito nel 1510 da Diego, il figlio di Cristoforo Colombo. Per ampliare la residenza, Gianni comprò anche l'hotel Revere, lì accanto, in modo da poterci ospitare gli amici. Spese 32 milioni di dollari in ristrutturazione e decorazione.

Trascorreva lunghi periodi in questa villa ispirandosi a Miami per le nuove collezioni. Come sua sorella, anche lo stilista si innamorò della comunità latina e di quella gay del luogo, e ciò si rifletté sui suoi audaci disegni, a volte scandalosi, ma sempre imprevedibili. Gianni organizzava anche lussuose feste alle quali partecipava chiunque fosse qualcuno a Miami. Ma non si dimenticava mai del lavoro. «Tra le dieci e mezzo e le undici abbandonava la festa, anche se era l'ospite d'onore, per potersi alzare presto il giorno dopo» assicura Patrick McCarthy. «Era molto mattiniero, un maniaco del lavoro» aggiunge Anna Wintour di «Vogue».

Nel 1992 propose una collezione di abiti in pelle in totale contrasto con il suo stile. «Molti dicevano che era volgare, ma quando le vendite cominciarono ad aumentare, tutti gli mostrarono rispetto» racconta McCarthy. «Per loro "sexy" equivaleva a "volgare"» lo difende Donatella. «Gianni era un cavaliere. Non fu mai volgare nella vita né sul lavoro.» Secondo l'esperto del «New York Times» Guy Trebay, «Gianni riuscì a cogliere il meglio delle realtà emarginate e, come molti altri stilisti, lo sintetizzò nelle sue creazioni». Per Harold Koda, del Metropolitan Museum of Art, uno dei suoi apporti più interessanti fu il modo di combinare cuoio e pizzo. «Nei suoi disegni si osservano l'aspetto erotico del cuoio e la permeabilità visiva del pizzo che si mescolano con risultati non facili da ottenere.»

Risale ad allora il suo celebre motto: «Il buon gusto non esiste». Considerava Dior e Chanel poco creativi, mentre ammirava Poiret e Vionnet. Come Vionnet, la maggior parte delle volte tagliava i tessuti di sbieco e drappeggiava il materiale direttamente sul manichino, senza bozzetti o disegni. Era diventato il simbolo del glamour e, soprattutto, dell'eccesso in contrapposizione con il classicismo del rivale Armani. A questo proposito lo stesso Gianni disse: «Ho dodici anni meno di Armani, sono più vivo. Lui veste donne chic, io preferisco lo spettacolo». Prima di lui la moda erano solo vestiti, non una parte dello show business. Armato di grande audacia e genio creativo, Versace aprì una moltitudine di strade fino ad allora inesplorate dagli stilisti, anche se ciò lo espose a numerose critiche. Lodato, divinizzato, lapidato o censurato a seconda delle occasioni, l'instancabile stilista andò avanti fedele al suo motto.

Nel 1994, Gianni propose all'attrice Elizabeth Hurley di sfoggiare un abito scollato sorretto solo da spille da balia alla prima del film

Quattro matrimoni e un funerale. L'abito attirò l'attenzione almeno quanto il film. «I personaggi famosi si vestono per essere guardati. Gianni lo capì e seppe trarne vantaggio. Fu uno dei primi stilisti a comprendere il potere derivante dal fatto che le celebrità indossassero le sue creazioni» afferma Anna Wintour. «La firma Versace non è fatta per chi vuole passare inosservato e mescolarsi tra la folla. È adatta a persone che vogliono soddisfare il loro lato più edonistico» sostiene Harold Koda. Versace riuscì a trasformare le attrici (che esibivano scollature vertiginose e minigonne ogni volta che c'era occasione di essere fotografate) in nuove critiche di moda e indossatrici da passerella; le modelle in supermodelle e poi in eroine del XX secolo, e la moda in qualcosa di divertente, con un lato teatrale, comico, sfarzoso, ma anche in una notevole fonte di guadagno.

Le ricche e famose accettarono con piacere di introdurre la volgarità e la vistosità nel loro abbigliamento: minigonne, spacchi, dorature, spille da balia... E anche le donne che sognavano di diventare ricche e famose volevano vestire Versace. Tra le sue clienti più celebri c'era la principessa Diana, che mentre era sposata con il principe Carlo portava abiti inglesi e conservatori, ma quando il matrimonio cominciò a vacillare volle trovare il proprio stile e iniziò a vestire Versace. «Gianni comparve nella vita di Diana al momento giusto. Fu in grado di vederla per com'era davvero, una specie di diva del rock, e fu sempre attratto dalle star, che trovava interessanti e ispiratrici» sostiene Anna Wintour.

A quel punto Gianni Versace era già un personaggio famoso e, nonostante questo, la famiglia era più unita che mai. Lo zio Gianni era sempre pronto a soddisfare qualsiasi capriccio dei nipoti. «Li adorava. Chiamava Allegra "mia piccola principessa", come chiamava me da bambina» racconta Donatella. Tutti ormai lo riconoscevano come uno tra i grandi maestri del prestigioso made in Italy.

La morte di un'icona dell'ultralusso

L'attività che Gianni Versace aveva fondato con i due fratelli quasi vent'anni prima era cresciuta più di quanto avesse immaginato nei suoi sogni più ambiziosi. Alla fine degli anni Novanta aveva un valore stimato intorno ai 700 milioni di euro. La famiglia cominciò a prendere in considerazione l'idea di far quotare in borsa la compagnia, ma Santo sapeva che, per farlo al meglio, avrebbe dovuto controllare gli impulsi scialacquatori del fratello e arrivò addirittura a confiscargli il libretto degli assegni e le carte di credito. «Non mi interessa il denaro, mi piace spenderlo. Non ho alcun rispetto per i soldi, sono solo pezzi di carta» dichiarava Versace nell'aprile 1988.

Questo stile di vita spensierato subì un duro colpo nel 1994. Dopo mesi di otite e crescente debolezza gli fu diagnosticato un cancro all'orecchio sinistro. I medici lo avvisarono che la malattia poteva essere fatale se non iniziava subito le cure. «Gianni aveva paura di non farcela. Era indebolito dalla chemioterapia» racconta Santo, e preparò Donatella perché portasse avanti l'attività mentre lui si sottoponeva alle cure. Nella primavera del 1996 Gianni guarì e, a 50 anni, tornò a capo dell'impresa che l'anno precedente, sotto la guida di Donatella, aveva guadagnato circa 900 milioni di euro. Questo lo incoraggiò a portare avanti l'idea di quotare le azioni della compagnia alla Borsa di Wall Street. Voleva essere un pioniere per tutti gli stilisti italiani e far sì che il suo marchio avesse un riconoscimento globale. Non ci riuscì. Cinque giorni prima di morire, Versace firmò un accordo con un'impresa di investimento perché le azioni del suo impero fossero quotate negli Stati Uniti, ma in seguito all'omicidio i piani rimasero congelati.

Dopo essersi ripreso dalla malattia, Versace riapparve all'inaugurazione del suo negozio più importante, a New York, nel cuore della Quinta Avenue, dopo aver salvato dalla rovina (spendendo 6 milioni di euro) quella che era stata la residenza della potente famiglia Vanderbilt. Qualche mese dopo, nel luglio 1997, Gianni presentò gli ultimi frutti del suo lavoro, giudicati dalla critica i migliori di tutta la sua carriera, poi volò con Antonio a Miami per rilassarsi prima di cominciare a lavorare alla nuova collezione.

La mattina del 15 luglio si svegliò presto. Telefonò a Donatella, che era a Roma, e uscì a comprare il giornale in un'edicola vicino a Casa Casuarina. Tornava lungo Ocean Drive quando fu colpito in testa da un proiettile sparato a bruciapelo. Giacque insanguinato sulle scale a pochi metri dall'ingresso principale della villa. Quando arrivò la polizia il colpevole era già scappato. Santo ricevette la notizia della sparatoria solo qualche minuto dopo e corse a informare Donatella, che chiamò subito l'ospedale «e il medico mi disse che avevano dichiarato il decesso quarantacinque minuti prima. Il mondo si fermò» ricorda Donatella. La polizia non permise a D'Amico di accompagnare il corpo di Versace in ospedale, dato che non era un parente né il coniuge. «Mi dissero: "Lei deve restare qui"» ricorda Antonio con amarezza. «Io ero disperato. Mi interrogarono per ore e ore.»

Una settimana dopo la morte di Gianni, su una casa galleggiante a pochi chilometri dalla villa di Versace, fu ritrovato il corpo senza vita del ventisettenne Andrew Cunanan. La polizia dichiarò che il giovane si era suicidato con la stessa pistola calibro 40 che aveva usato per uccidere Versace, dopo aver assassinato altri quattro uomini in giro per il paese: un milionario di Chicago, il guardiano di un cimitero militare nel New Jersey, un architetto e il suo ex amante. La stampa presentava Cunanan come un uomo crudele, vendicativo, un omosessuale che viveva dei favori degli amici e aveva le caratteristiche del serial killer.

Cinque mesi e mezzo dopo l'omicidio, la polizia locale chiudeva le indagini. Il rapporto era di circa settecento pagine e rivelava dettagli intimi sulla vita sessuale dello stilista, come per esempio che spesso, insieme al fidanzato Antonio D'Amico, usufruiva dei servizi di alcuni prostituti. «D'Amico affermò che avevano un accordo su questo tipo di relazioni e che in altri sensi erano fedeli l'uno all'altro» si diceva nel rapporto.

La polizia non riuscì mai a stabilire il movente che portò Cunanan a sparare a Gianni Versace, per strada e in pieno giorno. Dissero che forse voleva rubargli il portafogli, o che volesse morire «in un alone di gloria» dopo aver ucciso un personaggio famoso, visto che era già ricercato dall'FBI per gli altri omicidi. Rientrava nell'elenco dei dieci uomini più pericolosi degli Stati Uniti. Si concludeva dicendo che non era stato trovato alcun legame tra Versace e Cunanan, ma nel rapporto della polizia compariva la dichiarazione di un testimone, un avvocato di San Francisco di nome Eliot Gould, che diceva di averli visti insieme intorno al 1990-91. Secondo Gould lo stilista si era avvicinato a Cunanan e gli aveva detto: «Ti ho già visto da qualche parte, sul lago di Como, magari?». E Cunanan gli aveva risposto: «È sempre bello ricordare momenti così piacevoli». Un altro testimone affermò che si erano incontrati nel 1995 al Teatro dell'Opera di San Francisco, quando Gianni disegnava i costumi. I famigliari negarono sempre questa possibilità e non si seppe mai con certezza se Cunanan e lo stilista si conoscevano.

Il «vedovo» di Gianni

Donatella e Santo lottavano per dare un senso all'omicidio del fratello. Per loro fu un colpo terribile. Il 22 luglio 1997, centinaia di ammiratori in lutto si riunirono nel Duomo di Milano per un ultimo saluto a Gianni Versace. Una moltitudine di curiosi e numerose celebrità, tra cui Elton John, Sting, la principessa Diana (che sarebbe morta sei settimane dopo), il coreografo Maurice Béjart, le modelle Naomi Campbell e Carla Bruni, Carolyn Bessette Kennedy, Anna Wintour e la maggior parte dei suoi colleghi, compreso Armani, dicevano addio con le lacrime agli occhi allo stilista morto qualche settimana prima. Santo portò l'urna d'oro con le ceneri del fratello fino al mausoleo di famiglia nel piccolo cimitero di Moltrasio, sul lago di Como, vicino alla villa di Gianni, dove fu depositata con una discreta cerimonia a cui assistettero solo i famigliari e una decina di amici intimi. «Preghiamo perché Dio ci aiuti a comprendere ciò che è accaduto» disse ai presenti il parroco don Bartolomeo Franzi. «Non menzionò mai Antonio, e ho pensato fosse una cosa terribile» dichiarò in seguito Elton John.

I quindici anni di relazione tra Gianni Versace e Antonio D'Amico finirono così tragicamente. «Per anni ho lavorato nell'impresa occupandomi della linea Istante. Il prezzo che devo pagare per la mia felicità è riuscire a ricominciare» raccontava Antonio alla stampa due anni dopo la morte del compagno, quando decise di creare il proprio marchio. Nel gennaio 1998, sei mesi dopo l'omicidio, D'Amico abbandonò l'impresa di famiglia. Versace gli aveva lasciato nel testamento una pensione mensile vitalizia di 25.000 euro e l'usufrutto delle residenze di famiglia, al quale rinunciò, probabilmente su richiesta di Donatella.

La cosa certa è che in seguito alla morte di Gianni, D'Amico ricevette ben poco appoggio da parte dei Versace. «Le cose cambiarono per me e per loro. Ma loro avevano la famiglia. Per me fu molto più difficile perché rimasi solo» dichiarava in un'intervista. Poté invece contare sul sostegno di amici come Elton John che lo aiutarono a riprendersi. «Il mio rapporto con Antonio è uguale a com'era quando Gianni era in vita. Lo rispettavo in quanto fidanzato di mio fratello, ma non mi è mai piaciuto come persona» dichiarò Donatella al «New York Times».

Il fidanzato di Versace d'altra parte non perde occasione per manifestare il dispiacere per essere sempre stato escluso da qualsiasi evento legato allo stilista, compreso «portare fiori alla casa di Como, dove vivemmo insieme per tanti anni e dove si trovano le sue ceneri» raccontò alla stampa quando non fu invitato al Teatro alla Scala di Milano in occasione del decimo anniversario della morte di Gianni. Erano invece presenti tutte le modelle più legate alla casa Versace, come Valeria Mazza, Claudia Schiffer, Mariacarla Boscono e Naomi Campbell, varie star del cinema, produttori musicali e altri ospiti famosi. Non mancarono nemmeno i colleghi Karl Lagerfeld, Alessandro Dell'Acqua, Carla Fendi e i rappresentanti delle case di moda Zegna, Missoni e Ferragamo. Tutta la famiglia era lì, con in testa Donatella e la figlia Allegra, sua erede. Gli unici assenti furono la cara amica Diana, principessa del Galles, e il fidanzato, Antonio D'Amico.

Conservare il suo spirito con uno stile personale

Nell'estate del 1997 la forza creativa dietro alla firma Versace se n'era andata per sempre, ma Donatella non permise che scomparisse il suo spirito. Prese il controllo della progettazione delle ventitré linee della casa. Glielo disse Gianni, e lei lo ricorda: «Quando fosse giunto il momento io avrei dovuto prendere il suo posto. Ero pronta per quello che poteva accadere». Lei e Santo si erano già preparati a una vita senza Gianni quando era rimasto un anno in disparte per combattere il cancro.

Dopo la morte di Versace ci fu un vertiginoso aumento delle vendite, soprattutto nei negozi degli Stati Uniti. Molti esaurirono le scorte, quasi non riuscivano a far fronte alle richieste. «Forse i nostri clienti desideravano avere un ultimo pezzo di Gianni» racconta Donatella. La casa Versace dovette affrontare una dura prova di sopravvivenza. «La verità è che sono una persona vulnerabile. Sono fragile e insicura, ma in quei momenti non me lo potevo permettere, dovevo essere forte» ricorda pensando alle prime settimane senza Gianni. «Bisogna avere una grande forza per affrontare tutti quei titoli sui giornali e sopportare la sofferenza dovuta all'omicidio. Non ha avuto neanche un momento per quella, ha sempre dovuto pensare al futuro della società, a ciò che era meglio per i figli. Si mise in fondo alla lista delle priorità» sostiene la giornalista di «Vogue» Anna Wintour.

In meno di tre mesi doveva essere pronta una collezione da presentare a Milano. «Non c'era ancora nessun bozzetto concreto, nessun materiale, niente di niente. L'unica cosa che sapevo era ciò che nessuno dei due voleva» spiega Donatella. Aveva bisogno dell'aiuto di Santo ora più che mai. «Ricordo che il primo mese dissi a Santo: "Dobbiamo andare avanti. È quello che avrebbe voluto Gianni. Ma non ce la faccio da sola, è una decisione che dobbiamo prendere insieme". Dovetti insistere per continuare.» Mentre Santo si occupava delle finanze, lei si concentrava sui disegni nell'intento di mantenere lo stile Versace. «Non sono stilista di professione, ma ho avuto il migliore di tutti i maestri: Gianni» ripeté per mesi in svariate occasioni.

Man mano che si avvicinava il giorno della sfilata, il timore di Donatella di affrontare il pubblico senza il fratello maggiore vicino aumentava. «Credo che il giorno della sfilata fu il peggiore della mia vita. Era la mia prima volta dietro le quinte dalla morte di Gianni. C'erano le modelle, i parrucchieri e i truccatori, tutta gente che lavorava con noi da tempo; mancava solo lui. Fu il momento in cui mi resi conto che davvero non sarebbe tornato» racconta Donatella.

Gianni e Donatella uscivano sempre insieme in passerella alla fine delle sfilate. Quel giorno invece era sola, con la chioma platinata e i vestiti attillati, e gli occhi le si riempirono di lacrime per l'emozione e la tristezza. «Gianni non c'era, non c'era nessuno a tenermi la mano mentre percorrevo quei pochi metri. Amo questo lavoro, amo le sfilate, ma non mi piace camminare in passerella. Senza di lui mi sento fuori luogo» dice. Gli spettatori e la critica benedirono il suo primo lavoro senza il fratello.

Quando giunse il momento di affrontare la sfida di trovare uno stile più fresco, Donatella sostituì i vestiti più scandalosi di Gianni con capi meno appariscenti, con uno stile più femminile pieno di stampe floreali, e diede il suo tocco personale al marchio. «Sono una delle ragazze di Versace, quindi manterremo lo stesso stile sensuale e femminile. I nuovi capi possiedono tratti duri, ma al tempo stesso delicati. Inoltre, presteremo particolare attenzione all'uso di materiali innovativi» dichiarò alla stampa in quei mesi.

Poche settimane dopo la presentazione della sua prima collezione, partecipò a una serata di gala a Washington per ricevere, a nome di Gianni, un'onorificenza conferita dal presidente Clinton. Alla fine dell'anno inaugurò al Metropolitan Museum of Art di New York una grande mostra con le opere del fratello. Non era disposta a cedere nonostante le critiche e i dubbi di molti.

La sfida di vivere all'ombra di un genio

Le celebrità non persero interesse per la firma. Nel febbraio del 2000, la pop star Jennifer Lopez attirò l'attenzione di tutti alla cerimonia di consegna dei Grammy Awards con un vestito disegnato da Donatella Versace. L'abito, verde e con una stampa floreale, aveva uno scollo che sembrava sfidare le leggi della fisica e diventò il vestito più famoso dell'anno. Donatella continuò a vestire le donne del jet set, quelle a cui non pesava spendere tra i 6000 e i 20.000 euro per un modello di Versace, ma le sue creazioni cominciarono a orientarsi anche verso un altro tipo di clientela. «Mi interessano le donne con il cervello e una carriera. Donne integrate nel mondo del lavoro, ma che hanno anche una famiglia. L'età non conta. In realtà sono gli uomini che dovranno ridefinire il loro ruolo in questa società» affermò Donatella in un'intervista del 2000.

Nell'estate del 2002 scelse una sfilata di *haute couture* a Parigi per dimostrare al mondo che la casa di moda, sotto la sua direzione, andava avanti. Per la prima volta, le iniziali di Gianni furono rimpiazzate da quelle di Donatella sull'etichetta di Versace, a dimostrazione del fatto che adesso era lei il capo. «La collezione rispecchiava il carattere di Donatella, era piena di energia. Era affascinante vedere come era stata capace di unire vari elementi che non avevano niente a che fare con lei» spiega Hamish Bowles, storico della moda. La critica cominciò a parlare dei passi avanti che aveva fatto la sorella di Gianni in termini di raffinatezza, buon gusto, e lavoro sui materiali.

Con il tempo, le creazioni di Donatella sono cambiate in modo che le possa portare uno spettro più ampio di possibili acquirenti. «Sono più femminili e delicate rispetto a quando era Gianni a disegnare. E più gli abiti diventavano facili da indossare, più aumentava il numero delle persone che vestivano Versace, senza che la compagnia perdesse la propria essenza» dice Tim Gunn della Parsons e aggiunge: «La morte di Versace nel 1997 avrebbe potuto essere una condanna a morte per l'azienda, ma Donatella ha fatto un ottimo lavoro». «Le mie creazioni sono più sensuali che sexy» dice lei. «Negli anni Ottanta essere sensuali voleva dire portare colori vivaci e un sacco di accessori. Oggi si è sensuali con dei pantaloni o un vestito con uno spacco profondo che abbia le proporzioni giuste per far risplendere una donna.»

Nel frattempo, le modelle più pagate al mondo, come la brasiliana Gisele Bündchen, l'olandese Doutzen Kroes o la polacca Daria Werbowy suscitano l'invidia di milioni di donne quando brillano sulle passerelle negli abiti disegnati da Donatella. Alla cerimonia di consegna degli Oscar del 2007, Penélope Cruz sfoggiò una delle sue spettacolari creazioni: un Versace color rosa pallido, senza spalline e con un'incredibile gonna di piume. Un abito elegante e sensuale che quell'anno la trasformò in una delle attrici più sofisticate e alla moda sul red carpet del Kodak Theatre. Alcuni la definirono addirittura «la più elegante nella storia degli Oscar». Da allora, Versace è una delle firme preferite dell'attrice spagnola, con uno stile che le dona e che sceglie di frequente, come ai Goya Awards del 2010.

Oggi, la Medusa di Versace è riconosciuta in ogni parte del mondo, e Santo e Donatella continuano ad accrescere l'eredità del fratello assassinato. «Se penso troppo corro il rischio di commettere un errore. Santo invece è una persona molto riflessiva. È questo che ci rende complementari e ci fa funzionare così bene» spiega Donatella. Nel 2009, la maison aveva nove boutique in Italia e un centinaio nel resto del mondo, e arrivava ormai a tutti non solo con le collezioni delle varie linee (*haute couture*, sport, giovane ecc.) dirette a clienti di età diverse e con un diverso potere d'acquisto, ma anche con accessori, cosmetici, gioielli, profumi e articoli per la casa. Dal 2000 la compagnia possiede un hotel di lusso sulla Gold Coast in Australia, il Palazzo Versace, dove dormire in riva al mare e che, secondo l'ispirazione e lo stile di Versace, costa dai 240 euro a notte in su. L'hotel più alto del mondo, il Burj al-Arab di Dubai (Emirati Arabi Uniti), è completamente arredato con mobili di Versace.

Tuttavia non ci sono stati solo successi. Il mito cominciò a vacillare dopo la Guerra del Golfo del 2003, quando le entrate della compagnia diminuirono in seguito alla drastica riduzione degli acquisti di beni di lusso. Già le cose non andavano bene quando l'impeccabile ascesa professionale di Donatella fu oscurata, nel luglio del 2004, dalla notizia che la stilista si trovava in una clinica di disintossicazione a New York per superare una dipendenza da cocaina. Secondo il «New York Post» la sorella del defunto Gianni Versace combatteva contro la droga da anni, ma solo allora la sua dipendenza divenne di dominio pubblico. Di certo non fu un anno positivo per la firma: per la prima volta nella storia della casa di moda, Versace fu assente alla Settimana di Alta Moda di Parigi, piattaforma di lancio obbligata per essere sulla cresta dell'onda.

Un destino segnato

In accordo con il testamento (due fogli scritti a mano da Gianni il 16 settembre 1996, dopo aver sconfitto il cancro), il nipote Daniel Beck, che allora aveva 8 anni, ereditò la sua immensa collezione d'arte, con quadri di Modigliani, Picasso, Ferdinand Léger e Klimt, nonché alcune sculture di Henry Moore. Il suo 45 per cento dell'impero della moda passava invece ad Allegra Beck, la sua «principessina» che aveva appena 11 anni quando lo zio fu assassinato. Nel testamento Gianni non faceva alcun riferimento a Francesca e Antonio, figli di Santo, che già possedeva il 35 per cento del gruppo Versace. Donatella era la proprietaria del restante 20 per cento. Appena fu reso noto il contenuto del testamento, i due fratelli dello stilista annunciarono in un comunicato che avrebbero amministrato insieme il patrimonio famigliare. Santo avrebbe continuato a essere presidente e direttore generale, mentre Donatella, già vicepresidente, avrebbe assunto la direzione artistica del gruppo. Entrambi avrebbero controllato le azioni di Allegra.

Allegra, figlia di Donatella e di Paul Beck, il 30 giugno del 2004 diventò maggiorenne e socia maggioritaria dell'impresa, come aveva voluto lo zio. Giorgio Armani, eterno rivale di Versace, quando Allegra entrò in possesso dell'eredità dichiarò all'Associated Press: «Spero che possa restituire [alla firma] lo splendore che aveva quando suo zio era in vita».

Allegra ricevette l'eredità in un momento in cui l'impresa di famiglia si trovava ad affrontare vari problemi finanziari: un debito bancario di 117 milioni di euro da estinguere in pochi mesi e un calo delle vendite mondiali del 17 per cento. Le voci di corridoio dicevano che Donatella cercava un socio per stringere un'alleanza strategica che frenasse il crollo del fatturato e per poter far fronte alle esigenze delle banche. Arrivarono a pubblicare la notizia che avesse contatti con il rivale Gucci per comprare il marchio o che ci fosse la possibilità di un accordo con il gruppo francese LVHM (proprietario tra gli altri di Louis Vuitton, Kenzo, Dior, Céline, Givenchy e della catena Sephora), e addirittura si diceva che il Texas Pacific Group, una società statunitense, avrebbe potuto acquistare l'impero della Medusa. Paradossalmente, gli osservatori della moda furono d'accordo nel dire che le collezioni di primavera e autunno di quell'anno (che comprendevano vestiti a prezzi più accessibili e maglieria, non soltanto abiti appariscenti adatti solo al red carpet) erano le migliori in assoluto nella storia di Donatella come stilista.

In quei giorni Donatella lottava per non separarsi dall'impresa di famiglia e tentava di coprire i costi operativi riducendo le spese e vendendo i suoi averi. Già nel dicembre 1999 aveva venduto ventisei Picasso, un Andy Warhol e vari Schnabel che decoravano le pareti del raffinato appartamento newyorkese sulla 64ª Strada appartenuto a Gianni e poi ereditato da Daniel. Con questa operazione guadagnò circa 17 milioni di euro. Nel maggio del 2000, per una ventina di milioni di euro, vendette anche la villa di Miami, piena di tragici ricordi. Ad acquistare Casa Casuarina, al 1116 di Ocean Drive, fu il milionario delle telecomunicazioni Peter Loftin, che la trasformò in un club privato della costellazione dei Leading Hotels, dove ancora oggi sono conservate alcune delle opere d'arte e dei mobili originali di Versace che Loftin comprò all'asta da Sotheby's. Si può occupare una qualsiasi delle sue nove suite pagando tra i 600 e i 1000 dollari. O percepire l'onnipresente spirito di Versace visitando per 50 dollari la villa davanti alla quale era morto il celebre stilista.

La giornalista e scrittrice Deborah Ball racconta nel libro *House of Versace* («Casa Versace») che Donatella diede alla figlia Allegra, allora diciottenne, un periodo di cinque anni per decidere cosa fare del proprio futuro mentre studiava recitazione a New York e Los Angeles. Trascorso quel periodo, se non avesse coronato il sogno di diventare attrice, avrebbe cominciato a lavorare da Versace. In ogni caso, le azioni di Allegra le conferiscono un potere più grande di quello della madre all'interno dell'azienda. «Credo sarà inevitabile che Allegra si faccia carico della compagnia. È un'impresa famigliare, diretta e creata dalla famiglia. È un dovere genetico» sostiene Tim Gunn. La moda è nel suo DNA, e ha sempre fatto parte della sua esistenza. A soli due giorni di vita, Allegra aveva accompagnato la madre a quella che sarebbe stata la prima di tante sfilate a cui avrebbe assistito insieme a lei e allo zio Gianni. «Non costringerei mai i miei figli a fare qualcosa che non vogliono. So che è difficile competere con lo zio e con me» ripete spesso Donatella, esprimendo però anche la speranza che Allegra a un certo punto entri a far parte dell'impresa.

Così come per Gianni, anche per Donatella la famiglia continua a essere la priorità assoluta. «I miei due figli sono la gioia della mia vita e sono molto gelosa della mia privacy» dice. Dopo la morte del fratello, li circondò di guardie del corpo e li tenne lontani dalla feroce curiosità dei media. Tuttavia in seguito alle costanti speculazioni dei giornali riguardo allo stato di salute dell'erede di Gianni Versace, i suoi genitori, allora già separati, decisero di emettere un comunicato nel quale riconoscevano che Allegra, che aveva quasi vent'anni e pesava trentadue chili, soffriva di anoressia. Smentivano invece la notizia che fosse ricoverata in qualche ospedale o centro medico come sosteneva la stampa: «Risiede al domicilio abituale e il suo stato di salute è stabile». Donatella e l'ex marito chiedevano anche un po' di rispetto per la ragazza «perché possa rimettersi con tranquillità».

Nel frattempo, Donatella ha continuato instancabile a migliorare il marchio. Nel 2005 ha disegnato per la BMW una Mini Cooper Cabrio nera nel suo tipico stile barocco. L'anno seguente ha siglato una collaborazione con la Samsung per lanciare una linea di telefoni cellulari. Decise poi di osare progettando gli interni di alcuni jet privati per la compagnia anglo-italiana Agusta Westland. Seguì l'apertura della Versace Jewellery a Roma, un negozio elegante e sofisticato dedicato solo alle collezioni di gioielli e orologi. Cosciente del potere esercitato sulla clientela dall'unione tra il marchio e le celebrità, assunse per la campagna pubblicitaria della collezione uomo 2008 Patrick Dempsey, il bel dottor Stranamore della serie tv *Grey's Anatomy*, mentre nel 2005 la testimonial della marca era stata Madonna. E l'impresa famigliare è cresciuta ancora sotto il controllo della «reggente» dell'impero, che però purtroppo aveva dovuto rinunciare anche all'amata villa di Gianni sul lago di Como. Nel maggio del 2008, la famiglia ricavò circa 50 milioni di euro dalla vendita di Villa Fontanelle, che passava nelle mani del magnate russo del mercato immobiliare Arkady Novikov.

Due cugine discrete

E se della madre si sa quasi tutto, compresa la paura di invecchiare e la dichiarata ossessione per la chirurgia estetica, Allegra Beck concede poche occasioni per farsi conoscere, giusto qualche sfilata dell'abbronzatissima Donatella, a volte in compagnia del fratello Daniel. Dicono che sia una ragazza esigente, educata, intelligente, discreta e restia a mescolarsi agli affari di famiglia. Nella Settimana della Moda di Milano del 2008 apparve in buona salute e in prima fila alla sfilata di Versace. Nel 2009, il giorno del suo ventitreesimo compleanno, partecipò a una festa organizzata da Donatella al Gramercy Park Hotel di New York, la città in cui vive, sfoggiando un vestito fucsia, naturalmente Versace. Un modello semplice e signorile che accentuava l'estrema magrezza di un'ereditiera recalcitrante all'idea di entrare a far parte dell'impero famigliare. Ancora non aveva seguito le orme di Eliza Reed (figliastra di Oscar de la Renta, entrata giovanissima a far parte dell'équipe creativa dello stilista), né di Carolina Herrera (figlia dell'omonima stilista venezuelana che cominciò a 18 anni a lavorare nei settori del marketing e della profumeria dell'impero di sua madre).

Anche Santo Versace è stato un feroce protettore dei suoi due figli, ma Francesca, la maggiore, ora comincia ad apparire sulle pagine dei giornali confermando che senza dubbio ha la moda nelle vene. Cresciuta a Milano con la sua famiglia, si mostrava in pubblico solo alle raccolte fondi per la ONG Milano Young, che aveva creato insieme alla cara amica Barbara Berlusconi. A 19 anni era andata a Londra per iscriversi all'Università Central Saint Martin, una delle più prestigiose al mondo per lo studio dell'arte, ma dovette tentare due volte prima di superare il test di ammissione. Lì cominciò a partecipare alle feste dei giovani del jet set e si dice che facesse parte del gruppo con cui si divertivano i principi eredi al trono britannico. Frequentava anche corsi di teatro a Camden Town, perché dopo la moda ciò che ama di più è la recitazione, come la cugina Allegra.

Nel 2007, a 24 anni e laureata da poco, presentò la sua prima collezione alla Settimana della Moda di Parigi, con l'etichetta Francesca V, ispirata, come spiegò lei stessa, ai ricordi d'infanzia dei fine settimana passati nella casa dello zio sul lago di Como. Una collezione che piacque alla stampa e per la quale la zia Donatella non aveva proposto alcuna modifica. «Si limitò a dire: "Fai tu. Sai come farlo"» dichiarò Francesca al quotidiano britannico «The Guardian». Lo stesso anno sua zia basò la collezione primaverile sulla figura del segretario privato di papa Benedetto XVI, monsignor Georg Gänswein.

La giovane stilista parla perfettamente tedesco, inglese e francese, oltre all'italiano, e vive tra Milano (dove è direttrice creativa della Peroni) e Londra (dove lavora per Verri Uomo). Afferma di scartare l'idea di lavorare per la maison Versace almeno per i prossimi cinque o dieci anni. «Voglio prima fare esperienza e fare qualcosa per conto mio, voglio mettermi alla prova» dice. Molti critici di moda dicono che sarà lei la vera erede di Donatella.

Nel corso degli anni senza Gianni Versace, sono stati diversi i cambiamenti sperimentati dalla casa della Medusa. Nell'attesa che una delle nipoti di Gianni prenda le redini dell'impresa (Allegra, dal 2009, passa più tempo a Milano e ha un ufficio nel laboratorio di sua madre), Donatella porta avanti la compagnia lottando con le unghie e con i denti, spesso senza poter contare sull'appoggio della stampa. Non è stato facile uscire dall'immensa ombra del fratello, anche se gli esperti sostengono che, se fosse sopravvissuto, il marchio sarebbe stato condannato al declino. «Il suo amore per la decadenza, lo spettacolo e gli eccessi si basava sull'alto standard di vita degli anni Settanta e Ottanta, e non si sarebbe adattato facilmente al mondo di oggi. Che la casa di moda sia sopravvissuta e abbia prosperato è in gran parte merito di Donatella e Santo» afferma il giornalista William Langley del «Telegraph». Ciò nonostante, in questi anni, la musa di Gianni non ha mai smesso di ripetere quanto sia stata dura andare avanti senza di lui, il grande genio creativo che ha saputo trasformare il mondo della moda leggendo nell'animo delle donne.

21

I Martínez-Bordiú

Il mio modello è la duchessa d'Alba:
vive come vuole, il resto non le importa.
CARMEN MARTÍNEZ-BORDIÚ (N. 1951)

I Martínez-Bordiú

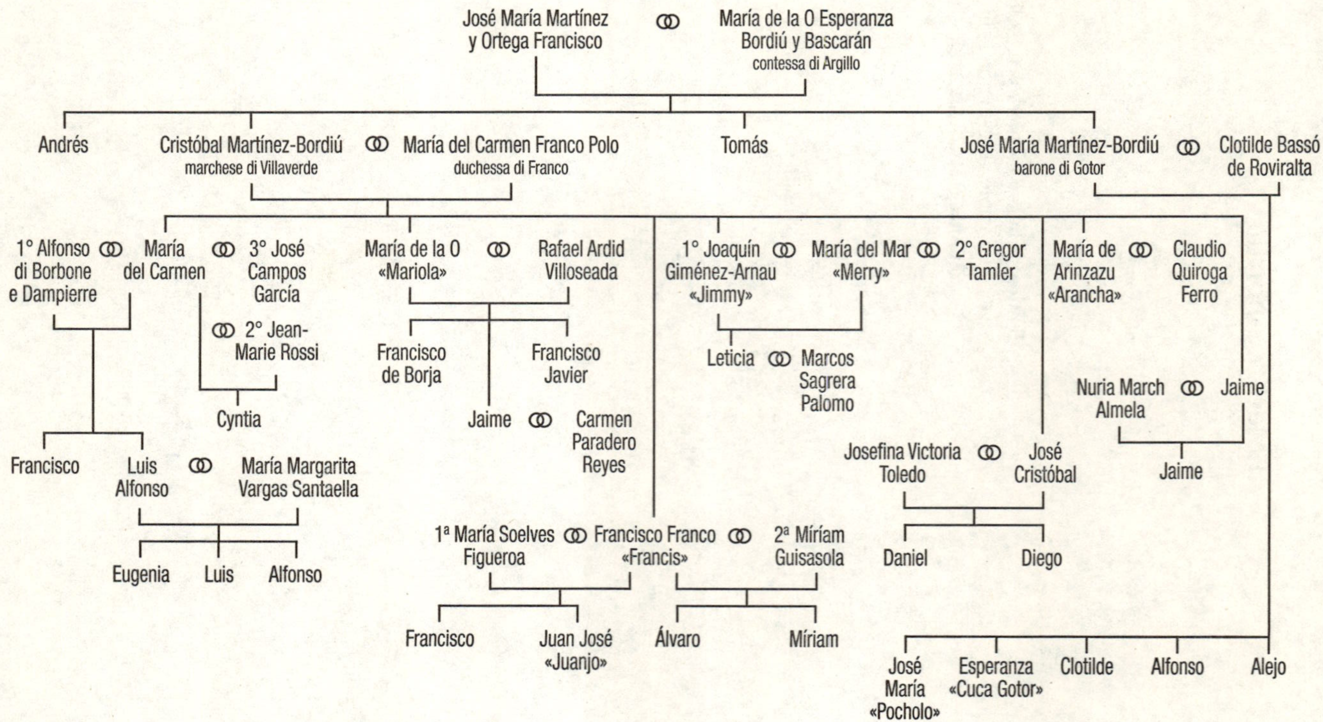

Il 20 novembre 1975 moriva Francisco Franco. Dopo la sua scomparsa, i discendenti hanno continuato a mostrarsi uniti come un clan fino alla morte di sua moglie, Carmen Polo, avvenuta nel 1988. Oggi la famiglia è guidata da sua figlia, la duchessa di Franco, Carmen Franco Polo, vedova del marchese di Villaverde Cristóbal Martínez-Bordiú. I loro affari, invece, sono controllati e gestiti dal figlio della duchessa, Francisco «Francis» Franco, che ha anteposto il cognome materno per perpetuare la saga del nonno. Pur senza il potere illimitato e il prestigio sociale di cui godettero all'ombra del Generalissimo, e privati di una parte della sua eredità, i discendenti di Franco controllano ancora oggi una complessa rete di aziende e proprietà immobiliari. Affari molto redditizi di fronte ai quali tutti preferiscono passare inosservati, poiché l'origine del loro patrimonio è stata spesso additata come ambigua. L'unica eccezione è la sorella maggiore, Carmen Martínez-Bordiú, soprannominata «la nipotissima», che in Spagna è riuscita subito a imporsi come personaggio mediatico, comparendo spesso sulla stampa rosa. Un modo di fare fortuna che ha saputo sfruttare anche suo cugino José María Martínez-Bordiú, meglio noto come «Pocholo».

L'eredità del dittatore

I discendenti del generale Francisco Franco Bahamonde sono ormai lontani dal potere e dalla vita di palazzo di cui godettero grazie al dittatore. Tra il 1950 e il 1979 la famiglia era azionista o membro del consiglio di amministrazione di almeno diciassette società, ma negli anni le loro partecipazioni aziendali si sono diluite e oggi anche la loro influenza politica è nulla. Carmen Franco Polo, prima duchessa di Franco e Grande di Spagna, attuale matriarca della dinastia, è l'unica figlia di Franco. Ha avuto sette figli e tutti hanno seguito strade diverse. «La maggior parte ha scelto di rimanere in secondo piano conducendo un'esistenza il più possibile appartata. Sarebbero felicissimi di poter vivere nell'anonimato, ma in Spagna, essendo nipoti di Franco, non è facile. Sono marchiati dal loro cognome» afferma la giornalista spagnola Beatriz Cortázar.

Solo la nipote maggiore e prediletta del dittatore, «la nipotissima», ha provato a sfruttare il suo cognome per realizzarsi nella vita. «Vendere esclusive» aggiunge la Cortázar «è la sua principale fonte di guadagno. Ma non l'ha mai nascosto. Lo ammette sempre, posare e raccontare tutto quello che sa le piace e la diverte.» La più mediatica dei nipoti di Franco sostiene da sempre che con le sue parole non fa male a nessuno e che il suo è un modo come un altro per guadagnarsi da vivere. Si dice che la rivista «¡Hola!» le abbia offerto circa un milione di euro per l'annuncio in esclusiva del suo terzo matrimonio con l'ex atleta e imprenditore spagnolo José Campos.

Il giornalista Mariano Sánchez Soler afferma nel suo libro *Los Francos S.A.* che Carmen, sua madre e i suoi fratelli hanno le spalle ben coperte grazie ai profitti realizzati ai tempi del defunto nonno. Sánchez Soler racconta che, a partire da un semplice salario come generale, i Franco accumularono un'immensa e oscura fortuna tramite una società costituita attorno alla «corte del Pardo» e grazie a molti altri intrighi e scandali. Ma il potere e il prestigio sociale svanirono con l'affermarsi della democrazia in Spagna. Del clan non rimase che «una famiglia smembrata, isolata da chi aveva fatto fortuna alle loro spalle, relegata a un'esistenza crepuscolare sulle riviste di gossip». La caduta e la decadenza della famiglia iniziò con la morte di Carmen Polo, signora di Meirás.

Ormai nella sfera politica occupano un ruolo marginale, che si limita a sporadiche partecipazioni a eventi e messe in onore del generale. Divenuti cittadini anonimi, a eccezione di Carmen Martínez-Bordiú, appaiono solo in occasione di matrimoni e battesimi di famiglia. Oggigiorno, il nesso che mantiene unito il clan è ancora Carmen Franco, detta «Carmencita» o «Nenuca» (come la chiamava Franco), la madre a cui tutti si affidano. I discendenti continuano a riunirsi nella casa di famiglia, il Pazo de Meirás, che fu la residenza estiva del dittatore per trentasei anni, donatagli nel 1939 «con ossequio del popolo della Coruña», che la acquistò grazie a donazioni, parrebbe, volontarie. Nel 2008 il palazzo è stato riconosciuto patrimonio storico e i tecnici del ministero della Cultura hanno dovuto negoziare per tre anni con gli avvocati del clan per ottenere la possibilità di farlo visitare. Finalmente nel 2011 la famiglia ha accettato di aprire al pubblico, quattro giorni al mese, la tenuta e i suoi giardini, che si estendono per più di 6 ettari e comprendono il singolare castello con le sue tre torri rettangolari, costruito per volontà della scrittrice Emilia Pardo Bazán nel 1893, e una biblioteca in cui pare si conservino ancora ottomila volumi che le appartennero.

«Il patrimonio dei Franco è sotto accusa e in pericolo, perciò i discendenti hanno rinunciato a stare sotto i riflettori pur senza rinunciare ai propri privilegi» osserva Beatriz Cortázar. «È quasi impossibile sapere a quanto ammonti la loro fortuna perché possiedono una complessa rete di società e hanno venduto molto. Inoltre, non ostentano nulla, e men che meno oggi con tutte le polemiche sorte attorno alla memoria storica.» In un articolo pubblicato sul quotidiano «El Mundo» nel 2003, Juan Luis Galiacho affermava che il clan, nonostante avesse già venduto parte dell'eredità, possedeva ancora immobili, locali, parcheggi, posti vendita nel complesso alimentare Mercamadrid, cliniche, società di produzione televisiva e compagnie di telecomunicazione. Inoltre, la speculazione urbanistica di inizio secolo ha fruttato non pochi dividendi a tutti i discendenti. Molte delle loro società hanno sede al domicilio della famiglia, al numero 8 della via Hermanos Bécquer di Madrid, dove si trasferì la vedova di Franco il 31 gennaio 1976 dopo aver lasciato il Pardo e dove trascorse i suoi ultimi giorni. Nello stesso edificio vivevano anche la figlia Carmen, il genero e i nipoti.

La principessa della corte del Pardo

Carmen Franco Polo nacque a Oviedo nel 1926 e venne battezzata nella parrocchia di San Juan el Real, dove si erano sposati i suoi genitori. Intraprese gli studi superiori con un'insegnante teresiana, ma non sostenne mai ufficialmente gli esami. Nel 1936, quando scoppiò la Guerra civile, si imbarcò con la madre, sotto falso nome, sulla nave tedesca *Waldi*, che le avrebbe portate a Le Havre (Francia). Nel frattempo, Franco si unì al colpo di Stato capeggiato dai generali Sanjurjo e Mola contro il governo della Seconda Repubblica spagnola, prendendo il comando dell'esercito in Africa.

Carmencita trascorse la seconda fase del conflitto a Burgos e, quando la Guerra civile finì, si stabilì con la famiglia a Madrid, nel castello di Viñuelas. Il 15 marzo 1940, dopo aver restaurato la residenza del Pardo, gravemente danneggiata dalla guerra, vi si trasferirono tutti. Nel libro biografico *Franco, mi padre* («Franco, mio padre»), pubblicato dagli storici Stanley G. Payne e Jesús Palacios, la duchessa ricorda quanto fosse «affettuoso e amorevole» il padre, che affidò l'educazione della figlia alla madre «come avveniva in tutte le famiglie tradizionali», e che non giocò spesso con lei, ma, sì, lo fece molti anni dopo con i suoi nipoti. «Io sono sua figlia, non getterò molte ombre su di lui. E, anzi, metterò in luce i suoi meriti più grandi, ovvero avere migliorato le condizioni di vita, avere introdotto la previdenza sociale ed essersi preoccupato molto della sua gente per poter creare una classe media che oggi esiste ma che non esisteva prima di mio padre. Questi sono i suoi risultati più importanti» racconta nel libro.

Nella primavera del 1944 al Pardo si celebrò una grande festa per il debutto in società di Carmencita: aveva 18 anni e attirava gli sguardi di molti giovani. Dovette, però, attendere altri quattro anni prima di trovare l'amore. Quando conobbe Cristóbal Martínez-Bordiú (1922-1998), il ragazzo stava prestando servizio militare presso La Granja de San Ildefonso (Segovia) e avrebbe concluso a breve gli studi di Medicina all'Università Complutense di Madrid. Cristóbal lasciò la sua fidanzata di allora per Nenuca, che riuscì a conquistare con il suo fisico e il suo fascino durante i pomeriggi estivi trascorsi ballando nel locale più alla moda, il Blas Club.

Il fidanzamento venne annunciato ufficialmente il 16 dicembre 1949. Il 10 aprile 1950 il chirurgo Cristóbal Martínez-Bordiú, secondo dei quattro figli dei conti di Argillo, sposò nella cappella del palazzo del Pardo l'unica figlia dell'allora capo di Stato. «Mio padre si sposò per convenienza, coerentemente con la sua educazione di nobiluomo andaluso» dichiarò il figlio Cristóbal in un'intervista. Alla signora di Meirás non dispiaceva l'idea di imparentarsi con l'aristocrazia, anche se più tardi, come racconta il giornalista Jimmy Giménez-Arnau (il marito di Merry, la quarta figlia dell'illustre coppia), si sarebbe abitualmente riferita al «generissimo» con la perifrasi spregiativa «il signore che hai sposato».

Il cardiologo dell'alta società e l'unica erede di Franco divennero la coppia di moda, al punto che tra inaugurazioni, feste ed eventi sociali non rimaneva loro molto tempo da dedicare ai figli. «I nostri genitori avevano molti impegni e non li vedevamo spesso. Trascorrevamo con loro solo le estati» confessò in un'intervista il figlio minore, Jaime. In tutto la coppia ebbe sette figli, nati tra il 1951 e il 1964: María del Carmen, María de la O «Mariola», Francisco «Francis», María del Mar «Merry», José Cristóbal, María de Aránzazu «Arancha» e Jaime. Nel 1954 una legge speciale del Parlamento stabilì che il primo nipote maschio del Generalissimo poteva portare il suo cognome. E così il terzo figlio, e primo maschio, dei marchesi di Villaverde prese il nome di Francisco Franco. La famiglia era il ritratto della felicità e dell'armonia. Quasi tutti gli anni nonni e nipoti trascorrevano le vacanze estive tra i Paesi Baschi, nel palazzo di Ayete a San Sebastián, e la Galizia, nella residenza del Pazo de Meirás. Prima di morire, Franco riuscì a vedere sposate le sue due nipoti più grandi e a conoscere tre pronipoti, ovvero i due figli di María del Carmen e del marito Alfonso, duchi di Cadice, e il figlio di Mariola e Rafael Ardid, Francisco de Borja.

Il «generissimo» e la morte di Franco

Il marchese di Villaverde cominciò ad acquisire sempre più importanza all'interno della sua professione. Come genero dell'allora capo di Stato, gli venne affidata la guida del Dipartimento di Chirurgia Toracica e Cardiovascolare dell'ospedale Ramón y Cajal. Era un grande ammiratore e amico personale di Christiaan Barnard, il celebre chirurgo sudafricano che nel 1967 realizzò con successo il primo trapianto cardiaco al mondo. E lui stesso, un anno più tardi, eseguì il primo trapianto cardiaco in Spagna, anche se il paziente morì poche ore dopo l'operazione. Inoltre, ricopriva diverse cariche. Dall'anno dopo le nozze e fino al 1977 lavorò come medico per la compagnia di trasporti pubblica Renfe e, dopo l'espansione turistica di Marbella, aprì e diresse l'hotel Incosol, oltre a presiedere varie associazioni mediche. All'epoca, inoltre, il marchese conciliava l'attività di chirurgo con importanti posti nei consigli di amministrazione di numerose aziende.

«Se la nazione ha bisogno di me, non volterò le spalle alla politica, anche se questa non è la mia vocazione: io sono un chirurgo» amava ripetere. Pilar Franco, sorella del Generalissimo, racconta nel suo libro *Nosotros, los Franco* («Noi, i Franco»), pubblicato nel 1980, che la famiglia Villaverde non esercitò alcuna influenza politica sul regime. «Il *Caudillo* non lo avrebbe permesso e credo che a loro non interessasse neppure la politica. Avevano ben altri interessi [...]. Il patrimonio dei Villaverde è un discorso a parte. Se ne è parlato così tanto che se aprissimo la questione non la chiuderemmo più» scrive.

All'inizio del novembre del 1975 Franco era in fin di vita, giaceva praticamente incosciente in un letto dell'ospedale La Paz, collegato a una macchina. Alla fine, sua figlia Nenuca chiese di lasciarlo morire in pace. La sera del 19 novembre, alle undici e un quarto, i tubi che lo collegavano ai macchinari vennero staccati per ordine di Martínez-Bordiú. Morì alle 5.25 del 20 novembre 1975.

Quattro giorni dopo la morte del padre, María del Carmen Franco Polo divenne duchessa di Franco e Grande di Spagna, grazie al titolo conferitole dal re Juan Carlos I. Quando, il 6 febbraio 1988, a 88 anni, sua madre morì per una broncopolmonite, María del Carmen ereditò tutte le proprietà del precedente capo di Stato, di cui era l'unica erede. Dodici anni dopo la scomparsa del dittatore, la signora di Meirás tornò nella sua casa del Pardo, dove aveva vissuto trentacinque anni, e quella fu la sua ultima dimora terrena. Prima di morire, la vedova di Franco percepiva una pensione di 12 milioni e mezzo di pesetas (circa 200.000 euro), suddivisa in quattordici pagamenti, vale a dire 4 milioni di pesetas in più dell'allora capo del governo Felipe González.

Già nei primi anni della Spagna democratica per Cristóbal Martínez-Bordiú, «il generissimo», le cose cominciarono a mettersi male. Nel 1984 venne rimosso per cinque anni dal suo incarico all'ospedale Ramón y Cajal, con sospensione dello stipendio, per il basso rendimento del servizio e per la morte di un paziente avvenuta nell'agosto del 1982. Il marchese lamentò pubblicamente «una campagna contro di lui e contro i suoi diritti professionali conseguente al suo matrimonio con la figlia del generale Franco».

Nel novembre del 1984 un settimanale pubblicò le morbose foto dell'agonia di Franco. Una settimana dopo Cristóbal Martínez-Bordiú confessò di esserne l'autore: «Le ho scattate io stesso, tutto il decorso della malattia di mio suocero è stato documentato per fornirne il quadro clinico. L'eccezionalità del paziente lo esigeva» precisò. Tuttavia negò di averle vendute alla stampa. «Qualcuno deve averle rubate, abbiamo già intrapreso le dovute azioni legali.» Il marchese di Villaverde affermò che le fotografie erano state custodite a lungo in un cassetto chiuso a chiave nell'ufficio del centro sanitario dove lavorava, ma quando lo destituirono non gli diedero il tempo di portare via le sue cose. José Luis Palma Gámiz, cardiologo e membro dell'équipe medica che assistette Franco negli ultimi giorni all'ospedale La Paz, non condivide queste dichiarazioni: «Qualche giorno prima che morisse gli stavo aspirando il muco quando sentii un flash; era Martínez-Bordiú. Ricordo che gli dissi scherzando: "Capo, ma che fa? Ci metteranno dietro le sbarre". Lui continuò a scattare e poi fece entrare i suoi figli e li fece mettere in posa attorno alla testiera. Questa è una delle serie che non sono apparse sulla rivista. Dopo la morte di Franco, mi assicurò che tutte le foto erano sovraesposte, e quando ne vennero pubblicate alcune mi disse che gliele avevano rubate» raccontava alla stampa nel 2004.

Tre anni dopo, quando compì 65 anni, il marchese di Villaverde andò in pensione, contro la sua volontà. In seguito, insieme alla moglie trascorse lunghi periodi a Miami e Marbella. Nel frattempo i suoi figli crebbero e si sposarono. Il 4 febbraio 1998 morì a Madrid in seguito a un'emorragia cerebrale. I suoi resti riposano nella cripta della cattedrale dell'Almudena, a Madrid, nella tomba di famiglia. Sua moglie divenne allora l'unica amministratrice della fortuna famigliare e il figlio Francisco Franco acquisì il titolo di XI marchese di Villaverde.

La matriarca del clan e il suo patrimonio

Rimasta vedova, Carmen Franco iniziò a condurre una vita tranquilla insieme ai suoi cari, dividendosi tra la casa di Madrid, il Pazo de Meirás e un appartamento a La Granja de San Ildefonso (Segovia). Mite, equilibrata, attiva e con una lucidità invidiabile – come la descrive chi la conosce –, Carmen è il pilastro su cui poggia tutta la famiglia, a cui ha sempre cercato di rendere la vita più facile. Tutti la adorano. Nella casa di via Hermanos Bécquer hanno vissuto con lei non solo i suoi figli, ma anche alcuni nipoti, come Luis Alfonso e Francisco Franco Suelves, il figlio di Francis. «In molti sostengono che la proverbiale freddezza della duchessa di Franco dipenda da tutto quello che ha dovuto sopportare quando era sposata con Cristóbal Martínez-Bordiú, un periodo di continui litigi in una Spagna in cui le donne tacevano senza ribellarsi. Non ha avuto la spavalderia di sua figlia Carmen né lo spirito bohémien di Merry. Mandò giù tutti i rospi del suo matrimonio senza alzare la voce e senza scandali» spiega la giornalista Beatriz Cortázar. «Carmen Franco ha saputo arbitrare i conflitti famigliari con grande serenità e con una tolleranza sorprendente per una persona educata secondo i principi ultraconservatori che predicava il franchismo» aggiunge la collega María Eugenia Yagüe.

Oggi è Dama dell'Ordine del Santo Sepolcro e presidentessa della Fondazione Francisco Franco, il cui obiettivo è «far conoscere la dimensione umana, politica e militare» del generale, «oltre ai successi e alle misure introdotte dal suo governo». Fino al 1986 sia lei che il marito beneficiarono del passaporto diplomatico.

Nel 1978, in una delle sue rare dichiarazioni pubbliche, Carmen Franco affermò: «La mia famiglia non possiede nessuna grande fortuna, né all'estero né in Spagna». Tuttavia, numerosi giornalisti che seguono da anni le vicende del clan, come Mariano Sánchez Soler, autore dell'opera più completa sul patrimonio dei Franco, ritengono che la fortuna accumulata dalla famiglia durante la dittatura si sia moltiplicata con la democrazia. Già alcuni anni fa Carmen Franco suddivise parte del patrimonio tra i figli, come la tenuta di Valdefuentes (Madrid), con un terreno agricolo di 1000 ettari, destinato per anni alla coltivazione e all'allevamento e in cui vennero girati diversi film. Nel 2003 il terreno venne riclassificato come edificabile e trasformato in zona industriale, con un centro commerciale e appartamenti, progetti immobiliari a cui la famiglia partecipò realizzando notevoli guadagni. «Si parla di milioni di euro, anche se le cifre esatte sono sempre state un mistero nell'economia dei Franco. Il patrimonio di Carmen Franco è suddiviso in un complesso di società ed è amministrato dal figlio Francis, che gode della sua piena fiducia. Anzi, pare che la duchessa non faccia nulla senza la supervisione dell'adorato figlio. Agli affari di Valdefuentes si aggiungono i guadagni ricavati dalla vendita degli uliveti di Jaén (Andalusia), ereditati dal padre, il marchese di Villaverde, grazie ai quali oggi i Franco possono permettersi una vita agiata» racconta Beatriz Cortázar.

Carmen Franco ha anche rinunciato ad alcuni dei generosissimi doni che suo padre ricevette come capo di Stato. José María del Palacio Abárzuza, conte di Las Almenas, un nobile con il pallino dell'arte, dopo la Guerra civile, regalò a Franco un palazzo di 2000 metri quadri, chiamato il Canto del Pico, che sorge nei pressi di Madrid, a Torrelodones. Quella casa, dove morì Antonio Maura, presidente del Consiglio dei Ministri sotto il regno di Alfonso XIII, venne usata come base dall'esercito repubblicano, fu il luogo di riposo di Francisco Franco e, infine, un buon affare per i suoi discendenti. Il palazzo, semidistrutto, fu venduto dalla famiglia nel 1988 per 300 milioni di pesetas (circa 1.800.000 euro). «L'abbandono e il disinteresse della famiglia Franco agevolarono frequenti furti e un incendio le cui cause non sono mai state chiarite» scrivevano i giornalisti Luis Gómez e Mábel Galaz sul quotidiano «El País» nel 2007.

Il generale ricevette in dono anche il palazzo di Cornide, nella parte vecchia della Coruña, un'antica casa nobiliare del XVIII secolo. «Il palazzo» scrivono Gómez e Galaz «venne acquistato nel 1962 dal ministero dell'Educazione e della Scienza, che tre anni dopo lo mise all'asta e finì nelle mani del conte di Fenosa, che a sua volta lo intestò a Carmen Polo de Franco.» Di tutti questi regali non venne mai fatto alcun inventario. «Questi doni andavano ad accrescere il patrimonio famigliare. E lo stesso successe con tutti i documenti ufficiali che passarono dal Pardo e che dopo la morte del dittatore finirono in una fondazione privata, la Fondazione Francisco Franco, una situazione insolita che perdura ancora oggi» aggiungono i giornalisti del «País».

Dopo la morte del dittatore, il patrimonio ha continuato a crescere grazie alle operazioni immobiliari, iniziate già negli anni Settanta, attività a cui la figlia cominciò a dedicarsi insieme al marito Cristóbal Martínez-Bordiú nel 1991 con la compravendita di parcheggi e locali nella capitale spagnola. «Carmen Franco» racconta María Eugenia Yagüe «ha condotto la propria transizione in modo discreto e senza fare scalpore. Frequenta le stesse amiche da più di quarant'anni: Aurora Barroso, Carmela López Sáez, Margarita Orfila e María Dolores Bermúdez de Castro. Si ritrova tutte le settimane con alcune di loro per giocare a carte oppure partecipano ai viaggi dell'Ordine del Santo Sepolcro».

Nel frattempo, i nipoti di Franco si sono liberati di tutte le etichette che li presentavano come una «perfetta famiglia cristiana», impegnandosi a recuperare il tempo perduto, a volte con tanta assiduità da finire nei guai con la giustizia, la stampa e la droga.

La nipote prediletta

Il 26 febbraio 1951 nacque la prima nipote di Franco, María del Carmen Martínez-Bordiú Franco, soprannominata allora «la nipotissima». Fin da giovane si mostrò molto sensibile e interessata al mondo che si estendeva oltre le mura del palazzo del Pardo, dove trascorse l'infanzia e l'adolescenza insieme ai suoi fratelli. «Carmen era la preferita di mia madre, invece la preferita di mio padre era Merry, una bambina molto vivace e impertinente. Papà diceva che sembrava una di Ferrol, la sua città natale, perché le bambine della sua infanzia le ricordava così, molto ma molto poco educate» ricorda Carmen Franco.

A 21 anni, in Svezia, conobbe Alfonso di Borbone-Dampierre (1936-1989), ambasciatore di Spagna. Si incontrarono durante un ricevimento all'ambasciata a cui era stato invitato il marchese di Villaverde, che vi si recò con la figlia. L'aristocratico, nipote di Alfonso XIII, aveva quattordici anni più di lei, ma la differenza d'età non impedì alla coppia di sposarsi con gran pompa l'8 marzo 1972. Il padre di Alfonso, l'infante Jaime di Borbone, dopo la rinuncia del fratello, era stato nominato erede del re che l'avvento della Seconda Repubblica spagnola aveva costretto all'esilio. Tuttavia, nel 1933, per espresso ordine del re Alfonso XIII, anche Jaime aveva rinunciato ai diritti di successione al trono di Spagna per sé e per i suoi discendenti perché era sordomuto.

Alfonso apparteneva alla più alta aristocrazia del paese, ma era nato a Roma e aveva imparato lo spagnolo solo a 17 anni. Venne educato in un collegio svizzero insieme al fratello Gonzalo, a cui era molto legato, soprattutto dopo la separazione dei genitori. L'infante Jaime si risposò con una cantante prussiana. Mentre la madre, Emmanuelle de Dampierre, di famiglia nobile ma non reale (requisito invece essenziale per non essere esclusi dalla linea di successione della monarchia spagnola a partire dal regno di Carlo III), si risposò con un imprenditore milanese.

Nel 1954, con il permesso del generale Franco, i due fratelli poterono tornare in Spagna. E diciotto anni più tardi Alfonso sposò la nipote primogenita del Generalissimo. Ma nel 1969 il dittatore aveva già designato quale suo successore a capo dello Stato il cugino di Alfonso, Juan Carlos di Borbone.

Dopo quarant'anni di esilio l'infante Jaime tornò in Spagna per partecipare alle nozze del figlio Alfonso. Gonzalo, che lo accolse all'aeroporto di Madrid, raccontò che il padre non riusciva a trattenere le lacrime per l'emozione di aver ritrovato la sua patria. La cerimonia, con più di mille invitati, finì sulle copertine di tutte le riviste dell'epoca. Il nonno della sposa, Francisco Franco, e la madre dello sposo, Emmanuelle de Dampierre, accolsero con i dovuti onori gli illustri ospiti, tra cui figuravano Ranieri e Grace di Monaco, la Begum, i reali di Grecia, Vittorio Emanuele e Maria Gabriella di Savoia. «Lo sposai perché, in fondo, cercavo un modo per liberarmi del controllo di mio padre. Non mi costrinse nessuno. Anzi, mio padre mi disse di riflettere su quello che stavo facendo, ma in quel momento sei incontenibile e ti sposi piena di illusioni, seppur inconsistenti» confessò Carmen Martínez-Bordiú in un'intervista a «Magazine», supplemento del quotidiano «El Mundo», nel febbraio del 2010.

Dopo le nozze la coppia, a cui Franco aveva conferito il ducato di Cadice, tornò a Stoccolma, dove Alfonso era ambasciatore. Fino alla morte di Franco si pensò che il generale avrebbe potuto alterare la linea di successione in favore di Alfonso di Borbone. Ma, secondo la nipote più grande, il matrimonio allontanò ancora di più quest'ipotesi dai pensieri del dittatore, a cui non piaceva che gli venisse detto cosa fare. «Alfonso un giorno mi confessò: "La gente pensa che ti ho sposata per la successione, ma io so che il nostro matrimonio vuole dire tutto il contrario". E aveva ragione» spiega.

Il 22 novembre 1972, a Madrid, nacque il loro primogenito, Francisco, e due anni dopo, il 25 aprile 1974, ebbero un secondo figlio, Luis Alfonso. Poco prima Dalí aveva ritratto Carmen a cavallo, incinta di otto mesi di Luis Alfonso, in un quadro intitolato *Princesa María del Carmen*, che la donna regalò al marito. La felicità della coppia non durò a lungo e nel 1979 si separarono definitivamente.

Al tempo, Carmen aveva già conosciuto in Italia l'antiquario francese Jean-Marie Rossi, più grande di lei di vent'anni. «Persi la testa per lui. Avevo 27 anni. Fu molto bello vivere quella grande passione, che poi si trasformò in una profonda amicizia» racconta a «Magazine». Per lui abbandonò il suo paese e i suoi figli, trasferendosi a Parigi. La relazione venne resa ufficiale nel 1984, poco tempo dopo l'episodio più doloroso della vita di Carmen: la morte, nel 1982, del suo primo figlio in un incidente stradale. La tragedia avvenne a Corellá (Navarra) quando l'auto guidata dall'ex marito, su cui viaggiavano Francisco, che all'epoca aveva 11 anni, suo fratello, di 9, e la bambinaia, si schiantò contro un camion, mentre rientravano dalla stazione sciistica di Baqueira (Pirenei). Nello stesso anno anche una delle figlie di Jean-Marie Rossi, Mathilda, morì in un incidente nelle acque delle Bahamas, dove cadde da una barca e venne tranciata da un'elica del motore. Tempo dopo Carmen affermò che se non fosse stato per la nascita della figlia Cynthia nel 1985, avuta con Jean-Marie, né lei né la coppia avrebbero potuto superare quei tristi avvenimenti. «Subii un forte choc. All'inizio non accetti quello che è successo, ti sembra di essere solo lo spettatore di un film che non ti riguarda. A poco a poco riesci a riprenderti, ma sai che nulla sarà più come prima. Devi imparare a conviverci. Accetti la perdita ma sai che qualcosa di te se ne è andato con lui. I figli saranno sempre la tua essenza, sono parte di te» spiegava a «Magazine».

Ma in quel periodo le tragedie si susseguirono. All'inizio del 1989 un altro incidente costò la vita al suo primo marito e padre dei suoi figli, Alfonso di Borbone. Il duca di Cadice morì in un incidente di sci a Beaver Creek, in Colorado. Fu sepolto nel monastero de Las Descalzas Reales, a Madrid, dove riposa anche il figlio Francisco e, dal 2000, anche il fratello Gonzalo di Borbone, morto a Losanna (Svizzera).

A Parigi la vita di Carmen era immersa in un mondo nuovo, che cambiò anche la sua sensibilità. Lì, insieme al secondo marito, imparò a emozionarsi per la pittura. Jean-Marie «è molto intelligente» racconta «e mi ha aperto la mente a un universo culturale straordinario, perché è un genio. È l'antiquario numero uno al mondo. Sono stata fortunata a condividere la mia vita con lui». Ma nel 1994 la coppia si separò, anche se i due rimasero legati da una profonda amicizia. «Ero una bomba a orologeria e negli uomini cercavo la protezione paterna. Avevo un padre giovane, molto seducente, molto bello, che mi proibiva tutto... Non incarnava il mio modello di padre. Per questo negli uomini cercavo una specie di papà protettore. Ma crescendo ho imparato ad accettarmi e sono riuscita a liberarmi di quel bisogno. Finalmente cerco un compagno e non un uomo più maturo» dichiarava a «Magazine».

Nell'estate del 1993 «la nipotissima» iniziò una tormentata relazione con Roberto Federici, che durò fino al 2004, quando i due decisero di prendere strade diverse. Fu un periodo molto difficile per Carmen. La giornalista Paloma Barrientos rivela quanto segue nel suo libro *Carmen Martínez-Bordiú, a mi manera* (Carmen Martínez-Bordiú, a modo mio): «Poco prima delle nozze di suo figlio Luis Alfonso con María Margarita Vargas Santaella, figlia di un famoso avvocato e finanziere venezuelano, Carmen dovette rivolgersi a uno psicologo per superare la separazione dall'architetto italiano e la "sindrome del nido vuoto"».

Dopo il matrimonio di suo figlio, lasciò Parigi e si stabilì a Siviglia. La situazione non era facile, i giornalisti la seguivano ovunque, ma essere al centro di una bufera mediatica non sembrava turbarla. «Sono una persona molto sincera,» precisa «di buon cuore. E a volte la schiettezza si presta a interpretazioni divergenti, crea contrasti. Non tutti sono di animo onesto.» Ma le cose non andarono come sperava, e tornò a rifugiarsi a Parigi. In seguito, ricominciò a soggiornare in Spagna, trattenendosi per periodi sempre più lunghi, e si affermò subito come una delle grandi protagoniste del gossip nazionale. Come afferma Rosa Villacastín, giornalista di costume: «Carmen riconosce, e credo che in questo sia totalmente sincera, che vive della e per la stampa. Questo la costringe a essere sempre in primo piano nell'attualità e, se non lo è, deve riuscire a far parlare di sé in qualsiasi modo perché le porta grossi benefici economici. Delle sorelle è quella che fa più scalpore di tutte, che sia per i suoi matrimoni, per gli amanti... o perché vende grappe».

Quando si separò dall'italiano Roberto Federici, pensò che ormai i giorni accanto a un uomo facevano solo parte del passato, ma l'amore tornò a fare capolino nella sua vita grazie all'imprenditore cantabro José Campos, di tredici anni più giovane di lei. Il nuovo compagno la aiutò a dimenticare le amarezze della vita, ad assaporare ogni momento e a trovare il tanto sospirato equilibrio. Il 18 giugno del 2006, superati i 50 anni e avvolta in un abito di Christian Lacroix, Carmen si sposò per la terza volta, nella cappella della tenuta di Las Almentas, a Cazalla de la Sierra (Siviglia), proprietà di César Alba e Mercedes Castillejo Oriol, amici intimi della famiglia Franco. «Merita tutto il mio rispetto per essere riuscito a sopportarmi. Al suo fianco ho sempre potuto essere me stessa. Prima, pur di compiacere l'altra persona, mi trasformavo. Con José è successo il contrario» assicurava felice a «Magazine».

«Proprio come la duchessa d'Alba, anche Carmen vive come le pare. La gente può pensare quello che vuole di lei, non le importa essere giudicata, neppure dalla sua famiglia. Credo che non le stia a cuore nemmeno l'opinione di suo figlio, che ha mostrato sempre un carattere discreto» assicura Rosa Villacastín. Ma, a detta di Carmen, i suoi figli non le hanno mai rinfacciato la sua libertà. «Non lo avrei mai permesso. A volte non mi hanno capita, ma sanno rispettarmi. Ho sempre ripetuto loro che l'unica cosa che conta è il cuore.» Fedele al motto «vivi e lascia vivere», Carmen «ha rotto molti dei tabù che imperavano negli anni Settanta e Ottanta. Adesso molta gente si comporta come lei, ma allora non era così. Quando lasciò i suoi figli in Spagna per andarsene a Parigi con un uomo più vecchio, la criticarono aspramente accusandola di essere frivola e incosciente. La stampa la trattò molto male. Oggi, felicemente sposata, senza vergogna né pregiudizi, non dà peso a quello che si dice di lei. Soffre solo quando la criticano nel suo ruolo di madre» spiega Beatriz Cortázar. Dal canto suo, Carmen ribadisce di non avere «paura di nulla, neanche della morte. Vivo intensamente e quando il destino deciderà che è giunta la mia ora, me ne andrò. Non importa. La vita è meravigliosa.»

Tra le polemiche e la caccia

Nella saga dei Martínez-Bordiú, il più polemico tra i nipoti del dittatore è Francis Franco. Ha sempre cercato di rendersi invisibile, lontano anni luce dal clamore mediatico della sorella, «soprattutto negli ultimi anni, in cui si è parlato molto della nostra memoria storica» osserva Beatriz Cortázar. «Ha rinunciato a essere nel mirino della stampa ma non ai suoi privilegi» aggiunge. È il terzogenito di Carmen Franco Polo e Cristóbal Martínez-Bordiú e, senza dubbio, è il più orgoglioso successore di suo nonno. Oggi può fregiarsi del titolo di signore di Meirás e Grande di Spagna, ereditato dalla nonna, nonché marchese di Villaverde e, alla morte della madre, otterrà anche il ducato di Franco.

Chi lo conosce lo descrive come l'ideologo della famiglia e nel suo libro Paloma Barrientos racconta che ai tempi della dittatura era convinto che la Spagna fosse la «tenuta di suo nonno». Francis amministra, inoltre, i beni del clan e sua madre lo consulta sempre prima di qualsiasi investimento o decisione imprenditoriale di una fortuna che, seppur non tassata, potrebbe oscillare tra i 500 e i 600 milioni di euro, stando alla stima realizzata dal quotidiano «El Economista» nel 2008. «Sua madre ha piena fiducia in lui. È Francis il "padrone"» sostiene Beatriz Cortázar. I giornalisti Luis Gómez e Mábel Galaz sono di diverso avviso. «La sua gestione del patrimonio di famiglia è stata un disastro, tanto da venire discretamente relegato in secondo piano» assicurano.

Come i suoi fratelli e le sue sorelle, è cresciuto scorrazzando nei giardini del Pardo, circondato da quadri di Goya e mobili antichi, seppur immerso nell'austerità che caratterizzò sempre la vita privata del suo celebre nonno. Studiò Medicina ma non esercitò mai la professione, secondo Barrientos, per mancanza di vocazione, visto che godeva già di enorme riconoscimento sociale grazie a suo nonno, e per il piacere di mettersi in mostra ereditato dal padre. In quegli anni trascorreva il suo tempo tra una battuta di caccia e l'altra, circondato da una specie di corte di amici sempre pronti a adularlo. Ma con l'avvento della democrazia le cose cambiarono e coloro che si erano prodigati in attenzioni verso «il nipotissimo» si dileguarono nel nulla. Francis, indignato, non esitò a definirli codardi e affermò secco che non avevano «il fegato di invitare un Franco». Nello stesso periodo la sua passione per la caccia di frodo gli costò una condanna a un mese e mezzo di detenzione e la sospensione della licenza di caccia per due anni.

Nel dicembre del 1981, dopo diverse avventure (tra cui la più celebre con l'attrice Ana Obregón), si decise a mettere la testa a posto al fianco di María Suelves y Figueroa, figlia dei marchesi di Tamarit e pronipote del conte di Romanones. Il padre della ragazza, Juan José Suelves, nato a Barcellona, trascorse buona parte della sua vita in Perù, paese in cui fece fortuna e dove crebbero i suoi figli. La coppia vendette l'esclusiva ai media che comprarono sia la dichiarazione di matrimonio sia le nozze, celebrate nella chiesa parrocchiale di Altafulla (Tarragona) e a cui partecipò il clan al completo, con in testa Carmen Polo, nonna dello sposo e vedova di Franco.

Poco dopo Francis si trasferì nel Cile di Pinochet, dove venne accusato di frode, falsificazione di documenti e furto. Riuscì a evitare il carcere solo grazie al cognome del nonno che all'epoca a quelle latitudini era una grande ombra protettrice. Rientrò quindi a Madrid, dove iniziò una brillante carriera come imprenditore, principalmente nel settore immobiliare. Da allora «è stato legato a più di cinquanta società, di cui trenta immobiliari, come Fiolasa», che gli hanno fruttato «un guadagno di 78 euro per ogni 100 entrati nelle sue casse» informava «El Economista» nel novembre del 2007.

Dall'unione con María Suelves sono nati due figli, Francisco e Juan José «Juanjo». Il figlio minore ha ereditato la sua grande passione per la caccia, che però ha avuto conseguenze tragiche. Una mattina del 2007, a 21 anni, nella riserva di Valverde ad Arandilla (Burgos), dal suo fucile partì un colpo accidentale che uccise un amico. Del figlio maggiore, invece, si sa solo che vive con l'anziana nonna nella casa di via Hermanos Bécquer.

Il matrimonio con María Suelves naufragò undici anni dopo, e nel 2001 Francis si sposò in seconde nozze, a Móstoles (Madrid), con Míriam Guisasola Carrión, da cui ha avuto altri due figli, Álvaro e Míriam. La famiglia (insieme a Carlos, nato da una precedente relazione di Míriam) visse felice e tranquilla in una magnifica villetta di Madrid, valutata 12 milioni di euro. Ma neppure questa relazione riuscì a superare la prova del tempo e la coppia si separò nel 2009. La stampa ha sempre attribuito alla discretissima Míriam la pace e la tranquillità che Francis dimostrò in quegli anni.

Al contrario della madre, che ha sempre affrontato con serenità e discrezione i guai che hanno colpito la famiglia, Francis ha avuto numerosi diverbi con la giustizia nella sua vita, litigi di cui la stampa è stata spesso testimone, non sempre imparziale. Nel giugno del 2009 tornò a occupare le pagine dei giornali per una denuncia presentata dalla polizia, che lo accusava di aver rivolto insulti razzisti e di aver aggredito un agente di sicurezza di origine sudamericana che gli aveva impedito di salire su un treno a Saragozza. Francis, per ripulire il suo buon nome, partecipò a un programma televisivo, un gesto strano per uno che ha sempre voluto «essere invisibile», e raccontò la sua versione dei fatti, che contraddiceva in larga misura la denuncia formulata dalla polizia. «Credo che Francis sia una "vittima" di ciò che era e che non è più. Erede del cognome di suo nonno, oggi vive appartato nonostante il clamore che suscita ogni suo passo falso» osserva la giornalista Rosa Villacastín.

Le aggressioni e la droga

L'ultimo dei nipoti nel mirino dei media è il più giovane della famiglia, Jaime Martínez-Bordiú. Nato l'8 luglio 1964 a Madrid, fin da bambino è stato un ribelle. Crebbe sotto le attenzioni di un'istitutrice britannica che viveva nella casa dei Martínez-Bordiú, e la «nanny», come veniva affettuosamente chiamata da tutti, si rivolgeva sempre in inglese al piccolo, che però le rispondeva solo in spagnolo. Si narra che un giorno le disse: «Se mio nonno, cioè chi comanda in Spagna, non parla inglese, perché dovrei impararlo io?».

Era molto legato alla sorella maggiore, Carmen, sempre pronta ad appoggiarlo, perfino nei momenti più difficili, e con lei condivise avventure ed esperienze in casa della nonna Carmen Polo. Anche con il figlio di sua sorella, Luis Alfonso, Jaime ha un rapporto particolarmente stretto.

Dopo essersi laureato in Giurisprudenza (anche se non ha mai esercitato la professione), Jaime si sposò con l'ex modella e PR di una prestigiosa gioielleria, Nuria March y Almela, da cui ebbe un figlio, Jaime Martínez-Bordiú March. La relazione durò sei anni, fino al 2001. Nonostante la separazione, i due mantengono ancora oggi rapporti civili e cordiali per il bene del figlio.

In seguito conobbe la cantante catalana Ruth Martínez e con lei arrivarono gli scandali. La coppia partecipò a numerosi programmi rosa mettendo in piazza i propri panni sporchi con confessioni che avrebbero fatto tremare di sdegno il nonno e il padre di Jaime se fossero stati ancora vivi. La tormentata relazione con la cantante finì in tribunale. Jaime venne condannato a un anno di reclusione per aggressione fisica e minacce di morte alla sua ex compagna. «È un ragazzo semplice e buono, ma l'abuso di droghe, che lui stesso ha ammesso in tv, ha stravolto la sua vita privata e professionale facendone un disastro» osserva María Eugenia Yagüe.

Dopo aver rivelato pubblicamente di fare uso di cocaina, e senza aver ricevuto l'appoggio della famiglia per superare quel momentaccio di vent'anni fa, i problemi del minore dei Martínez-Bordiú con la giustizia continuarono. Nel 2010 venne arrestato dopo la denuncia sporta da un automobilista che lo accusava di averlo urtato e di avere poi cercato di darsi alla fuga, asserendo che Jaime lo aveva anche minacciato con una pistola e aveva sparato quattro colpi a salve. Quando tutti pensavano che i suoi giorni peggiori fossero ormai acqua passata, grazie al ritorno a casa e alla disintossicazione, la pecora nera della famiglia tornava a dare scandalo. Rompendo il suo abituale silenzio, questa volta anche la duchessa di Franco in persona si affrettò a chiarire che suo figlio non poteva aver utilizzato una pistola visto che non possedeva armi. «Sta vivendo una situazione inattesa, la costante preoccupazione per un figlio che non riesce a rialzare la testa le toglie il poco sonno che rimane quando si raggiunge una certa età» racconta Beatriz Cortázar.

Eccetto Francis, Carmen e Jaime, gli altri quattro fratelli conducono una vita anonima. Hanno saputo mantenersi discreti in secondo piano, cercando di allontanare i riflettori che attira il loro cognome. A detta di Rosa Villacastín: «Come molti altri che godettero di grande influenza sociale e politica, oggi sono persone comuni. Con un handicap: saranno sempre nel mirino della stampa, che lo vogliano o no». Nel gruppo di coloro che hanno cercato di restare nell'ombra figura anche la seconda figlia di Carmen Franco e del marchese di Villaverde, María de la O, chiamata da tutti «Mariola». Nacque nel 1952 e per tutta l'infanzia venne eclissata dalla sorella maggiore, Carmen, che ha solo un anno più di lei e che fin dalla più tenera età è stata la regina indiscussa della casa. Ma a Mariola, timida e riservata, questo non importava, e anzi sembrava sentirsi molto più a suo agio in secondo piano.

Nel 1974, dopo aver concluso gli studi in Architettura, si sposò con Rafael Ardid Villoslada, avvocato e nipote di un repubblicano condannato a suo tempo ai lavori forzati. Mariola però, stando a Paloma Barrientos, non dava importanza alle origini del marito. Anche lei, ai tempi dell'università, si era scontrata con la polizia armata, tanto che suo fratello per punzecchiarla la chiamava «la rossa». Ma la relazione con Rafael Ardid le causò più di un litigio con il padre, e fu perfino costretta a rimandare tre volte le nozze. Finalmente, al quarto tentativo, poté sposarsi.

Rafael Ardid conduceva una vita agiata e si occupava di operazioni immobiliari con l'impresa di famiglia, la Cofivisa, che costruì l'elegante sobborgo di El Encinar de los Reyes (Madrid). Dal matrimonio nacquero tre figli, Francisco de Borja, Jaime e Francisco Javier. Sportiva provetta, Mariola dovette sottoporsi a diverse operazioni a causa di un incidente d'auto. Sempre restia per quanto possibile ad apparire in pubblico, la sua intimità rischiò di essere violata quando il figlio Jaime vendette l'esclusiva delle nozze con Carmen Panadero Reyes a una famosa rivista rosa. Alla fine, però, la madre riuscì a prendere le redini della situazione e la cerimonia venne celebrata nell'intimità del Pazo de Meirás.

La quarta nipote di Franco, María del Mar detta «Merry», nacque nel 1956. Mostrò sempre un forte spirito ribelle e in gioventù scrisse perfino un articolo autobiografico sulla rivista «Diez Minutos» in cui rivelava dettagli privati delle sue fughe, dei suoi amori e di come ingannava la sorveglianza della sua scorta. Il suo carattere indomito si riaffermò con la decisione di sposare il giornalista e scrittore Joaquín Giménez-Arnau detto «Jimmy», figlio del diplomatico e anch'egli giornalista José Antonio Giménez-Arnau, senza il beneplacito del marchese di Villaverde. Si sposarono in pompa magna nel 1977 nel Pazo de Meirás e vendettero l'esclusiva alla rivista «¡Hola!». Con il giornalista ebbe la sua unica figlia, Leticia, nel 1979, ma la coppia si separò pochi mesi dopo la nascita della bambina e divorziò ufficialmente tre anni dopo. Da allora i loro rapporti sono nulli.

Merry si stabilì con la figlia alle Canarie, dove si innamorò dell'americano Gregor Tamler, che sposò nel 1986. Si trasferirono insieme a Miami e poi alle isole Vergini, ma nel 1991 si separarono. Nel suo libro Paloma Barrientos racconta che in quegli anni Merry tornava raramente in Spagna e solo per risolvere difficili situazioni legate a Leticia o al suo primo marito, che la accusava di tenerlo lontano dalla figlia.

Il giornalista Jimmy Giménez-Arnau ha sempre avuto pessimi rapporti con i suoi parenti acquisiti, che ha criticato apertamente in molti programmi televisivi di gossip. Con la figlia non ha avuto quasi nessun contatto negli ultimi vent'anni. Non fu neppure invitato alle nozze della ragazza con il salvadoregno Marcos Sagrera Palomo, celebrate nel 2008 nel Pazo de Meirás, in piena polemica sulla titolarità del palazzo. Durante la cerimonia, svoltasi nella stessa cappella in cui si erano sposati i suoi genitori quasi tre decenni prima, Leticia, in assenza del padre, ebbe due madrine: sua madre e la madre dello sposo. Oggi Merry si divide tra il suo appartamento nella Sierra Nevada, Madrid e Miami.

Il quinto dei fratelli Martínez-Bordiú Franco, Cristóbal, nacque nel 1958 ed era destinato a seguire le orme del nonno come militare. Per fare carriera nell'esercito, dove fu promosso tenente, abbandonò perfino gli studi di Architettura. Se fosse rimasto nell'esercito, avrebbe potuto essere il secondo generale più giovane della storia spagnola, dopo suo nonno. Ma nel 1982 lasciò le forze armate, «perché l'uniforme mi dava un'aria da imbecille» spiegò alla rivista «Interviú». «Malgrado fosse nipote di Franco, quel mondo non era il suo» afferma Beatriz Cortázar.

Nel novembre del 1981, quando era ancora nell'esercito e risiedeva a Las Palmas, rimase coinvolto in uno sfortunato incidente che, senza dubbio, lo segnò per sempre. Mentre effettuava un sorpasso in auto, investì una coppia che stava attraversando il lungomare in un punto privo di strisce pedonali. La maledizione dei «nipotissimi» sembrava voler distruggere la vita di un altro dei discendenti del dittatore.

Nel 1983, a 25 anni, Cristóbal pubblicò un libro intitolato *Cara y Cruz: memorias de un nieto de Franco* («Testa o croce: memorie di un nipote di Franco»), in cui ammise che se suo nonno fosse stato vivo non sarebbe entrato nell'esercito, dove però apprese una cosa molto importante: «L'uomo, con i suoi difetti e le sue qualità, è una realtà superiore a qualsiasi differenza gerarchica o di altra natura».

Trovò la serenità al fianco della presentatrice e modella Jose Toledo, che sposò a New York nel 1984. Nonostante la loro popolarità, hanno saputo tutelare fermamente la propria privacy. La coppia ha avuto due figli, Daniel e Diego. A nessuno di loro piace apparire in pubblico e, quando assistono a qualche evento, è sempre lei a esporsi ai riflettori, mentre Cristóbal e i figli preferiscono starsene discreti in secondo piano. Nel marzo del 2009 Daniel ebbe un grave incidente in moto e per ore lottò tra la vita e la morte. Alla fine gli ricostruirono la trachea e, dopo una lunga riabilitazione per tornare a parlare, riuscì a riprendersi. La famiglia vive nella tenuta di Valdefuentes, nella parte ereditata da Cristóbal, dove in passato gestivano un maneggio che oggi è solo privato.

La più giovane delle quattro nipoti, Arancha, nacque nel 1962 e anche lei si è mantenuta ai margini del trambusto mediatico. Dal carattere introverso, è l'unica dei sette «nipotissimi» a non avere avuto figli. La sua biografia pubblica è scarna. Si sa che quando le chiedono il suo nome risponde con un «Arancha Martínez», omettendo il resto degli illustri cognomi. La sua gioventù è stata segnata dalla relazione con il cugino Alejo Martínez-Bordiú, un lungo fidanzamento osteggiato dai suoi genitori. Alla fine la coppia si separò e Arancha si rifece una vita con l'avvocato Claudio Quiroga Ferro, che sposò nel 1996. Oggi si dedica alla rilegatura di libri e al restauro di mobili, più per hobby che per lavoro, e vive con il marito a Madrid, lontana dai riflettori come sempre.

La corona invisibile di Luis Alfonso

Luis Alfonso, figlio di Carmen Martínez-Bordiú e Alfonso di Borbone, per discendenza paterna è a capo della Casa Borbone di Francia, paese che abolì la monarchia (a eccezione dei Bonaparte) con la Rivoluzione del 1789. Se ci fosse un trono da occupare, il pronipote di Franco regnerebbe con il nome di Luigi XX, stando alle rivendicazioni dei monarchici legittimisti francesi. Mentre in Spagna non ha alcun titolo nobiliare (anche se ha il diritto di farsi chiamare altezza), in Francia ha ereditato dal padre quello di duca d'Angiò. Alle domande della stampa circa la sua aspirazione al trono, Luis Alfonso risponde sempre che «la restaurazione della monarchia non è di attualità», per cui la sua incoronazione è solo il sogno irraggiungibile dei nostalgici di altri tempi.

Inoltre, dal 2004, Luis Alfonso ha un concorrente al trono francese, dopo che Enrico d'Orléans, conte di Parigi, ha concesso al nipote Carlo Filippo il titolo di duca d'Angiò. Era stato il suo antenato Filippo d'Angiò, pronipote di Luigi XIII, nato nel 1683 e sposato con Maria di Savoia, a rinunciare al titolo prima di accedere al trono spagnolo nel 1700 con il nome di Filippo V. Dal XIX secolo è in corso una disputa per i diritti all'ipotetico trono di Francia tra gli Orléans, che discendono dal figlio minore di Luigi XIII, e i Borbone, legati al figlio maggiore del medesimo re. I legittimisti appoggiano il pretendente spagnolo, Luis Alfonso di Borbone.

Luis Alfonso ha ereditato dal padre la disciplina, la serietà, l'organizzazione e la passione per lo sport (pratica sci, sub, tennis, paddle tennis, vela, parapendio, rafting e hockey su ghiaccio). La madre invece, afferma il figlio, gli ha trasmesso la sua naturalezza e la positività per affrontare le disgrazie che l'hanno colpito sin dall'infanzia. La prima volta che il suo mondo vacillò fu a causa della prematura separazione dei suoi genitori. Quando sua madre si trasferì a Parigi con il nuovo marito, l'antiquario Jean-Marie Rossi, Luis Alfonso venne affidato al padre insieme a Francisco. Pochi anni dopo il suo compagno di giochi, amico e fratello maggiore morì in un incidente d'auto, che causò gravi ferite anche a lui. Quello stesso anno, ancora convalescente, andò con sua madre e la famiglia di Rossi alle Bahamas, dove la fatalità si accanì contro la sua sorellastra Mathilda. Ma le disgrazie non finirono lì. Quando Luis Alfonso aveva solo 15 anni, suo padre morì in un incidente di sci in Colorado. Andò quindi a vivere con i nonni materni, che si presero cura di lui e della sua educazione. Tutti quegli episodi forgiarono il suo carattere, che egli stesso definisce «semplice, tranquillo, riflessivo, introverso, amico dei miei amici e freddo, molto freddo», ammettendo anche di non saper piangere.

Laureato in Economia e con un master in Finanza, Luis Alfonso cominciò a lavorare come consulente per il private banking a Madrid. Lo «scapolo d'oro» della fine degli anni Novanta perse il suo appellativo nel 2004, quando sposò l'erede di una delle più importanti fortune del Venezuela, María Margarita Vargas Santaella. Le nozze, che pare costarono più di un milione di euro, con tanto di aereo privato per chi arrivava dalla Spagna, vennero celebrate nella Repubblica Dominicana, con più di millecinquecento invitati. Lo sposo sfoggiava l'uniforme dei balì di Gran Croce dell'Ordine di Malta, di cui è cavaliere dal 2000, e la sposa indossava un abito di Victorio y Lucchino con quattro metri di strascico. L'esclusiva della cerimonia fu venduta alla rivista «¡Hola!» e il denaro ricavato fu devoluto alla Croce Rossa dominicana. Nel 2007 nacque la loro prima figlia, Eugenia, e nel 2010 i gemelli Luis e Alfonso. Oggi vivono a Caracas, dove il padre lavora per il Banco Occidental de Descuento.

La sua sorellastra Cynthia, la figlia minore di Carmen e Jean-Marie Rossi, è una donna semplice, con i piedi per terra ed equilibrata. Parla quattro lingue e si è laureata in Giurisprudenza a Parigi, città dove risiede conducendo una vita tranquilla. A differenza della famosa madre, non è molto amica della pressione mediatica e riconosce che non potrebbe vivere in Spagna, dove i suoi famigliari sono personaggi molto popolari e perseguitati dalla stampa. Quello che la unisce alla madre è la passione per la moda. Cynthia è stata testimonial di alcune linee di prodotti per i capelli, grandi magazzini e abiti da sposa. Ammira profondamente la madre e la considera una donna molto coraggiosa, con una grande personalità, vitale, liberale e indipendente. È fiera delle sue radici e di assomigliare ai suoi genitori, e dice di aver ereditato «la forza di volontà» della madre e «l'ostinato perfezionismo» del padre.

Il nipote star mediatica

I personaggi mediatici della famiglia Martínez-Bordiú non si fermano ai discendenti di Franco, ma comprendono anche un'altra star mediatica: José María Martínez-Bordiú y Bassó, noto come «Pocholo», nipote del marchese di Villaverde e fratello di Alejo, l'amore di gioventù di Arancha che fece tanto scalpore a suo tempo.

Pocholo è il primo dei cinque figli che ebbero José María Martínez-Bordiú y Ortega, barone di Gotor e fratello del «generissimo», e Clotilde Bassó de Roviralta. Completano la famiglia Esperanza, che con lo pseudonimo di «Cuca Gotor» è una famosa stilista conosciuta per la sua simpatia, l'eleganza e la discrezione, Clotilde, Alfonso e Alejo. José María studiò Marketing e Finanza negli Stati Uniti e in Svizzera, e a 25 anni lavorava già per l'International Bank di Miami. Bello, sano, educato, bravo studente e amante dello sport, quattro anni dopo decise che non faceva per lui «stare chiuso in un ufficio. Voglio essere ricco di tempo, non di denaro». Rientrato in Spagna, José María lasciò spazio a Pocholo.

Mosse i suoi primi passi come attore in film di serie B di scarso successo e importanza. Quando viveva a Miami, partecipò a due episodi della serie del momento, *Miami Vice*. Girò anche qualche pubblicità come modello e lavorò alcuni anni come dj professionista, animatore di discoteche e produttore musicale a Ibiza, per poi trasferirsi a Punta del Este (Uruguay), dove trascorre l'estate l'alta società argentina e uruguayana e dove diresse una discoteca di moda. Lì finì in carcere quattro mesi per possesso e consumo di droga. Suo padre, il barone di Gotor, si spinse fino a Maldonado, la capitale della provincia, per stare vicino al figlio e aspettarlo all'uscita della prigione. Fino a quando morì nel settembre del 2006, il cognato di Carmen Franco ebbe sempre un eccellente rapporto con il figlio, nonostante Pocholo avesse scelto uno stile di vita che l'aristocratico non approvava.

Tornato a Ibiza, conobbe la giornalista Sonsoles Suárez, figlia di Adolfo Suárez, il primo presidente del Consiglio spagnolo eletto democraticamente dopo la fine del regime franchista. Contro ogni pronostico, la coppia si sposò nel settembre del 1992 e l'ex premier dovette assistere alla cerimonia al fianco del marchese di Villaverde, uno dei suoi nemici giurati.

Felici, i due sposi aprirono dapprima un bar a Ibiza e in seguito si trasferirono nuovamente a Punta del Este. Ma il matrimonio durò meno di due anni. Sonsoles non resse il ritmo di vita dell'Uruguay e tornò in Spagna, dove i suoi genitori la accolsero a braccia aperte. Nel luglio del 1995 debuttò come presentatrice nel programma «A toda página», sul canale spagnolo Antena 3, sostituendo la conduttrice di allora Marta Robles. In seguito si trasferì in Mozambico, dove lavorò tre anni per un'ONG. Una volta rientrata in Spagna e dopo avere sconfitto un tumore, alla giornalista venne affidata la conduzione di uno spazio di attualità, «Espejo público», dove rimase fino al 2006.

All'epoca Pocholo era ormai sotto tutti i riflettori mediatici e conquistava sempre più popolarità come provocatore nato. Salito alla ribalta tre anni prima grazie a vari reality show e altre partecipazioni televisive, ottenne la conduzione di diversi programmi sul canale La Sexta. «Questo è uno show, il pubblico raddoppia quando mi vede perché interpreto me stesso» amava ribattere alle critiche. «Ormai non mi cambia più nessuno» aggiungeva.

Pocholo sostiene di vivere come gli hippy degli anni Sessanta. Stabilitosi a Ibiza, oltre a essere il padrone della notte, vende parei e portafortuna in spiaggia e organizza feste. Chi lo conosce afferma che il cugino di Carmen Martínez-Bordiú Franco è molto più intelligente del personaggio che interpreta e sfrutta ogni opportunità per ricavarne denaro e fama, nonostante la sua filosofia sia «essere felice senza un quattrino».

Dagli anni Cinquanta i Martínez-Bordiú sono protagonisti, ciascuno a suo modo, del panorama mediatico spagnolo. Per tre decenni l'attenzione si è focalizzata su Cristóbal, marchese di Villaverde e unico genero del Generalissimo. In seguito, gli anni Ottanta e Novanta sono stati quelli di Carmencita, che per un certo periodo cambiò il cognome paterno per quello del marito francese, Rossi. All'inizio del XXI secolo la «nipotissima» ha dovuto condividere la scena con il cugino Pocholo Martínez-Bordiú, mentre la generazione seguente ha optato per la discrezione. Da decenni ormai non sono più la prima famiglia di Spagna, ma continuano a essere al centro dell'attualità.

22
Gli Iglesias

I miei figli e io ci spartiremo il mondo.
JULIO IGLESIAS (N. 1943)

Gli Iglesias

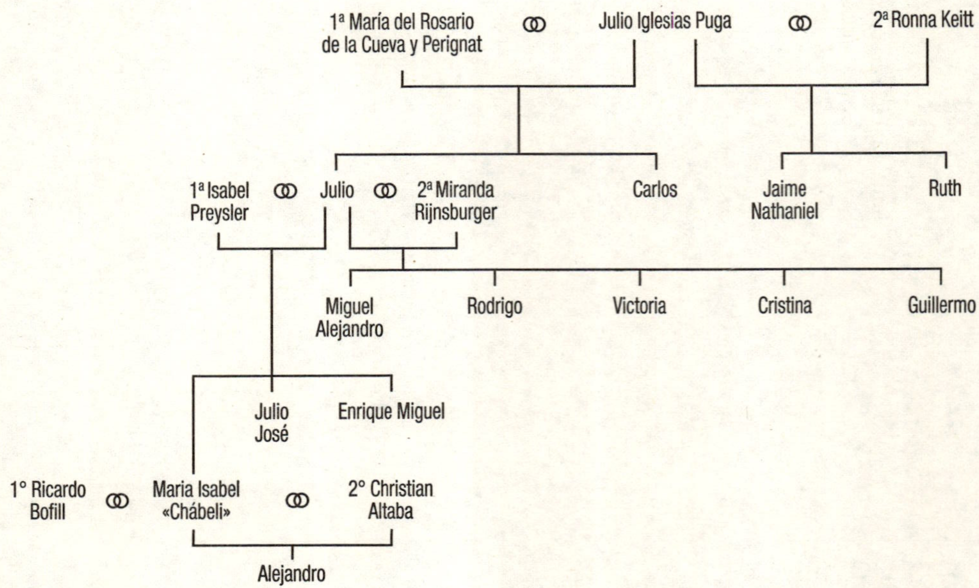

Il 26 gennaio 1998 lo Shrine Auditorium di Los Angeles traboccava di personaggi della musica per la consegna degli American Music Awards. Julio Iglesias, artista che in trent'anni aveva tracciato una delle carriere musicali internazionali di maggiore successo mai viste, era nominato al premio come migliore artista latino. Nella stessa categoria era candidato anche suo figlio, Enrique Iglesias, aspirante stella di 22 anni. Era una innegabile dimostrazione del fatto che nel mondo dello spettacolo stava nascendo una potente dinastia. Il mondo poteva vedere che l'interprete leggendario continuava a esibirsi ma che subito dietro di lui ce n'era un altro, suo figlio, anch'egli dotato di grande talento. L'anno successivo, il fratello maggiore di Enrique, Julio José (o Julio Junior, come ama essere chiamato), abbandonava la sua carriera di modello e attore di telenovelas per concentrarsi sulla musica e, anche se ancora distante dalla fama del padre e del fratello, ha già inciso tre album. Non è rivalità: per molti è vera e propria guerra.

Nasce una stella planetaria

Più di quarant'anni di vita professionale sono molti, ma Julio Iglesias è sembrato instancabile nel suo tour mondiale del 2010, *Starry Night*, realizzato sulle scene di cinque continenti. Famoso per i suoi tour da maratona, ha già tenuto oltre cinquemila concerti in più di seicento città di tutto il mondo. A 67 anni, superando i confini della lingua e della cultura, ha trionfato in tutto il pianeta e vuole conquistare nuovi fan. Il fatto è che Julio ha dichiarato in molte interviste che non sa come fermarsi. «È l'unica cosa che io sappia fare bene» ripete. I quasi 300 milioni di dischi venduti (e i record di vendite in paesi tanto diversi quali la Repubblica Popolare Cinese o il Messico) significano che ogni trenta secondi, in qualche parte del mondo, una radio trasmette una sua canzone.

Dal 1995 suo figlio Enrique segue le sue orme. In poco più di due anni di folgorante carriera, ha ottenuto sedici dischi di platino e duecentoventisette dischi d'oro, oltre a un Grammy per il suo primo album di cui ha venduto 9 milioni di copie. E tutto questo a soli 22 anni. «Io sono al primo posto e mio padre al secondo. Sono certo che vuole scalzarmi» ha detto una volta il piccolo della famiglia quando, giovanissimo, ha debuttato come cantante e ha ottenuto una fama internazionale paragonabile a quella del genitore. «Lui ha sangue da campione, e i campioni non si giudicano, bisogna soltanto dare loro suggerimenti perché continuino a esserlo. Ma lui non accetta molti consigli» ha risposto Julio. Però, nonostante i rimproveri, dicono che Julio sia un padre orgoglioso e che il fuoco incrociato tra di loro può essere in parte dettato dalla reciproca gelosia, ma è molto più una questione di promozione e marketing.

Con meno fortuna e meno fan, nel 1999 Julio José Iglesias ha iniziato a dedicarsi al mondo della musica ritagliandosi uno spazio da una parte e dall'altra dell'Atlantico. «Essere il figlio di Julio Iglesias ti apre certamente molte porte. Io mi presento alle case discografiche con questo nome ed è chiaro che loro ascoltano le mie proposte. Però la Sony Music di New York non mi avrebbe mai preso se la mia musica non fosse buona e se non credessero in me come artista. Di questo sono più che certo ed è l'unica cosa che m'importa» afferma il componente più poliedrico della famiglia Iglesias.

Il padre del clan, l'artista latino che ha venduto più dischi al mondo e che si colloca nei primi dieci posti della classifica dei top della storia della musica, è nato il 23 settembre 1943 nell'ospedale di Calle Mesón de Paredes, da una famiglia benestante di Madrid. Suo padre, il ginecologo Julio Iglesias Puga (1914-2005) era di Ourense, come i nonni Manuela e Ulpiano. Sua madre, María del Rosario de la Cueva y Perignat (1919-2002), era figlia di José de la Cueva, un famoso giornalista, creatore insieme al fratello Jorge dell'inno dell'Accademia di Fanteria. Inoltre Julio e il fratello Carlos, di due anni più giovane, hanno sangue nobile per parte materna.

Alla famiglia i soldi non mancavano, i problemi erano altri. Da piccolo, Julio soffrì per il matrimonio burrascoso dei genitori. «Il padre aveva tradito la madre in varie occasioni e questo aveva causato dissapori tra Julio e il fratello Carlos. Il fratello stava dalla parte della madre, e lui si mise da quella del padre a cui era molto legato» racconta Elina Furman, autrice di *Enrique Iglesias: An unauthorized biography* («Enrique Iglesias: una biografia non autorizzata»).

Durante l'adolescenza, Julio dovette lottare contro le proprie insicurezze. Ryan Creed, giornalista di comcast.net, racconta che in quel periodo era un giovane con pochissima autostima. «Il fratello minore era sempre stato il più bello. Carlos era il dongiovanni, quello che piaceva alle ragazze e lui ha avuto sempre una specie di complesso perché non era altrettanto attraente» dice la Furman.

In quegli anni Julio scoprì il suo primo amore, il calcio, una passione coltivata fino a diventare portiere della squadra giovanile del Real Madrid. Anche se si trattava di una squadra minore, lui la considerò la sua «occasione per diventare una stella, un modo per attirare su di sé le attenzioni generalmente riservate a Carlos» sostiene Elina Furman. «In breve tempo» afferma «si rese conto che un comportamento carismatico e sorridente nei confronti del pubblico gli poteva essere di grande aiuto e così divenne una specie di *showman* del campo di calcio.»

Per far piacere al padre, si iscrisse all'università dove iniziò a studiare Legge, con l'intenzione di entrare nel corpo diplomatico spagnolo. Era un giovane di successo: un calciatore in ascesa e uno studente dal futuro apparentemente brillante. Julio viveva al massimo. Ma all'età di 20 anni, la notte del 22 settembre 1963, mentre tornava a Madrid da Majadahonda, insieme a tre amici, la sua euforia giovanile gli giocò un brutto scherzo.

Aveva appena comprato una nuova automobile e quindi premeva a fondo l'acceleratore per vedere quale velocità fosse possibile raggiungere. Erano le due del mattino e viaggiava a quasi 160 chilometri all'ora quando perse il controllo ed ebbe un gravissimo incidente. L'automobile si schiantò contro una barriera di cemento e si spezzò in due. «Uscire praticamente indenne da quell'incidente fu un miracolo. Julio pensava di stare bene, ma quando riprese a giocare a calcio, si rese conto che aveva delle difficoltà e che il collo gli faceva male. Con il passare del tempo i problemi fisici aumentarono» dice Elina Furman. Dopo un po', riusciva a malapena a muoversi. Non poteva più camminare e suo padre lo fece visitare dai migliori specialisti di Madrid. I medici dissero che l'incidente aveva causato l'accelerazione della crescita di una cisti sulla colonna vertebrale che, comprimendo vertebre e nervi, stava provocando una paralisi graduale. Era indispensabile intervenire chirurgicamente. «L'operazione era molto complicata e lui temette di non uscirne vivo. Ma la superò e quando riprese conoscenza si accorse di essere paralizzato» prosegue la Furman.

I medici gli dissero che non avrebbe più camminato. Il suo promettente futuro di calciatore era definitivamente compromesso. Era la cosa peggiore che potesse accadergli. Ma non si sarebbe arreso senza lottare. Come afferma lo stesso Julio, la forza per riprendersi gli venne dal sostegno della famiglia, soprattutto di suo padre, che addirittura si ritirò dalla professione per più di un anno per aiutarlo nella riabilitazione. Rimase semiparalitico per quasi due anni ma la sua voglia di vivere, l'impegno personale e l'aiuto paterno fecero il miracolo.

Durante il lungo processo della riabilitazione, scoprì per caso una nuova passione. L'infermiere che si prendeva cura di lui un giorno gli diede una chitarra e gli disse di suonarla per esercitare il controllo dei muscoli. Iniziò a cantare le sue poesie tristi e romantiche e si rese conto di possedere una capacità fino ad allora ignorata. «Dopo quell'incidente scoprii tutto quanto, non soltanto la musica. Scoprii la vita» afferma Julio Iglesias.

I primi successi

Julio non aveva mai pensato alla possibilità di diventare cantante. Iniziò a cantare per calmare la tristezza di essere stato uno sportivo e di ritrovarsi obbligato a letto. Imparò a suonare la chitarra, riprese gli studi e si recò a Londra per imparare l'inglese. Ogni tanto, nel fine settimana, andava all'Air Port Pub dove cantava le canzoni dei cantanti popolari a quel tempo: Tom Jones, Engelbert Humperdinck, i Beatles... A Cambridge conobbe Gwendolyne Bollore che divenne la sua ragazza e gli ispirò una delle sue canzoni più famose, *Gwendolyne*.

Nel 1966 Julio iniziò a cantare canzoni composte da lui e poco più tardi si fece coraggio e ne presentò una, *La vida sigue igual*, al Festival di Benidorm del 1968. «Era un concorso per dilettanti e fu meraviglioso perché vinsi e fu come se iniziassi una nuova vita» racconta Julio Iglesias di quel primo passo tante volte ricordato. Fu il suo primo successo, ma Massiel, radiante trionfatrice dell'Eurovision Song Contest, era una delle cantanti più quotate del momento e ci furono più commenti sulla sua visita a Benidorm che sulla canzone vincitrice e il suo interprete.

Nel 1970, a 27 anni, Julio Iglesias aveva trovato la sua vocazione. Lavorava sia sulla composizione sia sull'interpretazione in attesa di riuscire a entrare nel giro discografico, finché fu selezionato per rappresentare la rete televisiva TVE all'Eurovision Song Contest che a quel tempo era una grande vetrina internazionale. Julio rappresentò la Spagna ad Amsterdam con la sua canzone *Gwendolyne*. Gli fecero indossare un vestito color azzurro intenso – gli dissero che era perfetto sia per la televisione in bianco e nero che per quella a colori – a cui cucirono le tasche per evitare che vi infilasse le mani. Anche se arrivò quarto, «raccolse attenzione sufficiente a risvegliare l'interesse di una casa discografica. Firmò un contratto con la Discos Columbia e la sua carriera decollò» ricorda Ryan Creed.

In quell'estate batté il suo primo record: tenne quarantuno concerti in quaranta città diverse in un solo mese. Uno di questi concerti accompagnò l'inaugurazione di Puerto Banús a Marbella, alla presenza della principessa Grace di Monaco e dell'Aga Khan. Erano i primi tempi del lussuoso enclave turistico della Costa del Sol, successivamente frequentato dal jet set internazionale. Lì ebbe inizio il legame speciale del cantante con Malaga, tuttora fortissimo. In quella città andalusa, e più esattamente nel distretto municipale di Ojén, attaccato a Marbella, sorge la sua casa spagnola, contornata da uno dei più grandi boschi di sughero del paese e con una splendida vista del litorale mediterraneo. Il suo tour europeo del 2010 è iniziato proprio nella Plaza de toros La Malagueta di Malaga. «Porto Malaga nel cuore» ama proclamare il cantante ai quattro venti.

All'inizio degli anni Settanta, Julio si fece un nome in Spagna cantando in spagnolo e servendosi di testi romantici e motivi orecchiabili. A poco a poco, ebbe successo anche in altri paesi europei dove attraeva legioni di fan. «Emanava sensualità e fascino con le sue canzoni d'amore, perdita e desiderio» sostiene Carolina Bermúdez, della rivista «In Touch Weekly». Secondo Ryan Creed, «la sua immagine di dongiovanni spagnolo attirava donne di tutto il mondo. Le sue canzoni romantiche, il suo modo di cantare così morbido in quasi tutte le incisioni gli permisero di stabilire immediatamente una comunicazione con il pubblico».

Nel 1971 realizzò un tour in Europa e in America Latina e fece innumerevoli apparizioni in televisione. Quell'anno Julio raggiunse il primo milione di dischi venduti. Osò anche cantare in Giappone, traducendo in giapponese la canzone *Como el álamo al camino*. Con l'aumento della sua popolarità, sfruttò il nuovo stile di vita per godersi al massimo le feste, le donne, i lussi, gli oggetti costosi... «Dopo l'incidente, imparò a godersi la vita, a viverla al massimo e iniziò a essere considerato un playboy» dice Ryan Creed.

La modella e il cantante promettente

Durante una festa flamenca organizzata da Tomás Terry, conobbe la donna che seppe domare i suoi appetiti: la modella filippina Isabel Preysler, appartenente a una facoltosa famiglia di Manila con radici spagnole, che viveva a Madrid dal 1969 a casa degli zii Miguel Pérez e Isabel Arrastia. Appena la vide, il cantante restò folgorato e non si arrese fino a che non la conquistò. «Era la donna perfetta per lui. Possedeva un'aura di purezza e inaccessibilità che risultava molto eccitante per un uomo che poteva avere qualunque donna volesse» spiega la scrittrice Elina Furman.

Dopo un appassionato fidanzamento di sette mesi, si sposarono il 29 gennaio 1971 a Illescas (Toledo) e trascorsero la luna di miele alle isole Canarie. Il padre di Isabel, contrario al matrimonio perché pensava che la figlia fosse ancora troppo giovane, non presenziò alle nozze. Lei aveva 19 anni, lui 28 e non era altro che un promettente cantante pieno di fascino.

Isabel lasciò gli studi come segretaria internazionale e si dedicò a fare la moglie. La coppia voleva metter su subito una grande famiglia e i figli arrivarono dopo poco. Nell'estate di quell'anno all'Estoril nacque la prima figlia, María Isabel Iglesias Preysler, detta «Chábeli». Più tardi, a Madrid, vennero alla luce Julio José (1973) ed Enrique Miguel (1975). La famiglia di Julio cresceva e parallelamente crescevano anche la sua fama e la sua ambizione.

Nei primi anni di vita dei figli, Julio passava il tempo sempre in tour o negli studi di registrazione e fu presto evidente che la vita famigliare non era il suo punto forte. Divenne un padre assente. «Amava l'adorazione da parte del pubblico, ne diventò praticamente dipendente. Come padre, non era certo esemplare» racconta Elina Furman. «Come padre sono stato per i miei figli un buon esempio sul lato professionale, ma non per l'aspetto affettivo» riconosce Julio. Un padre assente e una madre con un'agenda sempre piena di impegni obbligarono i tre fratelli a imparare a essere indipendenti e a sostenersi e proteggersi tra loro. Della formazione dei tre bambini si occuparono i nonni paterni e la bambinaia Elvira Olivares, la loro «Seño» di sempre.

Nel 1977 la relazione tra Julio e Isabel finì. Nel 1978 la coppia ottenne l'annullamento del matrimonio attraverso l'Arcidiocesi di Brooklyn (New York). «Le leggende sulle infedeltà di lui» racconta Carolina Bermúdez «erano famose e, sfortunatamente, è stato questo a far naufragare il matrimonio.» Enrique aveva soltanto 3 anni, Julio José 5. Si dice che successivamente il cantante cercò di rimettersi insieme a Isabel, cantando ai quattro venti il suo amore per lei. Isabel però non tornò sui suoi passi.

Il fatto è che le donne impazzivano quando Julio saliva sul palco. «Era molto sensuale, potevi immaginarti come potesse essere lo stare con un uomo così. Le donne lanciavano biancheria intima sul palco o si presentavano nude nella sua stanza d'hotel, per stare un po' con lui o semplicemente per vederlo» ricorda Carolina Bermúdez. Julio non ha mai voluto rinunciare alla sua fama di grande seduttore, anzi se ne vantava. Nel gennaio 2010, in un suo concerto a Punta del Este (Uruguay), raccontò a migliaia di fan le sue avventure sessuali, come aveva fatto altre volte. «Non potevo salire sul palco e cantare se prima non facevo l'amore» disse ridendo. «Ero come un coniglio, era spaventoso, perché poi, mentre ero in scena, volevo terminare in fretta perché sapevo che nella mia stanza c'era una donna nuda che mi aspettava.» Chiaramente, all'età di 67 anni, ha riconosciuto che quelle imprese appartenevano al passato.

Fatto sta che, dopo la separazione, Julio decise di farsi strada negli Stati Uniti e prese ufficialmente residenza a Miami. Era già una stella. Aveva girato il mondo più volte e aveva pubblicato diciassette album in dieci anni, incidendo tutte le sue canzoni in diverse lingue.

Nel 1978, la CBS gli diede la possibilità di entrare in un mercato che non aveva ancora conquistato, quello degli Stati Uniti, nonostante la serie di concerti che aveva già tenuto a New York, riscuotendo molto successo. Alla Carnegie Hall era stato acclamato come «il nuovo idolo latino» e nel mitico Madison Square Garden le entrate del botteghino furono da record. Era una grossa scommessa. L'accordo di Julio con la casa discografica fu uno dei contratti più redditizi che un cantante abbia mai firmato, con diritti d'autore di quasi il 10 per cento. Questa clausola significava altra ricchezza per un uomo già molto, molto ricco.

Il sequestro del dottor Iglesias

Tra il 1978 e il 1981 Julio mantenne un ritmo serrato di incisioni e produsse quattordici album in cinque lingue diverse. A 38 anni si ritrovava ormai con una carriera incredibile in Europa e in America Latina. La sua popolarità non aveva precedenti. Era l'epoca in cui l'album *Hey!* era il numero uno delle classifiche e le sue vendite superarono i 75 milioni di dischi in tutto il mondo. Cantò anche per la first lady degli Stati Uniti, Nancy Reagan, e come invitato del presidente Anwar al-Sadat, davanti alle piramidi d'Egitto.

Ma la fama e la fortuna portarono anche problemi. In Spagna tutti sapevano quanto fosse ricco Julio Iglesias. «Secondo la rivista "Forbes", era all'undicesimo posto degli artisti più ricchi del pianeta. Quando una persona compare in questo tipo di liste, qualcuno se ne accorge» dice la giornalista Carolina Bermúdez. Il 29 dicembre 1981 il padre di Julio, il dottor Julio Iglesias Puga, stava uscendo dal lavoro. Era uno dei fondatori della Maternità di Calle O'Donnel, di Madrid, dove era stato in passato responsabile del dipartimento di sterilità, infertilità e pianificazione famigliare. Ora, però, aveva uno studio privato. In alcuni casi era stato il portavoce ufficioso del figlio. Pensò che le persone che gli si stavano avvicinando lavorassero per qualche canale televisivo e volessero porgli delle domande sulla vita di Julio ma, improvvisamente, da dietro l'angolo sbucò un furgoncino e quegli uomini lo imbavagliarono e ve lo spinsero dentro. Il sequestro fu rivendicato dal gruppo terrorista dell'ETA, che chiese un riscatto di un miliardo di pesetas (6 milioni di euro).

Per ventuno giorni la famiglia non ebbe notizie del dottor Iglesias. Alle tre del mattino dell'8 gennaio 1982, tre settimane dopo il sequestro, la polizia fece irruzione in un edificio di Trasmoz, nella provincia di Saragozza e trovò il padre di Julio sano e salvo. Da quel momento, Julio vide la vita da un diverso punto di vista. «Pensava che il denaro e la fortuna avrebbero risolto tutti i suoi problemi ma scoprì che comportavano anche dei pericoli» dice Ryan Creed.

Julio, riconoscente, offrì al commissario Joaquín Domingo Martorell, il cervello della liberazione di suo padre, di diventare il suo braccio destro e direttore di alcune delle sue società in America. Il poliziotto accettò e si dimise da comandante della Brigata Centrale del Comando Unito per la lotta contro il terrorismo per seguire l'artista a Miami. Da quel momento, inoltre, Julio pagò di tasca sua un'eccellente squadra di sicurezza per proteggere suo padre. Il sequestro non lasciò però tracce nel carattere vitale e positivo di Julio Iglesias Puga e gli valse una notorietà che non fece che aumentare fino al giorno della sua morte.

Nell'estate del 1983, un anno dopo la liberazione, sei militanti dell'organizzazione terrorista ETA furono accusati del sequestro innanzi alla Audiencia Nacional. Il pubblico ministero chiese pene comprese tra gli otto e i quindici anni di reclusione, nonché 5 milioni di pesetas (30.000 euro) d'indennizzo per la vittima. Ma il dottor Iglesias stupì tutti quanti quando rinunciò a qualsiasi tipo di risarcimento e dichiarò che non riconosceva nessuno degli accusati, nonostante quattro di loro fossero stati arrestati la mattina della sua liberazione e tutti e sei avessero confessato davanti al giudice. Il commando di *polimilis* (responsabile anche dei sequestri di Luis Suñer e José Serra Santamans) non rimase a lungo in carcere. I sei uomini beneficiarono dell'indulto dopo la firma del *Manifiesto de los 43*, con il quale rinunciavano alla loro appartenenza all'ETA.

Dopo quel sequestro, Julio non si sentiva più sicuro e Isabel temeva per la sua famiglia. Comprò una lussuosa proprietà sull'isola Indian Creek, a Miami Beach. All'inizio i bambini lo andavano a trovare ogni tanto viaggiando tra Madrid e Miami, ma nel 1984, per la sicurezza della famiglia, Chábeli, Julio José ed Enrique si trasferirono definitivamente negli Stati Uniti. «Fu molto duro. I primi due mesi piansi tutti i giorni. Mio padre era sempre in viaggio» ricorda Enrique Iglesias che allora aveva 7 anni. Ma la «Seño» andò con loro negli Stati Uniti e da allora non si è mai separata da lui. «Lei si è presa cura di me da quando sono nato e adesso mi prenderò io cura di lei, è con me a Miami da quando sono diventato indipendente a 18 anni incidendo il mio primo disco. Non sai che cosa vuol dire tornare da un viaggio e trovarla lì ad aspettarmi» spiega Enrique.

Dopo quarant'anni di matrimonio, Julio Iglesias Puga divorziò da Rosario de la Cueva, madre di Julio e Carlos. «Iniziai a tradire mia moglie, Rosario, al terzo anno di matrimonio. Mi ero sposato, molto innamorato, con una bellissima ragazza. Le volevo molto bene, ma sono corso dietro a parecchie sottane» riconobbe il ginecologo nelle sue memorie *Voluntad de hierro*. Dopo la separazione, nel 1983, lei si trasferì a Miami per vivere con il figlio e i nipoti, e lì restò fino al 14 marzo 2002, giorno in cui morì dopo una lunga malattia. Nel novembre di quello stesso anno, Julio e il fratello Carlos fondarono in sua memoria il Centro per i Servizi Sociali Rosario de la Cueva de Iglesias, legato alla parrocchia di Corpus Christi di Miami, per aiutare le persone bisognose.

A differenza della discrezione sempre mostrata dalla madre di Julio, dopo la separazione il dottor Iglesias continuò con la sua movimentata vita sentimentale. Nonostante la sua inclinazione per le donne, non si risposò perché «avevo promesso ai miei figli che non mi sarei sposato con nessun'altra donna fino a che la mia prima moglie fosse ancora viva, e la mia parola è sacra» dice nella sua biografia. Nell'estate del 1990, su una terrazza di Madrid, conobbe la statunitense Ronna Keitt, di quarantotto anni più giovane di lui, in visita in Spagna. Il dottor Iglesias la invitò a conoscere la sua amata Galizia e un anno dopo la sposò in segreto «per rispetto alla mia prima moglie e ai miei figli». Al matrimonio non presenziò nessun membro della famiglia e l'unione fu resa pubblica solo dopo la morte di Rosario.

Piano piano, il dottore divenne il personaggio più polemico e controverso della famiglia, ma anche il più simpatico e disponibile verso la stampa rosa, che cominciò a chiamarlo «Papuchi», un appellativo che gli rimase fino al giorno della morte, il 19 dicembre 2005, pochi giorni dopo che, ormai novantenne, aveva annunciato che Ronna Keitt aspettava un secondo figlio da lui. Non conobbe mai la figlia Ruth, nuova sorella di Julio, nata il 26 luglio 2006, giorno in cui lui avrebbe compiuto 91 anni. Due anni prima, quando Julio aveva 61 anni e «Papuchi» 89, la nascita di Jaime Nathaniel Iglesias al Baptist Hospital di Jacksonville (Florida) aveva fatto sì che il dottor Iglesias diventasse, insieme ad Anthony Quinn e Charlie Chaplin, uno dei padri ottuagenari più famosi del mondo.

Quando il gioviale ginecologo morì all'ospedale San Carlos di Madrid, i suoi famigliari si trovavano dall'altra parte dell'Atlantico. Il figlio Carlos Iglesias organizzò un volo privato da Miami per la vedova Ronna, con una sosta a Punta Cana, nella Repubblica Dominicana, per raccogliere Julio Iglesias e la sua compagna Miranda. Carlos, medico come il padre, aveva abbandonato la carriera per occuparsi degli affari di Julio quando questi si era stabilito a Miami alla fine degli anni Settanta. La sua prima casa nell'area esclusiva di Key Biscayne, fu un regalo di Julio. Con il tempo, però, i rapporti tra i due fratelli si guastarono. Attualmente, Carlos non è più legato professionalmente al celebre fratello, possiede diverse proprietà nelle zone migliori di Miami e si dedica all'attività immobiliare, soprattutto a Punta del Este (Uruguay).

La conquista del mercato anglosassone

All'inizio degli anni Ottanta Julio era l'interprete spagnolo più popolare di tutti i tempi a livello internazionale. Nel 1983 fu inserito nel Guinness dei primati per avere venduto, in un solo anno, più di 100 milioni di dischi incisi in sei lingue diverse. Ma ciò che risalta particolarmente nella biografia dell'artista è che quell'anno conquistò definitivamente il mercato statunitense.

Julio non aveva inciso i suoi dischi soltanto in spagnolo, ma anche in giapponese, portoghese, francese, italiano e tedesco. La sfida, ora, era avere successo con incisioni in inglese. Julio sapeva che negli Stati Uniti doveva rivolgersi ai suoi fan nella loro lingua. «Si circondò di consulenti d'immagine e subito furono evidenti il suo fascino e la sua capacità di influire sulla gente. Iniziò ad avere rapporti con la stampa e a dimostrare il suo carisma di cantante latino. Fece le prime apparizioni televisive durante le interviste e a poco a poco fece sì che il pubblico prendesse coscienza della sua presenza» dice il giornalista Ryan Creed.

La sua scalata verso la popolarità proseguì, ma ottenne il primo vero successo statunitense grazie a un'insolita collaborazione con la stella del country Willie Nelson. Nel marzo del 1984 interpretarono insieme la canzone *To All the Girls I've Loved Before*, che raggiunse il quinto posto nelle liste della rivista «Billboard», le cui classifiche delle canzoni di maggior successo sono quelle più riconosciute internazionalmente. «Aveva un forte accento spagnolo e credo che fu una delle cose che più piacque alla gente» spiega il giornalista di «Billboard» Geoff Mayfield.

Il successo del singolo aprì la strada a *1100 Bel Air Place*, il suo primo album in inglese, che si piazzò tra i cinque più venduti. «Gli Stati Uniti si innamorarono di Julio Iglesias e non solo perché aveva abbattuto una barriera mai superata prima, ma perché quando le donne lo videro sul palco capirono perché piacesse tanto» spiega Carolina Bermúdez. Arrivò ad avere nella lista «Billboard» degli Stati Uniti ben sei dischi contemporaneamente, un risultato ottenuto prima soltanto dai Beatles e da Elvis Presley.

L'anno dopo, nel 1985, a Julio Iglesias fu assegnata una stella sulla Hollywood Walk of Fame e da allora ci fu un gran susseguirsi di duetti con i cantanti più famosi dell'epoca: Frank Sinatra, Barbra Streisand, Diana Ross, Plácido Domingo, Charles Aznavour, Stevie Wonder... Divennero abituali le sue apparizioni nei grandi show televisivi dove presentava un repertorio in cui univa le canzoni più conosciute del folclore sudamericano con le sue nuove canzoni in inglese. Nel 1986 realizzò un tour negli Stati Uniti, presentando novantatré concerti a cui assistette più di mezzo milione di persone in meno di quattro mesi. Divenne anche uno dei soci azionisti della squadra di pallacanestro Miami Heat della NBA.

La carriera di Julio Iglesias negli Stati Uniti era ormai inarrestabile e stava diventando il cantante più famoso del pianeta. È del 1988 il tour promozionale in Cina che ha fatto di lui il primo artista internazionale a realizzare un suo special in diretta televisiva sulla Televisione Nazionale Cinese a Pechino, con un ascolto di circa 400 milioni di telespettatori. In seguito è stato scelto per l'apertura ufficiale dell'Expo di Brisbane (Australia) ed è stato uno degli artisti che si sono esibiti durante la cerimonia inaugurale dei Giochi Olimpici di Seul 88 in Corea. L'8 settembre 1988 ha tenuto un concerto storico nello stadio calcistico Camp Nou di Barcellona davanti a più di centomila spettatori e trasmesso in diretta in mondovisione.

All'insaputa della famiglia

Nel frattempo, i figli Chábeli, Julio José ed Enrique crescevano nell'enorme proprietà di Indian Creek. Ma era un ambiente molto diverso da Madrid. «Enrique stava molto male perché si sentiva uno straniero in una terra straniera. Passava il tempo girando per casa senza niente da fare. Aveva un autista e tutti i lussi che ci si potesse immaginare, ma niente lo rendeva felice; l'unica cosa che voleva era l'affetto dei genitori» commenta Elina Furman.

Ed è stata questa infanzia «diversa», come lui stesso la definisce, a far sì che Enrique trovasse il coraggio necessario per lottare contro le avversità. Durante quegli anni solitari nella lussuosa proprietà di

Miami iniziò ad avvicinarsi alla musica. Combatteva la solitudine e la frustrazione scrivendo un diario nella sua stanza. Come afferma lui stesso: «Iniziai a scrivere quando avevo 13 anni. Ero un bambino molto timido. Per me era come una terapia». All'epoca, Enrique non parlava a nessuno del suo desiderio di diventare cantante perché «aveva paura che la gente commentasse negativamente le sue canzoni o che lo confrontasse con suo padre. Voleva che fosse una cosa sua e che non lo mettessero immediatamente in rapporto con Julio. Desiderava crescere autonomamente come artista» spiega Carolina Bermúdez.

Poco prima di finire gli studi aveva conosciuto un paio di musicisti in un ristorante di Miami. Un giorno si armò di coraggio e si esibì davanti a loro. Era la prima volta in vita sua che aveva un pubblico e non menzionò chi era suo padre. «Loro rimasero favorevolmente colpiti dalla sua voce e vollero aiutarlo. Enrique era euforico perché, finalmente, non era solo» spiega Elina Furman. «Non avevano idea che fosse il figlio di Julio. Enrique sapeva che era piaciuto per il suo talento e non per il suo cognome» aggiunge. Quell'esperienza gli diede coraggio e sicurezza in se stesso.

Nel 1993 si diplomò e, per compiacere il padre, s'iscrisse all'Università di Miami per studiare Amministrazione d'impresa. Ma gli studi passarono presto in secondo piano. Voleva dedicarsi alla musica e l'anno successivo lasciò l'università senza dirlo a nessuno e si rivolse al manager di suo padre, Fernán Martínez, per chiedere consiglio. L'incontro si trasformò rapidamente in un'audizione: Enrique cantò, il manager restò molto colpito e gli propose immediatamente di incidere un brano di prova. Stando a Nicole Raymond, giornalista della rivista «People», Enrique chiese di non utilizzare il suo cognome, sia perché suo padre non sapesse cosa stava facendo, sia perché non voleva che un eventuale contratto gli fosse proposto solo in virtù di come si chiamava. «Voleva dimostrare al padre che non aveva bisogno di lui, essere certo che se qualcuno lo voleva fosse solo per il suo talento» dice Carolina Bermúdez. Enrique incise un brano campione con lo pseudonimo di Enrique Martínez. «Era disposto a seguire la strada più difficile» aggiunge la giornalista di «In Touch Weekly».

Il risultato di questa incisione fu disastroso. Tutti i giganti della discografia, dalla Sony alla Emi e alla Polygram la respinsero. A quel che dicono fu un duro colpo per Enrique, che reagì piuttosto male. Ma anche una piccola casa discografica messicana, la Fonovisa Records, ricevette l'incisione e, incuriosita dalla voce mascolina e seduttrice di Enrique, decise di concedergli una possibilità. «Pensarono: "È bello, è spagnolo e canta canzoni seducenti"» spiega Angie Romero, giornalista della rivista «Latina».

Enrique scopre la sua identità

Senza sapere che l'artista che chiamavano Enrique Martínez era in realtà il figlio di Julio Iglesias, la Fonovisa era pronta a firmare un contratto per tre dischi e un milione di dollari. Ma la casa discografica non tardò molto a scoprire il segreto di Enrique. «I dirigenti della Fonovisa erano felicissimi, perché avevano vinto il primo premio alla lotteria. Sapevano di avere fatto un ottimo investimento» dice Elina Furman.

Con i documenti firmati e l'identità rivelata, Enrique andò a Toronto per incidere l'album di debutto, mentre i suoi amici e la famiglia lo credevano all'università. Il segreto era comunque difficile da mantenere. Quando aveva già inciso l'album, e a pochi giorni dal suo lancio sul mercato, Enrique decise di dire a suo padre che voleva dedicarsi alla musica. «Quando sentì che Enrique avrebbe fatto il cantante e che aveva già un contratto discografico, si indignò. Si risentì perché il figlio non gli aveva chiesto consiglio. Si offese molto» sostiene Elina Furman.

Allo stesso tempo era lusingato dal fatto che suo figlio si interessasse alla sua stessa carriera professionale e assunse immediatamente il ruolo del «padre consigliere». «Aveva milioni di consigli da dargli ma Enrique gli disse: "Voglio farcela da solo, ho tutto sotto controllo. Davvero, voglio fare tutto da solo, come hai fatto tu"» dice Elina Furman. «Gli dissi: "Io ci provo e se mi va bene, perfetto, se invece mi va male non dovrò dare la colpa a nessuno"» racconta Enrique Iglesias ricordando i suoi esordi senza il controllo paterno. «Io mantengo separati il lavoro e la famiglia perché sono fatto così, sono cresciuto molto indipendente» aggiunge.

Molti giornalisti che hanno seguito le carriere di entrambi gli artisti, come Angie Romero, assicurano che «da quel momento Enrique non ha ricevuto da Julio nessun consiglio di tipo musicale. E Julio dice che non parla di musica con suo figlio perché lui non vuole». Altri parlano di rivalità diretta: Julio aveva trovato il primo concorrente della famiglia. Il secondo, Julio José, sarebbe arrivato nel 1999, ma questa volta ci sarebbe stata la supervisione del padre.

Julio Iglesias non perdonò mai Fernán Martínez e troncò i rapporti professionali con lui quando scoprì che aveva aiutato a lanciare Enrique come cantante. Ma il rappresentante cadde in piedi. Dopo avere consolidato la carriera di Julio, Fernán Martínez creò quella di suo figlio Enrique, che lo assunse come manager nel 1994, anche se poi i due chiusero male il loro rapporto. Enrique lo licenziò nel 2001 e lui lo denunciò chiedendo quattro milioni e mezzo di dollari per commissioni non pagate. Alla fine giunsero a un accordo ed entrambe le parti furono più o meno soddisfatte. In seguito, il manager divenne il rappresentante del cantautore colombiano Juanes, procurando fama anche a lui.

Ma Fernán Martínez era il manager di Enrique quando il 21 novembre 1995 uscì il suo primo album, *Enrique Iglesias*, una raccolta di ballate pop, dedicate alla «Seño». L'album fu un successo fin dal primo giorno e vendette un milione di copie in tre mesi. Il tema *Si tu te vas*, il primo singolo della sua carriera, arrivò al primo posto delle classifiche di «Billboard». Seguirono altri singoli come *Experiencia Religiosa*, *Trapecista*, *Por amarte*... «È piuttosto insolito che un artista nuovo ottenga cinque volte il primo posto in classifica e un doppio disco di platino con il suo primo lavoro, ma lui lo ha fatto» dice Carolina Bermúdez. Senza contare che dal vivo Enrique era travolgente. In un paio di giorni i biglietti di concerti per ventimila persone erano esauriti. Dimostrò di essere una stella molto redditizia.

Scontro tra idoli

Intanto, Julio Iglesias stava dando gli ultimi ritocchi al suo quarantatreesimo album, *Tango*. Anche se aveva ottenuto dischi d'oro e di platino in mezzo pianeta, era suo figlio che stava facendo impazzire il mondo della musica. Dopo un solo lavoro pubblicato, Enrique vinse il premio per la migliore interpretazione di pop latino ai Grammy del 1996. Questo gli aprì molte porte.

Poco incline alle sperimentazioni, Enrique decise che il suo secondo album *Vivir* sarebbe stato ancora un disco di ballate. Il risultato fu ancora ottimo. Con una velocità vertiginosa divenne famoso per le sue esibizioni piene di passione e vitalità in grandi stadi, dove si presentava con un look volutamente trasandato e con l'immancabile cappellino. Una delle canzoni più famose dell'album fu *Enamorado por primera vez*, che arrivò di nuovo al primo posto nell'elenco di successi latini della rivista «Billboard».

Secondo la scrittrice Elina Furman, la chiave del suo successo stava nell'aspetto di «ragazzo qualunque, uno che avrebbe potuto essere un tuo amico. Questo faceva presa su molte persone». «Il suo aspetto trasandato piaceva molto. Non sembrava il tipico cantante di ballate, quanto piuttosto una stella pop, e questo lo aiutò parecchio» commenta Nicole Raymond. «È un ragazzo che non ha paura di aprire il suo cuore e mostrare ciò che prova. Il pubblico nota che è genuino e sincero quando canta» sostiene Carolina Bermúdez.

Certo è che il fascino di Enrique era diverso da quello di altri idoli del pop latino in auge alla fine degli anni Novanta, come ad esempio Ricky Martin, Luis Miguel, Chayanne, Marc Anthony... e, naturalmente, suo padre, pur se il confronto tra i due divenne inevitabilmente piuttosto frequente. Enrique è solito raccontare che la prima volta che si sentì davvero vicino a suo padre fu quando cantò dal vivo di fronte al pubblico e notò l'eccitazione di essere circondato da migliaia di fan. Di suo padre è solito ripetere: «Il suo stile musicale non è il mio e lui incide in modo diverso da me».

Di certo non ci sono dubbi sul fatto che i due hanno molti punti in comune: l'ossessione per il lavoro ben fatto e per l'attenzione nei confronti della stampa, il modo in cui affrontano le maratone delle promozioni e i tour estenuanti che li portano in giro per mezzo mondo. La componente ereditaria si rende poi evidente in alcune sfumature della voce e in alcuni gesti. «Sono i giornalisti che cercano sempre un paragone con lui. Non siamo in competizione tra noi, niente affatto. Di certo preferisco che a battermi nelle vendite sia lui, o mio fratello, piuttosto che qualcun altro» dice.

Hanno sempre negato di essere in gara tra loro. La verità è che entrambi sono nati con il desiderio di diventare personaggi leggendari, di superarsi continuamente. I giornali, però, cercano di dare spazio ai loro conflitti professionali. «La carriera di Enrique è iniziata a metà degli anni Novanta. Gli album più famosi di suo padre sono usciti prima. Dagli anni Novanta in poi è stato Enrique a vendere di più» precisa il giornalista Geoff Mayfield. «Enrique si sente sempre più sicuro e sta diventando un artista molto solido. Julio è invecchiato e per lui è dura vedere che il successo del figlio è in continua crescita mentre il suo ha già toccato il punto più alto» sostiene Elina Furman. Comunque sia, ogni volta che i giornalisti glielo domandano, Enrique riconosce che negli ultimi dieci anni ha visto suo padre soltanto un paio di volte nonostante sia capitato che fossero contemporaneamente nella stessa città per una promozione. Resta comunque il «più grande fan di Julio», dice, e si vogliono bene.

L'esplosione latina

Nel 1998, Julio pubblicò *My Life*, un doppio album che raccoglie trentadue dei suoi maggiori successi e quattro canzoni nuove. Il disco arrivò al numero tre delle classifiche di vendita. Quello stesso anno uscì l'ultimo lavoro di Enrique per la Fonovisa: la casa discografica era troppo piccola per poter seguire il ritmo della sua carriera.

Quell'anno, insieme al padre e al cantante messicano Luis Miguel, Enrique ricevette la prima nomination per gli American Music Awards nella categoria di migliore artista latino. «Giravano voci che Julio avrebbe lasciato la sala se a vincere fosse stato Enrique» assicura Carolina Bermúdez. Le telecamere del mondo intero ripresero l'espressione di soddisfazione di Julio quando sentì pronunciare il suo nome come vincitore. L'anno successivo, fu comunque Enrique a conquistare il premio che gli era stato negato nella precedente edizione, anche se dovette condividerlo con Ricky Martin e Los Tigres del Norte.

Alcuni mesi prima, una telefonata da Hollywood gli aveva dato la grande occasione di affrontare una nuova sfida. Durante il tour *Cosas del amor*, l'attore Will Smith era andato a uno dei suoi concerti ed era rimasto colpito dalla sua voce e dalla sua energia. Gli chiese quindi di scrivere una canzone per il suo film *Wild Wild West*. Enrique scelse una canzone che aveva già composto: *Bailamos*.

In quel periodo c'era un'esplosione latina capeggiata da Ricky Martin e Jennifer Lopez. *Bailamos* uscì soltanto un paio di settimane prima del film e riscosse un grande successo. La canzone piacque a tutti, indipendentemente dall'età, dalla razza e dalla cultura. Nel mese di settembre del 1999 rimase due settimane al primo posto delle classifiche. «Tutte le case discografiche che in passato avevano respinto Enrique ora facevano a gara per ottenere che firmasse un contratto con loro» racconta Ryan Creed. «Per lui fu una specie di vendetta. Si era scatenata una guerra tra le varie case discografiche e gli pioveva denaro da ogni parte» sostiene Elina Furman. Alla fine, Enrique ottenne un contratto senza precedenti di 40 milioni di dollari per sei album con la Universal, che si sarebbe incaricata di distribuire i dischi in spagnolo, e con Interscope, che avrebbe prodotto i dischi in inglese.

Nel 1999, diventato ormai il re del pop latino e con l'appoggio di entrambe le case discografiche, incise il primo album in inglese, intitolato *Enrique*, di cui vendette più di sei milioni di copie in tutto il mondo. Un anno più tardi, l'album (il quarto della sua carriera) portava il cantante a un totale di 23 milioni di album venduti complessivamente e gli era valso dischi d'oro e di platino in trentadue paesi.

Quasi contemporaneamente, la famiglia produceva un nuovo cantante. Julio José, dopo essersi laureato in Comunicazione presso l'Università di San Francisco ed essere stato modello e attore di telenovelas a Miami, decise di dedicarsi alla musica e di incidere il suo primo disco, *Under my eyes*: non solo cantava in inglese ma ne aveva composto quasi tutte le canzoni. «Sono cresciuto in un ambiente completamente musicale e mia madre ama ripetere che già da piccolo mi piaceva molto cantare, ballare e accompagnare mio padre nei suoi concerti. Ma è stato nel 1995 che ho capito che era giunto il momento che iniziassi il mio cammino personale nel mondo della musica» spiega.

Julio José ricevette la benedizione paterna. «Quello che canta davvero bene è mio figlio Julio» rispose una volta Julio Iglesias alle domande insistenti dei giornalisti che volevano sapere che cosa pensasse del successo di Enrique. «Julio sfonderà con il suo nuovo disco» vaticinava ripetutamente con grande orgoglio. Anche il nonno, il gioviale dottor Iglesias Puga, lo sostenne per il suo debutto discografico. «Canta» diceva «con tutta la grinta dei neri. È a metà tra Jimi Hendrix e Michael Jackson. Sarà un fuoriclasse.» Ebbe anche l'approvazione di Miranda Rijnsburger, madre del fratellastro appena nato, che nonostante fosse poco incline a rilasciare dichiarazioni alla stampa disse: «Julio José canta in modo formidabile, è diverso da tutti gli altri. Sapevo da sua sorella che cantava sotto la doccia, sulla spiaggia, con una chitarra, ma non potevamo immaginare una sorpresa simile». Nel 1999 la Sony se lo accaparrava. Aveva 27 anni, la stessa età di suo padre quando diventò famoso con *Gwendolyne*.

Chábeli trionfa a Miami

Prima che i suoi fratelli avessero successo sulle scene, Isabel «Chábeli» aveva già avuto i suoi momenti di gloria mediatica. La sua venuta al mondo era stata celebrata da numerosissimi mezzi di comunicazione, in quanto primogenita del cantante già famoso. Tutti seppero che la giovane mamma, Isabel Preysler, di soli 20 anni, aveva partorito con un mese di anticipo mentre era in vacanza all'Estoril, per colpa di una colica renale. Anno dopo anno, gli spagnoli la videro crescere insieme ai suoi due fratelli sulle pagine delle riviste, fino a quando ebbe 6 anni, il momento in cui i suoi genitori si separarono e lei iniziò a vivere tra Miami e Madrid. Due anni più tardi, la madre si sposò con Carlos Falcó, marchese di Griñón, con cui lei parve andare subito d'accordo. Chábeli fu molto felice quando nel 1981 arrivò la sua prima sorella, Tamara Falcó.

Quando ebbe 13 anni andò a studiare in Inghilterra. Al ritorno, sua madre si separò dal marchese e venne alla luce la sua relazione con Miguel Boyer, così che Isabel Preysler divenne una regina delle riviste patinate. Per Chábeli furono anni di fughe dai giornalisti e andò a vivere con il padre e i fratelli nella lussuosa casa di Miami. Tornò per proseguire gli studi in Spagna e iniziarono ad attribuirle numerose storie d'amore, soprattutto con i figli delle famiglie dell'alta società spagnola, fino a diventare uno degli obiettivi favoriti delle riviste rosa.

Nel settembre 1993 si sposò con Ricardo Bofill, figlio del famoso omonimo architetto e dell'attrice italiana Serena Vergano. La coppia sembrava molto felice ma già dal primo anno di matrimonio iniziarono a girare voci di una crisi. Nell'aprile 1995, alcune foto che ritraevano la cantante messicana Paulina Rubio insieme a Bofill rivelarono la loro relazione che i due non tardarono a mostrare in pubblico. Nel 1997, dopo averci pensato per qualche anno, Chábeli e Ricardo si separarono legalmente.

Negli anni Novanta era frequente vedere Chábeli nei teatri di posa della televisione spagnola e delle reti di lingua spagnola negli Stati Uniti. Apparve nel programma «El Show de Cristina» della popolare giornalista cubano-americana Cristina Saralegui, di Univisión. Poco tempo dopo fece una breve apparizione come presentatrice di «El Show de Chábeli», sulla stessa rete televisiva e alla radio di Miami. Lavorò anche come modella pubblicitaria ma quello che preferiva era disegnare abiti. Sognava di avere prima o poi un suo marchio di moda. Ciò che però le rendeva di più era vendere interviste esclusive. L'apice del successo mediatico arrivò nel marzo 1997 quando inaugurò «Tómbola», il programma della stampa rosa su Canal 9 e le pagarono un milione e mezzo di pesetas di allora per l'intervista. Davanti agli attacchi dei giornalisti, abbandonò il set dichiarando che provava vergogna per il programma. Si sentiva molto più a suo agio collaborando come giornalista per la rivista «¡Hola!» e per la versione britannica «Hello!».

Nel 1999, Chábeli ebbe un incidente automobilistico a Los Angeles e rischiò di perdere la vita. La polizia dichiarò che si era salvata per miracolo. Sull'automobile viaggiava anche il suo compagno, l'imprenditore statunitense James Miller, con cui ruppe poco dopo. Alcuni mesi più tardi, nell'ottobre 2001, si sposò con l'imprenditore Christian Altaba con una cerimonia privata tenuta nella sua casa di Miami. La coppia si trasferì a vivere in una delle zone più esclusive di Miami Beach, molto vicino all'isola di Indian Creek dove lei aveva vissuto per molti anni con suo padre dopo il sequestro del nonno. Nel gennaio 2002 nacque il primo nipote di Julio Iglesias, Alejandro, venuto alla luce dopo soltanto sei mesi di gravidanza. I suoi padrini sono Julio José Iglesias e Ana Boyer.

La seconda famiglia di Julio

Il nipote di Julio nacque soltanto sette mesi dopo che, sempre a Miami, erano nate la sua sesta e settima figlia, le gemelle Victoria e Cristina. Dalla fine degli anni Novanta la sua immagine di playboy era andata un po' svanendo. Nel 1997 Julio si prese una pausa e smise di scrivere e di conquistare le donne, soprattutto dopo aver conosciuto l'ex modella Miranda Rijnsburger. La prima volta che si videro fu nel dicembre 1990, all'aeroporto di Giacarta (Indonesia). Sette anni più tardi, a 54 anni, Julio creò una seconda famiglia con la sua compagna di 32. E il 7 settembre di quell'anno, nasceva Miguel Alejandro, il quarto figlio del cantante. Dopo di lui, la coppia ebbe altri quattro figli: Rodrigo, le gemelle Victoria e Cristina e, infine, Guillermo.

«Julio aveva più tempo da dedicare alla famiglia. Non c'è da stupirsi che Julio José, Enrique e Chábeli fossero gelosi, perché loro non avevano mai potuto godersi la presenza del padre. Improvvisamente lo vedevano comportarsi da padre affettuoso e molto legato ai figli» spiega la giornalista Carolina Bermúdez. «Con la sua seconda famiglia» aggiunge «fu come se avesse la possibilità di redimersi per tutto quello che non aveva dato ai suoi primi tre figli.» E anche di sentirsi ringiovanito. In effetti, nel 2000, con una carriera lunga trentatré anni e i due figli maggiori che seguivano le sue orme, dal suo ultimo album *Noche de cuatro lunas* spuntò fuori un Julio Iglesias rinnovato e ringiovanito.

Miranda fece mettere la testa a posto al dongiovanni, ma come dissero in un'intervista rilasciata al «News Sunday Morning» della CBS, avevano deciso di aspettare che i figli fossero sufficientemente grandi per sposarsi e poter spiegare loro che «il matrimonio è un passo che si fa per amore e non per obbligo». Le nozze si celebrarono infine il 24 agosto 2010 con una cerimonia religiosa a Marbella.

Ma anche il bell'Enrique la pensa così? Come suo padre, ha avuto una vita amorosa appassionata. Dall'inizio della sua carriera ha avuto relazioni con molte donne, come l'attrice e modella colombiana Sofía Vergara; la cantante Christina Aguilera; la protagonista della serie televisiva *Ghost Whisperer – Presenze*, Jennifer Love Hewitt; la ex modella e attrice Shannon Elizabeth; la finalista del concorso di Miss Mondo, Samantha Torres, e la ex Miss Universo Alicia Machado, tanto per fare qualche nome. Ma nel 2002, all'età di 26 anni, ha conosciuto la campionessa di tennis russa Anna Kournikova. Insieme hanno registrato la videoclip *Escape* (l'album relativo ha venduto 3 milioni e mezzo di copie) e dal primo istante c'è stata una forte attrazione tra i due. «Del resto è un video molto sexy, in cui i due si abbracciano e si baciano» afferma Nicole Raymond. Dopo quella registrazione hanno iniziato a uscire insieme. La relazione di Enrique con la tennista più famosa del mondo ha aumentato ulteriormente la sua fama.

Con il passare del tempo e l'approfondirsi del rapporto tra Enrique e Anna, si è visto che lui è diverso dal padre in quanto a conquiste e seduzione. «L'immagine di donnaiolo di mio padre non mi dà fastidio: mi dà fastidio che l'attribuiscano a me. Lui può fare quello che vuole con la sua immagine. Le donne mi piacciono molto e mi ispirano, però mi sembra ridicolo che si dica che si è stati con tremila donne. Visto che sono cresciuto vedendolo, io sono il contrario» ha dichiarato una volta. «Enrique aveva sentito raccontare la storia che suo padre tornava nella stanza dell'albergo e cercava le donne nude sotto il letto o dentro l'armadio. E io credo che lui invece volesse stare con una donna che amava. Sapeva quanto fosse difficile trovare l'amore in una compagna e in Anna lo trovò» spiega Angie Romero.

Anna, al centro dell'attenzione di tutti da quando aveva 10 anni (anche se aveva iniziato a giocare a 5 e si è ritirata a 24 per una lesione lombare), è abituata a essere seguita ovunque da una legione di paparazzi. Da quando ha conosciuto Enrique non perde occasione di mostrare la sua lealtà e la sua ammirazione per lui, nonostante le voci di una loro rottura che periodicamente si fanno sentire. «Enrique è molto aperto, umano e semplice e tratta tutti con grande rispetto. Ha un gran cuore ed è molto divertente. Sono tantissime le cose che mi piacciono in lui!» ha dichiarato a Univisión. Sembra però chiaro che il matrimonio non faccia per lui. «Una firma su un documento non significa nulla» ripete spesso. «Non ho paura del matrimonio, ma ritengo che non sia necessario, non mi dà niente di più di ciò che ho» raccontava nel numero di giugno della rivista «Lecturas».

Innamorati della vita, innamorati della musica

Nel 2005, Julio proseguiva la sua inarrestabile marcia trionfale per tutto il mondo e realizzava tour nei cinque continenti. A dicembre 2007, poco prima dei suoi quarant'anni di carriera, il presidente francese Nicolas Sarkozy nominò Julio Iglesias Cavaliere della Legione d'Onore di Francia. «Caro Julio, sei un francese nel cuore e, di tutte le qualità dell'uomo e dell'artista, ce n'è una che mi viene alla mente se penso alla tua carriera. E quella parola è, naturalmente, amore» disse Sarkozy durante la cerimonia privata tenutasi nel palazzo dell'Eliseo. Oltre all'amore il capo di Stato francese annoverò il coraggio e il gran lavoro tra le virtù del cantante spagnolo. In effetti, Julio Iglesias non ha lasciato passare neppure un anno senza dare un concerto dietro l'altro, per niente preoccupato di dover competere con Enrique per conservare le sue legioni di fan. «A volte è un bene sentire il timore che il pubblico possa abbandonarti, evita che ci si sieda sugli allori» ha detto nel suo ultimo tour in Paraguay, davanti a un pubblico molto più ridotto di quelli che lui generalmente richiama.

Mentre la vita di Julio trascorre tra un concerto e l'altro, intervallata da periodi di riposo o nella sua residenza a Punta Cana, nella parte orientale della Repubblica Dominicana che chiama «la mia seconda patria» e di cui ha acquisito la nazionalità, o a Miami, o a Ojén a Málaga, suo figlio Enrique Iglesias ha raggiunto una certa solidità artistica e ha iniziato il secondo decennio di attività nel campo dello spettacolo. «Alla fine, ciò che più importa è comunicare con il pubblico. E questo è qualcosa che sia il padre sia il figlio sanno fare molto bene» dice Nicole Raymond. In effetti, pur se in un primo momento sembrano diversi, «in fondo le due carriere corrono in parallelo. Entrambi sono ambiziosi, sono uomini orgogliosi e vogliono trionfare» aggiunge.

Julio José deve ancora dimostrare di possedere queste caratteristiche, anche se dicono che il suo motto è: «Per trionfare bisogna lavorare sodo e bene». Intanto è stato in grado di trovare subito il suo posto e un modo di guadagnarsi la vita diventando un personaggio mediatico. Inoltre non gli importa molto di non essere il numero uno nella vendita di dischi o di avere cantato davanti a un pubblico numeroso soltanto durante il gala di Miss Universo o come spalla di Cher. E di fronte alla curiosità insistente dei giornalisti, Julio José dichiara di non essere minimamente geloso di Enrique: «Se non ho ancora trionfato come lui è perché a me è venuto in mente tardi di dedicarmi alla musica. Ho cominciato a scrivere canzoni a 25 anni. Ma c'è comunque posto per tutti» afferma senza mezzi termini.

Forse il talento è ereditario, ma a ogni modo gli Iglesias sono dotati di carisma, affascinano le donne in una maniera che nessuno sa spiegare e si sono creati una carriera di successo nel mondo dello spettacolo. Insieme sono una dinastia che ha venduto più di 350 milioni di dischi e ha fatto del cognome Iglesias un'icona per le generazioni future. Intanto, a febbraio 2010, il governo spagnolo ha riconosciuto il ruolo importante della musica in spagnolo di Julio Iglesias assegnandogli la Medaglia d'Oro al Merito per le Belle Arti.

Dopo tre anni d'attesa, e un tour annullato alla fine del 2009, Enrique ha pubblicato nel 2010 *Euphoria*, il suo nono album e il primo a contenere temi originali sia in spagnolo sia in inglese. L'erede della stirpe è stato appena definito «il Re del Pop Latino».

23

I Rivera Ordóñez

Ci sono quattro o cinque pomeriggi nel corso
di una *temporada* in cui non importa più nemmeno la vita...

CAYETANO RIVERA ORDÓÑEZ (1977)

I Rivera Ordóñez

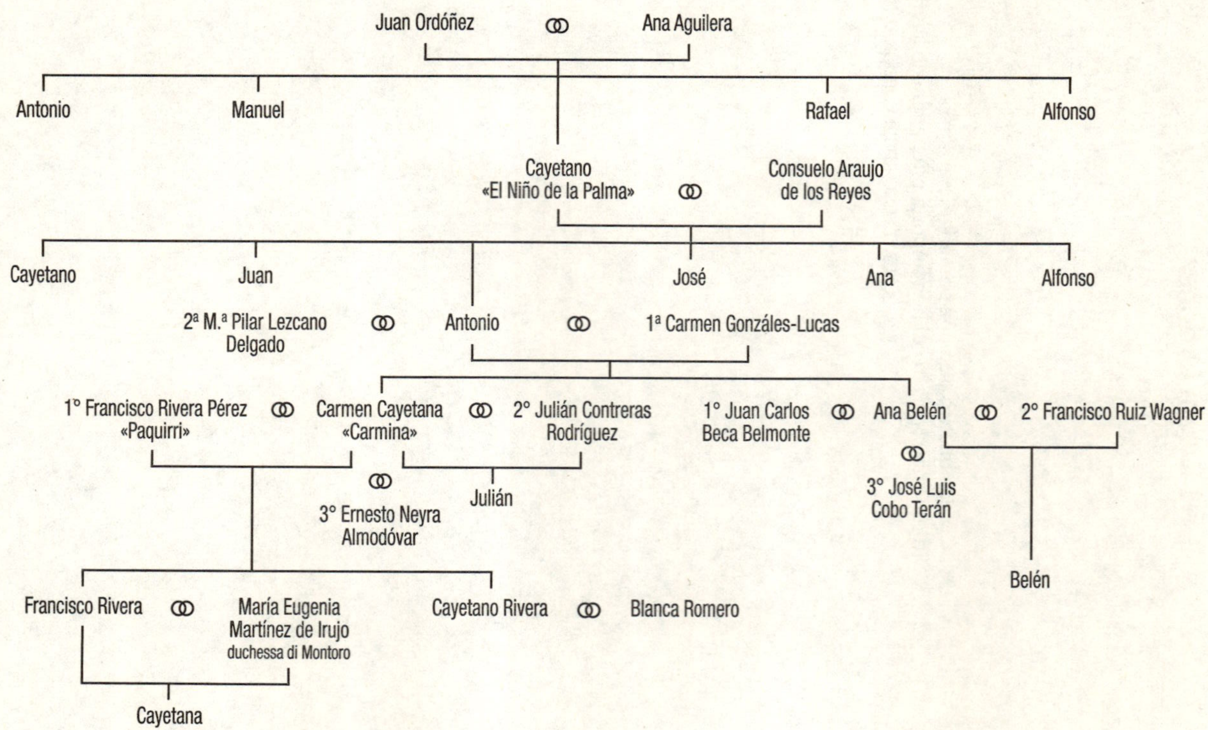

Nelle vene di Francisco e Cayetano Rivera Ordóñez scorre il sangue dei veri matadores. *Le origini della loro stirpe risalgono ai Dominguín, a partire dal bisnonno Domingo González, padre del* matador *Luis Miguel Dominguín. Anche da parte materna c'è una famiglia con una lunga tradizione nel mondo della corrida: è quella creata da Cayetano Ordóñez, il «Niño de la Palma», padre di cinque* matadores *tra cui il mitico Antonio Ordóñez. A questi cognomi illustri si aggiunge quello dei Rivera, con a capo il nonno Antonio Rivera, il padre Francisco Rivera «Paquirri», gli zii José Rivera «Riverita» e Curro Vázquez, e il cugino José Antonio Canales Rivera. Con un'eredità del genere alle spalle, i nipoti di Antonio Ordóñez e Luis Miguel Dominguín, nonché figli di Paquirri, avevano il destino segnato fin dalla nascita. Francisco sta raggiungendo il suo obiettivo sottoposto a una «pressione bestiale», come dice lui stesso, e sembra che le cose gli vadano bene. Il 17 agosto 2008 ha celebrato la millesima corrida (cifra raggiunta solo da pochi) nell'arena di Estepona (Malaga), tagliando quattro orecchie e una coda. Il fratello Cayetano, dal debutto a Ronda nel 2005, ne segue le orme, risplendendo maestoso tanto nell'arena quanto in passerella e sulle copertine delle riviste. E quando si tratta del più giovane dei Rivera Ordóñez si risvegliano sempre aspettative e una curiosità morbosa.*

I matadores *più importanti del XX secolo*

Di rado la stampa si occupa delle fatiche e dei sacrifici, delle preoccupazioni e delle paure che pesano sulla vita di un torero. Di solito si preferisce parlare dei loro successi, anche se ormai non sono più considerati eroi nazionali. Inoltre, i toreri sono i nuovi protagonisti della cronaca rosa, in particolare i Rivera Ordóñez. Nel caso di Francisco, le sue origini, l'impegno fermo e volenteroso e le relazioni con Eugenia Martínez de Irujo e poi con la cugina Blanca, lo resero una delle vittime favorite dei paparazzi. Nel frattempo il fratello Cayetano, eletto spagnolo più attraente del globo dalle lettrici di «Elle», si fa largo nel mondo delle celebrità da quando, a 28 anni, ha deciso di calpestare la stessa arena in cui la sua famiglia aveva fatto storia.

I fratelli sono eredi delle più nobili stirpi di toreri: gli Ordóñez, i Rivera e i Dominguín, tre generazioni di maestri che incarnano la storia della corrida. Il primo fu il bisnonno Cayetano Ordóñez y Aguilera (1904-1961), soprannominato il «Niño de la Palma» dal nome del negozio di scarpe del padre (La Palma) in calle Santa Cecilia a Ronda, vicino a Malaga. Quando gli affari cominciarono ad andare male, la famiglia si trasferì a La Línea de la Concepción (Cadice) e il giovane Cayetano, che aveva sempre sentito il richiamo della corrida, cominciò a fare pratica negli allevamenti della zona. Nel 1918 per la prima volta si lanciò nell'arena di Ceuta, come *espòntáneo* (spettatore che durante la corrida entra nell'arena per mostrare le proprie capacità nel combattimento con i tori). Grazie alla forza e al talento naturale che seppe dimostrare ebbe immediato successo a Ronda e Siviglia come *novillero*, una sorta di apprendista autorizzato ad affrontare solo tori di età inferiore ai 4 anni. Nel 1925, nell'arena della Real Maestranza di Siviglia, ricevette l'*alternativa*, l'investitura ufficiale da *novillero* a vero e proprio matador, con Juan Belmonte come padrino e Pepe Algabeño come testimone. Fu un debutto eccezionale. Le sue veroniche, i *pases naturales* con la prodigiosa muleta, la sua maestria e il ritmo conquistarono gli spettatori e i critici dell'epoca.

Cayetano, che aveva quattro fratelli che tentarono senza successo la stessa sorte, era un uomo affascinante, generoso e un ottimo conversatore. Diventò amico di Ernest Hemingway, che fece di lui il protagonista del suo primo romanzo, *Fiesta*, del 1926 (mentre nel 1932, quando il matador attraversava un brutto periodo, lo crocifisse in *Morte nel pomeriggio*). In quegli anni Cayetano era sposato con la cantante e attrice di sangue gitano Consuelo Araujo, che sotto il nome di Consuelo Reyes recitò in tre film: *La reina mora* (1922), *Don Quintín el amargao* (1925) e *Cabrita que tira al monte* (1926).

Cayetano e Consuelo ebbero cinque figli toreri: Cayetano «Niño de la Palma III» (1928-1974), Juan «Juan de la Palma» (1930-1965),

Antonio (1932-1998), José (1935) e Alfonso (1938). Dal 1949, i quattro figli maggiori cominciarono a cimentarsi in qualche corrida. Cayetano, Antonio e José divennero *matadores* a tutti gli effetti, Juan e Alfonso non ci riuscirono e quest'ultimo alla fine diventò *banderillero*. Furono i quattro ragazzi, insieme al padre, a creare la cosiddetta Scuola di Ronda, concorrente di quella di Siviglia, il cui insegnamento si basa su due virtù considerate necessarie: naturalezza nell'arena ed esecuzione classica.

Il Niño de la Palma morì a Madrid il 30 ottobre 1961. Dal 1996 Ronda gli rende omaggio con una statua in bronzo di fronte alla *plaza de toros* vicino a quella dedicata al figlio Antonio, mitico maestro Ordóñez, quello che più si fece notare tra i suoi cinque discendenti toreri. Gli esperti dicono che Antonio Ordóñez fu uno dei pochi a saper mantenere il sangue freddo e il cuore caldo davanti ai tori, e tra i pochissimi a essere così abili e valorosi e a dimostrarlo con tanta naturalezza.

Un'estate pericolosa: nasce una leggenda

A 16 anni, Antonio Ordóñez vestì per la prima volta il *traje de luces*, l'abito del torero, nell'arena di Haro (La Rioja). Al tempo si presentava come Niño de la Palma IV, portando avanti il soprannome di famiglia. Il 28 giugno 1951 ricevette l'*alternativa* a Madrid con la coppia del momento: Julio Aparicio, che fece da padrino, e Miguel Báez «Litri» come testimone. Durante questa *temporada*, la stagione delle corride, raccolse una serie di successi tra la Feria de Abril di Siviglia e quella di San Isidro a Madrid che lo portarono in tutte le arene di Spagna e d'America.

Da questo momento cominciò a essere considerato dagli *aficionados*, appassionati ed esperti di corride, il miglior torero della seconda metà del XX secolo, un periodo storico pieno di veri e propri artisti della tauromachia: «Antoñete», Manolo Vázquez, Pepe Luis Vázquez, Curro Romero, Luis Miguel Dominguín, Diego Puerta, Julio Aparicio, Paco Camino e «El Cordobés», con il quale non toreò mai. Dicevano che il suo unico grande rivale fosse Dominguín, simile se non superiore a lui per lignaggio e ambizione. I due erano cognati (il maestro Ordóñez si sposò nel 1954 con Carmen González-Lucas, sorella di Dominguín) quando la rivalità fu accentuata dai reportage che il premio Nobel Ernest Hemingway pubblicò sulla rivista «Life»: dieci *mano a mano* (competizione tra due toreri che combattono ognuno contro tre tori) tra Ordóñez e Dominguín che si erano tenuti tra il 17 giugno e il 21 agosto 1959.

Hemingway raccontava i guai che i due avevano passato nelle arene in questa *temporada*, uscendone sempre rafforzati. Secondo la storia, fu Ordóñez a vincere la sfida con la *muleta* in quell'«estate pericolosa», per usare le parole dello scrittore e *aficionado*. «La gente diceva: "Bah, sono cognati, si saranno messi d'accordo". Invece fu un confronto decisivo tra due forti personalità che si battevano per una ragione riassumibile in una sola parola: ego» spiega Domingo Dominguín nel libro *Dominguines contra dominguines* («Dominguín contro Dominguín»). I cognati furono aizzati dallo scrittore americano. Se tra loro non c'era una vera rivalità, fu Hemingway a inventarla, dipingendo la battaglia tra i *matadores* con le tinte dell'epopea. Le sue cronache furono lette da milioni di persone, e così la finzione letteraria accrebbe la fama universale dei toreri. «Fu un'ottima pubblicità per gli Ordóñez [...]. Grazie a lui guadagnarono molti soldi» afferma Domingo Dominguín.

Antonio Ordóñez conosceva Hemingway da quando era bambino e lo chiamava «Papà Ernesto», dato che lo scrittore aveva conosciuto suo padre, il Niño de la Palma, in occasione della stesura di *Fiesta*. Fu strettissimo anche il suo legame con il regista Orson Welles, conosciuto nel 1955 durante le riprese dell'episodio dedicato ai tori del programma in onda sulla BBC «Around the World with Orson Welles». Lui ed Hemingway introdussero il torero negli ambienti culturali avvolto in un alone di leggenda e gli diedero visibilità a livello internazionale. L'amicizia con Welles diventò così profonda che le ceneri del regista, in accordo con le sue volontà, riposano dal maggio del 1987 in un pozzo medievale sotto i tigli della tenuta El Recreo, a San Cayetano, acquistata negli anni Venti dal padre di Antonio Ordóñez.

Il maestro di Ronda

Rappresentante di uno stile classico e impeccabile, Antonio Ordóñez inventò vari gesti poi diventati famosi nella corrida, come quello di bagnarsi i piedi perché fossero più saldi sulla sabbia nell'arena e la moda di tenere la mano libera nella posizione tipica di chi sta per mettersi a cantare, all'epoca duramente criticata. «In seguito furono in molti a imitarlo, per esempio Paco Camino, e oggi è la norma tra i toreri e gli aspiranti tali» scrisse il giornalista Joaquín Vidal su «El País».

Con la prima moglie, Carmen, nota come «Carmina» Dominguín, figlia del matador Domingo Dominguín e sorella di Luis Dominguín, ebbe due figlie. Il 2 maggio 1955 nacque Carmen Cayetana (conosciuta come «Carmina» Ordóñez) e il 29 giugno 1956 Ana Belén; entrambe si sposarono con dei toreri, rispettivamente con Paquirri e Juan Carlos Beca Belmonte (altra illustre famiglia di toreri).

Il maestro si ritirò il 18 novembre 1962 per dedicarsi al suo allevamento, ma fece un'ultima clamorosa apparizione nel 1965, quando partecipò a quarantacinque corride e concesse l'esclusiva all'impresa proprietaria dell'arena di Las Ventas, a Madrid, per 40 milioni di pesetas dell'epoca. Abbandonò definitivamente la professione il 12 agosto 1970 a San Sebastián. Era stato torero per quasi un quarto di secolo e aveva il corpo ricoperto di cicatrici, ricordi delle numerose incornate dovute al fatto che era il più temerario del suo tempo e di conseguenza uno dei più castigati dai tori. Molte di queste cicatrici se le era procurate esibendosi nelle *veroniche*, un'arte in cui «faceva autentici prodigi e non aveva rivali» secondo Joaquín Vidal e altri *aficionados*. Anche lo stesso Ordóñez dichiarò che la *veronica* era il suo punto di forza: «È la parte che preferisco perché sento che l'esecuzione di questo passaggio riassume l'arte della tauromachia». Per i suoi ammiratori era anche sublime con la *muleta*, con i *pases de pecho* e per la solennità e l'abilità con cui evitava il toro.

Nel 1985, ormai vedovo, Ordóñez si risposò con Pilar Lezcano e si godette una tranquilla vecchiaia in campagna, occupandosi dei suoi due allevamenti e della *plaza de toros* di Ronda, nella quale organizzava ogni anno la Corrida Goyesca, dedicata al mitico torero Pedro Romero (originario di Ronda, si dice che abbia introdotto la *muleta* nella corrida) e durante la quale i *matadores* e tutta la *cuadrilla* (i *banderilleros* e i *picadores* che accompagnano il *matador*) indossano costumi d'epoca ispirati ai quadri di Goya.

La prima Goyesca si tenne il 9 settembre 1954 e a ispirare questa iniziativa fu il padre, Cayetano Ordóñez «Niño de la Palma». Per la seconda edizione si dovette attendere il 1957, e a questa partecipò anche Antonio Ordóñez, che da quel momento si incaricò di organizzare il manifesto dell'evento. Grazie al suo operato nei successivi quarant'anni, la Goyesca è ancora oggi una delle corride più importanti del calendario, un grande evento sociale e culturale nonché una parte integrante dell'eredità di Ordóñez. Fu questa corrida a generare un particolare rapporto tra Ordóñez e Ronda, al punto che molti paragonano il legame tra città e *matador* a quello che unisce Don Juan a Siviglia, El Greco a Toledo o Dante a Firenze. «Ronda ebbe con Ordóñez la sua possibilità di rinascita» afferma Pedro Romero de Solís, professore all'Università di Siviglia e membro della Fundación de Estudios Taurinos.

Nel 1995 Antonio Ordóñez ricevette un'importante onorificenza francese, la Legion d'onore. In seguito, nel 1997, il ministro dell'Educazione e della Scienza spagnolo, Esperanza Aguirre, gli conferì la Medaglia d'oro delle Belle Arti. Era la prima volta che questo riconoscimento andava a un torero. Si seppe allora che aveva il cancro e la malattia non gli permise di assistere al matrimonio tra il nipote Francisco ed Eugenia Martínez de Irujo, unica figlia della duchessa d'Alba. Dopo mille corride e duemila tori uccisi, il cognato di Luis Miguel, suocero di Paquirri, nonno dei fratelli Rivera e padre di Carmina morì a Siviglia, a 66 anni, il 19 dicembre 1998.

L'ultima volta che fece il giro della Plaza de Toros de la Real Maestranza migliaia di fan trattennero l'emozione di assistere alla sua ultima apparizione nell'arena. In silenzio, Siviglia diceva addio ai resti mortali del maestro di Ronda, portati tra gli altri dai nipoti Francisco e Cayetano. Le ceneri furono sparse nella terra dell'amata *plaza de toros* di Ronda e in Camargue, una zona di allevamento di ottimi tori nella Provenza francese. Già allora il nipote maggiore, Francisco, che lui stesso aveva preparato, si era rivelato un giovane *matador* molto promettente. I tori facevano parte della sua vita da quando aveva cominciato a gattonare.

Un mese dopo la morte di Antonio Ordóñez fu aperto il testamento. Pilar Lezcano, vedova del torero, ereditò, oltre a vari beni, l'usufrutto della tenuta El Recreo di San Cayetano, emblema della famiglia. Non era mai corso buon sangue tra la vedova e le figlie di Antonio, Carmina e Belén, ma da quel momento fu guerra aperta. «Una disputa che mise anche le sorelle una contro l'altra. Carmina mostrò fin da subito il proprio disappunto per la ripartizione dell'eredità, dicendo che le sembrava strano che il padre avesse modificato le proprie volontà appena undici ore prima di morire, annullando il testamento firmato otto anni prima» racconta il giornalista Antonio Rossi su «El Mundo». Carmina affermò che intendeva impugnarlo, ma non lo fece mai. Carmina e Belén ricevettero dal padre solo la legittima: la figlia maggiore «poco più di 70 milioni di pesetas che, come disse lei stessa qualche tempo dopo, finirono nel giro di un anno» segnala Rossi. Belén ricevette il locale e l'appartamento in calle Iris a Siviglia, attaccati alla *plaza de toros*, valutati intorno ai 100 milioni. Questa disparità portò le due sorelle a scontrarsi. Carmina voleva di più. «La disputa le allontanò per alcuni anni, fino a che le condizioni famigliari e personali di entrambe le portarono a un riavvicinamento» racconta Rossi. Una storia di amore e odio tra sorelle, un continuo «né con te né senza di te» che andò avanti fino alla morte di Carmina.

L'irresistibile fascino del sangue

La campagna, l'arena e i tori sono presenti in tutti i ricordi d'infanzia di Francisco «Fran» Rivera. Insieme al fratello, trascorreva lunghi periodi nella tenuta Cantora, dove il padre, Paquirri, passava la maggior parte del tempo. «Tutta la mia vita girava intorno a questo. Passavo l'estate a guardare mio padre che toreava» ricorda il primogenito di Paquirri e Carmina Ordóñez. Quando i suoi genitori si erano conosciuti, la madre aveva solo 14 anni; nel 1970 Antonio Ordóñez e Francisco Rivera torearono insieme a Tarifa. Carmina ricorda che proprio in quell'occasione si innamorò del futuro marito. Nel giugno 1972, la storia d'amore tra Carmina e il torero uscì sulle pagine dei giornali. Lei non aveva ancora 18 anni, lui ne aveva 24. Solo un anno dopo annunciarono il fidanzamento ufficiale e il 16 febbraio 1973 si sposarono nella chiesa di San Francisco el Grande, a Madrid. La figlia della leggenda, cresciuta nella bambagia in un ambiente ristretto e conservatore, e diplomata al liceo francese, non esitò a infrangere le barriere di classe per sposare un famoso torero di umili origini.

Paquirri era il terzo figlio del custode del mattatoio di Barbate (Cadice), Antonio Rivera, *novillero* fallito dopo un incidente in Plaza de Las Ventas. La famiglia viveva nel mattatoio e i tre fratelli, José, Francisco e la piccola Teresa, giocavano alla corrida in cortile. Il padre si rese conto del loro potenziale e, grazie alle sue conoscenze, i ragazzi poterono cominciare a cimentarsi con le prime vitelle. José, «Riverita» sui manifesti, fu il primo a lanciarsi nelle arene. Francisco iniziò a toreare a Barbate, nell'agosto 1962, ma non ricevette l'*alternativa* fino al 1966, a Barcellona. Proprio quel giorno, mentre affrontava il suo primo toro come *matador*, subì una grave ferita e si salvò grazie all'efficienza dei medici dell'infermeria della Plaza Monumental di Barcellona che si presero cura di quello che allora era solo un ragazzo alle prime armi. L'anno seguente confermò l'*alternativa* a Las Ventas, con Paco Camino come padrino e José Fuentes come testimone. Quando si sposò con Carmina era già stato portato in trionfo due volte attraverso la Puerta del Príncipe di Siviglia e altrettante attraverso la Puerta Grande di Madrid, e aveva tagliato diverse orecchie. E mentre era sposato con lei, negli anni Settanta, diventò il personaggio principale della tauromachia di quelle *temporadas*.

Nove mesi dopo il matrimonio, il 4 gennaio 1974, nacque Francisco de Asís, primo figlio della coppia. Furono mesi molto felici per i giovani sposi, ma non durarono a lungo perché, a quanto dice Carmina, Paquirri era un uomo geloso e possessivo. Tre anni dopo lei diede alla luce il secondo figlio, Antonio Cayetano, e le cose peggiorarono. Nel 1979 la coppia annunciò l'imminente separazione. Pochi mesi dopo i giornali parlavano della relazione di Paquirri con Lolita e di quella di Carmina con Antonio Arribas. Nessuna delle due ebbe un seguito. Si parlò molto del torero fuori dalle arene, soprattutto per la sua relazione con Isabel Pantoja. Nel frattempo Carmina si godeva sempre di più la vita notturna di Marbella.

Nel 1982 Antonio Ordóñez realizzò il sogno della moglie malata di andare con tutta la famiglia a Marrakech, in Marocco, luogo che in seguito sarebbe diventato il rifugio di Carmina. La madre, Carmina Dominguín, morì nel settembre dello stesso anno. Nel frattempo, Paquirri consolidava la propria fama di torero completo, valoroso, forte e dominatore in ognuna delle tre fasi della corrida (i *tercios*): era brillante con la cappa, un esperto *banderillero* e un eccellente *matador*.

Al tempo Francisco aveva 8 anni e Cayetano solo 5. Il loro destino era però già segnato, appartenevano al mondo dei tori. A soli 2 anni, Fran teneva la *muleta* aiutato dal padre sotto lo sguardo ammirato del nonno. Un'infanzia fatta di molti tori e pochi libri, riconoscono entrambi. «Ricordo un'infanzia felice insieme a mio fratello, siamo sempre stati molto uniti, ma i libri non facevano per noi, e in casa non si studiava granché» dice Cayetano. «Non parlavano di diventare toreri, ma si vedeva che Francisco aveva un interesse particolare, era sempre attento a quel che diceva il nonno e parlava sempre di tori. Quando si entrava in argomento non gli sfuggiva niente» racconta l'allevatore Manolo González, procuratore di Francisco Rivera.

Tuttavia, ciò che più lo avvicinò ai tori negli anni dell'adolescenza fu il forte legame con lo zio Curro Vázquez, marito di Paty Dominguín, cugina di Carmen e Belén Ordóñez. «Era ancora in servizio, eravamo vicini di casa a La Moraleja, Madrid. Tra i 12 e i 14 anni fu il mio punto di contatto con il mondo dei tori. Poi ciò che avevo dentro maturò, crescendo fino al giorno in cui comunicai al nonno che volevo provarci» racconta Francisco.

Ma non fu sempre evidente che il suo futuro sarebbe stato nell'arena. Durante l'adolescenza ci fu un allontanamento da tutto ciò che riguardava la corrida, in parte per volontà della famiglia, che lo mandò a studiare in un'accademia militare negli Stati Uniti. «La prima volta che andai negli Stati Uniti avevo 12 o 13 anni. Fu una bella esperienza, anche se difficile all'inizio perché non sapevo l'inglese ed ero in un paese sconosciuto e lontano. Più tardi, quando avevo già detto di voler diventare torero, mia madre mi mandò all'accademia militare per togliermi quell'idea dalla testa. Ero un pessimo studente e lei, com'è normale, faceva il possibile per farmi studiare» spiega Francisco. Ma l'allontanamento nel Maine e in Indiana servì a ben poco. «A un certo punto anche il direttore del college parlò con mia madre e le disse che volevo essere un torero, che non avevo alcun interesse per gli studi e di lasciarmi fare ciò che volevo» racconta.

Così come altri bambini giocano a calcio, Fran «giocava alla corrida». «Fin da quando ero piccolo il mio sogno era di essere un torero. Me lo portavo dentro e, pian piano, sentii il bisogno di esprimerlo e di realizzarlo. C'era qualcosa che mi attraeva, mi piaceva assistere agli spettacoli nell'arena e immaginare di battermi con Espartaco, Manzanares e Ojeda. Presi coscienza di quello che volevo e semplicemente lo desiderai sempre di più.»

I bocconi più amari

La tragica morte del padre, causata da una ferita mortale durante una corrida a Pozoblanco nel 1984, quando Francisco aveva solo 10 anni, fu il primo dei duri colpi che la vita gli avrebbe riservato, ma fu anche la spinta definitiva per decidere di diventare *matador*. «Ricordo ancora quando nostra madre ci diede la notizia, fu orribile. Soprattutto è stata dura crescere senza di lui. Anche se mio nonno cercò di farci un po' da padre, non può essere la stessa cosa. Ti mancherà sempre questa figura.» Stando a quanto racconta la zia Belén, Francisco si fece serio alla notizia della morte del padre «e il giorno stesso disse a mia sorella che aveva deciso di diventare un torero» ricorda. «Non presi quella decisione a causa dell'incidente di mio padre. Se fosse stato vivo avrei comunque scelto questa strada, ma forse la mia carriera avrebbe seguito un altro percorso o sarebbe cominciata in un altro modo, ma sono sicuro quasi al cento per cento che sarei comunque stato un matador» afferma Francisco con decisione.

«La vita non è stata facile per loro» dice lo zio Curro Vázquez. «Perdere il padre è una dura prova per dei ragazzi così giovani, ma loro l'hanno affrontata con una serietà e una dignità straordinarie.» Di certo il pomeriggio del 26 settembre 1984 è rimasto bene impresso negli occhi e nella memoria di molte persone. Quella di Paquirri fu la prima morte mediatica durante una corrida. Una morte trasmessa quasi in diretta, infatti grazie alla telecamera di Antonio Salmoral, della TVE, tutta la Spagna poté vedere Avispado che lo incornava e i *banderilleros* che lo portavano verso l'infermeria senza mai raggiungerla. Tutti poterono ascoltare la sua voce che gridava di chiamare al più presto il dottor Vila. Poterono vedere come la vita usciva dal suo corpo a fiotti mentre, cosciente, spiegava al dottor Eliseo Morán la dimensione e la traiettoria della ferita e gli chiedeva di fare quel che doveva, appena prima che qualcuno prendesse la nefasta decisione di trasferirlo all'Ospedale Militare di Cordoba, dove arrivò ormai senza vita. Questo tragico episodio fece di Paquirri una leggenda del *toreo*. Nel corso della sua vita aveva combattuto con i tori in quasi millequattrocento corride, aveva tagliato 2100 orecchie e 218 code.

La sua morte, proprio all'ultima corrida della *temporada*, è considerata ancora oggi inspiegabile, frutto di una dubbia assistenza medico-sanitaria. Inoltre, il destino fu crudele anche con quelli che completavano il manifesto di quel pomeriggio a Pozoblanco, che oggi è noto come «manifesto maledetto»: un anno più tardi un toro uccise «El Yiyo», mentre «El Soro» fu costretto a usare le stampelle e non poté mai più mettere piede in una *plaza de toros*.

Anche Carmina, allora sposata secondo il rito civile con Julián Contreras, soffrì molto per la perdita del padre dei suoi due figli. Non fu facile per lei accettare che Francisco seguisse le orme di Paquirri, perché conosceva bene i rischi del mestiere. Ma il *traje de luces*, la cappa e la sabbia dell'arena erano indissolubilmente legati alla vita del figlio. «Quando lo comunicai a mia madre lei non volle assumersi la responsabilità di dirlo al nonno, dovevo farlo io. Un giorno venne da Siviglia a Madrid, e ci sedemmo in sala; avevo un enorme rispetto per lui e non sapevo come cominciare. Poi mi sarei reso conto di aver usato le parole giuste. Gli dissi che volevo tentare di diventare un torero e lui mi rispose: "Bene, dimostramelo".»

Per affrontare la potenza delle emozioni e la botta di adrenalina che si scatenano quando un animale di 500 chili carica contro di te e per saper prendere il controllo totale della situazione, bisogna senz'altro essere fatti di una pasta speciale. «Francisco è un grand'uomo, profondo, con un talento straordinario e la forza dei migliori toreri, che è sempre dentro di lui e viene a galla quando si trova ad affrontare le avversità o i momenti più difficili» dice di lui l'amico e collega Juan Antonio Ruiz, detto «Espartaco». «Il suo modo di essere, la straordinaria serietà e l'impegno nel portare l'arte della tauromachia al livello più alto» aggiunge «sono tutte caratteristiche che ha nei geni. Ha carattere e soprattutto un grande amor proprio quando si tratta di fare sforzi notevoli.»

La tenacia che dimostrò quando mosse i primi passi come torero fu impressionante. «Quando ero adolescente non sapevo cosa comportava essere un torero, anche se in famiglia abbiamo un buon esempio di ciò che può accadere a chi sceglie questa professione. In quegli anni lo vedevo come un ambiente duro, noioso e fatto di sacrificio. Allora osservavo l'impegno che ci metteva mio fratello, che anche quando lo obbligavano a studiare nella casa di Madrid, stava in giardino con la cappa e la *muleta*. Ha sempre avuto una grande dedizione. È ammirevole che abbia cominciato tanto presto a sacrificare le cose che piacciono ai giovani, come uscire e divertirsi, per dedicarsi completamente al mondo delle corride» spiega il fratello Cayetano Rivera.

Altri esponenti della dinastia

La presentazione come *novillero* di Francisco Rivera Ordóñez ebbe luogo il 7 agosto 1991 a Ronda, nell'arena diretta da suo nonno. Fu una corrida con i *picadores*. Tre anni dopo, all'età di 21 anni, prese l'*alternativa*: fu un grande evento per Siviglia e per il mondo dei tori. Espartaco, principale *figura del toreo* dell'epoca (torero molto noto, importante e ben pagato), gli cedette le armi davanti a Jesulín de Ubrique. «Il maestro Paquirri mi confermò l'*alternativa* a Madrid, e fu testimone il maestro Julio Robles. Anni dopo ebbi l'opportunità, l'onore e la fortuna di essere il padrino di suo figlio, Francisco Rivera, nella Real Maestranza di Siviglia. Le parole che pronunciai in quel momento venivano dal cuore: "Voglia Dio che tutto ciò che hai dentro di te, quello che sei, quello che significano la tua famiglia e le tue radici nel mondo dei tori ti mantengano sempre all'apice della gloria" gli dissi e, per adesso, è andata proprio così» segnala Espartaco.

Francisco Rivera Ordóñez era deciso a diventare un torero con una propria identità e in poco tempo raggiunse l'apice del ranking dei toreri per numero di esibizioni, la cosiddetta graduatoria taurina. *Temporada* dopo *temporada* si costruì la fama di professionista serio, audace e sicuro di sé. Il suo stile è frutto di una mescolanza genetica: nell'uso della cappa ricorda il nonno, ma l'aspetto più straordinario deriva dal padre. «Nei primi anni non capivo bene dov'ero. Poi mi resi conto che toreare era molto più impegnativo di quanto pensassi. Ci fu addirittura un momento in cui mi dissi: "Non fa per me, non so usare la cappa e non imparerò mai". Più tardi ho invece compreso che è molto più bello di quanto credessi, ed è successo quando mi ci sono dedicato completamente. Senti quell'odore, quella sensazione e tutto cambia. Solo quest'arte ti riempie così» spiega.

E arrivarono i successi a Siviglia, Madrid, Bilbao, Pamplona, Barcellona e Saragozza. La tensione di un *mano a mano* con Joselito, con El Juli, con José Tomás e con Manolo González. Le indimenticabili *faenas* (le operazioni con la *muleta* nell'ultima parte della corrida) a Jandilla, Malaga, Jerez, El Puerto de Santa María, e a Ronda, nella *plaza de toros* tanto cara agli Ordóñez.

Il vero evento per questa famiglia è sempre stata la tradizionale Corrida Goyesca di Ronda. «Nella Goyesca bisogna sentirsi prima di tutto toreri. Quel giorno bisogna stare bene. È il momento in cui vivi e realizzi i sogni, il giorno il cui si riunisce tutto ciò che c'è di buono nell'essere un torero. I pomeriggi migliori della mia vita sono alcune Corride Goyesche. Fa parte della mia famiglia, è una nostra ricorrenza» dice Francisco Rivera.

Francisco cominciò ad assistere a questo evento quando aveva 11 anni, insieme al nonno che gli affidava compiti sempre più importanti. «Ero una scimmietta, avevo 12 o 13 anni ed ero già incaricato di chiudere nella stalla i tori della Corrida Goyesca, sempre sotto la sua supervisione. Giravo con i miei foglietti, le mie penne e annotavo l'ordine dei combattimenti, poi glielo consegnavo. Per me era una responsabilità enorme.» Più tardi, quando già era *matador* e viveva «nel vortice di toreare novanta o cento corride all'anno» si diede una regola: «Non toreo due giorni prima della Goyesca né il giorno dopo, per godere appieno di ciò che questo evento rappresenta per la nostra famiglia» spiega.

Belén Ordóñez vide toreare il padre per la prima volta in una Corrida Goyesca, che ha la sua stessa età. «Ricordo l'impressione che mi fece vederlo come una persona diversa. Venne a salutarci e ci disse quanto eravamo belle io e mia sorella con i costumi per la Goyesca. Rimanemmo a bocca aperta per la sorpresa» racconta. Il padre si occupò della *plaza de toros* fino alla morte, poi il testimone passò al nipote Francisco, che da allora organizza la Goyesca. «Sarò sempre grato alla Mestranza [di Ronda] per la fiducia che ha riposto in me quando ancora non avevo dimostrato di essere un degno erede. Allora ero già *matador*, ma non avevo mai gestito niente. L'unica cosa che si intravedeva era che avevo imparato dal migliore il sentimento della Goyesca, ho dentro di me la sua essenza e il suo spirito.» E aggiunge: «Nella *Plaza de toros* di Ronda, la sua *plaza de toros*, sentiamo tutti che la Goyesca è Antonio Ordóñez. Io faccio il possibile, ma il vuoto che ha lasciato non potrà mai essere riempito».

Nel manifesto del 1972, insieme ad Antonio Ordóñez e Antonio Bienvenida, c'era come terzo matador Dominguín, che però non poté assistere per un infortunio. Ma alla Goyesca di Ronda, in settembre, non sono mai mancate le *figuras del toreo* più importanti della nazione, maestri come César Girón, Rafael Ortega, Manolo Segura, Julio Aparicio, Rafael de Paula, Miguelín, Palomo Linares, Paco Camino, Curro Romero, Paquirri, el Niño de la Capea, José Antonio Campuzano, Paco Ojeda, El Cordobés, Manzanares, Esplá, Emilio Muñoz, El Yiyo, Espartaco, Ortega Cano, Fernando Cepeda, Litri (figlio), Joselito, Aparicio (figlio), Finito de Córdoba, Enrique Ponce, Jesulín de Ubrique, Morante de la Puebla, José Tomás, Curro Vázquez, El Juli, Javier Conde, El Cid, César Rincón ecc.

Proprio lì, nel settembre del 2006, Cayetano (senza cognome, così come compare sul manifesto) ricevette l'*alternativa* dalle mani del fratello maggiore.

Rivalità tra fratelli

Fran non aveva mai pensato che il fratello Cayetano avrebbe deciso di seguire il richiamo del sangue e, sicuro di se stesso, non esitò a dirglielo. «Quando mi disse che voleva mettersi a toreare, all'inizio non lo presi sul serio, pensai che dopo varie peripezie avesse un po' perso la sua strada e che per questo volesse appigliarsi ai tori. Non potete immaginare quanto sia felice di essermi sbagliato. Ha dimostrato con il lavoro, la dedizione e la serietà che essere un torero è proprio quello che vuole. Se a ciò si unisce la predisposizione innata, perché la genetica non mente, può arrivare a essere uno dei migliori» dice Francisco, sostenitore e protettore del fratello più piccolo.

Secondo quanto racconta lo zio e procuratore Curro Vázquez, «Cayetano, prima di parlare con il fratello, aspettò che finisse la fiera di San Isidro, impegnativa per ogni torero. Ma appena terminò, esattamente il giorno dopo, si presentò in hotel per dirgli che voleva diventare torero. A Francisco prese un colpo. Cayetano aveva le idee chiare: doveva essere a Ronda, per tutto ciò che quell'arena significava per la famiglia e, soprattutto, per rendere omaggio al padre e al nonno». Debuttò con i cavalli il 26 marzo 2005, a Ronda, vestito d'oro e celeste. Dimostrò fin da subito la sua arte, la passione e il patrimonio genetico: tagliò quattro orecchie e una coda. Era l'inizio di una nuova era, di una nuova generazione di toreri.

«All'inizio, sapendo ciò che questa professione comporta, mio fratello non si offriva spesso di aiutarmi, ma aspettava di vedere se mi levavo quell'idea dalla testa. Poi, una volta che la decisione fu definitiva, fu di grande supporto. Conto su di lui quando devo fare scelte sulla mia carriera perché ha esperienza e mi vuole bene» afferma Cayetano. Dicono che nemmeno lo zio e maestro Curro Vázquez ed Espartaco, grande amico della famiglia, pensavano che fosse possibile diventare *figura del toreo* prima di compiere 28 anni e senza nessuna esperienza quando Cayetano cominciò a porre le basi della sua carriera.

Il 9 settembre 2006 fu un grande giorno per i fratelli. Si celebrava il 50° anniversario della Goyesca e Cayetano prese l'*alternativa*. Il padrino era suo fratello Francisco. «Fu un'emozione come se ne provano poche nella vita» ricorda Curro Vázquez. «È logico che tra fratelli toreri ci sia rivalità,» aggiunge «fa parte dei sentimenti dei toreri ed è un bene che esista; ma è una rivalità dovuta al desiderio di migliorarsi, di superare i propri limiti, un sentimento a cui si unisce la preoccupazione quando la persona che torea contro di te è tuo fratello.» Quel pomeriggio Cayetano fu finalmente protagonista del sogno della sua vita e, nonostante il nervosismo, tagliò quattro orecchie.

Da quel momento cominciò a lottare per ritagliarsi un posto nelle più importanti fiere taurine, «perché in scenari più vasti mi sento più torero» dichiarò in un'intervista all'«ABC», nel febbraio del 2010. «Dietro a una *faena* ci sono sacrificio, impegno, valore e superamento delle difficoltà» aggiungeva. E, secondo i suoi ammiratori, di valore ne ha da vendere. «Cominciai a un'età in cui ero già ben consapevole e presi la professione molto sul serio. La paura e il valore sono a disposizione di tutti, ognuno può prendere quello che preferisce. Se si vuole raggiungere il massimo, bisogna essere disposti a sacrificare qualsiasi cosa.» Nelle parole del nonno, che lui spesso ripete: «Ci sono quattro o cinque pomeriggi nel corso della *temporada* in cui non importa più nemmeno la vita. È una professione tanto bella quanto dura».

Le due casate, degli Ordóñez e dei Dominguín, si riflettono nelle imprese dei fratelli. Secondo la grande *aficionada* e amica di famiglia Cayetana Fitz-James Stuart, duchessa d'Alba, Fran e Cayetano hanno ereditato in egual misura i geni di entrambe le famiglie.

Francisco ha il carattere, lo spirito di sacrificio e la dedizione del padre. «Il padre era un torero con una costanza e una passione smisurate. Credo che una delle migliori qualità di Francisco sia il carattere, la sicurezza di sé, ed è questo che lo rende grande nell'arena e gli consente di superare i momenti più difficili» segnala Curro Romero. E Fran è orgoglioso di somigliare al padre, ma «il torero che più ho ammirato e su cui ero più fissato è Miguelín. Ho sempre prestato un'attenzione particolare quando sentivo parlare di lui; è stato un punto di riferimento per me, ovviamente insieme a mio padre».

Ma l'eredità è quella. Il padre era un eccellente *banderillero* e anche se agli esordi il nonno glielo sconsigliò – «mi disse, a ragione, di non diventare *banderillero*, di non insistere perché il momento prima o poi sarebbe arrivato» – alla fine il momento arrivò e «il richiamo del sangue ha avuto la meglio. Sono ben lontano dal diventare come El Fandi (il migliore che abbia mai visto con le *banderillas*), ma mi diverto, mi piace, ci metto tutto il mio impegno. E ciò che cominciò come qualcosa di particolare, da usare solo alcuni pomeriggi, quando il toro è predisposto, è diventato un impulso irresistibile e, a dirla tutta, a volte lo faccio come fosse normale» racconta Francisco. Ma lui sa come utilizzare fino all'ultimo le proprie doti fisiche e giocare con l'animale guadagnandosi l'ammirazione del pubblico. «Senza essere un *banderillero* provetto, Rivera Ordóñez sa sfruttare al meglio la vena Rivera» affermano gli esperti.

Il fratello, secondo gli *aficionados*, ha invece molto del nonno. «È un onore, ma anche una tremenda responsabilità, perché non voglio che nessuno accorra alla *plaza de toros* credendo di tornare a vedere Antonio Ordóñez. Potessi avere io questa fortuna! Quello che faccio nell'arena mi viene naturale, non ho mai cercato di imitare nessuno e ho sempre voluto essere solo me stesso» diceva nel 2006, qualche mese prima di diventare *matador*. Con l'umiltà che caratterizza sempre le parole di un torero quando parla dei grandi maestri della tauromachia, Cayetano ammette che se riuscisse ad assomigliare un po' al padre e un po' al nonno «sarei sulla buona strada». E sottolinea la differenza con Francisco Rivera Ordóñez: «Mio fratello e le sue *faenas* si ispirano per lo più a mio padre. Assomigliare al nonno per me vorrebbe dire toccare il cielo con un dito. Però sì, io e Francisco forse tendiamo verso due rami diversi della famiglia» si leggeva su «ABC». Furono poche le volte in cui torearono insieme. «Lui si mette in pericolo e io non reagisco bene, quindi limitiamo il numero delle corride che facciamo insieme» spiega Cayetano.

Secondo Juan Antonio Carrasco González-Gros, presidente del fan club di Cayetano, il mondo del toreo non si sta comportando bene con lui: «Quando è in forma lo idolatrano, lo applaudono e dicono che è il più simile al nonno, ma quando non è al top lo crocifiggono. Sappiamo tutti che Cayetano sta lottando per diventare *figura de toreo*, cosa per niente facile».

Il torero modello e il torero duca

Di certo il più piccolo dei Rivera non è il tipico torero. Prima di lanciarsi nell'arena ha studiato Cinema e Impresa a Los Angeles, e dicono che parli di film e registi con la stessa disinvoltura con cui torea. Colleziona quadri, è testimonial di firme di lusso (come la linea di abiti su misura di Armani o gli orologi Victorinox Swiss Army) e sa amministrare meglio di chiunque altro le sue apparizioni pubbliche, al punto che usufruisce della consulenza di un'agenzia per l'immagine per impedire che qualcuno si arricchisca a sue spese. «I diritti d'immagine dei toreri non vengono difesi come dovrebbero» ripete.

Inoltre, il suo ingresso nel mondo dei tori avvenne ben più tardi del normale. «Sono cresciuto circondato da toreri senza rendermi conto che ciò che per me era la norma per gli altri era straordinario. Maturando ho capito da dove provengo; da una dinastia che non solo si dedica a quest'arte da generazioni, ma ne ha fatto la storia. Quando ero un bambino volevo seguire le orme di mio padre; sarebbe stato lo stesso se fosse stato un architetto, un pittore o un banchiere. Volevo essere come lui e fare del gioco preferito da me e mio fratello una professione. Ma non mi decidevo mai a questo passo. Alla fine, per fortuna, l'incertezza del "cosa succederebbe se..." ebbe la meglio. Non sono fatto per rimanere nel dubbio» spiegò alla rivista «Elle» mesi dopo aver preso l'*alternativa*, quando fu protagonista di un reportage insieme alla modella ceca Petra Němcová. Nel corso degli anni ha posato più di una volta per la copertina della rivista, l'ultima nell'agosto del 2008 insieme a Roberta Armani, cugina dello stilista italiano e PR dell'azienda.

E anche se la carriera come torero rimane salda e stabile, Cayetano non disdegna di posare come modello fotografico, ormai ben lontano dal bambino cicciottello che il nonno chiamava con affetto «Bolita» (Pallina). Lavora soprattutto per Armani; i due si conobbero nel negozio Armani di Valencia alla fine del 2006, quando lo stilista si recò a Turia per ritirare un premio. Furono presentati, si scambiarono qualche parola in inglese e si dichiararono la reciproca ammirazione. Il risultato fu che il torero diventò testimonial della campagna mondiale della più raffinata linea maschile di Armani, «Fatto su misura», per la collezione autunno-inverno 2007-2008. Nel 2010 Cayetano fu scelto anche come volto maschile ufficiale della Loewe.

In parallelo alla crescita professionale attirarono l'attenzione mediatica anche il matrimonio con la modella e attrice Blanca Romero, nel 2001 (a cui «¡Hola!» dedicò un servizio di cinquanta pagine) e la successiva separazione, nel 2004. La coppia visse felice insieme a Lucía, la figlia che Blanca aveva avuto dal precedente compagno, ma solo per un breve periodo. Una grave crisi, dovuta al fatto che lui metteva la carriera davanti a tutto il resto, mentre lei affermava di «essere stanca di farsi carico di tutte le spese» e che avevano «filosofie di vita molto diverse», si concluse con il divorzio. Sembra che Blanca non fosse d'accordo con la decisione di Cayetano Rivera di diventare torero alla sua età.

Mancavano ancora un paio d'anni prima che la «rivalità» tra i fratelli scendesse nell'arena. All'inizio del 2004 la competizione tra i due era solo sulle pagine delle riviste di cronaca rosa. Fran, scrivevano, voleva l'annullamento del precedente matrimonio per potersi risposare in chiesa con la nuova fidanzata Blanca Martínez de Irujo, cugina della duchessa di Montoro.

Con le nozze, celebrate nella cattedrale di Siviglia il 23 ottobre 1998, Fran Rivera diventò duca di Montoro. Alla cerimonia assistettero circa duemila invitati e l'intera Siviglia si riversò nelle strade per acclamare i novelli sposi, mentre tutte le televisioni nazionali trasmettevano l'evento. Eugenia abbandonò la vita tra i palazzi di Liria (Madrid) e di las Dueñas (Siviglia) per seguire il marito in una tenuta di campagna chiamata La Pizana, regalo di nozze della duchessa d'Alba. Lì la duchessa di Montoro e il torero godettero della privacy e della libertà che in città non potevano avere e vissero in una specie di mondo fatato dal sapore molto spagnolo. Il frutto del loro amore fu la figlia Cayetana, nata un anno dopo il matrimonio. «Io insistetti per farla nascere a Siviglia, mentre il padre voleva che fosse a Ronda, ma quest'ipotesi era un po' più complicata. Si vede subito che è molto sivigliana, molto andalusa e molto arguta. Canta e balla benissimo e si nota che ha una parte di sangue gitano» dice la nonna, la duchessa d'Alba.

«Essere genitore ti cambia completamente. Mi sono sposato con l'idea che sarebbe stato per tutta la vita, ma si sa, le cose non sempre vanno come uno si aspetta. Purtroppo non funzionò, ma non smetterò mai di ringraziare Dio per la figlia che mi ha dato, è tutto per me. Cayetana è il motivo per cui mi alzo al mattino, mi fa sognare, mi dà forza e allegria e desidero solo che eventuali disgrazie capitino a me e a lei non succeda mai niente. È chiaro che non posso neanche proteggerla troppo, perché deve crescere e per questo deve imparare a cadere e rialzarsi, ma se dovesse cadere da un'altezza troppo elevata spero di esserci io a raccoglierla» dice il torero.

La coppia si separò di comune accordo nel marzo del 2002. «Vedo Francisco molto felice, con un legame fortissimo tra lui e la figlia, nonostante il divorzio e il lavoro, che gli rendono difficile passare più tempo con lei. Appena può la raggiunge e Cayetana è una bambina meravigliosa, incantevole» dice con orgoglio lo zio e padrino Cayetano. «Fran ci sa fare con i bambini, li adora. Da piccolo aveva sempre in braccio mia figlia, che ha solo sette anni meno di lui. Stare con sua figlia lo rende pazzo di gioia. Credo che gli faccia dimenticare qualsiasi tristezza» afferma Belén Ordóñez.

Il torero racconta che uno dei suoi ricordi più belli dell'infanzia è quando il padre lo portava sulle spalle nell'arena dopo aver toreato: «Mi piaceva quella sensazione e ho cercato di farla provare a mia figlia. Ho fatto il giro dell'arena tenuto per mano da mio padre e mio nonno, ora sono io a dare la mano a mia figlia» aggiunge.

Alti e bassi della vita

Due anni dopo il divorzio, Francisco subì la seconda grave perdita della sua vita; la madre, Carmen Ordóñez, morì il 23 luglio 2004. E con lei morì una parte del suo mondo. «Tutto quello che ti capita nella vita serve a forgiarti come uomo. Alla fine ognuno è ciò che ha vissuto. È una parte del mio credo, del mio padrenostro, una convinzione a cui mi aggrappo: vivere significa cadere e rialzarsi ed è fondamentale il modo in cui lo fai» afferma Fran.

Carmina aveva appena compiuto 49 anni quando la trovarono morta nella vasca da bagno della sua casa di Madrid con una grave contusione alla testa, anche se ancora oggi le cause del decesso non sono chiare. Tutti i notiziari nazionali parlarono della sua morte e i figli diventarono il punto focale della notizia. Negli ultimi anni, la presenza di Carmina nei programmi televisivi era stata costante. Carmina, che per tutta la vita se n'era «infischiata dell'opinione pubblica», si era trasformata in uno dei personaggi più popolari della televisione, era diventata la «regina del cuore», «la Divina». La stampa non ebbe alcuna pietà di lei. Si parlava della sua passione per la notte, dei divertimenti e di pericolose dipendenze; del figlio più piccolo, Julián, nato dal secondo matrimonio con Julián Contreras, finito con il divorzio nel 1994, che era riuscito a farla ricoverare per qualche mese in una clinica di riabilitazione a Barcellona per superare la dipendenza dai farmaci. «Mi dispiacque molto, perché era una donna che aveva sofferto, era bella e una brava persona. Ricordo che una volta mi disse per telefono: "Non so quanto vivrò ancora, ma mi piacerebbe che tu non abbandonassi mai i miei figli"» dice la duchessa d'Alba.

Per nessuno di coloro che la amavano fu facile superare la sua morte, e il dolore fu acuito dal trattamento che le riservarono i media. «Sono profondamente cattolico. Rendo grazie a Dio tutti i giorni e, nei momenti bui, mi aggrappo alla fede» afferma Francisco Rivera. È la fede che lo aiutò in quei giorni tragici, perché Francisco era devoto e, soprattutto, amava le tradizioni dei confratelli di Siviglia. «Per tre mesi mi vestirono da nazareno,» dice «è qualcosa che ho vissuto, assorbito, che fa parte di me ed è stato fondamentale per la mia famiglia. Ho solo deciso di perpetuare la tradizione perché continui a crescere.» Quando può è portatore del Cristo delle Tre Cadute. «È una delle sensazioni più forti e importanti che abbia provato nella vita, insieme a uccidere un toro e avere mia figlia, che è in assoluto la cosa migliore che mi sia capitata.» Un'altra tradizione che unisce la famiglia. Già suo nonno fu per diversi anni membro della Confraternita della Speranza di Triana. «Mio padre era un confratello e usciva vestito da nazareno, ma non poteva portare la statua perché le incornate ricevute sulle gambe non gli consentivano di stare in piedi a lungo; ebbe per sempre questo rimpianto» racconta. Anche la figlia Cayetana è molto devota a Nostra Signora della Speranza di Triana, che lei chiama «La Bella». E Cayetano, che dichiara di essere credente a modo suo e ha una cappella con gli oggetti che le persone gli hanno regalato in segno d'affetto perché «trasmette energia positiva», a sua volta è uscito vestito da nazareno con la Confraternita della Speranza di Triana, dopo il passaggio del Cristo delle Tre Cadute. E come tutto ciò che fanno in pubblico i Rivera Ordóñez da quando sono nati, anche quel momento fu ripreso dalla stampa.

La famiglia, ma soprattutto Francisco, è stata perseguitata per anni dai media, che non mostrarono alcun rispetto per la loro intimità. «È insopportabile. Io toreo perché non posso fare altro, perché sono un torero, ma se non lo fossi me ne sarei andato dalla Spagna molto tempo fa. Mi inseguono da quando sono nato. Già quando avevo 12 o 13 anni pubblicavano foto mie che non avevano senso. Posso comprendere l'interesse, e lo accetto, ma la menzogna e la manipolazione sono un'altra cosa» si lamenta Francisco. «Mi fa arrabbiare vederlo soffrire così tanto. Ci fu un momento in cui sembrava che la stampa non rispettasse più niente e nessuno. È un peccato, perché ci sono cose che non andrebbero dimenticate quando si fa il proprio lavoro» spiega Cayetano.

In particolare fu oltraggioso il trattamento che la stampa riservò alla madre dopo la morte: «Non era importante la verità, ma demolire Carmen Ordóñez» ha dichiarato Fran in diverse occasioni. «È una totale mancanza di rispetto, nessuno merita di vivere così, possono forzarti a fare cose che magari non faresti. La stampa fu dannosa per lui soprattutto durante la separazione. Poi uscirono notizie per lo più false e sgradevoli su mia sorella. Ci sentivamo vulnerabili e indifesi. Parlo anche di me perché ne soffro anch'io, seppur in misura minore. Veniamo trattati come cittadini di terza o quarta categoria, senza alcun diritto che ci tuteli» protesta Belén Ordóñez.

E non destano solo l'interesse della cronaca rosa. Nell'ottobre del 2008 il noto programma «60 minutes» dell'emittente americana CBS, trasmise un dettagliato reportage (andato in replica nel marzo del 2010 e disponibile sul web) in cui i due fratelli, in un inglese accurato, esprimevano pensieri e inquietudini nell'arena e nel quale si diceva che la famiglia Rivera Ordóñez è l'equivalente spagnolo dei Kennedy.

Nel gennaio del 2010, i mezzi di comunicazione spagnoli tornarono a parlare delle vicissitudini della famiglia. I fratelli avevano raggiunto un accordo milionario con la vedova di Antonio Ordóñez, Pilar Lezcano, per recuperare la tenuta di 6 ettari El Recreo, a San Cayetano, uno dei possedimenti più importanti della famiglia, che fa da sfondo ai primi ricordi di Fran e Cayetano con il nonno. Antonio Ordóñez l'aveva lasciata in eredità ai quattro nipoti (Francisco, Cayetano, Julián e Belén, figlia di Belén Ordóñez), ma finché la moglie era in vita l'usufrutto spettava a lei. Da allora, i fratelli non avevano più messo piede nella proprietà, affittata fino all'agosto del 2009. Stando a quanto si leggeva sui giornali, i due recuperarono la casa e diventarono gli unici proprietari, dopo aver raggiunto un accordo con la vedova e aver comprato anche la parte degli altri eredi.

«Mi sento responsabile per loro, li amo come fossero figli miei. Li vedo poco perché sono sempre impegnati a toreare o ad allenarsi, la vita dei toreri è molto movimentata» dice la duchessa d'Alba. Il 2009 fu un anno positivo per Francisco e Cayetano, sia dal punto di vista professionale, sia da quello personale. Il più grande arrivò al quarto posto della graduatoria dei toreri, dopo aver partecipato a sessantatré corride; si affermò come imprenditore nella gestione delle *plazas* di Malaga e Ronda e il governo gli conferì la Medaglia d'Oro delle Belle Arti, decisione molto criticata perché, dicono, la sua carriera è fatta di fatica, costanza e dedizione, ma ha poco a che fare con l'arte. La polemica si intensificò quando José Tomás e Paco Camino decisero di restituire le medaglie ricevute anni prima «perché il concetto di *toreo* sta degenerando», come spiegavano in una lettera al ministro della Cultura, César Antonio Molina, che fu a sua volta molto criticato per lo scarso sostegno. Ma Francisco Rivera Ordóñez ha sempre desiderato evitare la polemica e il confronto. «Mi preoccupa il modo in cui passerò alla storia, ma mi preoccupa ancora di più come mi vedono i miei colleghi. Mi piacerebbe poter contare sul loro rispetto, sulla loro tolleranza, il loro coraggio e la loro ammirazione» segnala.

Cayetano, nel frattempo, si è riaffermato come *figura del toreo* collocandosi due posizioni dopo il fratello nella graduatoria; con cinquantotto corride nel 2009, anno in cui confermò l'*alternativa* in Messico, cominciò a farsi notare nelle arene. Nel 2010 partecipò alla Feria de Abril nella Maestranza di Siviglia e a Las Ventas di Madrid, dove il 4 giugno 2008 si confermò come torero, con Morante de la Puebla come padrino e José María Manzanares come testimone.

Ogni volta che entrano nell'arena, i due fratelli hanno ben presente da dove vengono e che per loro la pressione è ancora maggiore. Nessuno può negare che siano dei professionisti valorosi. «La mia famiglia ha dato la vita per questa professione, e mio padre l'ha addirittura persa. Per questo ho sempre cercato di essere all'altezza delle aspettative e, se possibile, di rendere ancora più grande quella che fu la loro ragione di vita» dichiarò Cayetano su «ABC». «È più che uno stile di vita, è un credo, quasi una religione» aggiunge. «Il *toreo* è lo spettacolo più vero. Rappresenta la vita e la morte, è come la vita stessa. Tutti i toreri sono artisti a modo loro.»

Mentre in Spagna il futuro della tauromachia è al centro di un acceso dibattito, Francisco e Cayetano Rivera Ordóñez continuano a essere presi di mira per le loro esibizioni nelle arene e per le movimentate relazioni sentimentali. Sembrano reggere bene qualsiasi assalto, con abiti da corrida o di Armani, suscitando l'invidia di tanti quando si accompagnano alle donne più belle del paese.

24
I Dominguín-Bosè

Io, in fatto di corna, ho la medaglia d'oro!
LUCIA BOSÈ (N. 1931)

I Dominguín-Bosè

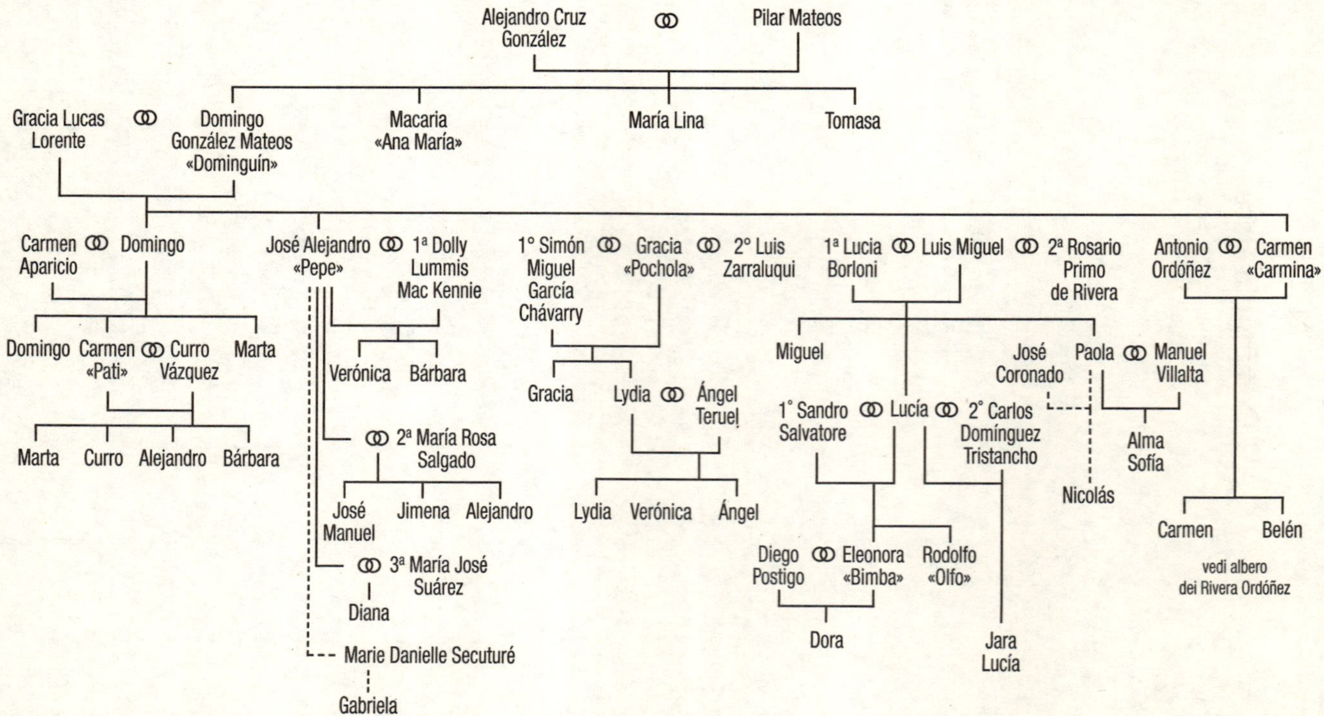

Luis Miguel Dominguín si fece conoscere soprattutto come uomo e torero arrogante, altezzoso e presuntuoso. Un anticonformista vitale, sempre in cerca di nuove sfide. Rivaleggiò con matadores *del calibro di Domingo Ortega, Manolete e Antonio Ordóñez, ricevendo elogi dai più importanti critici dell'epoca. Ma le avventure con donne belle e famose eclissarono in parte la sua carriera. E la vita di Lucia Bosè rimase segnata dal matrimonio con «il torero», come è solita chiamarlo. L'attrice abbandonò la sua professione per vivere una tormentata relazione con quell'indomabile dongiovanni. Dalla loro unione nacquero tre figli dallo straordinario talento, creatività e bellezza. Oggi la generazione successiva si sta ritagliando un posto nel panorama mediatico, ciascuno con la propria personalità, ereditata più dai Bosè che dai Dominguín.*

L'insaziabile desiderio di emanciparsi dalla povertà

I Dominguín rappresentano una vera e propria casta che ha avuto grande influenza nel mondo dei toreri. Il patriarca della famiglia fu Domingo González Mateos, soprannominato Dominguín, cognome con cui sono conosciuti i suoi discendenti. E tramite la figlia Carmen si imparentarono con altre tre dinastie di *matadores*: quella degli Ordóñez, grazie al matrimonio della ragazza con Antonio Ordóñez; quella dei Rivera, in seguito all'unione della sua primogenita, Carmina, con Francisco Rivera «Paquirri»; e infine quella dei Belmonte, grazie al matrimonio della secondogenita Belén con Juan Carlos Beca Belmonte. Così, oggi, ci sono ancora tre toreri in attività con sangue Dominguín: Francisco e Cayetano Rivera Ordóñez e Ángel

Teruel (nipote di Gracia «Pochola», la sorella maggiore di Luis Miguel Dominguín).

«La storia della tauromachia concatena cognomi e dinastie. La società taurina si fonda sulla famiglia e, come succede nell'aristocrazia, i suoi membri si imparentano tra loro, con un patriarca che ha potuto vedere come i suoi figli perpetuavano la sua arte, e poi i suoi nipoti e ancora – ma senza poterlo vivere – i figli dei suoi nipoti...» Domingo Dominguín, nipote del celebre torero, comincia così il suo libro *Dominguines contra dominguines* («Dominguín contro Dominguín»), in cui offre una testimonianza di prima mano sulle avventure, disavventure e fatalità della sua famiglia, attuando una sorta di vendetta letteraria contro il più famoso esponente del clan, un seduttore che visse senza sottrarsi agli scandali, Luis Miguel Dominguín.

Tutto ebbe inizio con Alejandro Cruz González, guardiano di una tenuta nei pressi di Maqueda, nella provincia di Toledo. Sposatosi con Pilar Mateos, ebbe quattordici figli, ma a causa della povertà e della fame di quegli anni ne sopravvissero solo quattro. Il 4 agosto 1895 a Quismondo, una località a pochi chilometri dalla tenuta, nacque Domingo. Al bambino venne dato il nome del santo di quel giorno e presto gli venne affibbiato il diminutivo «Dominguín». Oltre a lui, sopravvissero tre sorelle: Macaria, María Lina e Tomasa.

Domingo si rese presto conto che passare la vita a spingere un aratro era molto faticoso e non gli avrebbe permesso di emanciparsi dalla povertà. Un giorno, quando il proprietario della tenuta dove lavorava suo padre comprò dei torelli, il ragazzo con una coperta e molto coraggio si mise davanti a uno degli animali. E dopo aver subito un paio di colpi, riuscì ad avere la meglio. Era nato un torero, un mestiere che gli offriva almeno qualche possibilità di guadagno. A 17 anni e senza il permesso dei suoi genitori, decise di trasferirsi a Madrid per diventare *matador*. Si fece presto amico del *banderillero* Ignacio Sánchez Mejía, con cui si recava spesso nelle arene, finché, ancora minorenne, fu costretto dai suoi genitori a rientrare a casa. Sua madre Pilar lo allontanò dai campi e lo mise a lavorare come manovale, ma non riuscì a togliergli dalla testa il sogno di diventare un torero. E non appena, in occasione delle feste popolari, un villaggio vicino liberava i torelli, Domingo si precipitava a sfidarli. Grazie al suo coraggio cominciò a guadagnare un certo prestigio e, ben più importante per lui, qualche soldo con cui aiutare la misera economia famigliare. «Pilar capì allora che doveva permettergli di diventare un torero. Gli regalò tutte le immaginette di santi, Madonne e Cristi che aveva e lo lasciò andare. Fu a Sant'Antonio che mio nonno si rivolse più spesso con richieste e preghiere durante la sua vita» racconta Domingo Dominguín.

Il nome di Dominguín cominciò a riecheggiare. Ben presto ottenne contratti con importanti arene e cominciò a percorrere la Spagna in treno, guadagnando un po' di denaro. La corrida che lo consacrò *matador* ebbe luogo a Madrid nel 1918. In breve riuscì a comprarsi un appartamento nella capitale, dove lo raggiunsero i genitori e la sorella minore, Macaria.

Alla stazione ferroviaria di Alsasua (Navarra), di rientro a Madrid dopo una corrida, Dominguín conobbe Gracia Lucas. Anche la ragazza, accompagnata dalla madre, stava rientrando da una festa di paese, durante la quale si era esibita in una dimostrazione di pelota basca. Gracia, di sangue gitano, era nata a Tíjola, un villaggio nella provincia di Almeria (Andalusia), ma la sua famiglia era emigrata a Barcellona, dove lei e la sorella si erano appassionate alla pelota, tanto da diventare delle giocatrici professioniste. Gracia si conquistò una certa notorietà nel Nord della Spagna e a Madrid. Il fidanzamento fu breve e, dopo essersi sposati, comprarono un nuovo appartamento nella capitale. Dominguín decise allora di tentare la sorte in America, dove si cimentò come amministratore dell'arena di Querétaro, in Messico. Si rese subito conto che con la nuova attività guadagnava molto più denaro che nelle vesti di *matador*. In tre anni la coppia ebbe tre figli: Domingo (1920), José Alejandro «Pepe» (1921) e Gracia (1924). Per distinguerli, la madre cominciò a chiamare i due figli «i dominguines» e la figlia «Pochola». Domingo decise di non toreare più e lavorare solo come manager e amministratore di arene.

La famiglia tornò a Quismondo, dove per 75.000 pesetas comprarono l'allevamento di La Companza. A poco a poco Dominguín cominciò a gestire più arene: La Coruña, Toledo, Barcellona, San Sebastián, Logroño, Jerez de la Frontera, Talavera, Algeciras, Madrid e Pontevedra. Era diventato «il più potente imprenditore taurino dell'epoca» spiega suo nipote Domingo Dominguín.

Il 9 dicembre 1925, nella casa di via San Bernardo a Madrid, nacque Miguel Luis. «Questo era il nome di battesimo di mio zio, quello che figura sui documenti. Quando cominciò a partecipare alle corride, mio nonno invertì l'ordine pensando che sui cartelloni sarebbe suonato meglio Luis Miguel» racconta Domingo. Nel 1929 nacque la quinta figlia, Carmen.

Al tempo Domingo gestiva l'arena di Tetuán de las Victorias, a Madrid, dove i suoi figli cominciarono a muovere i primi passi in un mondo che non avrebbero più abbandonato. «Siccome mio nonno viaggiava molto, era mia nonna ad amministrare l'arena. Era la prima donna della storia a svolgere quell'attività ed era il terrore delle contrattazioni: tirava al massimo sui prezzi e sui contratti» ricorda il nipote nel suo libro.

Qualche tempo dopo, la famiglia si trasferì in un appartamento più grande nella via madrilena di Atocha, dove stabilirono anche la sede della loro attività, che vide sfilare tutti i più grandi nomi della corrida. Dominguín riuscì a farsi manager del torero spagnolo più importante di allora, Domingo Ortega, e del più celebre in Messico, Fermín Espinosa «Armillita». Gli affari andavano sempre meglio. «Il primo Dominguín» racconta il nipote «aveva una sola idea in testa: che i suoi figli diventassero delle leggende, cosa che a lui non era riuscita.»

Le invidie durante la Guerra civile

Quando nel giugno del 1936, in Spagna, scoppiò la Guerra civile, gli affari naufragarono. La famiglia lasciò Madrid per tornare a vivere nella casa di Quismondo, dove ebbero problemi con alcuni vicini. Anche qui, come nel resto del paese, non mancavano i regolamenti di conti e la paura. Domingo González «Dominguín» venne denunciato «come fascista e sfruttatore» alla Federazione Anarchica Iberica (FAI), a Madrid, e rischiava la fucilazione. «Mia nonna riuscì a entrare in contatto con Pepe Díaz, il segretario del Partito comunista spagnolo, il PCE, e tramite lui arrivò fino all'influente Dolores Ibárruri, detta "La Pasionaria". Venne presto accertato che la denuncia era stata presentata da qualcuno che invidiava il successo di Dominguín. Tutte le accuse erano false. I miei nonni erano fascisti, ma non avevano mai sfruttato nessuno e tanto meno erano dei traditori» precisa Domingo. Nell'ottobre del 1936 la famiglia lasciò la Spagna. A Lisbona si imbarcarono per New York e da lì proseguirono per il Messico. I tre fratelli, però, trovarono ostacoli per partecipare alle corride e decisero di tornare indietro. Durante il viaggio di ritorno, in Portogallo, i tre dominguines debuttarono come *becerristas*, ovvero esibendosi in corride contro i torelli più giovani. Il maggiore, Domingo, aveva 16 anni, mentre Alejandro «Pepe» 14 e Luis Miguel, «il piccolo Dominguín», come lo annunciavano i cartelloni, 10. E trionfarono.

Terminata la guerra, la famiglia rientrò a Madrid e si stabilì in un nuovo appartamento in via Príncipe. E cominciarono a toreare nelle arene spagnole. «I Dominguín erano molto diversi tra loro. Mio padre, Domingo, aveva uno stile naturale e molto sobrio, con movimenti secchi. E con la spada era un maestro. Pepe era molto versatile e allegro, e dominava la seconda fase, quella delle *banderillas*, in cui appunto si infilza il toro con le asticciole. Era un vero e proprio spettacolo. E Luis Miguel, semplicemente, dominava ogni gesto. Aveva assorbito la tecnica dei suoi fratelli» osserva Domingo Dominguín.

Nel 1940 Luis Miguel fu costretto ad abbandonare le arene, perché il governo proibì di toreare ai minori di 16 anni. Allora il patriarca decise di tornare in America, dove il piccolo non era soggetto ad alcuna restrizione di età. Dopo essere passati dall'Avana, Domingo e Pepe vennero consacrati *matadores* a Lima, per mano di Luis Gómez «El Estudiante», e rimasero in cartellone in quell'arena per il tempo record di un mese. Frattanto, Luis Miguel partecipava ancora alle corride di torelli. In seguito partirono alla volta di Bogotá e proseguirono per le arene di Medellín, Cali, Manilales, Cartagena e Caracas. I tre fratelli erano sempre annunciati insieme. Nel frattempo, in Spagna trionfavano i toreri Pepe Luis Vásquez, Manolete, Domingo Ortega, Marcial Lalanda e un altro grande nome era agli inizi della sua carriera, Antonio Bienvenida.

I Dominguín tornarono quindi in Spagna, dove il grado di *matador* acquisito in America non era valido e dovettero ripetere il battesimo taurino. Domingo ricevette il titolo a Barcellona nel giugno del 1942; Pepe nell'arena madrilena di Las Ventas, durante la Fiera di San Isidro, nel 1944; e nell'agosto dello stesso anno Luis Miguel venne definitivamente consacrato all'arte taurina a La Coruña per mano di Domingo Ortega, con il fratello maggiore come testimone della cerimonia. Ma le cose non andarono come speravano dopo il successo riscosso nelle arene americane. Cominciò una sorta di boicottaggio nei loro confronti e difficilmente riuscivano a partecipare alle corride. Si temeva che Domingo González, con tre figli toreri, amministratore e manager, conquistasse troppo potere. Pepe, allora, si trasferì come *banderillero* in Portogallo, mentre Domingo cominciò a pensare di abbandonare le arene per diventare amministratore e manager come il padre. Luis Miguel, invece, forte dell'appoggio del genitore, non si lasciò scoraggiare. Fin da adolescente si era messo in luce per la sua costanza e per l'impegno nel fare tutto al meglio durante le corride.

La provocazione e le sfide taurine

In quel periodo a farla da padrone nelle arene era Manolete. Il 16 settembre 1946, durante la Corrida de la Beneficencia a Las Ventas, si trovò di fronte Luis Miguel. Manolete tagliò due orecchie, ma Dominguín ebbe la meglio tagliandone tre e si assicurò un posto d'onore tra i toreri. Un anno prima, in quella stessa arena, Manolete aveva fatto da padrino alla conferma del titolo di *matador* di Luis Miguel. «Si pensò sempre che la rivalità tra mio zio e Manolo trascendesse l'anello dell'arena; che, oltre a sfidarsi di fronte ai tori, lo facessero anche per le donne e la fama» racconta Domingo Dominguín. In realtà «le loro discussioni non furono mai troppo accese» aggiunge «e rimasero sempre buoni amici. Uscivano insieme a cena e a divertirsi con le rispettive compagne. Manolo con Lupe e Luis Miguel con quella di turno.» Entrambi si divertivano a sfidare la morale dell'epoca.

Manolete e Dominguín si affrontarono in altre due appassionate corride, a Vitoria e a San Sebastián, fino alla tragedia che si abbatté sull'arena di Linares il 28 agosto 1947. Quel pomeriggio Manolete divideva la scena con Luis Miguel Dominguín e Gitanillo de Triana. Il toro assassino si chiamava Islero e proveniva da un rinomato allevamento, quello di Miura. Manolete, molto abile con lo stocco, trafisse il toro con troppa lentezza e quell'errore gli costò la vita. L'animale affondò la punta di un corno nella sua coscia destra. Luis Miguel e Gitanillo sollevarono il torero ferito da terra. L'incornata gli provocò una forte emorragia e morì il giorno seguente. Si arrivò perfino ad accusare della morte del grande torero Luis Miguel, colpevole secondo alcuni di averlo messo sotto forte pressione quel giorno, spingendolo a rischiare troppo. «I cronisti, che erano sempre stati dalla parte di Manolete, si scagliarono contro Luis Miguel Dominguín [...]. Ma a mio zio la stampa non era mai interessata, preferiva le pagine di "Triunfo", "Paris Match", ecc., le cosiddette riviste di costume. Luis Miguel trovò una vera e propria miniera d'oro in quei giornali, grazie ai quali conquistò grande popolarità e denaro e venne consacrato numero uno» assicura suo nipote Domingo.

Dopo la morte di Manolete, Luis Miguel ereditò lo scettro taurino e, con esso, le invidie che attirava. «Manolete in persona gli aveva detto quella mattina nell'hotel di Linares che, quando lui non ci fosse più stato, Dominguín avrebbe ereditato i suoi nemici. Per anni gran parte del pubblico spagnolo e americano lo accolse con antipatia, ritenendolo il colpevole morale della morte del gran Manolete» racconta il suo biografo e amico Andrés Amorós, autore del libro *Luis Miguel Dominguín: el número uno* («Luis Miguel Dominguín: il numero uno»).

All'epoca i due fratelli maggiori si erano già sposati. Il primo fu Pepe, che, dopo un breve fidanzamento con Amparo Rivelles, sposò la peruviana Dolly Lummis Mac Kennie. Poi fu il turno del fratello più grande, ritiratosi ormai dalle corride per dedicarsi a rappresentare *matadores* e gestire le arene, che sposò Carmen Aparicio, nozze celebrate tre anni dopo la nascita del figlio Domingo, autore del controverso libro sulla famiglia. In seguito, il primogenito ebbe due figlie: Carmen, detta «Pati», e Marta.

Luis Miguel era ormai il re delle arene. Nel 1948, rappresentato dal fratello maggiore, partecipò a cento corride, in alcune affiancato dal fratello Pepe, collocandosi in testa alla graduatoria. L'anno dopo, durante la Fiera di San Isidro, mentre stava fronteggiando il toro, alzò l'indice, si voltò verso le gradinate e si autoproclamò numero uno, suscitando le ire dei puristi dell'epoca. «Quasi tutti gli spagnoli, appassionati o no alle corride, si accesero di indignazione o di entusiasmo, considerando intollerabile l'attitudine del *matador* o difendendola come giusta e legittima» commenta Andrés Amorós. «In quel momento» racconta suo nipote «perse la sua personale battaglia contro Manolete, perché non ottenne mai il riconoscimento unanime che aveva avuto il cordovano. Manolete lo sconfisse da morto.» A partire da quel giorno, Luis Miguel, a soli 23 anni, passò alla storia popolare come «il numero uno», diventando la pietra dello scandalo. E la tauromachia fu il centro della sua vita.

«Il problema di mio zio era che fin da piccolo aveva toreato spinto dal desiderio di rivalsa: prima nei confronti dei suoi fratelli, poi contro Manolete e, infine, per regolare i conti con il pubblico [...]. Agiva per vanità e provocazione.» Ma il successo e la passione lo accompagnavano. Luis Miguel cominciò a essere invitato alle battute di caccia di Franco, inviti che ricambiava organizzando a sua volta battute nella tenuta di Andújar. Quando qualche illustre personaggio si recava in Spagna, Luis Miguel amava invitarlo alle sue feste. Così, tra le varie celebrità, la sua tenuta accolse anche molti attori e attrici di Hollywood, come Gary Cooper, Yul Brynner, Audrey Hepburn, Mel Ferrer o ancora Orson Welles, a cui era legato da una buona amicizia. Fu anfitrione anche del principe Ranieri di Monaco, del dittatore dominicano Trujillo e di Truman Capote. Ovviamente, alle sue feste non mancavano le principali figure del flamenco, come Lola Flores, La Polanca o Manolo Caracol, della corrida e della politica. In quegli anni tra le sue amicizie annoverava i personaggi più disparati, dal Generalissimo a Pablo Picasso (che gli disegnò anche un abito per la corrida), Jean Cocteau, Salvador Dalí, Ernest Hemingway, Peter Viertel...

Nella stagione del 1950 la fama del *matador*, legato allora all'attrice messicana María Félix, andava consolidandosi. Era un personaggio fuori dal comune: intelligente, orgoglioso e trasgressore; amato, invidiato e odiato. L'anno seguente si esibì in novantotto corride, guadagnando ben 200.000 pesetas per ciascuna, e poteva scegliere dove e con chi toreare. Quell'anno Pepe Dominguín, rimasto vedovo dopo la morte della moglie durante il parto della loro seconda figlia, si risposò con l'attrice María Rosa Salgado, all'epoca l'unica artista spagnola con un ingaggio a Hollywood. Le nozze vennero celebrate in Messico. María Rosa accantonò il sogno di diventare una stella del cinema per tornare in Spagna con Pepe, che lasciò definitivamente le corride. Nelle arene rimaneva ormai un solo Dominguín.

Nel 1952 il patriarca favorì la rivalità tra Dominguín e Ordoñez, diventando manager di entrambi. Antonio Ordoñez era figlio di un altro celebre torero, il Niño de la Palma. «Quando lo vedi nell'arena esclami: "È un dio!". La testa, il collo, e lo sguardo sprezzanti. Si poneva davanti al toro come se stesse davanti a una sedia. Mentre Antonio Ordoñez era più timoroso, si notava» ricorda Lucia Bosè, la prima moglie del *matador*, nella biografia scritta dalla giornalista Begoña Aranguren, *Diva, Divina*. «Luis Miguel raggiungeva la sua massima espressione artistica sotto l'impulso della sfida. Adorava lottare e competere: con il toro, con i compagni, con il pubblico, con le imprese, con se stesso... Anche fuori dalle arene, era un campione indiscusso: bello, brillante, amico dei personaggi più influenti al mondo e amato dalle donne più affascinanti» afferma Andrés Amorós.

Dentro le arene, Luis Miguel era un *matador* capace di sconfiggere qualsiasi toro e abile in ogni gesto. La sua tecnica si basava sul dominio e sulla conoscenza dei tori, quel che si dice un «torero largo». Bravo con la *muleta*, il drappo rosso, ed elegante con il *capote*, il drappo rosa e giallo, la critica a volte lo accusò di essere un *matador* ordinario. Inoltre, parte del suo valore professionale venne offuscato dalla sua dimensione mondana. La sua immagine di dongiovanni incallito lo pregiudicò eclissando, in certo modo, il resto. Il *matador*, dal canto suo, spiegava così la sua fama di donnaiolo: «Io non sono mai uscito a caccia di donne, ma per cercare la donna, e non avrei mai affrontato alcun toro se quella donna non fosse stata sulle gradinate. Solo per una donna si affronta la morte, e non per denaro, malgrado alcuni pensino il contrario».

La voracità sessuale

Luis Miguel continuava ad alimentare scandali sentimentali. All'elenco delle sue conquiste si aggiunsero altre due attrici: Rita Hayworth e Naima Cherky. «Alla fine del 1952 mio nonno cominciò una relazione che superava tutti i flirt di Luis Miguel. Si mise con la domestica. Dalla loro unione nacque un Dominguín che nessuno conosce, José Luis, che ha preferito tenersi ai margini della questione, anche se è sempre stato al corrente delle sue origini [...]. Mio nonno si prese cura di lei e del bambino fino alla morte; in seguito furono mio padre e mio zio Luis Miguel a occuparsene. Mio zio Pepe si diceva dispiaciuto, ma non aveva un soldo. Era Luis Miguel che portava il denaro, facendo credere loro che fosse lui a pagare tutto» assicura Domingo Dominguín.

Di dominio pubblico fu, invece, la smodata ossessione per le donne di Luis Miguel. Dopo una storia con Lana Turner, tra il 1953 e il 1956, si dedicò quasi esclusivamente ad Ava Gardner. Quella relazione mise fine al matrimonio tra la stella di Hollywood e Frank Sinatra. «Quando lo conobbi sentii subito che sarebbe stato mio, e sapevo che era il miglior torero al mondo» scrisse Ava Gardner nelle sue memorie. «Non pretendevamo mai troppo l'uno dall'altro. Insieme ci divertivamo senza pensare al futuro [...]. Quando eravamo amanti, non parlavamo mai di matrimonio» riconobbe l'attrice. «Non mi sposerò con Luis Miguel. È stupendo, divertente e mi piace stare con lui. Non cerca pubblicità, a differenza di tanti uomini che mi hanno corteggiata, perché lui ha già tutto quello che vuole» ripeteva Ava all'epoca in cui Luis Miguel le fece conoscere la Spagna.

Si dice che la prima volta che andarono a letto insieme, lui si alzò e lei gli chiese: «Dove stai andando?». E lui rispose: «Come dove sto andando? A raccontarlo!». Sembra, però, che l'aneddoto sia falso, sebbene Luis Miguel non abbia mai fatto mistero delle sue avventure. Si racconta anche che la messicana Miroslava Stern, venuta a sapere delle nozze del *matador* con Lucia Bosè, si suicidò in un hotel madrileno per aver perso il suo amore. «Come molta gente nell'immediato dopoguerra, Luis Miguel e la sua famiglia attraversarono gravi difficoltà economiche. Inoltre lui aveva fame di tutto: di denaro, di notorietà, di affermazione sociale, di viaggiare, di conoscere gente interessante e donne meravigliose...» sottolinea Andrés Amorós.

Il 1° marzo 1955, a Las Vegas, sposò con rito civile Lucia Borloni, vero nome dell'attrice. I due si erano conosciuti mentre Lucia si trovava in Spagna per girare *Gli egoisti*, di José Antonio Bardem. Il loro primo incontro avvenne in occasione di un ricevimento offerto dall'ambasciatore di Cuba in Spagna. Lei era una vera bellezza, incoronata Miss Italia nel 1947. Durante il concorso aveva conosciuto Edoardo Visconti, fratello del famoso regista, che «si innamorò follemente di me diventando il mio "pigmalione". Io avevo 17 anni e lui 39» racconta l'attrice nel libro *Diva, Divina*. Per di più, Edoardo era sposato e in quegli anni il divorzio non esisteva, così divennero la coppia dello scandalo in Italia. Ma Edoardo le aprì le porte del cinema. Quando Lucia giunse in Spagna era un'attrice alle prime armi eppure aveva già lavorato con registi del calibro di Giuseppe de Santis, Antonioni e Visconti.

Al primo incontro, a Lucia non piacque per nulla il torero. «Mi fece una pessima impressione. Mi sembrava uno di quei fanfaroni che se ne vanno in giro con mantello e cappello per darsi delle arie. Insomma, un prepotente» ricorda. Cominciarono a frequentarsi più spesso grazie a Manuel Goyanes, produttore del film che Lucia stava girando in Spagna e grande amico di Dominguín, e «col tempo cambiai opinione perché Miguel aveva davvero un enorme charme. "Il torero", insomma, era un seduttore abituato a fare colpo».

Dopo un fidanzamento di tre mesi, si sposarono a Las Vegas perché nessuno dei due voleva farlo nel proprio paese. Ma la Spagna di allora non era un paese aperto a questo tipo di matrimoni. E così il 19 ottobre, nella cappella di Villa Paz, la tenuta di Luis Miguel a Serlices (Castiglia-La Mancia), celebrarono le nozze religiose per continuare a farsi invitare da Franco alle battute di caccia. In quello stesso luogo, un anno prima, la sorella di Luis Miguel, Carmen, si era sposata con il torero Antonio Ordoñez, con cui ebbe poi due figlie: Carmen (meglio nota come Carmina Ordoñez) e Belén.

Dopo il matrimonio, Lucia poté girare un solo film, *Gli amanti di domani*, diretto da Luis Buñuel, tornato in Francia dopo il periodo messicano. La Bosè interpretava Clara, una giovane vedova italiana che vive in Corsica e si innamora di un medico di nome Valerio (Georges Marchal). «Il torero andò su tutte le furie, ma io già da tempo ero in accordi con Buñuel [...]. Quello fu l'ultimo film della mia prima epoca di attrice, perché mio marito non mi lasciò girarne altri. Sono sicura che Miguel mi lasciò onorare gli accordi con Buñuel perché si trattava di un mostro sacro del cinema. E, soprattutto, per il profondo legame che univa la famiglia del regista ai Dominguín» spiega. In quel periodo Lucia era già incinta.

Nel 1956 il *matador* si spostò in America per la stagione taurina, accompagnato da Lucia, che a Panama diede alla luce il loro primo figlio, Luis Miguel Luchino, che portava i nomi del celebre padre e del famoso padrino. «Volli a tutti i costi che il padrino fosse Luchino Visconti e, con il tempo, penso che quel mio desiderio fosse una premonizione: come se sapessi già che Miguel, come Luchino, sarebbe diventato un grande artista» racconta Lucia Bosè. Tra gli invitati al battesimo figurava anche Sophia Loren, che si trovava in Spagna per girare *Orgoglio e passione*, con Frank Sinatra e Cary Grant.

Dominguín si ritirò dalle corride e cominciò a frequentare quasi ogni sera i locali alla moda della capitale. Si vedeva con amici come la duchessa d'Alba, Mercedes Urquijo, Carmen Franco e il marchese di Villaverde, Arturo e Alfonso Fierro e diversi ministri franchisti, in particolare Gregorio López Bravo. Partecipava a feste di flamenco che potevano durare anche tre giorni... Ma la vita dell'«italiana», come la chiamavano i suoi parenti acquisiti, non era facile. Nelle sue memorie rivela che solo il suocero le dimostrò sempre affetto. «I Dominguín non mi hanno mai accettata, ma onestamente non ho mai sofferto per questo. Non mi sono neppure preoccupata di scoprire il perché» confessa. I rapporti con le cognate e la suocera furono sempre molto distanti. «Mia suocera era una persona molto strana, molto insolita, al punto che "il torero" mi proibì di vederla da sola.» E aggiunge: «Non ho mai capito se le sue sorelle, che lo idolatravano, fossero gelose di me o cos'altro. Ma senza dubbio non ci fu mai la benché minima simpatia tra noi». Con i fratelli di Luis Miguel, invece, i rapporti erano buoni.

Un trionfatore fuori dal comune

Il clan Dominguín era molto compatto contro gli altri, sebbene fra i tre fratelli, Domingo, Pepe e Luis Miguel, non mancassero le rivalità. «Era davvero sorprendente quanto si volessero bene, ma nonostante ciò le loro discussioni erano molto accese. Urlavano, si insultavano, sembrava che potessero ammazzarsi, avevano tutti un carattere molto forte» spiega l'attrice, che incolpa di ciò Domingo González, il patriarca, in quanto esigeva molto dal torero, che «sentendo il peso della responsabilità proteggeva i suoi fratelli come fossero loro i più giovani e non il contrario. Non bisogna neppure dimenticare che per molto tempo la famiglia Dominguín ruotò attorno a mio marito. Credo che questo, da un lato, gli piacesse ma dall'altro lo tormentava». Stando al nipote Domingo Dominguín, invece, il torero voleva che i fratelli «fossero ai suoi piedi». «Mio padre gli dava tutto quello che riusciva a guadagnare dalle arene che gestiva, ma non era mai abbastanza.» I due fratelli maggiori dovevano procurargli denaro perché «era sommerso dai debiti». «Era il torero che si era arricchito di più, ma anche quello che aveva esaurito prima la sua fortuna» sostiene il nipote nel suo libro *Dominguines contra dominguines*. In alcune occasioni dovettero perfino vendere i propri averi per finanziarlo. «Luis Miguel non voleva certo cedere le sue proprietà, preferiva farsi dare i soldi dagli altri, da mio padre, da mio zio Pepe. E lo reputavano perfino generoso. Ovvio, quando il denaro lo si ottiene così facilmente... Generoso non con i suoi soldi, ma con quelli della famiglia, con quelli di mio padre.»

Nell'estate del 1957 Luis Miguel fu costretto a toreare nuovamente per denaro. Il fratello Domingo tornò a fargli da manager, assicurandogli ventidue corride. Nell'agosto di quell'anno nacque la sua secondogenita, Lucía, e quasi contemporaneamente al patriarca venne diagnosticato un tumore. Lo operarono in Germania, dove lo accompagnò tutta la famiglia. Visse solo per altri sei mesi. Fino all'ultimo momento, insieme a Domingo, si occupò della carriera del celebre figlio minore. Fu lui a trasmettere ai tre dominguines lo spirito del clan e dell'unità. «Come ultima volontà» racconta Domingo Dominguín «chiese ai suoi figli di riconciliarsi con Ordóñez.» La moglie del patriarca, Gracia Lucas, visse altri ventiquattro anni. Morì nel 1983, nella sua casa madrilena di via Príncipe, a 82 anni.

L'amicizia con Hemingway e Picasso

Nell'estate del 1959, dopo aver compiuto l'ultima volontà del patriarca riconciliandosi con il cognato Antonio Ordóñez, si consumò quell'«Estate pericolosa» che Hemingway descrisse a mo' di cronaca per la rivista «Life» e che anni dopo sarebbe diventata un romanzo postumo; articoli che diedero fama mondiale ai due toreri. La stagione taurina di quell'anno, da maggio a settembre, fu l'ultima che il premio Nobel trascorse in Spagna. Si sparò poco tempo dopo nella sua casa di Ketchum (Idaho). Il viaggio in Spagna nell'estate del 1959 era il quarto che effettuava dopo la guerra. Hemingway non aveva visitato il paese tra il 1939 e il 1953 perché aveva giurato di non tornarci finché qualcuno dei suoi amici fosse stato ancora in carcere. Nelle sue cronache dalla Spagna raccontò la particolare sfida tra Dominguín e Ordóñez e le tre gravi incornate che ricevettero entrambi. In quella stagione Lauren Bacall accompagnava Luis Miguel di arena in arena e la stampa dell'epoca si fece eco delle voci che attribuivano all'attrice americana l'antagonismo tra i due toreri.

In quell'insolito duello tra cognati, Hemingway si schierò con Ordóñez, con un'ammirazione paterna. Hemingway era stato un sostenitore di suo padre, il Niño de la Palma, ma poi aveva perso l'entusiasmo. Quell'estate cercò in Antonio Ordóñez, il figlio, il sapore della giovinezza perduta. Ma Dominguín, orgoglioso come sempre, nonostante un'incornata alla gamba che lo faceva camminare male, lottò per portare a termine la stagione e battere il cognato. Perse la battaglia con Ordóñez e le due famiglie ripreso a litigare e si separarono. I Dominguín smisero di amministrare la carriera del cognato. «Gli Ordóñez non sopportavano di essere inferiori ai Dominguín, e viceversa. Fuori dalle arene la loro rivalità era perfino più accesa [...]. I due si provocavano e, se c'erano testimoni, tanto meglio» osserva Domingo Dominguín.

Alla fine di quell'estate Luis Miguel e Lucia trascorsero qualche giorno di riposo nella casa di Pablo Picasso a Cannes, La Californie, in Costa Azzurra. L'amicizia tra il pittore e il torero iniziò nel 1958, quando i due si conobbero a una corrida ad Arles, nel Sud della Francia. Li presentò lo scrittore e cineasta francese Jean Cocteau, regista del film *Il testamento di Orfeo*, opera surrealista del 1959 in cui recitavano, tra gli altri, Picasso, Lucia Bosè, Charles Aznavour e Françoise Sagan. Da allora coltivarono un'amicizia fondata soprattutto sull'interesse del pittore per la tauromachia. «Picasso sapeva riconoscere la grandezza di chi non lo avvicinava con le solite adulazioni e non cercava, come tanti altri, di farsi regalare uno dei suoi quadri» sostiene Andrés Amorós. Divennero così amici che, quando Dominguín e Lucia andarono in America per la stagione taurina invernale, lasciarono i figli con Picasso, affidandoli alle cure di sua moglie Jacqueline. «Picasso e Luis Miguel strinsero amicizia sulla base del loro individualismo altezzoso, che senza dubbio, nel pittore, era molto più accentuato» scrive José María Requena nel suo libro *Gente del toro*. Gli aspetti che i due condividevano erano molti, soprattutto l'atteggiamento sdegnoso e arrogante. La superbia di due privilegiati con il mondo ai propri piedi.

Nel novembre del 1960 nacque Paola, l'unica figlia che ha mantenuto il cognome Dominguín, perché sia Lucía che Miguel da adulti hanno optato per il cognome della madre, Bosè. A farle da padrino fu Picasso, in onore del quale le fu dato il nome Paola. A quegli anni risale un divertente aneddoto sul maestro di Malaga e il giovanissimo Miguel, che è solita raccontare sua madre. Un giorno Miguel arrivò vantandosi per tutta la casa che suo padre aveva tagliato quattro orecchie a un toro. Picasso gli disse ridendo che era impossibile perché i tori non avevano così tante orecchie. Miguel, però, continuava a insistere e allora il pittore, per farlo ragionare, gli chiese: «Hai mai visto un toro con quattro orecchie?». E il bambino gli rispose: «No, ma non ho mai visto neppure donne con quattro occhi, eppure tu le dipingi».

Nei quasi dieci anni della loro amicizia, Picasso realizzò una cinquantina di incisioni, collage, disegni e ceramiche che regalò a Luis

Miguel Dominguín, a sua moglie Lucia Bosè e ai loro figli Lucía, Miguel e Paola, i suoi cari amici di allora. Anni dopo, durante le riprese del documentario *Buscando a Picasso* («Cercando Picasso»), nel 1965, il torero e il pittore litigarono e si allontanarono. Ci si è spinti ad affermare che l'amicizia di Picasso con Luis Miguel fosse legata alla bellezza di Lucia Bosè e all'ammirazione che le professava il pittore, e che a un certo punto sua moglie Jacqueline tagliò i ponti con i Dominguín per gelosia. «Alcune persone pensavano che ci fosse del tenero fra noi. Falso! Certo, mi sentivo attratta dal genio, dal personaggio, visto il suo prestigio, ma non dalla persona. A onor del vero, posso affermare che non mi sentii fisicamente attratta dal pittore nemmeno per una frazione di secondo» racconta Lucia Bosè.

All'inizio degli anni Settanta la famiglia Dominguín-Bosè si trasferì a Somosaguas, un lussuoso sobborgo fuori Madrid. «Fu più o meno in quel periodo che il torero abbandonò le arene e cominciò ad abbandonare anche noi, la sua famiglia, assentandosi per periodi sempre più lunghi» ricorda Lucia Bosè. Il *matador* non aveva il benché minimo senso della fedeltà matrimoniale. «In quegli anni» aggiunge «la donna aveva l'obbligo di sopportare tutte le corna con cui il marito voleva adornarla.»

Nel 1961 nacque il loro quarto figlio, Juan Lucas, ma il piccolo visse solo un mese. L'attrice ebbe altre tre gravidanze, ma per problemi non andarono oltre i cinque o sei mesi. «Soffrivo molto pensando di stare facendo qualcosa di sbagliato, di molto sbagliato se non ero capace di tenermi stretta mio marito. Confesso che per un lungo periodo i suoi tradimenti mi provocarono un enorme senso di colpa. E ovviamente non si preoccupò mai di usare un minimo di discrezione nelle sue scappatelle.» «Ci siamo sposati – perché negarlo? – presi da un raptus di passione. E, come logica conseguenza, durò quel che durò» spiega.

«Raramente due personaggi così emblematici come Lucia e Luis Miguel si sono uniti. Lei, bella tra le belle, e lui, un numero uno delle corride. Un uomo molto affascinante, che faceva strage di cuori; due caratteri molto forti, che finirono presto per scontrarsi per la difficile convivenza tra una donna che voleva formare una famiglia e un uomo che le arene promossero a idolo delle masse, quando gli idoli godevano ancora di grande proiezione sociale» afferma la giornalista di costume Rosa Villacastín, e aggiunge: «Lucia amò con passione il torero, ma difficilmente poteva conformarsi al mondo maschilista in cui lui si muoveva, sia a livello professionale che politico».

La separazione del torero e «l'italiana»

Nel 1967 Luis Miguel Dominguín scandalizzò la Spagna conquistando sua cugina Mariví, figlia di una sua zia. Fu la goccia che fece traboccare il vaso. «Ci misi molto tempo a rendermene conto. Come avrei potuto sospettare una cosa del genere? Quella bambina era cresciuta accanto a me, in casa nostra.» Il torero e Mariví avevano vent'anni di differenza e la ragazza, che fin da piccola lo aveva chiamato «zio Miguel», era sempre stata come una figlia per Lucia, ma niente di ciò poté ostacolare la loro relazione. «Streghetta, se ci scoprono ci ammazzano» diceva il *matador* alla sua amante, secondo Amorós.

Alla fine, nel 1968, Lucia si separò da Dominguín «in nome del più elementare istinto di sopravvivenza». «Era un tipo molto primitivo, molto campagnolo, maschilista e franchista... e mi rese la vita difficile, ma ero stata io a voler lasciare gli spaghetti per le lenticchie e il *cocido*. Quando non ne potei più mi separai, suscitando uno scandalo monumentale nella Spagna di allora. Il torero minacciò di portarmi via i figli, era molto amico di Franco, andavano a caccia insieme, e io lo minacciai di morte con un fucile; lo avrei ucciso senza pensarci due volte. Tenni solo la casa e i tre bambini, senza aiuto, ma mi rimboccai le maniche e ho tirato su una famiglia di geni creativi. E includo anche i nipoti. Sono tutti delle grandi personalità e la cosa mi piace» raccontò Lucia Bosè alla stampa durante la presentazione del libro di Begoña Aranguren sulla sua vita.

Per l'amico e biografo del torero, Andrés Amorós, «la sua personalità così forte e le sue doti fuori dal comune racchiudevano aspetti tanto positivi quanto negativi: in più di un'occasione lui stesso pagò i suoi eccessi, la sua mancanza di equilibrio. E non lo dico da un punto di vista moralista o puritano, ma da quello più semplice – o più difficile – di saper gestire la propria vita personale e famigliare, oltre a quella professionale e artistica» scrive nel libro *Luis Miguel Dominguín: el número uno*.

Negli anni Settanta il maggiore dei Dominguín si dedicava esclusivamente alla gestione dell'arena di Vista Alegre e alla politica, come militante dell'allora clandestino Partito comunista. «In quel periodo "Mundo Obrero", l'organo del partito, veniva stampato in casa mia, in via Ferraz. Poi vennero gli incontri con Dalí, Alberti, Picasso, La Pasionaria...» racconta suo figlio. In quegli anni Domingo anticipò il denaro per le riprese di *Viridiana*, di Luis Buñuel. Il film venne presentato al Festival di Cannes del 1961, ma in Spagna ne fu vietata la proiezione. «Mio padre cadde in rovina, eravamo sul lastrico. Non poteva recuperare i suoi soldi e non ci avrebbe ricavato neanche un centesimo» lamenta Domingo Dominguín. Anche Luis Miguel, che era all'apice della sua carriera di torero, collaborò alla produzione del film. Pepe, dal canto suo, dopo aver abbandonato le corride nel 1956, dava una mano nella gestione dell'arena, di proprietà della famiglia dal 1948, sempre oscillante tra la ricchezza e il tracollo.

Nel 1959 Ernesto «Che» Guevara, mentre si dirigeva al Cairo per rappresentare Cuba al vertice dei Paesi non allineati, fece scalo a Madrid. Nelle poche ore a disposizione chiese di visitare un'arena e fu portato in quella dei Dominguín. La famiglia era amica di Fidel Castro fin dai primi anni Cinquanta, quando Luis Miguel aveva toreato in Colombia e in Ecuador. Addirittura, in pieno regime franchista, la famiglia mise a disposizione un appartamento di sua proprietà per l'apertura del consolato di Cuba a Madrid, in via Juan de Mena. «Lo affittammo al consolato per i tre anni che rimase lì» afferma Domingo Dominguín.

Si narra che durante una battuta di caccia l'allora ministro degli Interni, Camilo Alonso Vega, terrore della sinistra clandestina, chiese a Luis Miguel chi dei tre fratelli fosse il comunista e lui gli rispose: «Tutti e tre». Quella replica, in presenza di Franco, ostentava arroganza o un'insolente sicurezza di sé. E mentre il fratello maggiore era un comunista attivo, Luis Miguel fu buon amico del Generalissimo. «Luis Miguel diceva di stare dalla parte del potere, e che lo sarebbe sempre stato. Non importava con quale fazione. E il potere era Franco» commenta il nipote.

Dopo la separazione, Lucia e i tre figli rimasero nella casa di Somosaguas, nonostante il giudice le avesse ordinato di lasciare l'abitazione. A quei tempi, in Spagna, le donne avevano pochi diritti, «tutto era per gli uomini: i figli, la patria potestà, tutto...». Ma non lasciò mai la casa. «Penso che "il torero" fosse ben consapevole che se mi avesse costretto a eseguirlo [il provvedimento giudiziario], gli avrei sparato» afferma nella biografia scritta da Begoña Aranguren. A partire da quel momento, Lucia Bosè ruppe «ogni legame che potesse ricordarmi di essere stata la moglie di Dominguín».

Per poter mantenere i suoi figli, cominciò ad accettare tutti i lavori cinematografici che le offrivano in Italia e in Spagna. Cominciò a essere richiesta da registi del calibro di Federico Fellini, i fratelli Taviani, Bolognini e da cineasti più giovani come Liliana Cavani e Giulio Questi. Affiancata da Jeanne Moreau, fu anche la protagonista di originali storie femminili dirette dalla scrittrice e regista Marguerite Duras. «Quando mi separai» afferma «tornai al mio mondo, tra la mia gente.» La sua seconda vita da attrice proseguì fino alla fine degli anni Ottanta. Negli anni Novanta, a poco a poco, Lucia ridusse le sue partecipazioni cinematografiche, senza però accantonare il mestiere.

Allo stesso tempo, la sua casa di Somosaguas accoglieva gli artisti spagnoli più famosi dell'epoca: da Julio Iglesias a Massiel, Juan Pardo, Serrat e molti altri, in un ambiente di vivaci scambi artistici e ideologici. «So che per i miei figli fu molto positivo, perché fornì loro molteplici punti di vista, un'apertura che ho sempre considerato fondamentale per la loro formazione.»

Amore tra cugini, amore polemico

Luis Miguel doveva passare a Lucia Bosè un assegno di 30.000 pesetas dell'epoca (corrispondenti a qualche migliaio di euro). E in quel periodo le sue finanze tornarono a scarseggiare. Così, a 45 anni, fece la sua ricomparsa nelle arene. «Non sapeva fare altro. Negli affari era una nullità» afferma suo nipote. Avviò senza successo diverse attività, da una compagnia di import-export di barche a una di rappresentanza e distribuzione di film sovietici in Spagna, fino al primo drive-in del paese, passando attraverso una società fondata per concorrere all'appalto dell'arena di Las Ventas. Nessuno di questi affari andò a buon fine.

Inoltre la relazione con la cugina divenne di dominio pubblico, suscitando grande scandalo. «Lui si credeva superiore a tutto. Ma quella vicenda lo danneggiò molto e la prova è che rimase solo» scrive Antonio Martorell, amico e amministratore della famiglia Dominguín. Nella Spagna di quegli anni, la condotta individuale e collettiva rispondeva alla morale nazionalcattolica, e in quest'ottica Luis Miguel era un trasgressore. Nel 1970 la rivista «Garbo» pubblicò delle foto che ritraevano il torero e Mariví in atteggiamenti non molto consoni a due cugini. Appena giunse nelle edicole, la rivista venne immediatamente ritirata.

Il ritorno nelle arene di Luis Miguel avvenne nel 1971 a Las Palmas de Gran Canaria, dove condivise la scena con Antonio Bienvenida e Miguel Márquez. Rimase in attività due stagioni, durante le quali si esibì nelle arene più emblematiche, come Las Ventas di Madrid e la Maestranza di Siviglia. In quel periodo lo soprannominarono la «Pantera rosa» per gli abiti con cui toreava, disegnati dal poeta Rafael Alberti, con pochissimi alamari e ricami. Si esibì perfino a Belgrado, nell'allora Jugoslavia del maresciallo Tito, in una corrida a cui assistettero lo scrittore Jorge Semprún, La Pasionaria e il segretario del Partito comunista spagnolo Santiago Carrillo. Dopo essersi definitivamente ritirato nel dicembre del 1973, con le cicatrici di quindici incornate sul corpo, ricevette numerosi riconoscimenti e vennero perfino dedicati dei corsi universitari all'influenza che esercitò nel mondo taurino.

All'epoca la relazione con la cugina era ormai chiusa. «Alla fine successe un putiferio. Circolano varie versioni su come si lasciarono nel 1973. Stando alla prima, una notte, quando Mariví tornò a casa dopo una cena, non riuscì ad aprire la porta perché mio zio aveva cambiato la serratura. "Le tue valigie sono in portineria" le urlò Luis Miguel dall'interno. Una seconda versione afferma, invece, che dopo una delle loro accese discussioni, in cui si inseguivano urlando per tutta la casa, mio zio la afferrò, la trascinò fuori e la lasciò in strada in camicia da notte.» Mariví ebbe un figlio, Leo, concepito mentre stava con il torero, e assicurò che era figlio di Luis Miguel, ma lui lo negò sempre, pur con una certa ambiguità. Non venne mai chiarito chi fosse il padre del bambino. Il playboy riprese la sua vita e spuntarono sempre più nomi di donne legate a lui: Zsa Zsa Gabor, Jean Simmons, Romy Schneider, Abbe Lane, Ira von Fürstenberg, già separata da Alfonso de Hohenlohe, e altre ancora.

All'inizio degli anni Settanta, il fratello maggiore, Domingo, conobbe la giornalista Aura Lucía Mera, moglie del governatore della Valle del Cauca, in Ecuador, e madre di quattro figli. Cominciò a viaggiare con lei in America e un giorno non tornò più. A Madrid lasciò sua moglie Carmen Aparicio e i loro tre figli adolescenti, Domingo, Pati e Marta. In Ecuador cominciò a gestire l'arena di Quito, di cui era proprietario Luis Miguel. Ma la relazione con Ana Lucía non durò molto. E nemmeno il lavoro all'arena, che venne affittata ad altri. Era l'anno 1975, e Domingo dovette ripartire da zero come amministratore di una piccola arena di Guayaquil, a una sessantina di chilometri da Quito. Ma non trovò la forza di andare avanti. Il giorno in cui annunciò l'esibizione di Curro Vázquez (suo genero dal 1972, dopo le nozze con sua figlia Pati), Jesús Solorzano e Fabián Mena, lo trovarono morto in un hotel, con due spari nel petto. Era stanco di vivere e si sentiva malato, lasciò scritto nella lettera di addio. Nel 1982 Aura Lucía divenne coordinatrice dell'Istituto Colombiano della Cultura. Tuttavia, il figlio Domingo non crede che suo padre si sia suicidato. «Non c'è dubbio che lo uccisero per la sua relazione con l'ex moglie del governatore della Valle del Cauca. Nessuno si spara due colpi nel petto. È il modo in cui si regolano i conti da quelle parti» racconta il primogenito di Domingo González Lucas. Anche lui per un certo tempo seguì la tradizione taurina della famiglia e, grazie a suo padre, divenne manager di Antonio Bienvenida, Miguelín e Palomo Linares e di altri grandi toreri. E come il genitore, militò nel Partito comunista. Quando suo padre si trasferì in Ecuador, Domingo lo seguì e tornò a Madrid due mesi prima della sua morte. Dopo la legalizzazione del PCE in Spagna, intensificò la sua attività politica fino alla fine degli anni Ottanta, quando tornò a dedicarsi esclusivamente al mondo delle corride.

In fatto di donne, il terzo dei fratelli Dominguín, Pepe, non ebbe grande fortuna nella vita. Dopo la morte della sua prima moglie durante il parto, morirono anche le due figlie che aveva avuto con lei. Per prima morì di polmonite la più piccola, Bárbara, che era cresciuta nella tenuta di La Campanza con la zia Carmina, fino al matrimonio di questa con Antonio Ordóñez, per trasferirsi poi dalla nonna Gracia. In seguito, a 12 anni, morì la più grande, Verónica, dopo aver trascorso dieci anni in un ospedale di Arévalo (Ávila) lottando contro una meningite che le aveva trasmesso un torero amico di suo padre.

Qualche tempo dopo, Pepe andò a vivere in Colombia con María Rosa, la sua seconda moglie, che aveva lasciato una promettente carriera a Hollywood per seguirlo. Ma gli affari non decollarono e dovettero tornare. Avevano tre figli da mantenere: José Manuel, Jimena e Alejandro. Così, Pepe cominciò a lavorare con Domingo nell'arena di Vista Alegre e al tempo stesso divenne manager di vari toreri, tra cui i suoi due nipoti acquisiti: Ángel Teruel (sposato dal 1976 con sua nipote Lydia, figlia della sorella Pochola) e Curro Vázquez (marito di sua nipote Pati). Alla fine Pepe lasciò María Rosa e riuscì a fare annullare il matrimonio, celebratosi in Messico, senza grandi difficoltà. In seguito si sposò con María José Suárez, una messicana residente a Madrid. Rimasero insieme dieci anni ed ebbero una figlia, Diana. Ma anche il terzo matrimonio finì. Mae Dominguín, come si fa chiamare la messicana, si sposò con il dottor Bustamante. E Pepe si unì, senza sposarsi, a Marie Danielle Secuturé, con cui ebbe Gabriela.

Un perdono con riserve

Nel frattempo Lucia, separatasi dal torero, si ripromise di non sposarsi mai più. Tuttavia, come rivela nel libro *Diva, Divina*, visse un'appassionata storia d'amore con un diplomatico italiano che conobbe a Parigi, ma di cui vuole mantenere segreta l'identità nonostante l'uomo morì due anni dopo il loro primo incontro. «È anche vero che nel mio periodo più folle, più frivolo, riuscii a stare insieme a cinque uomini contemporaneamente» afferma. La sua vita, inoltre, subì un cambiamento radicale e si avvicinò al mondo esoterico. Si addentrò nell'antroposofia del croato Rudolf Steiner (1861-1925), una scuola di pensiero che cerca di trasferire la spiritualità dell'uomo alla spiritualità dell'universo. «Mi considero una semplice studiosa della scienza dello spirito» osserva nel libro. E, stando alle sue affermazioni, riuscì a perdonare Dominguín «perché in fondo ha fatto parte della mia vita». Ma non al punto da concedergli la nullità ecclesiastica che lui tanto le chiese, tramite la figlia Paola, per sposarsi religiosamente con Rosario Primo de Rivera, che divenne comunque la sua seconda moglie.

Figlia di Fernando Primo de Rivera e Rosario Urquijo, Rosario veniva da una famiglia di militari risalente alla fanteria delle Fiandre reclutata da Carlo V. Tra i suoi antenati figuravano eroi della Guerra di indipendenza, delle guerre carliste e di quelle coloniali, oltre a Miguel Primo de Rivera y Orbaneja, suo nonno, a capo del comando militare durante il regno di Alfonso XIII, e José Antonio Primo de Rivera, suo zio, il fondatore della Falange Spagnola.

La relazione tra Luis Miguel e Rosario iniziò nel 1982. Nel dicembre del 1987 si sposarono con rito civile a Madrid. Le nozze finirono sulla copertina della rivista «¡Hola!». Cattolica convinta, lamentò sempre che la loro unione non avesse potuto ricevere la benedizione della Chiesa. «Non concepisco il matrimonio come un'unione civile, non ha alcun senso per me. È assurdo che proprio io, che sono sposata civilmente, parli così. Ma, per me, non è altro che il riconoscimento sociale di un legame. Il sacramento è tutt'altra cosa» raccontò in un'intervista.

Nel 1991, a Londra, esordì il musical *Matador*, ispirato alla relazione, si diceva tumultuosa, tra Luis Miguel e Ava Gardner. Ma ormai il torero era una persona molto diversa da quella che aveva vissuto la nota vicenda sentimentale con l'attrice americana. «Non è nel mio stile raccontare delle donne con cui sono stato» dichiarò in quei giorni. Nel 1996 vendette l'arena di Vista Alegre e la sua tenuta, trasferendosi con Rosario a El Arcón, una casa nell'elegante sobborgo di Sotogrande, a San Roque (Cadice).

Gli ultimi anni della sua vita, Luis Miguel li trascorse passeggiando sulla spiaggia e giocando a domino. Rosario Primo de Rivera era al suo fianco. Il torero morì nella sua casa di El Arcón nel maggio del 1996, a 69 anni, per un'emorragia cerebrale. Era malato da anni, prima di un tumore allo stomaco e poi alla gola. È sepolto nel cimitero di San Enrique de Guadiaro (Cadice), una frazione di San Roque.

Di tumore morirono anche sua sorella Carmen, nel 1982, e poi Mariví Dominguín, sua cugina e compagna, nel 1994. Nel 2000 la stessa sorte toccò all'altra sorella, Pochola, che non poté vedere toreare suo nipote, il terzo *matador* di sangue Dominguín attivo nel XXI secolo, Ángel Teruel, meno conosciuto dei suoi cugini Fran e Cayetano Rivera Ordóñez. Il più giovane della dinastia debuttò come *novillero*, cioè sfidando i torelli, nella primavera del 2005, a 23 anni. Il ragazzo tentennò prima di seguire la tradizione, ma era inevitabile, lo portava scritto nei geni: nelle sue vene scorre sangue torero sia da parte del padre, il *matador* Ángel Teruel, sia della madre, Lydia, nipote dei tre dominguines. Venne consacrato *matador* nell'arena francese di Dax, nel settembre del 2007.

La vedova di Luis Miguel si ritirò praticamente dalla vita sociale dopo la morte del torero. La cronaca di costume non mostrò mai grande interesse per lei, nemmeno quando il marito era ancora in vita. Ruppe il silenzio solo per parlare della relazione di Francisco Rivera con Blanca Mártinez de Irujo, di cui era madrina. Negò che ci fosse qualcosa di più di una semplice amicizia tra i due, ma poi se ne pentì. «Dissi quelle cose perché allora non c'era niente tra loro» dichiarò Rosario Primo de Rivera alla stampa. «Blanca in quel periodo si stava separando ed era tutto molto doloroso. La difesi pubblicamente perché allora le voci che circolavano non erano vere. Riconosco di essere stata sciocca a parlare. Mi lasciai trasportare dall'impulso e non avrei dovuto.»

Rosario morì nel marzo del 2006, anche lei vittima di un cancro. Come ricorda sua nipote Rocío nel libro *Los Primo de Rivera*, del 2003, sua zia Rosario «seppe conciliare perfettamente la sua intensa vita sociale: i Kennedy, gli Alba, gli Agnelli, i Borbone, appaiono tutti al suo fianco negli album di foto. Visse quasi vent'anni con Luis Miguel Dominguín. Un rapporto molto stretto, come si sa, che regalò loro un dolce epilogo». «Luis Miguel era un franchista dichiarato e terminò i suoi giorni al fianco di Rosario Primo de Rivera, nipote del capo della Falange Spagnola, José Antonio Primo de Rivera. Fu il suo riposo del guerriero. Lucia, che non si risposò, non glielo perdonò mai. Nonostante si nasconda sempre dietro all'ironia, professa un'ammirazione profonda per il suo ex marito» assicura la giornalista Rosa Villacastín. L'attrice, infatti, non rinnegò mai la storia d'amore che la legò al torero. «Se ne avessi avuto la possibilità,» rivela nella sua biografia «sarei tornata da lui. Sì, sarei tornata dicendogli: "Feriscimi ancora".»

L'ultimo dei dominguines, Pepe, morì il 6 luglio 2003 per una polmonite. «Se non avesse toreato con quel cognome, avrebbe avuto tutt'altra carriera. Fu scortato in trionfo dalla Porta Grande di Madrid senza aver tagliato nemmeno un orecchio, aveva solo infilzato un paio di *as*. Luis Miguel lo sbaragliò» sottolinea il nipote Domingo Dominguín.

Predestinati all'arte

I tre figli di Luis Miguel Dominguín e Lucia Bosè frequentarono il liceo francese di Madrid, e fin da bambini vissero circondati da intellettuali e lontani dagli stereotipi. Tutti e tre possiedono una loro genialità e un'inesauribile curiosità. «Ci hanno trasmesso una coscienza verso il pianeta e verso l'umanità molto solida e integra, basata sul rispetto e sulla ricerca della giustizia. Si può pensare che sia un'educazione piuttosto romantica, idealista e classica, ma sono questi i pilastri del futuro» dichiarò Miguel Bosé in un'intervista.

Terminato il liceo, Miguel si trasferì a Londra, dove si iscrisse a una scuola di danza, la sua grande passione. Già a 7 anni sentiva la vocazione per il ballo, ma suo padre non voleva nemmeno sentirne parlare. «Picasso, ad esempio, si accorse ben presto delle sue attitudini. E, quando era ancora un bambino, gli regalò una calzamaglia nera. Quando il torero lo vide vestito così, andò su tutte le furie e se la prese con tutti, soprattutto con Picasso» ricorda Lucia. «Rifiutava» aggiunge «la raffinatezza di suo figlio. Che sembrasse più italiano che spagnolo in certo modo lo feriva.» La giornalista Isabel Navarro, specialista in cronaca di costume, afferma: «Per Luis Miguel fu un trauma e, in parte, la forza personale e la determinazione di Miguel Bosé si plasmarono contro suo padre, vale a dire, per dimostrargli di cosa fosse capace».

Da adolescente, Miguel trascorreva anche lunghi periodi a Roma, dove lavorava nel cinema, «e tornò trasformato in cantante» racconta sua madre. Nel 1975, a soli 19 anni, entrò a pieno titolo nel mondo della musica per mano di Camilo Sesto e, nel 1977, firmò un contratto con la CBS. Quello stesso anno incise il suo primo album e il brano *Linda*, che lo consacrò come artista. «Confesso che quel periodo lo vissi con grande orgoglio. E anche molto da vicino, perché all'epoca Miguel non aveva ancora nessuno che gli facesse da manager o da segretaria e allora ci pensammo io e le sue sorelle, aiutandolo anche nell'allestimento dei concerti» racconta Lucia Bosè.

Nel 1978, con il secondo album *Miguel Bosé* e con la canzone *Anna*, cominciò una formidabile carriera internazionale, fino a oggi inarrestabile. L'anno dopo uscì l'album *Chicas!*, che conteneva uno dei suoi maggiori successi dell'epoca: *Super Superman*. Per tutti gli anni Ottanta le tournée gremite e i successi si susseguirono. Erano gli anni di *Bandido*. Le sue canzoni arrivarono in vetta alle classifiche di Spagna, Italia, America Latina... La sua immagine, sofisticata e carismatica, era rivoluzionaria. Nel panorama musicale spagnolo non c'era nulla di simile. Nel 1983 uscì il disco *Made in Spain*, con brani in inglese, francese e italiano, che riproduceva in copertina e sul retro un suo ritratto disegnato dal re della Pop Art, Andy Warhol, che con lui realizzò anche due video e un'intervista. E Miguel continuò a sperimentare e creare.

Nei primi anni Novanta pubblicò l'album *Los chicos no lloran*, che lo avvicinò a una musica più commerciale con un'immagine rivolta a un pubblico più ampio. Nel 1991 interpretò il giudice travestito nel film di Pedro Almodóvar *Tacchi a spillo*. La sua trasformazione in Letal, come drag queen della notte, è uno dei momenti più magici del film. In seguito lavorò con Vicente Aranda nel film *Lo sguardo dell'altro* e partecipò ad altre produzioni italiane e francesi. Il nuovo secolo lo festeggiò pubblicando un nuovo album, *Sereno*. E così, senza mai fermarsi, da più di trent'anni, calca le scene di mezzo mondo. «Miguel è un personaggio controverso, un cantante di successo, bello, a cui piace giocare sull'equivoco. È un cocktail esplosivo» osserva la giornalista Rosa Villacastín.

Artista completo, oltre che attore, cantante e autore dei suoi brani, è stato anche regista teatrale, scenografo, conduttore televisivo (di «Séptimo de caballería», sul canale spagnolo TVE, e di «Operazione trionfo» su Italia 1) e perfino allevatore. «Ho ciò che mi sono guadagnato e, soprattutto, molte altre vite per riuscire ad avere quello che non otterrò in questa» dichiarò Miguel Bosé in un'intervista.

Andrés Amorós racconta: «Un giorno, Luis Miguel mi disse che un tassista, quando sentì il suo nome, lo identificò come il padre del popolare cantante. E commentò con sarcasmo: "Ho ucciso centinaia, forse migliaia di tori, per finire a essere il padre di Miguel Bosé!"». «Nonostante il suo orgoglio, o forse grazie a esso,» aggiunge «Luis Miguel reagiva come qualsiasi altro padre di fronte al successo del figlio, con ammirazione, anche se il ragazzo aveva scelto una strada ben diversa da quella che avrebbe voluto lui.» Nel 1996 il cantante riconobbe che il padre avrebbe preferito che scegliesse una diversa carriera professionale e che assomigliasse più a lui che a sua madre. «Forse le poche attenzioni che dedicò ai suoi figli, nonostante li amasse profondamente, motivarono quella diversità. Luis Miguel non fu un buon marito per Lucia. Né un padre attento» osserva Amorós. «A modo suo, fu un buon padre» lo difende, invece, Lucia Bosè.

Le leggende hanno i loro eredi

Dei tre figli, quella più legata al torero fu sempre Paola. Anche quando suo padre si risposò, trascorreva le estati a Sotogrande per stargli più vicina. A 17 anni, Paola seguì un corso di formazione di tre anni a Parigi con il famoso mimo Marcel Marceau. Alla fine, però, optò per il mondo della moda e lavorò come modella per stilisti del calibro di Dior, Oscar de la Renta, Francis Montesinos e Yves Saint Laurent. Curiosa e creativa, quel mestiere non la entusiasmò. «Io non sono né ambiziosa né competitiva, non mi piace questo mondo perché non mi piace calpestare la gente. Inoltre, in questo lavoro le relazioni pubbliche sono fondamentali, e io vivo in un paesino, non esco e non vado alle feste» dichiarò nel 2000. Ha recitato anche in diversi film e serie televisive, ha condotto «Sábado Noche» su TVE, insieme a Toni Cantó, ed è stata ospite di diverse trasmissioni. Oggi si dedica alle sue collezioni di gioielli e accessori di moda che commercializza con il marchio Paola Dominguín.

La minore dei Dominguín-Bosè ha due ex e due figli. Con l'attore José Coronado ha avuto Nicolás, l'ultimo Bosè a calcare le passerelle. Nel giugno del 2010, a 21 anni, quando era ancora studente di Comunicazione Audiovisiva, il giovane debuttò come modello in abiti da sposo alle sfilate della Barcelona Bridal Week. L'altra figlia di Paola, Alma Sofía, è nata dal matrimonio con il compositore Manuel Villalta, celebrato nel 1995 e finito con il divorzio nel 2009.

Lucía Dominguín è l'unica che non si dedica pubblicamente a nessuna arte né al mondo dello spettacolo. Preferisce gli affari. Nel 1990 comprò insieme al secondo marito, Carlos Domínguez Tristancho, un vecchio convento francescano, il monastero di Rocamador, a El Almendral (Badajoz), e lo restaurò trasformandolo in un piccolo hotel. Inoltre, è proprietaria di un negozio di alimenti biologici. Dal suo primo matrimonio con Sandro Salvatore, ingegnere di una compagnia petrolifera, era nata nel 1975, a Roma, Eleonora Salvatore González, meglio nota come «Bimba». In seguito nacque suo fratello Rodolfo, «Olfo». Quando la bambina aveva 7 anni, i genitori si separarono. Lucía si trasferì con i due figli a Madrid, mentre il padre si stabilì negli Stati Uniti. Oggi, Sandro Salvatore vive a Porto Rico, si è risposato e ha avuto altri figli. «L'armonia è stata l'essenza della mia infanzia. Ero la prima figlia e la prima nipote dei miei nonni e dei miei zii. Per questo il rapporto che ho con Miguel e Paola è più da fratelli che da zii» affermava Bimba nel 2008.

Per ora Bimba è il volto più noto dell'ultima generazione. «È diventata un'icona moderna, proprio come suo zio, suo nonno e sua nonna» sottolinea Rosa Villacastín. «Ha avuto grande fortuna come modella a New York e a Milano, e i successi internazionali le hanno dato maggior popolarità anche in Spagna. Alle riviste piaceva sfruttare il suo aspetto più androgino e il suo volto si è trasformato, così, in emblema dei tempi moderni» afferma la giornalista Isabel Navarro. «Ha indossato gli abiti più audaci e concettuali,» aggiunge «come il vestito-cravatta del 2001 o il vestito-cappio con cappuccio di una collezione ispirata agli *Amanti* di Magritte, che durante la settimana della moda di Madrid sollevò molte polemiche demagogiche sui diritti delle donne.»

Bimba è una donna polivalente: modella, stilista, cantante, imprenditrice e, di recente, attrice. «Possiede la vena artistica, creativa e passionale dei Dominguín-Bosè e dà l'impressione di avere il costante bisogno di sperimentare e reinventarsi come Madonna» suggerisce Isabel Navarro. «È molto brillante, intelligente, ambiziosa e audace. È quella più simile a Lucia Bosè, priva di ogni narcisismo convenzionale. Sono sicura che non smetterà di sorprenderci ed è una degna erede della stravaganza e della creatività della saga.»

Come tutte le donne Bosè, ha grande personalità e carattere. «Siamo molto dure in tutto, nel bene e nel male. Non è facile penetrare nel profondo di una Bosè e di una Dominguín. Siamo diffidenti. Forse il nostro scudo è troppo robusto. Io un po' mi sono aperta. Sono molto timida. All'inizio facevo molta fatica a parlare» dichiarò in un'intervista a «Mujer hoy». E come tutte loro, nonostante il suo spirito libero, finì per sposarsi. Nel 2008 convolò a nozze, nell'hotel di sua madre, con Diego Postizo, suo compagno anche nella band The Cabriolets. Approfittarono della cerimonia per battezzare la figlia Dora, nata qualche mese prima. «Mia nonna Lucia e mio nonno erano moderni e rivoluzionari, ma al tempo stesso amavano le tradizioni. Si sposarono prima a Las Vegas e poi in chiesa in Spagna. A me piacciono la disciplina, la cultura e il rispetto delle usanze; sono valori molto importanti» affermò di fronte allo stupore suscitato dal suo matrimonio religioso. «Noi Bosè siamo un po' rudi nei modi, molto nomadi e anarchici, ma di fronte alle necessità basta alzare il telefono e siamo subito pronti ad aiutarci» spiega a proposito della sua singolare famiglia. E, come ricorda il giornalista e scrittore Antonio D. Olano, «dicono che i membri di questo grande clan siano capaci di divorarsi tra loro, ma di fronte alle aggressioni si alleano».

Oggi la matriarca del clan, Lucia Bosè, vive in un piccolo villaggio segoviano di soli quaranta abitanti, vicino al Museo de los Ángeles de Arte Contemporáneo, che aprì nel 2000 in una vecchia fabbrica di farina di Turégano (Segovia). Il museo, promosso in collaborazione con la figlia Paola, è l'unico al mondo nel suo genere, anche se nel 2007 dovette chiudere qualche mese per mancanza di finanziamenti. «Fare un museo dedicato agli angeli in mezzo al nulla può sembrare eccentrico, ma per me rientra nel normale corso della vita perché è stato un mandato divino, impostomi dall'alto» dichiara Lucia. Sono cose che possono permettersi solo le dive. «Ciascuno di noi ha un karma, un destino e dobbiamo viverlo» afferma. Nel caso dei membri della famiglia Dominguín-Bosè (o González Lucas-Borloni, i veri cognomi), un destino lontano da ogni convenzionalismo.

25

I Thyssen

Seguo il motto di mio nonno:
«Se te ne stai seduto tranquillo pensando
che il destino sia già scritto,
corri il rischio di ossidarti come l'acciaio».

HANS HEINRICH «HEINI»
THYSSEN-BORNEMISZA (1921-2002)

I Thyssen

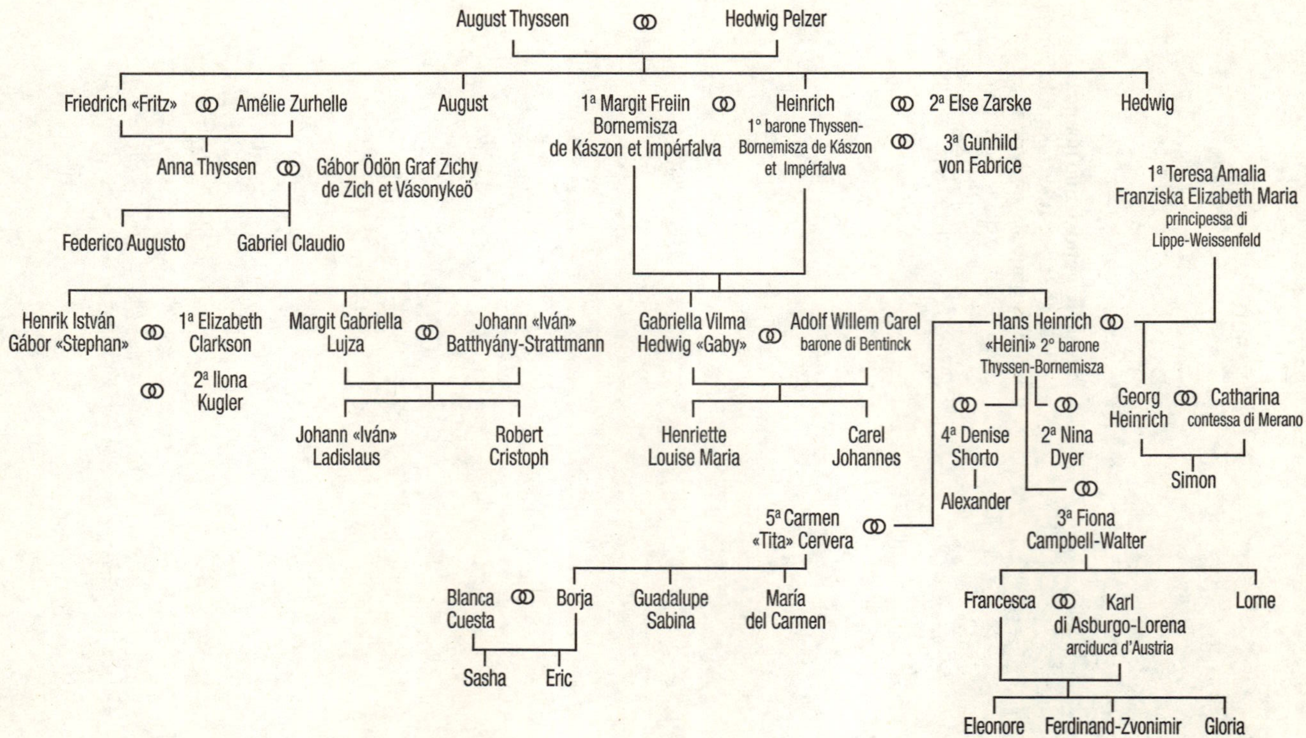
August Thyssen
Hedwig Pelzer
Friedrich «Fritz»
Amélie Zurhelle
August
1ª Margit Freiin Bornemisza de Kászon et Impérfalva
Heinrich 1° barone Thyssen-Bornemisza de Kászon et Impérfalva
2ª Else Zarske
3ª Gunhild von Fabrice
Hedwig
Anna Thyssen
Gábor Ödön Graf Zichy de Zich et Vásonykeö
Federico Augusto
Gabriel Claudio
1ª Teresa Amalia Franziska Elizabeth Maria principessa di Lippe-Weissenfeld
Henrik István Gábor «Stephan»
1ª Elizabeth Clarkson
2ª Ilona Kugler
Margit Gabriella Lujza
Johann «Iván» Batthyány-Strattmann
Gabriella Vilma Hedwig «Gaby»
Adolf Willem Carel barone di Bentinck
Hans Heinrich «Heini» 2° barone Thyssen-Bornemisza
Georg Heinrich
Catharina contessa di Merano
Johann «Iván» Ladislaus
Robert Cristoph
Henriette Louise Maria
Carel Johannes
4ª Denise Shorto
2ª Nina Dyer
Simon
Alexander
5ª Carmen «Tita» Cervera
3ª Fiona Campbell-Walter
Blanca Cuesta
Borja
Guadalupe Sabina
María del Carmen
Francesca
Karl di Asburgo-Lorena arciduca d'Austria
Lorne
Sasha
Eric
Eleonore
Ferdinand-Zvonimir
Gloria

La fortuna della famiglia Thyssen risale al XIX secolo e trae origine dall'acciaio, dal ferro e dall'industria degli armamenti. August Thyssen, «il Rockefeller della valle della Ruhr», fu un milionario che si era fatto da solo e il patriarca di un cognome legato non soltanto all'industria, ma anche all'arte. Iniziò con undici sculture di Rodin, e fu da quelle statue che i suoi discendenti iniziarono a mettere insieme la più grande collezione d'arte privata di tutto il mondo, gran parte della quale è esposta dal 1992 nel Museo Thyssen-Bornemisza di Madrid. La famiglia è nota, però, anche per le numerose liti. Negli anni Novanta il secondo barone Thyssen-Bornemisza fece causa ai suoi figli per questioni d'eredità. Un mese prima di morire, insieme alla sua quinta moglie, Carmen Cervera, arrivò con loro a un accordo denominato Patto di Basilea. L'ultimo capitolo, per il momento, è che la baronessa ha citato in giudizio suo figlio Borja per i diritti sui quadri di Goya e di Giaquinto che lui afferma di avere ricevuto in regalo dal barone quando era bambino. In questo modo, Carmen, suo figlio e sua nuora sono finiti di fronte al tribunale madrileno di Alcobendas per presunta «rivelazione di segreti».

Una macchina da soldi

August Thyssen fu il vero creatore dell'impero economico della famiglia Thyssen, costruito sull'industria siderurgica. Nato il 17 maggio 1842 nella città industriale e mineraria di Eschweiler, vicino ad Aquisgrana, era il terzo figlio, primo maschio, di una famiglia cattolica di imprenditori. Per quindici anni, suo padre Friedrich (1804-1877) fu pioniere nelle province del Reno nel settore del filo d'acciaio utilizzato nei primi sviluppi industriali. Più tardi fondò una banca.

Educato in un ambiente in cui si insisteva sulla modestia e sul duro lavoro, August fu un buono studente. Dal 1859 frequentò per due anni la Scuola Politecnica di Karlsruhe studiando ingegneria meccanica e costruzione. Nel 1861 frequentò l'Institut Supérieur du Commerce de l'Etat (Scuola superiore commerciale) di Anversa prima di iniziare a lavorare nella banca di suo padre. A quel momento, August Thyssen aveva già una solida formazione tecnica e commerciale.

All'età di 20 anni comprò un laminatoio e nel 1867, insieme con il cognato, creò la sua prima impresa, la Thyssen Fossoul & Co. a Duisburg. In soli quattro anni quadruplicò l'investimento iniziale. In seguito si associò con il padre e nel 1871 fondò la Thyssen & Co., per la fabbricazione di ferro, a Mülheim an der Ruhr, una città della Renania nel Nord-Westfalia, situata tra le città di Essen e Duisburg, sulle rive del fiume Ruhr. In quell'epoca la zona iniziava già a trasformarsi con la Rivoluzione industriale e August fu tra i primi imprenditori a saper riconoscere le immense risorse naturali dell'area per la produzione del ferro e dell'acciaio. Attualmente è l'agglomerato metropolitano più popolato della Germania e la maggiore regione industriale dell'Europa.

Dopo la morte del padre nel 1877, il fratello più giovane, Joseph (1844-1915) si unì all'impresa come comproprietario. Joseph restò a fianco del fratello come compagno e confidente per tutta la vita. August ebbe quindi più tempo per dedicarsi ad altre attività, inizialmente nella regione del fiume Ruhr, in pieno sviluppo industriale, e più tardi in Francia. All'epoca, August era sposato con Hedwig Pelzer (1854-1940), figlia di un imprenditore di Mülheim, ed era padre di tre figli: Fritz (1873-1951), August (1874-1943) e Heinrich (1875-1947). In seguito nacque una bambina, Hedwig (1878-1960). La coppia divorziò nel 1885 e i figli crebbero con il padre.

Dipendente dal lavoro e uomo d'affari estremamente creativo, nel 1883 fabbricava già condutture per il gas e aveva creato la Thyssen & Co. Maschinenfabrik, dopo avere acquistato un'impresa di ingegneria meccanica, una compagnia mineraria e un impianto di fabbricazione dell'acciaio sul fiume Ruhr. Perfezionò inoltre il concetto degli organismi a integrazione verticale. Creò, per esempio, una società d'ingegneria meccanica a Mülheim an der Ruhr per fabbricare i motori a gas necessari per la sua industria. Si dedicò anche alla lavorazione dell'acciaio e alla costruzione navale, tutte attività che integrò formando una delle prime holding europee. Gli utili di ognuna delle imprese venivano investiti nell'espansione del gruppo. In questo modo, da imprenditore di medie dimensioni divenne uno dei più grandi industriali tedeschi del primo quarto del XX secolo. Poco prima della Prima guerra mondiale, il suo gruppo iniziò a espandersi internazionalmente, con imprese nei Paesi Bassi, Regno Unito, Francia, Russia, regione mediterranea e Argentina.

Durante la Prima guerra mondiale, Thyssen aprì una nuova attività che funzionò piuttosto bene: la fabbricazione di armi e munizioni per l'esercito tedesco. La sconfitta dei tedeschi alla fine della guerra implicò però la perdita dei suoi interessi e di numerose imprese nella zona della Lorena. Inoltre, nel 1923, quando Francia e Belgio occuparono la valle della Ruhr, la sanzione per il mancato pagamento da parte della Germania di quanto stabilito dal Trattato di Versailles (che impose riparazioni di guerra e altre sanzioni economicamente molto dannose per la Germania, incolpata degli orrori della guerra) comportò anche un arresto dell'impressionante espansione della sua compagnia.

Il suo primogenito, Fritz, che lavorava già nell'impresa di famiglia dall'inizio del secolo in qualità di responsabile del consiglio di vigilanza di diverse succursali del gruppo e di rappresentante del padre nella gestione delle filiali estere, si unì alla resistenza nazionalista guidando gli imprenditori del settore metallurgico nell'azione di rifiuto di cooperare nella produzione d'acciaio per le due potenze occupanti. Come conseguenza di questa sua posizione, fu arrestato, incarcerato e infine condannato al pagamento di una multa da un tribunale militare francese, cosa che fece di lui una specie di eroe nazionale.

Nel 1925, a più di 80 anni, August aveva ancora il controllo della sua impresa e firmò un accordo perché l'attività centrale fosse trasferita nella Vereinigte Stahlwerke AG, un conglomerato industriale per la produzione di carbone, ferro e acciaio, formato dalle principali industrie tedesche del settore e dove l'attività dei Thyssen rappresentava in quel momento più di un quarto del totale. Il 4 aprile 1926, dopo cinquant'anni passati a costruire un impero industriale con interessi commerciali nei cinque continenti, August morì nel castello di Schloss Landsberg, vicino a Essen, casa di famiglia dal 1902.

Da quel momento la famiglia si divise in due rami, guidati dai figli Fritz e Heinrich. Il maggiore, Fritz, era d'accordo con il padre sulla partecipazione nella Vereinigte Stahlwerke AG. Heinrich, che già allora viveva con la sua famiglia in Olanda, preferì invece non legarvisi. Il risultato fu che le attività industriali del patriarca si divisero tra i due figli. Il figlio di mezzo, August, fu praticamente diseredato perché in disaccordo con il padre a causa del suo desiderio di diventare produttore cinematografico a Hollywood piuttosto che industriale dell'acciaio.

Correndo un grande rischio, il maggiore dei Thyssen mantenne tutte le industrie all'interno della Vereinigte Stahlwerke AG, in Germania. Il piccolo Heinrich ereditò i beni che non entrarono a far parte di quel conglomerato, come le banche olandesi, le società di trasporto e commercio, e alcune industrie tedesche che inizialmente erano riunite nella società August Thyssen'sche Unternehmung des In- und Auslandes GmbH, che più tardi avrebbe dato luogo al gruppo Thyssen-Bornemisza (noto con le iniziali inglesi TBG).

Il patriarca, inoltre, possedeva alcune opere d'arte tra cui sette sculture in marmo di Rodin, lo scultore più famoso e importante del tempo, che, dopo la sua morte, passarono ai quattro figli. Fu il nucleo originale di quella che i suoi eredi trasformarono nella più grande collezione d'arte privata del mondo.

L'industriale nazista

Poco prima che il patriarca morisse, Fritz era diventato presidente del consiglio di supervisione della Vereinigte Stahlwerke AG nonché rappresentante dei maggiori azionisti privati. Due anni dopo avere ereditato l'attività di famiglia, nel 1928, attraverso questa associazione controllava già più del 75 per cento delle riserve d'acciaio tedesche, dava lavoro a più di duecentomila dipendenti ed era diventato uno degli uomini più ricchi e potenti della Germania degli anni Trenta e Quaranta.

Ma, oltre a ricoprire un ruolo importante nella vita industriale come capo delle associazioni delle industrie del ferro e dell'acciaio, fu uno dei primi imprenditori ad abbracciare la causa nazionalsocialista e a elargire fondi al Partito nazista nei suoi primi anni di vita. Tutto ebbe inizio nel 1923. Fritz presenziò a un discorso di Adolf Hitler e restò colpito dalla personalità, dall'oratoria carismatica e dalla ferrea opposizione al Trattato di Versailles del dirigente del Partito nazionalsocialista (NSDAP), dopo di che iniziò a fare consistenti donazioni in denaro al partito. Thyssen convinse anche l'Associazione degli Industriali Tedeschi a versare 3 milioni di marchi al partito nazista nelle elezioni del marzo 1933. Il mese successivo, Fritz Thyssen si unì allo NSDAP. Su richiesta di Hitler fu nominato membro della banca centrale (Reichsbank) e del Consiglio di Stato prussiano.

Da quell'anno, però, pur se continuava a essere membro del Partito nazionalsocialista, le sue simpatie per la politica di Hitler cominciarono a diminuire. A quanto pare, fu d'accordo con la scelta nazista di escludere gli ebrei dalla vita imprenditoriale e professionale, ma in quanto cattolico fervente, non approvava la persecuzione che Hitler mise in atto contro la Chiesta Cattolica nei suoi primi anni al potere né la violenza antisemita che praticò. Nel novembre del 1938, dopo l'attacco contro i cittadini ebrei in tutta la Germania e l'Austria, conosciuto come *Kristallnacht* (La notte dei cristalli), Fritz presentò le dimissioni al Consiglio di Stato. Poco dopo si oppose all'invasione tedesca della Polonia, avvenuta il 1° settembre 1939 e, di lì a poco, si esiliò in Svizzera. L'anno dopo si rifugiò in Francia con la moglie Amélie Zurhelle (1877-1965) e l'unica figlia Anna (1909-1990), sposatasi prima della guerra con il conte austroungarico Gábor Ödön Graf Zichy de Zich et Vásonykeö, da cui ebbe il figlio Federico Augusto. L'obiettivo era di emigrare con tutta la famiglia di lì in Argentina, ma i suoi piani furono vanificati quando fu arrestato, insieme ad Amélie, dal governo di Vichy. In Germania i suoi beni furono confiscati dallo Stato e trascorse due anni recluso in un sanatorio vicino a Berlino. In seguito i due coniugi furono internati in diversi campi di concentramento: prima a Sachsenhausen, poi, nel febbraio del 1945, a Buchenwald e infine a Dachau. Alla fine di aprile del 1945 Fritz fu trasferito in Tirolo insieme ad altri detenuti famosi, e qui fu liberato dall'esercito statunitense il 5 maggio 1945. Sua figlia, il conte e il loro bambino riuscirono a fuggire in Argentina, dove nel 1942 nacque il secondo nipote di Fritz, Gabriel Claudio.

Per la sua collaborazione con il nazismo – da lui negata al termine della guerra – Fritz fu arrestato e condannato da un tribunale tedesco «per reati minori» e come pena dovette consegnare il 15 per cento delle sue proprietà tedesche per aiutare le vittime della persecuzione nazista. Nel gennaio 1950 emigrò con la moglie a Buenos

Aires, dieci anni più tardi di quanto avesse previsto. Lì si riunì con la figlia Anna, il genero e i due nipoti. Ma la nuova vita argentina di Fritz durò poco. L'8 febbraio 1951 morì per un attacco di cuore. Il suo corpo fu trasportato a Mülheim per essere sepolto nella tomba di famiglia.

Il 7 luglio 1959, i due eredi di Fritz Thyssen, la moglie Amélie e la figlia Anna, contessa Graf Zichy-Thyssen, crearono la Fondazione Fritz Thyssen per il progresso della scienza e degli studi umanitari. Fu la prima grande fondazione privata scientifica creata dopo la Seconda guerra mondiale nella Repubblica Federale Tedesca. Il 25 agosto 1965 Amélie Thyssen morì a Straubing, nello Stato della Baviera. Nel 1986 la figlia Anna donò la collezione d'arte del padre al Museo Nazionale della Baviera di Monaco. Morì in quella città quattro anni più tardi.

Nel settembre 1995, i nipoti di Fritz, conti Federico e Gabriel Claudio Zichy-Thyssen, annunciarono in Argentina, dove entrambi vivono tuttora, che si ritiravano dall'industria di August Thyssen e vendettero le loro azioni (il 15,38 per cento del capitale) alla banca Commerzbank. Dal 22 marzo 1997, nessun discendente del fondatore della società fa parte della holding ThyssenKrupp AG, uno dei maggiori gruppi tecnologici con circa duecentomila dipendenti che lavorano in tutto il mondo in acciaierie, altre industrie e servizi.

Il conte Federico Zichy Thyssen, milionario ed eccentrico figlio maggiore di Anna Thyssen, è uno dei principali allevatori mondiali di cavalli arabi, possiede diversi campi da polo e grandi tenute in Argentina e Paraguay oltre ad avere al suo attivo una lunga lista di matrimoni: la prima moglie, madre dei suoi tre figli più grandi, è stata la brasiliana Alyde Mutzenbecher, con cui è stato sposato fino al 1976. Poi si è sposato in Paraguay con la diplomatica Maria Stella Fratta Silvero, dalla quale ha avuto un altro figlio, ma si è successivamente innamorato dell'argentina Maria Inés Sellarés, madre del suo quinto e ultimo figlio. Nel 2002 si è sposato con Laura Arce che ha poi lasciato per la paraguayana Adriana Carvalho. Si dice che tutti i suoi divorzi gli siano costati una fortuna.

Il fratello, Gabriel Claudio Zichy–Thyssen, si occupa di agricoltura e allevamento. Vive negli Stati Uniti, ma in Argentina è proprietario di una delle più grandi *estancias* nella provincia di San Luis, con più di 100.000 ettari di terreno e 20.000 capi di bestiame. Si è sposato due volte, con Elsa Barcellos e con Christina Llacer ed è padre di sette figli.

Nell'altro ramo della famiglia, quello di Heinrich, gli eventi e le attività si sono sviluppati in Europa in modo molto diverso.

L'industriale collezionista d'arte

Il secondo figlio del patriarca e di Hedwig Pelzer, August, morì prima della fine della Seconda guerra mondiale e non prese mai parte alle attività della famiglia. Neppure lo fece la sorella, Hedwig, in quanto donna. Nel frattempo, la vita del terzo fratello, Heinrich, primo barone Thyssen-Bornemisza de Kászon, padre di Hans Henrich (1921-2002) conosciuto in Spagna soprattutto per il suo matrimonio con Carmen Cervera – ora cittadina svizzera –, trascorreva tra la Germania, l'Ungheria, l'Austria e l'Olanda.

Dopo avere studiato chimica, fisica e mineralogia a Monaco, Berlino e Bonn e dopo avere ottenuto il dottorato presso l'Università di Heidelberg nel 1900, Heinrich si stabilì in Ungheria nel 1905. A Budapest conobbe Margit Bornemisza de Kászon (1887-1971), figlia del barone Bornemisza, aiutante di camera del re. Il 4 gennaio 1906 si sposò con lei e il suocero, non avendo eredi maschi, lo adottò e gli passò il suo titolo nobiliare. La cosa era piuttosto insolita, perché in questo modo risultava sposato con la sua sorellastra. Nel 1907 l'imperatore d'Austria e re d'Ungheria, Francesco Giuseppe, concesse a Heinrich Thyssen e ai suoi discendenti il diritto di adottare il nome e lo stemma dei Bornemisza de Kászon e portare il titolo di barone.

In linea con la nuova identità di aristocratico ungherese, il barone Heinrich Thyssen-Bornemisza de Kászon comprò il castello di Rechnitz, 150 chilometri a sud di Vienna, sulla frontiera austroungarica, dove la coppia visse nei primi anni di vita coniugale e dove nacquero tre dei loro figli, Henrik István (1907-1981), conosciuto in seguito come «Stephan», Margit (1911-1989) e Gabriella «Gaby» (1915). Il castello diede il nome alla collezione Thyssen nei primi cataloghi pubblicati.

Dopo la Prima guerra mondiale, con la rivoluzione di Béla Kun e l'ascesa del comunismo in Ungheria, la famiglia si trasferì in Olanda nel 1918, dove nacque il quarto e ultimo figlio, Hans Heinrich, nel 1921. Vivevano all'Aia, dove il primo barone Thyssen-Bornemisza era a capo delle attività estere di suo padre August Thyssen e, soprattutto, della sua banca olandese. Dopo la morte del patriarca nel 1926 e la divisione dell'eredità tra lui e il fratello Fritz, il primo barone Thyssen-Bornemisza iniziò a diversificare le sue attività in seno alla società August Thyssen'sche Unternehmung des In- und Auslandes GmbH.

Ma il matrimonio con la principessa ungherese non fu mai felice e dopo aver divorziato Heinrich si risposò, questa volta a Bruxelles, nell'agosto 1932, con Else Zarske (1909), conosciuta come baronessa Maud von Thyssen-Bornemisza, dalla quale si separò dopo non molto. Contrasse un terzo matrimonio a Berlino, nel novembre 1937, con Gunhild von Fabrice (1909-2008).

Oltre ad avere successo come uomo d'affari, Heinrich Thyssen Bornemisza si dedicò, fin dagli anni Venti, a mettere insieme un'incredibile collezione di dipinti europei, con opere che andavano dal XIV secolo fino all'inizio del XIX. Nel 1930 espose i suoi quadri per la prima volta nella Neue Pinakothek di Monaco, esposizione che divenne un vero e proprio evento per gli storici dell'arte dell'epoca. Il successo ottenuto invogliò il barone a continuare ad accrescere la collezione acquistando anche sculture, mobili, arazzi, gioielli e altre opere d'arte. Si dedicò intensamente agli acquisti. Inizialmente si interessò ai primitivi tedeschi (come Hans Baldung Grien, Altdorfer, Dürer, Cranach e Holbein) e alla pittura olandese (Robert Campin, Petrus Christus, Roger van der Weyden, Jan van Eyck, Memling e Juan de Flandes). Continuò poi con il Rinascimento italiano (Domenico Ghirlandaio, Carpaccio, Sebastiano del Piombo e Caravaggio). A poco a poco si aggiunsero altri nomi fondamentali della storia della pittura: inglesi come Gainsborough e Reynolds; francesi come Watteau, Fragonard e Chardin, e italiani come Tiziano, Veronese, Tintoretto, Tiepolo, Canaletto e Guardi.

Nel 1932 comprò, da Leopoldo di Prussia, un palazzo costruito nel 1687 sulle rive del lago di Lugano, Villa Favorita alla Castagnola, dove si stabilì e fece costruire nel giardino una grande galleria per esibire la sua collezione d'arte. Questo museo privato aprì le porte al pubblico nel 1937 ma non restò aperto a lungo perché fu chiuso quando scoppiò la Seconda guerra mondiale. Fu riaperto soltanto nel 1949, in modo definitivo e grazie al quarto figlio, Hans Heinrich, che raccolse il testimone degli affari e dell'amore per l'arte, lasciatogli dal padre morto nel 1947.

Un terribile segreto: l'oscuro passato della contessa

Nel 1938, quando la guerra era ormai imminente, il barone Heinrich Thyssen-Bornemisza de Kászon trasferì la proprietà del castello Rechnitz alla figlia maggiore. Durante la guerra, da Villa Favorita lui si dedicò a controllare le sue miniere e le fabbriche tedesche. Da quel momento, esistono due versioni della vita del barone. Alcuni sostengono che, nella neutrale Svizzera, si mantenne estraneo ai nazisti mentre altri, come il giornalista e scrittore inglese David R.L. Litchfield, asseriscono invece che si dedicò a rifornire il Terzo Reich di carbone, acciaio e imbarcazioni e che addirittura fornì al suo amico Hermann Goering e ai servizi segreti nazisti un servizio bancario internazionale. Nel suo libro *The Thyssen Art Macabre*, Litchfield afferma che grazie al Partito nazionalsocialista i Thyssen poterono accrescere sia la collezione d'arte sia il patrimonio.

David R.L. Litchfield – ex fidanzato di Francesca, l'unica figlia del secondo barone – su richiesta del marito di Carmen Cervera iniziò a scrivere una biografia della sua vita ma i rapporti tra i due si ruppero. Prima che questo avvenisse, lo scrittore investigò per quattordici anni sull'origine della famiglia e della fortuna Thyssen e «con tutte le informazioni ricavate negli anni passati accanto a loro» scrisse il suo polemico libro sulla vita segreta dei Thyssen, pubblicato nel Regno Unito nel 2006, in Spagna nel 2007 e in Germania nel 2008. Il libro non ebbe il beneplacito della famiglia. Di particolare interesse risulta la storia che Litchfield racconta su Margit, la figlia maggiore del primo barone, sorella di Hans Heinrich e cognata di Carmen Cervera, pubblicata per la prima volta sul giornale tedesco «Frankfurter Allgemeine Zeitung» e, successivamente, sul giornale britannico «The Independent».

Durante la guerra, Margit restò a vivere nel castello di Rechnitz, ai piedi delle Alpi, che a quell'epoca era stato requisito dalle SS. Secondo l'autore, che raccolse numerose testimonianze tra la gente del posto, e che è stato accusato di aver basato il suo libro su «voci», Margit aveva «un incredibile appetito sessuale» e durante quel periodo divise il proprio letto con molti famosi nazisti. Questo era accaduto nonostante il fatto che, nel 1933, Margit avesse migliorato la sua posizione sociale sposando il conte Iván Batthyány, la cui famiglia aveva avuto in passato numerose proprietà e terreni nella città di Rechnitz e in Ungheria, ma che a quell'epoca era un po' decaduta. Così, mentre la contessa «divideva il castello con i suoi invitati delle ss e il suo letto con Joachim Oldenburg (membro del Partito nazista incaricato della gestione finanziaria), suo marito continuò a godersi i soldi della moglie e i cavalli di razza in una delle tenute confinanti» dice Litchfield. Certo è che il matrimonio con il conte Iván fu un disastro fin dall'inizio. Lei era la multimilionaria tedesca Thyssen e lui era il conte ungherese squattrinato.

Ma l'autore va oltre, sostenendo che la collaborazione della contessa Margit con i nazisti implicò molto più che storie di sesso. Afferma che verso la fine del 1944 seicento ebrei, assegnati come rinforzo delle difese del castello di Rechnitz contro l'avanzare dell'Armata Rossa, furono alloggiati nei sotterranei dove vivevano in condizioni deplorevoli. Molti subirono maltrattamenti o furono fucilati arbitrariamente, soprattutto da uno degli amanti di Margit, Podezin Franz, amministratore della Gestapo e leader del Partito nazionalsocialista a Rechnitz, «mentre la popolazione locale riferì che evidentemente la contessa provava un gusto sadico a osservare quelle azioni crudeli: "Quando accadevano, lei era sempre in prima fila" disse un testimone» secondo David Litchfield.

La maggiore rivelazione del biografo dei Thyssen, però, è che Margit potrebbe aver preso direttamente parte a un massacro che ebbe luogo il 24 marzo 1945, quando l'Armata Rossa si trovava a circa 15 chilometri dal castello e i tedeschi erano stati praticamente sconfitti. Quella sera la contessa invitò quaranta persone, compresi dirigenti del Partito nazista, le SS, la Gestapo e i membri della Gioventù hitleriana. La festa durò fino all'alba, si ballò e ci furono cibo e vino in grandi quantità. «Verso mezzanotte, circa duecento ebrei mezzi morti di fame e non utilizzabili per i lavori pesanti furono fatti scendere da un camion e rinchiusi in un granaio a poca distanza dal castello. Podezin portò Margit e quindici invitati tra i più alti in grado fino al granaio, diede loro armi e munizioni e li invitò a "far fuori qualche ebreo". I prigionieri furono obbligati a spogliarsi prima di essere massacrati dagli invitati ubriachi, che poi tornarono al castello per continuare a bere e ballare fino all'alba» raccontò Litchfield nell'ottobre 2004 al giornale «The Independent». «Non ho mai scritto né affermato che lei abbia premuto il grilletto, perché non ne ho le prove» dichiarò in seguito il giornalista. «È logico pensare lo abbia fatto» aggiunse «dato che era la personalità più importante della festa e la padrona di casa, oltre a essere un'antisemita convinta. Ma non ne ho le prove.» Da quel momento nei media tedeschi, austriaci e svizzeri si scatenò una polemica sulla veridicità delle accuse di Litchfield.

Quello che si sa è che l'attacco dell'esercito sovietico ebbe luogo quattro giorni dopo, nella notte del 29 marzo 1945, e che il castello fu incendiato. Ancora una volta ci sono due versioni dei fatti: alcuni dicono che furono i russi ad appiccare l'incendio, altri dicono che furono invece i tedeschi per cancellare ogni possibile prova.

Alla fine della guerra, tra il 1946 e il 1948, tre processi cercarono di fare luce su quanto era accaduto, ma nel 1946 i due testimoni principali, Karl Muhr e Nikolaus Weiss, furono assassinati prima che potessero parlare e a un terzo testimone fu incendiata la casa, cosa che portò alla distruzione delle prove incriminanti. Secondo David Litchfield, la paura fece sì che la maggior parte dei testimoni ritirasse la propria testimonianza nel processo principale o non si presentasse in tribunale. Dopo alcuni anni il processo restò pendente d'appello.

Con l'avanzare dei russi, il comandante nazista locale Podezin e l'amministratore Oldenburg fuggirono in Svizzera, pare grazie all'aiuto della contessa. Con il tempo, Podezin tornò in Germania. Dopo aver lavorato come agente occidentale nella Germania Est e avere vissuto discretamente a Kiel come assicuratore, nel 1963 dovette affrontare un processo per omicidio aperto contro di lui. «Sotto la minaccia dell'azione penale,» spiega Litchfield «Podezin chiese aiuti economici a Oldenburg e Margit per fuggire in Sudafrica, minacciandoli di raccontare tutto alla stampa e "gettarli nel fango" se non avesse ricevuto il denaro. L'ultima volta che fu visto, Podezin era a Pretoria mentre Oldenburg fuggì in Argentina.» Il pubblico ministero optò per il proscioglimento dall'accusa di Oldenburg per mancanza di prove il 21 settembre del 1965 nel mezzo di un grande scandalo in Austria, e Oldenburg rientrò in Germania e si stabilì vicino a Düsseldorf. Si pensa che Podezin sia morto in Sudafrica a metà degli anni Novanta.

La contessa Margit non fu mai accusata. La interrogarono in qualità di testimone riguardo al massacro e lei affermò sempre che né lei né suo marito lasciarono mai la festa. «Il giorno successivo, al mattino, vidi che c'era un camion carico di vestiti. Mi dissero che erano di alcuni ebrei morti durante la notte a circa 2 chilometri dal nostro castello» dichiarò. La contessa si rifugiò in Svizzera e si dedicò a una scuderia di cavalli purosangue che le aveva ceduto suo fratello Heini, il futuro marito di Carmen Cervera.

Margit morì nel sonno, per un attacco di cuore, il 15 settembre 1989. Quella che fu una delle donne più ricche d'Europa è sepolta nel cimitero di Castagnola ai piedi del Monte Brè. Margit visse nel lusso per tutta la vita. Aveva case in Svizzera, a Rechnitz e in Canada, nonché un appartamento a Montecarlo, una grande tenuta in Uruguay e 2800 ettari di terra in Mozambico. Era inoltre proprietaria di 1000 ettari attorno al castello di Rechnitz dove ogni anno si recava per cacciare cervi e cinghiali.

Per tutta la vita conservò le apparenze con suo marito, il conte Iván, visto che la sua religione cattolica le proibiva il divorzio. «Margit ebbe un rapporto più profondo con il suo amato cavallo Nelson che con i due figli Iván e Christoph. Quando Iván morì in un incidente aereo tra Vienna e Lugano, non versò una sola lacrima. Margit non aveva idea di cosa fosse l'amore materno. Ai figli non diede mai neppure un abbraccio» racconta il nipote Sacha Batthyany in un articolo pubblicato sul giornale svizzero «Das Magazin» nel dicembre 2009.

Nel 1968, il ministero degli Interni austriaco e il Volksbund Deutsche Kriegsgräberfürsorge tentarono di scoprire l'ubicazione della fossa comune degli ebrei assassinati. Non trovarono nulla. Nel 1990, l'Istituto di preistoria e protostoria dell'Università di Vienna riaprì il caso. Le indagini durarono cinque anni e ancora una volta non si trovò nulla. Nel 2006 si fecero nuovi esami e misurazioni attorno al castello e nei dintorni del paese, utilizzando i più sofisticati strumenti tecnologici. I corpi degli ebrei assassinati non sono ancora stati scoperti.

Il regista austriaco Eduard Erne dedicò più di quattro anni alla realizzazione del documentario *Silenzio di morte* su Rechnitz e la ricerca delle tombe degli ebrei assassinati. Il documentario rispecchia l'atmosfera di paura che persiste nel paese quando si tocca questo argomento. In esso, il proprietario del caffè diceva: «Gli ebrei hanno il loro muro del pianto e noi il nostro muro del silenzio». Anche la scrittrice austriaca Elfriede Jelinek, premio Nobel per la Letteratura (2004), ha scritto un'opera teatrale intitolata *Rechnitz: L'angelo sterminatore*, che denuncia il massacro avvenuto nel 1945 e che fu rappresentata per la prima volta nel 2008 a Monaco e nel maggio 2010 a Vienna.

«Sto cominciando a pensare che tutti quanti manipolino questa storia a proprio beneficio. La famiglia non vuole comparirvi e si astiene dai commenti. I mezzi di comunicazione pubblicano articoli sulla contessa assetata di sangue e massacri di ebrei, e gli abitanti di Rechnitz desiderano che la faccenda venga dimenticata una volta per tutte. Per loro la zia Margit è una santa donna. Chiunque parli di lei si mette a piangere» scrisse Sacha Batthyany nel suo lungo articolo su «Das Magazin». «La zia Margit non sparò quella notte del 24 marzo 1945. Non assassinò degli ebrei come affermano i giornali e il giornalista David Litchfield. Non ci sono prove. Non ci sono testimoni» sostiene suo nipote; una cosa è certa, ed è che «zia Margaret si godette il resto della sua lunga vita, pur essendo a conoscenza del massacro» conclude. Subito dopo la pubblicazione del libro di David Litchfield, la baronessa Carmen Thyssen sostenne che tutto quello che diceva lo scrittore era falso. «Non vale la pena di perdere tempo a leggere simili cose» dichiarò a «¡Hola!».

Il fratello sconosciuto

Due anni dopo il presunto massacro, Heinrich Thyssen, primo barone Thyssen-Bornemisza, morì nella sua casa di Lugano. Aveva 67 anni ed era stato a capo degli affari per sedici. Il titolo e le industrie sarebbero dovuti passare al figlio maggiore, Henrik István Gábor, detto «Stephan», nato nel 1907. Invece andò tutto al fratello di quattordici anni più giovane, Hans Heinrich «Heini». «Suo fratello, ricercatore in biologia, non era interessato né alle industrie né alla collezione» dice la pagina web ufficiale del Museo Thyssen-Bornemisza, nell'unico riferimento al primogenito del primo barone.

In realtà è difficile trovare fonti affidabili sulla vita di Stephan. Appare nell'albero genealogico della famiglia ma c'è poco materiale su di lui, anche quando si cerca in Internet. Pare che fosse un bambino dalla salute fragile e introverso. Il padre aveva comunque grandi progetti per il suo primogenito. Ma il giovane Stephan andò a studiare negli Stati Uniti e lì, all'età di 20 anni, si sposò con una ragazza americana, Elisabeth Clarkson, con grande rabbia dei genitori che, si racconta, ricorsero al denaro per far sciogliere il matrimonio.

Durante un ricevimento, Stephan conobbe la figlia di un ingegnere forestale ungherese, Ilona «Ily» Kugler. I suoi modi materni lo stregarono. Il 24 maggio 1932 si sposarono a Budapest e nemmeno questo matrimonio piacque al primo barone Thyssen-Bornemisza.

Quando Stephan terminò gli studi di filosofia, la coppia si trasferì ad Hannover, dove comperarono un palazzo nella Hohenzollernstrasse. Viaggiarono molto per il mondo, acquistando pezzi d'antiquariato per la loro nuova residenza. Più tardi, lui si dedicò alla ricerca del petrolio nella zona di Luneburgo e acquistò la società Seismos Stephan specializzata in esplorazioni petrolifere. In quel periodo sua moglie sviluppò e brevettò un dispositivo che fu l'embrione di quello che più tardi sarebbero stati i sismografi.

All'inizio della Seconda guerra mondiale una bomba distrusse completamente il loro palazzo ad Hannover. Stephan e la moglie comprarono allora una fattoria nella campagna attorno a Einbeck, in Bassa Sassonia. Qui la coppia trascorse gli anni della guerra. Nel 1947 si separarono e lui si sposò con la moglie divorziata di un pellicciaio di Hannover. La causa di divorzio tra Ilona e Stephan durò fino al 1954, anno in cui i tribunali le concessero un assegno di 15.000 marchi. Ilona non fu soddisfatta della sentenza, perché sperava di ricevere parte della fortuna Thyssen e per anni continuò a lottare in tribunale.

In quel periodo, sembra che Stephan e la sua terza moglie stessero vivendo all'Avana. Nell'isola di Cuba si comprò una spiaggia sperando di poterla poi sfruttare turisticamente. Ma nel 1961 prese il potere Fidel Castro e, quello stesso anno, Stephan si vide espropriare i suoi terreni. La coppia si trasferì a New York dove prese in affitto permanente una suite nel lussuoso hotel Plaza. Stephan comprò anche una casa nelle isole Canarie, dove si recava con la moglie per trascorrere gli afosi mesi estivi. Il 10 ottobre 1982 morì a New York senza discendenti e senza soldi, e non si sa bene dove fu sepolto. Si sa che non si trova nella tomba di famiglia del castello di Landsberg, dove riposano per l'eternità tutti i suoi parenti, dal nonno August Thyssen fino a suo padre e suo fratello minore, Hans Heinrich «Heini».

La sorella Gabriella Vilma Hedvig si sposò nel 1938 con il diplomatico olandese Adolf Willem Carel, barone di Bentinck (1905-1970). Dopo il matrimonio, la coppia andò a vivere a Budapest e in seguito al Cairo. Terminata la guerra mondiale, lui fu nominato consigliere nell'ambasciata olandese a Londra. Da lì decollò la sua carriera diplomatica. Arrivò a essere ambasciatore olandese a Berna, Londra e Parigi, dove divenne amico del presidente De Gaulle. I ricevimenti e le cene di Gabriella all'ambasciata erano famosi perché vi partecipavano non soltanto diplomatici, politici e rappresentanti del mondo imprenditoriale ma anche artisti e scienziati. La coppia ebbe due figli: Henriette Louise Maria nel 1949 e Carel Johannes, otto anni più tardi.

Quando nel 1947 morì il primo barone Thyssen-Bornemisza, il figlio minore, Hans Heinrich «Heini» aveva pieno potere già da tre anni. Le due sorelle, Margit e Gabriella, insistettero perché la collezione d'arte paterna fosse divisa tra gli eredi. In virtù della legislazione svizzera, il tribunale decise di dividere la collezione composta da 525 opere d'arte tra i quattro figli. Nonostante le difficili circostanze derivate dalla guerra, Hans Heinrich, in linea con il desiderio paterno di mantenere indivisa la collezione, si accordò con i fratelli per ricomperare i dipinti che il tribunale aveva loro assegnato. In questo modo poté ricostituire praticamente tutta la collezione originale degli antichi maestri. Di fatto, questo processo continuò per diversi anni; nel 1988 comprò da una sorella il *Paradiso* di Brueghel.

Un uomo d'acciaio con animo d'artista

Hans Heinrich Thyssen-Bornemisza nacque a Scheveningen, vicino all'Aia, il 13 aprile 1921. «Non sono stato cercato come figlio ma mio nonno, che era un visionario, mi aspettava. Ai miei genitori diceva: "Dovete avere un altro figlio, perché fino a ora non vedo il mio vero erede, il discendente che mi succeda negli affari"» raccontò il barone alla rivista «¡Hola!» alla fine degli anni Novanta. Educato in un collegio tedesco in Olanda, iniziò a lavorare in una banca di proprietà dei Thyssen a Rotterdam, ma di fronte all'imminente invasione del paese da parte delle truppe naziste, il giovane Heini, come lo chiamava la famiglia affettuosamente, si trasferì con suo padre, già divorziato dalla madre, a Villa Favorita, la residenza appena acquistata.

Studiò Diritto, Economia, Arte e Letteratura Francese all'Università di Friburgo. Era il 1939 e il fantasma della guerra irrompeva in Europa. Nel 1946 si sposò con la principessa austriaca Teresa zur Lippe-Weissenfeld, in quello che fu il primo dei suoi cinque matrimoni. Da quest'unione nel 1950 nacque Georg Heinrich. Divorziarono nel maggio 1954 e lei si risposò nel 1960 con Friedrich Maximiliano, principe zu Fürstenberg.

Alla morte del padre nel 1947, si ritrovò in eredità gli affari di famiglia quasi in rovina a causa della guerra. A 26 anni iniziò la riorganizzazione e la ricostruzione del suo impero. Chiuse le fabbriche d'armi e dedicò i suoi sforzi ad attività industriali quali la costruzione navale, continuando a conservare gli interessi della famiglia nel ramo bancario. La sua diversificazione imprenditoriale andava dalla partecipazione nella fabbrica della Heineken in Olanda alle attività immobiliari in Nordamerica e all'allevamento di pecore in Australia. In soli dieci anni, ricostituì l'impero finanziario e industriale Thyssen e formò il Gruppo Thyssen-Bornemisza (TBG) con 234 società in ventisei paesi e sede a Monaco. Con il tempo, il suo gruppo arrivò ad avere quattordicimila dipendenti in tutto il mondo. «Quando mi chiedono le ragioni dei miei successi imprenditoriali, sono solito dire che probabilmente questi si devono al fatto che in ogni momento ho agito a modo mio, senza lasciarmi influenzare da nessuno» dichiarò il barone alla rivista «¡Hola!». «Credo che uno dei punti chiave del mio successo» aggiungeva «sia anche nella mia capacità di vendere e comprare. Vendere e comprare al momento giusto è davvero difficile ed è il segreto della vittoria finanziaria e imprenditoriale.»

A mano a mano che Hans Heinrich Thyssen acquistava rilievo come imprenditore e collezionista d'arte, i suoi matrimoni si succedevano. Il suo secondo matrimonio ebbe luogo nel giugno del 1954 con la modella britannica d'origine indiana Nina Dyer. Lei era già una ricca ereditiera, titolare di grandi proprietà ereditate dai genitori nello Sri Lanka, quando conobbe il barone a Parigi e se ne innamorò. Il matrimonio durò soltanto due anni – dicono che lei si innamorò di un attore francese – e non ebbero figli. Divorziarono nel luglio 1956, quando lei aveva già ottenuto in regalo dal marito gioielli di grandissimo valore. Successivamente si sposò con il principe Sadruddin Aga Khan.

Questo matrimonio durò soltanto tre anni e terminò anch'esso con un divorzio, nel 1962, senza lasciare discendenti. Nina Dyer tornò a Parigi per proseguire la sua carriera di modella professionista. I due accordi di divorzio con i due ex mariti accrebbero la sua ricchezza ma non le diedero la felicità. Nina Dyer si suicidò nel 1965, all'età di 35 anni, ingerendo un'overdose di sonniferi. Amante degli animali, lasciò la sua fortuna a diverse associazioni per la loro protezione e mantenimento.

Nel frattempo il barone, uno degli uomini più ricchi d'Europa, aveva già avuto tempo di sposarsi e divorziare, questa volta dalla modella neozelandese Fiona Frances Elaine Campbell-Walter. Da questo matrimonio nacque la figlia Francesca, che lavorò come attrice, cantante e modella prima di entrare nel mondo dell'arte e sposarsi con l'arciduca Karl d'Asburgo-Lorena, nipote dell'ultimo imperatore d'Austria, re d'Ungheria e Boemia. Questo matrimonio unì due dinastie. Lui possedeva il titolo ma non aveva un regno né denaro, che lei invece aveva in estrema abbondanza. Le altezze imperiali andarono a vivere nei dintorni di Salisburgo, dove il principe Karl iniziò a dirigere una società a favore dell'europeismo ed entrambi lavorano per le proprie organizzazioni benefiche. Sono genitori di tre figli.

Nel 1963 nacque il terzo figlio del barone, Lorne, di cui si sa soltanto che è produttore e regista del film *Labyrinth* (2003) e co-produttore di *Il giardino dell'Eden* (2008). Il barone e Fiona divorziarono nel gennaio 1965. Più tardi, lei ebbe una relazione con il figlio di Onassis, Alexander, che terminò tragicamente quando il primogenito del magnate greco morì in un incidente aereo.

Il barone celebrò il suo quarto matrimonio nel dicembre 1967, quando sposò la brasiliana Denise Shorto, figlia di un banchiere. Ebbero un figlio, Alexander, che nacque nel novembre 1974. Dopo diciassette anni insieme e quattro anni di liti in tribunale, nel novembre del 1984 divorziarono. Stando a quanto afferma il polemico biografo britannico David R.L. Litchfield, le sue prime quattro mogli gli furono infedeli. «L'unica sua figlia biologica è Francesca. E non sono io a dirlo, me lo ha confermato il barone» dichiarò Litchfield in un'intervista pubblicata su «El Mundo» nel dicembre 2009. La stampa statunitense ha lasciato intendere che il primogenito, Georg Heinrich, fosse figlio del conte Iván Batthyány, il marito della sorella di Heini, Margit. Sono segreti di famiglia che la stampa cerca di svelare ma che restano soltanto voci di corridoio.

Intanto il barone si arricchiva con le sue molteplici attività e dopo avere recuperato, un quadro alla volta, tutta la collezione di opere degli antichi maestri che suo padre aveva creato, si dedicò ad ampliarla e in pochi anni arrivò a possedere circa seicento opere d'arte. Dall'inizio degli anni Sessanta iniziò ad acquistare anche arte moderna e il primo quadro da lui comprato in questo campo fu un acquerello del pittore tedesco Emil Nolde, dipinto tra il 1931 e il 1935. In seguito aggiunse un gruppo importante di opere di vari espressionisti e costituì una collezione notevole. Seguirono gli impressionisti e i post-impressionisti, la pittura europea degli inizi del XX secolo, importanti esempi dell'avanguardia russa e centroeuropea, con opere di Edgar Degas, Piet Mondrian, Pablo Picasso e Fernand Léger, la pittura inglese del dopoguerra (Francis Bacon e Lucian Freud), fino all'arte pop e all'iperrealismo, oltre alla pittura nordamericana dei secoli XIX e XX.

Entra in scena Tita

María del Carmen Rosario Soledad Cervera Fernández (1943), modella, attrice e filantropa, che da bambina tutti chiamavano «Tita», conobbe il barone nel 1981 a casa di amici comuni in Sardegna. «Era radiosa, viva, traboccava allegria e simpatia. Sentii immediatamente dentro di me che alla mia vita poteva accadere qualcosa d'importante. Tita mi avrebbe detto in seguito che provò la stessa sensazione quando ci presentarono... Credo che con nessun'altra donna io sia più riuscito a scambiare un'occhiata come quella che ci scambiammo Tita e io a casa di quegli amici» raccontava il barone su «¡Hola!». Dopo quell'incontro Hans Heinrich invitò Carmen sul suo yacht *Hanse*. «Tutto avvenne molto rapidamente» spiegava. Ma la coppia non poté sposarsi fino al 1985 perché l'aristocratico era ancora in causa con la precedente moglie, Denise Shorto.

«Tita e sua madre si sforzavano di integrarsi nella classe sociale su cui avevano messo gli occhi. Era sempre stato l'obiettivo delle "Cervera". Fu la madre l'artefice dell'incontro tra sua figlia e il barone Thyssen. Il resto lo fece Tita che, in materia di uomini, sa il fatto suo» afferma l'esperta di cronaca rosa Carmen Rigalt. Sua madre non riuscì a fare di Tita una ballerina né a farla studiare, come desiderava, però si sforzò di darle una buona educazione e di avviarla verso un successo professionale ed economico a cui lei, molto bella, intraprendente e dotata per il canto, non aveva potuto aspirare. Soprattutto insistette perché Tita studiasse le lingue. E Tita imparò l'inglese e il francese, seguiti dall'italiano e dal tedesco. Nel 1961, a 18 anni, vinse il concorso di Miss Spagna presentandosi come Miss Catalogna e arrivò poi terza al concorso di Miss Universo. «Ho sempre avuto successo con gli uomini ma non mi sono mai servita della bellezza per ottenere qualcosa» raccontò in un reportage pubblicato su «El País Semanal» nel maggio 2010.

Nel 1962, durante un volo per Zurigo, conobbe Lex Barker, attore diventato famoso per avere sostituito Johnny Weissmüller nel ruolo di Tarzan negli anni Cinquanta. Gli chiese un autografo e tre anni dopo si sposarono a Ginevra, senza che la differenza d'età di vent'anni rappresentasse un problema. Fu la quinta moglie dell'attore. In quegli anni Tita voleva diventare attrice, ma suo marito, forse stanco di Hollywood, le raccomandò più volte di lasciar perdere la carriera cinematografica. Nel 1972, dopo otto anni di matrimonio, Lex Barker morì per un infarto e lei restò vedova. Tita si allontanò dagli Stati Uniti e da un figliastro, Christopher Barker, con cui andò in causa per l'eredità. Tra i beni che Carmen ereditò dal marito c'era la casa che la coppia aveva fatto costruire a Sant Feliu de Guixols, Más Mañanas, separata dal mar Mediterraneo da poco meno di cento gradini.

Nel 1975 la giovane vedova iniziò una relazione con l'imprenditore e playboy venezuelano Espartaco Santoni con cui si sposò per poi scoprire che il matrimonio non era valido perché lui era ancora sposato con l'attrice messicana Tere Velázquez. Nel breve periodo che durò la loro unione, Santoni rimase coinvolto in liti di carattere economico che si conclusero con la sua incarcerazione e che mandarono Tita quasi in rovina. Nel 1990, quando era già baronessa, Santoni rivelò dettagli intimi del suo rapporto con Tita (e con le altre due mogli) nella sua biografia *No niego nada*. «Senza combattere non si arriva dove è arrivata lei. Scegliere bene implica rischi che bisogna correre e lei, per il suo scopo, ha saputo correrli. Con il tempo il ricordo svanisce ed è per questo che può permettersi il lusso di migliorare alcuni aspetti della sua vita» sostiene il giornalista Antonio Rossi.

A metà degli anni Settanta, in piena epoca di libertà anche sessuale, Tita trasformò in realtà il suo desiderio di diventare attrice e debuttò nel cinema spagnolo in film come *El Calzonazos* (1974), *El alegre divorciado* (1977) o *La tía de Carlos* (1982) con Paco Martínez Soria. Sono quindici i titoli della sua filmografia. Nel 1977 apparve nuda sulla copertina di «Interviú». E vi sarebbe comparsa di nuovo nel 1980, incinta, ma (a quanto dice lei) un fotografo la imbrogliò e poi vendette quelle foto «rubate».

Gli anni Ottanta iniziarono con la nascita del figlio Borja, frutto di una fugace relazione con il pubblicista Manolo Segura, come lei stessa ha rivelato. Dopo essere diventata nel 1985 la quinta moglie del barone, matrimonio che fu celebrato in un tribunale di Gloucester (Inghilterra), lui decise di riconoscere il figlio di lei come proprio. Da quel momento Carmen Cervera chiuse un capitolo della sua vita pubblica, pur se ha continuato a essere presente sulle pagine della stampa sensazionalista e su quelle delle pubblicazioni di storia dell'arte, sempre in bilico tra il mondo rosa e quello intellettuale. Secondo il giornalista Antonio Rossi, Tita è «più furba che intelligente, una sopravvissuta che ha sempre saputo come muoversi nella vita e come risollevarsi dopo le cadute. Non ha mai fatto un passo falso».

Rotta verso l'amore

Nei diciassette anni di matrimonio, la coppia si è sempre mostrata molto unita, anche nei peggiori momenti di guerra famigliare. Il barone Thyssen non esitava a confessare la sua felicità accanto a Carmen Cervera. «Tita riesce a essere con me ovunque. Ed è una cosa che nessuna delle mie precedenti mogli ha mai fatto. Una volta diventate baronesse, si organizzavano la vita a loro piacimento senza preoccuparsi minimamente di me. Tita, invece, è sempre attenta... Ha saputo riempirmi della semplicità che, nonostante tutto, e anche se si può pensare che non sia vero, circonda la mia vita, ed è anche capace di superare la meschinità dettata dall'invidia: non si è montata la testa per essere "la moglie di..."» dichiarò a «¡Hola!». Come in una favola moderna, nei primi anni la coppia visse nella casa di famiglia, Villa Favorita, e viaggiò trionfalmente per il mondo. In seguito si costruirono una casa a La Moraleja, il quartiere più elegante della capitale spagnola: un'enorme costruzione con 38.000 metri quadrati di giardino e un lago privato, valutata 25 milioni di euro. Da quel momento in poi li si vide con frequenza in Spagna. Erano anni di ricchezza e riconoscimento sociale e, ancora una volta, Carmen Cervera mostrò la sua grande capacità di inventarsi e reinventarsi, per adattarsi sempre alle circostanze del momento.

Coraggiosa e combattiva, non si lasciò intimorire da nessuno dei problemi che le si presentarono come quinta moglie e matrigna dei quattro figli del barone. I giornalisti Teo Lozano e Goya Ruiz raccontano nel loro libro *Carmen Cervera: la baronesa* che i figli del barone arrivarono a incaricare un'agenzia investigativa di redigere un rapporto sul patrimonio e la vita della loro matrigna, documento che rivelò il suo lato meno brillante. A ogni modo, chi la conosce dice che lei diventa più forte quando affronta i problemi e, qualunque fosse stato il suo passato, «il barone s'innamorò e si godette gli ultimi anni della vita accanto a chi amava» afferma Antonio Rossi.

Oltre ad aiutarla nell'ascesa sociale, il barone l'avvicinò al mondo del collezionismo d'arte. E attraverso l'influenza di Carmen Thyssen la collezione di famiglia crebbe, anche se pare che di tutti i discendenti della stirpe soltanto l'arciduchessa Francesca e Borja provino interesse verso tali opere d'arte. «Anche se la collezione è mia,» raccontò il barone a metà degli anni Novanta «il suo significato è fondamentalmente sociale e comunitario, perché l'arte è patrimonio dell'umanità. I miei quadri non devono servire solo per il mio piacere, sarebbe un terribile egoismo... La pittura mi appassiona e nel mio animo c'è una vena artistica. Non so creare, non so che cosa fare se mi metto davanti a una tela, ma forse il mio contributo alla storia della pittura sta in questo: portare i quadri e le opere d'arte che possiedo in giro per il mondo. Aprire le porte di casa mia perché gli altri possano ammirare ciò che io posso ammirare.» E Carmen seppe accompagnare suo marito nel ruolo di mecenate dell'arte.

All'inizio degli anni Ottanta, il barone possedeva già millecinquecento quadri, una collezione che continuò ad accrescere dopo il matrimonio con Carmen Cervera nel 1985. Si diceva che ogni anno spendesse 100 milioni di dollari in opere d'arte. Nel 1986 a Villa Favorita non c'era praticamente spazio per sistemare un nuovo acquisto. Nacque così l'idea di organizzare esposizioni temporanee in altri paesi e prese avvio anche un importante programma di prestiti a grandi mostre collettive. Il principale desiderio del barone era che l'unità della sua collezione fosse garantita per il futuro. Chiese quindi al governo svizzero un finanziamento per ampliare il suo museo, ma ricevette un'offerta di soli 3 milioni di dollari.

Il barone Hans Heinrich iniziò quindi a cercare luoghi alternativi al di fuori della Svizzera per poter esporre la sua collezione. Il Regno Unito si mostrò interessato; ne discussero con lui il principe Carlo e il primo ministro Margaret Thatcher. Anche la Fondazione Getty offrì milioni di dollari perché i quadri restassero in modo permanente negli Stati Uniti. Una delle condizioni era che la collezione rimanesse com'era, con il suo nome, il suo profilo e un museo proprio.

La pinacoteca privata più grande del mondo

Nel marzo 1988 il ministro della Cultura spagnolo, Javier Solana, confermò che la pinacoteca Thyssen-Bornemisza, la collezione privata più importante del mondo, avrebbe potuto avere sede in Spagna per un periodo minimo di nove anni e mezzo, pur se restava aperta la possibilità di nuove trattative per una cessione definitiva. Il 20 dicembre 1988 il Regno di Spagna e la Favorita Trustees Limited, ente proprietario della collezione, firmarono un contratto di prestito. L'intervento di Carmen Cervera fu fondamentale per arrivare all'accordo. Sicuramente, sulla decisione del barone giocò un ruolo importante anche l'eccezionale ubicazione dell'edificio che veniva offerto come futura sede del museo, il centralissimo palazzo di Villahermosa, situato quasi di fronte al Prado e molto vicino al Museo Nazionale Centro de Arte Reina Sofía. Inoltre, nel monastero di Pedralbes si allestì un'altra sala d'esposizione con settantacinque quadri della collezione privata del barone. Il governo si impegnò a fornire mezzi sufficienti per la gestione del futuro museo e a pagare ai proprietari, per tutta la durata del prestito, 5 milioni di dollari all'anno. Si costituì anche una fondazione con rappresentati dello Stato spagnolo e del barone Hans Heinrich Thyssen-Bornemisza.

Nei tre anni successivi, la Fondazione Thyssen-Bornemisza si dedicò alla trasformazione del palazzo madrileno di Villahermosa per adattarlo al nuovo uso e a studiare la disposizione delle opere nelle quarantotto sale del museo seguendo il progetto di Rafael Moneo e sotto la supervisione costante di Carmen Cervera, che volle assolutamente pareti color ocra e pavimenti di marmo a dispetto dell'opinione dell'architetto.

L'inaugurazione ufficiale del Museo Thyssen-Bornemisza ebbe luogo il giorno 8 ottobre 1992 e fu presieduta dai reali di Spagna. Due giorni dopo, il museo fu aperto al pubblico. Infine, nel 1993, e soltanto nove mesi dopo l'inaugurazione, lo Stato spagnolo acquistò 775 quadri della collezione del barone Thyssen al prezzo di 338 milioni di dollari, una somma che diede luogo a molte discussioni in Parlamento. Analizzando le transazioni in regime di libero mercato, «in quel momento la Collezione del Museo poteva valere tra un miliardo e un miliardo e mezzo di dollari» dice la pagina web del museo, che aggiunge: «Lo Stato spagnolo non era però un acquirente normale, perché si assumeva una serie di impegni sul futuro della Collezione, in primo luogo quello di non rivendere le opere acquistate». Da quel momento, il comitato della fondazione è composto da dodici membri, otto dei quali nominati dal governo spagnolo e gli altri quattro designati dalla famiglia Thyssen-Bornemisza.

Il Museo di Madrid ospita attualmente due collezioni provenienti dalla stirpe dei Thyssen. La Collezione Thyssen-Bornemisza, che lo Stato spagnolo ha acquistato del barone Hans Heinrich, in mostra permanente nel museo fin dalla sua apertura e diventata, dal 1993, parte del Patrimonio Storico spagnolo; e la Collezione Carmen Thyssen-Bornemisza, proprietà della baronessa vedova, formata da quasi trecento opere tra cui, per esempio, le sculture di Rodin che diedero origine alla collezione e una ventina di grandi capolavori, in deposito presso il museo dal 2004. Il 22 febbraio 2011 scadeva il termine del prestito gratuito e la baronessa, non essendo interessata a vendere le opere ma soltanto ad affittarle, ha trattato con il ministero della Cultura per accordare un pagamento per il prestito. «La mia collezione vale 700 milioni» ha dichiarato a «El País Semanal». D'altra parte, dal dicembre 2004, la Collezione Thyssen-Bornemisza del monastero di Pedralbes è esposta in forma permanente nel Museo Nazionale d'Arte della Catalogna.

Vicende di pubblico dominio

All'inizio del secolo la salute del barone Thyssen, affetto da gravi problemi cardiaci da ormai più di dieci anni, era molto precaria. Nel febbraio 2002, pochi giorni dopo le sue dimissioni dalla clinica Teknon di Barcellona, dove era stato ricoverato in seguito a un infarto, si risolse la battaglia legale tra i membri della famiglia Thyssen-Bornemisza per il controllo del patrimonio, valutato in più di 3 miliardi di euro. Tutto era iniziato nel 1997, quando il barone aveva avviato una causa contro il figlio maggiore, Georg Heinrich, nato dal primo matrimonio con la principessa Teresa de Lippe-Weissenfeld, per lo scioglimento della holding Continuity Trust, fondata dallo stesso barone e che raggruppava tutte le società TBG. Da quasi vent'anni l'aristocratico aveva affidato la direzione del gruppo industriale a suo figlio, che aveva fatto un buon lavoro espandendo l'impero. Contemporaneamente, Hans Heinrich aveva costituito una serie di fondi di famiglia nelle isole Bermuda, con la condizione che lui avrebbe continuato a ricevere una somma per i dividendi annuali.

Con quella causa, il barone cercava di recuperare la proprietà e il controllo delle sue società e richiedeva al suo primogenito il pagamento di 260 milioni di euro che il figlio gli doveva da anni.

Il processo ebbe inizio nell'ottobre 1999 presso il tribunale delle Bermuda, isola a cui facevano capo gli affari del barone. «La favola di Cenerentola non è stata scritta per caso» affermava a quel tempo l'arciduchessa Francesca riferendosi a Carmen Cervera. «La sindrome della matrigna malvagia ha distrutto infinite famiglie. L'ultima moglie di mio padre non si mostra molto entusiasta all'idea di rispettare gli impegni delle famiglie precedenti. La situazione non mi lascia tranquilla. Mio padre ha avuto un infarto ed è molto vulnerabile.» La guerra era appena iniziata. Con questo scontro in tribunale si stravolsero tutte le previsioni di successione stabilite dal barone nel 1983 e nel 1993.

Dopo più di cinque anni di lotte e processi, Hans Heinrich e Carmen, da una parte, e i figli del barone Georg Heinrich, l'arciduchessa Francesca d'Asburgo, Lorne e Borja, dall'altra, annunciarono in un comunicato che erano giunti a un nuovo accordo nella città svizzera di Basilea. Stando all'agenzia Reuters, la causa in cui era stata coinvolta la famiglia era costata più di 100 milioni di dollari e fu considerata come la più cara della storia. Si disse addirittura che la coppia Thyssen arrivò a spendere 600.000 euro a settimana per gli avvocati, guidati dallo studio legale di Rober Ham, assunto dai baroni dopo che non erano riusciti a ottenere i servizi di Johnnie Cochran, l'avvocato di O.J. Simpson.

Il Patto di Basilea, come fu denominato dai giornalisti, stabilì che il figlio maggiore del barone, Georg Heinrich, avrebbe continuato a presiedere il consiglio di controllo dell'attività di famiglia TBG. Carmen Cervera si ritrovò in una situazione migliore di quella stabilita al momento del matrimonio, nel 1985, quando aveva rinunciato a interferire negli accordi testamentari allora esistenti. Con il patto, la baronessa rinunciava alle società di famiglia e gli altri eredi rinunciavano alle opere d'arte e ad altre proprietà, gioielli e beni immobili. La rappresentanza della famiglia nel comitato direttivo della Fondazione Thyssen-Bornemisza a Madrid restava a lei in qualità di vicepresidentessa a vita, e all'arciduchessa Francesca d'Asburgo. Alexander, figlio minore nato dall'unione con la quarta moglie, la brasiliana Denise Shorto, non firmò l'accordo su consiglio dei suoi avvocati. Alexander non aveva firmato nemmeno i precedenti accordi famigliari stipulati quando era minorenne, altrimenti sarebbe stato impossibile registrarli. In quel momento, i suoi legali gli avevano suggerito di mantenersi al margine della questione, per avere così maggiore autonomia per difendere i suoi interessi in futuro.

Due mesi più tardi, nell'aprile 2002, all'età di 81 anni, il barone morì per insufficienza cardiorespiratoria nella casa più amata da Tita, Mas Mañanas, la residenza di Sant Feliu de Guixols. Lei divenne la vedova più ricca d'Europa, con un patrimonio di diverse centinaia di milioni di euro tra attività commerciali, beni immobiliari e opere d'arte, con residenze a Lugano, Madrid, Marbella e Mallorca, un antico veliero, il *Mata Mua*, così chiamato in onore del quadro di Paul Gauguin, una delle opere favorite di Tita... La famiglia reale spagnola inviò un telegramma di condoglianze; il ministro dell'Istruzione e della Cultura di allora, Pilar del Castillo, sottolineò il «valore autentico del mecenatismo» del barone, l'importanza della sua collezione e il suo «atteggiamento generoso nei confronti della Spagna».

Carmen Cervera, che aveva allora 51 anni, aveva davanti a sé un cammino difficile e, ancora una volta, mostrò la sua abilità e il suo istinto di sopravvivenza. A pochi mesi di distanza, i giornali iniziarono a pubblicare notizie sui suoi presunti amori. Sarebbe poi stato l'avvocato fedele al barone durante la battaglia legale contro il primogenito a mettere alle corde la baronessa. Parte di Villa Favorita, la residenza dei Thyssen a Lugano, fu sequestrata nel settembre 2002 dalla magistratura svizzera dopo la denuncia presentata dall'avvocato britannico Robert Ham che richiedeva alla vedova circa un milione di euro per un onorario che affermava di non avere mai ricevuto, relativo al suo lavoro in occasione del Patto di Basilea.

Ham si era dedicato per cinque anni esclusivamente a quel caso e aveva già ricevuto 9 milioni di euro, però chiedeva di più. La baronessa considerò eccessivo il conto del legale e mentre si mettevano d'accordo la magistratura annunciò il sequestro fino a che lei non avesse consegnato una garanzia di 900.000 euro. La baronessa depositò il denaro presso un tribunale inglese fino alla risoluzione del caso e in questo modo si liberò della misura cautelare sulla proprietà di Villa Favorita. Quel palazzo, acquistato dal primo barone Thyssen, è ora di proprietà di Carmen Cervera. Attualmente è vuoto, senza mobili né opere d'arte che sono state destinate a un altro erede. «C'è stato un momento in cui ho pensato che lo avremmo conservato tutti insieme, ma non abbiamo raggiunto un accordo e non sono ancora pronta per prendere una decisione, anche se moralmente sono pienamente libera di venderlo» ha dichiarato la baronessa riguardo a Villa Favorita, al quotidiano «ABC» nel settembre 2002.

Dispute prive di splendore aristocratico

Dopo essere rimasta vedova, Carmen Thyssen ha condotto una vita quasi da telenovela, pur senza dimenticare mai di avere cura del tesoro lasciatole dal marito. «Di tutte le mogli del barone, Tita fu quella che gli fu più vicina e che lo trattò meglio. Dopo non molto tempo insieme a lui, sapeva già perfettamente tutto quello che c'è da sapere. Il barone ne era felice. Non sapremo mai se Tita lo amò davvero, ma non è importante. Il destino delle donne come Tita è quello di diventare "ricche divorziate", ma lei batte tutte quante. Il suo livello di "furbizia" è di gran lunga superiore», secondo la giornalista Carmen Rigalt. «Ho goduto di tutto quello che la vita mi ha dato, non lo nego. L'esistenza ti offre le cose e non puoi insultarla disprezzandole» ha raccontato la baronessa a «El País Semanal».

Chi la conosce afferma che si sente sola e che per questa ragione, a più di 60 anni, è diventata di nuovo madre di due gemelle, Carmen e Sabina, probabilmente nate da un utero in affitto. Ma la felicità è durata poco. Il Patto di Basilea (che per mantenere il difficile equilibrio tra le parti ha una clausola in base alla quale nessuno dei partecipanti potrà impugnare l'accordo, altrimenti ne sarebbe automaticamente escluso) non garantiva a Carmen Thyssen l'armonia famigliare, ma almeno la pace dopo la morte del barone. Tuttavia l'eredità è servita soltanto a separare ancora di più la famiglia. Dei figli del barone «ha rapporti solo con Francesca per via del museo. Con gli altri non ha contatti. Si avvicina o si allontana da Francesca a seconda di ciò che le interessa» dice Antonio Rossi.

Il cattivo rapporto con suo figlio Borja ha avuto inizio dal suo fidanzamento con Blanca Cuesta, che non è mai piaciuta a Carmen Thyssen. E la baronessa non l'ha mai nascosto. Non era presente al matrimonio dei due giovani, celebrato nell'ottobre 2007, e nemmeno si è astenuta dal fare commenti quando i giornalisti le hanno posto domande al riguardo. Dicono, anche se lei lo nega, che sia arrivata a mettere in dubbio che Sasha, il nipote nato nel 2008, sia figlio di Borja e che abbia richiesto vari esami di paternità. «Tita oggi ha molto potere e nessuno le resiste tranne suo figlio, che ha trovato una donna, Blanca Cuesta, che si guarda nello specchio della suocera per imitarla. E non mi sorprende che questo a Tita non piaccia» afferma Carmen Rigalt.

Borja ha accusato la madre sui media di nascondergli l'eredità lasciatagli dal barone nel Patto di Basilea. Il giovane si è presentato al Museo Thyssen per portarsi via due quadri (un Goya e un Giaquinto) che affermava di avere ricevuto in regalo dal padre adottivo quando era bambino. È stata la goccia che ha fatto traboccare il vaso. La baronessa, che è arrivata a dire che suo figlio era stato «sequestrato da una setta», ha sporto denuncia contro Borja e Blanca presso il tribunale di Alcobendas per aver divulgato notizie segrete, cosa assolutamente proibita dal patto del 2001. «Non ho altra scelta che fare ordine perché mio figlio veda la realtà, visto che ha ricevuto cattivi consigli» ha dichiarato a «El País Semanal».

Dopo un anno trascorso senza rivolgersi la parola, se non attraverso le copertine delle riviste, nel maggio 2010 la baronessa assicurava che non c'era nessun problema legato all'eredità e che Borja Thyssen stava attraversando un periodo caratterizzato da «cose della gioventù» e che «tutto sarebbe passato». «Tita non vuole vedere in che modo suo figlio spreca il tempo» sostiene Antonio Rossi «e il denaro che le è "costato" così tanto ottenere. Sa perfettamente quanto costa conservare la posizione e il patrimonio e quanto bisogna "lottare" perché questo non venga scialacquato. Sembra che a Blanca interessi soltanto fare una bella vita. Tita ha sempre affermato di vedere un suo riflesso in lei ma senza il suo "senso" del futuro.»

Ma che necessità ha la baronessa di dare tanto spazio alla stampa rosa? «Raccontare le meschinità ai quattro venti comporta un danno d'immagine. Tita protegge il figlio in modo ammirevole, ma non ha mai pensato che la storia con Blanca sarebbe arrivata al matrimonio. Non tollera né lei né la famiglia del barone e nutre al riguardo dubbi e più di un motivo per non mostrare apprezzamento» risponde Antonio Rossi. «È il suo modo per fare pressione,» continua il giornalista «per far sì che il figlio apra gli occhi, e tutto secondo l'interesse di lei. Questo vale anche per le voci sul padre delle gemelle, il dubbio che sia stato davvero Borja a cedere il suo sperma. O per quelle sulle numerose analisi di paternità di suo nipote Sasha... Quello che lei dovrebbe spiegare apertamente è perché prova tanta avversione nei confronti di Blanca. Che cosa c'è dietro a tutto questo? Su che cosa basa la sua guerra? L'atteggiamento di Borja nei confronti di Blanca? Il modo in cui Blanca gestisce le sue società, create con il denaro di Borja? Il potere che ha Blanca su Borja? La paura che tutto quanto sia gettato a mare? Di che cosa ha davvero paura?»

Forse con il tempo si saprà quali sono le risposte a queste domande, o almeno ad alcune di esse. Nel frattempo la baronessa Thyssen-Bornemisza si ostina a tener fede alla massima dello stemma del marito: «*la vertu surpasse la richesse*», la virtù vale più della ricchezza.

History

Passato, presente e futuro. In una sola parola: History HD.
Il canale 407 di Sky rappresenta sempre più un'esperienza coinvolgente: unico canale tematico in alta definizione dedicato alla storia, ripercorre gli eventi passati, punta i riflettori sull'attualità e ipotizza cosa potrebbe avvenire nel futuro
La forza delle immagini in HD, del linguaggio e dei temi affrontati, uniti alle interviste ai più importanti studiosi del settore, sono capaci di coniugare intrattenimento e approfondimento, andando incontro alle esigenze di un pubblico sempre più moderno.
Dalle battaglie antiche ai conflitti che hanno insanguinato il ventesimo secolo, dagli eventi del passato più recente alle grandi sfide del nostro presente: History HD rappresenta a tutti gli effetti uno dei luoghi privilegiati per conoscere la storia e i suoi protagonisti, dai grandi personaggi alle persone comuni.
Ventiquattro ore al giorno, sette giorni su sette, il canale propone programmi capaci di coniugare autorevolezza delle fonti e modernità di linguaggi, intrattenendo sempre lo spettatore. Le rievocazioni filmate e i più moderni strumenti di computer grafica ricostruiscono gli avvenimenti accaduti in passato. Un passato che torna a vivere anche attraverso la voce di chi ne è stato testimone o protagonista e l'utilizzo dei documenti d'archivio, mentre il presente viene raccontato attraverso le vicende di chi fa la storia tutti i giorni.
History HD propone quindi un nuovo modo di vivere la storia, con serie di successo, produzioni italiane e internazionali e grandi speciali.